褚宏启 /著

教育现代化的路径

现代教育导论（第3版）

中国教育思想文库

国家出版基金项目
NATIONAL PUBLICATION FOUNDATION

教育科学出版社
· 北 京 ·

现代性的黄昏与黎明
（第3版自序）

随着国家层面《中国教育现代化2035》的出台，“教育现代化”在我国成为热门的政策话语与实践话语。人们往往把“现代化”一词当成漂亮的标签到处乱贴。现代化不是标签，不是儿戏，是一项严肃的未竟的事业。在研究与实践中，不能把“现代化”一词泛化或者窄化，更不能将之庸俗化，要抓住现代化的本质——现代性。

现代性并不神秘，通俗而言就是“现代精神”，教育现代性是对现代社会教育若干特征的集中概括，如人道性、理性化、民主性、法治性等等，正是这些特征将现代教育与前现代教育、传统教育区分开来。

教育现代化是指与教育形态的变迁相伴的教育现代性不断增长和实现的历史过程。教育形态的“变化”不等于现代化，现代化的精髓与实质是“现代性的增长与实现”。教育现代化的研究与实践必须紧扣现代性展开。离开了现代性，教育现代化就失去了根基与灵魂。推进教育现代化，不能有名无实，更不能金玉其外败絮其中，打着现代化的旗号，干着反现代化的勾当。遗憾的是，有名无实的、金玉其外败絮其中的所谓现代化，不论是在教育领域还是在其他领域，都并不鲜见。捍卫现代性，依然重要，依然艰难。

（一）

现代性的黄昏与黎明，是一种隐喻。黄昏之后是漫漫长夜，黄昏隐喻现代性遭遇挫折或者失败；而黎明是指天快要亮或刚亮的时候，又指光明或胜利，隐喻现代性的发展与实现。我们往往乐观地持有线性历史发展观，认为社会发展是直线向前不断进步的。其实不然，否则就不会有人发问：

这个世界会好吗？我们也可以同样发问：在社会变迁的漩涡中，在教育变革的激流中，社会的现代性还好吗？教育的现代性还好吗？某些现代性是到了黄昏时刻即将进入漫漫长夜，还是到了黎明时刻马上迎来旭日东升朝霞满天？现代性的诸多特征如人道性、理性化、民主性、法治性等等，随着时光的推移，还能保持和坚持吗？是在增长还是在减弱？

教育系统是一个开放系统，教育处在整个社会的汪洋大海中，是汪洋大海中的一条船。但在整个社会大系统中，教育与经济、政治、文化等存在错综复杂的关系，教育不是处于核心地位，相对于政治、经济而言，教育具有依附性。社会整体的现代化水平与现代性水平，对于教育现代化与现代性具有决定性影响。我们需要在社会变迁的大背景下考虑现代性和教育现代性的命运。外部环境的整体恶化会带来教育现代化的曲折甚至倒退，反之亦然。

现代性不是一个抽象的历史存在，我们必须在具体的历史时空中，尤其是在全球现代化与中国现代化的大背景下，考察其变化并推动其正向发展。

《教育现代化的路径》第1版2000年面世，第2版2013年面世，本书为第3版，即2021年版，与第2版相隔大约八年。在此期间，我国教育的国际国内环境发生了很大变化。从国际看，世界多极化、经济全球化、社会信息化、文化多样化深入发展，科技革命加速推进，国际竞争更为激烈。中美贸易战、特朗普（D. Trump）的当选与败选、英国脱欧、欧洲的难民危机、欧美民粹主义风潮和反全球化思潮的兴起、席卷全球的新冠肺炎疫情等等，成为近八年来不能回避的关键历史事件。从国内看，我国的经济、政治、文化等方面也发生了剧烈变化，与八年前有很大不同。国际国内环境的变化，对我国教育现代化具有直接或间接的影响。我们需要及时跟进，研究社会变迁中的教育形态的变化与教育现代性的命运。

第3版增加了近6万字的篇幅，主要是为了回应第2版自出版以来近八年的社会变迁对于教育形态与教育现代性的挑战，呈现我对于教育现代化问题的新思考。当然，这种回应只是局部的、粗浅的，远未达到全面深入的地步。

（二）

本书主要在以下几个方面对第 2 版做了修订。

第一，在社会现代化方面，加强了对国际国内社会变迁的阐述。(1) 调整了框架结构，与第 2 版相反，第 3 版把社会现代化放在人的现代化之前阐述，并增加了 21 世纪社会现代化对于人的现代化、对于教育现代化的挑战等内容（见第三章第一节）。经过社会背景的铺陈，可以水到渠成地阐述人的现代化与教育现代化问题，在逻辑上更加顺理成章。(2) 增加了对于教育信息化与国际化的阐述（见第四章第五节），以回应信息化与全球化的挑战。(3) 对于社会现代化以及教育现代化进行了 1.0 与 2.0 两个阶段的划分，并阐述了中国作为现代化的后来者，其社会现代化和教育现代化所具有的特殊性，以及这种特殊性给教育带来的压力和风险（见第一章第二节与第三节、第二章第一节)。(4) 论述了城乡二元结构对于我国教育现代化的深刻影响，以及新型城镇化给人的现代化、教育现代化所带来的机遇与挑战（见第三章第三节)。

人的现代化与教育现代化是具体的、历史的、社会的，不是抽象的，从根本上讲，是被社会所决定的。第 3 版从国际国内两个方面论述了社会现代化对于中国教育现代化的客观要求，增强了本书的时代感，尤其是关于城镇化背景下如何破解城乡教育二元结构的分析，把教育现代化问题的讨论植根于现实土壤中，其主调是公平，是关注弱势群体如农村学生、随迁子女、留守儿童、农民工等的教育权益。

第二，在人的现代化方面，关注了 21 世纪人的现代化问题，特别论述了 21 世纪人的现代化的具体表现，即核心素养，其主调是质量，是追求卓越，最后聚焦于创新能力的培养（见第三章第二节)。

第三，在教育形态分析方面，增加了城镇化、创新能力、教育治理的相关内容。(1) 重点论述了我国新型城镇化对教育形态的四个方面（即教育管理、教育体系、课程与教学、教育资源保障）所提出的变革要求（见第五章第一、二、三、四节)。(2) 增加了为培养创新能力，如何进行课程与教学改革的论述（见第五章第三节）。(3) 增加了对于教育治理的论述。教育治理的本质是多元共治，其主调是民主，是深化改革，最后归结为权力对于权利的尊重。

第四，在教育现代性分析方面，重新确定了教育现代性的具体内容与优先顺序（见第四章）。在第 2 版中，多样性、自主性被放在了现代性的第一层级，信息化与国际化则被放在了第二层级，把信息化作为理性化（技术理性）的具体表征，把教育国际化（国际性）则作为教育自主性、教育民族性的相关表征。第 3 版则加强了对于教育现代性的逻辑论证，进一步优化了教育现代性的结构，出于更严密的分类标准，把多样性归并到人道性之下，把自主性归并到专业性之下；出于回应 21 世纪全球化、信息化要求的考虑，把信息化与国际化提升为第一个层级的现代性。

这样，本书把教育现代性的清单确定为教育的人道性、理性化、专业性、民主性、法治性、生产性、信息化、国际化等八个方面。其中，人道性统率其他，可以把民主性理解为人道性的逻辑延伸。教育的法治性、理性化、生产性、专业性、信息化、国际化都必须服从于教育的人道性要求。例如，教育法律和制度是为了解放人发展人，而不是为了压制人束缚人；教育信息技术不能过度应用，例如不能运用大数据技术和人脸识别技术侵犯师生个人隐私等。

第五，在教育现代化的理论建构和研究方法方面，增强了理论自觉与方法意识，并加强了相关论述（见第一章第四节）。教育现代化研究者需要增强理论自觉与方法意识，可以大胆假设，但要小心求证，要综合运用、有效运用多种研究范式与研究方法。在第 2 版的历史主义方法、比较研究法、个案研究法等传统方法之外，本书把量化研究与质性研究作为教育现代化研究的重要方法予以讨论。本书还对如何系统建构教育现代化理论，如何提升教育现代化研究的学术性进行了探讨。教育现代化研究要体现其独特性，要“紧扣现代性”展开，否则与其他教育分支学科就没有区别，应重点研究教育现代性增长与实现的影响因素，找到那些促进或阻碍教育的人道性、理性化、专业性、民主性、法治性、生产性、信息化、国际化的多种因素，并解释清楚其产生影响的路径与机理。教育现代化研究不能停留于空泛的思辨性研究和静态的描述性研究，要加强解释性研究。只有把影响因素解释清楚了，才能对症下药，提出有针对性的改进策略。

上述五个方面的修订，“现代性”都是贯穿始终的、或明或暗的主线，讨论社会现代化、人的现代化、教育形态时，都会涉及社会现代性、人的现代性、教育现代性。即便是教育现代化的研究，也要用现代的方式而不是传统的方法，要用“体现现代性的科学方法”（即现代科学方法）去研究现代性。

经过修订，本书进一步增强了时代性与现实性，并加强了理论性与学术性。但是，本书的学术性是有一定的局限性的。我撰写此书、对教育现代化理论进行建构，综合运用了多种方式、多种路径，有基于现实或历史的分析，有基于他人或自己研究的成果，有基于实证研究或质性研究甚至思辨研究的成果，当然也有基于个人直觉与想象提出的理论假设。本书构成教育现代化理论的诸多命题中，有些命题的知识基础是扎实的，有诸多实证研究为基础；有些命题则缺乏实证基础，还停留在假设阶段，需要接受进一步的检验。

（三）

上述修订，只是对先前版本的内容的局部增补、延伸、深化，并没有否定原来的基本框架与基本观点。《教育现代化的路径》第 1 版出版至今已有 20 余年，所提出的一些概念、一些命题经受住了考验。从第 1 版的 21 万字，到第 2 版的 47 万字，再到第三版的 53 万字，尽管篇幅越来越长，但是思想观点却越来越简明，越来越聚焦于现代性，尤其是越来越聚焦于现代性中的人道性。千言万语汇成一句话：人间正道是人道！把这句话用到教育中就变成：教育正道是人道！

本书以现代性为主题与主旨始终没有变，而且，我对于现代性的追求始终没有变。对于我而言，不仅要做现代性的研究者，更要做现代性的倡导者与实践者。

现代性为什么如此重要？因为现代性不只是学者们关注的学术问题，也是每一个人的人生态度与价值方向问题。现代性是价值导向，是指导原则，也是评价标准。现代性不只是涉及教育的现代性，也涉及社会的现代性、人的现代性。现代性是评价一个社会、一所学校、一个人的基本标准。现代性给了我们一双慧眼，让我们不至于在复杂的社会现象与琐碎的生活细节中失去鉴别力，让我们不至于迷失自己。

理性与人道是现代性的核心内容。2020 年 3 月我写过一篇《疫情反思关键词：理性与人性》，讲的就是理性与人道。通俗而言，理性是指有理有据，人道是指有情有义；用政策话语讲，理性是指实事求是，人道是指以人为本。实事求是很难吗？以人为本很难吗？看看周遭，不讲道理、不讲人道的现象依然不少。我们都喜欢讲道理有情义的社会，都喜欢讲道理有情义的教育，都喜欢讲道理有情义的人。而这样的社会、教育、人，就是本质意义上的现代社会、现代教育、现代人。

人道比理性更重要。人道性是新现代性的集中体现，是对早期现代性的超越。早期现代性的关键词是理性、自由、主体性，人们用理性精神对抗宗教迷信，发展科学技术；用自由精神和主体性反抗宗教压迫和专制统治，追求个性发展与自我实现。但是，早期现代性后来受到了批判：理性忽视乃至压抑人的非理性如情感、意志，不能给人提供生活的意义和生命的价值；理性促进了科技进步，人类运用科技手段征服自然、破坏环境，甚至屠杀同类、消灭异己；理性追求普遍性、总体性，会导致对个体性、差异性、多样性的压制；在强调个人自由、高扬主体性的同时，走向无节制的极端个人主义与利益竞争，社会关系恶化。早期现代化出现危机，外显为人与自然、与社会、与自己关系的恶化，尤其是个体精神家园的丧失、精神信仰的缺失。早期现代性需要被重建、被完善。

在坚守理性、自由、主体性等的基础上，早期现代性在发展过程中，吸收了人道主义、差异性、多样性、社会责任、与自然和谐相处、可持续发展等新观念，形成了升级换代后的“新现代性”。早期现代性由于发育不成熟导致了人的物化与异化，新现代性就是要解决这个关键问题，其灵魂是人道主义，力图以价值理性引领工具理性，以精神文明驾驭物质文明。

通俗地讲，就是“厚德载物”，以道义去平衡功利，优化人与自然、与社会、与自我的关系，为人找到精神家园。人道主义赋予早期现代性之理性、自由、主体性等要素新生命新活力，为理性插上道德的翅膀，使其服务于人道的目的；为自由与主体性确定必要的边界，不侵害别人，不危害社会与自然。因此，如果说早期现代性更加关注工具理性、自由、主体性，新现代性则更加强调价值理性、平等、主体间性。主体间性也称为交互主体性，强调的是个人在追求自由、发挥自己的主体性时，要顾及他人的自由与主体性。

教育人道性也是教育现代性的集中体现。联合国教科文组织在其报告《反思教育：向“全球共同利益”的理念转变？》中明确提出，“维护和增强个人在其他人和自然面前的尊严、能力和福祉，应是21世纪教育的根本宗旨。这种愿望可以称为人道主义……”，“人道主义发展观的道德伦理原则反对暴力、不宽容、歧视和排斥。在教育和学习方面，这就意味着超越狭隘的功利主义和经济主义。……需要采用开放和灵活的全方位终身学习方法：为所有人提供发挥自身潜能的机会，以实现可持续的未来，过上有尊严的生活”。(UNESCO, 2015)[36，10]当前，资本凶猛，技术凶猛，而且资本与技术联手后更加凶猛，在此背景下，坚守教育的人道性，以人道精神驾驭资本与技术，就显得尤为重要。

（四）

捍卫现代性，尤其是坚守人道性，很难，也很容易。

从国家和民族来说，任何一点现代性的增长都历尽艰辛，甚至要经历血雨腥风，因此很难。从个体来说，只要有话好好说，尊重别人、平等待人，就是在实践现代性，因此很容易。捍卫现代性，坚守人道性，人人有责，而且每个人都可以有所作为甚至大有作为。

人道性就是人道主义。人道主义兴起于欧洲文艺复兴，到了法国启蒙运动时期，人道主义发展为“自由、平等、博爱”。自由与平等是人道主义的两个基本维度，不可偏废。谈起人道、自由、平等这些价值理念，好像都来自遥远的过去、遥远的国度，好像都是舶来品，其实不然，这些价值理念都是一种现实存在，存在于每一个人的内心深处，是每个人自然的价值追求，它们根植于人类每一个成员的人性和人心之中。任何一个人，哪怕是一个孩子，都不希望自己被非人道地对待，都不希望自己被奴役被压迫，都渴望自由与平等。人道与人心、人性相连。

我一向认为，违反现代性的东西、违反人性的东西、违反人道的东西，都是不能长久的。现代性会遭遇挫折、中断，甚至倒退，但是这些都是暂时的。所以，即便现代性的黄昏到来了，也不要悲观，因为漫漫长夜之后，黎明总会到来；同样，即便现代性的黎明到来了，也不要过于乐观，要看到可能还会出现反复。因此，捍卫现代性，坚守人道性，既要临危不惧，也要居安思危。无论是面对黄昏还是黎明，我们都一样要坚定与坚持。

人生一世，看潮起潮落、云卷云舒、人来人往，看现代性的流变与命运。这个世界会好吗？会的。教育会好吗？会的。现代性会笑到最后吗？会的。我们拭目以待。更重要的是，我们要积极作为，不断增进自己的现代性，增强自己的现代精神，同时为增进社会的现代性与教育的现代性贡献一己之力。

褚宏启

2021年1月15日于北京师范大学寓所

漫漫现代路上的光荣与梦想
（第2版自序）

教育现代化是指与教育形态的变迁相伴的教育现代性不断增长和实现的历史过程。欧洲国家的教育现代化进程始于文艺复兴时期，我国的教育现代化进程起于清末。对于任何一个国家而言，这一过程皆漫长而艰难，绝非“红了樱桃，绿了芭蕉”那样自然而就、充满诗意。对于中国这样一个欠发达大国而言，这一过程更为复杂曲折。其间有外患有内忧，有误区有陷阱；有披荆斩棘、高歌猛进，也有踌躇犹疑、挫折失败；有弱势群体的无奈无助与欢欣鼓舞，有权利的委曲求全与拍案而起，也有权力的敷衍塞责与敢于担当；有出师不利的沮丧，也有发展顺遂的欣喜。

教育现代化的历史进程，绝非教科书中描写得那样抽象枯燥，而是由数不胜数的细节构成的具体生动、发人深省的故事，其间充满风风雨雨，饱含挣扎探索。这一历史进程的显著特点就是艰难。但唯其艰难，才有价值。

（一）

教育现代化尽管艰难，但值得人类为之奋斗，因为其中包含着人类太多的光荣与梦想。“教育现代化”的本意是“转变成现代教育”，人类希图通过教育这种手段获取丰富的果实，而只有通过“现代教育”才能获得更好的、最好的果实。这个果实就是人的自由与解放，就是人的全面发展，就是社会的全面进步。“项庄舞剑，意在沛公”，教育的目的在教育之外，现代教育的卓越情怀在于培育现代人、建设现代国家。在现代社会，教育不是万能的，但离开教育是万万不能的。没有教育现代化，没有现代教育，人的现代化和社会现代化只能是半途而废、无功而返。

教育以育人为本，教育为建设现代国家服务、为社会现代化服务，也必须通过培养人去间接完成；而且现代国家、现代社会的最终价值是促进人的自由和解放，促进人的全面发展。因此，教育现代化和社会现代化的归宿都是人的现代化，都是人的自由与解放。密尔（J. S. Mill）在《论自由》（*On Liberty*，1859）中说道："从长期来说，一个国家的价值就是组成这个国家的个人的价值；一个国家如果为了要使它的人民成为它手中更加驯服的工具，哪怕是为了有益的目的，而……使人民渺小，就会发现靠渺小的人民是不能完成伟大的事业的。"（布洛克，1997）[163] 杜威（J. Dewey）在《哲学的改造》（*Reconstruction in Philosophy*，1920）中明确指出："政府、实业、艺术、宗教和一切社会制度都有一个意义，一个目的。那个目的就是不问种族、性别、阶级或经济地位，解放和发展各个人的能力。这和说它们的价值的检验标准就是它们教育各个人使他的可能性充分发展的程度，是完全一致的。民主主义有许多意义，但是，如果它有一个道德的意义，那么这个意义在于决意做到：一切政治制度和工业安排的最高的检验标准，应该是它们对社会每个成员的全面发展所作出的贡献。"（赵祥麟，王承绪，1981）[250]

自由是人的主体性的体现，是人的尊严和价值的确证。在现代教育中，自由是目的，也是手段。就目的而言，教育要解放人的才能，弘扬人的自由精神，提升其主体性和责任感，提高其积极性、主动性和创造性。就手段而言，人只有自由发展、自主发展，只有充分发挥了积极性、主动性和创造性，才能更好地实现全面发展。自由是人的潜能得以充分发挥的重要条件，是人类走向全面彻底的解放的动力、途径和手段。自由引导人民前进，也引导教育现代化前行。自由是如此可贵，"若为自由故，一切皆可抛"。

教育现代化的旗帜就是人的自由与解放的旗帜，就是人道主义的旗帜。在教育现代化的漫漫征程中，人道主义的大旗应该始终指引前行的方向。教育的人道主义精神，是教育现代化之光荣与梦想的集中体现。

正因为抱有高贵的梦想，教育现代化才堪称一项伟大的、神圣的、值得为之付出的事业。

教育现代化的本质是教育现代性的增长。教育现代性是现代教育区别于非现代教育的本质属性，它体现了教育现代化过程中教育所呈现出的一些新特征，包括教育的人道性、理性化、民主性、法治性等，其中教育的人道性是教育现代性的首要和根本特征。

离开了现代性，教育现代化就成为没有实质的空壳、没有内容的形式、没有灵魂的过程，就谈不上是真正的教育现代化。反观我国推进教育现代化的现实，在一些地方，教育现代化实践真的成了没有实质的空壳、没有内容的形式、没有灵魂的过程，而且此类现象并不鲜见。有些地方、有些学校的“教育现代化”甚至走向了教育现代化的反面，用一种反现代的方式推进教育现代化。例如，用强制专横的手段，通过一种非人道的过程，去达到某一个指标的数值。在此过程中，我们看不到理性的设计，看不到利益相关者声音的表达与被倾听，看不到普通人的自由和尊严，看不到公共资源的投入增进了受教育者的主体性，看不到受教育者的全面发展、个性发展、自主发展的状况的改进。

我们需要有灵魂的教育现代化，这个灵魂就是教育的现代性，即教育的现代精神气质。教育现代化的直接目标就是把教育“化”为“现代教育”，即把教育“化”为具有现代精神如人道精神、理性精神、民主精神和法治精神的教育，最终目标是通过现代教育，培养现代人，即具有人道、理性、民主和法治精神的人，建设现代社会，即具有人道、理性、民主和法治精神的社会。如果对于教育现代化何去何从没有这样的认识，我们的教育现代化的政策与实践必定是肤浅的、短视的，是没根没魂没境界的。教育现代化不是一套精致的指标，更不是一堆冰冷的数字，教育现代化应该是有温度、有感情的，应情暖童心、惠及穷人。

另外，同样重要的是，要用人道、理性、民主、法治的方式推进教育现代化，就是说，要用现代精神即现代性的要求推进教育现代化，否则教育现代化过程本身就是反现代化的，结果只能是南辕北辙。

教育现代化是一个长期的、复杂的、艰难的变革过程。漫漫现代路绝非坦途，而是充满艰难险阻，但当艰难与光荣、梦想相伴，艰难就变得崇高。怀揣现代精神，不畏艰难行走在现代路上的人，是光荣的、值得尊重的。

（二）

在我国，现代化和教育现代化是强劲的公共政策话语，是国家宏观政策与战略的重要议题。“教育现代化”作为公共政策话语肇始于 1983 年邓小平提出的“三个面向”。1985 年《中共中央关于教育体制改革的决定》明确要求，教育必须面向现代化，面向世界，面向未来。《国家中长期教育改革和发展规划纲要（2010—2020 年）》把 2020 年我国教育发展的首要战略目标确定为“基本实现教育现代化”。可以预料，从现在到 2020 年还有七年多的时间，此间教育现代化必定是热议话题。

并非只有我国关注教育现代化问题，其他许多国家也颇为关注，邻国日本和韩国自不待言，此处以俄罗斯为例。2002 年俄罗斯联邦教育部发布了《2010 年前俄罗斯教育现代化构想》，明确指出教育现代化对于国家发展的意义：教育在俄罗斯现代社会发展中的作用是由俄罗斯向民主和法制社会、向市场经济转型的任务决定的，是由使国家发展跟上经济和社会发展的世界趋势的必要性决定的。在俄罗斯目前的发展阶段，与科学有着密切的本质的联系的教育成为确保经济增长、提高国民经济的效率和竞争力的最强的推动力，成为民族安全、国家富强、公民幸福的重要因素之一。（吕达，周满生，2004a）[256－257]

教育现代化不仅是政策话语，也是学术话语；不仅是中国本土的学术话语，也是国际的学术话语。20 世纪 50 年代，现代化研究在国际上成为一个重要的学术领域。从那时起，教育现代化研究就作为整体现代化研究的一部分登堂入室，进入研究者的视野。时光荏苒，半个多世纪过去了，时至今日，尽管现代化研究与发展研究有合流、交叉之实，但现代化研究在国际学术界依然在持续，现代化依然是国际学术话语。就教育现代化研究而言，其数量与质量也已今非昔比，但与一般现代化研究相比，其广度和深度均有待大力扩展。

我国从 20 世纪 80 年代至今，教育现代化的实践与研究一直没有中断。

《国家中长期教育改革和发展规划纲要（2010—2020 年）》的颁布，使得教育现代化的实践与研究进一步升温。但不论是在实践中，还是在研究中，人们对“教育现代化”的理解都存在表浅化、经验化、片面化、扩大化的问题，对教育现代化的本质缺乏全面、准确的认识，教育现代化的知识基础并不厚实，这种知识状况会对我国教育现代化的理论进展与实践进程产生负面影响。

高质量的教育现代化理论对于复杂的教育现代化现象具有描述、解释、预测、干预等作用，会大大提升人们对于教育现代化的认识水平和实践能力，使教育现代化实践不致陷入经验性泥坑和随意性陷阱。遗憾的是，我国的教育现代化理论还比较薄弱，还不能充分应对教育现代化实践的需求。我国的教育现代化理论研究水平亟待提高。

本书［即《教育现代化的路径——现代教育导论》（第 2 版）］想在此方面尽菲薄之力。本书在第 1 版（2000 年版）的基础上，借鉴他人研究成果，纳入自己新的研究成果，力求对教育现代化问题予以严谨、全面、深入的理论分析，尽力提升教育现代化研究的学术品质。

（三）

《教育现代化的路径》第 1 版于 2000 年由教育科学出版社出版后，多次重印。该书对教育现代化概念给出了具有理论解释力的界定，对教育现代化若干重要理论问题进行了比较深入的阐述。该书被广为引用，为我国教育现代化研究的规范化、学术化做出了些许贡献，对其后我国教育现代化研究和区域教育现代化实践都产生了一些影响。

该书在国际上还产生了一些影响，2006 年该书由直属于越南教育与培训部的教育战略与课程研究所翻译为越南文出版。这是当时教育科学出版社自建立以来唯一被国外购买版权的原创性学术著作。可能是直接或者间接受该书的影响，我于 2010 年 10 月受到日本教育史学会的邀请，赴日本在“东亚教育现代化国际研讨会”上做主旨报告，与日本、韩国的教育现代化研究者共同探讨教育现代化的一些基本问题，以及中日韩三国不同的教育现代化道路。会议在日本早稻田大学举行，中日韩三个主旨报告过后，由广岛大学教授、当时的日本比较教育学会会长大冢丰主持针对主旨报告的讨论，讨论的气氛之热烈、问题之尖锐，至今仍令我记忆犹新。除听众提问外，主持人兼评议人大冢丰教授也多次提问，其中一个问题涉及法轮功，他把现代化与法轮功联系在一起，问了我这么一个问题：中国政府取缔法轮功，是否意味着在中国没有信仰自由，是否证明了中国还没实现真正的现代化？我则反问：日本政府是怎么看待和对待奥姆真理教[①]的？我在研讨会上做的主旨报告《对于教育现代化的若干理论思考》后来被日本国立教育政策研究所的一见真理子女士翻译为日文，于次年发表在日本教育史学会的学术刊物《日本教育史学》上。

《教育现代化的路径》第 1 版出版至今，已有十多年，其间，我一直从事教育发展和教育现代化的研究与教学工作。实际上，教育现代化问题的实质就是教育发展问题，二者的界限难以明确划分。十多年来，我一直为博士生开设“教育发展专题研究”课程，并陆续承担了一些有关教育现代化、教育发展研究的课题，主要有北京市教育科学规划重点课题“北京市教育现代化研究”（2002）、教育部新世纪优秀人才支持计划项目“教育发展理论与政策研究”（2005）、教育部委托课题“国家中长期教育改革与发展规划”之“中国特色社会主义现代化教育体系研究”（2008）、教育部人文社会科学研究项目“当代教育发展模式的国际比较研究”（2009）、北京市教育科学规划重大课题“城市化进程中的教育发展问题研究”（2009）、国家哲学社会科学基金重点课题“以科学发展观为主题转变教育发展方式研究”（2011）、福建省晋江市委托项目“区域教育现代化指标开发与实践推进”（2013）等。

在教学和研究中，受学生们和同行们的启发，加上我国教育现代化经

① 奥姆真理教，创立于 1984 年，教主为麻原彰晃，是日本一个以佛教和瑜伽为主的宗教教团，也是日本一个具有代表性的邪教团体，制造了松本沙林事件、坂本堤律师一家被杀事件与东京地铁沙林毒气事件等恐怖活动。奥姆真理教于 1995 年 3 月 20 日在日本东京地铁投放沙林毒气，造成 5500 多人受伤，十多人死亡，震惊世界。1999 年 12 月日本国会通过了旨在打击奥姆真理教非法活动的两个法案。

验与教训所给予的启示，我对教育现代化问题的认识更为深入和细致。本书展现了我对教育现代化问题的新看法、新认识。

本书力求逻辑严密、分析精准。由于教育现代化是指与教育形态的变迁相伴的教育现代性不断增长和实现的过程，因此“教育现代性”与“教育形态”就成为理解教育现代化的两个核心概念。本书对于教育现代化的论述，就是两个核心概念的不断细化和深化，本书的框架结构就是两个核心概念分别作为“经线”与“纬线”的交织。本书力求织就一张对于教育现代化的严密的“理论分析之网”，既全面把握教育现代化的外部表现——教育形态的变迁，也深入分析教育现代化的内在本质——教育现代性的增长。

理解教育现代化的关键是理解“教育现代性”。那么，教育现代性的内涵与外延又是由什么决定和界定的？教育是一种工具，教育现代化的目标是促进人的现代化和社会现代化，教育现代性存在的合理性，取决于它能否有效地增进人的现代性和社会的现代性。教育现代性的内容框架应该从人的现代性和社会的现代性对教育的要求中推演出来。本书推演出教育现代性的若干核心特征，即教育的人道性、理性化、民主性、法治性等，它们构成教育现代性的内容框架。正是这些特征，把现代教育同古代教育、传统教育区别开来。

本书是围绕“教育现代性”和“现代教育形态”展开论述的，因此，也可以把本书视为对“现代教育”的系统论述，故而本书书名中有一个副标题——“现代教育导论”。这个副标题，想必是名副其实的。

与《教育现代化的路径》第 1 版相比，第 2 版的结构和篇幅均有较大变化。

从结构上看，第 1 版分上、下两编，共七章。上编为理论研究部分，包括三章，分别为教育现代化的研究框架、教育现代化的进程、教育现代化的价值取向；下编为个案研究部分，包括四章，以英国为个案研究的对象，对英国教育现代化的历史进程进行了比较细致的分析。

第 2 版共六章，理论研究部分被大大拓展，由三章扩展为五章，分别为：现代化与教育现代化的性质、教育现代化的进程、教育现代化的目标定位与制约因素、教育现代性分析、教育形态分析与教育现代化评价；个案研究部分由第1版的四章合并为现在的一章，即第六章，与原稿相比，只是编排体例做了调整，内容和篇幅都没有变化。

在篇幅上，第1版为21万字，第2版为47万字，所增加的26万字全部都在理论研究部分。在增加文字的同时，出于全书整体风格等方面的考虑，也删减了一些文字，主要涉及对1949年以后我国教育现代化进程的历史分析与评价。但我认为，这些文字包含一些重要的史实和史论，很有价值，读者如果感兴趣，可以参阅第1版中的相关内容。

本书前五章属于教育现代化的理论研究；第六章属于个案研究，运用本书前五章论及的分析框架，对英国教育现代化的历史进程分三个阶段进行了比较细致的分析。这一章约9万字，不是全书的一块补丁，不是可有可无凑字数的篇章。该章对于英国教育形态的演进，对于英国教育现代性的生成、发展及其制约因素，予以了细致刻画。我在攻读硕士学位和博士学位期间所读专业均为外国教育史，对于史料选择、史论结合有些心得。本章从史料、论述、语言等方面看，尚算佳作。读者如果潜心阅读，从最后一章获取的启示未必少于前五章。英国教育的发展模式对于急于求成的国人，尤其具有启发意义，“欲速则不达”的确应该成为国人的座右铭。

教育现代化是一种极其复杂的社会变迁过程，教育现代化研究具有跨学科性，涉及面广，需要研究者具有丰富的知识储备、宽阔的学术视野和高度的概括能力。本人自知才力不逮，书中一定存在不少问题，恳请读者不吝指正。

从攻读博士学位期间参加导师吴式颖教授主持的教育部“八五”博士点规划项目“外国教育现代化历史研究”至今，我断断续续研究教育现代化问题已经20多年，也算是一条“漫漫现代路”，其间不时受到现代精神即现代性的洗礼，使我深知现代精神对于中国教育发展乃至国家发展的价值。我也深知坚守和实践现代精神的艰难，但我深信，当艰难与光荣、梦想相伴时，艰难就变得崇高。我将继续行走在这漫漫之路上，慢慢体味因为坚守某些东西才会有的美好感受。

没有了对于人道、理性、民主、法治等现代精神的追求，一个人就是生活在现代社会的传统人，就不能被称为现代人。如果一个人把自身的存在本质与人生意义，放在未竟的现代性事业上，他就会倾听自己内心深处的声音，追求并实践人道、理性、民主、法治等价值理想，就能超越许多的身外之物，如奖赏、头衔、荣誉、舆论等，就能免去许多无谓的烦恼。在重于泰山的现代性事业面前，这些身外之物的确轻如鸿毛，不再重要。对于一个有深度、有品位的人而言，某些外在的东西可有可无，某些内在的东西必不可少，缺少了后者，其虽然活着，但失去了意义，只能算苟且偷生、行尸走肉，连自己都看不起自己。

书稿即将付梓，令人高兴。在此特别感谢导师吴式颖教授将我带入教育现代化研究的学术殿堂，感谢同行们和学生们多年来在教育现代化研究中给予我的丰富启示，感谢高益民博士对书稿修改所提出的建设性意见。

褚宏启

2013年9月25日于北京师范大学

目　录

第一章　现代化与教育现代化的性质

教育现代化是一个系统的、长期的、复杂的教育变迁过程。在我国，“教育现代化”作为公共政策话语肇始于邓小平提出的“三个面向”。1983年邓小平为北京景山学校题词，提出“教育要面向现代化，面向世界，面向未来”。1985年《中共中央关于教育体制改革的决定》明确要求，教育必须面向现代化、面向世界、面向未来。

《国家中长期教育改革和发展规划纲要（2010—2020年）》（以下简称《教育规划纲要》）把2020年我国教育发展的战略目标确定为：基本实现教育现代化，基本形成学习型社会，进入人力资源强国行列。“基本实现教育现代化”是首要战略目标。2018年9月全国教育大会召开，主题是加快推进教育现代化、建设教育强国，随后，中共中央、国务院印发了《中国教育现代化2035》，中共中央办公厅、国务院办公厅印发了《加快推进教育现代化实施方案（2018—2022年）》。《中国教育现代化2035》明确提出教育现代化的战略目标：到2035年，总体实现教育现代化，迈入教育强国行列，推动我国成为学习大国、人力资源强国和人才强国，为到本世纪中叶建成富强民主文明和谐美丽的社会主义现代化强国奠定坚实基础。

从20世纪80年代至今，我国学术界对教育现代化的研究一直没有中断。《教育规划纲要》的颁布，使得教育现代化研究进一步升温和深化。而《中国教育现代化2035》的颁布，则对教育现代化的研究提出了更高的要求，不仅要求理论研究能有效描述与解释我国教育现代化进程中的复杂现象，更要求基于理论研究的政策研究能有效解决我国教育现代化进程中的繁难问题。而且，在全球化背景下，还要求把我国教育现代化放在国际教育发展大背景下，明确其历史方位与未来走势。

“教育现代化”是本书的核心概念。如果“教育现代化”概念不能作为一个有效的理论工具用于分析各国的教育发展，那么本书就失去了存在的根基。而“教育现代化”概念能否作为一个分析工具，关键在于“现代化”概念能否成为一个分析工具。

目前在我国的确有一种泛现代化的倾向，“现代化”满天飞，任何东西，似乎一与“现代化”一词联系起来，顷刻便会身价百倍。改革开放40多年来，现代化研究成为我国社会科学研究的一个重要方面，教育理论界对教育现代化的研究和教育实践领域对教育现代化的追求也成为教育界的一大景观。然而细察之下便可发现，人们对“现代化”一词并无统一的理解，不少人对现代化的认识存在明显的偏差，如不少教育工作者将教育现代化片面地理解为办学条件的现代化，而漠视了更为重要的制度因素。在教育现代化的实践与研究中，人们对“教育现代化”的理解存在表浅化、片面化、扩大化等问题，对教育现代化的本质缺乏全面、准确的把握，一些区域性的教育现代化评价指标体系中，缺少能够反映教育现代化本质的关键性指标，但却包含一些无关指标，出现结构性偏差，致使指标体系的效度不高，直接影响到我国教育现代化的实践过程和发展水平。

如果说在日常生活中人们对教育现代化一词的使用可以比较随意的话，那么在理论分析中对教育现代化一词必须予以严格界定。

本章旨在阐述“现代化”和“教育现代化”的实质，为本书其他各章提供比较扎实的理论基础。首先，讨论现代化与教育现代化的概念，认为这两个概念可以作为有效的理论工具用于分析各国的教育发展；其次，重点分析教育现代化的本质问题，即教育现代性及其增长问题；最后，阐述教育现代化的分析框架和研究方法。

第一节　现代化理论的演进历程

由于现代化理论家们提出现代化理论的历史背景与学科视角不同，因而他们对现代化概念的含义理解也各不相同。梳理现代化理论的演进历程，纵览“现代化”内涵和外延的流变，是厘清现代化概念的必经之路。

作为一种客观存在的社会过程，现代化实践早于现代化理论。现代化是一个社会变迁过程，现代化的核心问题是发展问题。但是，现代化、发展、社会变迁这三个概念并非同义，社会变迁是个中性概念，外延最宽，包括社会的正向变化和非正向变化，而正向变化就是“发展”。发展和现代化都非中性概念，都是指社会的正向变迁过程，但发展的外延比现代化要宽，从时间上看，发展涵盖人类社会的整个历史进程，而现代化则是指人类社会“变成现代社会”的过程，其历史相对短得多。“现代化是一个相对的概念，它指的是从 18 世纪后期开始的以工业革命为标志的人类社会从传统农业社会向现代工业社会的过渡与转化，其范围是有一定限度的。而发展则是一个绝对性概念，它所指的是人类社会不断向前迈进的过程。其范围是没有限度的，是一个无限向前延伸的过程。”(张琢，马福云，2001) [19-20]

存在决定意识。传统社会向现代社会的变迁，必然会在理论上有所反映。现代化理论就是学术界对现代化实践的知识反映。现代化研究成为一个重要的学术领域，肇始于 20 世纪 50 年代。随着研究的深化，人们对于现代化本质的认识更加深入。

现代化理论内容丰富，能为教育现代化研究提供良好的理论基础与丰富的学术营养。

现代化理论的发展经历过四个阶段，四个阶段的分界不仅表现在时序上，更表现在内容上。

一、现代化理论的孕育

19 世纪中叶到 20 世纪 50 年代之前，早期社会理论中有关“现代社会”的研究，孕育了后来的现代化理论。早期社会学的代表人物有孔德（A. Comte）、斯宾塞（H. Spencer）、迪尔凯姆（E. Durkheim）、滕尼斯（F. Tonnies）、贝克尔（G. S. Becker）、梅因（H. Maine）、韦伯（M. Weber）、帕森斯（T. Parsons）等，他们的理论产生于社会现代化实践的初始阶段，当时现代化的进程还没有充分展开，他们没有直接以“现代化”为核心概念对现代化直接进行研究，但他们对社会变迁都极为关注，他们的理论体系中都力图描述传统社会与现代社会的不同，并解释现代社会何以会来临。这些研究，直接成为现代化理论的始基。

迪尔凯姆在其《社会劳动分工论》（*The Division of Labor in Society*, 1893）中提出两种基本社会类型，即“机械关联”型与“有机关联”型。现代化论者认为这两种类型的社会分别对应“传统社会”与“现代社会”，认为传统社会是农业社会，社会发展缓慢，缺少分化。随着社会的发展，社会劳动分工越来越细化，各种社会组织建立起来以满足人们的需要及整合社会的分化，从而产生了人与人之间相互依赖的“有机关联”的社会，即现代社会。

另外，孔德、斯宾塞的从军事社会到工业社会，滕尼斯的从封闭性的社区到开放性的社会，贝克尔的从宗教社会到世俗社会，梅因的从身份社会到契约社会，韦伯的从传统主义社会到理性化社会等理论，都对社会转型予以了高度关注。

帕森斯提出“五对模式变量”来区分行动者在行动过程中的主观取向。任何行动者在与其他行动者进行社会互动时，必然要面对以下五种类型的选择。(1) 普遍性对特殊性。它涉及人们的社会互动过程中的特定行动标准的适用范围，意味着在行动者的行动过程中，某种规范性标准的适用是否受特殊群体、私人关系的影响。(2) 专一性对扩散性。它涉及在人们的社会行动中互动双方权利义务的宽泛程度，即双方的权利与义务是仅仅局限于某一特定的内容与范围的，还是广泛而发散的。(3) 情感中立对情感性。它涉及在人们的社会互动关系中，互动双方应投入多少情感，即双方是一种很少投入情感的事务性关系呢，还是一种带有私人感情的情感性关系。(4) 自致对先赋。它涉及双方在社会互动中以什么样的标准来评价对方，是对方后天的表现及成就呢，还是对方先天性的家庭背景与身份。(5) 个人对集体。它涉及在人们的社会互动中哪一方的利益占据首位的问题，是行动者个人的利益占首位呢，还是由不同的行动者组成的集体的利益占首位。后来帕森斯的模式变量理论被用来描述传统社会与现代社会，学者们认为前者是现代社会的特征，后者是传统社会的特征，而现代化则是社会文化的特征从后一类向前一类转化的过程。帕森斯还利用其结构功能分析剖析了传统社会向现代社会转变的四个过程，即适应性增长、分化、容纳和价值概化。适应性增长主要体现为经济系统中的活动效率的提高。分化是指社会结构与社会目标的分化。容纳主要指社会系统的包容性不断增强。价值概化是指随着社会分化程度的提高，抽象的价值观念代替了各种特殊的社会规范，价值观更一般化、概括化了。结构功能主义成为现代化理论的方法论基础。(张琢，马福云，2001) [61-66]

对于现代社会理论的大多数奠基者而言，尽管他们各自的视角不同，但在表述现代社会的特征时却呈现出一个与韦伯提出的命题相似的理论特征：现代社会的产生得益于理性化的力量或机制在人类思想、行动、组织结构、社会进程等各个领域或层面的全面渗透，换言之，现代社会的本质特征是理性化所促成的现代性。(沈杰，2006)

二、早期现代化理论

早期现代化理论产生于20世纪50年代，兴盛于60年代，是现代化理论的第一个阶段，也被称为经典现代化理论或者狭义现代化理论。“狭义”是相对于后来的更为宽泛的现代化研究而言的。

一些学者认为，使用“现代化”一词来说明从农业社会向工业社会的转型是比较恰当的。1958年勒纳（D. Lerner）出版《传统社会的消逝：中东的现代化》(*The Passing of Traditional Society*：*Modernizing the Middle*

East）一书，认为从传统社会向现代社会的转型就是现代化。1960 年阿尔蒙德（G. A. Almond）和科尔曼（J. S. Coleman）出版《发展中地区的政治学》（*The Politics of the Developing Areas*）一书，探讨了政治现代化问题。这些事件标志着现代化研究的开端。

进入 20 世纪 60 年代，西方学者从不同学科角度对现代化问题进行了更深入、更广泛的探讨，一批较有影响的现代化研究著作相继问世，主要有：罗斯托（W. W. Rostow）的《经济增长的阶段：非共产党宣言》（*The Stages of Economic Growth*：*A Non-Communist Nanifesto*，1960）、沃德（R. E. Ward）和拉斯托（D. A. Rustow）的《日本和土耳其的政治现代化》（*Political Modernization in Japan and Turkey*，1964）、列维（M. J. Levy）的《现代化和社会结构》（*Modernization and the Structure of Societies*，1966）、布莱克（C. E. Black）的《现代化的动力》（*The Dynamics of Modernization*，1966）、艾森斯塔德（S. N. Eisenstadt）的《现代化：抗拒与变迁》（*Modernization*：*Protest and Change*，1966）、维纳（M. Wiener）的《现代化：增长的动力学》（*Modernization*：*The Dynamics of Growth*，1966）、亨廷顿（S. P. Huntington）的《变化社会中的政治秩序》（*Political Order in Changing Societies*，1968）、英克尔斯（A. Inkeles）等人的《从传统人到现代人：六个发展中国家中的个人变化》（*Becoming Modern*：*Individual Change in Six Developing Countries*，1974）等。这些著作使现代化研究形成了基本的领域划分和理论视野。

根据不同的标准，可以将现代化研究或理论划分为不同的派别。一种最基本的划分方法是根据其研究对象或理论内容涉及的领域，将现代化研究或理论划分为以下几种主要派别：政治现代化派别，代表人物有伊斯顿（D. Easton）、阿尔蒙德、阿普特（D. E. Apter）和亨廷顿等；经济现代化派别，代表人物有罗斯托、弗兰克（A. G. Frank）、格尔申克隆（A. Gerschenkron）和库兹涅茨（S. S. Kuznets）等；社会现代化派别，代表人物有帕森斯、列维、勒纳和摩尔（B. Moore）等；文化现代化派别，代表人物有林顿（R. Linton）、德尔（R. E. Doel）、本迪克斯（R. Bendix）等；心理现代化派别，代表人物有英克尔斯和麦克莱兰（D. C. McClelland）等；

比较现代化派别，代表人物有布莱克和艾森斯塔德等。(沈杰，2006)

这些现代化理论，不仅涉及世界现代化进程的不同地区和国家，而且涉及现代化进程的不同层面和领域。换言之，现代化理论是一种由诸多具体领域的理论或学说所构成的一个主题化的研究体系。经典现代化理论并非一个统一的理论体系，而是基于某些基本观点一致的理论流派。这些基本观点构成其理论假设，包括：(1) 传统与现代的对立。传统与现代是社会发展的两极。现代化就是从传统走向现代，它可以从传统出发走向现代，亦可以在两极之间不断填充现代性（现代化因素），直至两极贯通、消失，呈现出整体的现代性（化）。(2) 趋同论。即现代化的基本内容是共性的，如工业化、民主化等，因此世界现代化的发展方向是趋同的，起码是类似的或相近的，尽管各民族国家所走的现代化道路不一致（这既不可能一致，也没必要一致）。(3) 全球现代化是传播和扩散的。这是全球现代化的形成机制，亦是其文化特征。由此，后续的民族国家的现代化，在相当程度上具有模仿性。

这个时期的现代化理论偏重于分析现代化的共性，具有较高的抽象性，为现代化研究奠定了初步的理论基础，后来的现代化理论都是通过吸收这些理论的思想或对其进行批判而发展起来的。

西方现代化理论的产生并非偶然，而是当时特定社会历史环境的必然产物。第二次世界大战（以下简称“二战”）以后，特别是从 20 世纪 50 年代开始，由新的科技革命引起的世界性“第二次工业革命”，带来了社会生产力的飞跃性进步。西方资本主义世界出现了 20 世纪上半叶所未曾有过的持续的经济增长的局面，西方资本主义经济相应发生了结构性变化。美国在“二战”后迅速成为西方资本主义世界的领头羊，达到了资本主义世界经济和政治发展的顶峰。而在“二战”中遭受重大损失的欧洲，也迅速实现了重建与发展，并随后呈现一种高速发展的态势。

西方资本主义国家在“二战”后的迅速发展，在西方社会造成了一种普遍的乐观情绪与自信。不少西方学者因此认为，西方资本主义代表了现代世界发展的正确方向，西方世界正处在人类发展的较高阶段，而发展中国家则处在发展的较低阶段，落后国家发展的目标就是达到目前西方发达国家的状况。

“二战”后另一个历史性事件是世界范围内社会主义运动的展开。苏联经过“二战”的洗礼，国力迅速强大，影响遍及全球。社会主义国家相继诞生，使得社会主义阵营空前强大。以美国为首的西方资本主义国家并不甘心自己原有势力范围的减小，一心想要颠覆社会主义。于是，世界分裂为两个尖锐对立的社会体系，进入了社会主义阵营与资本主义阵营对峙的“冷战”时期。

与此同时，旧的殖民主义体系纷纷瓦解，大批殖民地国家得以独立。这些新独立的国家首先面临的就是发展道路的选择问题。其中对社会主义与资本主义道路的选择，不仅关系到它们的发展与前途，而且也关系到国际社会发展的方向与大局。与西方资本主义国家的想象恰恰相反，不少国家宣称它们的理想就是社会主义，认为只有社会主义才能迅速恢复与发展本国经济。这也使得西方资本主义世界对社会主义表现出极大的戒备与恐惧。

作为资本主义世界的领头者，美国一心想把其经济和政治的触角伸到世界的各个角落，当然不甘心将这些新独立的国家推向社会主义一边，为此美国提出了所谓的“第四点计划”（Point Four Program）①，企图以经济援助来拉拢和影响这些国家，将其纳入资本主义的轨道。

正是在这样的历史背景下，20世纪50年代末60年代初，美国新一代的年轻经济学家、社会学家、政治学家、人类学家分别从不同角度对第三世界国家的现代化问题进行了深入的研究，发表了大量学术论著，初步形成了西方现代化观。由于他们的现代化理论与美国政府的政治目标不谋而合，其目的就是通过向这些新独立的国家展现西方国家现代化的魅力，吸引它们走上资本主义的道路，因此，这些理论受到了美国政府与大财团的大力资助。

显然，早期西方现代化理论的主要目的就是通过现代化理论的传播，

---

① “第四点计划”也称“技术援助落后地区计划”，因为是1949年1月20日美国总统杜鲁门在就职演说中提出的侵略计划中的第四点，故名。该计划是当时实施于西欧的“马歇尔计划”的补充，其对象是发展中国家。

促使第三世界国家选择西方现代化道路，进入资本主义的轨道。正如一位西方学者所说，对西方现代化理论的研究，与其说是出于学说上的兴趣，还不如说是出于政治上的需要。（俞思念，陈平其，2005）这种被政治需要推动又服务于国际政治斗争的早期现代化理论，势必遭到理论和实践两个层面的批判。

三、依附理论和世界体系论对早期现代化理论的批判

早期现代化理论产生于“二战”后的西方发达国家，却对非西方发展中国家影响甚巨，但所有发展中国家现代化的实践都证明了早期现代化理论存在缺陷。20世纪60—70年代，依附理论、世界体系论对于现代化理论提出批评，提出了第三世界国家的发展道路和现代化路径。因此，依附理论、世界体系论都可以被看作“广义现代化理论”的组成部分，都可以被纳入现代化理论的大家族中。这些理论流派或分支开始注重社会变迁中传统性与现代性之间的辩证关系，以及现代化在不同地区，尤其是在第三世界国家的实现方式等问题。第三世界一批学者结合本国国情，对现代化问题进行了有益探索，现代化理论得到进一步扩展。（沈杰，2006）

早期现代化理论受到的批评主要集中在以下方面。第一，用现代化理论的关键概念“传统社会”和“现代社会”对社会进行分类未免过于牵强。一旦现代化理论的轴心建立在“传统性”与“现代性”之间的对立之上，那么，“传统性”概念实质上则被当作“现代性”概念确定之后的一种“剩余概念”，往往由于其内涵过于宽泛而显得含义不甚清晰。与此同时，社会发展进程被人为地分成传统与现代两个截然对立的阶段，与客观的历史和现实情况不符。此外，把现代化这种世界性的发展进程解释为由传统社会向着某种单一的现代性模式，即西方社会所发生的单线性渐进变迁而变化的过程，表现了这一理论所隐含的西方中心主义倾向。第二，虽然现代化理论提出了社会发展的基本途径问题，但是，对于发展的具体过程的关注程度仍然显得不够。如同莫尔（W. E. Moore）所指出的：“现代化理论着重于‘这个状态’到‘那个状态’的变迁方向，而非变迁的范围、时间、方

法和速率。基此理由，现代化理论乃是在说明与比较两种静态的社会，而不是一种解释变迁的理论。”（陈鸿喻，1985）[43] 第三，现代化理论的一些具体学说存在许多值得深入探讨之处，如关于工业化和城市化必然导致家庭纽带变得越来越松弛的观点就受到了质疑。第四，现代化理论没有辩证地对待传统文化与价值观，往往认为传统文化有碍经济发展。然而，现实证据表明，经济的增长和向现代社会的迈进，并不一定意味着抛弃所谓“传统的”价值观或信念，即使在“现代的”工业社会中，“传统的”价值观不仅会继续存在，而且所起作用可能还会更大。第五，现代化理论受到最强烈指责的一个方面是，它无视殖民主义和帝国主义对第三世界国家现代化进程的负面影响，而且也未能正视经济增长在很大程度上取决于对资源的控制权这一关键问题。

早期现代化理论存在的主要缺陷可以归结为：现代化理论是一种略显简单化的发展理论。它缺乏两个重要内容：一是充分的历史阐释，二是足够的结构分析。从历史的角度看，它忽视了大量的历史证据，而这些证据说明，经济增长不能简单地归结为用现代的价值观念和制度去取代传统的对应方面；从结构的角度说，现代化理论没有揭示诸如引进技术或扩大市场这一类经济增长因素在发挥作用时如何受到现存社会关系制约。另外，对于构成社会关系的社会权力与社会阶级的不平等问题，现代化理论也极少给予关注。（韦伯斯特，1987）[38-39]

与早期现代化理论利用传统社会向现代社会的过渡与转化解释非西方发展中国家的社会发展不同，依附理论主要用“中心”和“外围”之间的不平等关系来解释发展中国家不发达的原因。如果说现代化理论是一种内因论的进化观，那么依附理论则是一种外因论的发展观。

依附理论的代表人物有弗兰克、阿明（S. Amin）、桑托斯（D. Santos）、卡多佐（F. H. Cardoso）等，主要都是拉丁美洲和非洲国家的学者。

依附理论的兴起，是与现代化理论在非西方不发达国家的推行所带来的一系列不良后果联系在一起的。自20世纪50年代末开始，许多非西方不发达国家在现代化理论的“许诺”与诱导下，纷纷接受了现代化理论提供的“西方化”和“增长第一”的发展模式，采取了一系列对西方开放、引进外国资本、输入西方科技和优先发展经济的措施。但实践证明，西方化不仅未能带来社会的全面发展，反而造成广大发展中国家经济上对外依赖、政治混乱和社会动荡。因此，依附理论学者认为，正是西方发达国家的剥削和掠夺导致发展中国家不能实现现代化，只有与西方国家脱离关系，即“脱钩”，摆脱它们的剥削和控制才能取得发展。

依附理论注重非西方不发达国家贫困落后的殖民地历史，从其与西方发达国家的历史与联系中去考察它们欠发达的原因。依附理论打破了早期现代化理论的主导地位，唤起大批非西方不发达国家关注自身的发展问题，打破了对西方发达国家不切实际的幻想。

但依附理论也有一些缺陷，主要表现在以下几个方面。其一，依附理论批判了早期现代化理论中“传统”与“现代”的两分法，自己却又陷入了简单的“发达”与“欠发达”、“核心”与“边缘”的两分法中。其二，依附理论批判了早期现代化理论在价值观念（即文化方面）的内因决定论，但同时又陷入了政治经济方面的外因决定论。其三，依附理论认为发展与依附是不相容的，但许多国家如巴西的发展实践表明，发展与依附并非截然不相容的。其四，依附理论的普遍性、适用性存在问题，依附理论对于拉丁美洲和非洲的一些国家来说，在特定的历史时期或发展阶段有一定的适用性，但将它简单外推到所有发展中国家特别是亚洲国家，则是不合适的。

依附理论产生后很快被引入比较教育研究中。1974 年，卡诺伊（M. Carnoy）出版《作为文化帝国主义的教育》（*Education as Cutural Imperialism*）一书，标志着比较教育领域中依附理论开始流行。1984 年 7 月，第五届世界比较教育大会在巴黎召开，会议的中心议题是“教育的从属性和相互依赖性”，标志着依附理论在比较教育研究中被认同。（谈松华，2003）[52－53]

发展中国家对发达国家的依附性发展，表现在教育中就是：宗主国将本国的教育制度、结构强加给殖民地国家，而殖民地国家又不加鉴别和选择地输入、移植发达国家的教育体制、结构和理论；在国际教育交流中，由于发达国家提供了有附带条件的教育援助以及不考虑发展中国家的实际需要，教育援助的效果并不显彰，甚至适得其反；发达国家在教育输出过程中，往往有意无意地强调本国文化和价值准则的重要性，贬低或者否定发展中国家的本土文化，造成发展中国家青年一代的“文化异化”现象。(邬志辉，2000）[3]一些比较教育学者建议，“中心”和“边缘”的教育交流应该从单向的“输出”与单向的“依附”，转变为双向的交流与相互的依赖。

20世纪70年代中期，日本和“亚洲四小龙”的经济发展迅猛，东亚社会同时也取得了全面进步，这是早期现代化理论和依附理论不能解释的。而美国在70年代中后期则连续遭到越战失败、石油危机、经济滞胀等严重打击，整个资本主义世界经济发展并不景气。这种发展格局使人们开始从世界整体上去把握包括发达国家在内的每个国家的发展问题和现代化问题。

世界体系论于是应运而生，它力图弥补早期现代化理论和依附理论的缺憾。

世界体系论是沃勒斯坦（I. Wallerstein）等人于20世纪70年代中期提出的。世界体系论用体系观点来分析整个世界及其组成部分的发展与变革，它不像现代化理论那样只注重单个国家的现代化，也不像依附理论那样将世界简单地划分为中心国家和边缘国家，而是将整个世界视为一个统一的整体，探讨其总体的发展规律，并从其总体的发展过程中分析作为部分的国家的发展。

世界体系论的主要理论来源是依附理论，它借鉴了依附理论的很多观点，同时又借鉴了结构主义、系统论、法国年鉴学派（重视对社会发展进行“长时段”、长期发展趋势的分析）的理论与方法，因而超越了依附理论的分析框架，理论视野更加宽广。

世界体系论的最主要特点在于它的分析单位是“世界体系”而非个别孤立的国家。它认为现代世界只是一个体系，任何国家都不能脱离这个体系，都只能在这一体系中发展。依附理论的“脱钩”之说是不现实的。世界体系论提出“中心－半边缘－边缘”的三维分析框架，比依附理论的“中心－边缘”的二元分析框架更能反映世界诸国的发展现实和发展阶段。更重要的是，世界体系论比依附理论更为乐观，依附理论是一种静态的、悲观的分析模式，认为“中心－边缘”结构已经形成，边缘国家对这种不对等关系无能为力，而世界体系论则认为世界体系中的三类国家，即中心国家、半边缘国家和边缘国家，其地位都不是一成不变的，中心国家也可能沦为半边缘国家甚至边缘国家，而半边缘国家和边缘国家都有向上流动的契机。

不过，世界体系论并非十全十美，更不是现代化理论的终结，其理论局限也十分明显。其一，沃勒斯坦所提出的世界体系在本质上是不平等的，而现代化的本质就是要打破这种不平等的世界体系，但沃勒斯坦反复强调，不同国家在世界体系中的位置可以改变，而世界体系本身则不会改变。这样，沃勒斯坦不能从根本上为欠发达国家找到一条切实可行的发展之路。其二，世界体系论中的世界体系实质上是一种经济体系，有着强烈的经济主义价值取向，因而也招致了大量的批评。（王浩斌，王飞南，2004）

依附理论、世界体系论对于早期现代化理论的批判，为现代化理论的完善提供了丰富的启示。20 世纪 70 年代以后，伴随着后工业社会、知识经济、信息化和全球化的来临，伴随着东亚的崛起，世界各国发展进程中出现了一些新情况，世界各国发展的格局也发生了变化，现代化理论在实践要求和前述学术批判的基础上，又有了新的发展。

四、现代化理论的新探索

20 世纪 70 年代至今，现代化理论呈现出一些新的形态，主要表现在以下五个方面。

1. 新现代化研究

20 世纪 70 年代后期，现代化理论的研究者吸收批评者的意见，修正原有理论，并开展新的研究，这些修正和新增的研究成果，被称为“新现代化研究”。（张琢，马福云，2001）[78-80]

与早期现代化理论相比，新现代化研究有几点不同之处。首先，新现代化研究不再把传统与现代简单对立，而是认为它们不仅可以共存，而且可以相互渗透、相互促进，传统对于现代化的发展来说不再仅仅是一种阻力，也有一些有利的方面。其次，新现代化研究抛弃了高度抽象的类型学研究，而代之以具体的个案研究，重视历史对某个特定国家的社会发展模式的作用。再次，新现代化研究认为发展中国家可以寻求自己的发展道路，这是新现代化研究关注历史和具体研究的逻辑结果。最后，新现代化研究关注外部因素对当地现代化的影响，虽然它仍然将内部因素视为关键因素，但并不忽视外部因素在发展中国家发展中的影响和作用。

香港学者黄绍伦 1988 年对于中国家族企业的研究是新现代化研究的典型案例。根据早期经典现代化理论，中国的家族制是传统力量很强的社会制度，这种制度助长裙带关系，削弱工作纪律，因此，为促进经济增长，必须放弃传统的中国家族主义和家庭观念。黄绍伦却认为，经典现代化理论夸大了中国传统观念的负面作用，他根据对香港企业的实证研究，认为家族制对香港企业内部组织有深刻的影响，对经济发展具有很强的正面作用。他认为欧洲的资本主义发展经验不可能在中国简单复制和移植，中国社会结构的不同特征将导致不同的现代化模式。

另外，戴维斯（D. Davis）对日本宗教在日本现代化过程中作用的研究，亨廷顿对第三世界国家实现政治民主化的前提条件（包括经济水平、社会结构、外部环境和文化背景等）的研究，都属于新现代化研究。

新现代化研究运用案例分析和历史分析的方法，从早期经典现代化理论的宏大叙事中解脱出来，对于现代化的研究更加细致而全面。经过修正后的现代化理论，在 20 世纪 90 年代更富有生机。（周长城，1997）

2. 后现代化理论

后现代化理论的思想渊源是后现代理论。20 世纪 70 年代后期以来，西方发达国家所发生的急剧而不确定的变迁，在文化思想领域引起的一个重要反应，就是后现代理论的产生和风靡一时。

后现代理论崛起于 20 世纪 70 年代，并在 80 年代达到了顶峰，它的影响从最初的文艺、哲学领域日益向人文社会科学的其他领域渗透。后现代理论在社会研究领域引发了现代性与后现代性的论争。后现代论争对社会理论的影响主要表现在两个方面：其一，后现代理论对现代性的批判，引发社会理论家对于人类社会未来发展进程的一些维度的重新思考和定向；其二，后现代理论对社会理论传统的批判，引发社会理论家重新审视和构建一些最基本的理论预设。这一切都可能使得后现代理论的一些概念和范畴被吸收到社会理论主流体系当中，从而改变现代化的概念理解和研究范式。

后现代理论对早期西方现代化理论进行了严厉批判。（俞思念，陈平其，2005）后现代理论从根本上质疑“现代性”这个一切“现代化理论”的核心概念，否定“现代性”以及作为其基础的“理性”作为人类最高价值的合法性，从而对“现代化”本身的价值，以及对以探讨、促进“现代化”过程为己任的一切“现代化理论”的价值提出了质疑。后现代理论家们认为，现代化说到底，不过是依赖于人类以理性来实现的对自然界和人类社会生活本身的控制能力的增强。这种以理性为基础的控制能力的增强，虽然给人类带来了巨大的物质财富，但同时也给人类带来了空前的灾难性后果。

他们认为，近代哲学用理性的普遍性遮蔽差异性，就如同医生把各种有差异的病情都纳入同一模式中一样，成了压迫个性的工具。后现代理论所要摧毁的就是用理性框定一切、整合一切的形而上学信念。后现代理论在对个体主体性和理性至上原则的反思中，揭示出这两个原则的内在缺陷和弊病。正是作为西方现代化内在精神支撑的这两项原则本身的缺陷，才导致了西方社会的危机。

后现代理论认为，资本主义现代化模式并非完美无缺的理想模式。西方现代化理论把人的理性、知识以及由此带来的金钱、财富的价值推向了极端，“理性至上”“科学万能”，结果人从上帝的奴仆身份中解脱出来之后又重新沦为理性的工具。西方现代化一方面带来了物质文明的繁荣昌盛，另一方面却使人丧失了个性，成为理性、金钱的奴仆，人们并没有得到真正的幸福。通过对作为西方现代化的精神支柱和思想动力的个体主体性和工具理性的批判和反思，后现代理论指出，西方现代化中所出现的危机实际上就是个人本位、理性至上的资本主义现代化模式的危机。

后现代理论竭力瓦解现代文明的理性基础，试图推动一种建立在比单一理性更为宽广的多元基础之上的“新文明”，至今仍被视为批判现实社会弊病的武器。（俞思念，陈平其，2005）

但是，后现代理论对“现代性”的攻击也存在明显的过激之处。哈贝马斯（J. Habermas）对于现代性的捍卫是对这种过激批评的纠正。本章第三节还会展开讨论，此处不再赘述。

后现代化理论的代表人物之一是英格哈特（R. Inglehart）。他把1970年以来先进工业国家发生的变化称为后现代。在他看来，社会变迁不是线性的。在过去四分之一个世纪里，发达工业社会已达到了一个转折点并在一种可称为“后现代化”的新轨道上行进。由于后现代化的作用，一种新的世界观逐渐取代了自工业革命以来就一直支配着工业社会的观点，正在使支撑着政治、工作、宗教、家庭和性行为的基础规范发生转型。英格哈特认为：在现代化阶段，核心的社会目标是经济增长的最快化，个人价值观表现为对成就动机的追求，而理性和法律的力量高度膨胀；而在后现代化阶段，核心的社会目标是人类幸福的最大化，是提高生活质量，个人价值观表现为后物质主义和后现代价值观，除需要继续重视法律的力量外，与工具理性相抗衡，需要彰显道德和宗教的力量，关注生命的意义和价值。（沈杰，2006）

3. 自反性现代化理论

贝克（U. Beck）、吉登斯（A. Giddens）和拉什（S. Lash）是自反性现代化理论的创建者，1997年他们共同出版了《自反性现代化》（*Reflexive Modernization*）一书，提出了自反性现代化理论，力图超越现代性与后现代性的论争。

贝克指出，自反性现代化这一概念并不是指反思性（reflection），而是指自我对抗性（self-confrontation）。现代性从工业时代到风险时代[①]的过渡是无形的且是强制性的，紧随在现代化的自主性动力之后，呈现出潜在副作用模式。

贝克认为，简单现代化（或正统现代化）意味着由工业社会形态对传统社会形态进行抽离和再嵌入，而自反性现代化则意味着由风险社会形态

① 在西方，“风险社会”始于中世纪城堡政治的解体，而市场化则使风险社会成为现实。风险社会既是一种客观存在，更基于一种趋于理性计算的社会心态——理性计算取代了传统习惯和规则，它同时又是社会生活的货币化和市场化的一个重要后果。

对工业社会形态进行抽离和再嵌入。他把从工业社会向风险社会转变的过程称为自反性（reflexivity），以区别于反思性。自反性现代化指的是导致风险社会后果的自我冲突，而这些后果是工业社会体系根据其制度化的规则难以处理和消化的。这一过程可以超越知识和意识，在没有反思的情况下发生。尤其重要的是，他认为，自反性现代化是通向新的现代性之路。现代性并非只有工业社会这一种形式。现代性有多种可能性，这便是自反性现代化理论做出的回答。

贝克指出，提出自反性现代化理论的目的在于，让西方现代化理论与现代化社会学展开彻底的自我批判，以便开拓出对于不同的现代化目标、价值、前提、联系和道路，在国际层面上进行多样化讨论的空间。（沈杰，2006）

4. 新发展观

20 世纪 80 年代以来，根据世界发展出现的新问题和新情况，如，许多欠发达国家经历了几十年的援助和发展后其状况仍没有很大的改善，而一些新兴的工业化国家开始崛起，以法国学者佩鲁（F. Perroux）为代表的一些学者，提出了新发展观。1983 年，联合国推出佩鲁的著作《新发展观》（*The New Concept of Development*），标志着新发展观的诞生。该书猛烈批判了西方发达国家对第三世界的经济政策，批判了传统发展观忽视发展中国家的独创性和文化特殊性，认为传统发展观过于西化，劝告第三世界人民充分利用本国内部的文化、资源等来促进经济发展。该书全面系统地阐明了“以人为中心”是发展的评价尺度和目的，认为新发展应该是“整体的”“综合的”“内生的”。（佩鲁，1987）前言 2

在《新发展观》中，佩鲁辩证地批判了所谓的线性发展观，并指出：“社会的进步不是沿着一条有规则的笔直的道路；那条道路必须经过波动、加速、减速、中断和障碍。”（佩鲁，1987）91

在联合国工作期间，佩鲁看到了人类发展过程中的一系列问题，看到了人们追求片面发展所付出的代价，他深刻反思了 GDP（Gross Domestic Product，国内生产总值）主义对社会发展带来的消极影响，以及全球化条件下人的生存困境。佩鲁批判了传统的无发展的增长论，明确了纯粹的经济增长的不合理性。任何发展观都有价值诉求，传统的经济增长观追求以GDP为标志的物质财富的积累，而新发展观的价值诉求则在于实现人的价值和促进人的发展。他指出人类社会之发展首先应是为了人的发展，而非片面的为了经济增长而增长的发展，新发展观是“为了一切人和人的全面发展的科学”。

佩鲁还着重强调要重视人力资源的开发，认为人的发展和自由是所有发展形式的动力源泉，他要求人们重视人的发展以及自由的重要性，强调人的生命在法律上比财富的增长更为重要，发展的目的绝不是要强迫人们不情愿地像牛一样被喂养，而是要通过共同的努力，使人们能够自己养活自己，有意识地教育自己，来实现自己的解放。(佩鲁，1987) [210-211]。

新发展应该是“整体的”。“整体的”是指这样一种观点，它在各种具体分析之外，不仅考虑人类整体的各个方面，而且在其内在关系中考虑各个方面的不一致。它适用于具有不同规模和结构的各种实体，如一个国家、一个国家集团或整个世界。(佩鲁，1987) [前言2] 佩鲁指出发展要从社会整体内部的各组成部分出发，也就是社会整体结构中的各组成部分的实体和有机亚群体，涵盖了各机构、行业、地区、企业等。发展应该着眼于人类的整体，也就是说，谈发展必须从整体性出发，科学地、全面地对待各亚群体之间的矛盾，并要注重整体内部的所有组成部分之间的关系。一个国家内部的地区之间缺乏联系则弊端很大，要把握好整体内部各组成部分之间的联系，要付出很大的努力去逐步纠正这种缺乏联系之弊，尽量规避发展的不平衡带来的结果的不平衡。发展的本质在于从整体上去协调各种不同利益集团以及各种不同规模、不同层次、不同结构、不同功能的实体的发展。发展的总进程应如实地被看作是实现“妥协”的结果。这很类似于我们常说的统筹发展与协调发展。

新发展应该是“综合的”。这种综合性不是各类组成要素的简单叠加，它代表着要素间的互相作用和有机组合。在佩鲁那里，这种发展的综合性主要是指在人类社会发展的过程中诸相关因素以及部门之间形成整体以彰显发展的实质，要树立一种全新的发展观念，就是注重各方面的综合发展。我们所要关注的是地区与地区之间，或者各个部门、地区和社会阶级之间得到加强的内聚力及其综合力。

新发展应该是“内生的”。发展中国家要真正发展起来，必须主要依靠本国的内部力量及其内部资源。内生性发展同“人力资源”的素质有着紧密联系，尤其不能忽视人力资源对国家内部发展的重要作用。而发展中国家的现实却是，人力资源没有机会得到充分的利用，也没有得到充分的发展。（吴忠民，刘祖云，2002）[391-392]

发展不仅应该是整体的、综合的，还应该是内生的。由此人们提出了“内源发展”（endogenous development）战略，认为“发展应是由内部发生的，因为一个社会要发展，就应保持自己的特色，应从它的文化和固有的思维与行动方式中汲取力量。因此，发展应成为所有社会，无论是工业化社会还是发展中社会，社会体系经常变革的一个现实”。只有当发展能够加强和巩固社会的创造力时，只有重视发展政策和发展项目的集体或文化特性，并把人民大众从其自身发展的旁观者变成参与者，才能实现发展的内源化。（黄高智，范如湖，布斯凯 等，1991）[45]

可见，新发展观强调社会发展中人的价值和参与的重要性；注意到了社会发展中的共性与特殊性问题，提倡多元化的发展模式；强调内生发展，重视发挥内因的作用。

1998 年诺贝尔经济学奖获得者、印度籍经济学家森（A. Sen）也是新发展观的重要代表人物。他的以“实质（substantive）自由”为核心的新的发展观，改变了狭隘的发展观的范式，阐明了人的“实质自由”是发展的最终目的和重要手段，建立了全新的理论框架。他于 1999 年出版的著作《以自由看待发展》（*Development as Freedom*）深刻阐述了这一思想。

森认为，发展是涉及经济、政治、社会、价值观念等众多方面的一个综合过程，它意味着消除贫困、人身束缚、各种歧视压迫、缺乏法治权利和社会保障的状况，从而提高人们按照自己的意愿来生活的能力。他所倡导的发展过程涉及建立竞争性市场机制、政治民主、社会保障以及促进社会进步（包括消除性别、种族、宗教等各种歧视，普及基础教育、基本卫生，由人民以民主商讨审议的方式决定对传统观念文化的扬弃更新，等等）。

森认为，自由在发展中首先具有建构性作用：自由是人们的价值标准与发展目标中固有的组成部分，它自身就是价值，因而不需要通过与别的有价值的事物的联系来表现其价值，也不需要通过对别的有价值的事物起促进作用而显示其重要性。（森，2002）[4] 进步的评判必须以人们拥有的自由是否得到增进为首要标准，发展的全面实现取决于人们自由的主体地位。自由不仅是发展的首要目的，也是主要手段。森驳斥了将经济发展的需要与政治自由的实现相脱离的二元论，认为经济发展与政治自由是国家现代化进程中必须同时关注的两个方面。经济发展的紧迫性加强了政治自由的迫切性。

森非常可贵地把自由与理性有机地联系起来。他的自由发展理论建立在对理性的崇尚之上，认为理性足以解决社会政治经济的各种问题。以合理的眼光和视角来重新审视理性，会发现很多传统经济学家所认为的非理性的行为其实是个人理性行为的结果。如果将社会责任和道德理智纳入理性选择的考虑范围之内，那么人们道义上的互助、人道主义关怀也可以被称为理性选择。

森成长在殖民统治下的印度传统社会，他对人们遭受灾难痛苦的种种落后状态有着深刻的体会，这也是他在作品中深切关怀人民大众福利的重要原因之一。他的学术思想继承了从亚里士多德到亚当·斯密等古典思想家的遗产，他对全世界各地遭受苦难的人们的同情和关心使他赢得了“经济学的良心”的赞誉。

森的影响并不限于象牙塔内。他的一些重要思想及研究成果，已经在国际社会活动中发挥了重大作用。他帮助设计了联合国自1990年以来每年发表的《人类发展报告》以及用于其中的“人类发展指数”，该指数包括预期寿命、教育程度、生活水平等指标，可以较为全面地反映人们的生活福利状况。

联合国前秘书长安南（K. A. Annan）这样评价森：“全世界贫穷的、被剥夺的人们在经济学家中找不到任何人比阿马蒂亚·森更加言理明晰、富于远见地捍卫他们的利益。通过阐明我们的生活质量不是根据我们的财富而是根据我们的自由来衡量，他的著作已经对发展的理论和实践产生了革

命性的影响。联合国在自己的发展工作中极大地获益于森教授观点的明智和健全。”（周文文，2008）

5. 可持续发展理论

作为一种现代理论，可持续发展的渊源可追溯到 1968 年成立于意大利罗马的罗马俱乐部。从人类存在的现实出发，它将人类的困境作为研究目标。1972 年，罗马俱乐部出版了《增长的极限》（*Limits to Growth*），认为如果全球人口和资本继续按当时的趋势持续增长，世界将面临灾难性的崩溃，地球会在 100 年内的某日达到增长的极限，避免灾难的最好方法是限制增长，即零增长。《增长的极限》的出版，引起了一场世界范围的争论。该书被认为是悲观派的代表，但它从全新的角度启发人类重新认识人与自然的关系、经济发展等问题，提醒人类不要盲目陶醉于经济增长的成果之中。

1962 年，美国女海洋生物学家卡森（R. L. Carson）的《寂静的春天》（*Silent Spring*）一书问世，书中论述了杀虫剂特别是滴滴涕对鸟类和生态环境的毁灭性危害，指出了工业化国家产生的诸如资源衰竭、污染扩散等一系列问题，并提出应将生态环境问题纳入国家经济政策制定的考虑范围内。《寂静的春天》所描述的“世界末日”景象，引起了工业化国家公众的极大焦虑，尽管这本书的问世使卡森一度备受攻击和诋毁，但书中提出的有关生态的观点最终还是被人们所接受，环境问题从此由一个边缘问题逐渐走向全球政治、经济议程的中心。

1987 年，挪威首相布伦特兰夫人（G. H. Brundtland）向联合国世界环境与发展委员会（WCED）提交了《我们共同的未来》（Our Common Future）报告，提出了一个今天已经被普遍接受的有关可持续发展的定义：可持续发展是既满足当代人需要，又不对后代人满足其需要的能力构成危害的发展。可持续发展提倡以人为本，因为它的目的是提高人类生活质量；同时又以保护环境为基准点，因为发展是以尊重自然和资源为条件的。

可持续发展强调满足全体人民的基本需要，“持续的发展要求满足全体人民的基本需要和给全体人民机会以满足他们要求较好生活的愿望”（世界环境与发展委员会，1989）[20]，尤其是世界上贫困人民的基本需要，应将此放在特别优先的地位来考虑。基本需要的满足不仅要考虑当代人之间的公平问题，还要考虑代际的公平问题，既要满足当代人的需要，又不对后代人满足其需要的能力构成危害。

可持续发展是个规范性的概念，体现了人类社会在寻求满足需求时应尊崇的行为模式和评判标准，在提高生活质量的同时保证赖以生存的生态系统的可维持性。它包含三个基本方面：经济的、社会的和环境的，这三个方面构成可持续发展的基本框架。

可持续发展的经济含义要求社会追求的经济增长之路应是创造真实收入的增长，不应采用导致长期贫困的短视政策。同时社会在创造最优的经济收入的同时还应保持其基本的库存资本，即物质资本、人力资本和自然资本。按照可持续发展经济学的要求，这三者是相辅相成的。经济的可持续性也要求内在化所有成本，包括与生产和产品处理相关的环境和社会成本。

可持续发展的社会含义基于这样一个前提：平等和对人类社会中各成员间相互依赖关系的理解是人类生活质量的基本要求，也是发展的目标。为了长期的可持续发展，人类社会各成员应平等享有财富、资源和机会，能够在诸如食物、健康、居所、教育、自我发展等方面得到最低保障，享有相应的法定权利和社会福利。

环境因素预示着经济产出与环境基础结构的长期的和谐统一。要达到这一标准，所有基础设施投资要保证人类赖以生存的环境产品和服务的质量和持续性。它要求环境资源的使用建立在不减损自然界的生产能力或其向人类提供产品和服务的能力的基础上。

只有可持续发展这三个方面的聚合，才可促进经济的良好发展，保证社会公平，同时保证自然资源不被过度使用而枯竭并使环境能维持自身生机。可见，可持续发展是一个包含了社会、经济和生态系统的三维复合体系。通过世界环境与发展委员会的定义也可以看出可持续发展所强调的原则——代际公平和代内公平，即当代人的发展不能以损害和牺牲后代人的福利为条件，同时各国要达成可持续发展战略的共识，实现国家与国家之间、地区与地区之间的公平发展，这样可持续发展才不会成为一句空话，

才能形成从代内到代际、从人类到自然的和谐有机统一。（王玉婧，2004）

综上可见，在现代化理论演进的四个阶段中，人们提出了很多富有启发性的思想，这些思想已经对现代化实践和发展政策产生了实实在在的影响，这些思想不仅有助于深化人们对于“现代化”实质的认识，而且为教育现代化研究提供了丰富的理论资源。本书对于教育现代化的阐述就吸收了上述现代化理论中的很多成分。

第二节 现代化和教育现代化的含义

一、“现代化”概念的普遍化

从起源上看，“现代化”一词来自西方。讨论现代化问题时我们实际上使用的是西方的话语，亦即是在西方的语境中讨论的。这样便有了一个问题：西方话语是否适用于讨论非西方世界的问题？如果不适用，应做哪些限定才能使之适用，才能使“现代化”这一概念成为适用于讨论西方和非西方国家发展问题的通用工具？

从前文的分析中可知，现代化理论作为一种有影响的思潮兴起于 20 世纪 50 年代，西方学者是从发展经济学、发展社会学和发展政治学等角度提出现代化问题的，现代化理论实为发展理论的一个分支。这一理论关注的主要对象不是发达国家而是发展中国家，企图为发展中国家的现代化指一条明路。这种理论认为西方世界代表了世界发展的正确方向，处于人类发展的高级阶段，发展中国家的发展目标就是达到西方国家已达到的发展水平，亦即西方国家是发展中国家的榜样，西方国家的今天就是发展中国家的明天。

早期现代化理论中的现代化显然是以西方为摹本的，现代化亦即“西方化”“美国化”。“二战”后许多殖民地半殖民地国家获得了独立，独立后就面临着发展道路的选择问题。而处于“冷战”状态的以美苏为首的两大阵营为扩大各自的势力范围，加大了对独立国家的争夺力度，西方一些国家极力推销其发展模式，企图以西方模式对这些国家进行重建，从而达到支配这些国家的目的，而以西方为中心的现代化理论恰好能与西方国家的国际政策相配合。

早期现代化理论因带有强烈的西方中心倾向和明显的“冷战”色彩而受到各式各样的批判。有的学者认为，正是西方国家的入侵和殖民化阻碍了发展中国家的发展，西方国家给后者带来的不是发展也不是现代化，而是屈辱和剥削，认为用“现代化”这一名称对发展中国家而言“完全是个投降的标志”（阿明，1993）[101]。早期现代化理论所尊奉的是单线历史观，认为现代化只有一条道路，那就是西方道路，只有一种模式，那就是西方模式，从而漠视了不同国家的具体国情。它是一种专断的、傲慢的理论。依照这种理论，现代化就只能从属于西方社会的一些政治、经济和文化特征，现代化就只能是西方的、资本主义的，这样，“现代化”的内涵和外延就被大大限制了。这种理论不能说明中国现代化进程的成就，不能说明20世纪60年代东亚一些国家的崛起，因为中国走的是社会主义道路，东亚的文化背景是东方的而非西方的。

这就要求“现代化”这一概念应具有普遍的意义，“现代化”概念应普遍化，不局限于特定的地域、空间和发展价值观。只有这样，“现代化”和“教育现代化”才能作为分析教育发展问题的工具，使现代化理论和教育现代化理论具有更大的包容性，这种包容性就隐含了现代化模式的多样性，而西方模式不过是其中之一罢了。这种理论背景下的历史发展观就不再是单线发展观，而是多线发展观，意即现代化有多种模式，绝非只有一种西方模式。

本书所使用的现代化概念不是20世纪50年代西方一些学者所使用的狭隘的“现代化”概念，而是从更广的意义上，从更客观的角度理解现代化。首先，现代化不等于西化。西化只是现代化的一种形式而非所有形式，西方模式对许多国家的发展并不一定有效。现代化有多种模式，各种模式都是平等的。而且，“西化”这个概念严格讲也是不能成立的，因为英、法、德、美等西方国家的现代化道路是很不相同的。其次，现代化是可以超越意识形态的，否则既不能说明我国现代化的成就，也不能说明西方资本主义国家现代化的成功。本书认为，现代化是超越意识形态（社会制度）、文化传统和地域限制的，是世界各国的一个共同追求。

这样，“现代化”概念就可以用来分析发展中国家的发展问题，也可以用来分析发达国家的发展问题，既可以用来分析社会主义国家的发展问题，也可以用来分析资本主义国家的发展问题，从而成为一个具有普遍适用性的分析工具。

二、现代化的含义

“现代化”（modernization）一词就词意看，是“转变成为现代”（to make modern）。现代化就是指某种社会形态转变为“现代社会”的过程与结果。现代化是一个复杂的历史发展过程，它不局限于社会生活的某一个领域，而是包括社会生活的一切基本方面。

摩尔认为，现代化是传统社会向经济富裕、政治稳定的社会的总体过渡，工业化是现代化的起始原因，现代化是工业化的必然结果。列维通过比较现代化社会与非现代化社会在社会结构方面的特点，来阐述现代化的基本含义，他认为现代化社会与非现代化社会的差别体现在以下八个方面：(1) 现代化社会的组织分化程度高；(2) 现代化社会的组织依存程度高；(3) 现代化社会中维系社会的伦理具有普遍性；(4) 现代化社会的国家权力运行靠的是制衡机制而不是封建专制；(5) 现代化社会的社会关系是科层制而非家长制；(6) 现代化社会是有发达的交换媒介和市场的社会；(7) 现代化社会的社会关系是合理主义、普遍主义、功能有限和感情中立的；(8) 现代化社会的家庭向小家庭发展，其功能也正在缩小。以色列现代化理论家艾森斯塔德认为，现代化包括三个方面的内容：(1) 社会人口层面的现代化；(2) 个人活动和社会结构层面的现代化；(3) 文化领域的现代化。（殷正洲，项光勤，2001）

布莱克和罗兹曼（G. Rozman）是从政治结构、经济结构和经济增长、社会的相互依赖（包括人力资源、居住方式、组织结构、人与人的关系等方面）、知识与教育等方面讨论整个社会的现代化问题的。（布莱克 等，

1984）[18-20]（罗兹曼，1995）[10-15] 印度学者德赛对一些现代化理论研究者的观点进行综合后认为，现代化包括社会结构变化、政治变化、经济变化、生态变化（都市化）、文化教育领域和知识领域的变化等许多方面。（德赛，1993）[28-32]

现代化是一个综合性的社会变迁过程。学者们从不同视角出发描述现代化的含义。

其一，社会学视角。以帕森斯、摩尔、列维和勒纳等为代表的发展社会学家以社会进化论为指导，从社会结构与功能的转换和变迁来解释现代化。他们认为现代化是一个从传统农业社会向现代工业社会的转变过程，而现代社会与传统社会的根本区别是社会结构的分层化与整合化、社会功能的专门化与多样化、社会阶层的流动化与平权化、社会运行机制的市场化与法制化以及社会生活的世俗化、政府统治的契约化等。

其二，政治学视角。以亨廷顿、伊斯顿、阿尔蒙德等为代表的西方学者从政治结构的分化与政治参与的扩大来解释现代化。他们认为政治现代化是社会现代化的核心，现代化最显著的特征是国家政治制度的现代化，主张政治民主化、自由化、分权化与秩序化，强调政府权威的理性化与政府行为的法治化。他们指出社会现代化是一个同质化、革命化、进步化的历史过程，而政治体制和民主制度的演化与变迁则是这一历史过程的支撑点。

其三，经济学视角。以罗斯托、弗兰克、库兹涅茨、格尔申克隆等为代表的发展经济学家从经济层面对现代化进行了历史考察，认为现代化的主体是经济现代化，其中工业化与城市化是经济现代化的核心内容，而保证经济持续增长是实现社会现代化的关键。这一方向注重经济成长阶段特征、模式与动力机制的研究，也对经济增长与政治、文化以及意识形态变迁之间的内在规律有独到的见解。

其四，社会心理学视角。以英克尔斯等为代表的社会心理学家从人的价值观、心理素质、行为特征的转变与培育来解释现代化。他们认为现代化的核心是人的现代化，人的现代化是实现由传统社会向现代社会转变的根本保证，是实现社会稳定、持续与健康发展的根本前提。这一方向强调个人的参与意识、开放意识、进取意识、竞争意识、创新意识的形成与培养，重视现代人的形成，积极促成人的性格结构由传统向现代的转变。

我国的现代化研究在很大程度上受西方学者的影响，当然也具有中国的特色。大致说来，我国学术界的流行观点主要有以下几种。

（1）现代化概念有广义和狭义之分。广义而言，现代化作为一个世界性的历史过程，是指人类社会自工业革命以来所经历的一场急剧变革，这一变革是以工业革命为推动力，导致传统的农业社会向现代工业社会全球性大转变的过程，以及由此引起的经济、政治、文化、思想各个领域深刻变化的过程；狭义而言，现代化是第三世界落后国家赶超西方发达国家的过程，即第三世界后发国家在现代国际经济体系影响下，充分利用后发优势，采取适合自己的高效率途径，通过有计划地改造经济技术和学习外国先进经验，带动广泛的社会改革，加速实现向现代工业社会的转变，从而迅速缩小同发达国家的差距和适应环境的发展过程。（罗荣渠，1993）[16－17]

（2）现代化与社会转型是同义语，意指社会从传统向现代的转变过程。这个过程就是“从农业的、乡村的、封闭的半封闭的传统型社会，向工业的、城镇的、开放的现代型社会的转型”（郑杭生，李强，李路路 等，1997）[19]。这是一种“农业－工业”二分范式的现代化理论。《中国大百科全书（社会学）》也持同样的观点，认为传统社会和现代社会是相互排斥的，由传统向现代演进的过程就是现代化。

（3）现代化的关键是人的现代化。“现代化是世界性的以工业文明代替农耕文明的过程，是从传统的自然经济为基础的社会形态向以商品经济为基础的社会形态的转变，它包含着社会物质文明、制度文明和精神文明的现代转型，标志着人的物质生活、社会生活、精神生活所达到的现代水平。从这个意义上说，社会主义现代化建设，归根到底是社会主义现代化人的建设，人的现代化是社会主义现代化的终极目的。”（罗归国，1999）

（4）现代化既是人类社会的发展过程，也是发展目标。作为过程，现代化是指人类从传统社会向现代社会的转变；作为目标，系指在某一历史时期人类向理想社会迈进所能达到的最佳状态，或在某一历史时期人类进步所能达到的先进模式。概括起来说，“现代化可以看做是经济领域工业化、政治领域民主化、社会领域城市化以及价值观念领域理性化的互动过程。这种转变的动力从根本上来说是产生于人类在科学革命的推动下所获得的空前增长的知识，从而不断增强对环境的控制能力”（周毅，2003）。

（5）现代化有不同的发展阶段，当前世界正处于第二次现代化阶段。何传启指出，从农业时代向工业时代、农业经济向工业经济、农业社会向工业社会、农业文明向工业文明的转变过程是第一次现代化，从工业时代向知识时代、工业经济向知识经济、工业社会向知识社会、工业文明向知识文明的转变过程是第二次现代化。何传启把农业文明－工业文明－知识文明的三分范式作为划分现代化阶段的坐标，突出地指出了在第二次现代化阶段中，知识创新将起到决定性的作用。（王浩斌，王飞南，2004）

本书持广义的现代化概念，认为现代化是指文艺复兴以来特别是工业革命以来人类社会所发生的整体性的、走向现代社会的变迁过程。从时间维度看，这个变迁过程有起点而没有终点，现代化进程不会终结于一个具体的历史时段如后工业社会、信息化时代或者知识经济时代，所谓“二次现代化”“后现代化”等不过是现代化整体进程的一个阶段。从空间上看，现代化席卷全球，任何一个国家在现代化浪潮中都无法置身事外，都无处藏身，现代化的先行国家也面临继续现代化的问题。从内容上看，现代化涉及经济、政治、文化、教育等诸多层面的发展与变革，是诸多因素交互作用、极其复杂的社会运动。从发展模式来看，现代化根本没有固定的、单一的、线性的发展模式，不仅发达国家与发展中国家不同，西方与东方不同，而且西方诸国也不同，现代化模式具有多样性和差异性，那种单一模式论、西化论的观点是片面的。

现代化的本质是现代性的增长。现代化即现代性增加和扩展的过程，现代化的结果就是现代性的实现。关于现代性，后文还会详论。

三、现代化的两个发展阶段

严格讲，教育是社会的一个板块，教育现代化是社会现代化的组成部分，为便于讨论，本书把教育现代化从社会整体现代化中抽离出来，因此本书所讲的社会现代化主要指经济、政治、文化等维度的现代化。社会现代化的历史、现状和目标，是教育现代化不能回避的社会背景，对教育现代化的现实状况与未来走向有直接影响。

社会现代化分为两个阶段：从农业社会走向工业社会是第一阶段，从工业社会走向信息社会是第二阶段。与之相应，人的现代化和教育现代化也分为两个阶段。可以把第一阶段称为现代化 1.0，把第二阶段称为现代化 2.0。社会现代化、人的现代化、教育现代化都分为 1.0 和 2.0 两个阶段。

社会现代化 1.0 是指农业社会转变为工业社会的过程，即从农业社会的小农经济、君主专制、等级社会、宗教权威、神灵崇拜，走向工业社会的市场经济、经济工业化、人口城市化、政治民主化、管理科层制、社会法治化，以及社会分工细化、科学方法盛行与科技发展、重视经济成就与物质文明等。简言之，现代化就意味着工业化、市场化、城市化、民主化、科层化、法治化、科学化等等。

社会现代化 2.0 肇始于 20 世纪 60 年代，彼时，从全球范围看，后现代思潮产生，民权运动兴起，科技迅猛发展，信息化汹涌而至。20 世纪六七十年代以后的社会被称为“后工业社会”“后现代社会”“信息社会”“知识社会”等。

社会现代化 2.0 是全面的社会变迁过程，从外在形态上看，其最直观地表现为信息社会的到来。信息社会也称信息化社会，“信息化”概念出现于 20 世纪 60 年代初。信息化是指信息技术和信息产业在经济和社会发展中的作用日益加强并发挥主导作用的动态发展过程。信息化极大地改变了人们的工作方式和生活方式。在信息时代，知识和信息呈爆炸性增长，人类可以在前所未有的规模上进行信息收集、加工、传播和运用，从而使人类活动各方面表现出信息活动的特性。信息化也带来产业结构的调整、转换和升级，信息产业异军突起，迅速取代传统工业的位置成为国民经济的主导产业，有专家把信息产业从传统的产业体系中分离出来，称其为农业、工业、服务业之后的“第四产业”。

信息化的持续深入使人类社会日渐超越“工业社会”，而呈现“信息社会”的基本特征。在农业社会和工业社会中，物质和能源是主要资源，而在信息社会中，信息成为比物质和能源更为重要的资源，以开发和利用信息资源为目的的信息经济活动迅速扩大，逐渐取代工业生产活动而成为国民经济活动的主要内容。（李兴国，2007）[16-18]信息经济也被称为“知识经济”，实际上二者有密切联系也有一定区别，二者都是相对于农业经济和工业经济而言的崭新的经济形态，前者更强调把信息作为资源，后者更强调知识与技术创新，因为后者是指建立在知识的生产、分配和使用之上的经济。知识经济进一步强化了科学技术、科技创新对于经济发展的极端重要性。知识经济的关键是创新能力，而只有信息共享，才能高效地生产新的知识。

信息化还使全球化“加速”，使“地球村”变得更小。全球化创造出了超越民族国家的新型经济、社会和文化空间，使得组成世界共同体的国家或地区之间相互作用、横向联系、相互依赖都大大强化。信息化大大提高了组成世界共同体的国家或地区之间相互作用、横向联系的频次与速度，大大加深了它们相互依赖的程度与深度。

社会现代化2.0不仅仅体现为信息化与全球化，在这个阶段，社会现代化1.0所呈现的工业化、市场化、城市化、民主化、科层化、法治化、科学化等等特征不仅没有消亡，而且与时俱进，从全球看，呈现出新的风貌：工业化与信息化融合发展，走向新工业化；自由放任的市场经济受到国家力量的约束，企业的社会责任被强调，环境问题受到关注，可持续发展理念深入人心；民主化进一步推进，妇女和少数族群获得更多政治权利，人权更为普遍，而且互联网为民主参与提供了新技术手段；为解决市场失灵和政府失灵，在传统政治民主（以选举与代议制为主要特征）之外，社会治理（基层、直接参与的新型民主）兴起（褚宏启，2014）；发达国家城市化进程已经完结，但智慧城市建设提上日程；借助于互联网、大数据和人工智能，人类的认识能力大大提升，创新能力增强，科技进步加速。

四、教育现代化的含义

本书也是从广义上理解“教育现代化”这个概念的。由于国情不同，各国都有自己独特的教育问题和解决问题的方式，发达国家的教育现代化历程已充分表明了这一点。发展中国家没必要抱着自卑的心态跟随在发达国家之后亦步亦趋，独特的国情必然决定着独特的发展道路。诚然，教育现代化的特征有许多共性，但达到这些目标的路径在不同国家是不一样的，一种道路未必优于另一种道路。这种认识有助于我们客观理解我国和其他发展中国家教育现代化的后发型地位，有助于提高发展中国家研究者对教育现代化进行比较（尤其是发达国家与发展中国家比较）研究时的自信心。

应该以平等的眼光看待发达国家和发展中国家，没必要对前者高看一眼而对后者持蔑视态度。发达国家的教育也非十全十美，至今也还存在不少尚未解决的问题，还存在进一步“现代化”的问题。本书的意图也不是只针对发展中国家，挑它们的毛病，抱着苛刻、自卑的心态时时与发达国家的成功相比，为前者开处方。世界各国的教育发展皆有得有失，各国的教育发展水平也不尽相同，但都面临一个共同的问题，那就是进一步向前发展的问题。尽管发达国家的教育现代化起步较早，但它们的教育现代化进程并没有完结，它们依然走在教育现代化的道路上，只不过在许多方面走在前面罢了。

“教育现代化”这个概念，适用于发展中国家，也适用于发达国家，是一个具有广泛适用性的分析工具。

那么，什么是教育现代化？如果答案是“基础教育、职业教育、高等教育、继续教育的现代化”，那就只是把“教育”做了“类型”分解，并未触及现代化的本质。如果答案是“教育投入、教育过程、教育结果的现代化”，那就只是把“教育”从系统的视角做了“板块”分解，也没有涉及现代化的实质。如果答案是“教育观念、教育内容、教育方法、教育管理、师资队伍、办学条件等的现代化”，那就只是把“教育”做了“要素”分解，同样没有涉及现代化的实质。因此，这三种界定教育现代化的方式本质上只是进一步解释了“教育”，丝毫没有深化对于教育的“现代化”的认识，其学术基础是比较薄弱的，都属于“伪界定”。对教育现代化概念进行界定，必须既考虑“教育”的本质，又考虑“现代化”的本质。

本书的界定是：教育现代化是指与教育形态的变迁相伴的教育现代性

不断增长和实现的过程。

现代性与现代化不是一个概念。布莱克曾这样阐述二者的区别，现代性被广泛地运用于表述那些在技术、政治、经济和社会发展诸方面处于最先进水平的国家所共有的特征，而现代化则是指社会获得上述特征的过程。（陈嘉明，2003）基于此，我们也可以把教育现代化视为教育获得现代性的过程。

教育现代化是一个什么样的过程呢？亨廷顿认为，现代化作为一个过程，具有以下特征。

（1）现代化是革命的过程。从传统社会向现代社会的转变，必然涉及人类生活方式根本的和整体的变化，只有人类起源和从原始社会向文明社会转变，才能与之相比拟。

（2）现代化是复杂的过程。不能将现代化过程简单地归纳为某一种因素或某一个范围所发生的变化，它实际上包含着人类思想和行为一切领域的变化。

（3）现代化是系统的过程。一个因素的变化将联系并影响到其他各种因素的变化。现代化的各种因素之所以极为密切地联系在一起，是因为从历史意义上说它们必须联系在一起。

（4）现代化是全球性的过程。现代化起源于 15 世纪和 16 世纪的欧洲，但现在已经成为世界范围内的现象。这种情况的出现主要是通过现代思想和技术以欧洲为中心的传播，同时部分地通过非西方社会内部的发展。总而言之，一切社会一度都是传统社会，而现在的任何社会要么是现代社会，要么是正在成为现代社会过程中的社会。

（5）现代化是长期的过程。现代化所涉及的整个变化，需要时间才能完成。西方社会的现代化需要好几个世纪，当然后来者的现代化不需要这么长时间，但是，从传统性向现代性过渡所需要的时间仍然需要用世纪来计算。

（6）现代化是有阶段的过程。一切社会进行现代化的过程，都有可能有不同的水平或阶段之分。它显然从传统阶段开始，以现代阶段告终，而且这两个时期中的过渡阶段还可以进一步划分为几个小阶段。

（7）现代化是趋同的过程。传统社会以很多不同的类型而存在，现代社会却基本是相似的。

（8）现代化是不可逆的过程。虽然在现代化过程中，社会发展的某些方面可能遇到暂时的挫折和偶然的倒退，但在整体上社会走向现代化基本上是一个不可逆的趋向。不同国家之间变化的速度会有差别，但变化的总的方向不会不同。

（9）现代化是进步的过程。现代化在客观上是不可避免的，在主观上是人心所向的。在转变时期，现代化的代价和痛苦是巨大的，但是，现代的社会、政治和经济秩序取得的成就足以弥补这些代价和痛苦。从长远看，现代化增加了人类在文化和物质方面的幸福。（亨廷顿，1996）[44-47]

教育现代化的过程具备一般现代化过程的所有特征。教育现代化是一个革命的、复杂的、系统的、长期的、有阶段的、趋向同质化的、不可逆的、进步的过程。本书第二章将集中、深入地讨论教育现代化的过程。

根据教育现代化的定义可知，“教育形态”和“教育现代性”是理解教育现代化实质的两个关键概念。本书的内容就是两个概念的不断展开与细化深化，本书的结构就是两个概念分别作为“经线”与“纬线”的交织。

那么，何为教育形态，何为现代性呢？二者又有什么关系呢？

1. 教育形态

形态是某种事物存在的形式或者状态。教育形态是指教育这一社会现象存在的形式和状态。世界上任何事物都有一定的存在形式和状态，教育也不例外。

教育形态是教育在不同时空背景下的变化形式。根据不同的标准，可对教育形态做出不同的划分：（1）根据教育系统自身形式化的程度，可以将教育形态划分为“非制度化的教育”与“制度化的教育”两种类型。非制度化的教育是指那些没有能够形成相对独立的教育形式的教育，这种教育是与生产或生活高度一体化的，没有从日常的生产或生活中分离出来形成一种相对独立的社会机构及其制度化行为。制度化的教育是从非制度化的教育中演化而来的，是指由专门的教育人员、机构及其运行制度所构成的教育形态。制度化的教育是人类教育的高级形态。它的出现是人类教育文明的一大进步，也极大地推动了人类总体文明的进步。今天所谈论的“教育”和“教育改革”，基本上指的是这种制度化的教育。(2) 从教育所赖以运行的空间特性来看，可以将教育形态分为家庭教育、学校教育与社会教育三种类型，家庭教育以家庭为单位，学校教育以学校为单位，社会教育则在社会生活和生产过程中进行。其中，学校教育作为一种教育形态，有其自身的优越性，如有专门的教育机构，有专门的教师，有教育经费保障，有课程与教学计划，有学业评价与反馈机制等，正因如此，学校教育才成为一种主导性的现代教育形态。(3) 从教育所赖以运行的时间特性来看，可以把教育形态分为农业社会的教育、工业社会的教育和信息社会的教育。(全国十二所重点师范大学，2008) [7-10]

上述观点可以丰富我们对教育形态的认识，由此，可以把教育现代化概念中的“教育形态变迁”理解为非制度化的家庭教育和社会教育向制度化的学校教育的变迁，理解为制度化的学校教育的持续变迁，理解为农业社会的教育向工业社会的教育、工业社会的教育向信息社会的教育的变迁。教育现代化就是制度化的学校教育的现代化，教育现代化的过程就是农业社会的教育向工业社会的教育、工业社会的教育向信息社会的教育的变迁过程。然而，认识进展到这一步还比较粗放，并不足以使“教育形态”成为一个有效的分析教育现代化问题的工具，难以使我们对于教育现代化形成精致的认识。要使“教育形态”概念成为一个有用的分析工具，必须进一步细化、深化这一概念，必须把它进一步操作化。

需要找到构成教育形态的要素，需要确定教育形态的外延。教育形态是关于“教育”的形态，教育由哪些要素构成呢?“教育是一种相对独立的社会子系统。这个子系统包括三种基本要素——‘教育者’、‘学习者’和‘教育影响’”，其中教育影响即教育者作用于学习者的全部信息，既包括了信息的内容，也包括了信息选择、传递和反馈的形式，是形式与内容的统一。从内容上说，主要就是教育内容、教育材料或教科书；从形式上说，主要就是教育手段、教育方法、教育组织形式。教育的三要素既相互独立，又相互规定，共同构成一个完整的实践系统。(全国十二所重点师范大学，2008) [5-7]

这种界定，把教育视为教育者对学习者的影响，是对于直接的教育活动尤其是学校教学活动的界定，抓住了教育最核心、最本真的东西。但这种界定失之狭窄，没有把学校管理、教育行政、教育体系建构等重要的教育实践活动纳入其中。如果以之为逻辑基础来确定教育现代化的范围，那么教育现代化的外延就只是教育者、学习者、教育内容、教育手段、教育方法、教育组织形式的现代化，这样显然过窄。

由于对于教育的不同理解，学者们对于教育现代化的范围也有不同的理解，有三层面说、四层次说、六因素说等。三层面说认为，教育现代化包括物质层面的现代化（指校舍设施、装备仪器、图书资料、教学媒体和手段等的现代化），教育制度层面的现代化（指教育体制、法律、制度、规范体系等的现代化），教育观念层面的现代化（指教育价值、教育思想、教育观念等的现代化）。四层次说认为，除物质、制度、观念三层次外，还应该包含知识层面的现代化，如课程体系、教材、教法、学法等的现代化。六因素说认为，教育现代化是指教育思想、教育发展水平、教育体系、办学条件、师资队伍、教育管理的现代化。

上述看法，皆有值得商榷之处。三层面说没有涉及“教育活动”特别是作为教育核心的教学活动；四层次说中的“知识层面”反映了教育作为知识传授活动的本质特性，但更贴切的表达应该是“课程与教学层面”，不仅包括课程这种知识要素，也包括教学这种活动要素；六因素说也没有涉及课程与教学问题。

还有一个重要的问题是：三层面说、四层次说、六因素说都谈到了教育思想、观念的现代化，那么，教育思想与观念是否属于“教育形态”？

笔者高度肯定教育思想与观念在教育现代化中的作用，因为思想和观念是行为与实践的先导。“现代教育制度的确立首先是在教育思想和教育观念上得以突破的，没有教育思想和观念上的创新，就不可能有教育制度的创新。即使是中国教育现代化的早期萌芽阶段——洋务运动时期的教育也是经过了一番激烈的思想斗争的，即洋务派与保守派的思想斗争。科举制的废除更是两种不同的教育思想斗争的结果。这种教育思想大致可以包括培养什么样的人才；用什么内容来武装这些人才；用什么方法来训练人才；

用什么手段来选拔人才；教育的对象如何确定等。从教育观念来说，如以人为本的观念以及教育的民主性、开放性以及终身教育的观念等必须是现代教育的重要理念。”（谈松华，袁本涛，2001）

然而，笔者不主张把教育思想与观念纳入“教育形态”中去。因为教育思想与观念属于“内隐的精神存在”，而教育形态是指教育存在的形式和状态，是“外在的客观存在”，是人的教育思想与观念的外化形式、客观化形态。人的教育思想与观念的外化形式、客观化形态，只能是人的教育行为，亦即教育实践活动。人的教育思想与观念，一般只能从人的教育行为中予以衡量和评价。

人类的教育行为、教育实践活动并不只是狭义的教育活动，如此众多的、不同类别的教育工作者从事的工作，都属于教育行为、教育实践的范围。教育资源保障（人财物的提供）、教育体系构建、教育教学实施、教育管理等都属于重要的教育实践活动，都属于教育现代化实践进程不能回避的重要维度。

基于此，本书把“教育形态”定义为：制度化的学校教育（包括学历教育与非学历教育）的体系结构、教学活动、管理活动、资源保障等的总和。本书第五章就是从教育管理、教育体系、课程与教学、教育资源保障等四个方面对教育形态进行分析的。

需要注意的是，教育形态涉及的是实践，但不涉及教育实践的前因与后果。前因是指教育思想与观念、教育目的、社会背景等，这些或者属于教育实践之上的心理精神因素，或者属于教育实践之外的社会外部环境因素，但它们都对教育实践具有决定性影响；后果是指教育实践的现实结果，具体表现为教育所培养的人的数量、质量，以及教育对于经济社会发展的贡献。

教育实践的结果是衡量教育成效、评价教育现代化水平的重要维度，所谓“教育现代化的关键是人的现代化”就是从这个视角来讲的。本书第五章讲教育现代化评价时，会把教育实践的结果作为重要内容，但本书不把它作为教育形态的维度之一，因为它不属于教育实践或教育行为本身。

总之，教育形态的变迁是指教育的各个层面的演进过程，主要是指教育体系、教育内容与方法（课程与教学）、教育资源、教育管理等方面的变化过程。

2. 教育现代性

教育现代性是对现代教育的一些特征的集中反映，它体现了教育现代化过程中教育呈现出的一些新特点和新性质，教育现代性的增长是教育现代化进程的根本特征。

教育现代性是现代教育的本质，是现代教育区别于非现代教育的本质属性。本质是指事物的根本性质，是事物基本组成要素的内在联系。某事物的根本性质，对于该事物来说，就是它本身的特殊本质；对于其他事物来说，就是它们之间的本质区别。

现代教育的本质不同于教育的本质。教育的质的规定性是：有目的、有计划、有组织地培养人的社会实践活动。不论过去、现在还是将来，教育必定是培养人的活动，这便是教育的本质。本质特性即反映事物发展规律的稳定的、普遍的特性。教育的本质特性，即贯穿于一切教育之中，从古至今乃至未来，只要教育活动存在就永久起作用的特性。不论是社会发展、时代变迁还是教育自身的逐渐完善，都无法使其有所改变。

在历史长河中，现代教育只是教育的一个阶段，是现代社会才有的一种教育形态，它除了具有所有教育都具备的共同特性外，还具有与前现代教育不同的本质特性，即教育的现代性。现代教育的具体形态，有着多种多样的表现形式。文艺复兴时期，现代教育开始萌芽，从那时到现在，教育活动的内容、形式、方法不断更替，教育体系持续完善，结构化程度不断提高，学校管理和教育行政也变化多多，但如果透过这些形态和现象的流变，寻求潜藏在教育形态和现象背后的具有普遍性和稳定性的东西，便能找到现代教育的本质，找到现代教育的特殊规定性，也就是教育的现代性。

教育的本质特征是中性的，不论是专制社会的教育、民主社会的教育还是希特勒法西斯实施的教育，都符合教育的本质规定性。但是，现代教育的本质则有明确的价值方向，具有鲜明的价值理性。如果某种教育专制蛮横，死记硬背盛行，辱骂体罚屡见不鲜，而不是人道的、民主的、理性的，则很难被认为是现代教育。

教育现代性包括教育的人道性、理性化、专业性、民主性、法治性、生产性、信息化、国际化八个方面。正是这些方面把现代教育与古代教育、现代教育与传统教育实质性地区别开来。具体的论述详见本章第三节以及本书第四章。

从此可以看出，教育现代性、教育现代化概念中的“现代”，不是一个时间概念，而是一个性质概念，其本质是“现代精神”。例如，某些中东国家，尽管也处在全球化的现代世界体系中，而且富得流油，但妇女地位极低，妇女的职责主要是养育后代和操持家务，男子对妇女拥有绝对的权威，如男子可以娶四个妻子，妇女必须幽居在家，不得与其他男子接触，出门必须戴面纱，不能暴露自己的身体，不能进入工作场所、学校、议会或者任何其他有男子在场的公共场所。在这种情况下，人们很难说这些国家是现代国家，也很难说这些国家的教育是现代教育。

需要注意的是，不能把现代教育的目标混同于现代教育的本质，不能把教育现代化的目标混同于教育现代化的实质。事物的本质与目标具有根本不同，前者界定某个事物“是什么”，后者说明某个事物“为了什么”。

现代教育或教育现代化的目标，是为了促进人的发展与社会的发展，为了人的现代化和社会的现代化。而现代教育或教育现代化的本质，则是教育的现代性，教育现代性是某种教育之所以是现代教育的本质规定性。

3. 教育现代性与教育形态的关系

一个国家的教育现代化程度主要体现在教育现代性的增长方面。教育现代性的增长从教育形态的变迁中体现出来，教育形态是表象，教育现代性则表明这种形态的性质和本质。

教育形态的变迁和教育现代性的增长不是一回事情。并非所有的变化和变迁都是现代性的（如德国希特勒时期的教育），有时会有停滞甚至倒退。“逆现代化”（demodernization）、“现代化断裂”（breakdown）、“现代化被延误”（the delayed modernization）等，所表达的就是现代化进程中的停滞或倒退现象。变迁有正向和负向两种可能，教育现代性的增长却是进步的表征。教育现代性并不一定随时间的推移而持续增长，在一定历史时期，教育现代性会减弱乃至某些原有的教育现代性会完全丧失，而教育形态的变迁却是持续的。

教育的现代性主要体现在教育的人道性、理性化（含世俗化、科学性等）、专业性、民主性、法治性等方面。在不同的文化背景下，其变迁有不同的表现。如基督教文化背景下的世俗化与儒家文化背景下的世俗化显然不同。儒家文化本身具有较强的世俗性，儒家文化国家往往有着悠久的中央集权传统。西方世俗化和国家化过程经历了宗教势力与世俗势力的长期斗争，经历了封建领主制（西欧封建制与中国封建制在权力结构上大相径庭）向专制主义进而向民主制的转变。宗教战争后宗教信仰宽容与自由原则的普遍确立，标志着西方社会决定性地走向了世俗化。而儒家文化背景下的世俗化进程因儒家文化具有世俗性的假面而更具艰巨性。

中国的文化和教育在世俗化问题上尚未真正走出“中世纪”，因为世俗化的实质并没有被足够多的人所认识，并没有充分地实现。“世俗化的含义并不是绝对的无神论，因为强制的无神论本身就源于宗教式的思维方式；世俗化也不是享乐主义，因为我们几乎可以在一切宗教里找到享乐主义的踪迹；它甚至也不是理性统治一切，因为理性无法解决心智的平衡，并且它也不绝对排斥宗教。世俗化的实质是对信仰的宽容，是社会放弃对个人信仰的监督。这一点正是近代文明的精髓之一。”（钱乘旦，1991）[244]

教育现代性是一个多面体，由许多方面所构成。不同国家在教育的现代性的增长方面并不均衡，不是齐头并进的，往往一个国家在教育现代性的某一方面先行发展，其他方面的教育现代性增长则较为迟缓，而另一个国家却是另一个样子。这就使得不同国家的教育现代化进程各具特色，并对其后的进程产生重要影响。尽管各国教育发展的路径各异，但教育现代化的本质表现——教育的现代性却有趋同性。殊途同归是教育现代性发展的基本表现。

教育现代化是一个历史过程，至今仍在持续着。不能说一个国家早就实现教育现代化了，而另一个国家的教育现代化还踪影全无。比较恰当的方式是用教育现代化程度高低来衡量一个国家的教育现代化的发展水平。列维在其《现代化和社会结构》一书中将现存社会分为两类，即“相对现代化社会”和“相对非现代化社会”，这种划分方式引入了“相对”的概念，是比较可取的，因为“现代化”程度高低本身就是相对的。就不同的国家而言，不仅教育现代性的增长方式不同，而且教育现代性的增长量也不同，这就导致了不同国家不仅教育现代化的道路不同，而且教育现代化的程度也不同。

五、教育现代化的国家目标与实际功能

如果说教育现代化的“本质”是教育现代性的增长，阐明了“教育现代化是什么”，那么教育现代化的“功能”则是探讨教育现代化对个体发展和社会发展、对人的现代化和社会现代化所产生的实际影响和作用。功能是一种实然的结果，这种结果可能在预设和预料之中，也可能是超越预期的，甚至与预设的教育现代化的目标相去甚远，因此，教育现代化的“功能”是指“教育现代化发挥的实际作用”，亦即教育现代化这种实践活动的实际结果。

在现代社会，民族国家是教育现代化的发动者和推进者，是教育现代化的“主人”。教育现代化的目标，是指在教育现代化过程中国家所确定的通过发展教育要实现的目标，一般包括两个方面：促进国家政治、经济的发展，促进人的发展。或者说，促进国家（社会）的现代化和人的现代化。

可见，教育现代化的目标和教育现代化的功能都指向教育实践活动之外，都指向社会现代性和人的现代性，但二者有根本上的不同。目标是主观的“应然设想”，功能是客观的“实际效果”。

在现代社会，国家为什么斥巨资发展教育？因为其希望教育发挥重要的功能。从诸国教育现代化的实践看，各国对于教育有很高的期待，对教育的作用予以了很高的评价。

美国国家优异教育委员会（The National Commission on Excellence in Education）1983年发布的报告《国家处于危险之中：教育改革势在必行》（A Nation at Risk：The Imperative for Educational Reform）指出：“教育是本国未来国力的主要基础。……教育比建立最好的工业体系或最强大的军事

力量更为重要。……教育……是满意的生活、开明和文明的社会、强大的经济和安全的国家的基础。……美国的安全，无论是今天或未来取决于颇有自信的人民的智慧、技能和精神。”（吕达，周满生，2004b）[9] 该报告同时忧心忡忡地指出，“我国社会的教育基础目前受到日益增长的庸庸碌碌的潮流的腐蚀，它威胁着整个国家和人民的未来”，“其他国家正在赶超我们教育上的成就”。（吕达，周满生，2004b）[1] 该报告掀起了美国新一轮的教育改革热潮。

美国把促进经济发展、提升国家竞争力、维护国家安全作为教育改革的重要目标和动力。同时，美国还非常重视教育的政治目标。《国家处于危险之中：教育改革势在必行》引用杰斐逊（T. Jefferson）的一段话来说明教育对于民主政治的意义：“除了人民自己，我不知道谁是社会最终权力的可靠保管人。如我们认为，人民在管理社会作出审慎的判断时，还嫌他们不够有教养的话，补救的办法不是剥夺他们手中的管理社会之权，而是告诉他们如何去判断。”（吕达，周满生，2004b）[3] 美国 1986 年发布的研究报告《国家为培养 21 世纪的教师作准备》（A Nation Prepared：Teachers for the 21st Century）将教育视为民主政治的基础：“我们强调教育与经济之间的关系，目的是使人们认识：没有足够的教育会使经济蒙受巨大的损失。但是，我们也同样反对把为工作作准备当做教育的唯一目的或主要目标的观点。从我们国家诞生之日起，无论是对个人还是对国家，教育就一直被视为民主的基础。仅从电视上被动地获取大量信息的选民们极易受人摆布。学校必须培养公民对自治制度的深刻理解。……必须使我们的公民能对 20 世纪末发达经济所反映出来的生活特有的复杂问题和事件作出明智的判断。如果做不到这些，我们传统的民主制度就将逐渐受到削弱。”（吕达，周满生，2004b）[259]

其他各国的教育政策大同小异。英国 1992 年教育白皮书《选择与多样化：学校的新框架》（Choice and Diversity：A New Framework for Schools）指出：“教育提供我们未来的劳动力，并奠定我国经济发展和竞争能力的基础。没有受过良好教育的劳动力，我们的事业便不能成功。”（国家教育发展研究中心，1999）[357]

俄罗斯联邦教育部2002年发布的《2010年前俄罗斯教育现代化构想》指出：教育在俄罗斯现代社会发展中的作用是由俄罗斯向民主和法制社会、向市场经济转型的任务决定的，是由使国家发展跟上经济和社会发展的世界趋势的必要性决定的。国民教育系统是保持俄罗斯的大国地位和维护其作为拥有高水平的文化、科学、教育的国家的国际威信的重要因素。在俄罗斯目前的发展阶段，与科学有着密切的本质联系的教育成为确保经济增长、提高国民经济的效率和竞争力的最强的推动力，成为民族安全、国家富强、公民幸福的重要因素之一。俄罗斯教育系统有能力与各先进国家的教育系统进行竞争。（吕达，周满生，2004a）[256－257]

教育现代化的目标深深地打上了国家的烙印，体现了国家意志和国家战略意图。不管你是否承认，是否情愿，在国家的手中，教育总是一个工具，不是这样一种工具，就是那样一种工具。使教育从“工具”的地位中摆脱出来的想法是不现实的，因为，国家是教育的管理者、控制者和主要的兴办者，国家为教育付出很多，它必然要求回报。教育的这种价值取向是一种典型的工具性取向，这种取向显著地体现在国家教育政策、立法之中。还应注意的是，不应狭隘地理解“国家发展”和“国家现代化”，将之只视作经济问题，国家发展是经济、政治、科学文化诸方面的整体进步，现代化也不只是经济的现代化，而是社会各个构成层面的整体现代化。因此，教育不应是片面的，也应培养学生具有现代的政治态度、价值观念，从而促进现代政治的发展和现代社会的进步。

国家现代化和教育现代化二者之间存在着复杂的互动关系，一方面，教育的发展能促进国家的发展，另一方面，国家的发展为教育的发展、为教育的现代化提供了必要的制度性前提。

在促进国家和社会的现代化的同时，教育现代化还要“促进人的发展，促进人的现代化”，这种目标取向关注人的个性的全面而丰富的发展，意欲通过教育使个体的人生活得更有意义、更有价值，这是一种典型的人道主义的价值追求，它赋予教育一种更本真、更深层的意义。

从终极的意义上讲，教育现代化的两种目标取向应该是统一的，国家发展与个体发展应是相得益彰的，因为国家发展了，可以给个体发展提供更好的条件从而促进个体发展，而个体发展了，则可以为国家发展提供素质良好的公民从而促进国家发展。然而研究表明，这两种取向并不总是统一的，有时还存在着矛盾和冲突。

国家作为教育的投入者、管理者，实际上更注重国家发展问题，一般总是把国家发展摆在个人发展的前面。尽管各国宪法、法律都将一切青少年的全面发展定为一个公民基本的权利，但政府在对教育事业进行规划时，实际关注的首先是教育对于国家发展的作用问题。尤其当国家安全受到威胁、国家利益面临威胁时，教育作为国家工具的价值更加受到关注。1957年苏联发射了第一颗人造地球卫星，美国大为恐慌，当时美国的一位参议员惊叹道："苏联的教室和图书馆、实验室和教学方法，对我们的威胁可能比他们的氢弹还要厉害！"1958 年美国颁布《国防教育法》(National Defense Education Act)，当时的美国总统艾森豪威尔（D. D. Eisenhower）指出，"要通过这个法律大大地加强美国的教育制度，使之能满足国家基本安全所提出的要求"（王天一，夏之莲，朱美玉，1993）[90-91]。与之形成鲜明对比的是，当时"以儿童为中心"的进步主义教育理论与实践受到猛烈批判。现在看来，当时的批判未免有些过火。进步主义也不像当时一些人所批判的那样罪大恶极，实际上它更关注儿童的平等发展和全面发展，更具人情味。当时进步主义实际上成了一只"替罪羊"，因为美国没能在苏联之前让卫星上天，绝不只是进步教育的问题，其影响因素非常复杂。进步教育受批判，美国更强调教育对国家利益、国际争霸的作用，这种历史事实充分说明，一旦国家面临危机，国家利益总是被放在个人发展之前予以考虑的。

因此，如何在国家发展和个人发展之间取得平衡，如何处理国家利益与个人利益的冲突，是教育现代化政策与实践不能回避的问题。如同 2013年美国斯诺登（E. Snowden）曝光的"棱镜计划"（PRISM）所揭示的那样，国家出于某种理由，可能会侵害公民个人的权益。

另外，需要特别关注的是，国家所确定的教育现代化的目标，不一定能充分反映人的现代化和社会现代化对于教育现代化的客观要求，亦即国家目标与应然目标可能会不一致。不一致的原因可能是认识上的，对人的现代化和社会现代化的本质认识不充分，导致所确定的教育现代化的目标出现偏差；也可能是非认识上的，比如，即便充分认识到了人的现代化和社会现代化对于教育现代化目标的要求，决策者出于利益偏好、个人私利或者集团利益，在确定教育现代化国家目标时，会故意使该目标偏离应然目标。

在教育现代化过程中，要特别注意教育促进社会现代化与教育促进人的现代化的平衡。一方面，教育要促进社会的现代化。在现代社会，教育对社会现代化的作用越来越大。教育对经济增长、综合国力提升具有战略性和基础性作用。工业化的发展，使第三产业从第一、第二产业中分离出来，教育同知识、信息一起被划入“第三产业”。自社会步入信息化进程以来，教育、知识和信息的独立作用日益突出，因此又从第三产业中分离出来，构成了所谓的“第四产业”，即知识产业，教育已经成为现代社会的基础设施，具有战略性和先导性。特别是高等教育机构已经从社会的边缘走向经济发展的中心，“大学日益成为后工业社会的主要机构”（贝尔，1997）[272]。

另一方面，教育要促进人的现代化，要有终极关怀，要不断自省。但现实往往是，教育在现代化过程中缺乏反省和批判意识。在现代化的危机面前，由于教育缺乏批判的价值向度，结果加剧了主体的幻灭、意义的失落和心灵的漂泊。教育有时更多地是按照技术的原则、机器的原则、市场的原则在发展，而不是按照人的原则在发展。池田大作说：“在现代技术文明的社会中，不能不令人感到教育已成了实利的下贱婢女，成为追逐欲望的工具。”“现代教育陷入了功利主义，这是可悲的事情。这种风气带来了两个弊病，一个是学问成了政治和经济的工具，失掉了本来应有的主动性，因而也失去了尊严性。另一个是认为唯有实利的知识和技术才有价值，所以做这种学问的人都成了知识和技术的奴隶。”（池田大作，汤因比，1985）[60-61] 教育不仅有功利化的、关切社会现实的功能，而且还应有非功利化的、给予人终极关怀的理想，在人的全面发展与社会全面进步之间保持合理的平衡。（谈松华，2003）[54]

第三节　现代性与教育现代性的含义

教育的现代性是教育现代化的本质规定性。抛开现代性去理解教育现代化的实质，无异于南辕北辙。那么，教育现代性的本质又是什么？本节从历史的视角先分析现代性的生成、后现代主义对于现代性的批判，以及现代性的重构，在此基础上，再论述教育现代性的本质及其表现。

可以把现代性理解为“现代精神”，或者理解为现代的情感、态度、价值观以及相应的行为模式。福柯（M. Foucault）就把现代性理解为“一种态度”，他说：“所谓‘态度’，我指的是与当代现实相联系的模式；一种由特定人民所做的志愿的选择；最后，一种思想和感觉的方式，也是一种行为和举止的方式……。无疑，它有点像希腊人所称的社会的精神气质(ethos)。”（福科，1998）[430]

现代性（modernity）是指与现代社会相联系的精神气质、思想态度与行为方式。它集中体现了现代社会不同于古代社会、传统社会的一组特征。它不是一个时间概念，而是一个价值概念。即便是当代社会存在的一些特征也不一定就体现了“现代性”，甚至有可能是前现代的乃至是封建腐朽的，例如，当代中国社会存在的一些特权思想与行为就属于封建腐朽的东西。

一、现代性的生成

现代性发端于文艺复兴，形成于启蒙运动。“文艺复兴以来科学观念的传播以及人文主义思潮的发展，使科学、自由和追求世间的幸福成了推动启蒙的主要因素。与科学革命和启蒙运动的开展相伴随的，是对宗教的猛烈批判，这使社会表现为一个世俗化的过程，或者用韦伯的话来说，是一个‘世界的祛魅’过程，它改变了人们的思维方式与世界观，形成了人们的理性意识，推动了反宗教蒙昧迷信运动，催生了主体性意识，产生了现代的自由、平等、博爱等价值观念，所有这些为现代资本主义社会的产生提供了思想基础，它们也因此构成了哲学意义上的现代性的基本特征。”（陈嘉明 等，2001）[3]

现代性有几个关键词：理性、自由、世俗化，以及建立在这三者基础之上的“主体性”。现代性的本质特征是人的主体性的确立，人与上帝、与自然、与他人、与自己的关系发生了质的变化。

启蒙运动时期的思想家抨击宗教，用理性替代上帝，把理性作为评判一切存在是否合理的标准。而在原来，上帝是评判一切存在合理与否的标准，个人存在的根本意义在于虔诚地信仰上帝，“我信故我在”。现在上帝死了，谁主沉浮？理性成为新的上帝，个人的本质是理性，“我思故我在”。理性主宰一切，理性使人类社会科技发达，使人类力量大增，人类向自然开战，力图征服自然。与此同时，理性的力量也使人类开始自我膨胀。

现代性崇尚人的自由与解放。卢梭（J. Rousseau）认为，人生而自由，但却无往而不在枷锁之中，卢梭力图寻求一个建立在契约基础上的自由社会。康德和黑格尔都强调人的自由与权利的神圣性。康德（I. Kant）认为自由是人与生俱来的权利，“人的权利是不可亵渎的……。一切政治都必须在权利面前屈膝”（Kant，1965）[44]。黑格尔（G. W. F. Hegel）指出：“一般说来，现代世界是以主观性的自由为其原则的，这就是说，存在于精神整体中的一切本质的方面，都在发展过程中达到它们的权利的。”（黑格尔，1961）[291] 现代性的“自由”特征带来了现代社会个人主义精神的发展。

世俗化是理性精神与自由精神的现实表达。人们用理性精神对抗宗教迷信，设计理想社会（如孟德斯鸠设计的权力制衡机制等），改造自然和社会，算计个人利益；用自由精神反抗宗教压迫和专制统治，追求人人平等和政治民主，追求人世间的爱情、幸福和财富，追求个人的个性发展与自我实现。世俗化意味着宗教力量的式微，意味着追求功利的合理化与合法化。以自由契约为基础的市场经济和以逐利为基本目的的资本主义的发展，是社会走向世俗化的最佳也是最显著的案例。

当一个人拥有理性的力量、自由的精神、对世俗利益的渴望，而不是匍匐在上帝脚下忏悔原罪、刻苦禁欲、轻贱今生、向往来世，他的“主体性”就被充分激发和动员起来了。人，因为主体性的觉醒，终于站起来了。

理性、自由、世俗化以及主体性的觉醒与弘扬，无疑是现代社会的内在精神气质。这些内在精神的外化，就表现为现代社会外在的、有形的特征，如市场经济、民主政治、科技发展等，而这些外在的、有形的特征，就是我们一般所言的现代化。

二、对现代性的批判

现代性同早期现代化理论一样，也受到后现代主义的猛烈抨击。尼采（F. W. Nietzsche）、海德格尔（M. Heidegger）、杜威、维特根斯坦（L. Wittgenstein）（后期）等被视为后现代主义哲学的来源，阿多诺（T. W. Adorno）、福柯、利奥塔（J. F. Lyotard）等则是后现代主义哲学的主将。

后现代性是后现代主义精神的集中反映，是对现代化的反思和批判。正如利奥塔所言："后现代性不是一个新的时代，而是对现代性自称拥有的一些特征的重写，首先是对现代性将其合法性建立在通过科学和技术解放整个人类的事业的基础之上的宣言的重写。"（包亚明，1997）[165] 后现代性反对工具理性，主张重建精神崇拜；反对整体性，主张差异性和多元化；反对无节制的个人主义，主张负责任的个人主义。

在后现代主义看来，现代性以理性为旗帜，本来意在使世界清醒、用知识代替神话，但导致的却是新的神话。现代性以对社会的总体性设计，造成了操纵、压制个体的意愿与行为的结果。它宣扬的主体性突出的是人的能动性、中心性、先验性，将人视为自然的主人、世界的中心，导致对自然的掠夺。在后现代主义看来，这种意义上的“主体”只是一种虚构，人不是孤立存在的，“自我并不是一座孤岛”，人总是处于特定的政治体制、社会网络、文化环境中的。在高扬“主体性”的同时，存在的意义却被忘却，人实际上沦为技术的附庸。因此，否定这种主体性概念，就会使有关人类干预、规划、操纵、控制社会与自然的所谓“合理性”的企图得到消解。人再也不是世界的中心，而是世界系统的一部分。作为世界的一员，人应该关注自己切实的生存命运，重视自身与自然的和谐相处。（陈嘉明

等，2001）[12]

后现代主义对于理性的批判要点如下。

第一，现代性强调理性的作用是以忽视乃至贬斥、压抑人的非理性、情感、意志为代价的。理性在认识上和行为上成为压制非理性的借口。

第二，理性促进了科技进步，但科技进步并没有给人类带来更大的自由、更公平的财富分配，相反，却加重了人们对于科技发展为人类带来什么后果的忧虑。另外，科学技术作为一种工具理性，无法为自己的合法性提供证明。科技本身反而会被用于“理性”地屠杀人类、消灭异己，奥斯维辛集中营就是精细地运用科技手段从肉体上消灭犹太人的典型案例。

第三，理性会与权力联手，成为权力的工具，成为有权者用来压制不同思想观念、不同文化和种族的借口。理性不仅体现为科技知识，也体现为某种社会学说。当某种关于社会与人类的看法以理性之名面世时，当某个政府的战略规划以理性之名推进实施时，当某个社会的典章制度以理性作为自己的根据时，它们就获得了“合法性”。例如，德国法西斯屠杀犹太人也是以某种颇能蛊惑人心的种族优越论作为“理性”的依据与“合法化”的根据的。在人文社科领域，知识、真理等概念具有与自然科学的相应概念不同的性质，它们强烈地受到意识形态和政治因素的左右。理性和真理“取消了”他人的观点，意味着话语霸权，为有权者辩护，使弱者感到自己是错误的，理性和真理成为政治压迫的工具。此时，理性与一种压迫性的、集权性的社会方式和种族中心论的文化帝国主义相统一。

后现代主义通过批判现代性的知识论与认识论模式，进一步深化对于理性的批判。这种批判主要集中在对普遍性、总体性概念以及本质主义的批判上。追求普遍性、总体性和本质的理论导致的结果就是，它在主观上预设了一种现实必须与之相符的本质，一种终极的本源，认识的目的就是揭示这种本质，实践的目的就是把这种主观预设的本质变成现实。这种本质具有普遍性和整体性特征，这些特征本身就构成一种力量、一种权力，会导致对个体、差异、异端的压制和摧残。

后现代主义在思想方式上要求把差异从整体性的“同一逻辑”中解放出来，认为应有一种与同一逻辑不同的“差异逻辑”来把握事物的多样性。

存在就是差异，差异无所不在。利奥塔宣称："让我们向总体性开战……让我们激活差异，拯救它的声名。"德勒兹（G. Deleuze）要求"把事物劈成碎片"，他认为概念是差异的超常（excess）表达，而不是一致性的仲裁者。概念不是僵硬固化的东西，它不会把自己局限于线性的发展，概念的作用在于帮助建立某个新的语境。福柯则认为，认识的目的并不是去找出差异之下的共同要素，而是应当"差异地"理解差异，因而差异就不再让位于导致概念一般性的普遍特征，而是要使关于差异的研究本身成为当然的东西，成为题中应有之义。（陈嘉明 等，2001）[18－19]

后现代主义强调差异性的一个逻辑结果就是对于人文社科研究特殊性的强调，对于人文社科理论多样化、多元性的倡导。在现代性哲学中，由于其思维方式是受启蒙运动以来自然科学的进步及其思维方法影响的，因此是建立在寻求把握事物的因果联系及其普遍规律之上的。普遍性、必然性、客观性与确定性成了知识的标志。后来，随着人文科学研究的推进，有关人文科学研究的特殊性的问题被提了出来。后现代主义明确地以解构、反对本质主义为目标，摈弃主客体二分的思维模式，把认识对象看作一个有待解释的"文本"，把认识看作一个不断发现意义的解释过程。后现代主义从不同角度丰富并逐渐形成了人文思维的逻辑：真理与意义的可解释性、多元性；重视差异性，反对统一性；重视个别性，反对普遍性；引进"权力"概念来解释知识的本质；从社会的、历史的、文化的角度来解释理性、主体等。概而言之，后现代主义思想方式的一个基本共同点就是要把"差异"从"同一逻辑"中解放出来。（陈嘉明 等，2001）[23－24]

现代性以理性取代了上帝，作为评判思想、道德和社会规范合法性的根据。后现代性批判与否定了理性，那么它用什么取代理性以作为评判一切事物的标准呢？后现代主义认为现代性思想的一个根本失误，是对人在很大程度上是一种"宗教性的"存在物估计不足。人总是在寻求生活的意义和生命的价值，并且总是力图通过与人所理解的世界的终极本质保持一致来寻求这种意义。宗教或者宗教的替代物在当今社会依然具有重要作用。社会只有重建精神崇拜，才能恢复它赖以生存发展的道德正当性和文化连续性。（陈嘉明 等，2001）[20]

什么可以作为理性的替代物或者理性的“他者”呢？弗洛伊德（S. Freud）用无意识的、性本能冲动的“本我”替代理性作为人的本质。尼采把非理性的“权力意志”、审美性的“酒神精神”作为人和世界的本质。海德格尔力图用一种他认为也许能够超越理性与非理性的，能够进入自明的“澄明”与“无蔽”境界的诗意之“思”，来取代理性的位置。利奥塔则认为，思想、道德和社会规范的合法性，并非来自先验的理性，而是源于人们的“生活形式”（包括历史传统、生活习俗、文化背景等），源于来自生活形式的“游戏规则”，现代性与后现代性的差别，就在于“游戏规则的改变”。合法性只能是游戏者之间的契约的产物，游戏的根本原则是“竞争”，竞争在人的社会关系中起决定性作用。（陈嘉明 等，2001）[21－23]

实际上，后现代主义者并没有令人信服地解决用什么来替代理性的问题。但他们的这些思考，为后来哈贝马斯、罗尔斯（J. B. Rawls）等人提出“交往理性”和“公共理性”概念开辟了道路。

现代性所倡导的主体性、世俗化和个人自由，在促进了人的解放的同时，也带来了追逐世俗利益的、极端的个人主义的出现。杜威对极端个人主义的批判很有代表性。

在美国文化中，个人主义占有极重要的地位，对于美国的发展曾起到很大的推动作用，它与美国的民主、自由等观念息息相关，它的变迁亦反映了美国民主与自由的变迁。

杜威反对旧个人主义，力倡新个人主义。旧个人主义又称“倔强的个人主义”（rugged individualism），也译作“僵硬的个人主义”。杜威曾指出，这种个人主义重视“个人的倔强性、独立性、独创性和毅力”（Dewey，1935），反对政府对个人自由的控制。这种个人主义在开拓时代对美国的发展曾起到不可忽视的历史作用。但 19 世纪末，旧个人主义流于自由放任主义，成为后者的代名词，旧个人主义从人与自然的搏击中转入人与人的无情竞争中，在经济和政治生活中走向无政府主义，使社会控制失衡。少数在经济竞争中成功的人凌驾于大多数人之上，少数人的个人自由侵害了绝大多数人的个人自由。大萧条后，杜威对旧个人主义所造成的社会危害深有感触，他认为旧个人主义是与旧自由主义相伴而行的，二者“所珍视的是商业中投机者的自由”，维护的是少数大资本家的利益，它们之所以反对政府控制，是因为控制会使少数大资本家的利益分流到普通大众那里，使少数人的利益受到损害。少数人以捍卫自由为幌子反对政府对经济的干预，实质上维护的是少数人的自由，损害的却是大多数人的自由。

杜威不是绝对地视个人主义为异物而将之赶尽杀绝，他认为个人主义不是内容始终不变的静态的东西，要求以新个人主义取代旧个人主义，“创造一种新的个人主义，这种新个人主义对现代情况具有的重大意义，正如旧个人主义对它的时代和地点曾经起着最好的作用一样”（Dewey，2008）[81]。

杜威并未细微地描述这种新个人主义的具体内容，但从他的《旧个人主义与新个人主义》（*Individualism*：*Old and New*）中可以看到新个人主义有两个重要特征。

其一，重视社会性，强调社会责任感。杜威要求建立参与式民主制和合作控制工业的体制，使工业为整个社会谋福利，而不是简单地追逐利润，以期建立一种“人道的工业文明”并使工业和技术成为人类生活的仆从，而不是反过来。与这种要求相关，杜威要求政府介入经济事务，要求将“社会责任感”渗透到工业界、商业界。美国学者芬尼克斯（P. H. Phenix）指出：“杜威正确地将旧个人主义与新个人主义对立起来，旧个人主义是自由放任的、倔强的个人主义，而新个人主义则是具有社会责任心的个人主义。”（Phenix，1966）[46]

其二，重视理智的作用。杜威认为在一般的用法上，个人主义是最具模棱两可性质的词，因此应对之加以具体分析，不可笼统论之。杜威指出，一方面，在经济与法律中存在着过分的个人主义（这实际上是指放任的自由经济政策和与之相关的法律规条），另一方面，在理智生活（intellectual life）中却缺乏真正的个人主义，没有创造性，没有生机和活力。前者有害于社会，后者亦有害于社会。杜威呼吁一种新的个性（个人主义）的出现，这种个性意味着一种解放，不是外在的，而是内在的、建设性的。（Dewey，1922）杜威认为，必须理智地“按现实状况来面对现实”，明智的识别和选择是迈出混乱的第一步。（Dewey，2008）[120] 在一个合作的社会中，新个人主义要求更新个人的作用，并为了社会的目的运用科学和技术，杜威进一步要求在人类事务中运用科学方法，将之应用于道德、政治、工业诸领域。如果这一要求实现了，不仅能改进社会，还能解放人的精神与心灵，使之成为创造与欢乐之源。可见，重视理智的作用意味着新个人主义有促进个人发展与社会改善两方面之功效。此处杜威想给科学技术的使用加上道德的方向，同时想通过科学方法的运用促进社会发展和人的发展。杜威想把理性和道德融合起来。

总之，旧个人主义是极端个人的，新个人主义是重社会责任的；旧个人主义是物欲的，新个人主义则是理性的。新个人主义取代旧个人主义即是以一种社会的伦理的力量去驾驭物质的力量。落实到教育上，就是要求培养一种新的个人，这种个人并不为追逐个人私利而不顾公益，也并不头脑僵化、墨守成规而对变动不居的社会熟视无睹，抑或手足无措。这种新个人主义并不否定旧个人主义中的那些积极因素如创造性、独立性等，而是在积极吸收其优点的基础上，结合新的社会情势对旧个人主义加以扬弃。

后现代主义对现代性的批判是毫不留情的，提出的一些主张也是很有启发意义的。但总体看来，后现代主义破坏性有余而建设性不足，在猛烈的批判炮火之后，还剩下什么？现代性真的终结和毁灭了吗？我们真的能抛弃理性、自由、世俗化、主体性吗?

三、对现代性的捍卫

面对后现代主义对现代性的猛烈抨击，一些思想家为现代性辩护，捍卫现代性，哈贝马斯是其中的代表人物，他赞同并吸收了后现代主义的很多观点，但反对后现代主义的基本倾向和基本立场。哈贝马斯认为，后现代理论过于强调现代性的消极方面，全盘否定现代性，是错误的。他在 1987 年出版的《现代性的哲学话语》（*Der Philopophische Diskurs Der Moderne*）一书中，探讨了如何重建现代性的问题。

哈贝马斯坚决捍卫自由与理性。他认为，现代社会是以个人的自由为特征的，这是现代性的贡献。虽然这样一个崇尚自由的时代有其阴暗面，如自由竞争带来失业危机，工具理性的扩张导致人的生存状况受到威胁，但个人自由却是现代社会结构中弥足珍贵的财产。个人自由表现为三个方面：一是研究探索的自由；二是自我决定的自由；三是自我实现的自由。现代社会的独特特征即个人自由，但自由的潜能还没有充分实现。

哈贝马斯认为，在现代性中，理性确实如后现代理论所指出的那样被扭曲、误用，但我们不能按照他们的主张走向非理性，而是应当转换和改造理性，以适应新问题和新挑战。他认为理性化是社会发展的必然要求，因此理性是必须坚持的，对此不能有任何疑问。

不能因为理性存在问题就倒退回非理性的宗教蒙昧状态。宗教的社会力量在启蒙过程中趋于衰竭，在现代性中社会发生了分裂，的确需要一个宗教的替代物来整合社会，但这不能是返回古代。启蒙只有依靠彻底的启蒙来弥补自身的不足，理性只有依靠理性的完善来作为宗教凝聚力的替代物从而发挥作用。

也不能因为理性存在问题就倡导非理性哲学观和价值观。哈贝马斯认为后现代理论以非理性为武器批评现代性，不仅在理论上是错误的，而且会导致政治上的不良后果。非理性主义与法西斯主义有亲缘关系，一个复杂的社会在发生转变的阵痛中，政党面临紧急危机时就会求助于埋在人们心中的恐惧感、不安全感和害怕受侵害的潜在倾向。法西斯主义和独裁主义正是依靠这点赢得赞同和支持的。这正是哈贝马斯强调现代性的民主价值的原因之一。（陈嘉明 等，2001）[400－401]

理性不是单一的工具理性，理性具有多样性。哈贝马斯认为："由 18 世纪启蒙哲学家所开创的现代性事业，就在于根据各自的内在逻辑来努力发展客观科学、普遍道德与法律以及自主艺术。与此同时，这一事业还意图将这些领域中的认知潜能从各自的秘传神授形式中解放出来，启蒙哲学家希望用不断积累起来的各门专业文化来丰富我们的日常生活，也就是说，理性地组织我们的日常社会生活。"在他看来，发挥现代性的潜能，就包含着对理性的各领域的界定和划分，对理性各方面各守其职的规定。现代性中工具理性对社会生活其他领域的扩张和统治是破坏性的，对此必须加以限制。他认为，直到 18 世纪末，科学、道德和艺术都还制度化地区分为不同的活动领域，它们分别探讨真理、正义和审美问题，也就是探讨它们自身合法性的特殊方面。这些知识领域既与信仰领域区分开来，又与合法的社会交往和日常生活领域不一样。只是在现代性的发展进程中，工具理性的扩张才使理性的运用在其他领域衰落了。他颂扬早期现代性正是为了对理性进行划分并规定其各自的职责，同时也说明他并不把工具理性的扩张看作现代性的必然结果。哈贝马斯确定了理性运用的不同领域并强调各领域有自主的价值标准，认为这是现代性的目标，但在当代被压抑了，他这样做是为了实现现代性尚未得到充分实现的潜能。（陈嘉明 等，2001）[402－403]

哈贝马斯指出，现代性本身具有进步和贡献、压迫和破坏的双重性，我们对其应当采取辩证的态度，一方面要看到现代性的缺陷，另一方面更要看到现代性仍然包含有价值的、令人信服的内涵。而且，启蒙思想已经嵌入我们日常交流的实践中，嵌入生活世界中，作为其中的预设条件。因此，现代性并不是某种我们可以通过一个决定而将它随意甩掉的东西。哈贝马斯最终强调的是，现代性是一项未竟的事业。哈贝马斯关注的是，如何在当代条件下推进现代性事业。为了推进现代性，启蒙的缺陷应由进一步的启蒙来克服。真正的问题是启蒙太少而不是启蒙太多，是理性的缺乏而不是理性的超越。

理性是自启蒙以来不断得到尊奉的思想价值。但对于现代性的命运而言，成也萧何败也萧何，一方面，理性是现代性的基础，所有现代性的其他观念，都是在理性的基础上建立起来的，另一方面，理性观念又是使现代性陷入困境的根源。哈贝马斯认为，之所以产生这种悖论，原因在于现代性的“理性”哲学奉行的是一种“意识哲学”的范式。

哈贝马斯认为，理性是人在具体的社会历史活动中形成的，不可能存在孤立的、超时空的“先验主体”，自然也就不可能有所谓的“先验理性”。而意识哲学是一种脱离了人们的具体历史背景与实践活动的“反思哲学”，其致命之处有二。首先，它片面地立足于主客体关系，设定了一个自主的理性主体，与作为客体的整个世界相对立。这使得理性单一化了，仅成为工具理性，它所关注的是如何利用理性去主宰自然，而从不考虑理性的其他多种表现及其各种形式所应有的位置。这种狭隘的理性、主体性概念的片面发展，就造成了社会的分裂，形成现代性的困境。

其次，在这种意识哲学中，理性作为审判一切的法官，陷入一种循环论证的窘境，即意识哲学从理性中推演出规范，然后又用这些规范来证明它自已知识的合法性。这里的悖谬显而易见，理性是一切的标准，但它有什么根据能够证明自身是这样的标准？意识哲学无法解决这一问题，因此它是失败的。

现代性的难题既然由意识哲学范式内的理性、主体性而产生，自然就不可能通过它自身的努力得到解决。哈贝马斯认为，意识哲学的范式已经失效，现代性难题的克服与解决需要一个新的立足点，这就是实现从意识哲学范式向交往哲学范式的转变，亦即，从以自我主体为中心的理性，转向自我与他人的交往模式。他相信通过交往理性的确立，能够达到重建理性的目的，为完成现代性的未竟事业找到一个规范的基础，以保持现代性中的理性、共识、解放、团结等价值。

哈贝马斯用来替代意识哲学的“交往理性”哲学，是以主体间的相互交往和社会一致性为核心，致力于达成主体间的相互理解，形成非强迫性的共识。他认为，这种共识所具有的“普遍性”，是通过交流和沟通，通过人们之间的协商、商谈以及相互宽容而达到的。因此这样的普遍性本身包含着个体性，它能使人们真正在思想上有着共识和一致，在行动上形成友好与合作。这就是交往理性的意义。他认为，交往理性是一种与意识哲学完全不同的理性。这种理性扩展了理性的含义，认为理性表现为多种不同的形式，而工具理性只是理性整体的一个环节，因而也就达到了对工具理性的新批判，从而提供了关于现代性理性基础的新选择。（陈嘉明 等，2001）[24-28]

哈贝马斯对现代性的捍卫，居功至伟。但是捍卫现代性的不止他一人。前文曾述及“现代化理论的新发展”，实质上这些现代化的新理论都支持并捍卫现代性，因为现代性是现代化的精神内核，抽离与否定了现代性，现代化实践和现代化理论也就不复存在。

例如，新现代化研究抛弃了高度抽象的类型学研究，而代之以具体的个案研究，重视历史对某个特定国家的社会发展模式的作用，认为发展中国家可以寻求自己的现代化道路，肯定了不同国家具有自身的现代性。自反性现代化理论力图超越现代性与后现代性的论争，认为自反性现代化是通向新的现代性之路，现代性有多种可能性，可以开拓出现代化的多种道路。新发展观强调社会发展中人的价值和参与的重要性，注意到了社会发展中的共性与特殊性问题，提倡多元化的发展模式。森强调自由在发展中首先具有建构性作用，认为进步的评判必须以人们拥有的自由是否得到增进为首要标准。可持续发展理论要求发展既要满足当代人的需要，又不对后代人满足其需要的能力构成危害。可持续发展理论要求处理好人与自然的关系，提倡以人为本，提高人类生活质量。

一些经典现代化理论家也捍卫现代性。例如经典现代化理论家艾森斯塔德提出“多元现代性”的概念，这个概念是对“一元现代性”（即现代化、西方化）的超越。艾森斯塔德指出：一元现代性假定，现代欧洲发展起来的现代性方案和那里出现的基本制度格局，将最终为所有正在现代化的社会和现代社会照单全收；随着现代性的扩张，它们将在全世界流行开来。但是事实并非如此，“在所谓现代性的开端之后、特别是第二次世界大战之后出现的现实，并没有证明这些假设。正在现代化的社会的实际发展，驳斥了现代性的西方方案将走向趋同和称王称霸的假设。大多数社会的广泛制度领域，即家庭生活、经济政治结构、都市化、现代教育、大众传播和个人主义取向中，产生了一种趋向结构分化的普遍趋势，与此同时，界定和组织这些领域的方式在它们的不同发展阶段则大相径庭，从而引发出了多元的制度模式和意识形态模式。值得注意的是，这些模式并不是它们各自社会的传统在现代的简单延续。尽管受到特殊的文化前提、传统和历史经验的巨大影响，这类模式显而易见还是现代的。所有这些，产生了截然不同的现代动态和阐释方式，对这些现代动态和阐释方式来说，最初的西方规划构成了关键的（并且经常是模棱两可的）参照点。在非西方社会产生的运动，许多都明确表达出了强烈的反西方或甚至反现代的主题，然而，所有这些运动显而易见都是现代的”（艾森斯塔特，2006）[37]。

艾森斯塔德指出，“多元现代性”这一名词的最重要含义之一，是现代性不等同于西化；现代性的西方模式不是唯一“真正的”现代性，尽管这种模式在历史上享有优先地位，并且将继续作为其他现代性的一个基本参照点。（艾森斯塔特，2006）[38] 多元现代性的观念假定，理解当代世界（实际上是解释现代性的历史）的最好方法，是将它视为文化方案多样性不断构建和重构的一个故事。多元的制度模式和意识形态模式的这类与时俱进的重建，是由观点不同的多种社会角色、诉求不同的多种社会运动共同推动的。

但多元现代性面临一个难题：多元的现代性有无共性存在？艾森斯塔德认为这是一个令人烦恼的问题，“在承认持续进化的现代性的多样性时，便面临到底是什么构成了现代性的共同核心这一问题。随着民族国家和革命国家的‘经典’模型的许多成分在当前被解构或解体（特别是作为全球化的一种后果），这一问题变得越来越恼人”（艾森斯塔特，2006）[38]。

我们也坚定地支持和捍卫现代性。现代性不是一种主观臆想，而是一种具体的、历史的、现实的社会存在，以现代性为指导原则的现代化活动，长期以来已经是人类追求美好生活的实践形态。要全面地而不是片面地建构现代性，要保证价值（合）理性相对于工具（合）理性的优先性。

我们信奉理性与自由，但认为：应该为理性插上道德的翅膀，使其服务于崇高的目的；应该为自由确定必要的边界，不侵害别人的自由。理性和自由在现代社会、对现代社会都弥足珍贵，坚持理性、坚守自由在当前的中国至关重要。

上述对于现代性的描述和分析，有助于我们明确界定和深入认识教育的现代性。

四、现代性的两个发展阶段

现代化的本质是现代性，在“哲学层面”上，现代性体现为理性、自由、主体性等。在社会现代化 1.0 阶段，人们用理性精神对抗宗教迷信，发展科学技术，设计理想制度（如权力制衡制度、科层制等），改造社会，征服自然，算计个人利益；用自由精神和主体性反抗宗教压迫和专制统治，追求人人平等和政治民主，追求物质财富和尘世幸福，追求个性发展与自我实现。理性、自由以及主体性是现代社会的内在精神气质。这些内在精神又进一步外化为社会的制度形态，如市场经济、民主政治、科层制度、科技发展等等。

然而，社会现代化1.0也遭遇了危机，这本质上是现代化背后的现代性危机。如同前文所述，这种现代性危机，表现为人与自然、与社会、与自我关系的恶化，尤其是个体精神家园的丧失、精神信仰的缺失。

但是，这并不意味着现代化、现代性被终结。这恰恰说明现代性需要被重建、被完善。诸多理论家思想家关注现代性的重建。如，哈贝马斯、森等都强调自由与理性的价值，重构其内涵与外延。在这些思想资源的滋养下，现代性在坚守理性、自由、主体性等早期现代性的基础上，吸收了这些思想资源中的人道主义、价值理性、差异性、多样性、社会责任、与自然和谐相处、可持续发展等新观念，以及多元现代性、复杂现代性、晚期现代性等新理念，形成了升级换代后的“新现代性”，而以此为基础的现代化就是社会现代化的2.0版本。曾经被窄化了的理性、自由、主体性获得了更丰富的新含义，依然富有生命力。

简言之，社会现代化1.0由于现代性发育不成熟导致了物化与异化，社会现代化2.0就是要解决这个关键问题，社会现代化2.0之现代性（新现代性）的灵魂是人道主义。人道主义力图以价值理性引领工具理性，以精神文明引领物质文明。通俗讲，就是“厚德载物”，以道义去平衡功利，优化人与自然、与社会、与自我的关系，为人找到精神家园。人道主义赋予现代性之理性、自由、主体性等要素以新生命、新活力。

在21世纪新的技术环境、经济与政治背景下，推进社会现代化2.0，继续捍卫现代性，就是要坚守人道主义，并以之浸润与改造理性、自由、主体性等现代性要素，为理性插上道德的翅膀，使其服务于人道的目的；为自由与主体性确定必要的边界，不侵害别人、不危害社会与自然，进而给经济、政治、文化、科技的发展，给工业化、市场化、城市化、民主化、科层化、法治化、科学化等等，涂上人道主义的底色。21世纪的社会现代化是更道德的现代化，是更为全面、更为均衡的现代化。

面向未来，社会现代化的人道主义方向，也是教育现代化的指导性原则。国际社会在推进教育改革与发展时，特别强调人道主义的价值方向。

例如，联合国教科文组织在其报告《反思教育》中，明确提出，“维护和增强个人在其他人和自然面前的尊严、能力和福祉，应是21世纪教育的根本宗旨。这种愿望可以称为人道主义……”，“人道主义发展观的道德伦理原则反对暴力、不宽容、歧视和排斥。在教育和学习方面，这就意味着超越狭隘的功利主义和经济主义。……需要采用开放和灵活的全方位终身学习方法：为所有人提供发挥自身潜能的机会，以实现可持续的未来，过上有尊严的生活”。(UNESCO, 2015)[36，10]

本书把“教育人道性”作为教育现代化的最重要特征，排在首位，不是随意之举，是建立在对社会现代化进程深入分析的基础之上的。

基于上述对于社会现代化进程的分析，本书把“教育人道性”确定为教育现代性诸多特征中的首要特征，并认为教育人道性对教育的理性化、民主性、法治性、生产性、信息化、国际性等具有统率与引领作用。

当前教育信息化浪潮汹涌澎湃、教育国际交流日益频繁，“互联网 + 教育”更是如火如荼，因此，人们往往把教育信息化和国际化，特别是把教育信息化，视为进入信息社会后教育现代化的最典型特征。这种看法是有偏差的。现在世界已经进入21世纪，但是，本书认为，不论是信息社会还是知识经济、全球化，抑或是人工智能，都不足以概括21世纪的特点，21世纪不是技术的世纪，而是“人的世纪”，不能把人淹没在信息技术的滚滚红尘中。在技术与人的关系上，技术永远是为人服务的。因此，“教育人道性”才是进入信息社会后教育现代化的最重要特征。

五、教育现代性的内涵

教育现代性是教育现代化的本质，或者说是现代教育的本质规定性。教育现代化作为一项严肃的事业，就是教育现代性不断展开、不断增加的过程，就是教育现代性得以实现的结果。离开了现代性，教育现代化就成为没有实质的空壳、没有内容的形式、没有灵魂的过程。

反观我国推进教育现代化的现实，在一些地方，教育现代化实践真的成了没有实质的空壳、没有内容的形式、没有灵魂的过程，而且此类现象并不鲜见。有些地方、有些学校的“教育现代化”甚至走向了教育现代化的反面，用一种反现代的方式推进教育现代化，例如，用强制甚至专制的手段，通过一种非人道的过程，去达到某一个指标的数值，在此过程中，我们看不到理性的设计，看不到利益相关者声音的表达与被倾听，看不到普通人的自由和尊严，看不到公共资源的投入增进了受教育者的主体性，看不到受教育者的全面发展、个性发展、主动发展的状况的改进，我们往往看到的是少数人的意志，看到的是权力的浓重的痕迹，权力所到之处，伤痕累累。

因此，要重视教育现代性问题，它不仅是一个理论问题，更是一个急迫的实践问题。离开对于教育现代性的认识与把握，去推进教育现代化实践，无异于缘木求鱼、盲人瞎马。我们需要有灵魂的教育现代化，这个灵魂就是教育的现代性。

教育本身是一种工具和手段，它受制于社会，是为一定阶段社会的发展和某种类型的人的发展服务的。在现代社会，教育服务于现代社会的发展和现代人的发展，或者更准确地说，教育通过培养现代人进而服务于现代社会。反过来讲，某种教育是不是现代教育，关键在于它的目的和价值取向，如果这种教育是培养现代人的，是促进现代经济发展、现代民主政治的，那么这种教育就是现代教育。

而教育现代性不是别的，就是现代教育本质特征的集中反映。教育的现代性是由社会的现代性和人的现代性规定的。教育现代性存在的合理性与合法性，取决于它能否有效地增进社会的现代性和人的现代性。或者换一种说法：教育现代化是否具有合理性与合法性，取决于它能否有效地增进社会的现代化和人的现代化。

“现代教育、现代人、现代社会”、“教育现代性、人的现代性、社会现代性”以及“教育现代化、人的现代化、社会现代化”是三组密切联系的概念。

“教育现代化是社会现代化发展的必然要求，也是社会现代化的组成部分。社会现代化和教育现代化是一个相伴发展的历史过程。”（顾明远，2012）教育以育人为本，教育应对社会现代化的必然要求，是通过培养现代人亦即通过促进人的现代化来间接实现的。人的现代化是连通教育现代化与社会现代化的桥梁，人的现代性是连通教育现代性与社会现代性的桥梁。

教育现代性即教育的现代精神。可以把教育现代性理解为一般现代性在教育领域的表现，把教育现代性视为"教育 + 现代性"，这样的话，由于现代性的主要表征是理性、自由、世俗化、主体性等，直接套用到教育上来，教育现代性就意味着教育理性化、教育自由（或者自由的教育）、教育世俗化、教育主体性等。

这样做是简单的移植和嫁接，其后果是混淆了教育现代性与社会现代性、人的现代性的区别，抹杀了教育现代性的特殊性亦即其教育特性。一般现代性是从人的视角、社会的视角，特别是从人的视角，阐述理性、自由、世俗化、主体性等价值精神的，不能全部移植、直接搬到教育这种作为促进人的发展和社会发展的手段的"实践活动"中。

不能把结果（社会与人）的现代性与手段（教育）的现代性混为一谈。不论是在内容上、范围上，还是在因果关系上，教育的现代性与人的现代性、与社会的现代性都是有区别的。教育现代性的价值在于增进人的现代性和社会的现代性，因此，教育现代性是作为手段的现代性。

手段的现代性必须与结果的现代性要求保持一致，否则手段的现代性就会丧失。例如，我们不能用专制型的教育去培养学生的民主素养，这种教育显然不是现代教育。

但是，手段的现代性必须与结果的现代性要求保持一致，并不意味着前者在名目上、数量上与后者完全相同，也不意味着只要两者名目相同，内涵就完全一致。例如，即便是同样一个词如"民主"，"教育民主"与"政治民主"的内涵、外延等都显然不同。教育民主是为政治民主服务的。教育民主是指教育活动的民主如民主决策、教师参与、学生参与、师生关系平等民主等，这些与政治民主显然不同。

当我们把教育现代性的内涵界定为"教育的现代精神气质"，界定为"现代教育的若干本质特征"，界定为"教育现代化的本质规定性"时，一般都不会产生争议。但是，当限定教育现代性的具体表现或者说教育现代化和现代教育的具体特征时，五花八门、异彩纷呈、令人眼花缭乱的现象就出现了。

人们毫不吝啬地拿出很多好的词语来描述教育现代性、教育现代化、现代教育的特征，如理性化、科学化、人道化、人本化、民主化、世俗化、国家化、法治化、科层化、专业化、福利化、本土化、全球化、国际化、市场化、普及化、公平化、平等化、均等化、均衡化、城乡一体化、城市化、优质化、终身化、自主化、信息化、科学性、变革性、开放性、多样化、个性化、先行化、优先化、广泛性、全时空性、生产性、社会性、个性性、创造性等。这些表述中，“× × 化”与“× × 性”常常是互换使用、等价使用的。

针对这些庞杂的表述，有几个问题需要解决。

第一，教育现代性是一种状态还是一个过程？与此相关的是，对现代性进行表述，是使用“× × 化”还是“× × 性”？严格地讲，现代性是一种需要达到的结果，是一种可以衡量现代化过程的尺度与标准，是现代化过程要达到的某种理想状态，因此，在表述教育的现代性时，使用“人道性”“民主性”的表述要好于“人道化”“民主化”的表述。“× × 化”的表述带有明显的变化和过程的色彩。当表述教育的“现代化”特征时，运用“人道化”“民主化”之类的表述更好一些，能表达出教育现代化的动态性质，即“教育变得更人道并最后达到人道”“教育变得更民主并最终实现教育民主”，与现代化的本质即“转变成现代”在逻辑上相一致。

因此，本书对于教育现代性的表述都使用“× × 性”的表达方式，如教育现代性的特征（状态的特征）表现为教育的人道性、民主性等；而教育现代化的特征（过程的特征）则表现为教育的人道化、民主化等。

前文述及一般意义上的现代性有四个特征，即理性、自由、世俗化和主体性，本书认为，其中的“世俗化”更恰当的表述应该是“世俗性”。理性、自由本身就足以表达它们作为现代性重要维度的内涵，无须再加上一个“性”或者“化”字，但我们习惯上讲“理性化”，前文已经论及，理性的本质实际上是“合理性”，这种合理性构成现代性具有“合法性”的基础。另外，我们习惯上把“个性性”表述为“个性化”，或者用更符合现代性精神的表述，称之为“差异性”或者“个别性”以及“多样性”（可以回顾前文中后现代主义者有关“差异”的观点）。

本书尽量规范这些称谓，但只要不影响语义的理解和交流，本书并不刻意区分这些不同，而是尊重并使用已经约定俗成的、熟悉的表达方式。

第二，教育现代性是时间概念还是性质概念？显然，教育现代性是个性质概念，是对现代教育主要特征的提炼，是对于现代社会纷繁多样的教育形态的理论概括，此处的“现代”指的不是某一个时间点或者时间段，而是一种“好的、理想的”状态，教育的现代性即教育的某种“理想形态”，即“好教育的特征”。

第三，教育现代性是否只涉及价值问题而不涉及中性的手段问题？也就是说，教育现代性的特征是否都需要有非常明确的价值导向与善恶界分？这涉及如何看待教育形态。教育现代性是通过教育形态体现和实现的，教育形态中有价值性的东西也有工具性的东西，教育现代性是否只涉及教育形态变迁中具有明确价值导向的东西而不涉及价值中性的东西？

教育的人道性、民主性是对教育形态变迁的概括，显然其价值导向都十分明确，而且都鲜明地反映了现代社会、现代教育的本质，将它们纳入教育现代性的范围没有异议。教育的国际化、信息化也是对教育形态变迁的概括，但它们都是价值中性的，那么教育现代性是否可以包括它们？是否必须包括它们？本书认为，应该包括它们，但这些在教育现代性的序列中不居于优先地位。

社会进步和教育现代化并不只是价值的进步，也包括工具的改进。工具可以为拥有不同价值观的人所共同使用，科技手段可以用于造福人类，也可以用于荼毒生灵（如细菌战、原子弹）。在教育中，信息技术可以用来促进学生更好更快地发展，也可以用来监控窥视学生的隐私。工具性手段本身并没有错，错的是使用工具性手段的人。

教育的现代化和现代性并非只要目的、不要手段，并非重视目的、轻视手段。教育现代性是价值理性与工具理性的结合。但价值理性或者说价值的合理性永远排在第一位。工具理性服从于、服务于价值理性。要接受早期现代性中工具理性的教训，反思后现代主义对工具理性的批判，把确定教育的价值理性问题放在首要地位。

六、教育现代性的特征与外延

教育是一种手段。教育现代化是否具有合理性，取决于它能否有效地增进社会的现代化和人的现代化。基于此，教育现代性是否具有合理性，取决于它能否有效地增进人的现代性和社会的现代性。教育现代性的具体特征和外延框架，应该从教育现代化的目标，从人的现代性和社会现代性对教育的要求中推演出来。通俗一点讲，教育现代性的目的是让人过得更幸福，让社会更美好。

教育现代性背后蕴含着对于“美好生活”与“美好社会”的追求。

教育现代性或者说现代教育的价值和意义是：为了人的自由和解放！为了建设一个现代社会或现代国家！

教育现代性的特征和维度可以围绕这些目标演绎出来。本书将教育现代性的特征表述为八个方面。

第一，教育的人道性。为了人的自由解放，为了人之为人的尊严，教育必须具有人道性，现代教育必须是人道主义的教育。教育应该让人理解、深谙、获得生命的意义和价值。自己感觉有“意义”的人生才是美好的人生。教育的价值在于让人能感受、创造、享受生命的“意义”，让人的潜能得以充分发展与施展，让人实现全面发展、自由发展、个性发展、可持续发展。教育的人道性要求教育是优质的、公平的、多样的、伴随整个人生的。没有人道性的教育，人就没有美好生活，包括美好的教育生活与社会生活。

第二，教育的生产性。为了促进现代经济发展，教育必须具有生产性，现代教育必须具有鲜明而强大的经济功能，教育结构尤其是职业教育、高等教育的专业设置要与产业结构相匹配相适应。教育的生产性是指教育要为现代经济发展服务，培养出各种类型的、经济发展所需要的人才，这就要求教育结构与现代产业结构相匹配，大力发展职业教育，加强高等教育领域的产学研合作。这不仅是为了促进现代经济发展，也是为了实现充分就业，否则学生毕业就意味着失业，美好生活无从谈起。

第三，教育的民主性。为了建设现代政治，教育必须具有民主性，民主的教育和教育的民主是未来更好的民主政治的基石。民主政治本身也要求教育民主。而且，教育人道性也要求教育必须具有民主性，民主是人道的内在要求。教育民主意味着对教育中权力的约束与限制、对权利的尊重与保护。受教育权的扩大、社会各界广泛参与政府教育决策、政府简政放权、学校民主管理、师生关系民主平等，以及师生和家长参与学校管理，都是教育民主性的体现。教育的民主性有利于释放学校、教师、学生的活力。教育的民主性能够反映民意、集聚民智，是教育决策理性化、科学化的有力保障。教育的民主性是教育的“德先生”，而教育的理性化（科学性）则为教育的“赛先生”。

第四，教育的理性化。教育的理性化是指教育发展、教育活动开展的科学性，选择最恰当的教育手段与路径，以最小成本实现教育目标。教育理性化要求立足现实情况，实事求是，在尊重社会发展的客观要求和学生发展的心理特点的基础上，基于数据和证据，确定合理的教育目标、组织架构与管理方式、教育体系、课程体系、教学方式、人财物等教育资源保障条件，实施教育教学与管理活动。教育理性化要求重视教育研究，要求教育活动尤其是教育决策科学化、合理化。

第五，教育的专业性。专业性意味着包括教育教学、教育管理等在内的教育实践活动达到专业水平，教育从业人员具有较高的专业化水平并拥有较大的专业自主权，通俗而言，就是“专业的人干专业的事”，作为外行的非专业人员不得随意干预、干扰教育活动。教育的专业性意味着对教育规律的尊重与敬畏，意味着教育具有一定的自主性、独立性。教育具有依附性是事实，但教育的专业性要求为教育保留一定程度的教育自主权，这样才能释放教育的活力，否则，教育不仅没有尊严，更难获得健康发展。教育是一个相对独立的社会板块，发挥着其他板块不能发挥的社会功能，经济和政治过于侵入教育的疆域，会导致教育生态、社会生态恶化，最后，经济和政治也要饱尝苦果。

第六，教育的信息化。为适应 21 世纪信息化的要求，教育必须走向信息化。教育信息化是信息社会对教育的直接要求。教育信息技术突破了传统的教学时空、教学模式、教学信息、教学组织形式和教育管理方式，为教育教学现代化和教育管理现代化提供了先进的技术手段。尤其是互联网、大数据、人工智能为个性化教学与个性化学习提供了强有力的技术支持。

第七，教育的国际化。教育国际化是全球化的直接要求。“二战”后，尽管若干国际组织如联合国、世界银行等得以建立，但东西两大阵营的“冷战”在一定程度上阻碍了全球化进程。“冷战”结束后，全球化加速，教育的国际化也随之加速。教育国际化要求通过多种方式，加强国际教育交流，积极吸收国外先进的教育理念、教育内容、教育模式、教育技术，促进本国的教育现代化。

第八，教育的法治性。为了使上述所有教育现代性的诉求能够更好地、尽快地实现，并形成良好的教育秩序，必须借助于国家强制力的保障，教育必须具有法治性。法治与人治相对，通过法律手段和制度手段对教育进行管理，避免随意性和情绪化的管理，可大大减少沟通（交易）成本，保障教育秩序和教育效率，使教育活动有序开展、高效开展、有章可循。民主管理与科学决策尤其需要法治作保障。

现代化进程本质上是合理化进程，现代化意味着变得越来越合理。理性是现代性的重要支柱，可以把理性理解为合理性，合理性包括工具的合理性和价值的合理性。上述八个方面的教育现代性是价值理性（合理性）和工具理性的融合。教育的人道性、民主性显然属于价值理性；教育的理性化要求尊重学生身心发展水平，尊重教育规律，教育的法治性反对人治，强调法律面前人人平等，二者具有一定的价值理性色彩，但是科学与法律也可以用于毁灭人类、践踏人性；而教育的信息化显然属于工具理性。社会进步和教育现代化并不只是价值的进步，也包括工具的改进，工欲善其事必先利其器。教育的现代化和现代性并非只要目的、不要手段，并非重视目的、轻视手段，但价值理性或者说价值的合理性永远排在第一位，工具理性服从于、服务于价值理性。（褚宏启，2013a）

基于此，我们可以对八个教育现代性重新排序，把人道性、民主性排在前面，随后是理性化、法治性、生产性、专业性、信息化、国际化。其中，人道性统率其他，可以把民主性理解为人道性的逻辑延伸。民主性反对有权就任性，能带来理性化。而只有人道的教育，才能促进人的充分发展，最大限度地提升人的积极性、主动性、创造性，才能更好地服务于经济发展，确保教育生产性功能的最大化。法治性、理性化、生产性、专业性、信息化、国际化都必须服从于教育的人道性要求。例如，教育法律和制度是为了解放人发展人，而不是为了压制人束缚人；教育信息技术不能过度应用，不能侵犯师生个人隐私；等等。

至此，我们可以做如下概括：教育现代性就等于现代社会中教育的合理性，这种合理性包括教育现代性的八个特征，当教育具备这些特征时，这种教育就是合理的，就是现代的。也正是这些特征，把现代教育和传统教育区别开来，它们构成教育现代性的基本框架。

根据教育现代性八个特征的相互关联度，可以把八个特征的排列顺序进一步优化，以便在本书第四章依序论述。把教育人道性置于首位，没有异议。之后是教育的理性化与专业性，二者有较高的关联度，教育的理性发展、科学发展要求遵循教育规律，要求教育从业人员具备专业素质，反对外行领导内行。然后是教育的民主性与法治性，民主与法治总是联袂出场，是现代政治与现代法律制度的内在要求。排在其后的是教育的生产性，关注的是教育与现代经济的关系。排在最后的是教育的信息化与国际化，是为了直接应对 21 世纪信息化与全球化的挑战。这样，教育现代性的八个特征可以重新排序为：人道性、理性化、专业性、民主性、法治性、生产性、信息化、国际化。

这个框架还可以向下一个层次进一步延展细化。例如：在教育“人道性”之下，可以包括教育的优质性、公平性、终身性等；而在“公平性”之下，可以包括一些类似的表述如教育的普及性、平等性、均等性、差异性、均衡性、城乡一体化等。可见，这些特征在逻辑之树上的地位是不同的，有的是主干，有的是分支，有的是树叶。

本书第四章将对教育现代性的特征予以详细分析。

第四节　教育现代化的分析框架与研究方法

拥有恰当的分析框架和研究方法是一项研究保持一定学术品质的基本前提，也是学术研究的基本要求。在我国教育现代化研究中，许多研究既无分析框架也无研究方法，致使研究的品质受到质疑。本节提出教育现代化的分析框架有广义和狭义两种，研究方法则有多种。

一、教育现代化的广义分析框架与本书的结构

教育现代化的广义分析框架旨在对教育现代化形成比较系统、全面、深入的认识，主要内容包括以下五个方面。

第一，教育现代化的基础理论与概念分析。主要涉及现代化理论的演进、现代性理论的发展、现代化和教育现代化的内涵、教育现代性的内涵与表征、教育现代化的研究框架与研究方法等。本书第一章阐述这些问题，目的在于为教育现代化研究奠定比较扎实的理论基础。

第二，教育现代化的过程分析。主要阐述教育现代化的起点、阶段和分期，教育现代化进程中教育传统与教育现代性的互动方式、教育的分化与整合，教育现代化后来者的迟发展效应。第二章将主要侧重于教育现代化过程的理论分析，其中会涉及教育事实的历史分析和比较分析，但着墨不多。如果想更多地了解各国教育现代化的历史研究和比较研究，可参阅吴式颖、褚宏启主编的《外国教育现代化进程研究》（山西教育出版社，2006）和顾明远主编的《民族文化传统与教育现代化》（北京师范大学出版社，1998），前者论述了英国、法国、德国、美国、俄罗斯、日本、韩国、印度等八个国家教育现代化的历史进程，后者论述了英国、德国、美国、俄罗斯、日本五国的传统文化对于教育现代化的影响。

第三，教育现代化的目标定位与制约因素分析。主要探讨教育现代化为了什么，又受制于什么；分析人的现代化和社会现代化对于教育现代化

的挑战，以及外部社会因素对于教育现代化的制约。本书第三章将讨论这些问题。教育现代化的目标是促进人的现代化和社会现代化，是增进人的现代性和社会现代性。教育现代性的内涵与外延，是由人的现代性和社会现代性决定、框定的。

第四，教育现代性分析。对教育现代性的若干特征如教育的人道性、理性化、专业性、民主性、法治性、生产性、信息化、国际化等进行深入分析，阐明每一个特征又包含哪些具体特征，并说明这些特征在教育形态方面有什么具体表现。本书第四章将对教育现代性进行详尽分析。

第五，教育形态分析与教育现代化评价。如果说教育现代性分析关注的是教育现代化的内在本质，那么教育形态分析主要关注的是教育现代化的外在表现。教育形态分析将从教育管理、教育体系、教育内容与方法（课程与教学）、教育资源保障等方面阐述教育现代化的具体形态表现。教育现代化评价既涉及对教育形态的评价，即对教育实践活动如教育管理、教育体系建构、课程与教学、教育资源保障的评价，也涉及对教育实践活动的结果的评价，即对教育现代化目标实现程度的评价。本书第五章将探讨这些问题。

通过上述五个方面的工作，可以对教育现代化形成比较系统、全面、深入的学术认知。这五个方面亦即本书的前五章，构成本书的主体部分，即“教育现代化的理论研究”部分。

本书最后一章即第六章是“教育现代化的个案研究”部分，选择最先进入现代社会的英国作为研究对象，运用本书确定的一些分析框架和分析方法，对英国教育现代化的历程，从教育形态演变和教育现代性增长两个基本方面，展开详尽的历史分析。个案研究是对教育现代化理论研究成果的综合运用。

二、教育现代化的狭义分析框架与双向分析模式

教育现代化的狭义分析框架是指围绕教育现代化问题的两个核心概念“教育现代性”和“教育形态”所展开的分析架构，它比广义的分析框架要

狭窄，但更集中于教育现代化的实质问题和核心领域。教育现代性与教育形态的关系非常密切、不可分割，是内容与形式、内在本质与外在表现的关系。对教育现代化进行分析时，二者互为表里，不可偏废。

教育现代化的狭义分析框架有两条路径：一条是以某种教育现代性为分析主线和分析起点，该种教育现代性在教育形态的哪些维度上应该有哪些相应的表现，即“某种教育现代性－多种教育形态”的分析路径；另一条路径正好相反，是以某种教育形态为分析主线和分析起点，推及该种教育形态在教育现代性的哪些维度上应该有哪些相应的表现，即“某种教育形态—多种教育现代性”的分析路径。

要完成上述分析，首先必须确定“教育现代性”和“教育形态”各自包含哪些要素，然后才能进行分析。

前文把教育现代性的特征确定为八个，这些构成教育现代性的分析要素。

关于教育形态的要素，我们将之确定为教育管理、教育体系、教育内容与方法（课程与教学）、教育资源保障四个主要方面。

如果把整个教育看作由背景、投入、过程、产出构成的系统，那么教育管理、教育体系、教育内容与方法、教育资源保障主要属于教育的“过程”和“投入”板块，这四者是“教育实践”最核心的要素。而“背景”属于教育实践的“前因”，不属于教育实践活动和教育系统本身，故不把它作为教育形态的要素。“产出”属于教育实践的“后果”即结果，好像理所当然应该被列为教育形态的要素，但其本质却是“受教育者的素质”，即“人的现代素养”，这样对教育产出的分析就变成对“人的现代性”的分析，而不是对教育的分析了。

正是基于以上考虑，本书把教育形态的要素确定为四个。

这样，可以把教育现代化的狭义分析框架用表1－1直观展示出来。

表1－1 教育现代化的狭义分析框架

教育形态	教育现代性							
	人道性	理性化	专业性	民主性	法治性	生产性	信息化	国际化
教育管理								

续表

教育形态	教育现代性							
	人道性	理性化	专业性	民主性	法治性	生产性	信息化	国际化
教育体系								
课程与教学								
教育资源保障								

根据表1-1，下面举例说明教育现代化狭义分析框架中的两条分析路径。

第一种是“由教育现代性到教育形态”的分析路径。以教育的“人道性”为例，以之为分析起点和主线，看其在四种教育形态上各有什么要求和表现。教育的人道性要求教育管理以人为本，管理为人的发展服务；要求教育体系内建构“立交桥”，教育机会均等，让随迁子女也能平等进入城市学校就读，让职业院校的学生也有机会进入普通院校就读；要求教育内容丰富多样，使学生可以自由选择，以满足自己的多样化需求；要求在教育教学方法方面能因材施教，师生关系民主平等；要求教育资源配置公平，并向农村地区、薄弱学校、弱势群体倾斜。如果教育的诸形态达到了这些要求，就符合教育现代性之一“人道性”的要求，我们就可以认为这些教育形态在人道性方面达到了现代化的要求。

根据这种路径，把教育现代性的每一个要素作为分析起点和主线进行分析，分析完毕后形成一个从八种现代性到四种教育形态的系统分析。

第二种是“由教育形态到教育现代性”的分析路径。以教育形态中的“教育管理”为例，以之为分析起点和主线，看其与八个教育现代性是否都有关联，如果有关联，教育管理的各种现代性又有什么具体表现。人道性要求教育管理以人为本，管理为人的发展服务；理性化要求教育管理要实现科学管理、理性决策；民主性要求教育管理让利益相关者参与管理，通过民主程序达成决策；法治性要求依法治教，重视制度建设；专业性要求提高教育管理人员的专业化水平；等等。

根据这种路径，把教育形态的每一个要素作为分析起点和主线进行分析，分析完毕后形成一个从四种教育形态到八种现代性的系统分析。

上述两种分析路径，构成对教育现代化的双向分析模式：一种是“教育现代性－教育形态”的系统分析，一种是“教育形态－教育现代性”的系统分析。二者各有千秋，但殊途同归。前者是用理想对照现实，根据教育现代化的本质要求，即教育现代性，看现实的教育形态是否符合理想的要求；后者是从现实入手，先客观描述现实，再看其离理想还有多远。除了分析的起点和主线不同外，在系统分析的最后，得到的结论应该是完全一致的。两者的区别只是分析路径的不同。

本书第四、第五章将先后运用双向分析模式：前者以教育现代性为起点和主线展开分析，后者以教育形态为起点和主线展开分析。本书第六章对于英国教育现代化的案例分析，由于是历史分析，当然以史料作为分析的基础，所以在分析路径上以教育形态作为基础，然后再评价其教育现代性的实现程度，进而对英国每一个历史阶段的教育现代化状况做出评价。

需要注意的是，教育现代性诸要素和教育形态诸要素之间并不一定都有密切联系，例如，教育现代性之一的专业性，与教育资源中的教育工作者素质有最密切的关系，但与教育体系、教育经费投入等的关系就比较间接。再如，“课程与教学”中的“教学（方法）”这种教育形态，与教育的人道性、民主性、信息化有密切关系，但与教育的法治性的关系就比较遥远，因为教学方法的选择属于教师专业自主权的范围，法律法规和制度难以对其予以规范。

三、教育现代化的研究方法

教育现代化是一个很有意义的研究课题，然而我国目前的研究状况并不尽如人意，许多研究停留在表面上，研究结论往往都是常识性的，亟待深化。

现代化能不能被人类的理性所认识？人类的理性的确有狂妄、自负的一面，企图认识一切，设计未来，描绘蓝图，然而人类认识的历史表明，人类理性不是全能的、全无谬处的，人类先前取得的认识往往为后来的认识所否定。对现代化的认识亦然，20世纪50年代以西方为中心的“现代化理论”就被后来的理论所修正。人们对现代化的认识也是不断深化的。本书认为，教育现代化是可知的，是可以被认识的，但有相当大的难度。人的理性是有限理性，具体到每个个体就更是如此。本书的作者对现代化的理解和认识肯定也是有局限性的，但力图通过理论探讨和个案研究对教育现代化予以比较细致的分析，从而形成一些基本的、较有价值的认识。这些认识也不是最终的，也可能会被其他研究者所修正、发展甚至否定，这些都是正常的。一成不变的一贯正确的理论才是反常的。“发展理论”是不断发展的，现代化理论也需要不断地“现代化”。

人的理性是能够认识教育现代化问题的，这种认识随着时间的推移和研究的深入会不断深化。

若要对教育现代化这一复杂的历史过程进行深入的研究，单纯使用一种研究方法是很难达到目的的。任何一种研究方法都有其长处也有其弊端，但方法之间却具有互补性。本书充分利用各种研究方法间的互补特性，取长补短，推荐多种方法用于分析教育现代化问题。教育现代化是一种综合的社会现象，在教育现代化过程中一个国家所发生的教育变迁是不考虑学科边界的。教育现代化问题涉及多个学科，是个跨学科的课题，需要用跨学科的方法对其加以研究。

根据教育现代化这一研究主题的特点和研究目的，建议采用以下若干研究方法。

第一，历史主义方法。一般认为，历史主义方法就是通过社会历史环境及其发展变化去考察对象的方法，历史主义方法的精髓是注重特定的历史条件对考察对象的影响以及事物在特定历史条件下所具有的特点及其成因。（孙晓春，2015）历史主义方法要求尊重历史，反对任意评判历史，既反对以现在的标准去评价过去，也反对以过去的标准来评价现在，既不厚今薄古，也不厚古薄今。

运用这种方法基于这样几点原因：（1）教育现代化是一个多起点的历史变迁过程，它的出现和存在是一种社会历史现象，必须从历史的角度对之予以纵向的把握；（2）用历史主义的方法研究现代化是 20 世纪七八十年代的主流方法，研究现代化问题的学者们也运用历史主义的方法对教育的发展进程进行了研究，结果证明是较有成效的。

第二，个案研究法。个案研究（国别研究）是比较研究的基础。选择个案应考虑两个因素：该个案对教育现代化这一研究课题的重要性；研究的经济性，若缺乏资料和研究基础，尽管该个案很重要，也无法对其进行研究。笔者充分考虑到这两个因素，认为若要对各国教育现代化问题做出高质量的比较研究，可以选择英、法、美、德、俄、中、日、印和韩等九国作为研究对象，这九个国家具有一定的代表性，能基本满足理论分析的需要。

从文化背景看，前五国都属于西方基督教文化国家，后四国则属于典型的东方文化国家，文化背景迥异。从教育现代化的发展时序看，英、法、美属于先行者，德、俄、中、日、印属于后来者，但后来者中，德、俄、日走向了成功，而印度则没有成功。韩国则是20世纪六七十年代“亚洲四小龙”实现现代化的典型代表，其起步是最晚的。中国和印度的教育现代化进程则教训多多。比较这些国家教育现代化道路的共性与个性是很有价值的。

英国是第一个迈向现代化的国家，其在冲突中融合的社会发展模式是否也表现在其教育现代化进程中？作为一个岛国的英国与作为一个大陆国家的法国，二者现代化起步都很早，二者的教育现代化之路有何不同？美国作为一个年轻的国家，与英、法相比，较少受传统的束缚，这种背景对其教育发展有何影响？德国作为一个工业化的后来者，为何能后来居上且能在两次世界大战后迅速崛起？这与其教育有无密切的关系？俄罗斯也是后来者，同时也是成功者，该国在其现代化进程中有很长一段时间走的是社会主义道路，这种道路对教育现代化的影响与资本主义对教育现代化的影响有何不同？日本、中国和印度在19世纪中叶前后皆受到列强威胁，日本何以能走向成功而中国和印度不能？教育怎样成为日本的“立国之本”？英国在印度的殖民主义政策对印度教育现代化进程的影响是正面的还是负面的？韩国腾飞的秘诀何在？教育在此过程中发挥了什么作用？这些问题都值得研究。

印度教育现代化的水平不高，将它作为研究对象有价值吗？罗兹曼等人认为："印度在现代化转变上步履蹒跚，对于研究中国本应采取何种做法才会加速其现代化这一课题，它实在不足为训。"（罗兹曼，1995）[20] 本书则认为，中、日、俄、印几乎同时步入现代化的历史进程，日、俄经过几番冲刺，跻身于强国之列，走向了成功，而中、印当时则未能成功，现在依然在现代化的道路上起伏跌宕、踽踽而行。日、俄的经验值得借鉴，我们自身的得失值得反省，但印度的教训也值得我们吸取。中国的许多国情与印度相似，因此有必要把印度列为研究对象。

一位研究者显然不可能（当然也有个别"例外"）同时对九个国家的教育现代化问题进行较深入的个案研究，在本书中，笔者只做了一个个案研究，即对英国的教育现代化历程进行了个案研究。如果读者对这九个国家的教育现代化个案研究感兴趣，可以参阅《外国教育现代化进程研究》一书。

第三，比较研究法。人类的基本需要是一致的，这决定着人类的反应不论种族、国家、古今也具有相似性。这种相似性广泛表现在社会各领域，在教育领域中也是如此。研究表明，在教育现代化的同一时期或不同时期，各国面临的教育问题很多是相同的或类似的，各国解决这些问题的思路或方式也很相近。同时，由于各国的国情不同，各国在教育现代化进程中教育形态的变迁方式又各有特色。比较研究的一个基本假设就是，通过比较能达到某些一般性的认识，即承认各比较对象存在一些共性的东西。比较研究的一个重要目的是在不同的社会或国家中检验教育命题，也就是使特定时空的命题，转变为普遍的命题。同时比较研究也先验地承认比较对象间存在差异性，不然比较研究就没有存在的必要。比较的方法与单线历史观无关而与多线历史观联姻。

对多国教育现代化进行比较研究，需要有共同的比较维度，如果各说各话，则比较难以进行，更谈不上形成一般性认识与普遍性命题。

教育现代化从语义上讲实际上是教育的各组成要素的现代化，无论在对教育现代化进行历史研究还是国别研究时，都必须涉及教育的组成要素，不然就难以对"教育"现代化进行分析。

英国学者金（E. King）主张从背景、概念、制度和操作这几个方面来分析各国的教育，但这个分析框架仍比较粗糙。学者库姆斯（P. H. Coombs）则把教育系统划分为12个要素来分析教育问题，这12个要素是：目的和优先目标、学生、管理、结构与时间计划、内容、教师、学习资源、设施、技术与方法、质量控制、研究以及费用。（顾明远，薛理银，1996）[145] 我国的一些学者认为教育系统的构成要素有四：人员要素、财物要素、信息要素与结构要素。人员要素指的是教育系统在实现其功能并与外界交换信息与产品的过程中所涉及的教育主体，包括教育立法人员、教育决策人员、教育行政人员、教育者、受教育者和教育研究人员等。财物要素指的是教育系统的各种非人力资源，包括教育经费、校舍、课桌、设备、图书馆和现代教育技术手段等。信息要素指的是规定或指导教育系统正常运转的目标与方法，包括教育法规、教育目标、教育内容（课程）、教育方法以及有关教育系统的知识（教育研究的结果）等。结构要素指的是教育系统的各个方面的形式关系，它包括学校教育结构、非正规教育结构、行政结构、教育立法程序和决策程序等，其中正规教育结构一般又可分解为学前教育、初等教育、中等教育（包括普通和职业技术中等教育）、高等教育（包括专科、本科和研究生教育）以及师范教育。（顾明远，薛理银，1996）[116-120] 这种划分方式细致而全面，可资借鉴。

本书认为，对教育现代化的研究应是一种较为宏观层次上的研究，鉴于此，加上写作篇幅的限制，一些次要的教育因素在本书中可抛开不论。在本书的个案研究中，我们只是择取了教育的若干要素进行分析，这些要素构成了某国教育系统的主体框架，尤其在分析教育现代化这一问题时更是必不可少。因此，本书所说的“要素分析”具有特定的含义，它不对教育的所有构成因素进行分析，而只是分析其要素（即主要因素），包括教育管理、教育体系、课程与教学、教育资源保障四个方面。

本书也不是孤立地对各要素进行研究，而是将各要素联系起来进行综合分析，以从总体上把握教育形态的演进情况和教育现代性的增长状况。

本书除对教育要素进行分析外，还对影响教育现代化的若干社会因素如经济、政治、宗教等进行了分析，这与本书的一个基本观点（教育现代化具有依附性）是一致的。

这几种研究方法各有其利弊，而且这几种方法不完全在同一层次上，但并不互相排斥，可予以综合运用，将历史研究和要素分析融入个案分析之中，各取其所长。本书第六章对英国教育现代化历史进程的分析，就是对这几种方法的综合运用。

第四，量化研究与质性研究的方法。与前述三种研究方法相比，量化研究与质性研究的方法更为精致，也是社会科学研究中被普遍使用的方法。这两种方法，在教育现代化研究中可以也应该大显身手。教育现代化的研究方法不应该只是局限于前述三种。

量化研究在人的现代性研究中被大量使用（详见本书第三章），例如，国外有学者运用量表、问卷等研究工具，测量与研究了六个发展中国家的人的现代性表现，还有学者研究了学校课程对于学生现代性的影响，我所在的研究团队十几年前研究了高中学生的现代性，近期又研究了学校教学民主与管理民主对于学生创新能力的影响等，这些研究都是运用问卷法开展的量化研究。

而运用访谈法、观察法（尤其是参与式观察法）对于人的现代性问题、教育现代化问题开展质性研究，可以弥补量化研究深度不足的弊端，形成一些深刻的理论认识。

教育现代化是一种社会现象，教育现代化研究属于社会研究的范畴。任何研究，其直接目的都是对研究对象做出说明与解释，探讨社会现象之间有无关系？如果有关系，是什么关系？是相关关系还是因果关系？研究的本质是揭示现象之间的因果关系。

开展教育现代化研究的目的是建构教育现代化理论。而学术水准较高的教育现代化理论一旦建成，就可以发挥理论的主要功能，即描述事物的状况和性质、解释现象间的关系、预测未来的事件或现象。也就是说，教育现代化理论有助于理性描述教育现代化的现实状况，如根据教育现代化的分析框架去全面描述某一个区域教育现代化的现实图景；教育现代化理论可以解释教育现代化进程中一些现象之间的关系，如教师队伍素质直接决定着课堂教学质量、决定着学生的素质发展水平（即人的现代性的发展水平）；根据教育现代化理论对于某些现象间的因果关系的揭示与解释，可以对未来教育发展情况进行预测，例如，如果不尽快解决农村教师数量不足、质量不高的问题，农村教育质量将难以改观。所谓理论对于实践具有指导作用，主要指的就是以上三点。

教育现代化理论的形成，经由提出概念、提出命题、建立命题体系这样一个逻辑过程。概念是构造理论的砖石，它是对研究范围内同一类现象的概括性表述，如人的现代性、核心素养、创新能力、教育管理、教育体系、课程、教学、教育资源、人道性、民主性、法治性、专业性等等，都属于本书使用的重要概念。

命题是思维的基本单位，它通过对两个或两个以上概念之间的关系的明确陈述使各种现象联系起来。如，学校管理民主有助于提升教师的教学创新能力；课堂教学民主对于学生创新能力的发展有正向影响。再如，一个国家的政治现代化水平制约着教育管理的现代化水平；教育现代化对于经济现代化与政治现代化具有依附性。

理论是一套加以系统陈述的，以可靠的经验材料为基础并在逻辑上相互联系的命题。一个个孤立的碎片化命题，不是理论。许许多多关于教育现代化的命题，按照一定的逻辑关系组织起来，就构成教育现代化理论。

教育现代化理论的建构，即关于教育现代化的命题体系的建构，可以基于现实状况、历史事实、统计数据进行归纳概括，也可以利用他人理论与现有研究成果进行逻辑推导，也可以靠直觉、创造性想象直接提出假设与命题。笔者撰写此书、对教育现代化理论进行建构，也是综合运用了多种方式、多种路径，有基于现实或历史的分析，有基于他人或自己研究的成果，有基于实证研究或质性研究甚至思辨研究的成果，当然也有基于个人直觉与想象提出的理论假设，最后，涓涓细流汇成理论江河。但是，本书中构成教育现代化理论的诸多命题是良莠不齐的，有些命题的知识基础是扎实的，有诸多实证研究为基础；有些命题则缺乏实证基础，还停留在假设阶段，需要接受进一步的检验。

本书是对教育现代化理论予以系统建构的尝试，书中的许多关系命题需要予以检验。要建构一个更为精致、学术性更强的教育现代化理论，必须对这些关系命题予以进一步追问：这种关系是否真实存在？为什么有这种关系？在什么条件或者情况下存在着这种关系？这就要求进一步提升教育现代化研究的科学化、学术化水平，使用变量语言，精确描述现象和事物的状态，深度了解某一现象的变化如何与另一现象的变化相联系，对变量之间的关系和联系程度进行精确的因果分析，解释和检验变量间的真实关系。变量是概念的一种类型，它是通过对概念的具体化而转换来的。如“人民”这一概念，当界定为一个国家的所有人时，就成为变量。变量反映了概念的可变动性，它说明了现象在规模、重量、密度、速度等方面的变化情况，或现象在程度差异上的变化方式。（袁方，1997）[75] 总体而言，我国教育现代化研究在学术品质上还比较粗糙，要达到精致化、精准化的程度，必须使用变量语言并深入分析变量间的关系。

但是，也不要迷信定量研究方法，而贬低传统研究方法如历史主义方法的价值。定量研究方法可能会忽视对历史数据的考证与解读，往往把很多无法定量化的制度因素排斥在研究框架之外，用数学关系来取代真实世界的历史因果关系。在量化研究中，多元回归分析所需要满足的前提条件至少应该包括所有影响因素都被纳入计量模型、所有考察变量都可以定量化、各变量间彼此不相关、能解决时滞问题等，而这些条件在现实中全都不具备。（关永强，2014）回归方法并不能揭示出宏观教育的结构及其运行方式。教育现代化研究不可能达到自然科学那样的量化程度。

历史主义方法强调在特定历史和制度条件的约束下进行研究，反对“离事而言理”，但是，单纯依靠逻辑推理得出概念和理论往往容易脱离现实。历史主义方法不应排斥定量研究，以现实调查所得的资料作为研究基础，教育现代化研究可以不断修正研究视角和方法，加强因果分析，提升学术品质。

教育现代化研究属于时间跨度很大的历史研究，运用历史主义方法是一种恰当的方法。定量研究方法与历史主义方法并不矛盾，可以互相取长补短、相得益彰。

教育现代化研究者需要增强理论自觉与方法意识，可以大胆假设，但更要小心求证，要综合运用、有效运用多种研究范式与研究方法，提高研究质量。

四、教育现代化历史进程个案研究的设计

由于篇幅所限，本书在对某个国家的教育现代化进行个案研究时，不可能穷尽该国教育形态变迁的各个方面，只能从中择出体现教育发展的若干主要因素予以比较宏观的分析，而对一些次要因素则从略处理。对一个国家的教育形态变迁的状况，应对教育管理、教育体系、课程与教学、教育资源保障等若干方面予以分析。但鉴于社会背景、思想观念对教育形态有重要影响，在分析中，也把社会背景和思想观念作为影响因素一并予以分析，以增进分析的立体性和系统性。

1. 社会背景

社会政治、经济、文化、宗教变革对教育现代化的影响是决定性的。社会背景主要是指影响教育变迁的政治、经济、文化、宗教等因素。对社会背景进行分析实质上是探讨社会现代化进程对教育现代化进程的影响，社会政策（政治、经济政策）对教育政策的影响。

经济发展状况对教育发展的影响是巨大而显著的。如工业革命不仅给教育结构带来了冲击，它所导致的城市化使教育人口的分布趋于集中从而对传统的教育形式提出了挑战。经济政策也影响到教育政策，崇尚自由放任的经济政策带给教育政策的重大影响是：国家权力对教育干涉迟缓，这是 1870 年以前英国教育政策的典型特征。经济结构的变化也影响到教育的结构和内容。西欧中世纪的农业社会、中世纪晚期的手工业和商业社会、工业革命时期的大工业社会、“二战”后产业结构的变化（第三产业异军突起）都对教育形态产生了决定性的影响。教育的经济功能成为教育的最主要功能。教育的经济功能的发展是现代教育发展进程中的一个重要特征。经济发展水平还决定着教育发展的速度与规模，教育发展所需经费需要经济提供后盾。在讨论经济对教育现代化的影响时，主要讨论经济制度的变革、经济结构的转换、经济政策、经济发展水平等对教育现代化进程的影响。

政治与教育的关系非常密切。教育制度往往是政治制度的翻版。就英国而言，从封建制、君主专制主义到君主立宪制（议会主权），从有限民

主制到民主权的拓展，从专制主义、自由主义（放任主义）到新自由主义（强调国家控制），从议会中的派别之争到现代政党制度和利益集团的形成，从议会主权到现代社会行政权力的加强，这些都给教育现代化进程造成了深刻的影响。讨论政治与教育的关系主要是讨论国家权力（包括立法权、行政权、司法权）对教育的渗透情况以及这种渗透的性质（良性与劣性、合理与不合理）和渗透方式（如拨款就是一种重要的方式）。立法权和行政权对教育的影响尤甚，教育并无独立的立法体制，教育行政管理体制也只是整个国家行政管理体制的一部分，这两种重要权力的运作状况（立法权与行政权的关系，行政权力中中央与地方的关系，权力运作的有效性——动员社会资源的力量等）对教育的影响是决定性的。

文化与教育的联系也不可忽视。文化的范围极广，此处的文化为狭义的文化，指某一国家和社会的精神文化，含伦理、科技、宗教、艺术、习俗、传统等。现代文化的特征之一就是世俗化。由宗教文化走向世俗文化，由人文性质的世俗文化占垄断地位到科学技术性质的世俗文化阔步向前，由文化的等级性到文化的大众性，皆体现出文化的现代化走向，这种文化走向影响了教育，教育反过来又强化了这种文化变迁。西欧文艺复兴时期人文主义的一个重要贡献就是课程的世俗化，宗教改革以一种独特的方式带来了更深刻的世俗化——整个社会走向世俗化。其后，人文主义（古典主义）与科学主义在教育中成为冲突的双方，教育中存在的双轨制反映了文化等级性的存在，而教育中民主性的突进则意味着大众文化和文化普及的突进。讨论文化对教育的影响时，本书尤为关注文化精神的变迁对教育的影响，尤其是宗教变迁、科技发展对教育的影响。

其他因素如人口、战争等也对教育变革有深刻影响。印度人口众多，严重阻碍着其教育现代化的进程，“二战”后英国教育民主化进程的加速深受“二战”的影响。战争进程和战争结果对教育发展都有很大的影响，德、日在“二战”后的教育变革无不与“二战”的结果有关。

2. 教育管理

国家对教育行使管理权力是国家对内职能的重要组成部分。这种权力涉及立法权、行政权和司法权。国家教育行政机构（包括中央和地方）主要行使的是行政权（包括行政立法权）。教育管理体制是一种制度化的东西，其发展、变化体现了国家行政权力（乃至立法权力）对教育事业的渗透力度和范围。权力使用的理性化、合理化是现代教育行政的重要特征。依法治教，依法行政，是国家教育管理走向成熟的标志。教育事业是一项既庞大又重要的事业，只有强有力的权力参与才能使之得到支持、协调和发展，这有赖于国家有一套合理的立法和行政制度。

讨论教育管理体制主要是讨论教育立法体制、教育行政体制的演变过程，还涉及中央与地方的关系、中央与地方教育行政权力的消长等。西方国家还涉及教会权力与国家权力的关系问题。讨论教育管理问题时还应关注国家权力如何促进教育或阻碍教育的发展，什么样的国家权力运行和制度最有益于教育的发展等。

教育政策是宏观教育管理的重要方面。而政策又受思想观念的左右。教育家的思想并非教育观念的全部，政府在教育决策中所体现的观念未必是采纳教育家思想的结果，而往往是利益调适的结果。本书在最后一章讨论英国教育现代化时主要讨论支配政府教育决策的主流观念是什么。教育思想家的观念对教育现代化的推动作用、对政府教育决策的推动作用总体来看是比较小的。政府决策的动机与过程非常复杂，自有其一套规则。

在讨论英国教育现代化时，“教育政策”是指该时期基本的、宏观的教育政策，而这往往与当时该国的社会政策相联系。相对微观的教育政策如课程政策、教师政策等在此处基本上不涉及，但是后面分析“课程与教学”以及“教育资源保障”时会涉及。

3. 教育体系

这里的教育体系是指由正规教育和非正规教育构成的各级各类教育组成的教育体系，其中，正规学校教育体系是教育形态演变中最显彰的部分。本书中的相关部分主要讨论各级各类教育发展在结构上的变化。教育结构的持续分化是教育现代化的重要特征之一，与之相伴，教育的功能亦相应分化，教育系统更加复杂，以满足复杂的社会的需要。这里的结构有两层意义：某阶段教育如中等教育的结构；整个国家各类各级学校的结构。这些涉及教育类型、学校间的衔接、义务教育的延伸状况、从初等到高等教育梯级升进状况、教育结构与教育民主的关系以及与经济发展的关系、教育结构的合理化程度、教育发展的规模等。师范教育放在“教育资源保障”中讨论，不在此处讨论。这些属于教育的类型结构。

在某一阶段政府侧重于发展教育结构中的哪一种类型的教育，这能反映出某一时期教育发展的重心。

各级各类学校的学习形式也在此处涉及，如全日制、部分时间制等。这属于形式结构。从无序到有序，从双轨制到单轨制，从不平等到平等，从民间兴学到国家大力兴学，从重宗教、政治功能到重经济功能，是不少国家教育结构和功能演变的基本特征，反映出教育结构与经济、政治结构的密切联系。

4. 课程与教学

课程是指学校提供的学科课程，包括两个维度：顺序和范围。顺序是指内容在垂直方向上的组织，范围是指对内容在水平方向的安排。顺序上的安排是否合理（是否具有逻辑性，是否与儿童的身心发展水平相适应），范围上的安排是否合理（广度是否合理，文理是否平衡），都对课程水平有显著影响。

就课程与文化的关系、与知识进步的关系而言，课程是经过选择的文化载体，课程究竟从文化中、知识中选择了哪些内容，受诸多因素如经济发展、政治要求等的制约。宗教教学与世俗知识教学、古典人文主义教学与科技知识教学在教育史上都曾产生过冲突。什么知识最有价值、什么样的知识应被列入课程之中，对一个国家教育的效率效益有巨大影响，直接影响到教育能否作为一个有效的工具在国家间的竞争中发挥作用。英国与德国、日本在课程发展史上取向的不同，对这些国家的经济发展产生了直接的影响。

一般而言，在教育现代化的过程中，课程范围呈扩充、分化之势，科技课程的地位在课程发展史上呈渐高之势。

教学主要指教学方法。教学方法的变迁主要与两个因素有关，即儿童观的变化和认识方式的变化，对儿童的看法不同（如把儿童看成小大人和把儿童看作儿童）会带来教学方法上的差异，而人类认识方式的变化如从培根开始的科学方法的兴起带来了教学方法的变革。在讨论教学方法时，本书对儿童观和认识方式对它的影响予以充分重视。有些国家在教育改革的某一时期往往把教学方法的变革作为改革重点之一，如英国 20 世纪 60 年代就是如此。

5. 教育资源保障

教育资源保障是指人、财、物、技术等条件保障，主要是教师条件和经费条件的保障，物质条件和技术条件的改善也取决于经费条件。

教师的数量和质量、教育经费能否较充分地满足教育发展的需要是衡量教育条件现代化水平高低的重要指标。就教师而言，涉及教师的职前培养方式、教师的在职培训状况、教师的社会地位、教师的专业化程度等方面；就经费而言，涉及经费的来源、投入主体（中央和地方以及民间）、投入力度、投入广度、投入效益等方面，教育经费还涉及公共教育经费占国民生产总值（Gross National Product，GNP）的比率、生均教育经费、教育经费在不同类型教育中的比例分配等问题。

教育经费是制约教育发展的最关键因素，其充沛程度、使用方式（是否有恰当的督查方式、预算是否合理等）对教育发展影响甚大。

总之，教育发展的社会背景、教育管理、教育体系、课程与教学、师资与经费条件保障是衡量一个国家教育现代化程度的最主要因素。本书认为，分析一个国家某一时期教育现代化的状态和水平应该从这些基本方面入手。

6. 教育现代性的增长状况

教育的现代性的增长从教育形态的演变中表现出来。教育的现代性如民主性，在教育现代化的不同时期亦有不同的反映，在一个时期主要体现为人人受初等教育，在下一个时期可能体现为人人受中等教育，在程度上是有差异的，应认真予以分析。国家化（法制化）在不同时期差异也很大，封建时代的西欧谈不上国家化，当时的教育服从于宗教法的约束；民族国家形成后的专制主义时代才开始谈得上国家化，但这种国家化与后来的议会主权时代的国家化又不同，放任政策时期的国家化与新自由主义政策时期的国家化也显然不同。

在讨论某个国家某一时期教育现代性的增长状况之后，应讨论该时期教育发展中存在的突出问题。这些问题的解决是下个阶段教育现代性得以增长的前提。

就本质而言，教育现代化就是不断解决存在的问题，使教育发展趋向合理化、理性化的过程，即权力、资源分配更加合理，教育结构、功能更加合理等。

五、教育现代化研究的未来走向

一般认为，教育现代化研究属于宏观政策与战略研究，往往都是在全球层面、国家层面、区域层面展开的；其实不然，教育现代化也可以在学校甚至班级层面展开，微观层面的“课堂教学”现代化是最实质性的“教育”现代化。实际上，宏观与微观之间没有截然的界限，一个国家如果只有极个别课堂“满堂灌”“死记硬背”，属于微观问题，但是如果绝大多数课堂都是如此，则属于宏观战略问题。

教育现代化研究不论是宏观层面还是微观层面的，都属于应用研究，研究的最后要给出现存问题的“解决”方案，要给出招数、开出药方。因此，教育现代化研究属于“解决类研究”。

但是，解决类研究必须以描述类研究和解释类研究为基础，先回答清楚教育现代化“是什么”和“为什么”，然后再回答“怎么办”。否则，在不清楚是什么和为什么的情况下，就去提出怎么办的解决方案，有来路不明、简单粗放、不讲道理之嫌。在教育实践和推进教育现代化过程中，我们常常犯此类理性化不足的错误。

研究的本质不是直接告诉读者如何“解决”问题，而是做出“解释”。研究的高级形态是找到因果关系，是对事物间或变量间的因果关系的解释性研究。“解释”清楚了，“解决”方案就水到渠成了。解决方案基于解释。但是，对于事物间关系的解释，必须以全面、清晰的“描述”为基础。

对教育现代化进行全面与清晰的描述，必须建立在概念、分类、框架的基础上，本书提出的教育形态的四个方面（即教育管理、教育体系、课程与教学、教育资源保障），以及教育现代性的八个方面（即教育的人道性、理性化、专业性、民主性、法治性、生产性、信息化、国际化），都是为描述教育现代化而提出的概念，这些概念按照一定的分类标准与逻辑关系予以组合，就形成了前文提到的教育现代化的双向分析框架与模式。本书第四章和第五章分别论述了教育现代性的八个方面和教育形态的四个方面。

但是，这种描述尽管是清晰的、有价值的，为进一步深入研究奠定了基础，但是，这种逐一的描述可能陷入静态描述、孤立描述的误区。因此，只是描述是不够的，需要由初步的描述类研究上升到更高水平的解释类研究。

解释类研究关注事物间的关系研究，尤其是因果关系的研究。教育现代化的关系研究，可以分为两个部分：内部关系研究与外部关系研究。

内部关系研究是指教育内部事物间、变量间的关系研究，主要包括以下几个方面：首先，教育形态的四个方面的内部关系研究。教育形态的四个方面即教育管理、教育体系、课程与教学、教育资源保障，它们彼此之间不是割裂的、孤立的，也不是平行并重的。从关系链条看，教育管理会直接或者间接影响其他三者，教师人力资源状况会直接影响教学质量。四者中，最为本质的教育形态是“课程与教学”，如果课程与教学质量不高，教育体系就是“花架子”，教育管理与资源保障就会失去意义。

其次，教育现代性八个方面的内部关系研究。教育现代性的八个方面即教育的人道性、理性化、专业性、民主性、法治性、生产性、信息化、国际化，它们彼此之间不是割裂的、孤立的，也不是平行并重的。例如，从关系链条看，教育的民主性会带来教育的理性化，也会促进教育的公平性（人道性的特征之一）。从重要性看，人道性居于统率地位，其他都不应与之相抵触。

再次，教育形态的四个方面与教育现代性的八个方面的交叉关系研究。这种研究有利于聚焦关系研究，找到研究重点；也有利于细化关系研究，厘清关系链条。例如，教育形态的四个方面中最重要的是“课程与教学”，聚焦于“教学”的教什么与怎么教，教育现代性的八个方面中最重要的是“人道性”，聚焦于教育的优质、公平与多样，在此基础上，我们把二者再交叉聚焦，就得出教育现代化最核心的事项是“教学的人道性”。然后，我们进一步把“教学的人道性”作为因变量，深入研究哪些因素影响和制约教学的人道性。

最后，每一种教育形态或教育现代性的内部关系研究。以教育资源保障中的人力资源保障为例，当前我国存在教师数量不足、专业化水平总体不高的问题，我们就需要研究这些问题背后的原因是什么，进而提出解决问题的策略。本书第四章和第五章在分析每一种教育形态或教育现代性时，都指出了存在的问题，并提出了解决策略。这些策略，就是干预措施，从逻辑上讲，这些干预措施与存在的问题、与要达到的目的之间存在着相关关系或因果关系。

在内部关系研究的基础上，可以进一步深化细化教育现代化内部与外部的关系研究。

外部关系研究是指教育现代化与社会现代化、人的现代化的关系研究，既关注“前因”，即制约教育现代化的因素有哪些，社会的政治与经济状况如何影响教育现代化进程，也关注“后果”，即教育现代化对于社会现代化、人的现代化会产生什么影响，教育现代化如何促进经济现代化、人的现代化。本书第三章对于教育现代化目标定位、制约因素，以及教育现代化的依附性和政治前提的论述等，集中回答了上述问题。本书第一章对于社会现代化、第二章对于社会整合机制的论述，则间接回答了这些问题。本书第六章对于英国教育现代化的历史分析，更为具体细致地描绘了教育现代化与社会现代化之间错综复杂的外部关系。

分析教育现代化问题、教育发展问题，甚至设计教育现代化的评价指标，都可以采用 CIPP 模式，C 是指背景（context），包括社会经济状况、政治状况、文化状况等；I 是指投入（input），包括人财物与信息化的投入；前一个 P 是指过程（process），主要指教育教学过程；后一个 P 是结果或产出（product），主要指教育为人的发展和社会发展做出的贡献，即学生的发展水平，以及教育为经济、政治等社会发展做出的贡献，为社会做贡献主要也是通过培养人去实现的。从关系的视角看，最粗线条的影响链是：背景影响投入，投入影响过程，过程影响结果，前后形成一个关系链条。

对这个关系链条的分析可以进一步细化，对于教育形态的四个方面、教育现代性的八个方面的分析只是细化了对“教育现代化”（投入与过程）的内部分析，还可以进一步细化分析教育现代化的“前因”（背景）与“后果”（结果），并与对教育形态和教育现代性的细化分析结合起来，从而进行细化后的维度之间的关系分析。主要关注以下问题：政治包括哪些维度？经济包括哪些维度？政治与经济的诸维度对于教育形态的四个方面与教育现代性的八个方面各自产生了什么影响？人的现代化、经济现代化、政治现代化，作为教育现代化的目标与结果或产出，各自包括哪些维度？教育形态的四个方面与教育现代性的八方面的诸维度，对于人的现代化的诸维度、经济现代化的诸维度、政治现代化的诸维度各自产生了什么影响？

这种细化分析，就是对教育现代化问题的全面分析。这是从事严谨的教育现代化研究必须做的基础性工作。用大而化之、朴素笼统的思维方式去研究教育现代化问题，不是真正、严肃的学术研究。本书的所作所为，就是力图做这种全面分析。但是这项工作非常复杂与繁重，本书只是做了初步的尝试，对于许多关系的分析，还不够深入细致。

除了“全面分析”外，还需要进行“重点分析”，要找到背景、投入、过程、产出中的重点因素，并对重点因素间的关系予以深度分析。这种分析是目标导向与结果导向的，即从“最后想要什么样的结果”倒推出因果链条。假如通过分析，我们把教育的结果或产出（促进人的现代化与社会现代化）聚焦为核心素养（21世纪社会发展与人的自身发展所需要的素养，主要包括创新能力、批判性思维、公民素养、合作与交流能力、自主发展能力、信息素养等），而核心素养中“创新能力”对于个人、社会与国家至关重要，因此，可以把“创新能力”作为教育产出的重点因素。那么，要培养创新能力，需要什么样的“过程”呢？自由孕育创新，只有自由宽松的教学氛围、民主平等的师生关系，才能培育出学生的创新能力，我们需要人道（自由宽松民主平等）的课堂教学，即要求“教学的人道性”，这与我们已经聚焦的“过程”的重点因素是一致的（见前文）。那么，创新能力培养与教学的人道性需要什么样的投入作保障呢？投入包括人财物，但关键因素是人，是教育从业人员的专业化素养，尤其是一线教师的专业化素养，因此，“教师素质”是教育投入的重点因素，教师素质要与创新能力培养、教学人道性的要求相匹配。创新能力培养、教学人道性、教师素质提升这三者，不仅需要教育自身进行系统的变革，也需要“背景”因素，即政治、经济、文化等构成的社会大环境提供有力的支持，比如，需要有鼓励创新的制度与文化氛围，以政治民主与管理民主促进教学民主，切实提升教师经济与社会地位以吸引优秀人才从教等。制约创新能力培养、教学人道性、教师素质提升的诸多社会背景因素中，核心因素是政治（政治对于经济社会发展具有决定性影响），是政治氛围与政治决策问题。过于强调服从的学校管理氛围、班级管理氛围、课堂教学氛围是不利于学生创新能力培养的，过于强调服从的政治氛围亦然。当然，本段论述中的关系链条是假设性的，需要进一步的研究与实践予以证实。本书特别强调教育现代化的政治前提以及教育现代化的依附性特征。教育现代化不能僭越社会现代化尤其是政治现代化而孤立前行。

教育现代化涉及很多方面，甚至可以说包罗教育之万象。对于教育现代化及其影响因素的“重点分析”，有助于我们找到关键性、根本性问题，找到最重要的因果关系，从而确定教育公共政策的战略重点与战略举措。

不论是教育现代化的描述类研究还是解释类研究，以及解释类研究中对于各种关系的“全面分析”抑或“重点分析”，都应该昭示教育现代化研究的独特性。否则，教育现代化研究与教育基本理论、比较教育研究、教育史研究、教育社会学、教育管理学、课程论、教学论等等，就没有实质性的区别。教育现代化研究当然具有跨学科性，但是跨学科不等于多学科的简单相加与任意拼凑。

不能离开教育现代化的概念去谈论教育现代化研究的独特性。教育现代化是指与教育形态相伴的教育现代性不断增长和实现的过程。根据这个定义，教育现代化研究的独特性至少包括两个方面。其一，教育现代化研究要“紧扣现代性”。教育现代性是教育现代化的本质，现代性是现代化理论中最核心的概念，是讨论现代化问题一以贯之、或明或暗的主线。其二，教育现代化研究要“关注动态性”。因为教育现代化是一个“转化”的过程，即教育现代性不断增长和实现的过程，所以，教育现代化研究仅仅局限在对教育形态与教育现代性的“静态描述”是不够的，必须把动态的变化过程描述清楚。此外，还要解释清楚，是什么因素促进或者阻碍了教育现代性的增长与实现，即阐明转化的“动态机理”。教育现代化研究，实质上是教育转型研究，是教育发展方式转变的研究，必须阐述转化的过程与动力。

教育现代化研究中最重要的部分应该是教育现代性生成、发展、积淀、实现的影响因素研究，即找到那些促进或阻碍教育的人道性、理性化、专业性、民主性、法治性、生产性、信息化、国际化的多种因素，并解释清楚产生影响的路径与机理。若这项解释性研究工作完成了，那么提出问题的解决对策、加快推进教育现代化就会水到渠成。

综上，教育现代化研究的未来走向是：其一，加强解释类研究，对教育现代化的内部与外部关系全面展开深入细致的研究，只是停留在描述类研究的阶段是不够的；其二，在全面研究的基础上，聚焦根本问题，找到最关键的因果关系链条，真正确定教育现代化的战略重点与战略举措；其三，紧扣教育现代性展开研究，彰显教育现代化研究的独特性，重点研究教育现代性增长与实现的影响因素。以上三点，本书做得还很不够。教育现代化研究的未来走向，也是本书作者今后开展教育现代化研究的努力方向。

第二章　教育现代化的进程

作为一个历史过程，教育现代化既有连续性，又有阶段性。这个历史过程，伴随着教育的分化与整合，伴随着教育传统与教育现代性的互动。由于教育现代化的时序不同，后来者的教育现代化进程往往伴有迟发展效应。

第一节　教育现代化的发展阶段

一、教育现代化的起点

作为一个历史过程，教育现代化始于何时？不同国家的教育现代化的起点是否一致？同一个国家教育现代化的起点同经济现代化、政治现代化的起点是否一致？

教育现代化的本质是教育现代性的产生和增长，而现代性是与传统相对立的一个概念，当教育的现代性因素在传统的社会中开始滋生时，可以说，教育现代化的进程就已经悄悄地开始了。然而困难在于，很难在传统与现代性之间找到一个突然的转换点和一个明确的分界线，因为历史发展的确有很强的连续性，在早发型现代化国家尤其如此。在早发型现代化国家中，现代性的挑战基本来自社会内部，正是其内部现代性的不断生长和成熟，才动摇了传统社会赖以存在的基础。现代性的增长是通过渐进的方式实现的，这一过程具有很强的连续性。如本书将英、法等国教育现代化的起点设定在文艺复兴时期，因为文艺复兴时期的人文主义运动崇尚理性、倡导世俗性，与中世纪贬抑理性和世俗性、崇尚信仰和宗教性是相对立的。然而若细究起来，问题要麻烦得多，因为中世纪经院哲学中就含着丰富的理性因素，中世纪后期城市的兴起也伴随着强烈的世俗精神的上扬，这样“起点”势必又要前移。如果再往前追溯，便可发现，文艺复兴所复兴的正是古希腊、古罗马的世俗文化，若从这个角度看，西欧诸国的教育现代化进程从古希腊时期就已经开始了。显然，这种以历史发展的连续性为依据，用追溯的方法去寻求起点（寻根）的做法是不可取的，因为它不能说明历史发展中此阶段与彼阶段的根本区别。如同美国学者格尔申克隆所指出的：“就像‘文艺复兴’的概念一样，起初完全认定其时代在 16 世纪，后来改变了，推移到以前数个世纪；工业革命的开始也从 18 世纪被推移到 17 世纪以至更早的阶段。在这变动的过程中，原先的含义消失了。所有这一切，都是在尊重历史连续性的号召下作出的。对某些作者来说，历史连续性过去是、现在也许仍然是一个时髦的概念。……连续性可以指一个既定现象的历史根源能够追溯到遥远的过去。当然，作为一般的命题，这无疑是正确的，而且事实上，它还是所有历史著作得以存在的基本依据。可是，关于历史的实际发展过程，它没有说明什么，特别是没有说明这个过程究竟是革命性的还是演化性的。”而且，尤其要注意的是，“一个事件的根源非要追溯到遥远的过去，事实上也并不一定说明它是演化性质的”。（格尔申克隆，1993）[176] 在确定教育现代化的起点时，既应看到历史发展的连续性，又应看到历史发展的阶段性，文艺复兴时期的人文主义教育有中世纪乃至古代的基础，但它的确与它之前的教育有本质的不同，并由此开启了教育发展的新时代，故本书将人文主义教育确定为西欧一些国家如英、法教育现代化进程的起点。

文艺复兴最主要的历史贡献就是“人的发现”，它把人从种种束缚和禁忌中解放出来，使欧洲文化走出了阴郁的寒冬，走进了明媚的暖春。阴霾散去，人的世界艳阳高照，人又沐浴在灿烂的阳光里。人的地位提高了，人在上帝面前抬起了头，在历史面前抬起了头，在自己面前抬起了头，人认识到作为人的价值和尊严，人由自卑走向了自信，由悲观走向了乐观，人有了战天斗地的豪情，有了创造世界的激情。人要认识自我，认识世界，认识一切。人不仅要在尘世间建功立业，还要尽情享受尘世的欢乐。人不仅要使世界更完美，还力求使自己更完美。在人的发现中，人与神的关系、人与自然的关系、人与自身的关系已悄悄发生变化，欧洲的历史在悄悄地迈向新时代。人的发现和人的解放也开辟了教育的新天地，人们认识到，只有通过教育，才能使人充分领悟人的价值和使命，才能使人具备建功立业的素养，才能使人更加完美，才能使人活得更像人。（褚宏启，2000）[1]

文艺复兴时期的人文主义教育也并非尽善尽美：它具有贵族性，教育只泽及一部分贵族子弟；它具有古典性，科学知识在课程中地位甚微；它具有宗教性，人文主义者皆承认上帝的存在；等等。（张斌贤，褚洪启 等，1994）[269－282]也许有人会据此认为，人文主义教育中的现代性成分如此不足，怎能将它作为西欧教育现代化的起点呢？本书认为，教育现代性的充分全面的增长不是一蹴而就的，教育现代化的不同方面的增长也不是齐头并进的，有些在前，有些在后，人文主义教育主要是促进了教育现代性之一——世俗性的增长。

然而应明确的是，文艺复兴时期的人文主义教育只是构成了西欧一些国家教育现代化的起点，它并不能构成其他地区的一些国家教育现代化的起点，日、俄、印、中等国的教育现代化的起点皆不同于西欧一些国家。

从世界范围看，教育现代化进程是多起点的，不仅早发型现代化国家不尽相同，而且后发型现代化国家也不相同。

社会是由经济、政治、文化、教育等诸多领域构成的，教育现代化同经济现代化、政治现代化的起点是否一致呢？有的研究者将18世纪开始的工业革命作为教育现代化的起点，笔者认为不妥，因为工业革命只是经济现代化的起点，诚然工业革命极大地影响了教育，改变了教育的面貌，使公共教育开始发展起来，但教育的某些现代性的增长却不是从工业革命时期才开始的。而且工业革命的发生，还有赖于此前的文艺复兴、宗教改革、科学革命、政治革命的推动，工业革命是上述一系列变化过程的结果而不是它们的起点和原因。教育现代化过程相对于经济和政治现代化进程而言具有依附性，但不可过分强调依附性而忽视了教育发展的独立性，不然会陷入经济决定性和政治决定性的误区。韦伯的《新教伦理与资本主义精神》

（*The Protestant Ethic and the Spirit of Capitalism*，1905）很好地说明了宗教改革对西方现代化的意义。在韦伯看来，正是新教伦理构成了西欧现代化的根源。文化因素对于现代化非常重要，以至一位学者认为，16、17世纪欧洲“低地国家的市民文化，对于现代化来说，远比墨西哥和秘鲁的黄金更为重要”（阿维内里，1993）[12]。这都说明了唯经济论和唯政治论的不足。本书坚持现代化过程中教育相对于政治、经济发展所具有的独立性和主体性，这不仅是出于理论上的需要，而且是因为这样更符合历史事实。例如，从工业化的角度看，德国落后于英国，但在教育上，德国则不落后于英国，反而高出后者一筹。英国在19世纪以来的教育现代化过程中曾向德国借鉴了不少东西。

之所以要在此讨论起点问题，主要是因为现在对之还有争论。其实，教育现代化的起点问题并不是一个非常重要的问题，更需要关注的是教育现代化的进程，尤其是关注哪些因素会促进或阻碍教育现代化的进程。

二、教育现代化的阶段与分期

教育现代化是一个至今还在持续的过程，其自身并无界限分明的阶段。

教育现代化可分为两个大阶段：从农业社会走向工业社会是第一阶段，从工业社会走向信息社会是第二阶段，分别为1.0和2.0两个阶段。第一阶段的社会特征是科技进步、世俗化、工业化、民主化、市场化、科层化等，与之相应，这个阶段的教育现代性主要体现为教育的理性化、民主性、法治性、生产性、专业性等。第二阶段的显著社会特征是信息化、全球化、知识经济等，同时科技化、民主化、法治化持续推进，与之相应，第二阶段的教育现代性主要体现为信息化、国际化、人道性（包括公平性、多样性、终身性等）以及民主性等。

两个大阶段，就是两次大转折。每个大阶段的教育现代化进程，又都可以进一步分为三个阶段：过渡阶段、变革阶段、高度现代化阶段。此处以第一个大阶段（即从农业社会走向工业社会）为例，来说明这三个阶段的划分。

第一阶段为过渡阶段，该阶段教育的一些新观念、新机构、新做法已经零星出现，并对已存的教育秩序提出了挑战，局部的教育变革已经出现，但根本性的教育变革尚未发生。具有现代化性质的教育观念、机构、做法仍处于势单力薄阶段，旧的教育势力依然十分强大，即便旧的教育势力的某些方面已经衰落，但能取而代之的新的教育势力也还未充分成长起来。

第二阶段为变革阶段，该阶段国家成为教育的主要兴办主体，受教育机会大大增加，教育普及呈梯级升进之势，初等教育已经普及，中等教育普及率日益提高，教育行政管理制度（包括教育投入体制、教师管理体制）和学校制度已建立起来并逐步完善。

第三阶段为高度教育现代化阶段，该阶段中等教育得到普及，高等教育得到大力发展，整个教育体系更加完善，更能与社会发展相协调，教育发展与国家现代化、国家发展的关系更加密切，教育的经济功能得到空前强调。教育的民主化和教育的效率都达到了一个崭新的水平。这一阶段的教育也不是不存在问题，不过教育的体系结构已基本定型，如果需要变革，也只需微调一下即可。

这只是一种非常粗略的划分，按照这种划分方法，目前世界上有一些国家已进入第三阶段，即教育的高度现代化阶段，大部分国家尚处于第二阶段，即变革阶段，我国尚处在第二阶段。

这三个阶段的划分适用于所有国家，并不只是针对现代化的后来者（日、俄、中相对于英、法等国而言也都属于后来者）的。但应注意的是，先行者与后来者在每一个发展阶段的历时长度有显著不同，一般而言，先行者的第一阶段历时较长，教育发展有一个很长的过渡期，是一个自下而上的过程，而后来者的第一阶段历时较短，因为后来者步入现代化进程是对先行者外部挑战的回应，面对外部的威胁，后来者已没有充裕的时间去从容“过渡”，因此其过渡期较短，其教育现代化基本上是一个自上而下的过程。而在变革阶段先行者则历时较短，因为其过渡期较长，在其教育现代化进入第二阶段时已为教育发展奠定了良好的基础，与之相反，后来者的变革阶段则历时较长，因为其在第一阶段的发展比较仓促，基础不够稳固。有些国家在进入变革阶段后，因为种种条件的限制很难走入第三阶段，如一些非洲国家就是如此。

与之相关，各国教育现代化的时间顺序并不一致，并不是同时进入第一、第二或第三阶段，不仅先行者之间有差异，后来者之间也有差异。如同是亚洲国家的中、日、印三国，进入第二阶段的时间就有不同。

第二大阶段（即从工业社会走向信息社会）的教育现代化，也同样分为过渡阶段、变革阶段和高度现代化阶段。

三、教育现代化的过程和未来

教育现代化的过程绝非一个顺遂的过程，即便像英、法、美等成功的先行者，其教育现代化之路也充满痛楚和艰辛，有些国家如德国、中国，在一定时期其政治精英的非理性化权力在教育中的使用还会给教育发展带来倒退。现代化的目标是值得向往的，但“现代化的过程是艰巨的和痛苦的”（布莱克，1984）[25]，走向高度现代化，需要付出代价。

走向教育现代化之路之所以充满艰辛，原因在于这一过程中存在着矛盾和冲突，并不是所有的人和集团都喜欢教育的革新，事实上推动教育现代化的因素和阻碍教育现代化的因素并存，现代化进程的快慢往往取决于二者力量的对比。由于利益集团的存在和利益冲突的不可避免，任何社会都存在抗拒社会变迁的力量，这种力量构成现代化进程的阻力。阻碍现代化进程的因素存在于各个层面，观念层面、制度层面和物质条件层面存在的问题都可能延迟现代化的进程。在不同的国家，阻碍教育现代化的因素有不同的表现形式和组合方式。

这就使得不同国家教育发展的阻力形态不同，与之相应，克服这种阻力的方式方法也就不同，从而决定了不同国家教育现代化的具体历程也有差异。不同国家的教育现代化进程既有一些一般的共性，也有一些独特的个性。

不同国家的教育现代化进程具有这样一些特点：其一，不在同一条起跑线上，即起点不同。有些为先行者（first comers），有些为后进者（late comers)，还有些为迟到者（later comers）[①]，尽管现在几乎所有国家都处于不同阶段的教育现代化的坐标系上，但各国进入教育现代化的时间不尽相同。其二，具有不同的发展模式。先行者与后来者之间、先行者之间、后来者之间的教育现代性的增长方式及克服“抗拒因素”的方式因国情不同而各异。其三，具有一些共同特征，有趋同性。尽管不同国家教育现代化的起点不同、模式各异，但从教育现代化这一过程的基本表现来看，不同国家教育现代化具有一些共同的特征，如人道性、理性化（含世俗化、科学化等)、民主性、法治性等。

从时间历程上看，教育现代化何处是尽头？已达到高度现代化的国家的教育前途如何？正处于变革阶段的国家的教育前景如何？教育现代化这一历程有无终结之时？对教育现代化的未来很难进行预测，因为历史已经证明，前人对现在的许多预测都是错误的。现代化和教育现代化的历史与漫长的人类发展史相比还很短暂，只是几百年前才出现的事，我们很难准确地说几百年后的教育会是什么样子。对以上几个问题我只能尝试粗略地谈几点看法：教育现代化是一个持续的发展过程，将会无限期地持续下去；处于教育高度现代化阶段的国家也还存在不少亟待解决的教育问题，其教育现代化的水平还需进一步提高，教育的高度现代化作为一个发展阶段在这些国家还在持续之中，还未到完结之时；而处于教育现代化变革阶段的国家则力图早日进入高度现代化阶段，本书对众多的处于变革阶段的国家是否都能如愿地进入高度现代化阶段持一种审慎的态度。

这实际上是一个“教育现代化能否实现”的问题，几乎所有的研究者在讨论教育现代化问题时都有意识或无意识地假设“教育现代化是能够实现的”，这种假设反映出对教育现代化的前途持乐观主义的态度。这种态度是不是盲目的呢？其实质上涉及这样一个根本性的问题：现代化有无实现的可能性？

对于此问题存在着两种对立的态度，一种是乐观主义的，认为经过一定努力，一个社会就可达到较高的现代化程度；一种是悲观主义的，对现

---

① 本书把后进者和迟到者统称为“后来者”。

代化实现的可能性持怀疑甚至否定态度。怀疑和否定的基本依据是——地球上的资源是有限的，若有朝一日地球上不可再生的资源被消耗殆尽，整个人类的生存就会受到威胁（孙立平 等，1992）[50-52]，生存尚不能保证，还谈什么发展和现代化！就教育而言，发展的前景不容乐观，要使地球上所有国家的教育都达到美国的水平，恐怕在短时期内没有可能，因为这要占用大量的资源，而资源又的确是有限的。从一些国家社会和教育发展的历史中也可以看出，实现社会和教育的现代化绝非易事，有许多因素阻碍着社会现代化和教育现代化的实现。本书对教育现代化能否实现基本上持乐观主义的态度。资源虽不是无限的，但却是充足的，只要人类合理地、创造性地运用这些资源并开发新的资源，实现现代化还是有资源做保证的。本书主要关注的不是自然资源问题，因为阻碍现代化的许多因素往往不是自然的因素而恰是社会自身的因素，政治体制与思想观念往往比资源对现代化进程有更大的影响。事在人为，高度现代化社会的到来是人类积极努力的结果，教育的高度现代化也不会无缘无故地从天上掉下来，对现代化的未来持乐观态度不等于说现代化会自然到来因此我们可以放弃主观努力。一些国家经过努力实现了教育的高度现代化，而一些国家在教育现代化进程中却步履蹒跚，研究者的一个重要任务就是寻找促进或阻碍教育现代化进程的社会条件，为加速教育现代化的进程做出努力。

我对发展中国家教育现代化的前景并不悲观，因为许多国家的社会发展和教育发展的势头正盛，如目前的中国就是如此，但同时也不抱盲目乐观的态度，对一切都打包票，因为“失败和成功都是同样可能的。许多社会无论从制度的力量还是从自然资源来讲，很可能都没有能力来达到今天已经比较现代化的社会所取得的成就的水平”（布莱克，1984）[26]。对一些非常落后的非洲国家而言，教育的高度现代化几乎是可望而不可即的。然而不管前景如何，现代化已成为席卷全球的不可逆转的浪潮，面对它，我们无法制止，无法阻挡，也无法逃避。对于发展中国家而言，明智的选择只能是顺应这一潮流，奋起直追，力争走在前列。

第二节 教育的传统性与现代性

教育现代化过程是传统社会的教育向现代社会的教育的转变过程。传统性或传统（tradition）和现代性（modernity）就成为区分传统社会与现代社会的两个核心概念，在传统社会中传统占主导地位，而在现代社会里现代性占主导地位。一个社会的教育是传统教育还是现代教育，要看教育的传统与现代性的比重分配。这样，教育的传统与教育的现代性之间的关系就成为教育现代化理论的一个重要问题。

一、教育传统与教育现代性：对立还是兼容

教育传统是教育在历史发展过程中逐渐形成并积淀下来的教育观念、制度、内容和方法，它是一个社会的文化传统的组成部分。教育现代性是指现代社会中教育的一些典型特征。教育传统与教育现代性肯定是不一致的，某些方面如西欧中世纪教育的宗教性和当前教育的世俗性之间存在着明显的对立。

既然教育现代化是从传统的教育向现代性的教育转化的过程，人们在思想方法上便会将传统与现代性截然对立起来。这种做法不仅过去有许多人坚持，现在依然有不少人信奉。以此为基点，人们去努力探索传统教育的表现与现代教育的特征并探究它们各自生成的原因，这的确对深化教育研究起到了积极的推动作用，然而这种分析方法存在明显的缺陷。

这种方法是一种“两分法”，它将社会现象按“传统”与“现代性”编排成两组相互排斥的特征，将传统社会与现代社会、传统教育与现代教育尖锐对立起来，在二者之间掘出了一条鸿沟，而对如何从传统走向现代性的过程则缺乏分析。实际上任何现代社会都不是纯粹的现代性社会，而是现代性与传统性兼而有之的社会。其次，传统向现代性的转化绝非一蹴而就的，而是要经历一个时间不短的历程，在此转变历程中，传统与现代性处于并存状态，一个国家能否成功地达到高度现代化，还要看传统与现代

性力量对比的大小。传统与现代性的关系并不是互不相容的对立关系，有些传统因素可以保留在现代社会的框架中，与现代性和平共处。

这种两分法的另一问题是在研究中研究者往往满足于静态描述而非动态考察。“现代社会与传统社会的对立，在现代社会分析的发展史上最初采用的形式是把两种社会都描述为或多或少是完全‘封闭性’的两极对立的类型”，人们沉溺于对两种封闭而对立的社会的静态描述。然而，对于现代化研究而言，更重要的不是描述静态特征，而是对如何由传统社会向现代社会转变进行动态研究，对这种转变的性质、动力、过程及有关的各种问题展开研究。到了20世纪四五十年代，以注重静态描述为特征的两分法已不再受青睐，“人们对现代社会的产生条件产生了越来越大的兴趣，而不是集中精力去识别这些社会[①]有什么特征。……于是便产生了这样一个问题：这种向现代性的成功‘起飞’有什么前提？”（布莱克，1996）[193]因此，仅仅对现代化和教育现代化问题进行形态学研究是不够的，还应进行动力学研究。而动力学研究的一个基本假设便是传统与现代性二者的并存与互动。传统与现代性的存在状态并不是互相对立、互不相容的消极状态，而是共存的过渡状态，正是在这种共存的过渡状态中，传统与现代性发生互动，使传统发生变化或被改造，以适应现代化的需要。

传统与现代性在现实中是共存的，但二者在内涵上是否存在交叉呢？

在两分法中，传统与现代性是对立的，有人认为，此时，“传统”实质上是“现代性”确定之后的一个“剩余概念”，是一个包罗广泛的大杂烩，“传统”就是“非现代性”，传统与现代性二者在内容上无交叉，传统的都是旧的、坏的、需要抛弃的，而现代性的都是新的、好的、亟待弘扬的。实际远非如此。传统的东西并不总是同现代性相矛盾的，在传统社会中蕴含着丰富的现代性因素，在现代社会中也保留了许多优良的传统因素。有些传统因素本身就具有相当的现代性色彩，传统社会包含着许多现代化过程的重要变数，如古希腊教育的全面发展观念、古罗马教育的强烈世俗

① “这些社会”指欠发达社会。

化倾向、中世纪经院哲学中的理性精神、中国古代教育家孔子的“有教无类”等皆然。然而这些东西也不能完全等同于现代性，因为这些做法和观念所依托的社会背景是传统的，要在现代社会使之发挥作用需对之进行某种“转换”。传统中的优良因素加以转换后可成为现代性的重要组成部分，有些现代性正是以传统为母体得以产生发展的，如英国的君主立宪制这一现代政治制度的建立是英国中世纪“自由”传统的产物，文艺复兴以后西欧教育的世俗化则与古希腊、古罗马的教育复兴有直接的联系。但当“传统”在现代社会中与现代性因素并存，即旧与新并存的时候，此时的“旧”与原来的“旧”已经根本不同了，这是发生转换的结果。比如古希腊的民主制与今日的民主制显然有重大差异，孔子的有教无类与今日的受教育权平等显然也大不相同。

传统不是一成不变的，而是具有可转换性。同时，社会和教育在现代化过程中也会形成新的传统，“高度现代化的社会也创造自己的、也许并不那么持久的传统”（布莱克，1984）[23]。因此，对于传统，大可不必怒目而视、拔刀相向，明智者在现代化进程中往往先考虑如何利用传统而不是全盘否定传统。任何一个社会，不论它今天的现代化水平如何，都是从传统走来的，而且，“一个社会实现现代化的能力所受的限制只能来自以下两个方面即现代以前的形式和现代化形式的生命力。传统的因素，比如英国的大宪章或日本的王位，可能是完全可以适应现代化的”（布莱克，1984）[23]。利用传统中的某些因素可更好地促进现代化，“发展问题较少意味着大量排除陈旧的模式和价值观，而是较多意味着发现传统如何能够促成而不是阻碍当前……目标的实现”（阿维内里，1993）[9]。

传统与现代性既存在着对立关系也存在着传承关系。教育研究者在审视传统教育与现代教育的关系时，往往放大二者的对立，弱化二者间的传承关系，这种现象已屡见不鲜，如在对比中世纪教育与文艺复兴时期的教育、赫尔巴特（J. F. Herbart）的教育理论与杜威的教育理论、工业革命开始前的教育和开始后的教育时常常如此。

对待传统有两种极端的做法，一是对传统全盘否定，一是对传统过分肯定。传统中不利于现代化的东西固然要否定，但将传统一概否弃实质上是历史虚无主义的做法，这种做法使现代化赖以发展的资源减少，貌似进步实则倒退。“新生事物”未必优于传统中的一些东西，未必比后者有更长久的生命力。对传统的全面否定势必带来传统的反弹，反弹是对全盘否定这种错误的做法的一个反动。有人说，在一张白纸上能画出最美的图画。可惜，历史不是一张白纸，教育现代化也不可能在一张白纸上起步。认为全盘否定了历史就等于有了一张洁白无瑕的白纸，只能是主观臆想，传统不是那么容易被否定的。另一种必须引起警惕的做法，是对传统过分肯定，拒斥现代性。有的人是真诚地肯定传统，有的人则是别有用心，因为肯定者本人也知道他肯定的东西存在问题，但却意欲通过这种肯定达到某种特殊的目的。

总之，在教育现代化的过程中，不应将教育传统与教育现代性盲目对立起来，应有策略地甄别传统中的有利因素，以促进教育现代化的进程。

二、先行者教育传统与教育现代性的互动方式

在教育传统与教育现代性的互动方式上，教育现代化的先行者与后来者是不同的。

依不同的标准，现代化可划分为不同的类型，以传统与现代性的关系为尺度，亦可进行一种划分。《比较现代化》（*Comparative Modernization*，1976）的译者杨豫认为：“从逻辑上来说，类型的划分总是人为的，只要始终坚持某个始终一贯的标准，不妨有各种分类的方法。但是，为了更准确地进行分类，坚持以现代性和传统性的互动关系为标准也许是更科学的。全球的现代化进程的历史事实说明，有些社会，例如英、美等国家，在前现代的传统社会中，传统性与现代性之间存在着一种较强的兼容关系。它们的现代化主要是从社会自身不断发展出有利于现代化的因素来实现的。这种类型的现代化可以称作内生型现代化。表现为内生型现代化的国家为数极少，因而可以看作是特例。更多的国家由于社会内部的传统性与现代性之间的兼容关系较弱，无力从社会内部产生出推动现代化的强大因素，而是在英、美等国现代化起步以后而产生的外部刺激下，或者说外部压力

下，开始作出反应而逐步实现现代化的。欧洲大陆的国家都属于这种类型，可以称作应激型的现代化。欠发达国家的现代化更是对国际压力的反应。不过，需要特别指出的是，所谓应激型的现代化其实质同样是社会内部的传统性在功能上对现代化的要求不断适应的过程。……应激型的现代化是在现代性和传统性不兼容的条件下逐步实现现代化的，这就是说它自身缺乏推动现代化的因素，因而需要采取强制的手段，对现代化的前提进行补偿。补偿的方式可以是经济、社会、文化、技术或心理的，最终要通过政治的形式，即国家政策来实现。这就是为什么国家政权在现代化过程中作用越来越重要的原因。”（布莱克，1996）[译者前言 19－20]

英国和美国作为内生型现代化国家，在教育现代化进程中，教育传统与现代性不是不存在冲突，而是冲突较小，许多重要的教育问题不是同时出现的，国家可以在较长的时间内比较从容地处理这些问题，往往教育发展无大起大落现象，传统与现代性的互动是比较舒缓平静的。虽然两国的教育传统与现代性的互动方式相同，但原因却有一些差异。英国的传统势力比较强大，传统与现代性兼容关系较强的原因在于现代政治体制成熟较早，能同时兼容传统与现代性，往往用冲突中融合的妥协方式解决冲突，保持兼容，本书第六章将对这一点进行充分论述。

而美国情况略有不同，美国作为一个年轻的国家，其传统因素较少、传统势力较小，因而传统与现代性的冲突就小得多。美国教育发展的民主性、实用性如此突出，与此不无关系。

法国的风格与英国大相径庭，从路易十四以来，其政治制度较之英国缺乏弹性和兼容性，大革命后造成了传统与现代、贵族与共和、宗教与世俗取向之间的持续不断的分裂，这些分裂在教育中有充分的表现，而教育反过来又强化了这些分裂。法国是早发型现代化国家中否定传统最甚的国家，历史学者托克维尔（A. de Toqueville）认为，1789 年法国大革命反映出法国人具有一种与传统彻底决裂的心态，指出法国人“在他们迄今为止的历史和他们所希望的未来之间开出一道鸿沟。为此，他们谨小慎微地极力不把任何过去的旧东西带到新环境中来，并给自己规定了种种限制，力图养成一套不同于他们父辈的习惯。总之，他们殚精竭虑地要把自己弄得面目全非”（高毅，1991）[33]。这种心态必然使传统与现代性间的关系变得紧张，“19世纪和20世纪法国历史的特征，就是持续不断地出现分裂和动荡不安”（艾森斯塔德，1988）[77]。这种动荡不安在教育上也有充分的反映。

三、后来者教育传统与教育现代性的互动方式

德、俄这两国的现代化被称为“分裂型现代化”，艾森斯塔德认为这种现代化的推动力主要来自外部，来自英、美等国一些社会变迁的冲击，不是土生土长、自发形成的。之所以被称为“分裂型”，是因为就传统与现代性的共存状态而言，现代化精英间存在分裂，一方是传统或半传统的专制统治者，一方是由知识分子、自由职业者和企业家所组成的较软弱的现代化群体，精英间存在冲突，精英尤其是知识分子精英与广大社会阶层也处于脱节状态。由于缺乏较有弹性的中心制度和整合机制，以及工业化推进带来的社会阶级（如工业阶级）的成长，社会的分裂程度和冲突程度反而加剧了。在社会结构方面，呈现出许多二元化特征，即一些分裂性的特征。这种分裂性发展的极点就是现存体制不能容纳已有变迁而导致冲突的激化，导致社会动荡，如十月革命和纳粹对共和国的否定就是两种迥然不同的社会动荡形式。德、俄两国教育的现代化进程也充满着因分裂而导致的冲突，使教育中的传统与现代性的关系常常处于紧张状态。

日本现代化的推动力虽然来自外部，受西方扩张的影响，“但它却是唯一的没有表现出分裂的现代化的基本特征的非西欧国家和‘新手’”（艾森斯塔德，1988）[87-88]。明治政体较成功地利用了传统，尽管在教育现代化过程中有些方面与传统的决裂是巨大的，如在课程变革方面，但在伦理取向方面则依然坚守传统，“和魂洋才”就是这种取向的集中反映。也就是说，与传统决裂只是在器物层，而在本体层则是借助传统。到了20世纪30年代，日本在其现代化过程中，产生了一些新的成分（企业精英、知识精英和工人阶级领袖等），旧政体不能容纳这些新成分，导致了军国主义政权的出现。这也使日本的教育现代化进程发生逆转，直至“二战”后才重入正轨。但“二战”后日本的崛起依然在很多方面运用了传统的力量。韩国在

20 世纪 60 年代的崛起也是如此。中国台湾学者萧新煌在探讨东亚发展模式时认为，东亚现代化走向成功的一个重要原因是儒家伦理与东亚经济活力之间有密切关系。（萧新煌，1993）[415]（李庆臻，金吉龙，1995）[11-15] 这种对传统的价值取向在日、韩两国教育现代化过程中皆有充分的体现。

印度在社会现代化和教育现代化过程中，传统与现代性二元性并存现象更加显彰，使得社会结构和教育发展呈现出典型的二元性。从整个社会看，较古老的社会结构（以种姓为基础建立起的具有高度自我调节性的村庄组织）与较现代的政治体制持续并存，二者间几乎毫无联系；都市与广大的农村处于基本隔离的状态中；在观念上也存在着二元对立，少部分受到较高层次的教育的人具有现代观念，而大部分人则受传统习俗的左右。对这种二元性尤其是印度社会传统的顽固性，艾森斯塔德做了概括的描述（艾森斯塔德，1988）[146-149]，而摩尔则做了详尽而生动的描绘（摩尔，1987）[252-333]。从现在接触到的有关印度社会发展的描述看，印度社会的现代化进程令人失望乃至绝望。任何一个社会皆有传统，但印度社会的传统中似乎不良因素、不利于现代化的因素尤其多，其中种姓制度尤为突出，使得作为社会核心制度的政治制度这一整合机制很难在广大的村社中发挥作用，中心与边缘处于无涉状态。

就教育而言，不能说印度的教育发展从教育现代化起步至今没有成就，但值得称道的、让印度政府满意的成就似乎不多，而教训则多得多。

约有 200 年的时间（1757—1947），印度曾是英国的殖民地，殖民化给印度教育带来了现代因素，标志着印度教育现代化的开端。印度一些学者指出："印度教育传统的历史延续中出现了明显的断裂过程，它是随着英国殖民统治的巩固而产生的。"（赵中建，1992）[1] 教育中传统与现代性的并存由此开始。殖民化从某种意义上讲是一种罪恶，然而从客观上讲，殖民化促进了殖民地的现代化进程（不管促进程度有多大），对此马克思（K. Marx）和一些现代化学者皆有充分论述。马克思曾对印度殖民化以前的社会予以严厉批判，对英国殖民主义对印度传统社会的变革的作用予以充分肯定。（阿维内里，1993）[3-25] 殖民化不等于现代化，但殖民化对传统社会向现代化社会转化具有积极的促进作用，因为殖民化带来了一些传统社会所没有的现代因素。在殖民地时期，教育制度也依照西方模式建立起来，然而其影响范围比较小，传统势力依然很大。

在民族独立运动中，甘地（M. K. Gandhi）的一些教育主张是反工业文明的，是以恢复传统村社社会为基点的，其特征是向后看，把理想化的往昔当成美好社会的范式，没能充分理解现代社会的问题，可称道之处不多。印度独立后，印度政府领导人没有接受甘地对工业化的摒弃态度，而是认为印度的根本出路在于现代化尤其是工业的现代化，政府也开始重建教育。然而独立至今，总体状况是，政府说得多做得少，许许多多美妙的教育设想最后流于空想，的确让人感觉到政府无能。这充分说明印度社会结构二元性存在的严重性，以致社会整合机制对此都不能予以有效的整合。印度的政治、法律等制度都属于典型的西方类型，然而这些整合机制却不能够解决印度的问题（包括教育问题），这说明西方民主在印度这样一个国家的有效性是很值得怀疑的。

传统与现代性的冲突在后发型现代化国家的教育现代化进程中是非常显彰的，但为什么有些国家的教育现代化踏上了成功之路而有些国家（如印度）却进展太慢？主要原因是整合机制的能力大小不同，强有力的整合机制（如日、俄）有助于利用国家的力量去推进现代化，去与传统因素相抗衡，并促进社会现代性因素的生成。如果整合机制比较弱，现代性的生成和扩展就比较困难，结构二元性的存在就会持续较长时间。从分化和整合的时序看，教育现代化的先行者（内生型和早生型）与后来者是不同的。先行者的进程是先有分化，然后通过整合来协调解决由分化造成的混乱和冲突，逐步形成良性循环，使传统适应现代性的要求，在比较平和的状态中使现代性不断增长。而后来者的时序与此大相径庭，往往先通过建立整合机制并利用整合机制所具有的国家权力去推动分化，与传统的惰性抗衡。后来者的教育现代化进程中，国家政权起着至关重要的作用，国家是教育现代化的倡导者、计划者和推动者，若无政权力量去动员利用各种资源，教育现代化的有效发展是难以想象的。日本教育现代化的成功极其鲜明地说明了这一点，印度教育现代化的不成功也极为鲜明地说明了这一点。印度政府也倡导教育现代化，也为教育现代化设计了种种计划和蓝图，但由于整合机构力量弱，政府不能成为教育现代化的较有效的推动者，往往在资源、人口、传统制度与习俗之前束手无策，不得不常常处于“说得多做得少”的尴尬状态。

总之，传统对于教育现代化而言是利弊兼有的，关键在于怎样有效地利用其有利于现代化的因素和怎样借助于强有力的整合手段去遏制其不利于现代化的因素。

第三节　教育现代化进程中教育的分化与整合

从教育形态变迁的外在表现看，教育现代化进程具有一些明显的特征，其中最显著者当属教育的分化与整合，伴随着分化的加剧会产生许多新的教育问题，此时需要一个能容纳变迁的、富于弹性的体制（不仅仅是教育体制）对这些问题进行整合。若体制有能力进行整合，便会带来教育的持续发展；若体制无能力，便会使存在的问题持续存在甚至更趋恶化，结果导致教育现代化进程的停滞甚至崩溃。

一、教育的分化

前现代社会与现代社会的一个重要区别就是社会的分化程度存在显著差异，现代社会是高度分化和高度专门化的，而现代化进程作为一个社会进化的过程同时也就是一个社会持续分化的过程。社会学家贝拉（R. N. Bellah）认为：“在任何系统的水平，进化都是增进组织分化和复杂化的过程，这些组织是具有很强的适应环境能力的生物有机体、社会系统或任何一个单位。从某种意义上说，这些组织比起最初的简单形式来更独立于它的环境。”（胡格韦尔特，1987）[12]一个具备全面适应能力的社会是一个高级社会，这种社会应该“（1）有较多的子系统；（2）各部分较专门化；（3）具有较为有效的总体整合方法”（胡格韦尔特，1987）[13]。

教育现代化进程是教育持续分化的过程。前现代社会的构成比较简单，教育的形式、结构也很简单。并不是说前现代社会的教育不存在分化现象，如欧洲中世纪的教育也有几种类型，包括骑士教育、学徒教育、教士教育等，只不过分化程度小而已。

教育的分化包括很多方面，在学生、教师、教育管理体制、学校教育结构、课程结构等方面皆有突出的表现。学生和教师是教育中基本的角色，二者的分化同步发展。不同年龄、不同水平的学生在一间教室是由一位教师上课，这是前现代社会里学校的典型特征，这不仅表明学生角色的分化不够，而且表明教师角色的分化也不够。而到了今天，学生角色则已大大分化而更加多样了。学生有不同的类别、专业和年级，对不同类别、专业和年级的学生则要求专门的教师负责教学工作，不同类别的学校甚至不同科目的教师在职前所接受的培养和训练也有不少差异。教育的规模更大了，学生更多了，教师更多了，这不仅仅是一个数量问题，更重要的是，学生和教师的角色类型更多了。教师职业更趋专门化、专业化，不是任何人都可从事，甚至两个不同科目的教师彼此也不能互相取代，如讲授教育学的教师往往很难胜任讲授高等数学的任务，反之亦然。

在教育现代化进程中，教育体系的分化是最显彰的，学生和教师的角色分化甚至也从属于教育体系的分化。随着教育现代化进程的推进，“教育活动和教育组织日趋普及，不同层次的教育系统，如初等、中等、职业、成人、高等教育之间持续发生分化。每一个这样的‘系统’，甚至每一系统内的许多子系统，都在自己的框架之内越发独立自主、专门化和组织化”（艾森斯塔德，1988）[20]。分化的结果使学校形式更加复杂多样，规模也更加扩大。国家成为教育的主要兴办主体，即使是私立学校也须服从国家的统一管理，实质上私立学校的宏观管理者是国家。现代社会是一个教育事业兴旺发达的社会，教育成为一项波及面广、耗费人力财力巨大的公共事业，这在前现代社会是不可想象的。在前现代社会，学校教育并不发达，家庭是重要的教育单位，中世纪欧洲的骑士教育、学徒教育以及请家庭教师教育子女都属于家庭教育，大学也具有狭隘的行会性质，教育角色和教育组织分化程度甚低，教育不仅规模较小，而且教育组织间也缺乏统一的标准。因此，不仅分化水平较低，整合水平也比较低，甚至可以说缺乏对教育组织进行整合的权力机构，教育发展处于自生自灭的状态。纵使个别君主、诸侯个人热心教育，其影响也较小。

教育体系的分化并不是一个生物过程，如同细胞分裂，一生二、二生四那样，而是一个更为复杂的社会过程。这个过程中，既有旧教育形式的衰败和消亡，如以家庭为主要教育场所的家庭教育和学徒教育，也有旧的教育形式更新后的延续，如欧洲一些古老的大学和文法中学，同时还有新教育形式的产生，如工业革命后兴起的多种多样的学校教育形式。

教育体系的分化往往从属于经济的发展，从属于因经济发展而导致的职业结构的分化。前现代社会的职业结构非常简单，在现代化的最初阶段，职业结构也不复杂，其构成多为手工职业（商业、手工业等）和在人口中占有极小比例的较为传统的职业（宗教、军事、法律、医疗等）。随着经济的持续发展，职业分化加剧，一些传统的职业又分化出许多亚种，同时还出现了新的职业种类，如第二产业和第三产业。职业分类日趋精细，专业化程度愈来愈高。这就给就业者提出了要求，要求就业者具有较高的教育资格作为就业的先决条件，要求就业者在就业前具备一定的一般性技能和具体的专业、职业技能。教育结构的分化无疑是对职业分化的一个回应。

课程的分化受知识进步的影响，随着人类对自然、社会和自身认识的深化，知识总量愈来愈大，知识分类也愈来愈细，新的学科门类不断产生，肩负传播知识和创造新知重任的各级各类学校的课程也就因之呈持续分化之势。从表 2－1 欧洲“七艺”的分化可以看出课程分化不断加剧的状况。而到了 19 世纪和 20 世纪，这种分化的速度就更快了。

表 2－1　欧洲“七艺”的分化历程

14 世纪以前	文艺复兴时期（14—16 世纪）	17—18 世纪
文法	文法　文学　历史	文法　文学　历史
修辞学	修辞学	修辞学
辩证法	辩证法	逻辑学　伦理学
算术	算术	算术　代数学

续表

14 世纪以前	文艺复兴时期（14—16 世纪）	17—18 世纪
几何学	几何学	三角学　几何学
	地理学	地理学　植物学　动物学
天文学	天文学	天文学
	力学	力学　物理学　化学
音乐	音乐	音乐

注：根据曹孚《外国教育史》（人民教育出版社，1979）第 62 页图表改制。

课程的分化还受职业分化的影响，不同的职业要求从业者具有不同的知识技能，而不同的知识和技能的获得需要教育机构提供不同的课程。

办学社会的兴起和教育事业规模的扩大，使得教育行政和管理工作成为必要。教育行政管理工作从无到有，从简单到复杂，从与其他行政管理事务混杂在一起到分离独立出来，教育行政管理既是职业分化的结果，也是对教育分化进行整合的最重要方式之一。随着现代化社会行政权力的加强，教育行政管理的职能也日趋复杂化和专业化。

除上述方面外，在教育研究、教育图书刊物等方面亦呈持续分化之势，教育理论新学科不断出现，分类详尽的教育图书和专业刊物大量出版发行。各式各样的教育团体也大量出现。

在教育现代化进程中，在教育的各个层次上都发生了分化。这是显而易见的事实和现象，常人皆可理解，然而问题是：分化代表现代化吗？分化是如何产生的？分化又会带来哪些问题？

分化并不代表现代化或并不完全等同于现代化。当一个国家教育现代化进程启动后，教育的各个层面就不可避免地会产生分化，像印度就是如此，然而印度并不是教育现代化的成功者，印度的教育现代化水平不高，不在于其教育无分化，而在于其教育的分化水平不够高。它缺乏一种体制和足够的资源去整合分化所产生的问题，从而使整合之后的高一级分化的发生失去可能性，亦即使教育持续发展失去可能性，印度教育的可持续发展能力较差。

分化不仅仅是一个专门化、专业化的问题，它还是一个价值问题。在教育史上，一些新的教育机构如实科学校、进步主义学校的创立意味着一种新的教育价值选择的肇始，意味着新生力量对传统力量的反动。有时分化本身便是两种势力矛盾冲突的结果，在旧有的教育框架下新的教育势力渗透不进去，新势力在迫不得已的情况下往往会另起炉灶，英国清教徒学校、伦敦大学都是因矛盾冲突而产生的新型的教育机构。我们在现实生活中也可经常看到因矛盾冲突而导致机构分设的情形。

分化往往是由矛盾所引起的，那么，是否分化以后矛盾冲突就烟消云散从而天下太平了呢？绝对不是，分化还会引致新的矛盾、新的问题，这些新的矛盾和问题往往比分化以前还要突出。分化本身带来了教育各层面的复杂化，带来了更多的分离的利益主体，鉴于利益冲突不可避免，更多的利益主体必然意味着更多的利益冲突。

要解决分化引起的冲突和问题，需要有一定的机制对之予以整合。

二、整合的作用

是什么阻碍了分化水平的提升？是整合机制不健全和整合能力有限。分化与整合是一个交互进行的过程，分化的结果需要整合，而整合的成功又促进了新的分化，如此交替前行，使教育现代化的水平呈不断升进之势。

整合是现代社会的一项重要功能，从历史上看，整合机构本身也是社会不断分化的产物，整合机构中有大量的从业人员，整合成为一类重要的职业。需引起注意的是，整合机构在对外部社会分化予以整合的同时，其自身也在不断分化，如作为社会整合机制之一的国家机构的分化，立法权、行政权、司法权的分化，以及各级行政机构的分化等。这种分化使得整合机制本身需要不断加强整合，三权相互制约、依法行政等就是对整合机制本身予以整合的重要原则，而确定这一原则的就是某一国家的最高整合机制——宪法。

教育的各个层次的分化也需要整合。如许多国家存在的双轨制无疑是学校体制分化的结果，然而这种分化反映了社会的不平等，激起了社会矛盾，一些国家便通过建立单轨制学校或通过建立综合学校来对其进行整合。英国在“二战”后所正式确立的中等教育三轨制也是分化的结果，这种分化带来的问题最后是通过建立综合中学这种措施于20世纪80年代才予以解决的。这是学校类别分化引起的整合问题。学校的层级分化也需要整合，一些国家设立“中间学校”“定向阶段”等以更好地衔接初等教育和中等教育（或职业教育）间的层次关系。有些国家（如德国）中等教育的类型比较复杂，为了消除不同类型学校的学生间曾经存在的在出路上的不平等性（如职校学生不能升大学），便在各种类型的学校体制间增加了通融性，使之相互贯通，规定可相互转学，在不同学校所获得的证书都可作为升入大学的通行证。

课程的持续分化也产生了许多问题，比较突出的问题是导致了不同科目的分离，这种分离的典型表现是中学阶段过早专业化（文理分科）、中等普通教育与中等职业教育课程的分离、高等教育中自然科学教学和人文科学教学的分裂（王承绪，徐辉，1992）[289－295]，其结果危害甚大。世界是一个整体，个体对世界的认识也是以整体方式而不是以分科方式进行的，课程分化的结果是使学生形成了对世界的片面认识，使认识出现不均衡现象。各国在教育现代化过程中都会遇到这类问题。对各门分化的课程进行整合的主要措施是：在初等教育和中等教育阶段注重课程的全面和均衡；加强职业教育和普通教育的课程融通，使普通教育职业化、职业教育普通化；高等教育中加强文理交叉，强调文科学生选修理科课程、理科学生选修文科课程。“二战”后英国课程改革的主题就是对课程予以整合（参见本书第六章有关内容）。

教育各层面分化的加剧，使得整合所面临的压力也越来越大。为实现有效整合，整合的机制与功能也呈分化之势，而这种分化亦需整合。此处以教育整合机制之一——教育行政机构的分化与整合来说明这一问题。以英国为例，1839年以前英国并无中央教育行政机构这一整合机制，一些民间教育团体（主要是教会性质的教育团体）也对当时的教育尤其是初、中等教育有整合作用，但由国家行政权力作为后盾的整合机制——专门的教育行政机构并未出现。1839年成立的枢密院教育委员会的主要职责是监督政府年度初等教育拨款的分配和使用，该委员会后改为教育署，1853 年成立的科学工艺署专司科学和技术教育。教育署和科学工艺署皆属教育整合机构，二者的成立说明了教育管理机制的分化。但二者矛盾重重，关系不睦，需要予以整合。1899 年成立的中央教育局是对这两个机构予以整合的结果。1944 年成立的教育部则是在更大的范围内对教育行政机构和教育其他各个层面的分化予以整合的国家机构。

那么，整合是否意味着因分化而导致的问题的解决和终结呢？不是，整合是把原来因分化而导致的处于孤立分离甚至矛盾冲突状态的诸对象物纳入一个共同的框架之中，使各对象物之间的联系不断加强，关系更加密切，其结果往往不是使问题彻底终结，而是使各式各样的新问题易于暴露并在一个共同的框架下得到解决，这比在孤立状态下解决某一领域的教育问题效果要好得多。因为孤立地解决一个问题，而不考虑其他，可能会导致更多的问题。因此，整合的结果和优点不是消灭问题，而是使问题易于解决。将各式各样的教育活动、教育机构整合于一个框架下，使之相互间增加了联系的频次，联系越多，产生冲突和矛盾的可能性越大，分化的结果是加剧了分散和局部冲突，而整合的结果则是在更大的范围内增大了冲突产生的可能性，从这个意义上讲，整合激化了矛盾，使矛盾和冲突尽快呈现出来，同时整合机制所遵循的一些程序可使问题尽快得到解决，从而加速教育发展的进程。在非整合状态下，由于教育各层面接触频次少，矛盾和冲突的产生频次往往较少，而一旦产生矛盾和冲突，由于缺乏整合机制，问题往往又解决得较慢。

发展总是伴随着矛盾、冲突和问题，没有矛盾、冲突和问题的发展未必是有实质意义的发展。发展必须正视各种矛盾、冲突和问题，而不是回避它们。如同艾森斯塔德所言："各种类型的教育活动整合于一个共同的制度框架，并不一定保证教育活动和教育产品在各方面供求过程中的协调和统一。相反，这些不同方面之间存在矛盾的可能性是它们相互作用的固有属性。"（艾森斯塔德，1988）[20]

三、整合的机制

对教育活动进行整合的机制绝不仅仅是教育行政机构一种，而是有多种。

教育中存在的矛盾、冲突和问题往往都是因利益冲突引致的，整合就是对利益进行调节和分配。这就涉及两个基本问题：由“谁”来调节利益关系并分配利益？调节、分配、整合的程序和原则如何？

整合机制在教育现代化过程中也经历了从产生到发展直至完善这样一个过程，在现代社会，整合机制（即调节利益关系的机制）主要有这样几种类型：现代政治制度，其典型方式是代议制，分配方式、整合原则由各类选民代表共同审议后制定；非人格化的市场体制；科层制度，其特色是“专家”或具有特定知识（或一般行政管理知识，或较专门的专业技术知识）的人是组织的管理者。（艾森斯塔德，1988）[10]这实际上涉及政治、法律、市场、行政管理等社会中心制度，这些对教育发展的影响、对教育中各种利益冲突的化解都是至关重要的。其中政治制度是一个社会的核心制度，它对教育的重要性无论怎样强调都不过分。

教育中的许多问题会成为政治冲突的焦点。由于教育是利益的一个重要载体，不同的利益集团都企图通过教育获取各自的特定利益，有关教育利益的冲突会在政治领域充分地表现出来。如英国国教派和非国教派在教育税是否可用于教会学校方面的冲突，宪章运动中工人阶级对教育利益的要求，工党和保守党在中等教育综合化方面的冲突等都是典型的例证。

教育中的许多重大问题必须通过政治途径才能得到解决，因此，政治体制是最重要的社会和教育进程整合机制。现代政治体制是为解决包括教育问题在内的社会问题而建构起来的，它关注的是一般的公共利益而不是某个特定利益集团的利益，但它允许不同的利益集团在同一个政治框架下充分表达其利益要求、愿望和主张，它使利益表达合法化，它允许多元利益的合法存在。而在前现代社会，并不是所有利益集团的利益表达在中央政治制度中都是合法的，某些集团的利益被忽略甚至被压制，从而使社会潜伏着危机和不稳定因素，使社会问题（包括教育问题）的凸显和解决被延迟，最后推迟了社会发展进程。现代民主政治制度的优点在于它求同存异，具有很强的容纳能力。现代民主政治在演进过程中，其容纳变迁和冲突的能力也可能不尽完备，但它确实使潜在的利益冲突在政治框架中合法地、公开地表现出来，然后按照一定的程序处理、整合这些冲突，使这些冲突缓和下来而不是继续升级，使政治过程成为规范而稳定的调整利益关系的过程，使社会减少乃至杜绝大起大落的动荡。政治中的利益冲突集中表现在立法过程中，利益调整的结果往往以立法的形式被固定下来，成为冲突各方共同遵守的规范。立法是促进变迁、协调冲突的工具，它引导变迁走向各方所认同的方向。各国教育现代化的历史在相当程度上是教育立法的历史。

具有容纳能力（特别是对现代化过程中的抗拒现代化的取向和势力具有容纳能力）的政治制度使一个社会的核心制度富有弹性从而具有较强的适应能力。“成功地容纳潜在的抗拒取向既是极大地依赖于较有弹性的制度结构的发展，又是这一发展的结果。这种弹性最好被视为把各种相对分化而又共存的利益纳入具有各种不同类型的社会、政治取向的共同框架，以及产生出不同层次的谐同和解决冲突的程序规则。这些富有弹性的制度结构可以发挥重要的功能，以便将不断被纳入中央政治制度中的新群体社会化，在各群体之间加强和维持其对现代化的积极取向，甚而促其发展。”（艾森斯塔德，1988）[171－172]在现代化发展的不同阶段，在不同的国家中，整合各种各样的利益要求的政治组织和具体方式差异甚大，但是将各种有分歧的利益整合于一个框架下“则构成了任何现代政治体制制度化基本的必要前提”（艾森斯塔德，1988）[174]。

教育对作为社会核心制度的政治制度具有很强的依附性。政治制度的更迭和动荡对教育现代化的影响是直接而深刻的，日本和德国在20世纪上半叶所出现的教育现代化的崩溃现象是明显的例子。教育重大问题的解决有赖于一个现代政治框架的建立和有效运作。

现代政治制度有民主政治和威权主义政治等类型。在政治框架下对分化的教育利益进行整合，结果往往是妥协，妥协的优点是顾及各方利益而不导致冲突激化从而使教育平稳发展，但它也有弊端，那便是步子较小。

英国的教育现代化历程充分说明了这一点。民主政治对教育的作用也是利弊皆有的。一个民主性不是很充分的权威主义政体对搞现代化未必是不利因素。民主政体未必是最能促进教育现代化的政体。问题的关键是权力的理性化，若权威主义政体的权力运行是理性化的，其对现代化的推力将是巨大的。

第二种对社会和教育进程加以整合的重要机制是市场。市场是一只“看不见的手”，它根据供求规律对教育进行整合，对人才培养规格、专业课程设置、教育规模进行调节。

第三种整合机制是各种科层组织——主要是行政机构。科层制度使公务职权制度化，提高了行政系统的组织效能和处理问题的能力。在教育现代化过程中，教育行政机构的分化和数量的激增，为各式各样的教育冲突提供了众多的整合机制。教育行政机构大量存在，其与各类教育机构和各类教育利害关系人有着充分的接触，会遭遇各式各样的教育问题和教育冲突（这些问题和冲突的能级，与政治和立法过程中出现的相比往往较小），教育行政机构是这些问题和冲突的化解器，教育行政机构对其不能解决的问题，往往可通过一定的途径使这些问题进入政治领域。

第四种整合机制是独立的司法制度。“正规的法律制度——独立的司法制度——的建立便是现代化社会的标志。它使社会的整合功能从政治权威中分化出来。……现代化社会的法律制度不依靠宗教和政治权威解释法律。法律制度是普遍的社会价值，它适用于社会的所有成员而不考虑他们的社会背景。”（胡格韦尔特，2002）[36] 法律一旦确立，其实施和适用就不再受某些政治集团、宗教派别和精英人物的左右，就成为调节公民行为的规范。某些法律如民法可以说是完全独立于政治权威之外的。在教育现代化过程中，各国制定颁布了许多有关教育的法律，这些法律规定了各类教育法律关系主体的权利和义务（如对义务教育的规定、对经费投入的规定），对教育中所存在的各种利益关系予以调整，对违反教育法律的行为规定了制裁措施，以国家强制力为教育发展提供保障。教育法还促使教育行政机关依法行政，防止教育行政权力的滥用，使教育行政权力的运作合理化。教育立法对教育现代化的促进作用不言而喻，然而必须指出，教育法对整个国家的法律制度具有很强的依赖性，如果一个国家的法律制度不健全，教育法便孤掌难鸣。

上述四种整合机制，在前现代社会也多多少少地存在，但只有在现代社会里它们才比较充分地制度化了。在现代化过程中，这几种整合机制不断发展并完善起来，社会的整合能力不断增强，社会的现代化水平不断提高。

这些整合机制的完备，是教育现代性全面充分增长的必要条件。一些国家教育现代化同时起步，有的走向了成功而有的却走向了失败，失败的原因在于整合机制不健全。整合机制不健全导致了社会制度缺乏弹性和解决问题的能力，从而使教育现代化过程延缓、停滞甚至崩溃。因此，教育现代化的启动不等于教育高度现代化的实现，启动是重要的，启动之后的发展过程更为重要。“随着现代化而产生的关键问题，乃是形成中的新社会结构处理这种持续变迁问题的能力；换言之，也就是持续发展的问题，即形成一种能够容纳持续变迁的问题与要求的制度结构。正是这一点，构成现代化的中心课题和挑战。”（艾森斯塔德，1988）[49]

这几种整合机制的具体结构在不同国家是有差异的，呈现出多样性的特点，不同机制的发育程度在不同国家是不同的。整合机制本身的现代化时序在不同国家也是不同的。

尽管发展水平不一、表现形态各异，但这几种整合机制都有一个根本的共性：都是非先赋性的利益分配与调节机制。非先赋性是和先赋性相对立的，先赋性是以血缘关系、地方种姓、等级结构等先赋因素为取向，一个人在社会组织中的地位取决于上述先天赋就的因素，社会角色的获得取决于个人的先赋特性，成就和能力是次要因素。以先赋性原则建立起来的社会比较僵化、保守，社会成员尤其是下层民众向精英阶层流动受到遏制，社会等级森严，社会分化水平较低。利益集团之间的利益分配和调节是以血缘、地缘、世袭等因素为尺度的。而非先赋性则打破了这种格局，它的尺度是“成就取向”，一个人的社会地位，一个人在组织中的地位取决于他的能力和他所取得的成就，人的社会身份不再是固定的，而是可以变化的，人的身份系统具有弹性，一个人在社会政治机构、法律机构、科层组织和市场中的地位高下与其能力成就的高下是成正比的。现代社会是一个开放性的社会，开放性的一个重要表现就是社会流动的开放性。

在以成就取向为基础逐步发育成熟的多种社会整合机制对社会冲突、教育冲突进行整合时，血缘、地缘、权势、财富等因素不再起决定性作用，起决定性作用的是法律和市场，在人人平等的法律和市场面前，先赋性因素丧失了其在前现代社会所具有的魅力，政府所关注的不再是个别社会集团的利益，而是众多社会集团的公共利益。在教育领域，教会对教育的管理权的衰落、贵族阶层教育特权的失却、下层社会众多平民子弟受教育权利的获得都是非先赋性社会整合机制依非先赋性原则对教育进行整合的结果。

教育并不是政治、法律、市场、行政管理之外的东西。政治冲突会因教育问题而引致，有时教育问题就是政治问题，不同党派的教育政策有显著差异，在表决教育法案时，在议会这个政治角斗场上会有激烈的斗争；法律本身包容对教育行为的规范，教育无独立的立法体制、司法体制和法律责任，它服从于、依附于国家的整个法律制度；教育供求关系也受市场的调节；教育虽有自己的行政管理机构（科层组织），但教育行政管理机构服从于整个国家的行政体制。这些充分说明，教育不是自为自在之物，它对一个国家的一些中心制度如政治、法律、市场、行政等体制具有很强的依附性，如果这些作为社会中心制度的整合机制不健全，那么大的教育冲突的化解、大的教育问题的解决、教育现代性的充分增长、教育现代化的高水平发展是不可想象的。教育是一个社会的边缘结构，它对一个社会的核心结构如政治、经济、法律等具有很强的依附性，即教育现代化相对于社会主要领域的现代化而言具有依附性。一个国家的中心制度无能，缺乏容纳变迁的能力，是影响教育现代化进程的最关键因素。

四、整合方式的等价性

在四种整合机制中，在现代化起步的最初阶段，四者的重要性并不一样，政治体制居于首要地位，良好的、强有力的政治体制可促使其他整合机制健全。在后发型现代化国家，这一点尤为明显。日本现代化和教育现代化在起步之后之所以能迅速跃进，与其强有力的政治体制很有关系，然而日本当时的政治并非民主政治。因此，正如有的学者所指出的，政治现代化包括两个方面，一是国家权力的强化，二是权力向更为广泛的社会群体扩展（即政治民主化）。日本在明治维新之后的教育现代化进程大大受益于前者的充分发展，而日本在20世纪二三十年代的教育现代化进程则大大受害于后者的匮乏。英国正好相反，英国长于后者而短于前者，教育现代化进程无大的动荡，发展平稳，但民主制所导致的妥协却使英国教育发展步伐显得缓慢。这充分说明，整合机制在不同国家的发展是不均衡、不一致的，各种整合机制乃至一种整合机制的不同方面的发展时序是不同的，如日本到“二战”后民主性也成为社会和教育整合的一个基本原则，再如，虽然英、法、德在现代化过程中，三个构成现代化进程的最重要因素——科层化、市场化（工业化）、民主化在三国中都是连续出现的，但在现代化初期，英国是市场化（工业化）占优，法国是民主化占优，德国则是科层化占优，不过三国都成功地在现代化之路上大步前行，最后使市场化（工业化）、民主化、科层化三者在各自的国家中都达到了较高的水平。（普尔，1993）[309－326]

再进一步看，即使民主化、科层化在一些高度现代化国家均达到了较高的水平，其具体表现形态和结构方式也是不同的。这意味着结构的多样性和等价性，尽管结构形态不同，它们所体现出的现代性水平却是一致的。因此，尽管一些国家教育的表现形态和教育结构千差万别，但这些不同的结构都可以成为教育高度现代化的载体。这是国情不同所致，这对后进者的启示就是，东施效颦、盲目模仿他国、照搬某国模式并不合乎现代化发展的基本规则。每一个国家都必须走自己的符合自身特点的现代化和教育现代化之路。

教育现代化之路在不同国家是不同的。根本的原因在于：其一，在教育现代化过程中，因国情不同，教育分化的结构特性有区别；其二，因分化出的新结构的特性不同，各分化结构间发生矛盾和冲突的性质也就不同；其三，对这种矛盾和冲突进行整合的方式也不同。而这三者皆根植于国情的差异。

因此，不论是整合机制的结构还是被整合对象的结构，在具体表现形态上，在不同国家都是有差异的。如就英国和美国而言，在整合机制的结构方面，英国的君主立宪制与美国的民主制是不同的；就被整合对象的结构而言，英国的学校体制与美国的学校体制差异也很大，但是，两国的教育在今天却都达到了高度现代化水平，实现了教育现代性的比较充分的增长。因此，不仅是整合机制的结构存在多样性和等价性，被整合对象的结构也存在多样性和等价性。

然而，不管存在多么大的多样性，整合机制的建立和健全对一个国家教育的高度现代化而言是不可或缺的。

第四节　教育现代化后来者的迟发展效应

迟发展效应指的是现代化起步较晚的国家由于其起步晚而面临的与现代化起步较早国家不同的制约条件和发展模式。（孙立平，1988）哪些国家具有迟发展效应？有的研究者认为到20世纪后期现代化的浪潮席卷全球，此时的发展环境对晚近进入现代化的国家产生了一种特有的迟发展效应。（罗荣渠，1993）[201] 迟发展效应并不是此时才产生和存在的，实际上它很早就存在了，如日本、印度、中国等国的教育现代化启动与发展在19世纪末就具有较强的迟发展效应。另一个问题是，迟发展效应是正面的还是负面的？有的研究者主要强调负面效应，本书认为正面、负面效应兼备，且二者的作用都很大。

一、迟发展的负面效应

搞现代化和教育现代化是“先下手为强”，先行者往往占据许多优势，拥有更多的资源、更充裕的时间，其现代化是一个自下而上的自然发展的过程，传统与现代性的冲突相对较小。而后来者则没那么幸运。当后来者开始起步时，先行者已达到较高的现代化水平，后来者在教育现代化进程中会出现一些由迟发展带来的负面效应。

这种负面效应首先表现为双重发展效应，意即作为后来者不仅要追赶上先行者早已达到了的教育现代化阶段性目标，还要适应先行者目前的发展趋向。先行者并不固定在已达到的成就上，在后来者追赶它们的同时，它们也在发展，而且发展的速度并不慢。因此，后来者所面临的压力就是双重的。例如印度中央教育咨询委员会于 1944 年公布了《印度战后教育发展》(Post-war Educational Development in India）报告，提出在今后 40 年中达到当时英国已经达到的水平。然而到了 1984 年印度远未达到英国 1944 年的教育水平，初等教育辍学率很高，远未达到普及程度，而英国 20 世纪初就普及了初等教育。更为严峻的是，1984 年英国的教育与 1944 年时相比又上了一个大台阶，更令印度望尘莫及。实际上，二者的差距较之 1944 年时在许多方面是拉大了而不是缩小了。

另一种负面效应是高速效应。先行者是后来者的榜样，要在较短的时间内赶上先行者一二百年才达到的发展水平，就必须以较快的速度发展，因此，后来者的现代化进程是赶超型的，其步履较急，不可能像先行者那样从容，这便会带来一些问题。

第一个突出的问题便是冒进式发展，由于急于求成，往往提出了凭借现实条件不足以实现的目标。如我国在 20 世纪 50 年代中后期曾提出 15 年赶超英国、20 年赶超美国的目标（李锐，1996）[292-293]。急躁冒进是后来者易犯的一种错误，为赶超先行者，在发展过程中后来者往往重视规模和数量而轻视水平和质量。在“大跃进”时期，我国教育的发展也是“突飞猛进”的，一些数据所显示出的增长速度令人瞠目，然而这种发展的水平甚低，许多方面谈不上是真正的发展，以致后来又反弹回去。冒进式发展往往不能按时达到既定目标，影响政府形象和声誉，而且还会给本不充足的资源带来很大的浪费。

第二个突出的问题是公众教育期望超前。在先行者的影响下，后进国家的公众对本国政府的期望值较高，往往超出本国所能提供的条件限度。公众急切希望在一个低经济发展水平上也能享受到高经济水平国家公众才能享有的生活水平和教育水平，如果政府提供不了，公众就往往认为政府无能。迫于压力，后进国的一些政府往往不得不对公众的过分要求做出让步（艾森斯塔德，1988）[106－108]，从而在前现代社会中摹制出若干代价高昂的现代化的“飞地”，这些“飞地”远远超出了国家发展的需要。印度独立后高等教育的发展最能说明这一问题。独立后印度高等教育迅速扩充（expansion），1955—1956年度至1970—1971年度的学生数的年平均增长率高达13.4%，而1950—1970年，瑞典为8.5%，美国为4.7%，日本为5.5%。这并不意味着印度这一时期教育现代化水平高，因为：其一，这种扩充只是数量上的，质量较差；其二，印度这一时期高等教育与初等、中等教育比例不均衡，整个国家的教育结构像一个“蘑菇云”，头重脚轻，高等教育无根基；其三，这种扩充是过度的、不合理的扩充，它不仅造成质量下降，还导致失业、人才外流等严重的教育浪费现象，印度大学生失业现象特别严重，与此相关，一些高级人才便外流到发达国家，以致美国的比较教育学者阿诺夫（R. F. Arnove）把印度看成“一个向西方国家输送高级人才的净出口国”（赵中建，1992）[152]。印度的高等教育就是印度这个不发达国家大地上的一块“飞地”，印度政府为此付出了高昂的代价，但收益却不大。为何会有如此恶果？这与政府和公众对“教育平等”的期望值太高有关。（赵中建，1992）[157－166]在不发达国家，盲目追求教育平等尤其是追求高等教育机会均等往往是不合乎国情需要的。不发达国家首先应将发展初、中等教育作为重点。世界银行委托一些专家对44个国家教育投资的收益率进行了估算和比较，得出以下结论：初等教育的收益率是所有教育层次中最高的；在所研究的22个发展中国家中，初等教育的社会收益率大大高于中等和高等教育，三者的社会收益率分别是27%、16%和13%。因此印度在初等教育尚不能普及的情况下盲目发展高等教育是一种本末倒置的不理智之举，然而这又是由教育期望值过高造成的。

高速效应所造成的第三个突出的问题是，社会发展失衡导致社会不稳定直至现代化停滞和崩溃。这也与公众期望值过高有关，而公众期望值过高又与教育有关。亨廷顿认为，都市化、识字率、教育和传播媒介的发展，使传统人受到新的生活方式和享受标准的影响，受到满足人们需要的新的可能性的诱惑。这种经验摧毁了传统文化在人们认识和观点上设置的屏障，提高了人们期待和需求的水平。早期现代化国家对后来者的“示范效用”也大大提高了后来者国家中大众的期望值。问题的关键在于，期望本身的增长比转变中的社会在满足这些期望方面的能力的提高要快得多。因此，在人们的期望与现实之间以及需求的形成与需求的满足之间，形成了一种差距，这种差距引起了民众的挫折感和不满足感。挫折感促使人们向政府提出种种要求，导致了政治参与的扩大，由于国家政治制度化程度较低，大众提出的要求很难或不可能通过合法渠道予以表达，也很难在政治体系内部得到回应与聚合。这样就导致政治和社会的动荡与不安定。教育是提高大众期望值的重要工具，不仅教育本身给政府带来了压力（政府要斥巨资发展教育），而且教育的结果也会给政府带来压力（提高了人们的期望值从而使人们希望从政府那里得到更多的东西），后一种压力有时比前者还要大。亨廷顿的研究表明，在一些国家中，教育的迅速发展对政治安定的影响是很明显的。20 世纪 50 年代的韩国汉城（现改名为首尔）是世界最大的教育中心之一，据估计，1960 年韩国法律院校的毕业生人数约为全国法律人才需求量的 18 倍。在初级教育方面，其发展则更令人惊诧：1945 年识字率不到 20%，到了 60 年代初猛增为 60% 以上。人们意识能力的这种发展，可能要对 60 年代初期韩国的政治动乱负一定的责任，因为这种动乱的主要原因是学生闹事。在 60 年代，韩国、缅甸、泰国的军人政权都曾为高校学生和无业大学毕业生的问题伤脑筋。由于许多正处在现代化中的国家无计划地发展高等教育，使有技术的大学生的数量与国家的需求不相一致，结果造成了一种普遍的、荒谬的状况：在一个国家中，熟练工人奇缺，而受过高等教育的人却过剩。因过剩而失业的大学毕业生对社会安定是一个威胁。一般而言，大众启蒙的速度越快，政府被推翻的次数越多，失业者以及心怀不满的人受教育程度越高，他们的破坏性行为就会越激烈。心怀不满的大学毕业生会筹划革命；技校或中专毕业生则会预谋政变；而小学毕业生只会参与一些更频繁却无关紧要的政治骚动。因此，亨廷顿认为，文盲的政治参与可能比有文化的人的政治参与对民主政治制度的危险性更小。后者通常怀有较高的期望，并向政府提出更多的要求。此外，文盲的政治参与容易限制在一定的范围内，而有文化的人的政治参与更容易像滚雪球似的扩大，对政治安定具有潜在的破坏性影响。（亨廷顿，1988）[43-50]

这与“民可使由之，不可使知之”的“愚民”政策颇有相似之处。然而，教育是一个国家实现现代化的重要工具，不发展教育一个国家是没有希望的，关键要看如何发展教育。一个国家在教育发展的速度、规模、与社会经济政治发展的适应程度等方面应有一个审慎的考虑，否则会导致不稳定的出现。亨廷顿的本意也不是要摒弃教育。有人认为，教育会促进民主政治的建设，而亨廷顿的研究和不少发展中国家的现代化进程表明，教育因其提高了人们的期望值而使政治承受了更大的压力进而使政治走向崩溃。教育与政治的关系不是一个简单的线性关系，在不发达国家尤其如此。后来者在教育现代化的过程中应注意处理好教育与政治的关系，使二者在稳定中均衡发展，相得益彰。

因此，若大众的期望值的提高快于社会的制度建设而使后者不能承受，这种发展不平衡就易带来社会不稳定，从而影响现代化和教育现代化的进程。

现代化的后来者尤其是“二战”后的后来者，其政府往往面临两方面的夹击，一是传统因素中的落后力量，一是因期望值提高而产生的过激要求，这两者中的任何一个如果力量过大都足以扼杀现代化的努力，阻碍现代化进程的顺利推进。可怕的是，这两者虽一个貌似“左”，一个貌似“右”，且貌似对立，但常常也会互为利用甚至成为盟友。大量传统落后因素的存在使得过激的要求显得更为过激，而政府不能满足这些“现代化”的过激要求，则给落后势力以守旧的口实。正因为如此，艾森斯塔德的这一观点，即“对左派和右派的一般性划分往往会失去其公认的意义”（艾森斯塔德，1988）[111]是非常深刻的，左派和右派有时都会成为阻碍现代化的力量，保守不利于现代化，过分激进也不利于现代化。警惕“右”，也要提防“左”，对一个国家从事现代化和教育现代化事业是非常必要的。在各国进行教育现代化的过程中，也出现了各种各样的力量，有的保守，有的激进，研究表明，保守固然不好，激进也是有害的，因为它流于空想，不切实际。

对于迟发展国家的教育现代化而言，整合机制的作用尤为重要。整合机制的运行要保持稳健，不能在保守与激进之间摇摆不定，否则易致复辟和冒进。整合机制要有足够的力量去应付现代化过程中保守势力和激进势力的冲击，“在稳定中发展”对后进者至关重要。各种冲突和问题的存在是正常的，没有冲突和问题才是不正常的，社会的整合机制应冷静地对待和处理这些冲突和问题，而不为其所左右。

教育现代化的后来者应注意克服迟发展所带来的负面效应，以一种自然平和的心态去稳健地从事教育现代化建设，自卑、崇外、冒进、动荡都是应予充分注意的几个容易出现的问题。

二、迟发展的正面效应

迟发展不仅有负面效应，亦有正面效应。列维认为，后来者具备五个方面的优势。其一，当后来者开始自己的现代化进程时，先行者的现代化已有了相当长一段时间的历史，后来者此时对现代化的认识无疑要比先行者开始现代化时丰富得多，这样后来者就可以省去许多“在黑暗中探索”的过程，而这个过程则是先行者所必须经历的。其二，当后来者开始现代化的时候，先行者已经形成了较为成熟的计划、技术、设备以及与此相适应的组织结构，对此后来者皆可借鉴。其三，后来者可以越过一些先行者在现代化过程中必须经历的阶段，比如在技术上，后来者可以直接吸收先行者的最新技术，不必一切从头开始、按部就班。其四，后来者在启动现代化时先行者的现代化已经达到了较高的程度，这就使后来者可以在先行者那里看到自己现代化的前景，这至少有利于动员整个社会的力量投入实现现代化的事业。其五，现代化的先行国家可以在资本和技术上对后来者的现代化给予帮助。(孙立平，1992) [85] 可见，迟发展或落后对于国家发展进程而言并不全是坏事，迟发展有迟发展的优势，这种迟发展所具有的优势也被称为“落后优势”(advantage of backwardness)。

迟发展的正面效应简略地讲就是后来者可向先行者借鉴一些东西，从而少走弯路，少犯错误。研究表明，后来者对先行者的教育观念、管理体制、学制系统、课程结构、教育技术手段等的借鉴是普遍存在的。日本教育现代化在起步时之所以出手不凡，正是因为充分借鉴了西方的教育经验。

我国清朝末年的“师夷之长技以制夷”，1949年中华人民共和国成立后的“以俄为师”，改革开放后许多领域“与国际的接轨”等，都是学习先行者的重要事例。从1949年到1959年，中国将学习苏联教育经验作为建设新教育的方向，在教育上大规模学习苏联，主要表现在以下几个方面。（1）教育部和高等教育部聘请苏联专家作为行政顾问，他们的主要工作内容包括帮助修订教育计划和教学大纲，帮助拟订各种重要的规章制度如教师工作量制度、生产实习规程、考试考查办法等，参观学校深入了解情况并提出学校工作的改进建议，帮助教育部和高等教育部改进部内工作。（2）高等学校聘请苏联专家任教，他们的工作内容包括讲课、编写教材、培养研究生、培训师资、协助建立实验室和资料室等。（3）以苏联为榜样建立新大学，改造旧大学，如中国人民大学的建立和对哈尔滨工业大学的改造与创建。（4）对苏联在教学内容、教学方法、考试方法等方面的学习。（5）对苏联教育理论的学习。最典型的例子是凯洛夫《教育学》的风行，20世纪50年代凯洛夫《教育学》的中译本印数达到50万册左右，我国城市中小学教师几乎人手一册，该书在我国中小学教师中影响深远。

以上若干学习苏联的举措为建设我国的教育体系、促进我国教育事业的迅速发展做出了可贵的贡献，是教育迟发展正面效应的典型案例。

但迟发展的正面效应的出现也不是必然的，它有一定的条件限制，这起码涉及两个问题。第一，对先行者现代化经验的态度。先行者与后来者的社会制度、官方意识形态未必是一致的，“二战”后资本主义与社会主义两大阵营的对立也很严重。一些后来者因意识形态不同而将一些先行者的现代化经验视为异端予以无情批判，使好的经验不能为己所用，没有看到现代化发展虽有两条道路但亦有许多共同性这一事实，从而出现了过分否定的偏激做法。第二，对本国国情的客观把握程度。先行者的经验是在特定的时间、地域条件下形成的，未必完全适用于后来者此时此地的需要，不顾国情，盲目照搬先行者的经验，历史证明也是行不通的。

先行者的经验对后来者而言是一种宝贵的资源，历史表明，并不是每个后来者都能运用和使用好这种资源，迟发展的正面效应的出现不是必然的。对于先行者的经验涉及两个基本的不容回避的问题，即“用不用”和“怎样用”的问题。

“用不用”与后来者对先行者经验的态度有直接关系。从中华人民共和国成立一直到改革开放以前，我国对西方发达资本主义国家的教育经验的借鉴力度显然不够，很长一段时期甚至是全盘否定。1978 年以前，我国仅向 32 个国家派遣留学生，基本上是苏联、东欧和第三世界国家。1978 年以后，才主要向西方发达国家派遣。

“二战”后形成的“冷战”局面也阻碍了社会主义国家在教育方面向西方学习。苏联对西方教育理论与实践的否定态度也影响到我们。如 1956 年 4 月 26 日苏联教育代表团团员莫洛兹昂在中国的一次座谈会上发言，认为中国不应该再出版美国教育家杜威的著作：“既然我们跟资产阶级教育家在原则上有根本区别，又何必再出版他们的书籍来混乱年轻教育科学研究者的头脑呢？”他认为“杜威是一个极端反动的教育家”，“不值得翻译他的书籍”。(毛礼锐，沈灌群，1989) [99]

是否借鉴和学习先行者的教育经验，即“用不用”，是一个重要问题，在决定“用”了之后，“怎样用”也是一个重要问题。先行者的经验是在特定的历史条件下形成的，未必完全适用于后来者的国情。这要求后来者对本国国情应有客观的、清醒的把握。20 世纪 50 年代学苏期间，我们将苏联的教育经验捧得过高，甚至还提出了“全心全意地”“系统地”学习苏联教育经验的口号。在具体借鉴中，不顾国情的事例比比皆是，例如：机械照搬苏联十年制的教学计划和教学内容，将其拉长到 12 年，一度使一些学科的教学质量下降；把语文这一门课程分成语言和文学两种学科进行教学；高等学校一度否定笔试制度，认为它是一种落后的、保守的、形式主义的制度，于是采用口试和以四级分制评定成绩；教学内容中有许多不切中国实际的东西，如有些学校讲采暖设备时，连俄罗斯古代的炉子都讲了，却不讲中国的煤炉和土炕。

综上可见，要使迟发展真正成为一种“落后优势”，后来者对先行者的经验不仅要有虚心学习的态度和勇于“拿来”的精神，还要知悉自己的国情，否则必然导致两个极端，或者全盘否定先行者的经验，或者不顾国情盲目全盘照搬，这二者对教育现代化的顺利发展都是有害的。

总之，先行者的“示范效应”是利弊共存的，而且利与弊二者如影随形，不可完全分开，教育现代化的后来者应注意扬利抑弊，尽量减少教育现代化进程中的曲折。

三、迟发展效应存在的普遍性

迟发展效应严格地讲是现代化的后来者在现代化过程中出现的一些效应，即这种效应均发生于迟发展国家。然而研究表明，并不尽然。1826年英国伦敦大学学院这一新型大学的创办是受普鲁士和美国的影响，1845年英国皇家化学学院属于最早引进德国大学研究方法的院校之一，20世纪70年代英国则向日本学习，重视把科技成果推广应用到生产领域中去，认为此前日本人的成功之处，正是英国人的不幸所在。1957年苏联人造卫星上天，使美国朝野受到强烈震动，1959年美国专门派考察团赴苏联学习、考察。这些都说明，教育现代化的先行者对其他先行者和后来者也存在教育上的借鉴问题。

这种借鉴之所以会发生，其原因是各个国家之间，包括先行者之间、后来者之间、先行者与后来者之间教育的不同方面的发展具有不平衡性，即便是一个教育现代化的先行国家，其教育的某一个方面或层面也可能存在“迟发展现象”，一个国家不可能在教育的所有方面都是“天下第一”，这种不平衡的存在为相互借鉴提供了必要性，而后来者的后来居上（如日本）也令一些先行者不敢忽视。

因此，互相借鉴不仅存在于先行者之间、后来者之间，也存在于先行者与后来者之间，借鉴不是只发生于教育现代化的后来者与先行者之间，不是单向的，而是双向的甚至是多向的。先行者没有理由目空一切、夜郎自大，后来者也没必要悲观失望、信心全无。

第五节　中国教育现代化进程论纲

中国在教育现代化道路上是一个后来者，起步较欧美国家晚，大致与日本、印度同时开始。

迄今为止，中国的教育现代化历程大致可分为三大阶段：清朝末年（1840—1911）、中华民国成立到中华人民共和国成立（1912—1949）、中华人民共和国成立以后至今。前两个阶段之间具有较强的连续性，第三个阶段与前两个阶段之间有较明显的断裂。

一、中国教育现代化的基本进程

中国教育现代化的起步不是教育自身自然发展的结果，而是对外部挑战自觉回应的结果。鸦片战争失败后，中国逐渐沦为半殖民地社会，政治上黑暗腐败，经济上民穷财尽，军事上软弱无力，文化教育上空疏无用，教育制度和选拔（科举）制度皆面临绝境。古典式人文教育使士子不知科技为何物，科举制度又强化了空疏无用的教育制度，致使经世致用之学匮乏，在列强入侵面前殊显无能。面对数千年来未有之变局和数千年来未有之强敌，统治阶级不得不认真对待中国的生死存亡问题，为救亡图存，从19世纪60年代洋务运动起，中国才始兴西学，创办了一些新型学校如外国语学校、工业技术学校、军事学校，并派人出国留学。沿袭数千年的封建教育制度终于被打开了一个缺口，古老的大地上产生了一些具有现代性的教育因素。然而这种对西方的学习是有限度的，新式学堂甚少，科举制度依旧。

甲午战争之后，国家面临被瓜分的严重危机，1898年6月维新变法开始，提倡西学，广设西式学堂，废除八股，改革科举制度，教育现代化又向前推进了一步。只可惜百日之后六君子血洒长街，运动失败。到了20世纪之初，清政府危机四伏，为维持摇摇欲坠的统治不得不于1901年1月宣布实行新政。新政实施期间教育也发生了一些变革，1902 年颁布壬寅学制，1904 年颁布癸卯学制，1905 年废止科举，同年设立学部作为管理全国教育事务的最高行政机关。现代的教育管理体制、学校体制、考试制度、课程设置已具雏形。然与日本相比，清末我国的教育现代化步伐甚慢。中国从受外部挑战到现代教育制度基本确立历时 60 余年，而日本则历时甚短，1868 年日本明治政府提出“富国强兵”“殖产兴业”“文明开化”的改革口号，同年日本以天皇誓言的形式发布了政府的五条施政纲领，其中的两条——“破从来之陋习”和“求知识于世界”——表明了向西方学习的决心。1872 年日本颁布了《学制令》，确立了现代教育管理体制和学校制度。1895 年中日甲午海战，中方失败，充分证明了日本在国家现代化方面的成功和教育现代化的迅捷与有效。在对待外部挑战方面，清政府所表现出的迟钝、麻木和固执的态度令人沮丧，这与传统势力中的反动力量的强大不无关系。罗兹曼等人曾指出，就从传统体制观念迈向西欧所代表的现代性观念而言，“日俄两国比较容易地避免了长时期的耽搁。……日俄两国的前现代化政治体系是组织有素的，一旦具有现代观念的领导人掌了权，变革就迅速地起飞了。……在 19 世纪晚期，若论领导人对现代化的忽视程度，中国恐怕算得上是世界冠军，而这种接受新鲜事物的勉强性又被政治上的无能搞得益发不可收拾”（罗兹曼，1995）[666-667]。接受现代知识是社会改造过程中必不可缺的第一步，然而中国清末的顽固派却将西方自然科学称为奇技淫巧，认为西方社会科学不要父母君上，视提倡西学的人为名教罪人、士林败类。清末我国的教育现代化进展缓慢，与顽固派的所作所为不无关系。

不管怎么迟缓，到 20 世纪初，中国的现代教育体制已基本确立，但是，是否自此以后教育现代化进程就可阔步向前了呢？远远不是。辛亥革命以后，军阀割据，战乱频仍。1927 年南京国民政府成立后，虽大大推进了教育现代化进程，然因其统治能力有限（并未实现统一）、统治的价值取向存在问题（“它并不能为一种有生命力的现代化政体的形成和发展提供指导”）（艾森斯塔德，1988）[200-205]，加上持续不断的战争的影响，当时教育现代化的进展是不能予以过高评价的。

1949 年中华人民共和国成立后，大陆战乱结束，开始走上和平建设与发展的轨道。教育也呈现出新的气象，发展较为迅速，不过好景不长。20 世纪 50 年代末的冒进式发展和一些“左”倾做法，使教育发展受到伤害，而 60—70 年代的教育因“文化大革命”而陷入低谷，教育受到冲击，对当时及其后的教育现代化和社会现代化进程产生了极为不良的影响。“文化大革命”对教育的冲击，涉及教育观念、知识分子政策、教育管理体制、学校结构、课程设置、师资队伍建设等各个方面。（毛礼锐，沈灌群，1989）[197-215] 这充分说明了社会的中心结构对教育这一社会的边缘结构所具有的决定作用。

1976 年以后教育界开始拨乱反正，并在此基础上对教育体制进行全面改革，确定了教育在国家发展和国家现代化中的战略地位，教育现代化重新步入正轨。可以说 1976 年以后至今这 40 余年，是我国自 1840 年以后，教育现代化进程最为顺遂的阶段。当然，我国教育发展至今也还存在不少问题，但毕竟其前景是美好的。

二、中国教育现代化的几个关键问题

可以看出，中国教育现代化的历程并不是一个蒸蒸日上、日上日妍的过程，而是一个充满着挫折的过程。其起步晚是一不足，其起步之后又屡受挫折，是一更大之不足。中国教育现代化是一种被延误的现代化，这一特征十分典型，教育现代化过程中，教育发展受挫、反复、停滞、倒退甚至复辟（如袁世凯的教育政策）屡见不鲜。

教育的现代性较早就输入了，但其增长却十分困难。传统的封建教育框架瓦解了，然而旧体制的解体并不意味着新体制的成功建立；教育现代化起步了，然而教育现代化起步不等于在一定时间内高度的教育现代化会自然到来。从起步到达到高度现代化，中国的教育发展经历了太长的时间历程。为什么别国能在较短时间内成功而我们不能？原因何在？教育现代化怎样才能少走弯路，尽快成功？

本书无力对这些问题予以深入、详尽的回答，只想就几个最基本的方面在此略做提示。本书认为，中国的教育现代化若想要进展顺利，必须注意以下几个方面。

其一，建立和健全社会整合机制。社会整合机制是一个社会的核心制度，教育整合机制的完善程度和发挥作用的程度服从于前者。教育冲突的解决、教育发展的推进皆离不开整合机制的作用。外国和我国教育现代化的历史进程表明，没有社会中心制度的现代化，教育的高度现代化是难以实现的，教育现代化具有依附性。1840年至1949年，百余年间，我国缺乏一个强有力的社会整合机制来解决各种利益冲突，致使内战不断，社会将本不充分的资源大量用于战争而非用于建设，教育发展也大受其害。1949年后我国建立起一个强有力的社会整合机制，其整合能力、权威水平、权力渗透范围大大强于、高于和大于晚清政府、北洋政府及南京国民政府，中国的现代化和教育现代化有了良好的权威基础。中央集权能力的提高是一个国家政治发展、政治现代化的重要表现，它与政治无能是相对的。然而，权力运作的理性化程度不够，反而会使宝贵的政治资源被浪费，缺乏理性的权力运作会给社会和教育带来深重的灾难。整合机制在“文化大革命”中起的不是化解矛盾、缓解冲突的作用，而是起了激化矛盾、挑起冲突的相反作用。这与整合机制自身不完善密切相关。历史表明，一个政府要有效地推进现代化和教育现代化，首先，它必须有权威、有效能，其次，其权力、权威的运作必须理性化，否则运作愈久，危害愈大。

1976年以后尤其是1978年以后，我国加大了整合机制的建立和完善工作，政治体制改革（废除终身制，干部的革命化、年轻化、专业化等）、法制建设、市场机制的建立、行政管理的规范化（公务员制度、对依法行政的强调等）等均取得重大进展，为教育现代化的全面推进，为教育高度现代化的尽快到来提供了良好的、必不可少的基础。

其二，正确处理教育传统与教育现代性之间的关系。既不固守传统，亦不全面摒弃传统，而是充分利用传统。全面否定传统，割裂历史发展的连续性，只会丧失历史所积淀下来的一些文化资源，延迟教育现代化的进程。

其三，客观认识迟发展效应。作为教育现代化的后来者和迟发展国家，应正确看待先行者所具有的“示范效应”，既不全盘肯定也不全盘否定先行者的做法，持一种客观、求实的态度平和地看待迟发展面临的问题，并根据自己的国情有选择地借鉴和吸取先行者的经验和教训。应尽力避免冒进所带来的发展失衡和资源浪费，“欲速则不达”已为许多后来者的发展经验所证明，应注意使教育适度、平衡发展。充分光大迟发展的正面效应，尽力减小迟发展的负面效应。

其四，在教育现代化的价值取向上，应先将促进人的现代化和社会现代化、增进人的现代性和社会现代性放在首要位置。积极采取措施使教育更具有人道主义精神，更能促进人的自由与解放；积极采取措施使教育成为国家发展的强大推进器，使教育发展与经济发展建立起强有力的联系。强调“政治挂帅”是不重视教育效率的重要表现，是前现代化的做法，现代社会应着力强化教育的经济功能。在教育现代化的初级阶段过分追求教育的绝对平等，是不现实的，也是有害的，其实质是平均主义，会影响较高水平的教育公平的早日达成。教育公平政策实施中的民粹主义、平均主义、理想主义做法，有害无益。

第三章　教育现代化的目标定位与制约因素

教育现代化之合理性的基础，或者说教育现代性之合理与否的检验标准，是促进人的现代化和社会现代化，是增进人和社会的现代性。这就是教育现代化的目标定位，也是某种教育是否有资格被称为现代教育的检验标准。

而要准确定位教育现代化的目标，必须首先深入研究人的现代化和社会现代化的实质，明确人的现代化和社会现代化到底要求现代教育“培养什么样的人”。人和教育都存在于社会之中。“培养什么样的人”有具体的社会规定性，教育总是为一定的社会现实和社会理想而培养人的，人的现代性的界定、现代人的界定，离不开社会所赋予的实质性规定，社会现代性、现代社会基本框定了人的现代性和现代人的内涵与外延，进而框定了教育的目标，进而再进一步框定了服务于目标实现的教育活动与手段的范围。

尽管社会因素实质性地决定着人的本质和教育本质，决定着人的发展理想和教育目的与过程，但教育服务于社会现代化、服务于社会发展、服务于社会现代性的增长却是间接的，必须通过培养人的某种素质，即通过增进人的现代性、促进人的现代化去实现。因此，本章讲教育现代化的目标定位时，不论是促进人的现代化还是社会现代化，都要落实到“培养什么样的人”这一基本问题上，例如，讲教育要促进政治现代化（即政治民主化）这一目标时，要落实到通过教育“使学生具有民主素养”这一层面上。具体而言，本章要回答：要促进人的现代化和社会经济、政治的现代化，我们需要把人培养成什么样子？一切的现代化都落实到“人的现代化”，对于人的现代素质的描绘，应该而且必须包含现代经济、现代政治和现代文化对于人的素质的要求。

本章前两节讨论社会现代化、人的现代化对于教育的要求与挑战，主要是从教育的目标层面论述这些现代化对于教育所要培养的人的素质要求。而本章最后一节讨论社会因素如政治、经济等如何影响和制约教育现代化的发展进程。

第一节　社会现代化与教育

严格地讲，教育现代化是社会现代化的一个重要组成部分，讨论社会现代化问题不能不讨论教育现代化问题。但在此处，本书将从社会整体现代化中把教育现代化相对抽离出来，探讨社会的现代化对于教育、对于教育现代化提出了什么要求。

教育现代化会对社会现代化具有巨大的推动作用，社会的发展离不开教育的发展，日本的经验就是一个明显的例子。探讨如何发展教育才能更好地促进社会发展是一个非常有意义的课题，也是本书非常关注的一个问题。对于教育发展能促进社会发展这一点，似乎人们早已达成共识，然而对于教育发展促进社会现代化的机制和条件，人们似乎尚缺乏深刻的认识。笼统地谈教育对社会发展或国家发展具有促进作用是没有多少意义的，也是没有理论价值的，“教育本身存在多种层次和类别，国家发展也有多个维度。因此，哪一层次或类别的教育能促进哪一维度的国家发展，以及国家发展的不同方面对教育发展有何制约则是应当加以深入研究的课题”（顾明远，薛理银，1996）[182]。

教育或者教育现代化作为一种手段，要更好地服务于社会现代化这一目标，首先必须明确作为目标的社会现代化具体包括哪些内容，然后才能明确社会现代化对于教育现代化有哪些具体要求。

社会整体的现代化其内涵和外延如何，前文已有涉及。本节不再从社会整体的角度进行论述，而是重点论述经济现代化、政治现代化的具体特征，以及这些特征对于教育和教育现代化提出了哪些具体要求。

社会现代化除经济现代化、政治现代化外，还包括文化现代化。文化现代化关注的是思维方式、价值态度、行为模式、生活习惯等方面的变革，一个社会的整体文化现代化的开展，是通过改变具体的人的思维方式、价值态度、行为模式、生活习惯来具体进行的。前文已经指出个人现代化指的主要是社会中个人在价值观念、思想形态及生活习惯等方面的变迁，因此，人的现代化实质上是现代文化、现代精神在人身上的内化，“文化的内化成为人的本质”（孙立平，1989），“人的现代化说到底就是一个文化现代化的问题”（谢岳，曹开雄，2008）。鉴于本章第一节已经讨论过与文化现代化密切相关的“人的现代化”问题，本节在讨论社会现代化时，就不再讨论文化现代化对教育的要求，而是重点关注经济现代化、政治现代化对教育的要求。

一、经济现代化对教育的要求

教育积极促进经济发展、教育的经济功能的凸显，是现代社会和现代教育的重要特征。

在现代社会，教育是促进现代经济发展的重要手段。与传统社会不同，现代经济的发展离不开教育，这是由现代经济的本性决定的。

经济现代化，顾名思义，就是由传统经济向“现代经济”转变的过程与结果。经济现代化指18世纪以来经济领域发生的一种革命性变化，它包括从农业经济向工业经济、从工业经济向知识经济的两次转变，劳动生产率和国民收入的增长，经济福利与国内公平的改善，涉及生产效率、经济结构、经济制度、经济形态等的变化。不能说经济增长就是经济现代化，因为它只是经济现代化的组成部分，而不是全部。（中国现代化战略研究课题组，中国科学院中国现代化研究中心，2005）[101－102]

就发展中国家而言，尤其是当前的我国而言，经济现代化的主要内容是工业化、信息化、城市化和农业现代化。

工业化是指机器大工业在国民经济中发展并占统治地位的过程，即国民经济结构发生了从农业占统治地位向工业占统治地位的转变，它使一个国家由传统的农业国变为现代的工业国。“工业化”是一个历史性的概念，就是说工业化的内容和标志不是固定不变的，而是随着历史的发展有着不同的具体内容和标志。在18世纪英国工业革命时期，是以蒸汽机的广泛应用（即机械化）为标志；19世纪末20世纪初，电气化又成为实现工业化的标志；而在当今的新技术革命浪潮中，西方发达国家的工业化又进入了自动化、电子化和信息化的时代。（彭刚，黄卫平，2007）[358]

比较全面地衡量工业化程度，需要综合考察以下六个互相联系的方面。（1）工业总产值占国民生产总值的比重。在国民生产总值中，工业比重的增大和农业比重的缩减。（2）农业劳动力占社会劳动力总人数的比重。在劳动就业总人口中，农业人口比重的下降和工业人口比重的上升。（3）工业自身的物质技术装备水平。包括工业生产的机械化、电气化和自动化。（4）农业的工业化水平。农业的工业化意味着农业机械化的实现，农业生产中广泛地应用电力和电气设备，农业生产效率成倍地提高。（5）第三产业在国内生产总值中的比重。随着工业化的推进，第三产业所占的比重将日益提高。（6）广大国民的福利水平。工业化意味着社会生产力成倍增长，社会物质财富迅速增加，广大国民都能享受到工业化带来的利益，其福利水平普遍得到提高。这六项是工业化的主要标志。各个国家工业化大的趋势、基本特点应该是相同的，但各个国家工业化的发展道路是不同的。（彭刚，黄卫平，2007）[360]

作为现代化后来者的发展中国家，其工业化道路显然不同于发达国家。尤其是在信息化浪潮下，发展中国家必须走工业化与信息化融合发展的“新型工业化”道路。

信息化是充分利用信息技术，开发利用信息资源，促进信息交流和知识共享，提高经济增长质量，推动经济社会发展转型的历史进程。进入20世纪90年代，以发达国家为代表的信息化进程日益加快，世界信息化浪潮逐步兴起，并对全球经济产生了重大影响。在此背景下，发展中国家显然不能重复发达国家的传统工业化道路，如果按部就班地实行先工业化再信息化，不但不能赶上发达国家，还会继续拉大距离。需要走新型工业化道路，以工业化促进信息化，以信息化带动工业化，使“两化”深度融合。

工业化与信息化融合发展是一种重要的发展战略。信息技术对国民经济和社会发展的贡献最主要的不是其本身作为一个产业部门对国民生产总值的贡献，而在于它提供了一种有力的手段，能加快信息资源的开发利用，从而使国民经济和社会各个领域发展的速度、质量和效益普遍得到提高。工业化与信息化的结合，不仅可以通过信息技术在工业生产中的广泛应用和对传统工业的技术改造，使工业生产的速度、质量和效益得到极大的提高，使工业化的时间进程大大缩短，而且，工业化的实体经济必须在吸收信息化发展先进的生产、交换、分配方式的基础上才能生存、发展，离开信息技术的支撑，也难以实现工业化发展的飞跃。（彭刚，黄卫平，2007）[369]

城市化是伴随工业化和经济发展而出现的一种生活经济现象。城市化也称为城镇化，是由以农业为主的传统乡村社会向以工业和服务业为主的现代城市社会逐渐转变的历史过程，具体包括人口职业的转变、产业结构的转变、土地及地域空间的变化。1978 年我国的城市化率是 17.9%，2012 年达到 52.6%。这意味着，在 34 年中，中国的城市化率提高了 34.7 个百分点，平均每年都要达到 1 个百分点以上。（李克强，2012）

城市化并不是消灭农村和农业，而是要求城乡共同发展，并积极推进农业现代化。农业对于经济发展具有重要的产品贡献、市场贡献、要素贡献和外汇贡献。没有农业的现代化，工业化和新型工业化都会遭遇困难。

农业现代化是指传统农业转化为现代农业的过程。具体地说，就是用现代科学技术和现代工业来为农业提供生产的技术手段和物质手段，用现代经济管理方法提供农业生产的组织管理手段，把封闭的、自给性的、停滞的农业转变为开放的、市场化的、不断增长的农业。（彭刚，黄卫平，2007）[335]

所谓传统农业是指以手工劳动为主的生产方式，生产率较低。所谓现代农业是指以广泛应用现代科学技术为主要标志的农业。现代科技的应用，使农业的内涵、结构、体系等方面发生巨大变化，生物技术的发展和应用使农业成为技术密集型产业，计算机和信息技术的应用使农业逐步成为可控性行业，材料、能源科学和工程技术的应用使农业生产领域不断扩展，与其他行业相互融合。现代农业彻底改变了以手工劳动为主的生产方式，实现了专业化、规模化、集约化、社会化的大生产，大幅度提高了农业劳动生产率。由此可见，农业现代化是农业综合生产能力的现代化，是在一定的生产条件下，具有现代素质的农业劳动力，利用现代农业生产手段，生产出能够满足社会需要的高质量的农产品。(刘晓越，2004)

上述“四化”是相互联系、不可分割的，我国当前的经济现代化走的就是一条“四化并举”的路子。十八大报告提出：“坚持走中国特色新型工业化、信息化、城镇化、农业现代化道路，推动信息化和工业化深度融合、工业化和城镇化良性互动、城镇化和农业现代化相互协调，促进工业化、信息化、城镇化、农业现代化同步发展。”

当前，中国经济社会结构中最大的问题是城乡二元结构仍然明显，收入分配中最突出的问题是城乡居民收入差距扩大，产业发展中最薄弱的环节是农业。与快速推进的工业化、城镇化相比，农业现代化滞后的问题仍很突出。然而，工业化、城镇化和农业现代化是现代化的基本内容，农业现代化如果跟不上工业化、城镇化发展步伐，也会导致工业化、城镇化发展受阻，因此，能否实现三者的同步发展，关系到现代化建设的成败。

中国工业发展速度较快，但工业化率并不高，特别是在技术创新和产业升级方面还有很大文章可做。这也是信息化和工业化深度融合的题中应有之义。伴随着城镇化的脚步，也有许多问题是必须及时面对的，比如城镇化本应是解决“三农”问题的一个有效途径，但中国却出现了农村空心化等问题。

同步发展的“新四化”中，信息化是新增加的内容，这表明信息化已被提升至国家发展战略的高度。当前，信息化已经覆盖了国民经济的所有行业，正有力地推进其他“三化”。

对作为发展中大国的我国而言，只有“新四化”同步发展，才能实现社会生产力的跨越式发展。

新型工业化、信息化、城市化、农业现代化所导致的产业结构升级与调整，对于人才的数量、结构、质量都提出了新的要求，进而对教育目标、教育结构、专业设置的调整提出了新要求。

具体言之，教育在以下几个方面可以大有作为。第一，根据产业结构升级与调整的要求，确定新的职业分类及其标准，确定各级各类人才的培养规格与培养规模，并根据产业的变化进行动态、有序调整。第二，根据新确定的各级各类人才的培养规格与培养规模，重新审视并调整中小学课程、职业教育专业目录、高等教育专业目录，使课程、专业设置与人才培养目标相匹配。第三，普遍提升全体国民的信息素养，并重点培养一支高素质的信息技术人才队伍，以适应信息化时代的挑战。第四，培养具有现代素质的农业劳动力，为农业现代化提供人力资源保障。第五，加强农村转移劳动力的非农就业培训，提升其在城镇的就业能力和就业质量，积极推进城市化进程。

二、政治现代化对教育的要求

政治是经济的最集中的体现。政治产生和发展的根源是社会的经济基础，政治在本质上体现了经济领域的利益要求，反映了社会经济生活中人们的根本利益和利害冲突，没有与经济利益无涉的纯粹的政治活动和政治关系。政治就是人们围绕公共权力而展开的活动，以及政府运用公共权力而进行的资源的权威性分配的过程。（金太军，2006）[5-6]政治的根本目的是实现对有限的社会资源的占有和分配，政治的驱动力是人们的各种利益需求，人们希望通过公共权力满足和实现自己物质财富和非物质财富方面的需求。（唐晓，杨帆，2007）[13-14]行政不是政治之外的东西，行政是政治的延伸。因此，此处使用的“政治”概念包括行政在内。

政治现代化和现代政治对于教育提出了挑战，也为教育的良性发展奠定了良好的制度基础。

政治现代化是指随着经济和社会其他方面的现代化而出现的从传统政治体系向现代政治体系转变的过程。具体来说，是指从传统社会（农业社会）中的传统型政治体制和政治结构、政治行为和管理手段、政治方法和技术、政治心理和情感、政治价值和观念，转变为现代社会（工业社会、信息社会）中的现代型政治体制和结构、政治行为和管理手段、政治方法和技术、政治心理和情感、政治价值和观念等。政治体制和政治结构由传统社会统治体系中承担许多政治功能的少数综合性结构体，分化为许多各自相对独立的专门化的子结构体，如立法机构、行政机构、司法机构、政党、社会团体等，这些子结构各司其职，彼此之间形成一种制衡和相互补充关系。政治行为和管理手段由传统社会以政治统治和阶级斗争为核心转为现代社会以社会管理和阶级整合与协调为核心。政治方法和技术由强制性、暴力性政治和行政手段为主导转化为自愿性、和平性政治和法律手段为主导。政治心理和情感由传统臣民式转化为现代公民式。政治价值和观念由传统等级、特权和专制的君主制转化为现代的自由、平等和民主式的代议制。(李安增，2007)

政治现代化的核心是政治民主化。政治民主化是指以民主为目标的政治变革过程。波特尔（D. Porter）把民主化概括为“由较少负责任的政府到较多负责任的政府；由较少竞争（或干脆没有竞争）的选举到较为自由和公正的竞争性选举；由严厉限制人权和政治权利到较好地保障这些权利；由市民社会只有微弱（或干脆没有）自治团体到享有较充分自治和数量较多的自治团体”，民主化还包括民众身份从臣民到公民的转变，社会制度从排斥性到包容性的转变，政治活动原则从冲突和对抗到妥协和合作的转变，等等。(杨龙 等，2006)[331] 民主是“不用暴力而能解决冲突的制度体系”（普沃斯基，2005）[70]。

人们难以容忍永远生活在专制状态和独裁统治下，人们渴望民主与自由，民主已经深入人心，成为共同价值。尽管人们对于民主有不同的理解，但没有哪个国家、哪个人会公开否认民主的价值。

民主的首要内涵在于人民的统治，即人民的意志应该是至高无上的。然而由于全体人民不可能在所有问题上都达成一致，也缺乏对全体人民的意志直接进行综合的政治机制，因此民主在实践中常把采用多数决定作为基本的原则。多数决定是指公共事务必须给予每个合格公民平等和有效的参与和决策机会，最终以多数人的意愿作为决定，少数服从多数。但是这一原则必须是有限制的、相对的，要与保护少数人的权利结合起来。

民主的根本基础是对个人权利和自由的尊重与保护，民主是“人民主权思想与个人权利受法律保护的思想的融合”（克里克，1999）[299]。公民的宗教信仰、言论、结社等自由以及人权、自决权、财产权等政治和经济的权利是民主的根基，人民的这些权利和自由是无条件的、不可剥夺的。对这些权利、自由的尊重与保护，必然要求以法治作为民主制度的前提，否则民主将徒具形式。专制政权和极权政府把人民当作可能的敌人或工具，而在民主制下，政府与公民之间是朋友关系。

民主并不是完美无缺的制度，它也不可能完全避免犯错误，但它具有内在的平衡和纠错机制，与人类历史上曾经采用过的制度相比，它是缺陷最小、最为人们认可的政治制度。第一，民主与独裁、军人干政等无缘，能够减少社会发生重大动荡以及人们生活在暴政之下的可能性。第二，民主政治在本质上是一种和平的政治，民主能够避免大规模国内战争的发生，保证和平的环境、人民的安居乐业以及经济的繁荣与发展。第三，民主保证公民享有许多基本的权利和自由，如选举权、参与权、言论自由、结社自由、信仰自由等，从而使得公民个人能够通过政治机制有效地维护自身的根本利益，自主选择自己的生活方式，保障公民不同的偏好。第四，民主给予不同个体在政治上平等参与的机会，使公民能够享受到相对较高的政治平等，实现社会的流动性和均衡发展。尽管不同公民在政治参与倾向和能力上的不同会造成结果上的相对不平等，但这是公民自由选择的结果。当然，民主的价值并不止于此，还包括其他如对公民道德责任的培育、对市场经济的促进、反腐败等。（杨龙 等，2006）[313－316]

现代政治的首要特征是民主。为政治的民主化贡献力量是教育的光荣使命。

其次，现代政治还应包含政府有能力、有权威以及政治稳定等内容。政府能力是指政治系统能够广泛动员人民和资源，采取有效手段，积极推进经济社会发展的能力。阿尔蒙德认为，一个国家政治经济的增长、发展、现代化和进步包含着由四个因素支配的积极的和向前发展的运动，这四个因素包括两个经济变量（即财富和福利）和两个政治变量（即政府的能力或权力和人民的参政或民主化）。两个政治变量的关系是："要人民参政首先必须政府具有能力。如果没有办事的方法，参与办事也就毫无意义；如果没有实施决定的方法和能力，参与作出决定就没有必要。"（阿尔蒙德，

1993）[363] 也就是说，如果政府没有能力，政治民主就没有意义。

政府有能力、有权威是政治稳定和社会有序的保障，而秩序又是一个国家现代化的基本条件。在一个动荡混乱的环境中，要求国家的发展有效率是不可能的。因此秩序是效率的前提，混乱不能带来真正的发展。对于发展中国家而言，政治稳定对于国家发展至关重要。这一点是西方一些著名现代化学者如亨廷顿、艾森斯塔德等极力强调的。（亨廷顿，1989）[366-401]（艾森斯塔德，1988）[177-179] 中国作为一个发展中国家，其政治模式和运作方式显然不能照搬发达国家，“政治有权威”是对政治的一个基本要求，只有政治有权威，才有稳定和效率可言。

再次，现代政治在价值取向上关注经济发展。“以阶级斗争为纲”的政治与现代政治的要求是背道而驰的。不关注经济发展的政治，其政治后果就是使自己走向崩溃。现代化问题专家艾森斯塔德指出：“经济问题的解决，对于现代社会及其政治体制的存活与发展、保障现代化的延续、持续增长，以及任何制度领域的持续发展（无论是政治的、经济的还是社会组织的领域），都具有头等重要的意义。”（艾森斯塔德，1988）[57-58]

最后，现代政治的运作以现代科层制度的建立为前提。“成就取向的科层制度的建立”也是现代政治的一个重要表征。现代社会是高度分化和高度专门化的，与之相应，对社会进行管理的机构也趋向复杂化和专门化，对管理人员的专业要求也愈来愈高，以至于有人将“有高度差异和功能专门化政府组织体制”视为现代政府体制的首要特征（布莱克，1996）[44]。在现代社会，管理人员（所谓的“官”）的选拔是以能力为本位的，任人唯贤而不是任人唯亲，即“政治角色的分配是依据个人的成就而不是依据归属关系”（布莱克，1996）[44]。社会学家帕森斯认为，就选择标准而言，进行社会选择可以分为只重亲缘关系或裙带关系的亲选型与依据个人成绩和能力的贤选型。前者反映的价值观念是传统主义的，缺乏论功行赏、讲求效率的观念；后者反映的价值观念则是现代主义的，一个人的社会地位的高下与其能力成就的高下是成正比的。“成就取向的科层制度”要求管理人员具有专业知识和专业能力。

政治现代化要求教育为现代政治的发展服务，为现代政治培养具有民主精神的现代“政治人”。

政治人指参加政治活动，扮演一定政治角色的个人，主要包括普通民众个体、官员和政治领袖。不论在古代还是在现代，培养“政治人”是政治对于教育的基本要求。

古代政治是专制政治和特权政治，教育以培养官员为主，统治者实行愚民政策，普通民众没有受教育的机会。以此为基础建立起来的教育体系以培养各种层级的统治人才为基本任务，具有很强的等级性和封闭性，课程设置以文史哲、统治术和军事知识为主。我国封建时代对于未来帝王的教育，西方文艺复兴时代对于未来君主的教育［马基雅维利（N. Machiavelli）的《君主论》（*The Prince*，1513）、伊拉斯莫（D. Erasmus）的《一个基督教君主的教育》（*The Education of A Christian Prince*，1516）对此都有论述］①，也都属于“政治人”的培养，不过培养的不是官吏，也不是臣民和顺民，而是政治领袖。

西方资产阶级革命开启了现代政治的进程。在现代政治中，国家、政府、政党、政治团体属于政治组织，而政治人指的是政治个体，包括公民、官员、政治家。

现代政治的有效运行，要求教育培养“现代政治人”，即具有现代精神、民主精神的公民、官员和政治家。

首先，现代政治要求教育培养公民。公民（citizens）是指具有一个国家的国籍，并依据该国宪法和法律规定享有权利和承担义务的人。（王楷模，田正利，张师伟，2006）[107] 公民是现代民主国家政治生活中最普遍、人数最多的政治角色，公民权利的确立和发展是一个国家主权在民原则的法律表达形式；公民的政治参与直接影响到一个国家政治生活的民主基础和民主程度；公民也是政治生活中最基本的政治单元，它是利益集团、政党、政府和国家等其他政治组织的基本元素，与它们有着千丝万缕的政治联系。

---

① 参见：褚宏启．走出中世纪：文艺复兴时代的教育情怀 [M]. 北京：北京师范大学出版社，2000.

公民的教育与培养，是受教育者政治社会化的过程，与培育官员和政治家相比，属于政治领域的“大众教育”，不需要开设专门的学校，只需要在教育中开设相关课程、开展相关教育活动就可以了。公民教育的目的，在于提高受教育者的政治素养，使其有足够的知识和能力有效地参与政治活动，正确地行使公民的权利和履行公民的义务。在一个文盲充斥的社会中，是难以建设起真正的现代政治的。教育应满足现代政治发展的需求，在教育管理、教育内容、教育方法等方面充分体现现代政治对教育的时代要求，使学生经历一个具有现代精神的个体政治社会化过程，养成学生的民主精神、法治意识和社会责任感，培养学生的政治能力，使学生将来能积极有效地参与现代政治生活。

其次，现代政治要求教育培养官员和政治家。（Fagerlind，Saha，1989）[128-131]官员是维持国家机器正常运转的骨干力量，包括专制社会中的官僚和现代社会中的公务员。政治家是指在一定的历史时期内，在长期的政治实践中涌现出来的，代表一定阶级的利益和意志，有一定的政治见解、政治主张和政治才能，能够完成一定政治使命，对于政治生活和社会发展有重要影响的专门人才。任何政治组织和政治群体作用的发挥，都离不开政治家指引方向和组织领导。政治家不能改变政治活动的规律，却能通过对社会阶级和政治组织的领导，加速或阻碍政治发展的进程。官员和政治家都属于统治阶层，此处将二者统称为政治人才。

现代政治要求通过教育为现代政治组织输送具备专业素质的政治人才。与大众化的公民教育不同，政治人才的培养（即官员和政治家的培养）属于精英教育，许多国家的一些著名高等学府成为造就政治精英的摇篮，如英国的牛津大学、剑桥大学，美国的哈佛大学（尤其是其肯尼迪政府学院）、耶鲁大学等，都是政治精英的摇篮。在我国，除一些著名高校是政治精英的摇篮外，还有专门的培养政治精英的院校，如中央党校、国家行政学院、社会主义学院等。尽管中央党校、国家行政学院、社会主义学院等没有被列入国民教育体系，但这些院校以及同类相关院校也是我国教育体系的重要构成部分。

在古代社会，门第、血统、等级等在政治录用过程中起了决定性的作用，成为划分和决定一个人政治角色的主要尺度，个人的教育水准、能力、工作业绩等后天因素无足轻重。教育水平对个人在政治上的地位升迁几乎不具有实质性的意义。这是“亲选社会”的特征。而现代社会是一个“贤选社会”，其政治具有开放性，政治文化的世俗化以及行政管理的科层化、理性化，使个人的能力、实际工作业绩等后天因素成为政治录用的重要标准，而这些又往往与一个人所受教育的程度、类型等直接相关。现代政治的开放性提高了教育的社会地位尤其是政治地位，同时也为教育服务于现代化政治提供了亲选社会所不能提供的机会和条件。教育是培养现代政治人才、培育现代科层组织的主要渠道。

三、教育与中国政治的现代化

教育对现代政治的发展也不是毫无作为的，教育不但不应躲避政治，还应为政治的健康发展尽力。

政治状况对教育状况具有直接的、决定性的影响。“文化大革命”时期，教育受到政治的影响，政治给人们留下的印象不佳，似乎政治对教育的干预总是有害的，所以急于避之而后快。改革开放以后，我国非常重视“教育为经济建设服务”，过去的“教育为政治服务”的口号就不再提了，似乎汹涌的经济大潮吞噬了教育的政治功能，似乎教育没有必要为政治服务了。结果导致人们对教育与政治的关系存在着忽视、漠视甚至无视的倾向，似乎“教育为政治服务”已成了一个与现代化建设、与市场经济格格不入的过时的话题。

这个话题必须重新提起，因为这是一个不容回避的、具有重大现实意义的话题。

1958年9月“教育为无产阶级的政治服务”被定为党的教育工作方针，1985年5月《中共中央关于教育体制改革的决定》要求“教育必须为社会主义建设服务”，1993年2月下发的《中国教育改革和发展纲要》要求“必须坚持教育为社会主义现代化建设服务”，“自觉地服从和服务于经济建设这个中心”。这些规定似乎表明，教育发展的正确方向应是为经济建设服务而不是为政治服务。过去讲教育要为阶级斗争这一政治任务服务，这已被证明是错误的，是否现在就不应该再提教育为政治服务了呢？是否教育只应为经济建设服务呢？

在我国以经济建设为中心的今天，依然应理直气壮地提“教育为政治服务”。这是因为，其一，教育为政治服务，在理论上没有错，这已为历史所证明，不论这种政治是传统的还是现代的，是劣性的还是良性的，教育都不能摆脱为政治服务的命运，政治权力的强制性使得教育不得不为政治服务。

其二，讲“教育为经济建设服务”并不排斥“教育为政治服务”，因为国家发展并不只是经济的单方面发展，它是一个整体的社会进步过程，政治自然是其中的一个主要方面。

其三，教育为政治服务的方式有直接和间接两种，教育为经济建设服务是教育为政治服务的一种间接方式。教育的政治功能虽然在其最终目的上是指向政治体系的，但它的具体行使方式和途径，并不都纯粹是政治性的。现代社会中，政治与经济之间的密切联系使得教育的政治功能和教育的经济功能相互交叉、相互依存，而不是相互割裂、相互对立。现代教育的政治功能不仅表现为直接为政治服务，也表现为通过教育的经济功能、文化功能的实现，来间接地为政治服务。我国改革开放以来，要求教育为经济建设服务实际上就是要求教育为正确的政治路线服务。邓小平曾讲“经济工作是当前最大的政治”（邓小平，1979）。因此，为经济建设服务就等于是为最大的、最根本的政治服务。

其四，我这里所说的“教育为政治服务”想强调的是“教育为现代政治服务”，而不是为“以阶级斗争为纲”的那种政治服务。我国现代政治体制的建立和发展为教育服务于现代政治提供了可能。

其五，教育为现代政治服务，既是政治发展的需要，也是教育自身发展的需要。因为教育对现代政治体制的建立和健全助力越大，政治现代化的水平就会越高；而政治现代化的水平越高，政治对教育的正面影响就越大。教育要想将来从政治那里获得好处，首先必须促进好的政治的形成。

教育的发展必须有一个良好的政治环境。有人欲使教育摆脱政治的影响，认为这样教育就可获得更好的发展。这种认识在理论上是肤浅的，在实践上是有害的。

坏的政治制造出坏的教育，好的政治则给教育的健康发展提供了良好的客观环境。教育的健康发展必须有良性政治（即现代政治）做保障，若缺失“现代政治”这个条件，现代教育是难以真正建立起来的。正是在这种意义上，本书认为，教育为建立健全好的政治服务就是为其自身的发展服务。

那么，今日之教育应为我国现代政治的发展提供怎样的服务呢？

要求教育为政治服务并不是让教育盲从于当前的政治现实，更不是让教育跟随在政治腐败后面随波逐流，而是要求教育积极促进当前政治中现代因素、良性因素的成长，并遏制政治现实中的不良因素。那么，具体而言，教育应为我国现代政治的发展提供怎样的服务呢？

首先，教育应为最大的政治即经济建设服务，使教育成为我国经济发展的强大推进器。过去“以阶级斗争为纲”的教育对国家的发展不仅不能起到应有的促进作用，反而还构成国家发展的障碍。

其次，通过教育的普及和提高，提高大众的文化和政治素养，使其有足够的知识和能力有效地参与政治活动，正确地行使公民的权利和履行公民的义务。在一个文盲充斥的社会中，是难以建设起真正的现代政治的。教育应满足现代政治发展的需求，在教育管理、教育内容、教育方法等方面充分体现现代政治对教育的时代要求，使学生经历一个具有现代精神的个体政治社会化过程，养成学生的民主精神、法治意识和社会责任感，培养学生的政治能力，使学生将来能积极有效地参与现代政治生活。

但不能仅从“政治工具”的意义上去看待教育和人的发展问题，促进人的发展既是教育的基本任务，也是现代政治的根本追求，这是由现代政治的核心——民主精神决定的。民主政治要求教育关注人的个性的全面而丰富的发展，使个体的人生活得更有意义、更有价值，这是一种典型的人道主义的价值追求，它赋予教育和政治一种更本真、更深层的意义。教育和政治都应从终极意义上关注人的问题，教育领域和政治领域不应是“无人之境”。

现代教育和现代政治有着共同的道德基础和伦理追求，那就是“为一切人的发展和人的全面发展”，正是在这一点上，二者达到了合一的崇高境界。因此，通过教育促进人的发展，既是教育从工具意义上为政治服务，也是教育从终极意义上为政治服务。

再次，通过教育为现代政治组织输送具备专业素质的政治人才。现代科层组织是现代政治的重要支柱，政治目标的达成、政治效率的提高有赖于一个强有力的现代科层组织做基础。邓小平讲，思想路线、政治路线的实现要靠组织路线的保证（邓小平，1983）[175]，组织路线问题就是此处所讲的现代科层组织的问题。教育应为我国现代科层制度建设尽力。

最后，也是最重要的，通过教育推动政治文化的革新，为现代政治的建立和发展提供政治文化支持。教育通过传播现代政治文化，使人们形成与中国社会发展相适应的具有现代色彩的政治意识、政治认识和政治情感，使人们在政治评价方面达成共识，提高政治整合的水平。政治体系的运作有赖于政治强制力的推动，但政治体系在运作过程中要想有所作为不能只依赖于强制力，还需要相应的政治文化的支持。大众对政治目标是否认同，对政治策略做何评价，对政治机构的设置及其合法性有何种认识等，都直接决定着人们对政治的信任态度，从而决定着他们的政治反应与政治行为。这些非体制性的政治文化对于政治体系的正常运作和进一步发展，起着重要的制约作用。

现代政治文化是与封建政治文化相对立的。通过教育弱化以至消除封建政治文化对我国政治建设的不良影响，是教育肩负的一项重要使命。

还应注意的是，中国现在所需要建设的现代政治文化与西方是有区别的，这是由中国的发展中国家的国际地位、中国独特的国情决定的。发达国家的政治模式并不适合中国，尽管发展中国家和发达国家在政治的经济取向、民主化、法制化、科层化、决策理性化等方面的要求是一致的，但发展中国家的政治发展首先要强调政治的权威性和政治的稳定性，否则国家发展无从谈起，发达国家的政治制度并不能有效地促进发展中国家的社会进步。强调这一点至关重要，其目的不是（因为意识形态的原因）否认西方政治制度在西方国家的有效性，也不是否认西方政治制度中会有许多合理的、值得发展中国家汲取的合理因素，而是维护发展中国家的政治稳定。中国特色的现代政治制度需要中国特色的现代政治文化的支持。

中国的教育应有鲜明的、清醒的政治意识，应有对现代政治建设有所作为的坚定意向。教育对于促进我国政治的民主化是大有可为的，而不是不能作为的，现在做得很不够。

现代教育与现代政治之间应建立起一种良性的相互促进的关系，二者的关系不是单向的而是双向的。

四、教育与发展中国家的政治稳定

国家不仅通过教育使人具有某种技能，而且还力图使人形成一定的态度（价值观）。不论从消极地维护现存统治秩序看，还是从积极地形成促进现代化的心理素质和价值观看，使人形成某种态度都是必要的。但政府在此问题上往往会处于两难境地。政府统治和现代化建设都需要一个稳定的环境，国家希图通过教育来维持社会秩序，然而教育反过来却又会提高受教育者对政府的期望值，从而给政治造成压力甚至导致社会动荡。尤其是，通过教育所形成的一些现代观念（如人人平等）对社会稳定也会造成威胁，因为此时社会还不具备使人人平等的条件。有些现代观念对某一阶段的现代化是有害的，观念超前并不总是一件好事情，而这些现代观念的重要传播途径之一就是教育。教育有促进社会稳定和促进社会解体两种对立的功能，怎样使培养出来的人既具有现代精神又不过于激进从而不会对现代化建设必须具有的稳定秩序造成破坏，一直是令许多政府伤脑筋的问题。

教育应为建设符合本国实际的现代政治文化服务。这一点对发展中国家极为重要。西方的政治制度在西方国家是有效的，但却不符合发展中国家的政治发展的需要和推进现代化的需要。发展中国家的现代化必须以政治稳定为前提。

要求政治稳定，就是要求社会秩序。在一个动荡混乱的环境中，要求国家发展有效率是不可能的。因此秩序是效率的前提和保障，混乱不能带来真正的发展，只能带来巨大的破坏。对于发展中国家而言，政治稳定对于国家发展至关重要。邓小平曾讲，中国在国际上处于落后状态，中国要发展起来，要实现“四化”，政治局面不稳定，没有纪律，没有秩序，什么事情都搞不成功。（邓小平，1987）正是基于对政治稳定的重要性的认识，1987 年 3 月邓小平在同外国友人谈话时讲：“我们评价一个国家的政治体制、政治结构和政策是否正确，关键看三条：第一是看国家的政局是否稳定；第二是看能否增进人民的团结，改善人民的生活；第三是看生产力能否得到持续发展。”（邓小平，1987）邓小平颇有见地，没有第一条，就谈不上第二条和第三条，国家的现代化就只能是个泡影。

政治稳定有赖于强大的政党做后盾、做支撑。

一个软弱无力的没有权威的执政党在政治上是无能的，政治无能是不能促进国家发展的。有人否定政党存在的合理性，我国在不同时期都出现过否定共产党领导的现象。试问：一个没有政党的政体较之一个有政党的政体是否更好一些呢？

西方学者亨廷顿认为，政党是现代政治制度的组成部分，传统政体中没有政党，无党国家是传统社会的自然状况。政党的产生是一种政治创新，“一个缺少政党的国家也是一个缺少制度手段的国家，这种制度手段能产生持久的变革并接受这种变化的影响。它[①] 在政治、经济和社会现代化方面的能力是很有限的”。“一个无党政权是一个保守政权，一个反政党政权是一个反动政权。现代化的发展增加了无党体系的脆弱性。”在现代社会尤其是发展中国家否认政党、力图消灭政党的做法是幼稚的，政党存在的问题和弊端并不能成为否定其存在合理性的理由，而只应成为进一步加强和完善政党制度的理由。涣散、分裂、不稳定、易受外界影响、腐化等是软弱政党的特征。与其说一些人在反对政党存在的合理性，不如说他们是在反对这些不良的特征。因此，一个政党成立后，应不断加强自身建设，使之更加完善和强有力。强大的政党有助于促进政治安定。亨廷顿讲：“同有强大政党的政治体系相比，在没有强有力政党的政治体系中，更容易出现暴乱、骚动和其他形式的政治不安定。”（亨廷顿，1988）[392－397]

多党制是否比一党执政更好呢？否。就政治制度而言，重要的不在于

① 指缺少政党的国家——作者注。

政党的数量，而在于政党的力量和适应能力。纵览各国政治状况后可以发现，政党数量与政党力量之间几无关系，数量多并不意味着力量大，有时甚至还恰恰相反。政党数量与政党力量二者之间的关系随现代化的水平不同而变化，在高度现代化的国家，政党数量多寡无碍于它拥有强壮之势；而在低度现代化国家，一党制可强可弱，而多党制毫无例外都是软弱的。在发展中国家，一党制比多党制要稳定得多，多党制与高水平的政治制度化和政党安定是不能共存的，多党制是软弱的政党制度。就制度上的弱点而论，无党制与多党制不过是半斤八两而已。（亨廷顿，1988）[407-417]但一党制、一党执政存在的问题是它缺乏政治体系内的制度化竞争，如果相应制度不健全，执政党也容易犯错误。因此，党内的制度建设就显得非常重要。

许多人视美国的政治制度为典范，那么，这种政治制度是否适合发展中国家呢？对发展中国家而言，为了更好地促进国家发展，政治首先要有权威，而美国式政治的目标与发展中国家显然不同。正如亨廷顿所指出的，美国政治的发展历程，使美国人对现代化中国家确立有效权威的问题视而不见。当一个美国人考虑政府建设问题时，他的目标趋向不是树立权威和集中权力，而是限制权威和分割权力。“如果叫一个美国人去设计一个政府，他会随身带来一份成文宪法、权利法案、政权分割法案，以及制衡办法、联邦主义、定期选举制、竞争性政党制等等，而这些都是限制政府行为的良策。深受洛克思想影响的美国人的基本倾向是反对政府的，因为他们把对政府的限制看作是政府本身所固有的性质。如果需要他设计一个使权力和权威可以在最大限度上得到加强的政治体系，他便拿不出现成的答案。”美国的这种政治模式对于发展中国家是不适用的，对于发展中国家而言，为促进现代化过程，政治首先必须有权威，然后才谈得上、才能对它加以限制。“许多现代化中国家的政府还无力体现其第一项功能，又何谈履行第二项功能呢？”（亨廷顿，1988）[7]

发展中国家的政治模式和运作方式显然不能照搬发达国家，“政治有权威”是对政治的一个基本要求，只有政治有权威，才能有稳定，才能有效率。

发展中国家在现代化过程中必须强调效率，而西方民主效率低下（邓小平也这样认为）（邓小平，1993）[244－245]，集中对促进迅速发展有益。民主与效率存在冲突。研究表明：“在某种较普遍的意义上，增长与民主的冲突被视为杰克·唐纳利所称的‘自由被出卖’，意思是说：如果一个欠发达国家想要获得经济高增长率，它不得不接受一个致力于发展的权威主义政府。民主政府免不了太‘软弱’，不能调动资源、压缩消费和鼓励投资，以此争取高增长率。许多分析研究探测了政治制度与经济发展的关系，得出了各种不同的答案。但一般说来，民主制国家几乎从未取得很高的经济增长率，而权威主义国家则可能有极高的、适度的以及极低的增长率。一项对 98 个国家的细致分析的确得出了如下的结论：‘在穷国当中，权威主义政体提高了经济发展率，而民主政体则确实像是有碍于发展的一种奢侈品。’苏查特莫科在 1979 年悲哀地得出结论说：‘西方大多数发展理论家似乎都已接受并带有几分懊丧地确认：发展须与权威主义政府相伴随，看来是不可避免的。’”（亨廷顿，1993）[343－344]

在教育上也是如此，在一定历史时期，较民主的政治制度对教育发展的推动力还不如较专制的政治制度对教育发展的推动力大，即民主政治与教育发展的效率之间存在着矛盾。对比一下英国和日本在 19 世纪下半叶的教育作为可明显看到此点。政治的现代化包含两个基本的方面：国家权力（立法权力、行政权力、司法权力）的强化和权力不断向更为广泛的社会群体扩展（亦即民主化）。（艾森斯塔德，1988）[4] 日本前者发展得较为充分，而英国后者发展得较为充分。英国的民主体制因为要顾及各方利益，往往最后的教育决策是各利益集团妥协的结果。英国 1870 年的教育法是“妥协之上的妥协”，教育改革的步子迈得很小，而日本作为后来者，在同一时期推出了一系列教育政策，出手不凡，其魄力之大远非英国可比。一般认为，只有后发型现代化国家在其现代化过程中需要一个强有力的中央政权以解决“同时”出现的许多问题（而这些问题在欧美现代化过程中是依次出现的）。（亨廷顿，1988）[388] 但实际上却是，像英国这样的原发型现代化国家依然需要强化国家权力，国家权力对教育的渗透力度不够是英国教育发展迟缓的最重要原因之一。

民主政体未必是最能促进教育发展的政体，问题的关键是权力的理性化，若权威主义政体的权力运行是理性化的，其对教育发展的推力将是巨大的。因此，只发展政治中的民主性的一面还不够，现代政治还应有强有力的权威。

需要特别警惕的是，不能因为权威主义政体具有高效率，就否认民主政治的价值。要看到权威主义政体发挥作用的具体情境及其限度，要看到权威主义最后的走向和归宿还是民主主义。“在某些特定的条件下，一个权威主义政体同样可以实现经济的发展，甚至可能比民主国家取得更快的发展速度和成绩，但是这种发展模式具有明显的过渡性和内在的不稳定性。这种发展模式具有一个威权政体所能容纳的极限，当达到这一极限后就难以协调社会多方面的发展，民众的包括民主化、公平分配等在内的各种要求必然会出现，并促使威权政体发生变革，走向民主化进程。”（杨龙 等，2006）[316]

五、21 世纪全球社会现代化对人的素养的新要求

21 世纪是知识经济、全球化、信息化的时代，这三者使得社会变迁和社会面貌呈现出不同于以往的新特点，社会更加复杂、变化更快、相互依赖程度加深、竞争加剧。21 世纪的社会现代化显著体现为知识经济、全球化和信息化。新时代、新社会需要新素养、新教育。

知识经济是相对于农业经济和工业经济而言的一种崭新的经济形态，是建立在知识的生产、分配和使用之上的经济。知识经济进一步强化了科学技术、科技创新对于经济发展的极端重要性。经济是基础，经济形态的变革会带动社会其他维度的相应变革，也必然要求教育发生变革。知识经济要求加强研发，要求劳动力具有创新能力，进而要求教育要把培养学生的“创新能力”放在突出甚至首要位置。

知识经济的到来也影响到产业结构与劳动力市场，知识密集型产业规模增大，对于 GDP 总量的贡献增加，从事知识密集型工作的“知识型员工”占比增多。知识经济要求劳动力提高素养（upskilling），在基本的文化

素养之外，还需要新的“职场素养”（workplace competencies），包括交流、问题解决、团队合作、信息技术使用等素养。（Pont，2001）此处的职场素养，不是由于社会分工导致的专门职业素养，而是对所有职业的共性要求，实为跨越不同职业的“共同素养”，即核心素养。

知识经济与信息化密切相连，知识经济在本质上就是信息经济。21 世纪是信息时代、信息社会。信息化极大地改变了人们的工作方式和生活方式。在信息时代，知识和信息呈爆炸性增长，人类可以在前所未有的规模上进行信息收集、加工、传播和运用，从而使人类活动各方面表现出信息活动的特性。信息化也带来产业结构的变化，信息产业异军突起，迅速取代传统工业的位置成为国民经济的主导产业。这对就业产生两个方面的影响：一方面表现为传统制造业工人的失业和信息业就业人数的剧增；另一方面表现为传统工业信息化程度的提高，大量采用信息技术和白领工人。面对现代信息技术的迅猛发展，以知识记忆为主要特征的教育明显滞后于时代发展，高水平的“信息素养”即高效获取、甄别、运用信息的能力，在就业竞争中变得更为重要。

全球化创造出了超越民族国家的新型经济、社会和文化空间，使得组成世界共同体的国家或地区之间相互作用、横向联系、相互依赖都大大强化。

全球化首先是经济的全球化、市场的全球化，而经济全球化意味着生产要素如资本、技术、劳动力的跨国界流动，意味着产业结构的跨国界调整，一些产业从发达经济体转移到欠发达经济体。产业结构在国际上的变化，必定带来就业结构、劳动力市场的变化，导致就业竞争加剧、失业问题凸显。“经济全球化的加深使得低就业增长模式产生，导致青年失业率攀升和弱势就业，发达国家和发展中国家都受到了影响”，“除了技术熟练的劳动力跨境流动增多之外，工人跨职业流动的现象也增加了”。（UNESCO，2015）[58，62] 可见，知识经济、信息化、全球化都对劳动力市场产生了根本性的影响，全球范围内新兴产业的崛起、传统产业的衰落所带来的产业结构调整，必定导致职业流动增加。21 世纪的劳动力只掌握一种专门的职业技能将很难适应职业变化的形势。在此背景下，“职业适应素养”（careeradaptive competencies），即跨界的核心素养受到更多重视。

全球化和信息化不仅对经济产生了深刻影响，对社会各个领域也产生了深刻影响，尤其是政治和文化领域。尽管经济活动、信息交流越来越全球化，但政治决策和行动基本上仍局限在国家层面。全球化正在日益挑战民族国家的自主权，单一国家应对和规范全球化给国家发展造成的影响日益困难，也很难解决全球性的问题如气候变暖、恐怖主义等等。另外，公民身份认同、公民参与、公民责任、公民教育也发生变化。在全球化影响下，由于跨国组织形态、跨国公民形式（所谓“世界公民”）的出现，由于人员的跨国界流动日益频繁，国家在公民的界定和形成中的作用日益受到挑战，全球化正在促成超越民族国家界限的新的身份认同和动员模式，以及新的公民参与模式。而信息技术尤其是新的通信技术和社交媒体，为青年提供了在全球范围内进行交流、合作的便捷渠道，给正规教育在公民和政治社会化方面的作用带来了挑战。在全球化背景下，促进全球公民责任意识和团结，需要承认文化多样性，拒绝文化沙文主义。“关于公民素质问题，国家教育系统面临的挑战是如何塑造身份，以及在相互联系日益紧密和彼此依存日益加深的世界中如何形成对于他人的责任意识和责任感。”（UNESCO，2015）[10] 全球化背景要求赋予公民素养以新内涵，要求加强跨国家、跨文化的交流与合作。就素养而言，要求培育新型的公民素养，以及交流与合作的素养。

“春江水暖鸭先知”，最先对知识经济等社会变革做出敏锐迅捷反应的不是教育，尤其不是基础教育，而是经济，经济变革最先不是针对少年儿童提出转变素养的要求，而是针对成人劳动力。经济发展和劳动力市场变化对教育产生倒逼效应，促使教育发生变革。这是核心素养研究与实践背后的“深层”经济社会背景。在 1997 年经济合作与发展组织（Organisation for Economic Co-operation and Development，OECD，以下简称经合组织）正式启动核心素养的研究之前，一些国家的经济领域就对劳动力素质展开了调研，实际上已经拉开了核心素养研究的序幕。例如，英国产业联盟（Confederation of British Industry）1989 年发表了《通向技能革命》（Towards a Skill Revolution）报告；美国劳工部（U. S. Department of

Labor）1991 年发布了报告《职场对学校教育的要求：美国获得必要技能秘书委员会面向 2000 年的报告》（What Work Requires of Schools: A SCANS Report for America 2000），1997 年又发布了报告《为未来做准备：成人素养和终身学习的改革议程》（Equipped for the Future: A Reform Agenda for Adult Literacy and Lifelong Learning）；澳大利亚 1991 年发布《青年人完成义务教育后的继续教育与培训参与》（Young People's Participation in Post-Compulsory Education and Training）报告，强调“与就业有关的核心素养”（employment-related key competencies），在此基础上，1992 年澳大利亚发布《核心素养》（Key Competencies）研究报告，指出青年人为“有效参与新兴工作”需要具备 7 项核心素养。这些报告都强调人际交往素养、合作素养、信息素养、思维素养、问题解决能力、责任感、自我管理等，这些方面就是后来国际组织和多国所强调的核心素养。

一些国际组织在核心素养的研究与推广方面发挥了重要作用，充分反映各国诉求，组织成员国开展协作研究，并统筹推进教育改革。1996 年经合组织发布了报告《以知识为基础的经济》（The Knowledge-based Economy），首次使用了“知识经济”这个概念，1997 年启动了“素养的界定与遴选”（Definition and Selection of Competencies，DeSeCo）研究项目，2003 年出版最终研究报告《核心素养促进成功的生活和健全的社会》（*Key Competencies for a Successful Life and a Well-Functioning Society*），2005 年发布《核心素养的界定与遴选：行动纲要》（The Definition and Selection of Key Competencies：Executive Summary）。欧盟的一个研究小组在 2002 年发布研究报告《知识经济时代的核心素养》，2006 年欧洲议会和欧盟理事会通过了关于核心素养的建议案《以核心素养促进终身学习》（Key Competences for Lifelong Learning），标志着 8 项核心素养最终版本的正式发布。2010 年欧盟理事会与欧盟委员会联合发布报告《面向变化中的世界的核心素养》（Key Competences for a Changing World）。

一些国家在借鉴国际组织和他国经验的基础上，研发并公布了本国框架。例如，美国 2002 年在联邦教育部的领导下，成立了“21 世纪素养合作组织”，该组织制订了“21 世纪素养框架”，2007 年发布了其更新版本。

新西兰教育部2005年公布了包含4种核心素养的框架。法国2006年发布了7种核心素养。新加坡教育部2010年提出了“21世纪素养”。日本2013年提出了“21世纪能力”框架。

上述框架都体现出社会变革对于新的人才观、教育质量观的呼唤。

迄今为止，国际上已经出现了诸多核心素养的框架清单，其中，有源与流之别，有母体与变种之分。经合组织与欧盟的核心素养框架影响较大，成为诸多国家和地区的核心素养基石。例如，新西兰和我国台湾地区的核心素养框架就是典型的经合组织框架的变种，相似度极高；法国的框架则是欧盟框架的翻版。当然，也有一些国家另起炉灶，如美国、日本、新加坡等，但也深受国际组织的影响。

一些国际组织、诸多国家和地区的核心素养框架，尽管在具体素养的分类上有较大差异，但是如果深究这些框架分类之下的素养细目，就会发现大同小异，相似率、相同率很高，共识性很强，这背后的根本原因在于各家都是以21世纪为背景去选择“关键少数素养”的。全球化背景下，各国面临的挑战具有共通性和共同性，所以，核心素养的内容也具有趋同性。

2009年启动的跨国研究项目“21世纪素养的评价与教学项目”（Assessment and Teaching of 21st Century Skills Project，ATC21S）在对12个核心素养框架进行比较分析的基础上，于2012年提出了一个共识性的框架，包括10种素养：创造与创新；批判性思维、问题解决能力、决策能力；学会学习、元认知；交流能力；合作能力（团队工作）；信息素养；信息和通信技术（ICT）素养；公民素养（地方性与世界性）；生活与职业生涯素养；个人责任与社会责任。（Griffin，Care，2012）[18-19]

我国一个研究团队梳理了全球29个核心素养框架中的素养条目，得到9项超越特定领域的通用素养：（1）高阶认知：批判性思维、创造性与问题解决、学会学习与终身学习。（2）个人成长：自我认识与自我调控、人生规划与幸福生活。（3）社会性发展：沟通与合作、领导力、跨文化与国际理解、公民责任与社会参与。（师曼，刘晟，刘霞 等，2016）

综合分析国际上诸多核心素养的框架清单，可以发现以下素养是被各方所共同强调的：创新创业素养、批判性思维、问题解决能力、学习能力、社会与公民素养、交流与合作能力（包括跨文化、跨国界交流与合作能力）、自我发展与自我管理能力、信息素养等。

各方普遍认为，只有具备了这些核心素养，个体才能具有足够的灵活性、适应性、竞争力，才能更好应对21世纪的挑战。（褚宏启，2016a）

六、中国社会现代化的独特性及其对教育的挑战

从空间上看，现代化席卷全球，具有全球化特征，任何一个国家在现代化浪潮中都无法置身事外、都无处藏身，现代化的后来者要追赶先行者，先行者则面临继续现代化的问题。我国现代化是全球现代化的组成部分，伴随着全球社会现代化进入2.0阶段，我国的社会现代化也进入2.0阶段。

中国是现代化的后来者，现代化进程起步较晚，从鸦片战争开始的年份1840年算起，迄今为止不到两百年，其间历经风风雨雨。改革开放以来的几十年是我国现代化进展最快的时期，取得了举世瞩目的成就，探索出了不同于西方的、独特的现代化模式。

与现代化的先行者相比，我国进入社会现代化第一阶段较晚，而且是在列强坚船利炮的打压下“被动”进入的；但是，我国进入社会现代化第二阶段，与发达国家时间差距不大，而且是“主动”进入的，积极应对信息社会的挑战，某些方面居于并跑甚至领跑地位。2006年3月举行的第60届联合国大会通过第252号决议，确定自2006年开始，每年5月17日为“世界信息社会日”，这标志着信息化对人类社会的影响进入了一个新的阶段。各国纷纷出台了相应的计划和战略。我国迅速回应，2006年5月我国就公布了《2006—2020年国家信息化发展战略》，对信息化发展做出了全面部署。经过努力，我国信息产业从无到有，已经成为国民经济的基础产业、支柱产业和先导产业。同时运用信息技术改造传统产业，大力加强农业、重工业、能源、交通运输等传统产业的信息化。

我国追求的现代化并不只是信息化，而是社会整体的现代化。尽管我国信息化发展迅速，但在社会发展的诸多领域中依然存在一些问题，如同十九大报告所指出的，这些问题主要是：发展不平衡不充分的一些突出问

题尚未得到解决，发展质量和效益还不高，创新能力不够强，实体经济水平有待提高，生态环境保护任重道远；民生领域还有不少短板，脱贫攻坚任务艰巨，城乡区域发展和收入分配差距依然较大，群众在就业、教育、医疗、居住、养老等方面面临不少难题；社会文明水平尚需提高；社会矛盾和问题交织叠加，全面依法治国任务依然繁重，国家治理体系和治理能力有待加强；等等。

这些问题中的某些问题，如贫困问题、城乡发展不平衡问题、城镇化问题、基本公共服务不足问题、社会文明水平不高问题、法治化民主化不充分问题，都是在进入信息社会以前（即在社会现代化 1.0 阶段）就应该基本解决了的问题。这意味着，尽管全球现代化把我国带入社会现代化 2.0 阶段，但作为现代化的后来者，由于起步晚基础弱，我国社会现代化 1.0 尚未完全到位，这与我国当前的基本国情是一致的，这个基本国情就是：我国是最大的发展中国家，我国还处在社会主义初级阶段。这进一步意味着，尽管我国当前处于社会现代化 2.0 阶段，尽管改革开放以来我国社会现代化成就斐然，但是在我国当前的社会现代化 2.0 阶段，我国不仅要完成 2.0 阶段的任务，还要补课完成 1.0 阶段没有完成的任务，“两阶段问题交叉”“两阶段任务叠加”是我国社会现代化的典型特征，我国社会现代化的目标是建成“富强民主文明和谐美丽的社会主义现代化强国”，实际上就是两个阶段任务的叠加。所以，作为现代化的后来者，我国的现代化必须“新账老账一起算”“两步并做一步走”。

伴随着我国社会现代化进程，我国的教育现代化也进入 2.0 阶段。但是，我国教育现代化具有与发达国家不同的社会背景，我国依然是发展中国家，社会现代化程度不高。这种社会背景对教育现代化产生了两种影响：（1）教育要服务于社会现代化，由于我国社会现代化的任务是两阶段叠加、更为艰巨，因此，教育现代化的任务也就更为繁重；（2）社会要为教育现代化提供支持，由于社会现代化发育不充分，社会给教育提供的支持（包括经济支持、制度支持、观念支持等）是有限度的，因此，教育现代化的外部条件保障相对不足。总之，中国教育现代化的任务更为艰巨而保障相对不足，对此政府、社会和教育自身应该有清醒的认识。而要让教育现代化更好地支撑国家现代化，为建成富强民主文明和谐美丽的社会主义现代化强国做出更大的、卓越的贡献，需要政府给予教育“非常规性”的特殊支持，切实把教育优先发展战略落到实处。

教育是为一定“社会”培养“人”的，人不能超越具体的社会发展阶段，所以，我国社会现代化的历史、现状与目标，对于我国“人的现代化”也具有直接的制约作用。社会现代化的目标直接制约着人的现代化的目标和教育现代化的目标，而社会现代化的现有发展水平则直接影响着人的现代化和教育现代化的进程与路径。

与社会现代化的两个阶段相对应，人的现代化在人类历史上包括 1.0 和 2.0 两个阶段。此处“人的现代化”中的“人”主要不是“个体人”概念，而是“群体人”层面的概念，人的现代化是指伴随着社会现代化进程，“群体人”代代相继的、素质不断提升的历史进程，远远超出了个体人的生命跨度与寿命长度。在现代化的先行国家如欧洲发达国家，这两个阶段是先后依次展开的，当前处于第二阶段。而我国则不同，由于社会现代化 1.0 尚未完结，城乡二元社会结构长期存在，传统文化价值观念依然存在，我国“群体层面的”人的现代化 1.0 进程还在路上，如何让所有中国人都具有科学理性、平等开放、民主法治等现代精神与现代素质，依然是个重要而艰巨的任务。我国当前快速推进的城镇化，本质上就是人的现代化 1.0 的过程，即让进城务工的农民及随迁子女获得适应工业社会和城市生活所需的思维方式、价值观念和行为方式的过程。

但是，我国还要应对 21 世纪信息社会的挑战，人的现代化 2.0 进程也在同时推进。这意味着，我国 21 世纪的人的现代化，同社会现代化一样，也是两步并做一步走，要同时完成“双重任务”，既要适应工业社会也要适应信息社会对于人的素质的要求。

作为社会现代化组成部分的我国教育现代化，尽管也进入 2.0 阶段，但是也要“两步并做一步走”，既要完成 2.0 阶段的任务，培育适应 21 世纪需要的核心素养，同时还要兼顾完成或者一体完成教育现代化 1.0 阶段没有完成的任务，如科学素养的提高、民主法治精神的培育等等。因此，21 世纪中国教育现代化任重道远。我国教育现代化两步并做一步走的“两

阶段双重任务”，即表现在教育现代化服务国家现代化方面，也表现在促进人的现代化方面。（褚宏启，2018）

第二节　人的现代化与教育

人的现代化是指人的个体现代化（individual modernization），即个人的现代性发生、发展的现实活动，包括个人的价值观念、思想道德、知识结构、行为方式由传统性向现代性的转变，是个人由传统人向现代人的转变。（郑永廷 等，2006）[11]

现代化的研究可以分为多个层面，但个人的现代化是其中一个关键的层面。现代化可以大致分为宏观层面和微观层面，个人现代化属于其中的微观层面，它是相对于宏观层面的社会现代化（societal modernization）而言的。社会现代化指的主要是整个社会在经济、政治、文化等方面的变迁，而个人现代化指的主要是社会中个人在价值观念、思想形态及生活习惯等方面的变迁。在现代化的进程中社会现代化与个人现代化之间是相辅相成、互为因果的，当一个社会的政治、经济、文化、教育体制进行改革后，客观上必然要求并促进人的现代化。（杨国枢，黄光国，1991）[241－306]

个人现代化并不是完全以个人现代性代替个人传统性的过程，但总体而言是个人传统性减弱而现代性增强的过程。尽管个人传统性当中也有一些积极成分应当得到保留和发扬（杨国枢，黄光国，1991）[241－306]，但正如英克尔斯曾指出的，“人们还是相信，如果没有现代精神，人类的前景就会较为黯淡，或者可以说将会糟得多”（英克尔斯，1995）[365]。

人的现代化就是“把传统人变成现代人”，使人具有现代性。现代人的典型特征是具有主体性。传统人怯弱、畏缩、忍让、保守，这些是缺乏主体性的表现，部分人的专制、专断、蛮横、放纵，则是人的主体性的极端表现，是人的主体性的畸形发展。现代人的主体性表现为积极性、自主性、创造性。积极性意味着积极向上、自强不息、开拓进取、奋发有为；自主性意味着能够独立思考，有主见，不盲从；创造性意味着不墨守成规，充满创新意识，具有创新能力，并通过创新性的行为改造世界。现代人的这些主体性有助于适应和促进现代社会的发展。

不论怎样界定和称呼主体性，其核心内容都是强调人的独立性、自主性、创造性方面的发展和自由个性的生成。对于中国这样一个发展中国家，历史传统中主体性观念淡薄，依附性意识浓重，计划经济又强化了人的依赖性，当前，不仅不能消解和否定主体性，反而更需要高扬人的主体性。（郑永廷 等，2006）[247-249]“人们难以想象，一种非主体的存在、无主体性的存在将会是怎样的存在，如果我们就是这种存在，那么这种存在是否还有意义？”（郭湛，2002）[292]

人的现代化是人的本质的现代化，而不是人的外表的现代化。英克尔斯认为，在不少发展中国家，“那里有不少的人在头发式样、服装款式、嗜好娱乐上，极力模仿现代西方社会的人，并与后者几乎没有两样，他们在现代化的享受和滥用方面，毫不逊色于西方。可是，要进一步看看他们在筹划现代化制度和运用现代化管理方法时表现出的无知、固执和办事不讲求效率，听听他们在对待不同意见和下属时所发出的独断专横的家长式命令，再想想他们对技术革新和新的大胆设想的反感样子，你能说这些外表在模仿着现代的人是真正的现代人吗？”（殷陆君，1985）[274-275]

增进人的现代性的途径有很多，现代工厂、现代学校、现代国家机关以及其他社会存在都可以成为影响源，教育是一种主要的影响手段。教育对于促进人的现代性的增长至关重要。

尽管人的现代性表现为一组特征，有许多维度，但概括言之，从目的层面而言，一切社会存在的价值在于提升人的主体性，让人自由地生存，理性地生存。在一个社会中，只有当人的主体性能得到弘扬，积极性、自主性、创造性能充分发挥，人的理性潜能与本质能够得到充分的展示，人能够自由、安全、适意甚至诗意地生存，这个社会才称得上是“现代社会”。

同理，教育只有为促进人的自由、促进人的理性发展、促进人的主体性的提升而存在而努力时，这种教育才能称得上是“现代教育”，这种追求目标实现的过程才能称得上是“教育现代化”。人的自由与解放，是教育的最高价值追求。增进人的现代性是教育的核心目标，教育的其他社会性目标最终也是为此服务的。

一、人的现代性与教育

现代化的研究者可粗略分为两类：一类侧重于制度层面的研究，关注“组织与行为”（organizing and doing），较偏重于经济和政治因素；一类侧重于个人层面的研究，关注“思想与感受”（thinking and feeling），较偏重于文化和心理因素。现代化学者维纳在其著作《现代化：增长的动力学》中指出：“虽然社会科学家们对价值与态度如何变化的看法不同，我们可以肯定有一派思想认为，价值与态度的变化乃是创造一个现代化社会、经济与政治体系的先决条件。”（孙立平，1992）[14] 相比较而言，对现代化问题的制度层面的研究远远多于个人层面的研究，“在关于现代化的这两种研究倾向上，制度研究获得了更多的注意。的确，在制度层次上对经济和政治现代化的研究远远超过在个人层次上的研究，其比例可达到 20：1，这还是一种保守的估计”（英克尔斯，史密斯，1992）[21]。

注重从文化和心理的角度研究社会发展和现代化问题由来已久。韦伯在《新教伦理与资本主义精神》中就将“资本主义精神”视为一种现代的“精神气质”。韦伯把现代化看作一个理性化的过程，认为现代社会的种种特点都是与理性相联系的。现代化学者贝拉（R. N. Bellah）在其《意义与现代化》（Meaning and Modernization）一文中认为，现代不应该只被看作一种政治或经济体系的形式，而是一种精神现象或一种心态（mentality）。（Bellah，1968）

这样，现代性就可以被确定为一种“精神状态”（a state of mind），这种确定大大拓展了现代化问题的研究时空。因为根据制度安排给现代性下定义会把现代性牢牢束缚在特定的时间和空间，比如根据工业化、民主化给现代性下定义就会把现代性束缚在经济的工业化和政治的民主化进程之后，就会把经济工业化和政治民主化以前的历史时空置于现代化的研究之外。实际上，在工业化和民主化之前，西方文化的现代性的增长早就开始了，正是文化的现代性的生成和增长，为经济、政治等领域的现代化奠定了坚实的精神基础。

人的现代化是社会现代化过程中的关键因素。现代化学者英克尔斯和史密斯指出："在发展过程中一个基本的因素是个人，除非国民是现代的，否则一个国家就不是现代的。在任何情况下，除非在经济以及各种机构工作的人民具有某种程度的现代性，否则我们怀疑这个国家的经济会有高的生产力，或者它的政治与行政机构会很有效率。"（英克尔斯，史密斯，1992）[10] 他们认为，个人的现代化是社会现代化的前提，现代政治和经济制度也对人的素质提出了较高的要求：

如果一个国家的人民继续生活在较早的时代，这个国家要迈进20世纪是不可能的。一个现代国家需要参与的公民，需要对公共事务有积极兴趣并且做为社区成员行使自己的权利、尽自己的义务的男男女女，这种社区的范围比亲族网络和当时的地理区域更大。现代制度所需要的个人，要能够遵守既定的计划，遵从抽象的规则，基于客观证据做判断，服从不是由传统或宗教而是由技术才能所合法化的权威。构成现代社会系统之基础的工业秩序中复杂的生产工作，也有其要求。工人们必须既可以接受精细的劳动分工，又必须使其活动同许多其他工作人员的活动相协调。基于技术才能和客观的成就标准的报酬、符合机器生产需要的严格的权威等级结构以及产品与生产者的分离，所有这些都是这种新环境的一部分，它要求那些要把握其需要的人具有特殊的个人品质。

此外，现代政治和经济制度同样对在其中工作的人们提出了某些一般的要求。他们必须要能更多地接受在职业和工作地点方面的个人流动性；他们要能欣然适应工作与生活方式的改变，当然这要求他们具有成为一名创新者的倾向；他们要更多地容忍非人格性的东西、无偏见性和差异，这些在复杂的组织中代表着背景不同的受雇者的特征。任何类型的制度都不会对宿命论或消极更加宽容，而是赞扬不断的努力和自信的乐观主义。（英克尔斯，史密斯，1992）[3-4]

帕森斯使用"价值规范"的概念，认为价值规范的变化往往成为整个社会变迁的原动力。麦克莱兰提出"成就动力论"（achievement motivation），认为儿童的培养方式是影响成就动力值（achieve）形成的关键因素，并与导致国民经济发展的企业家能力有密切的内在联系。他说："一个国家的经济发展不能仅仅从资本形成率等经济因素来理解，还要从成就动力值水平的角度来理解。"（布莱克，1996）[13] 成就动力值并非天生，而是后天获得的。他对一些国家小学二、三、四年级学生的读物进行了调查，发现某个时期内儿童读物中的成就水平值与一代人之后的国民经济发展有密切的关联。为了准确衡量成就动力值，他还提出了一个计量的标准，即计算这些读物中有关进取和以获得成就为欲望的主题出现的频率。他指出："成就动力值较高的社会将会造就精力更旺盛的企业家。反过来，又是他们推动了更迅速的经济发展。"他认为这个结论对于资本主义社会和社会主义社会都是适用的，"由于是人们头脑中的变化推动了经济增长，而不是相反，因此成就动力值是经济增长的重要原因"。先进工业国之所以出现非同一般的经济发展，"关键因素是'企业家精神'，而其中的关键问题又是哪一种类型的人能够在经济组织中获得领导地位"。（布莱克，1996）[13-14]

人的现代化的结果是个人现代性的实现。个人现代性（individual modernity，或称个体现代性）是指现代化社会中个人所最常具有的一套认知态度、思想观念、价值取向及行为模式。（杨国枢，黄光国，1991）[241-306] 也有学者把个人现代性理解为积极参与现代社会生活所需要的"一系列态度、价值、感知与行动方式的集合"（Smith，Inkeles，1966）。这两种界定并没有本质区别。

而个人传统性（individual traditionality）是指特定传统社会中个人所最常具有的一套认知态度、思想观念、价值取向及行为模式。在早期研究中，个人传统性一般被视为个人现代性的反面，很少有学者专门对个人传统性进行研究。这是由于古典现代化理论将传统社会与现代社会视为两种截然不同而对立的社会形态，认为在社会现代化的变迁过程中，前者终将为后者所完全取代。依据同样的思维逻辑，早期的研究者多认为个人传统性与现代性也是截然对立的，个人现代性低即被认为是个人传统性高的表现。

但后来的学者对这种将个人传统性和个人现代性对立起来的观点提出了批评，进而提出个人传统性与个人现代性是两个分离的维度，各有不同的内涵。杨国枢等在历经十多年（1969—1985）对我国台湾地区的个人现代性进行了大约二十项实证研究之后，提出个人传统性与个人现代性的分离性（独立性）而非对立性，即个人传统性与现代性是两个分离且不同的变量，而不是一个连续体的两极，应当分别加以测量。（杨国枢，2004）[363-417] 同时，杨国枢还提出另外三个新的观点：（1）个人传统性、现代性都是多向度的，而不是单向度的；（2）个人传统性、现代性都涉及多个生活范围，而不是单范畴的；（3）个人现代性、传统性不完全是普适性的（跨文化性的），其中个人传统性偏重本土性，个人现代性偏重普遍性。

在对人的现代性问题的研究中，美国学者英克尔斯等人的研究很有代表性，且最有理论深度，也最有影响，本书主要引述他们的研究成果。

英克尔斯等人在 20 世纪 60 年代对阿根廷、智利、以色列、尼日利亚、巴基斯坦、印度 6 个发展中国家进行了大量调查研究，提出了关于人的现代化的基本理论。

英克尔斯等人从 3 个角度、24 个维度去测量人的综合现代性（overall modernity），力图为“现代人”列出一个素质清单。他们没有把现代人等同于西方人，而是力图超越东西文化的差异和社会制度的差异，找出一般性的现代人的基本素质，“在形成我们的个人现代性的概念时，我们希望能避免盲目地把欧洲的价值标准强加在发展中国家的公民身上。这样做不仅是傲慢的，而且也完全不适于在亚洲、非洲和南美洲同时所做的一种跨文化的研究”，“我们解决这一问题的办法是：从一个现代的、复杂的社会对日常生活的要求，尤其是从一个现代的工业设施对工人或职员的需要上，派生出我们的现代个人素质清单”，“这些素质对于资本主义社会和社会主义社会的有效运转都是同等重要的”。（英克尔斯，史密斯，1992）[22-23] 他们对人的现代性的研究结果是：

在我们的研究中所表现的现代人的特点，可以被总结为四个主要项目。他是一个见闻广阔的、积极参与的公民；他有明显的个人效能感；在同传统的影响来源的关系中，他有高度的独立性和自立性，特别是在他决定如何处理个人的事务时尤为如此；他乐意接受新经验以及新的观念，也就是说，他是相当开放的，在认识上是灵活的。

作为一个见识广博的参与的公民，现代人同更新更广的地区和国家实体取得认同；对公共事务抱有兴趣，包括国家的、国际的和地区的事务；参加各种组织；随时了解重大的新闻事件；参加投票或在政治活动中担任某种角色。现代人的效能感反映在他如下信念之中，即不论是单独一个人还是同别人合作，他都可以采取实际的行动，影响他个人的生活与社区的发展进程；他积极努力地改善他自己和家庭的状况；他拒绝对生活中一切事件采取被动、顺从和宿命论的观点。他之独立于传统权威，对公共问题，表现在他听从政府官员和工会领袖的劝告而不是乡村中长者的劝告；对他个人的事务，表现他在选择职业和妻子时是凭他自己选择而不是由父母包办。现代人之乐于接受新经验，表现在他对技术革新的兴趣，他乐于同陌生人交往，他乐于允许妇女们利用家庭限制以外的机会。（英克尔斯，史密斯，1992）[424－425]

英克尔斯等人认为，现代人的特征不是单一的，而是一个特征组。它所反映的人的现代性或现代人的种种素质具有普遍性。

首先，人的现代性是超越文化和地域的。英克尔斯等人认为，他们所确定的那些人的现代素质并不是在西方社会中特别受到重视的那些个人素质的具体化，他们的研究并不带有欧洲中心的烙印，绝非文化殖民主义。“我们相信综合现代性量表不是一个带有明显欧洲文化烙印的特征组。相反，我们相信，它有一个更高的目的，即指出一种更普遍的人类特性，它在意义上是泛文化的，在关系上是超越国家的。没有一个国家或一种文化能宣称这种现代性的特征组是其独有的财产。在所有社会都可以找到现代人；在任何社会中，不管它的历史文化传统是什么，现代人都能逐渐成为多数。”他们的研究也并非只关注发达国家的人的现代性特征，“我们觉得我们的结论格外明确了如下事实，即在发展中国家，更加现代的机构越多，这些机构分布越广泛，它们的人民中就有更多的人具有我们称之为现代的特征”。（英克尔斯，史密斯，1992）[434] 这表明，人的现代性素质并非只有发达国家的人才具备。

其次，人的现代性是超越政治形态的。不同的政治形态尽管对人的素质要求有所不同，但在很多方面却是相同的。“我们并不是说，如果真有所说的‘社会主义人’和‘资本主义人’，他们在所有方面都是相同的。显然，在价值和态度方面很多明显的差异会把他们分为二类。但是资本主义制度和社会主义制度都重视，也都需要综合现代性量表测量的大部分素质，实际上我们也敢说是全部素质。在两种制度中，正式教育、工厂中的工作、合作社中的工作、处于大众传播媒介之下，都会使人们比那些不大受这些因素影响的人更加现代。”（英克尔斯，史密斯，1992）[437]

二、人的现代化的社会意义

个人现代性的获得意味着人的态度和价值观的改变，而这又必然伴随着行为的改变，“我们相信这些行为的改变能导致国家经济体制的现代化的改变，并支持这种改变”。不仅如此，个人的现代化还会促进政治和其他社会领域的现代化。现代人是社会的积极参与者，对政治事务有较大的兴趣。“我们认为作为一个现代国家的公民必须具有下列这些性质，这似乎是显然的。除非有积极的、有兴趣的、见识广的公民能使那些制度机构真正地运转起来，否则从外部输入现代政治体制，或者由精英强加给他们的这些体制，只不过是徒有其表而已。”“除了政治以外，现代人在很多行动领域的所作所为与较传统的人也是不同的，这些行动实际上促进了社会现代化的过程。更加现代的人比较快地接受技术创新，更乐于实施节育；他鼓励他的儿子尽可能多地接受学校的正式教育；如果报酬较高，他鼓励他儿子承接工业方面的工作，而不追随较传统的公务员去做办公室工作；他知道在更现代的经济部门出产的物品，他努力去得到这些物品；他允许妻子和女儿离开厨房而更积极地参与经济生活。在这些以及其他各种方式之中——我们只提到了一部分——在态度和价值方面较现代的人支持的制度机构，使社会一般的现代化易于实现。”（英克尔斯，史密斯，1992）[451-452]

人的现代性肯定能促进国家的现代化，问题是这种促进作用到底有多大？人在态度和价值观方面的“单独”改变能否成为国家发展过程中的一个真正重要的因素？诚然，只是人的态度和价值观的改变不可能使一个国家实现现代化，一个国家的现代化要有现代的政治、经济制度作为支撑。现代化有很多制度上、结构上的障碍，过时的经济制度、政治的腐败、落后的管理、种族的冲突、国际垄断、殖民压迫等都是妨碍国家现代化的客观因素。毫无疑问，现代机构的建立对于现代化是极为重要的。“虽然如此，我们相信在态度和价值上的改变是这些机构实质性地、有效运转的最基本的先决条件之一，大部分实际的发展计划都打算建立这些现代的机构。我们的经验使我们同意第三世界的许多思想领袖的意见，他们认为落后在很大程度上是一种心理状态。……我们相信，精神的障碍和心理因素，在许多国家构成更有效的经济与社会发展的主要障碍。”（英克尔斯，史密斯，1992）[452]

发展中国家从发达国家那里可以非常容易地移植先进的技术、设备，可以比较容易地移植政治、经济和法律制度，但这些被移植过来的东西有多少能在新环境中生根结果呢？有许多事例证明这种移植是失败的。“没有基本的和普遍的文化与人格类型的支持，赋予这些空洞的形式以生命，并赋与其行动者以意义和持续性，这些物质资源、这些修理和维护的规则、这些组织的图表、这些伴随制度转移的行政管理大纲，都变得毫无意义。”“这些制度机构之成功运转，主要依赖能给工作带来某些特殊的个人素质的个人之存在。这些新的机构需要的是在并无密切监督的情况下能够接受并承担责任的人们，能够对共同工作的人表现出相互信任（这种相互信任在没有直接监督他们的情况下也能表现出来），能将一个小团体或地方性的小群体的特殊利益置于较大组织的目标之下，在解释规则时能够富于适应性和想象力，对下属的情况能表现出同情和关怀，并愿意采纳他们的观点和其他潜在的贡献。这些，以及在有效管理一个复杂的现代机构所需要的许多个人素质，在任何社会中，总是越多越好。而且，在许多发展中国家，具有这些必要的素质的人实际上是极少的。”“我们发现，最广泛散布的素质就是我们的研究所确认的传统人的特征：被动地接受命运，一般缺乏效能感；害怕革新，不相信新事物；同外界隔绝，对外界发生的一切毫无兴趣；信赖传统的权威，接受长者、宗教与习俗领袖的劝告；只关怀个人的特别是家庭的事务，对社区的事务很冷漠；只同纯属地方的和教区的群体认同，因而远离并且畏惧较大的区域和全国性的大群体；为适合狭隘的目的而形成或降低自己的志向，培养谦逊的为自己的一点收益而感恩不尽的情操；同下属和社会地位较低的人具有的关系是严厉的，有阶级性的；对凡是同维持自己的日常生计的事务无明显实际关系的教育、学习、研究，都不重视。”这些非现代性的素质“往往把人们冻结在人们现在生存和固有的情形和地位之中，这就会使那些过时的、陈腐的、时常令人难以忍受的制度继续下去，它们紧紧束缚人们。要打破这个牢固的束缚，要求人们在精神上变得现代，他们要接受我们已确认的现代人所有的那些态度、价值、行为模式，并把这些融于他们的人格之中。没有这种因素存在，无论外国援助还是国内革命都不能把一个落后的国家带进具有保持自我发展能力的国家的行列”。(英克尔斯，史密斯，1992) [453－454]

英克尔斯等人在其研究报告《从传统人到现代人：六个发展中国家中的个人变化》的最后指出：“经济学家以人均国民生产总值衡量现代性，政治家以有效的管理制度机构来衡量现代性。我们的意见是：如果在国民之中没有我们确认为现代的那种素质的普遍存在，无论是快速的经济成长还是有效的管理，都不可能发展；如果已经开始发展，也不会维持太久。在当代世界的情况下，个人现代性素质并不是一种奢侈，而是一种必需。它们不是派生于制度现代化过程的边际收益，而是这些制度得以长期成功运转的先决条件。现代人素质在国民之中的广为散布，不是发展过程的附带产物，而是国家发展本身的基本因素。”(英克尔斯，史密斯，1992) [454－455]

三、教育对增进人的现代性的作用

人的现代化是社会现代化的基石，其重要性不言而喻。影响人的现代化的因素有很多，教育、大众传播媒介、现代工厂、城市生活等皆在此列。在种种因素中，教育的作用有多大呢?

英克尔斯等人的研究表明：“在决定个人现代性之中，教育本身是一个非常强有力的直接的和独立的因素。”(英克尔斯，史密斯，1992) [201] 阿尔蒙德和韦尔巴（S. Verba）的研究表明：“在通常调查的人口学变量——

性别、居住地区、职业、收入、年龄等——之中，在决定政治态度方面，没有一项能同教育变量所达到的程度相比。”（英克尔斯，史密斯，1992）[197]

发展中国家的教育水准一般比发达国家要低，这种水准的教育能促进人的现代性的提升吗？教育能促进人的现代性的哪些方面的提升呢？英克尔斯等人的研究结论是：

即使承认存在不完美的学校和教师，甚至承认这在发展中国家是极其普遍的现象，这也基本上不会对我们的理论构成挑战。强调学校和教师的共同缺点，使我们意识到学校究竟可能有多大的效力，但是不能下结论说学校在教导个人现代性方面没有任何影响，尽管学校可能是不完善的。我们的资料确凿地表明，在我们调查的六个发展中国家中，每一个国家的学校无疑都有缺点，但对于处在其中的学生均有实质性的影响。他们的学生的确学到了某些东西。此外，他们学到的不仅是阅读、写字和计算。我们的测验也表明，他们学到了同他们个人发展与他们国家的未来有关的态度、价值和行为方式。那些在校时间较长的人，不仅知识更多，而且言辞也更流利。他们有一种不同的时间感，有更强的个人与社会效能感；他们更积极地参与社区事务；更多地向新观念、新经验和新的人开放；同不同的人互动，对属员和少数人显示出更多的关心。他们更重视科学，更容易接受变化，而且准备限制其孩子的数量。简言之，由于有受到更多正式教育之利，他们的个人性格无疑是比较现代的。（英克尔斯，史密斯，1992）[209]

为什么教育能促进人的现代化呢？具体而言，在学校中，靠什么机制培养现代的态度和价值、形成现代心理倾向以及训练现代的行为呢？“我们相信对这一问题的答案主要在于学校作为一种社会组织的特有性质，这种社会组织同课程没有多少联系。在我们看来，学校不仅是一个教学之所在；而且，不可避免地，学校是比较普遍的儿童社会化的一个场所。学校乃是通过学习课程的正式教育以外的很多活动过程使人现代化的。”（英克尔斯，史密斯，1992）[205]这些活动过程主要是：奖励与处罚、教师的榜样影响、学校组织的示范作用和概括化。学生的某种现代性素质的形成可能会涉及几个社会化过程，某个社会化过程也可能会对几种现代性素质的形成产生影响。

奖励与处罚可以鼓励或抑制学生的行为，强化并促成学生的现代行为方式。教师的榜样作用对学生有深刻的影响，学生会在无意识之中将他从教师身上观察到的行为、感觉、思想方式融于他的角色之中。教师的榜样作用会以不同的方式具体表现出来。当一个教师耐心、认真地听取学生的意见和建议时，他就是一个尊重他人的榜样；当一个教师排除个人好恶客观评价学生时，他就是一个公正的榜样。

通过榜样，学生模仿的是个人；通过“示范”，学生习得的是对一般规则的遵守，“用示范这个名词，我们所指的是一种过程，其中一个人汲取到的不是一个人的模式，而是一种非个人性的规则或一般的实践方法，这是社会组织或机构所具有的特征”。学校的一切活动均按照教学计划有秩序地进行，学生日积月累地受其影响，“直接渗透到学校日常工作中的那些原则，教给学生计划的优点和保持作息时间表的重要性”（英克尔斯，史密斯，1992）[207]，离开学校后，学生会将习得的东西扩展应用到其他情境之中。

效能感是现代人的主要素质之一，概括化在效能感的习得中发挥着实质性的作用，当学生做某事成功后相信自己在其他方面也会获得与此相媲美的成功时，概括化的过程就发生了，“如果已经掌握了一种或数种特殊技巧，他就会相信他有获得许多技巧的一般能力；如果已经解决了某些问题，他就可能逐渐会有信心认为他有解决其他问题的能力”。学生在学校中所习得的“技能中的每一种都为日渐增加的胜任行为开辟了新的机会。这些学会念学校课本的孩子们，日后发现他们能念各种说明书以及训令，能了解报纸上报道的事件。学过算术的孩子以后能在农场上或在工厂里担负起更复杂的责任。通过扩展或扩散，或我们所谓的概括化，一种极高的一般的个人效能感就产生了”。（英克尔斯，史密斯，1992）[206－207]

英克尔斯等人的研究给教育者的重要启示是：学校应重视学校文化和“隐性课程”的建设，因为正是这些东西对学生的现代性的形成产生了潜移默化且至关重要的影响。

很多研究都表明，教育对个人现代性有显著的积极影响。例如，卡尔（J. A. Kahl）发现，正规教育与个体现代性之间存在很强的正相关。（Kahl，1968）阿默（M. Armer）和尤茨（R. Youtz）以及霍尔辛格（D. B.

Holsinger）的研究也都表明，受教育程度对个体现代性具有积极的影响。（Armer，Youtz，1971；Holsinger，1973）英克尔斯和史密斯的六国研究更表明，正规教育与个体现代性之间的相关程度最高，其对个体现代性的解释力远高于大众媒体、拥有消费品、母亲在工厂工作的经验和父亲的受教育程度等变量，而且正规教育可以在很大程度上弥补人们早期现代性的不足。（Inkeles，Smith，1974）我国学者蔡笑岳、张兴贵等的研究都表明，随着年龄和受教育水平的提高，我国青少年的传统性减弱而现代性增强。（蔡笑岳，吴萍，1999；张兴贵，郑雪，陈宇玲，2002）

教育通过什么机制培养人的现代性呢？学者们有不同的看法和研究结论，学校组织的特性、正式课程、隐性课程、教材和其他一些活动机制等被不同的研究所强调。有学者的研究表明，正式明确的学校活动，以及由学校独特的社会组织特征提供的学习经验，与心理现代性的学习具有可论证的相关性。（Donald，Gary，1975）也有学者通过有限的证据表明，在形成现代的远景方面，学校课程可能是比学校的组织背景更重要的因素。（Armer，Youtz，1971）考夫曼（J. M. Coffman）的研究显示，学自然科学的学生比学人文科学的学生表现出更多的现代性。（哈里楠，2004）[225] 里德利（C. P. Ridley）、戈德温（P. H. B. Godwin）和杜林（D. J. Doolin）对中国的教师手册和小学低年级学生的课本进行分析，发现可以从中识别出现代人的大部分特征。（英克尔斯，1995）[342－344] 除了正式课程，隐性课程也被认为是培养学生现代性的重要因素。

坎宁安（D. J. Cunningham）对波多黎各一所高中的1300多名学生及其家长进行的调查研究表明，学生现代性与其学业成绩、学校同伴（亲密朋友）的现代性高度相关，而与其父母的现代性较少相关。（Fagerlind，Saha，1989）[106]

我国香港学者钟宇平等研究了学校所在地及学校水平、性质和类型对高三学生现代性的影响。结果表明，普通高中学生的现代性水平显著高于职业技术学校的学生；学校所在地是省会城市的学生的现代性水平显著低于学校所在地不是省会城市的学生；重点高中与非重点高中、民办高中与非民办高中学生的现代性差异都不显著。（钟宇平，陆根书，魏小莉，2005；

崔玉晶，2007）

四、学生现代性的测量

2007 年，我指导研究生对北京市朝阳区和密云县（现改为密云区）684 名高中生进行了问卷调查和数据统计分析，来考察高中生的个人传统性、现代性及相关因素。该研究主要借鉴社会心理学与人格心理学的相关研究成果，运用定性研究和定量研究相结合的方法，以修订后的我国台湾学者杨国枢编制的多元个人传统性和多元个人现代性量表，以及研究组自编的父母传统教养方式量表为研究工具，运用差异检验、单因素方差分析、多重比较、相关分析、多元线性回归分析等方法对数据进行统计分析。（崔玉晶，2007）[14-20]

修订后的个人传统性量表共有 50 道题目，仍采用杨国枢原量表的五个维度，分别为"遵从权威""孝亲敬祖""安分守成""宿命自保""男性优越"。各维度的具体含义如下。"遵从权威"强调在各种角色关系和社会情境中，应遵守、顺从、尊重及信赖权威，如父母、长者、首长、国家、道德、规范及校规等。"孝亲敬祖"的主要内涵是指个人孝敬父母或敬祭祖先的态度，强调孝顺父母、尊重长辈，勿伤父母名誉。"安分守成"主要包含安分与守成两种互相关联的态度，前者强调安守本分、与人无争、少知为妙、怀疑自由及无非分之想；后者强调逆来顺受、接受现实、不求进取、依赖亲友及厚古薄今。"宿命自保"也包含宿命与自保两种互相关联的态度，前者主要是对命运及运气的相信，以及对强有力的外在环境（如钱财与权势）的无奈；后者强调少管闲事，明哲保身，以避免麻烦，保护自己与家庭。"男性优越"体现的是传统的重男轻女思想，认为男性优于女性。

修订后的个人现代性量表共有 50 道题目，也仍然采用杨国枢原量表的五个维度："平权开放""独立自顾""乐观进取""尊重感情""两性平等"。"平权开放"所强调的是一种平权的思想，主张普通学生可以批评学生干部，学生可以与师长辩论，子女可以与父母理论等；与这种平权思想密切相关的是一种开放的胸怀与容忍的态度，它体现在各个方面，如为求学背井离乡，容忍自己不认同但不会危害到他人和社会的事物等。“独立自顾”表现为独立做决定、独立解决问题，不过多依靠他人，尽量少受别人的影响，只顾自己的事情。“乐观进取”的主要内涵是乐观的态度与信任的胸怀，前者主要表现为对经济、政治、科技、教育及个人发展都持乐观的态度；与之密切关联的是积极进取的精神，如相信通过个人努力可以克服恶劣环境，通过努力可以取得更好的成绩，过上幸福生活等。“尊重感情”强调各种人际关系都应以真实感情为主要依据，而不必计较其他（如学历差距、年龄差距、他人批评等）。“两性平等”所强调的是男女两性在受教育机会、人格、社会地位等方面都应该平等。

研究结果表明：

（1）从总体情况来看，高中生已经摒除了一些落后的传统观念，更多地形成了现代观念。但高中生传统性的转化还不够彻底，对传统性的态度处于一种肯定和否定兼而有之的过渡状态。令人高兴的是，高中生保留了孝亲敬祖这一传统美德，对两性平等的现代观念尤为认同，对独立自顾这一略带消极色彩的现代性成分的态度则处于否定和肯定之间。

（2）性别差异上，男生和女生传统性、现代性总体水平比较一致，只是男生比女生更认同“男性优越”的传统观念，而女生比男生更认同“两性平等”的现代观念。

（3）高一、高二、高三年级的学生传统性、现代性总体水平比较一致。高二学生比高一学生呈现出传统性成分降低而现代性成分提高的趋势，但高三学生却没有延续这一趋势。高三学生明显比高二学生更加安分守成和宿命自保，而不如高二学生那么平权开放和认同两性平等。

（4）地区差异上，密云县和朝阳区的高中生传统性总体水平比较一致，但密云县高中生的现代性总体水平明显低于朝阳区高中生，朝阳区高中生更加平权开放和独立自顾。

（5）在统计学意义上，控制其他家庭社会经济地位因素和父母传统教养方式后，某一家庭社会经济地位因素与高中生传统性的偏相关都不显著，而父母采用传统教养方式会导致高中生更加传统，特别是更加遵从权威、孝亲敬祖、安分守成、认同男性优越。

（6）父亲受教育程度高的高中生更加现代，特别是更加平权开放和认同两性平等。在统计学意义上，控制家庭社会经济地位因素后，父母传统教养方式与高中生现代性的偏相关不显著，不过父母教养方式越传统，高中生越乐观进取。

（7）在统计学意义上，控制其他学校教育因素后，学校级别、学校类型、学业成绩与高中生现代性的偏相关都不显著，只是学业成绩低的高中生通常更加独立自顾。

（8）以互联网作为获取国内外新闻的主要渠道对高中生现代性有显著的正向影响，可以使高中生变得更加现代，特别是更加平权开放、独立自顾和尊重感情。获取新闻的频率越高，高中生越独立自顾。以报纸作为获取国内外新闻主要渠道的高中生更加乐观进取。

针对研究结果中揭示的问题，我们提出了进一步提高我国高中生现代化水平，促进高中生现代性发展的教育建议，要点如下。

（1）加强对高中生，特别是对男生的性别平等教育。本研究的调查结果显示，男生和女生传统性、现代性的总体水平都比较一致，只是女生更认同两性平等的现代观念，而男生却更多保留了男性优越的传统观念。因此有必要通过加强对高中生，特别是对男生的性别平等教育，使男生逐渐从传统观念中的优势地位走下来，与女生平等地参与现代社会各方面的竞争，这对于整个社会的公平、健康发展，具有重要的意义。

（2）对高三学生的现代性发展予以特别关注。本研究的调查结果显示，高二学生与高一学生相比呈现出传统性成分降低而现代性成分提高的趋势，但高三学生却没有延续这一趋势，高三学生明显比高二学生更加安分守成和宿命自保，而不如高二学生那么平权开放和认同两性平等。因此，在鼓励高三学生积极投入学习的同时，也要防止他们对学习以外的事漠不关心，可以适当丰富他们的生活，鼓励他们广泛接触外界信息和加强人际交往，以促使他们的现代化水平提高和人格全面发展。

（3）缩小城乡高中生现代化水平的差距，促进区域教育现代化的均衡发展。密云县高中生的现代性总体水平明显低于朝阳区高中生，相对而言朝阳区高中生更加平权开放和独立自顾。两地人口结构的不同，以及在经济、教育、科技、文化、对外开放程度上的差距可能是造成两地高中生现代化水平差距的重要原因。2005年北京市委市政府发布了《实施首都教育发展战略率先基本实现教育现代化的决定》，提出了率先基本实现教育现代化的标志，其中之一就是基础教育高标准高质量均衡发展。北京市应当看到不同地区高中生现代化水平的差距，更好地促进教育现代化的均衡发展。

（4）改进学校和家庭的传统教育方式，探索和运用现代的教育和教养方式。要点有四。

其一，改进传统的自律训练，增强进取训练。中国传统的教养方式强调自律训练，教师和父母对孩子的管教比较严厉，如卡姆拉斯（J. Kamras）的研究表明，中国父母在易发怒程度上要比美国父母高出26%，在严厉程度上则要高出52.2%。（崔玉晶，2007）[39] 虽然自律训练有助于规范孩子的行为，但过多地抑制孩子的自发冲动，容易导致孩子遇事消极退缩，这与强调变革、进取的现代精神显然是背道而驰的。因此，在教育中不应过分压抑孩子的自发冲动，节制与宣泄需要达到一种平衡，应当使孩子的情绪得到顺畅的表达，还可以以此为契机，鼓励孩子把自发冲动用于积极的探索与创新，培养孩子积极进取、勇于变革的现代精神。

其二，改进传统的责任训练，培养青少年的独立人格。传统的责任训练强调个人对家庭负责，满足家庭的需要。在这种观念的影响下，很多父母“望子成龙”“望女成凤”，希望子女能考上大学，光宗耀祖。虽然这在很大程度上强化了高中生对家庭的责任感，也有助于激发高中生的上进心，但父母过于殷切的期盼往往变成高中生背负的心理重压，一些学生为了父母家人而学，活在父母的要求和期望中，却缺乏自身的独立追求。其实，父母应当意识到，每一个家庭成员都是独立的个体，子女也有其自身的独立人格，因此不能把家庭的需要强加给孩子，应当尊重孩子自身的兴趣、意愿、能力和选择，让孩子轻装上阵，学会独立地走自己的道路，这样才能走得更远。

其三，改进传统的社交训练，教孩子积极地面对和解决冲突。传统的社交训练强调和谐，严禁儿童对长辈不敬，与同辈争吵。虽然这种做法有助于高中生在人际交往中减少冲突，增进和谐，但在现代社会中我们经常要面临各种人际冲突，如果遇到冲突时不会积极地应对和解决，而只是为了“和谐”一味忍让，就可能导致高中生比较安分守成，逆来顺受，即使路见不平，为避免冲突也往往选择少管为妙，缺乏一种积极面对和解决冲突的现代精神。所以，父母对子女的教育不应当一味地强调与人和平相处，还要教会孩子如何去积极地面对和解决冲突，应对现代生活的各种挑战。

其四，改进传统的服从训练，增强自主训练。服从训练是传统教养方式的一个核心，它强调孩子对父母长辈的完全服从，“听话”成了好孩子的标准。但“听话”的孩子由于缺乏自主训练，长大以后只有顺从各种权威，他的依赖感和安全感才能得到满足。（韦政通，2005）[68] 他们往往缺乏主见，很少展示自己独特的个性和观点，这样的性格在传统社会还无大碍，因为那时孩子们可以靠父母或其他亲属的大力帮助求得未来的出路，也比较有固定的阶梯可以循序而上。但现代社会竞争日趋激烈，行业日渐分化，年轻人进入社会后，更多地需要独自奋斗，较强的成就动机和“独立自主”的现代精神是必不可少的。（韦政通，2005）[102] 因此教师和父母应当改进传统的服从训练，增强对孩子的自主训练，允许他们表现个性，允许他们坚持自己的观点和发表不同的看法，给予他们更多自主解决问题和处理事务的机会。

（5）利用大众媒体开展教育。我们的研究结果还揭示出，大众媒体对于高中生的现代化有着重要影响。因此，与其因为高中生处于备考大学的关键时期而限制他们对新闻媒体的接触，不如让他们多接触新闻，在潜移默化中扩大视野，变得更加现代。应该提高高中生获取国内外新闻的频率，鼓励高中生使用互联网获取国内外新闻，鼓励高中生多看包含丰富的国内外新闻的报纸。参与本次调查的高中生当中，很少获取新闻的学生比例达到 35.5%。这说明，有相当一部分的高中生基本上“两耳不闻窗外事，一心只读圣贤书”，很少获取新闻，而这对于高中生的现代化是不利的。根据本次研究的结果，经常获取国内外新闻有助于降低高中生的传统性，主要体现为经常获取新闻的高中生遵从权威、安分守成、宿命自保的程度较低，同时也更加具有独立性。因此，有必要提高高中生获取国内外新闻的频率，使高中生更少地迷信权威、安守本分、不思进取、依赖亲友、相信命运、明哲保身，转而更加独立地发展自己的意见，独立地做决定和解决问题。

在我国，由传统人向现代人转变的问题，实质上是“中国国民性改造”的问题。清末以来，我国许多先进分子对于国民性改造的紧迫性、内容、方式等重要问题都做了大量扎实的研究，提出了许多富有建设性的思想，在一段相当长的时期内形成了颇有声势的国民性改造思潮（袁洪亮，2000），其中梁启超、鲁迅等人对于国民性的描画与批判入木三分，至今仍发人深省。

五、21世纪人的现代化与核心素养的培育

人类已经进入21世纪，人的现代化应该体现出21世纪的要求，核心素养恰恰集中体现了这种要求。核心素养（key competencies）是指在21世纪能够促进个人发展、社会发展的关键少数素养。经合组织对于核心素养的界定是“使个人在21世纪能够成功生活、能够适应并促进社会进步的为数不多的（a small set of）关键素养”。个人发展意味着个人能够有效就业、参与政治活动、建立良好社会关系；社会进步意味着经济繁荣、政治民主、文化多样、社会公正与和谐，以及环境可持续发展。（OECD，2005）核心素养是21世纪现代人、人的现代性的具体表现。

核心素养的使命，不是解决“全面发展什么”的问题，而是解决在21世纪“重点发展什么”的问题。

20世纪90年代以来，核心素养成为全球范围内教育政策、教育实践、教育研究领域的重要议题，国际组织与许多国家或地区相继构建核心素养框架。世界范围内的核心素养热潮实质上是教育目标的升级运动，是国际教育竞争的集中反映。与发达国家相比，我国作为一个发展中国家，教育目标升级更为迫切，也更为艰巨。这是由我国社会发展的历史阶段所决定的，也是由我国教育发展的现有基础所决定的。

改革开放以来，我国教育事业所取得的历史成就举世瞩目，为我国经济发展、社会进步和民生改善做出了不可替代的重大贡献，所积累的丰富经验值得深入总结。但是，我国教育改革与发展也面临新的机遇和挑战，

《教育规划纲要》指出，“当今世界正处在大发展大变革大调整时期。世界多极化、经济全球化深入发展，科技进步日新月异，人才竞争日趋激烈。我国正处在改革发展的关键阶段，经济建设、政治建设、文化建设、社会建设以及生态文明建设全面推进，工业化、信息化、城镇化、市场化、国际化深入发展，人口、资源、环境压力日益加大，经济发展方式加快转变，都凸显了提高国民素质、培养创新人才的重要性和紧迫性”。2014 年教育部印发的《关于全面深化课程改革落实立德树人根本任务的意见》明确提出：“经济全球化深入发展，信息网络技术突飞猛进，各种思想文化交流交融交锋更加频繁，学生成长环境发生深刻变化。……国际竞争日趋激烈，人才强国战略深入实施，时代和社会发展需要进一步提高国民的综合素质，培养创新人才。”

可见，在新的国际国内背景下，提升国民素质、培养创新人才成为教育的重要使命。而提升国民素质、培养创新人才，在本质上，是人的现代化的问题。教育现代化的最后归宿或者根本目标是人的现代化。

尽管我国改革开放以来，伴随市场经济和民主政治的发展，城镇化的推进，以及国民平均受教育年限的延长，我国的国民素质有了较大提高，但仔细观之，可以发现，不少国民仍然表现出传统人的一些特征，具体表现在：第一，遵从权威。轻视民主与法治，看重等级，注重关系，注重跟对人、站好队，害怕站错队，缺乏个人主见或者不敢表达个人看法，依附性强。第二，保守自私。关心私利有余而关心公益严重不足，公民意识淡漠，不关注甚至不参与公共事务，不能较好地履行公民责任。即便对现状不满，即便个人权益受到侵害，为求自保，也往往不敢抗争而逆来顺受。第三，宿命自抑。相信命运及运气，认为人对强有力的外在环境（如钱财与权势）无能为力，不相信自己的力量可以改变自己的命运、可以改进社会，认为“我命由天不由我”，不信自己信外力。第四，理性不足。相信外在的、神秘的力量，相信神鬼，求卜问卦，相信风水，不相信科学理性的力量，更谈不上运用科学知识、科学方法去解决工作和生活中的各种现实问题。一些社会精英对于某些所谓的“大师”的崇拜与追随，很多民众求神拜佛，以及易被李洪志、张悟本等诱导忽悠等，都说明当前科学与理性精神的不足。第五，创新匮乏。创新匮乏是上述四种特征的必然“恶果”，遵从权威、保守自抑、科学理性精神不足必定导致个体层面并最终导致国家层面的创新精神、创新能力匮乏。

以上种种，说明我国国民素质亟待提高、国民性还需改造，否则，难以建立起真正的现代国家，难以实现真正的国家现代化。我国教育现代化的重要使命就是要培养具有民主法治和科学理性精神、自主乐观、进取创新的现代人。

长期以来，我国“应试教育”较为普遍。为纠正现实中“应试教育”片面追求升学率导致学生片面发展的问题，我国提出全面发展、综合素质、素质教育、三维目标等作为“片面发展”对立面与纠偏方向，这在理论上、价值追求上都没有任何问题，但是总感觉救治弊端的“针对性”不强，可能原因在于：只强调全面发展（以及综合素质、素质教育、三维目标等类似说法）是不够的，因为要求学生“全面发展”古今中外都是正确的，泛泛而谈全面发展与综合素质等话语往往于事无补。教育目标必须突出重点，特别是突出某一社会历史发展阶段的重点素质要求。

国际上提出“核心素养”不是为了解决应该“全面发展什么”的问题，而是为了解决为迎接21世纪的挑战应该“重点发展什么”的问题。我国的教育目标也需要确定学生发展的重点是什么，我国教育也需要一个解决“重点发展什么”问题的核心素养清单。顾名思义，核心素养是指居于核心地位的“关键少数”素养，核心素养不是面面俱到的全面素养或者综合素养。核心素养的数目绝非多多益善，而是越少越好。

经过比较研究和综合分析，在充分借鉴国内外核心素养研究与政策的基础上，笔者认为，21世纪中国的关键少数“核心素养”主要包括以下方面。

第一，创新能力。是创新精神的外在行为表现，具体要求是：能突破常规，提出与众不同的新想法、新方案；能与他人有效交流自己的新想法；能自己或者与他人一起分析、评估、修正新想法；尝试以新的方式做事，把有创意的想法付诸行动，并对于改进实践做出实际贡献；鼓励和支持创新，理解创新的长期性、艰巨性和复杂性，自己善于从失误和错误中学习，能够为他人创新提供支持条件。

第二，批判性思维。是科学精神、理性精神的外在行为表现，具体要求是：能在复杂、模糊的情境中，识别、界定问题，抓住问题的实质；有效辨识、评估、比较与问题有关的各种已有知识和信息的合理性程度；提出解决问题的假设与方案，并通过调研获取证据和数据，在此基础上不断质疑和修正原有设想，审慎得出结论、做出决策，运用择优方案解决问题；适当运用归纳推理、演绎推理进行有效率的思考，能够把握整体的各个部分进行系统思维；批判性地反思学习、工作的流程，反思自己的思维过程(关于思维的思维，即元认知素养)，并持续改进。简言之，批判性思维是运用科学方法、理性思维，发现、分析、解决问题的素养，是科学精神的集中体现，是高级思维素养。

第三，公民素养。是民主精神、法治精神的外在行为表现，具体要求是：能够积极参与社会公共事务，积极投身公共服务工作，履行公民义务，承担社会责任，维护公共利益；具有民主精神和民主能力，建设性地参与到各种层次的民主决策和选举活动中去；学习和遵守法律，维护法律尊严，依法维护自己与他人的权利；认同国民身份，能自觉维护国家主权、尊严和利益；具有大国公民的责任感与包容性，尊重世界多元文化的多样性和差异性，通过多种方式积极参与国际层面的公共事务，积极参与跨文化交流与国际交流，做一个负责任的世界公民。

第四，合作与交流素养。是合作精神的外在行为表现，具体要求是：能够运用口头、书面语言和其他方式（如肢体语言）进行沟通，清晰明确地表达自己的观点，认真聆听并理解他人的观点；与他人建立良好的关系，能够换位思考，尊重、包容他人（本国的或者他国的）思想观点和价值观的多样性，有效管控自己的情绪；善于进行团队合作，个人在团队工作中有效率重质量，并通过创新性的想法和行为发挥引领作用；能有效化解冲突与矛盾，能够识别分歧，对问题进行优先性排序，必要时通过协商或者妥协求同存异、建立互信，富有建设性地协作实现共识性目标；能及时交流合作进展，分析经验教训及目标达成度，协商制定今后的改进措施。

第五，自主发展素养。是主体性（积极性、自主性、创造性）的外在行为表现，具体要求是：自尊自信，相信天生我材必有用、我命由我不由天；能正确认识和评价自己，了解自己的优势与不足，了解外部的机遇与挑战，积极预测，抓住机遇，确定未来目标，制订个人规划和计划；具有较强的适应性与灵活性，能适应不同的角色和工作，能应对不断变化的外部环境，负责任地做出决策，及时调整个人目标、规划和计划；具有主动性，能做好目标管理和时间管理，有效平衡长期目标和短期目标、处理好战略和战术的关系；积极应对压力和挫折，有自制力和意志力，为达成重要目标付出努力，坚持不懈；能自主学习、终身学习，不断改进学习方式，持续提升个人素养，创造性地解决人生中的各种疑难问题。

第六，信息素养。也称“数字化素养”，是信息化时代技术素养的集中体现，总体要求是：能使用信息社会中的多种媒体和技术，促进问题解决、合作交流、自主发展，改善学习方式、工作方式、生活方式。具体行为要求是：能高效地获取和存储信息，能合理地、批判性地甄别信息，能够负责任地管理信息与交流信息，能恰当运用信息解决问题；能有效利用科技手段，选择恰当的媒体工具，创作媒体作品。

上述核心素养清单，是创新、理性、民主、合作、自主等现代精神的外显行为表现，是针对我国国民素质的短板、大中小学学生素质的短板提出来的，反映了国际国内社会发展的客观要求，反映了21世纪我国人的现代化、国民性改造的内在要求。这个清单是我国21世纪现代人的素养清单，为国民素质提升、国民性改造指明了基本方向，也为推进教育现代化确定了战略重点。所谓我国的“教育目标升级”，指的就是要培育这些关键少数素养。只有培育这些素养，我国的教育才能有国际竞争力。

核心素养的6个要点，既体现了国家民族的长远利益和根本利益，也体现了公民个体的长远利益和根本利益。核心素养是对三维目标、全面发展、综合素质等的聚焦强化版和升级转型版。核心素养为教育教学改革提供了重点更突出、焦点更集中的教育目标，为教育发展方式转变指明了方向。（褚宏启，2016b）

六个核心素养可以进一步聚焦，我国“核心素养的核心”是创新能力，培养创新人才是我国教育的首要目标，是我国教育现代化的首要任务。创新能力之所以重要，原因有三。

其一，从人的发展方面看，创新能力是一种综合性、涵盖性很强的核心素养。创新能力可以覆盖批判性思维、自主发展素养，批判性思维是创新能力的前提，创新能力内在地把批判性思维包含在内，创新能力强是主体性（积极性、自主性、创造性）强的集中体现，创新能力强的人，其自主性亦强。创新能力甚至可以把合作与交流能力、信息素养统摄起来，因为创新特别是重要创新，需要团队合作、充分交流、互相启发碰撞并充分运用信息技术才能达成，个体单打独斗很难完成创新。简言之，创新能力是核心素养的最集中体现和巅峰表现。

其二，从国家发展方面看，培养创新能力是提升国家竞争力的需要，是国家发展新理念的要求。一个国家和民族的创新能力，从根本上影响甚至决定国家和民族的前途命运。而我国创新能力不足，已经成为制约我国核心竞争力的关键因素。十八届五中全会提出五个发展新理念，把“创新发展”排在首位。以创新引领发展，把创新摆在国家发展全局的核心位置。对于教育领域而言，培养创新能力是最大的政治，是对创新发展新理念的最直接、最深刻的回应。

其三，从教育发展方面看，培养创新能力是实现我国教育目标转型升级的关键表现，是深化教育改革、提高教育质量的战略选择。我国学生的创新能力不足，远远不能满足国家发展和学生个体发展的需求。1978 年十一届三中全会使得我国实现了“工作重心的转移”，即由“以阶级斗争为纲”转向“以经济建设为中心”，完成了一个伟大的历史转折。当前，我国教育工作也处于一个关键的历史节点上，我国教育也需要一个类似的、意义同样重大的“工作重心的转移”，即由“以培养应试技能为中心”转向“以培养创新能力为中心”。这个工作重心的转移，对于实现中华民族伟大复兴意义重大。在教育领域，创新能力培养具有强大的引领作用和关联效应，会拉动课程教材、教学方式、学习方式、管理方式的整体改革，会引发我国教育发展方式的系统变革。

总之，创新能力是人作为有理性、能思维的动物的本质体现，是实现个人发展与国家发展、提升国际竞争力的最重要素养，是“核心素养的核心”，是核心素养宝塔顶尖上的明珠。培养学生的创新能力，是21世纪中国教育的工作重心，是中国教育现代化的核心使命，也是教育发展方式转变的优先目标。

核心素养并不只是“学生”尤其是“中小学生”才需要具有的素养，而是21世纪人人都需要的“共同素养”，即“全体国民的核心素养”。不仅是各级各类教育，21世纪社会的制度安排与文化建设，都应该为人的核心素养的培育与形成做出贡献。培育核心素养，既是教育工程，也是社会工程。（褚宏启，2016a）

六、人的自由与人的全面发展

人的自由是社会整体现代性的根本特征。自由是人的主体性的体现，是人的尊严和价值的确证。增进人的自由，是教育光荣而神圣的使命。

渴望自由、追求自由是人的本性，人类的历史就是不断扩展自由和实现自由的历史。对神的依附的弱化、对人身依附的弱化，人的主体性的增长和确立，对人的自由、权利和平等的强调，是现代社会区别于古代社会的重要特征。现代社会是人的主体性张扬的时代，是权利的时代，是追求自由和平等的时代，是“以人为本”的时代。

人对自由的渴望、对自由发展的渴望，必然要求在教育中得到表达，要求教育培养“自由人”，即有自由精神的现代人，而不是唯唯诺诺的臣民和顺民。教育目的在于促进人的自由而全面的发展，其中包括弘扬学生的独立自主精神，提升其主体性和责任感，提高其积极性、主动性和创造性，促进学生的自我实现。联合国教科文组织的报告《学会生存——教育世界的今天和明天》（*Learning to Be*：*The World of Education Today and Tomorrow*，1972）指出，教育的目的在于使人成为他自己，“变成他自己”，应该把“学习实现自我”放在最优先的地位（联合国教科文组织国际教育发展委员会，1996）[14, 202]，教育要把一个人在体力、智力、情绪、伦理各方面的因素综合起来，使他成为一个完善的人，成为他自己文化进步的主人和创造者。教育要解放人民的才能，挖掘他们的创造力。（联合国教科文组织国际教育发展委员会，1996）[169]联合国教科文组织的报告《教育——财富蕴藏其中》（*Learning*：*The Treasure Within*，1996）指出，“教育应当促进每个人的全面发展，即身心、智力、敏感性、审美意识、个人责任感、精神价值等方面的发展。应该使每个人尤其借助于青年时代所受的教育，能够形成一种独立自主的、富有批判精神的思想意识，以及培养自己的判断能力”，“教育的基本作用，似乎比任何时候都更在于保证人人享有他们为充分发挥自己的才能和尽可能牢牢掌握自己的命运而需要的思想、判断、感情和想象方面的自由”。（联合国教科文组织国际 21 世纪教育委员会，1996）[85]

自由是人的主体性的确证和体现，自由是人的创造性得以充分发挥的重要条件。在教育中，自由是目的，也是手段。就手段而言，学生只有充分发挥了主体性、自主性、创造性等，才能更好地实现全面发展。自由是人的潜能和创造性得以充分发挥的重要条件。

教育的目的不是束缚人、压制人，而是为了人的自由和解放。只有自由的教育，才能培养出自由自主的人。教育自由主要包括学生受教育的选择自由、学习自由，教师的教学自由、学术自由，学校的办学自主权，教育行政机关必要的裁量自由等。本节侧重讲“人”的自由，下一章会阐述“教育”的自由。

现代社会是权利的时代，权利的时代即自由的时代。但自由不是远离约束，不是抛弃法律。自由与法律密切相连。法律意义上的自由是指受到法律认可或者得到法律保障的、人们按照自己的意志进行相应活动的权利。自由即法定权利。洛克（J. Locke）宣称：法律的目的并不是废除或限制自由，而是扩大和保护自由。（博登海默，2004）[299]有学者甚至认为：“在现代世界，法的价值准则和趋向虽然是多元化的，但是能从最根本层面体现法的时代精神的，乃是自由。自由作为法的一种价值，不仅在现时代是法所具有的根本性价值，而且在未来法的发展过程中，也将是法的基本性精神内核。体现自由，保障自由，发展自由，应当是所有法的精髓，任何压制自由甚至扼杀自由的法都是对自由的反动，是对时代的否定，是对潮流的逆挡，都是应当被强烈反对和改变的。人的发展，必将逐步走向全面、彻底的解放，自由将永远是人类走向全面、彻底的解放的动力、途径和不可或缺的法治精神。”（张正德，付子堂，2003）[238]

对人的自由问题可以从以下几个方面进一步予以深入的论述。

第一，教育要增进人的实质自由。森提出要保障人的实质自由，而不是形式上的自由与权利。他认为，人的“实质自由”是发展的最终目的和重要手段。他反对自由至上主义，认为其缺陷表现为价值标准、信息基础存在不足。自由至上主义的价值标准是由法治权利保证的、受最少限制的个人自由。自由至上主义强调权利（包括财产权）在程序上的完全优先性，认为程序优先于结果，甚至根本不考虑结果。但是，森认为要保证实质自由，价值标准中必须包含结果方面的考虑，自由至上主义的程序先于结果有时会出现很严重的问题，行使那些具有绝对优先性权利的实际后果，可能会导致损害个人有理由珍视的事物，包括逃脱可以避免的疾病和过早死亡，享受充足的营养，保持健康，有能力阅读算数等，在很大程度上漠视结果会损害人们最终能够享有的实质自由。森通过对饥荒的经验性研究表明：即使在任何人的自由权利（包括财产权）均不受侵犯、自由市场机制仍然起作用的情况下，大规模的饥荒仍可能发生。因此，自由至上主义的信息基础是有局限的，给形式（程序）自由以绝对的优先性而不考虑结果如何，会忽视我们有理由珍视并要求得到的基本的实质自由，自由至上主义的信息基础必须得到扩展。

森提出了“可行能力”的概念来论证实质自由问题。可行能力指的是人有可能实现的、各种可能的功能性活动的组合。（周文文，2006）[128] 可行能力来源于个体自身拥有的资源数量、比例组合以及动用这些资源的能力，是一种实质的自由。功能性的活动是人实现自身物质与精神需要的各项活动，包括接受教育、获得营养、参与政治生活等。森认为贫困不仅仅是一个收入问题，必须将其视为对基本可行能力的剥夺。森谈及两个原因来说明自由在发展过程中的中心地位。其一，评价性的原因——对进步的评判必须以人们拥有的自由是否得到增进为首要标准；其二，实效性原因——发展的全面实现取决于人们拥有自由的主体地位。（森，2002）[2]

自由不仅是发展的首要目的，也是主要手段。森驳斥了将经济发展的需要与政治自由的实现相脱离的二元论，认为经济发展与政治自由是国家现代化进程中必须同时关注的两个方面。经济需要的紧迫性加强了政治自由的迫切性。基本政治自由权利之所以重要，是因为它们与人的可行能力高度相关，是因为它们具有工具性作用，能让政府聆听穷人的声音。市场无法满足人类平等正义的要求。当市场缺乏一个为社会全体进行利益与权益调配的机制的时候，自由也会产生不合理分配的倾向，从而影响到个体的实质自由与可行能力。在信息不对称以及垄断等市场缺陷的强化下，收入不均的社会现象会由于低收入者与把收入转化为可行能力的障碍之间的配对效应而趋于扩大，造成严重的自由不均等问题。这就是处境劣势与自由不均等的配对效应。

只有政治活动领域实现了自由和理性，经济活动才会有充分的自由和理性。加强政治自由的建设，如完善法制、建立舆论监督机制、保障民主的决策过程，会促进经济的发展。对于个体可行能力的审视应与社会体制建设紧密地结合起来，进而建立灵活的社会配置，向民众提供透明性的保障以使彼此间产生信任。民主的建设性作用还能有效地保障人的可行能力，最小限度地减少社会排斥带来的社会冲突，使社会成员在一个安全有序、彼此包容的环境中生存。（肖关，王凯，2010）

第二，教育要把拓展肯定性自由作为其主要使命。自由可以进一步区分为消极自由与积极自由，亦即否定性自由和肯定性自由。博登海默（E. Bodenheimer）认为，整个法律和正义的哲学就是以自由观念为核心而建构起来的。许多国家的法律都承认了公民的某些基本自由，如表达自由、结社自由、缔约自由、迁徙自由等。博登海默进而区分了两种自由，一种是不受干预的否定性自由（negative freedom，也译为“消极自由”），一种是促进个人发展和自我实现的肯定性自由（positive freedom，也译为“积极自由”）。“如果人们对自由理想不仅具有否定性成分而且还具有肯定性成分这一事实不予充分的认识，那么关于自由的讨论就不可能是全面的。自由不只是排除外部约束和免受专断控制，而且还包括了在服务于被称之为人类文明的伟大事业中发挥个人的天赋和习得的技术的机会。……一个人可以完全不受强制性的或其他有害的限制的约束，可以完全不受设定于其迁徙自由或言论自由之上的物质的或法律的桎梏的约束，但是如果社会不为他提供符合其能力的有益工作和建设性活动的机会，那么他也同样不会感到自己是个真正自由的人。因此，追求和实现目的的自由就如同不受外部障碍之拘束一样，是自由这一概念基本含义的一个重要的且必不可少的向度。”（博登海默，2004）[305-306] 肯定性自由对于文明传承、社会进步意义重大，“只有当人的能力不为压制性的桎梏束缚时，一种有助益于尽可能多的人的文明才能得以建立。毋庸置疑，主动能力的发展、思想资源的丰富以及创造性才能的发挥，都对文化发展和进步作出了巨大的贡献”（博登海默，2004）[301]。

这种肯定性自由意味着发展机会的提供，是一种发展的权利，是“人的自由”与“人的发展”的交汇。而且这种自由不仅要关注学生的学习自由和学生发展条件的保障，还要关注教师的教学自由和学术自由，以促进思想的交流和文明的进步。

第三，教育要培育“负责任的自由”。要处理好个人自由与整体自由、少数人的自由与多数人的自由问题。自由的实质是利益，现实中存在着利益冲突、自由冲突。选择自由、竞争自由、契约自由、言论自由等，有一个限度和底线，就是不能因为追求自己的个体自由而侵害他人的自由，不能因为少数人的自由而侵害大多数人的自由。少数权力精英、财富精英侵害大多数人的自由的现象大量存在。无节制的个人自由会走向无政府主义，走向无节制的恶性竞争。杜威曾尖锐批判极端个人主义和极端自由主义，要求建立一种具有社会责任心的个人主义。这就要求教育所要培养的“自由人”，除了追求自己的自由和权利外，还尊重别人的自由和权利。

自由与责任是互为表里的，如同权利和义务是互为表里的一样。萨特（J. P. Sartre）认为，人的个人自由就是选择自由，人的自由选择是无条件的，它没有客观依据，也没有普遍的价值和道德准则的根据，它是非理智的和突然从个人内心情感中涌出来的。萨特认为，人的自由选择是与责任联系在一起的，自由就是承担责任。他还强调，人的行为的自由选择既要承担责任，又没有任何客观必然性和任何价值准则作为依据，这必将成为不堪忍受的重负。但他强调人应正视自己的自由和责任，虽然随时都感到

烦恼、孤独和绝望，但应具有这种自由选择的勇气，有人称之为“绝望的勇气”。（黄济，王策三，1996）[99]

总之，教育要培养富有自由精神的人，这种人有追求自由的意愿，有自由发展的能力，能做自己的主人，同时尊重他人的自由，增进共同的自由。

在现代社会，自由离不开民主、法治等的保障，同时自由也需要教育的培育。

按照很多思想家的看法，人的自由的合理性无须证明。然而，人的全面发展的合理性何在？人的全面发展与人的自由是什么关系？二者可否互相替代？哪一个是更本源性的东西？

人的全面发展之所以具有合理性，原因如下。

第一，人的全面发展是人自身发展的内在要求。人由身心两部分构成，身心平衡发展、协调发展是人的内在需求。马克思当年曾经设想全面发展的人将是体力劳动和脑力劳动相结合，在体力和智力上得到协调发展的人。这一设想已被人类历史的进程所证实。（黄济，王策三，1996）[239]

人的精神世界是非常复杂多样的。人不仅需要身心协调发展，还需要精神世界中不同方面的协调发展。个人的精神发展包括两个方面：一方面是人的感觉、知觉、记忆、想象、思维、情感、意志等心理过程的发展；另一方面是在心理过程中表现出来的具有个人特点的、稳定的心理倾向与心理特征，如需要、兴趣、动机、态度、观点、信念、性格、气质、能力等的发展。只有当这些精神的多种维度得到全面的、协调的发展，人才是身心平衡、精神世界平衡的人，才是本性、天性、潜能得以充分发展的人，才是完美的人、理想的人。也只有这样，人才能在一个高的境界上感受到生命的美好。

第二，人的全面发展是社会发展的客观要求。现代社会对人的要求的多样性、人的生存环境的复杂性、社会实践活动的多样性要求人全面发展。社会现代化的进程造成了一个高度复杂、迅速变化的社会环境。新的产业不断兴起，科学技术迅速发展，知识技能物化和老化的速度都在加快，职业变换加速，劳动变换加快，迅速变化的社会要求人在身体、知识、技能、品德等方面都有比较全面的发展，否则难以适应迅速变化的社会。

人的发展受社会制约。个人怎么发展，发展到什么程度，不是由人们随意设计、随意规定的，而是客观社会生活条件所决定的，个人只能在客观条件所提供的可能性的范围内得到发展。个人的发展归根结底取决于整个社会的发展。

第三，人的全面发展是社会发展的最后归宿。社会发展的最终目的还是人的发展。杜威有一段著名的话，认为不仅教育而且一切社会制度皆应为每个人的全面发展做出贡献，这是它们存在的伦理基础。他讲："政府、实业、艺术、宗教和一切社会制度都有一个意义，一个目的。那个目的就是不问种族、性别、阶级或经济地位，解放和发展各个人的能力。这和说它们的价值的检验标准就是它们教育各个人使他的可能性充分发展的程度，是完全一致的。民主主义有许多意义，但是，如果它有一个道德的意义，那么这个意义在于决意做到：一切政治制度和工业安排的最高的检验标准，应该是它们对社会每个成员的全面发展所作出的贡献。"（赵祥麟，王承绪，1981）[250] 因此，教育目的中对于人的发展和社会发展的双重追求，可以归结为对人的发展的追求。

促进人的全面发展已经成为我国社会发展与改革的指导性原则，一些领导人的讲话和党的文件都明确指出了这一点。例如："我们进行的一切工作，既要着眼于人民现实的物质文化生活需要，同时又要着眼于促进人民素质的提高，也就是要努力促进人的全面发展"（江泽民，2001）；"坚持以人为本，就是要以实现人的全面发展为目标"（胡锦涛，2004）。科学发展观则要求坚持以人为本，树立全面、协调、可持续的发展观，促进经济社会和人的全面发展。

人的全面发展与人的自由不仅互为前提、互为目的，而且其思想实质和实现过程也是一致的。人的全面发展，意味着每个人的个性、特长得到自由而充分的发展。全面发展不等于各个方面平均发展，不等于培养缺乏个性的庸人。在一个使每一个人都能够得到自由发展的、具有最高自由度的社会里，得到自由发展的每个人，其发展也必然是全面的而不是片面的；要使人能够得到全面发展，就必须使人能够有发展自己的自由，而且这种

自由度越大，其发展也就越全面。（万资姿，2011）[70-72]

人的自由意味着人有自己可以自由支配的时间。自由时间是促进人的全面发展的重要条件。

人的时间分两种：劳动时间和自由时间。人在劳动时间中所从事的社会实践活动是促进人的全面发展的基础。但由于劳动分工的存在，如果人的发展只是局限于与个人工作相关的发展，可能会导致片面发展。而自由时间的意义在于，人们不仅可以用闲暇的自由时间延续其工作实践，还可以弥补由劳动分工所导致的发展的片面性。马克思认为，自由时间是人的先天的和后天的各种才能和志趣、道德和审美能力充分发展的又一个广阔领域，马克思因此称其为“真正的自由王国”（黄济，王策三，1996）[234]。他指出：自由时间——不论是作为闲暇时间或从事高级活动的时间——自然都会使占有它的人变成一种全然不同的主体，而且变成这样一种全然不同的主体以后，他会重新参加到直接生产过程里面去。对正在成长中的人来说，这种直接生产过程同时就是一种训练；对成人来说，这种直接生产过程就是从事实验科学、在物质上创造发明、实习和使科学物化，而在这些人的头脑中存在着积累起来的知识。全面的活动使人的一切天赋和潜能得到充分的发挥，从全部才能的自由发展中必然产生创造性的生活表现。（黄济，王策三，1996）[234]马克思认为，个人要全面发展他各方面的才能和丰富他的个性，就必须有能够由他自己支配的时间。事实上，一个一生为起码的生存条件疲于奔命的人，一个被牢牢捆绑在生产线上而没有丝毫自由时间的人，是无法得到全面发展的。而个人较多的自由支配的时间，只有在科学技术和生产力高度发展的前提下才有可能。

教育是促进人的全面发展的基本手段，教育中的德育、智育、体育、美育、劳动教育，是与人的全面发展的各个维度直接对应的。马克思主义的人的现代化，是“以一种全面的方式，也就是说，作为一个完整的人，占有自己的全面的本质”（马克思，恩格斯，1979）[123]。《学会生存——教育世界的今天和明天》一书提出了“培养完人”的口号。《学会关心：21世纪的教育》一书认为，归根到底，21世纪最成功的劳动者将是全面发展的人，是对新思想和新机遇开放的人，并提出了“学会关心”的伦理要求。

《教育——财富蕴藏其中》一书提出了教育的四个支柱：学会认知、学会做事、学会共同生活、学会生存。（联合国教科文组织国际21世纪教育委员会，1996）

需要注意的是，人的全面发展不是针对一部分人的，而是针对所有人的。“为一切人的发展和人的全面发展”是一种新的发展观（西纳索，1987）[11]，它极为简洁地点明了教育现代化进程中注重个体发展的价值取向。这种发展不是对一部分人的，而是对一切人的；不是发展人的某一方面，而是使人得到全面发展。

这样，自由与平等这两种最重要的现代价值，在教育中就获得了兼顾与平衡。自由与平等是人道主义旗帜的两面，是人道主义价值大厦的两大支柱，不可偏废。

第三节　教育现代化的制约因素

教育现代化对于经济、政治现代化具有很大的促进作用，可以大有作为。但这种作为是有限度的，不能过分夸大，更不能走向“教育万能论”的歧路，不应该让教育为社会发展承担无限责任，因为教育现代化受制于经济现代化和政治现代化，对后两者具有依附性，教育不可能脱离后两者抑或整体超越后两者而全面实现现代化。

同时，教育的发展、教育现代化的进程的确有其特殊性和相对独立性，不论从多国教育发展的历史进程中还是从当前一些国家“教育先行”战略的推进过程中，我们都会看到，教育可以在某些环节、某些部分领先于经济现代化和政治现代化，从而使得教育不仅仅是适应经济与政治的发展要求，而且积极促进和主动引领经济现代化和政治现代化进程。

一、教育现代化的依附性

教育以育人为本。对于教育而言，有三个问题不可回避：培养什么人？怎样培养人？为培养人提供什么样的条件、支持与管理？三个问题依次涉及教育目标、教育内容与教育方法、教育资源保障与教育管理。这些方面都不是教育自身所能决定的，而最终是由一定社会的经济与政治条件、经济与政治制度决定的，尤其是由政治系统决定的。

教育对于政治、经济具有依附性，这种依附性决定着教育现代化这种实践活动相对于政治现代化和经济现代化也具有依附性。

一定社会的政治制度、经济制度和经济发展水平决定着教育目标。首先，从政治与教育的关系看，统治阶层不会允许教育培养挑战其统治地位并危及现行统治秩序的人，这是政治为教育设置的一个底线，古今中外，概莫能外。只不过古代政治要求教育为专制政治服务，培养顺民和臣民；现代政治要求教育为民主政治服务，培养公民。其次，从经济与教育的关系看，由于古今经济结构的巨大差异，古代教育的经济功能非常微弱，而现代教育的经济功能则十分凸显，现代经济要求教育结构与产业结构相匹配，为经济发展培养各种各样的、具有一定规模与结构的、达到一定质量要求的人才队伍。这些都说明，教育目标总是不能脱离一定社会的政治与经济发展状况的，总是受后者制约的。

本章前两节论及经济现代化、政治现代化、人的现代化对于教育目标所提出的要求，对“现代教育应该培养什么样的人”这一问题做出了比较明确的回答。尽管笔者所做的这些讨论属于个人“主观”的看法，但这些主观看法也是由现代社会中人的发展、经济发展、政治发展的客观要求与现实基础决定的。笔者的这些思想不过是“客观”现实与要求的主观表达。

更为重要也更为关键的是，学者们提出的教育目标能否被政府所采纳并成为国家教育公共政策，最后还是要现实地取决于政治系统的选择与决策。可以这样讲，教育目标是政治系统直接决定的。政治系统对于教育目标的把握，如果明智的话，可以很好地顺应现代社会的发展潮流；如果愚蠢的话，就会与现代社会的客观要求南辕北辙。20 世纪 60 年代，由于人力资本理论的提出及世界性民主浪潮的推动，世界诸国大力强化教育的经济功能、积极推进教育民主化。

不论某个政治系统能否正确反映现代社会对于教育的客观要求，教育目标都是由政治系统决定的。现代的政治系统由于有良好的民主机制，可以较好地保证政治决策能符合民意、顺应时代潮流。所以，教育的健康发展、教育的现代化需要有现代政治作为制度保障，教育现代化需要有良好的政治前提。这个问题对于我国教育的发展至关重要，下文还会进一步讨论。

政治、经济不仅决定着教育目标，也必然决定着服务于教育目标实现的教育内容、教育方法、教育条件、教育管理。教育现代化的全面展开与充分实现有赖于社会主体结构的现代化，教育现代化具有依附性。

没有社会各个主要层面如政治、经济、文化等的现代化，教育现代性的全面、充分的增长与发展是不可能的，社会各主要方面达到较高的现代化程度是教育实现较高程度的全面现代化的先决条件。

政治、经济、文化等构成一个社会的核心结构，教育只是一个边缘结构。不能离开社会主要构成要素的现代化去谈教育现代化问题，因为教育的许多根本问题如教育目标、管理体制、教育体系结构、课程内容、教育条件（经费、师资）等皆非教育本身所能决定，也非教育本身所能解决。在一些社会现代化发展不均衡的国家，如在经济发达但政治腐败或专制的国家，教育的某些方面的现代性可以得到增长甚至是较充分的增长，但现代性的全面增长却是有障碍的。教育现代化进程有许多障碍，最大的障碍是不良的社会政治、经济体制。不能在政治、经济的现代化之外去追求教育的全面现代化。

加强权力对教育的渗透是国家教育发展的必由之路，教育事业是一项既庞大又重要的事业，只有强有力的权力参与才能使之得到充分的支持和协调的发展。越是教育落后的国家，越需要加强国家权力对教育事务的参与，以调集充足的人力、物力、财力资源发展教育。但仅强化权力还不够，还要看这种权力运行的理性化程度。盲目的权力渗透对教育是噩耗而不是福音。缺乏理性的权力是盲目的，盲目的权力使用对教育现代化是有害的。

而权力使用的盲目与否，与该国家的政治、法律制度是否完善有直接关系。

教育现代化进程相对于社会核心要素的现代化进程而言具有相当大的依附性，这是本书的一个基本观点，但坚持这一点并不意味着否认教育发展的相对独立性。

二、教育现代化的政治前提

政治是影响教育现代化的关键变量。人的现代化、经济现代化、政治现代化等对于教育的要求，必须通过现实中存在的政治系统才能在教育中得到或正确或扭曲的反映。政治对于教育现代化的结果与进程具有根本性影响。

教育永远摆脱不了政治。教育与政治之间应建立一种良性的、相得益彰的关系。若无现代政治做基础，现代教育是建立不起来的。

有人畅想，教育若摆脱了政治，信马由缰，任意驰骋，自由自在地发展，该有多好啊！这种想法纯属痴人说梦。这不是说政治太强大以致教育对其无可奈何只有任其宰割，也不是说政治对教育的影响只是负面的而无正面的，而是因为教育和政治二者本来就是分割不开的。教育中的许多问题会成为政治冲突的焦点，教育中的许多重大问题必须通过政治途径才能得到解决，重大教育问题的解决必须有政治权力的介入和推动。想抛开国家权力的支持而谋求教育的大发展，只能是愚人的想法。国家政治权力是教育发展的最为重要的资源，谁漠视这一点谁就犯了致命的错误。工业革命以来，西方国家莫不加大国家政治权力对教育的渗透力度，教育的国家化进程至今前行不止，目的就是使教育成为国家发展的强大推进器。

读者也可能会问："文化大革命"中的中国政府极力干预教育，结果不是比不干预更糟糕吗？对此，笔者不仅不予否认，而且反对这种误国误民的干预。笔者要问的是：1985 年的《中共中央关于教育体制改革的决定》、1993 年的《中国教育改革和发展纲要》、1998 年的《面向 21 世纪教育振兴行动计划》、2010 年的《教育规划纲要》这四者不也都是政治干预教育的典型案例吗？对这些干预为什么反对"政治干预教育"的人不再反对了呢？

可见，人们所反对的是对教育的错误干预，而不是对教育的正确干预。教育就在政治之中，现代社会不存在不包含教育在内的政治，即不存在不讨论教育问题、不关注教育问题、不解决教育问题的政治。教育在一定程度上决定着一个国家的命运和前途，政治怎能回避它，怎敢小视它？若国家对教育不闻不问，任其自生自长，这不仅是教育的悲剧，也是政治的悲剧，更是国家、民族的悲剧。

政治对教育的干预是不可避免的，只不过干预强度有大小、方向有对错罢了。政治对教育的干预方式及其结果有以下四种：（1）干预强度大但方向是错的，结果最差；（2）干预强度小但方向是错的，结果比第一种情况稍好；（3）干预强度小但方向是对的，结果更好一些；（4）干预强度大但方向是对的，结果最佳，日本明治维新时代对教育的干预是一典型例证，我国改革开放 40 多年来对教育的干预总体上也可归于此种类型。人们欢迎第四种干预而排斥第一种干预，如果不能得到第四种干预而又受到过第一种干预之苦，人们就只能退而求其次了，亦即要求干预强度小以免受错误干预之害。不管方向是对是错，干预强度小本身就已是政治的失误乃至错误。因此，现在关键的问题是：在干预强度大的情况下，如何避免方向的错误，如何保证方向的正确？

教育的健康发展、教育现代化的进程必须有良性政治（即现代政治）做保障，若缺失“现代政治”这个条件，现代教育是难以真正建立起来的。

良性政治是教育健康发展的前提。教育的健康发展须以良性政治为前提，那么什么样的政治才算是良性政治呢？现代政治有什么特征呢？

前文已述及现代政治的特征，现代政治的核心特征是政治的民主化，是权力的理性化。没有理性的权力是盲目的，没有权力的理性是无能的。盲目的权力运作是有害的，权力越大，危害越大。对权力的理性化程度的要求越高，就越需要一个体制来保证这个权力在运作时是理性化的。

比较理想的状态是使权力和理性充分结合起来，个人的专断权力与理性也是可以结合的，但一旦不能结合就会有严重后果，因此，这种结合含有太大的偶然性，保险系数不高。所以制度建设就被置于一个重要的地位。应该有这样一种政治体制：它能把最有理性的人选择出来，让其拥有权力；

当主要决策者出现错误时，它能抑制这种错误不让其上升为国家的决策。这种政治就是民主制，它通过程序的理性化来保证决策的理性化，从本质上看，它是一种程序化了的纠错机制和权力制约机制。

民主制的优点是它集纳许多人的智慧而不是只服从于一个人的智慧，任何一个人都有表达自己的意见的权利，也有让自己的意见接受其他人审查、批评的义务。

民主与法治是相联系的，要保障民主，必须加强法治，必须使民主制度化、法律化，使各种制度和法律不因领导人的改变而改变，不因领导人的看法和注意力的改变而改变。

以民主政治为核心的现代政治是教育现代化顺利推进、教育现代性持续增进的基本保障。

三、教育的正向功能与教育现代化的相对独立性

不论从历史还是从现实看，教育都对社会发展产生了重要影响，对社会发展发挥了正向功能。教育的作用和功能，不仅让每一个教育研究者和实践者深以为傲，也让作为教育现代化的推动者的国家和一些政治家大加赞许。下面以日本为例予以说明。

日本教育发展对经济发展的促进作用举世公认。日本原文部大臣荒木万寿夫在1962年发表的《日本的成长和教育》中断言："明治以来，时至今日，我国的社会和经济迅速发展，特别是战后经济成长非常惊人，为世界所注视。造成这些情况的重要的原因，可归结为教育的普及和发展。""二战"后日本之所以能创造经济腾飞的奇迹，荒木万寿夫认为原因有三："虽然战败，经济遭到巨大损失，但保存了战前所培养的人才；教育体制和内容完全适合技术的变革和经济发展的方向；在日本这样现代化开端晚、人口多、资源贫乏的条件下，经济得到繁荣，是由于明治初期起就输入了现代教育，普及了普通教育，发展了专业教育，提高了国民素质，培养了大批技术人才，经济繁荣是百年教育的成果。"日本前外相吉田茂在《激荡的百年史》中认为日本"奇迹般的经济发展的秘密"，就是"战前日

本儿童就学率高，战后的教育改革进一步提高了就学率。由于设立了许多大学，质量虽然有些降低，但是在造就出大量优秀的技术人员这一点上都做出了很大的贡献。不论是农业也好，还是工业的技术革新也好，这种高水平的教育是获得成功的根本原因”。（孙喜亭，1997）[201]

美国联邦教育部教育研究和改革办公室日本教育研究工作组 1984 年开始研究日本教育改革，1987 年提交了《日本的教育现状——美国对日本教育的研究报告》（Japanese Education Today：A Report from the U. S. Study of Education in Japan），当时的美国联邦教育部副部长贝内特（W. J. Bennett）在此报告的后记《对美国教育的启示》中对日本教育予以高度评价：“日本的教育是成功的。它虽不是十全十美，但它在为现代日本提供一个具有强大竞争力的经济、一个有高度文化的人民、一个稳固的民主政府、一个犯罪和暴力比较低的文明以及一个具有健全的、可信赖的基础技术基本结构的职能社会等方面获得了无可争议的成功。你可以不同意这些取得的成就都归功于日本的教育制度的观点，但如果你否认教育有力地支持了获得这些成就的成功那将是愚蠢的。”（吕达，周满生，2004c）[181]

沙伯特（C. Chabbott）和拉米雷兹（F. O. Ramirez）在《发展与教育》（Development and Education，2000）一文中，从经济、政治、文化三个方面探讨教育对于国家发展的影响。（哈里楠，2004）[218－227] 法格林德（I. Fagerlind）和萨哈（L. J. Saha）在《教育与国家发展——一个比较的视角》（*Education and National Development:A Comparative Perspective*，1989）一书中，从经济、政治、社会、文化几个维度分析教育对于国家发展的贡献。（Fagerlind，Saha，1989）[67－144] 斯普林（J. Spring）在《美国教育——社会与政治层面的介绍》（*American Education:An Introduction to Social and Political Aspects*，2002）一书中依次探讨了公共教育的政治目标、社会目标和经济目标。（Spring，2002）[3－19]

除了促进社会发展与国家发展外，教育还能有效促进个人发展与个体现代性的提升。研究表明，受过较多学校教育的人比受较少教育的人，对国内外形势和公共事务有更清醒的认识；有更开放的观念，也更能采纳新建议；能有更多的机会找到好工作，并获得更高的薪酬；具有更积极向上的心理状态，具有更高的幸福感；具有更好的身体状况，更加长寿；会更多地把闲暇时间用于与文化和艺术相关的高雅的活动。（哈里楠，2004）656－682

教育对于社会发展与个人发展所具有的正向功能，充分说明了教育的作用和价值，但却不能“充分”说明教育具有相对独立性。因为历史事实和研究结果都表明，教育能否发挥正向功能，往往取决于社会性质。当社会发展处于正向时期，教育对社会发展的功能总体上是正向的；但若社会发展处于负向时期，教育发挥的是负向功能。（全国十二所重点师范大学，2008）50

需要注意的是，教育及其现代化并不是跟在政治现代化和经济现代化后面亦步亦趋、不能也不敢越雷池半步的实践活动，并不是一种消极被动、无所作为的社会存在。虽然从总体上看教育受制于政治和经济发展，但教育也有“出格”之处。

教育对于政治与经济的“出格”之处，有悲有喜，悲是指教育因其自身的保守性、封闭性，而滞后于政治、经济发展的客观要求；喜是指教育因其自身的相对先进性、超越性，能走在政治改革和经济改革前面，积极引领社会变革。这种“出格”也是屡见不鲜的历史事实。

这种“出格”也说明教育和教育现代化具有相对独立性，具有自主性甚至主体性。其实质是教育发展与社会发展的动态性、局部不平衡性、局部不协调性所致。当社会整体正向发展时，教育可能不能及时反映这种客观要求，而出现相对滞后的“出格”情况；而当社会发展处于负向时期，教育对于社会问题、对于社会中的丑恶现象、对于社会倒退持批判态度，甚至会爆发师生共同参与的学生运动（如五四运动），这也是一种教育的“出格”，但却是难能可贵的、有社会责任感的、有勇气的“出格”，是教育发挥正向功能的一种“特别”体现。

因此，教育的相对独立性在其外部表现上既有滞后性，也有先进性。问题的关键是：教育自身有没有可能大幅减少甚至消除滞后性，而大大增加先进性？而且，教育体现相对于社会发展的先进性时，可否不采用学生运动等极端形式，而是采用一种稳妥积极的常态化形式？

答案都是肯定的。但前提有二：教育自身在“主观”上，能够充分反映人的现代化和社会现代化的要求；教育自身在“客观”上，能够有足够的自主权把能反映现代化要求的“主观”认识付诸实践。与之相关，关键性举措也有二：(1) 教育自身应该通过深入研究和深度培训，使教育从业人员都充分认识人的现代化和社会现代化对于教育目标的新要求，充分认识到该怎样开展教育教学和管理活动才能实现教育目标；(2) 政治系统给学校下放更多的办学自主权，并充分尊重教师的教学自主权和学术自由。通过让学校和教育具有更多的自主性，增进教育活动的专业性。

也就是说，教育自身要有解决“滞后性”的有效机制与举措，那就是开展“研发”(即研究与开发)；同时教育要有更大的自主决策空间。

教育是先进知识分子的集聚地。教育中的一些先进知识分子是社会的良心、时代的先声，往往领风气之先，能够敏锐感知人的现代化和社会现代化对于教育的要求，并开展研发活动将这种客观要求让其他教育从业人员如广大中小学教师等心知肚明，进而共同将新要求付诸实践。

政治、经济对于教育的影响具有宏观性，会影响到教育的一些宏观决策，但具体的教育活动总是直接而微观的，教育领域还有大大小小的其他各种决策，小到教师在课堂上决定选择什么样的教学方法，不是政治、经济所能直接决定的，政治对于教育的影响和控制也不会渗透到教学的每一个具体环节。何况还有教师的教学自主、学术自由，以及学校的办学自主权。因此，即便现实的政治与经济存在种种弊端，作为先进知识分子集聚地的教育领域，也可以给学生传播先进的政治理念和经济观念，从教育中发出相对独立的、有价值的不同声音，提出并共同讨论建设性的改革建议。

教育自身、教育者自己是可以也能够积极推进教育现代化的进程的，这本身就标志着教育和教育现代化的主体性和独立性。所以，尽管教育现代化从总体上说具有依附性，但教育所具有的相对独立性依然使得教育现代化的进程跌宕起伏，具有戏剧性，充满魅力和活力，令人鼓舞甚至有时令人欣喜。

四、城镇化背景下教育现代化的目标定位

城乡二元结构是我国教育现代化的重要制约因素，破解城乡二元结构、推进新型城镇化是加快教育现代化的关键之举。同时，教育现代化也要为破解城乡二元结构、推进新型城镇化做出积极贡献。

城镇化（urbanization，也称“城市化”）是指伴随工业化发展，非农产业在城镇集聚、农村人口向城镇集中的社会变迁过程。当前我国正处于城镇化发展的关键时期，城镇化是教育现代化的大背景，给教育现代化既带来挑战也带来机遇。

改革开放以来，伴随着工业化进程加速，我国城镇化经历了一个起点低、速度快的发展过程，成就举世瞩目，但也存在一些突出问题。第一，人口城镇化滞后于工业化，大量农业转移人口在城镇工作和生活，却难以融入城市，市民化进程滞后，城镇内部社会二元结构形成。目前农民工已成为我国产业工人的主体，受城乡分割的户籍制度影响，2012 年被统计为城镇人口的大约 2.34 亿农民工及其随迁家属，未能在教育、就业、医疗、养老、保障性住房等方面享受城镇居民的基本公共服务，农民工成为廉价劳动力，农村转移人口成为不同于当地户籍人口的二等公民，受到不公正对待，城镇内部出现新的二元矛盾，给经济社会发展带来诸多风险隐患。第二，城乡发展不平衡，农村发展严重滞后，农村留守儿童、妇女和老人问题日益凸显，农业现代化滞后于信息化、工业化、城镇化，导致农业根基不稳、城乡差距过大、产业结构不合理等突出问题。第三，城镇化体制机制不健全，城市管理服务水平不高，阻碍了城镇化健康发展。现行城乡分割的户籍管理、土地管理、社会保障制度，以及财税金融、行政管理等制度，固化着已经形成的城乡利益失衡格局，制约着农业转移人口市民化，阻碍着城乡发展一体化。第四，“政府主导”城镇化发展，政府职能严重错位，短期化行为突出，侵权现象严重，政府管理中民主参与严重不足，决策的科学化民主化严重不足。民主化没有与城镇化同步推进，是我国城镇化进程中出现众多侵权现象的重要原因，也是我国城镇化质量不高的重要原因。

可见，过去传统粗放的城镇化模式，会带来产业升级缓慢、社会矛盾增多等诸多风险。《国家新型城镇化规划（2014—2020年）》提出：随着我国农业富余劳动力减少和人口老龄化程度提高，主要依靠劳动力廉价供给推动城镇化快速发展的模式不可持续；随着资源环境瓶颈制约日益加剧，主要依靠土地等资源粗放消耗推动城镇化快速发展的模式不可持续；随着户籍人口与外来人口公共服务差距造成的城市内部二元结构矛盾日益凸显，主要依靠非均等化基本公共服务压低成本推动城镇化快速发展的模式不可持续。随着内外部环境和条件的深刻变化，城镇化必须进入以提升质量为主的转型发展新阶段。我国城镇化发展由速度型向质量型转型势在必行，必须走新型城镇化道路。

新型城镇化是对传统城镇化偏差的纠正，其重要特征是：推进以人为核心的城镇化，推动大中小城市和小城镇协调发展、产业和城镇融合发展，促进城镇化和新农村建设协调推进。（中共中央，2013）[24] 新型城镇化注重人的发展，注重基本公共服务的提供，关注人的生活质量。因此，新型城镇化是社会全面进步的历史过程，是走向社会现代化、走向人的现代化的历史过程。

教育现代化的目的在于促进人的现代化与社会现代化。在新型城镇化视角下，教育促进人的发展，核心使命就是促进农村转移人口的市民化、促进人的现代化；而教育促进社会发展，核心任务就是促进社会现代化，包括促进社会融合、政治民主、经济发展与农村发展。

1. 教育促进人的城镇化与人的现代化

“人的城镇化”是新型城镇化的核心，“人的城镇化重视人的权利、人的福利、人的主体性，以人的全面发展为出发点和最终归宿”（邬巧飞，2015）。“人的城镇化”与“农业转移人口市民化”同义，从字面上看，是指把农村人“变成城镇人”“变成市民”，使农村人与城镇人、市民一样，没有差别，能够乐业安居、具有同样身份、享受公共服务、具备同等素质。具体而言，人的城镇化包括五个方面：（1）职业由次属的、非正规劳动力市场上的农民工，变成首属的、正规劳动力市场上的非农产业工人；（2）居住条件不再处于边缘地位和“区隔”状态，融入城镇居民的住房体系，有资格购买商品房，有资格购买经济适用房、廉租房、限价房；(3) 社会身份由农民工变成市民，没有户籍造成的身份分割（刘传江，2006）；(4) 与城镇居民在教育、就业、医疗、养老、保障性住房等方面，享有同样的基本公共服务；(5) 具有市民素质，具备现代市民的生活方式、人格特征和综合素养。

严格讲来，人的城镇化的五个维度中，只有第五个维度是从教育目标层面来论述人的城镇化的，它揭示了人的城镇化的本质内涵。进一步讲，人的城镇化、市民化，实质是人的现代化，要求教育造就现代人，增进人的现代性，增强人的主体性（积极性、主动性和创造性），培养全面发展的现代公民。

农村转移人口"从乡村到城市"，某种意义上意味着"从传统农业社会到现代工业社会"。在城镇化进程中，农村转移人口中的每一个人，其精神世界都面临挑战，都需要转型，都需要"现代化"。当我们评判现代性在中国社会的现实境遇时，不能回避"城乡二元结构"，"必须把视野投放到在社会城乡二元结构中在比重上占主体的农民、农村和农业的状况"，"在这里，我们看到了传统与现代之间的对抗和冲突，看到了传统的顽强生命力。它的状况如果不从根本上松动和改变，无论我们如何努力，现代性都摆脱不了'无根基的'浮萍状态"。(衣俊卿，2005a) [28-29] 农业文明的封闭性容易使人消极被动、不思进取、知足常乐、小富即安，往往凭借经验、常识、习惯而自发生存与活动。"工业文明的经济、政治、技术等运行机制同具有科学技术理性和人本精神等文化基因的进取的、创造性的现代人是契合的，而农业文明与具有自然主义文化基因的保守的、封闭的、自在的传统人也是同体的。"城镇化意味着由前工业文明（农业文明）向工业文明过渡，意味着农村转移人口进入一个充满竞争和不确定性的社会空间，要求人"由自在自发的主体向自由自觉的主体转换"，"不断增强主体的自我意识、批判意识和社会参与意识"。(衣俊卿，2005b) [322-324, 333]

城镇化在表面上是农村人口向城镇集聚的过程，在本质上则是农村人口精神世界转变的过程、是农村生活方式和人格特征转变为城市生活方式和人格特征的过程、是传统人转变为现代人的过程、是人的现代化即人的现代性不断增长的过程。当前中国的城镇化在时间上处在21世纪，必须应对21世纪的挑战。在教育与城镇化的关系上，要求教育要培养人的“21世纪核心素养”，否则，在新型城镇化背景下的教育目标定位上，我国将滞后于国际潮流。

2. 教育促进流动人口与城镇居民的社会融合

在城镇化进程中，我国传统的城乡二元结构还未破除，新的“城市内部二元结构”已经成型甚至固化，农村转移人口难以融入城市社会，农民工与市民的社会距离不断扩大，农民工及其子女所遭遇的排斥主要有以下几种。(1) 制度排斥。制度排斥属于各种排斥中最严重的排斥。各种各样的城乡二元制度直接带来了其他多种形式的社会排斥。制度排斥中最严重的是户籍制度排斥。户籍制度导致农村转移人口不能享受均等的基本公共服务，在就业、薪酬、保险、住房、医疗、教育等各方面受到歧视。(2) 经济排斥。经济排斥是指生产、交换和消费等经济活动中的社会排斥，具体包括就业排斥、收入排斥和消费排斥。(3) 文化排斥。文化排斥是指行为方式、生活方式、价值观、语言方式等方面的排斥，具体涉及城镇居民对于农村转移人口的文化排斥，城镇儿童对于农民工随迁子女的文化排斥，以及城镇学校的一些教师对于农民工随迁子女的文化排斥。文化排斥往往起于偏见，加强沟通、增进理解后，排斥会减弱。

导致城市内部社会距离扩大、社会分化加剧的根本原因是二元体制，但是农村转移人口的教育水平和综合素养相对较低也是重要原因。通过教育促进社会融合，既需要从制度层面也需要从非制度层面寻求对策。

第一，破解教育方面的“制度排斥”，以教育融合促社会融合。破除城乡二元教育制度，加强城镇职业教育、继续教育对农民工的开放性，加强城镇各级各类基础教育对农民工子女的开放性，为农村转移人口提供均等的受教育机会。教育居各类公共服务之首，教育公平是实现社会公正的基础，农村转移人口与城镇户籍人口在教育空间的融合是推进深度社会融合的基石，因此，破除教育制度排斥不仅至关重要，而且迫在眉睫。教育领域在解决“制度排斥”方面，在提升整体城市社会制度的共享性、包容性方面，应该走在其他领域的前面，率先垂范。

第二，改进农民工职业教育与继续教育，提升农民工就业能力和就业质量，提高其经济收入，化解“经济排斥”，促进经济融合。

第三，改进农民工职业教育与继续教育，通过城市生活方式等非技能性知识的教育与培训，增进新生代农民工群体的城市文化资本，促进文化融合，弱化“文化排斥”，使他们更熟悉城市生活，更好地融入工作、融入社区和融入务工所在城市。

第四，改进针对农民工随迁子女的基础教育，把促进随迁子女社会融合作为城镇学校的教育目标之一，既面向当前促进“文化融合”，也面向未来促进“经济融合”。更重要的是，城镇基础教育要针对农民工子女的特点因材施教，切实提高他们的综合素质，特别是要培养他们的核心素养，在基础教育阶段为他们的一生幸福奠定坚实的“基础”，让他们在未来的社会竞争中，与他们同龄的城镇学生站在同一个起跑线上，而不是输在起跑线上，只有如此，他们将来才能在劳动力市场上具有竞争力，才能有较好的就业能力和就业质量，才能有较高的经济地位，才能真正实现“经济融合”。而经济融合是实现其他社会融合最重要的基石。

第五，通过继续教育和社会教育等手段，改变某些城镇居民对于农村转移人口的认识，增进包容性，提升城镇居民的包容性素养，为建设包容性城市奠定认识基础，推进农民工融入企业、子女融入学校、家庭融入社区、群体融入社会。

3. 教育促进政治稳定与政治民主

公平与秩序有内在联系。社会不公正、不公平，会带来社会不稳定。我国城镇化进程中农民工问题带来的社会矛盾与政治隐患不容小觑。社会稳定取决于两个基本条件：一是形成中产阶层为主的社会结构，即“橄榄形”或“纺锤形”社会结构；二是社会阶层不是固化的，而是流动的。

按照这两个标准，当前我国都存在问题。中国整体社会结构的最大问题是“下层过大”而“中层欠缺”，这种结构对社会稳定是巨大威胁。出现这种结构的直接原因是城乡二元结构，人口巨大的农民、农民工群体居于社会低层。中国社会变迁需要解决的最大难题是如何扩大中产阶层的规模，优化社会结构。其次，社会阶层是固化的，处于社会结构低层的农民和农民工，没有向上流动的渠道。这两个问题实质上是一个问题，需要同时、一体解决。基本思路是：通过社会低层的向上流动，解决中国社会结构的“中层欠缺”问题。

在城镇化进程中，非常需要一种公正的制度安排，给所有的农民工带来希望，让农民工可以由社会低层向上流动到“社会中层”，扩大我国中产阶层的规模，从而促进社会稳定和政治稳定。

长期以来，户籍制度是制约农民工社会地位的最重要的制度因素。目前，比较流行的观点认为，可以通过户籍改革实现农民工的“市民化”，给农民工以平等的市民待遇，解决农民工的地位问题。但是，不要以为单凭户籍改革就可以解决一切问题。根据社会分层的基本原理，人的社会地位的上升往往是在分化中完成的，是个体在竞争中实现的。所以，户籍改革是必要的，因为只有这样的改革才能防止“集体排他”（collectivist exclusion）；而公正的流动机制必然会有“个体排他”（individualist exclusion），现代社会中人的地位的上升往往是在个体排他中实现的。（李强，2013）[444]

我国的农民工群体内部不是同质的，突出表现为职业技术技能水平的差异，有熟练技术工人，有半熟练工人，有非熟练工人。他们对于城镇建设的贡献是不一样的。农民工当中有底层精英存在，他们具有良好的职业技术技能，对他们采取“整体排斥”的政策是不公正的，既然这部分农民工精英有竞争力，就应该为他们设计能施展其优势的制度，使他们能够通过竞争实现向上流动。可以根据技术技能水平对农民工进行分层，并通过制度设计让居于农民工上层的部分精英向上流动，流动到社会结构的“中间阶层”，由“社会低层的上层”上升到社会“中产阶层的低层”，通过这条途径，经过较长时间的努力，最终实现我国“中间阶层”成为社会结构的主体。

这就需要为农民工创设“由农民工身份向技术人员身份转化”的认定与竞争机制，这种认定与竞争机制，即社会分化机制，就是专业资格、技术证书制度。我国目前的技术分层，更多地偏重于对脑力劳动者、知识分子进行细化的专业技术分层，而非常忽视对体力劳动与技术劳动相结合的专业技术人员的分层，这与中国比较轻视操作型劳动的传统有关。目前我国非常重视对于农村转移人口的职业技能培训，但是目前的政策忽视了“培训”对于农民工的“技术分层”的作用。表面上看起来，考级等技术分层措施使农民工分化了，似乎很不公正，但实际上，这恰恰是最主要的机会公正、竞争公正的制度建设。农民工的技术分级，恰恰是使中国社会走向以中产阶层为主体的社会的关键一步。(李强，2013)[452－455]

根据以上分析，可以发现，农民工职业技能培训是关乎社会稳定和政治稳定的基础性工程，通过培训，全面提升农民工职业技能。同时，通过职业技术技能等级鉴定，对农民工的职业技能水平予以分层，授予不同职业技能水平的农民工不同等级的职业技术资格证书。除完善专业资格、技术证书制度外，还要完善持证上岗制度，使就业与证书绑定。这样，可以形成倒逼机制，更好地促进各级各类职业教育的发展。这是由若干环节构成的系统性社会工程和政治工程，其起点是职业教育与培训，中间经过职业技术技能获得、资格鉴定、资格证书发放，再到凭资格证书进入劳动力市场，最后完成社会分化与向上流动，扩大中产阶层规模，夯实社会稳定基础。

需要注意的是，上述链条的起点是“教育”，是职业教育与培训。如果这种教育是没有质量的，那么证书就不会被劳动力市场看重，整个链条就会松动甚至断掉。因此，扎扎实实提升职业教育与培训质量，对于城镇化进程中的社会稳定而言，的确是基础性的社会工程与政治工程。

在城镇化进程中，教育不仅要促进政治稳定，还要促进政治民主。我国城镇化进程中，“政府主导”城镇化发展，侵权现象时有发生，政府管理中民主参与严重不足，决策的科学化民主化严重不足。在涉及农村土地征用、城镇规划、基本公共服务提供、社区建设与管理等公共事务时，农民、农民工及其子女参与不够，其知情权、参与权、决策权、监督权不能得到有效保障，致使其很多法定权利受到侵害，引发诸多社会矛盾。实际上，城乡二元结构、城市内部二元社会结构的形成与固化，都与城镇化进程中的民主不足甚至缺失有关。

政治民主化是新型城镇化的内在要求。教育促进城镇化进程中的政治民主，要点如下。

第一，通过各级各类教育，培养城乡居民特别是农村转移人口的民主意识和参与民主政治的能力。城镇化涉及多方利益冲突，必须通过一定的制度安排，完善治理结构，提升治理水平，让各方利益相关者特别是农村转移人口通过民主参与机制充分表达利益诉求，并在此基础上有效整合利益诉求，以达成利益共识，提高决策的科学化、民主化水平，有序和谐地推进城镇化进程。

政治民主化、治理现代化必须与新型城镇化同步推进。重点是完善农业转移人口社会参与机制，具体要求是提高各级党代会代表、人大代表、政协委员中农民工的比例，积极引导农民工参加党组织、工会和社团组织，引导农业转移人口有序参政议政，积极参加社会管理、社区管理、学校管理。

在农村转移人口民主参与问题上，除了存在“不让参与”的制度性问题外，农村转移人口“不会参与”“不敢参与”的问题也很突出。因此，农村转移人口的教育，不论是农民工的职业培训，还是农民工子女的基础教育和职业教育，都应该把培养民主参与能力作为培养目标。在教育过程中，通过课程建设、管理民主和教学民主，以民主的手段培养各类受教育者的民主素养，使其有足够的知识和能力有效地参与政治活动，正确地行使公民的权利和履行公民的义务。

第二，促进农村转移人口参与教育管理，通过教育管理自身的民主化，推进政治民主化。教育管理包括政府的教育行政和学校的内部管理，教育管理的民主化本身就是政治民主化、社会民主化的重要构成部分，提高教育管理民主化水平，可以拉升政治民主化和社会民主化的整体水平，为推进政治民主化直接做出贡献。而通过教育培养大众和精英的民主素养，是间接为政治民主做贡献。

在城镇化背景下，促进教育管理民主化，重点是加强农民、农民工及其子女对于政府教育行政和学校内部管理的参与，在涉及教育规划、撤点并校、课程调整、师生交流、家校合作、招生考试、农民工职业技能培训等诸多影响其切身利益的教育问题上，通过建立健全咨询、听证、参与、监督等机制，让他们充分表达个人诉求，充分听取他们的意见和建议。教育管理的民主化，意味着强调多元共治，意味着限制与约束行政权力，彰显和强化农村转移人口的公民权利，意味着权力与权利关系的改善，意味着传统城镇化进程中“权力的横行霸道与权利的委曲求全司空见惯”局面的改进，意味着教育治理的现代化。

4. 教育促进经济发展与农村发展

教育通过培养技能型人才，以教育结构转型升级支撑产业结构转型升级，为产城融合提供人力支持，促进经济发展。

产业集聚是城镇化的首要特征。城镇化是经济发展水平及其结构等内在因素的外在表现，推进中国城镇化的发展，绝不像许多人想象的那样，只要废除户籍制度、打开城门即可。城镇化的基本动力在于经济结构的变化。积极调整经济结构，促进产业结构的优化升级是推进我国城镇化的根本出路。前者是后者发展程度的决定因素而不是相反。（钟水映，李晶，2002）无产业根基的城镇化是违反规律的城镇化。

当前我国城镇化存在的一个突出问题是，城镇化进程与产业发展不同步，产业发展滞后于城镇扩张、滞后于土地城镇化。因此，促进城镇发展与产业支撑、就业转移和人口集聚相统一，促进城镇化进程与产业结构转型升级相统一，成为新型城镇化的重要内容和基本要求。而制约我国产业结构转型升级的一个关键因素是技能型人才不足。在城镇化背景下，教育促进产业结构转型升级的关键是培养数量充足、结构合理、质量良好的技能型人才，特别是做好农村转移人口的职业培训和继续教育，把农民工大国变为技工大国、技能大国。教育需要培养什么类型的技能型人才、教育体系结构应该如何调整，本书第五章第二节予以详述。

城镇化不是要消灭农村，也不是以剥夺、牺牲农村为代价去发展城市，而是要城乡共同发展、城乡一体化发展。任何时候都不能轻视“三农”问题，都不能忽视农业、忘记农民、淡漠农村。在新型城镇化背景下，不论是农村教育还是城市教育，都应为促进农村发展服务。

在人口流动的城镇化背景下，农村教育目标“离农”还是“为农”的争论已经丧失实际意义。消解农村教育“离农”和“为农”悖论的逻辑前提是进行城乡一体化建设和确立系统化思维方式。走出“离农”和“为农”逻辑困境后，农村教育的价值选择应该定位在为城乡共同发展服务上（邬志辉，马青，2008），定位在培养合格公民而不是局限在培养“新型农民”上。

教育为农村发展服务，并非只有“培育新型职业农民”这一条路径，并非必须通过培养某种类型的人才能发挥服务功能，还有两条路径。第一，教育机构通过开展农业科技服务促进农村发展。职业院校、高等学校、科研院所运用其农业科技优势，推动农业创新发展、绿色发展，实现农业现代化。第二，通过提高农村教育质量、缩小城乡教育差距，进而提高农村公共服务水平，促进农村发展。提高农村学校教育质量和办学水平，推动城镇教育公共服务向农村延伸。

综上，在新型城镇化进程中，教育在促进人的城镇化、促进农村转移人口市民化、促进社会融合、促进政治稳定与政治民主、促进经济发展、促进农村发展等方面，具有重要作用。克服传统城镇化的弊端，提高城镇化的质量，离不开教育。

在新型城镇化背景下，教育现代化的目标获得了特殊的内涵与外延。教育目的方面的特殊要求，必然带来政府教育行政管理方式、教育体系、课程与教学、教育资源保障等教育形态的变化。对于这四个方面的变化，本书将在第五章的前四节，逐一论述。

第四章　教育现代性分析

理性是现代性的支柱，理性的本质是合理性。可以把教育现代性理解为现代教育的“合理性”，包括工具的合理性和价值的合理性，正因为这两种合理性的存在，我们才认为某种教育是现代的教育，亦即好的、值得追求的教育。对教育现代性的分析就是对现代教育的工具合理性与价值合理性的分析。

根据第一章的讨论，教育现代性包括教育的人道性、理性化、专业性、民主性、法治性、生产性、信息化、国际化八个方面。教育现代性描述的是某种“状态”，而不是实现某种结果的过程，所以在表述时，一般不使用“××化”的动态表述。本书力求表述严谨，但由于一些表述如“理性化”“信息化”“国际化”已经被人们广为使用，本书有时也遵从习惯性的表述。

上一章讨论人的现代化和社会现代化对教育的要求，是以教育的应然目标为焦点的，讨论的是教育应该培养什么样的人、服务于什么样的社会，即讨论“人”的现代性与“社会”的现代性，本章与此不同，要讨论的是“教育”活动本身的现代性。

第一节　教育的人道性

教育的人道性就是要求教育应该是人道的，具有人道主义的情怀。教育的人道性所彰显的无疑是价值理性。

教育的人道性是从人的发展、人的需求而不是社会的需求的视角思考问题，把人的发展和人的多样化需求视为衡量教育现代性的首要尺度，视为现代教育合理性的第一标准。

教育的人道性要回答：什么样的教育对学生而言才是人道的？我们的回答是：优质性、公平性、多样性、终身性的教育才是人道的。

与教育的“人道性”类似的一些表述是教育的人道化、人性化和人本化，这些表述含义基本相同。

一、教育的优质性

与教育的优质性类似的一些表述，有教育的优质化、高位均衡等。

教育的优质性是从“质量”视角描述现代教育的。优质教育是有质量的、高质量的教育。可以从教育的结果与过程两个方面进一步界定教育质量。从结果来说，优质教育意味着学生的全面发展、个性发展；从过程来说，意味着学生的自主发展，即自由发展。“自由”是一般现代性的核心特征，而且只有以自由的发展为前提，才会有全面发展，才会有个性的充分发展。自由发展要求在教育过程中，扩展、尊重、保护学生的权利与自由。

借鉴现代化新理论中的可持续发展理论，优质教育还应该包括学生的可持续发展。亦即尊重、保护学生的自然身心条件，不过度使用、不损害这些身心条件，尊重学生身心发展规律，不是毕其功于“中考”或“高考”一役，而是让学生具有可持续发展的体力、意识、知识和能力。

总之，优质教育不只是让学生考一个“好分数”，优质教育是能够促进学生的全面发展、个性发展、自主发展、可持续发展的教育。

教育的优质性要求从学生的视角、从长远的视角去思考问题，深入思考什么是学生的根本利益、长远利益，教育应该使学生具备哪些素质，使其能一生幸福，能适应复杂多变的现代社会。实质上就是要思考人的现代化和社会现代化对于人的素质的要求，并在确定“教育质量”的内涵与外延时，充分反映这些要求。这样，教育培养出来的人才能适应社会发展的需要，以及自身发展的需要。

因此，教育的优质性本质上是对于现代教育的目标描述。具体内容可以参阅本书上一章。

需要注意的是，因为此处讨论的是教育的人道性，所以对于教育的优质性、教育质量的论述，主要是从“学生需要”的视角切入的，而不是从国家政治、经济需要的视角去看的。如果从社会的视角去看，教育的优质性、教育质量还意味着教育对于社会发展具有较高的贡献率。

教育的优质性与教育的公平性密切相连。教育公平问题本质上是教育质量的差距问题。1988 年美国联邦教育部副部长贝内特向总统提交了《关于美国教育改革的报告》（American Education：Making It Work），报告认为，“教育机会均等”是美国民权运动长期奋斗的目标。真正的教育机会均等意味着对所有学生实行同等的教育。如果只是增加入学机会而不提高学校的教学质量，无异于变相地执行种族歧视。“对处于不利境地的学生，我们没有向他们提供他们应入的第一流中、小学，这种情况太多了。我认为，提高教育质量是摆在民权运动面前的中心任务，也是我们当今所面临的主要挑战。要实行教育机会均等，我们就必须在学校里为我们的学生提供均等的智育教育机会。”（吕达，周满生，2004b）[355]1994 年 7 月 1 日正式生效的《2000 年目标：美国教育法》（The Goals 2000：Educate America Act）是一个系统的教育改革方案，其目标在于“保证所有的学生受教育的机会均等和学业的高质量水准”。该法案要求“保证所有学生都有平等的学习机会”，还要求“所有州的教改计划应制定使所有学生有机会学习的标准或策略。这些标准或策略应包括该州认为适当的，能确保所有学生获得该州教育内容标准和学生成绩标准所规定的知识和技能的平等机会”。（国家教育发展研究中心，1999）[66, 56]教育公平、教育平等的声音不应该淹没对教育质量的追求，追求教育公平和教育平等不能以忽视甚至牺牲教育质量为代价，更不能在国民教育体系内部实行双轨制，为弱势群体提供低水准的教育。

二、教育的公平性

与教育的公平性类似的一些表述是教育的普及化、公平化、平等化、均等化、均衡化、城乡一体化等，本书用“公平性”覆盖之。教育的福利化或福利性也可以放在教育“公平性”的概念下进行讨论。

教育公平与教育平等不同。教育平等（educational equality，equality 有时又被译为“均等”或“平均”）是一个实证性的概念，是一种量的特性(quantitative property)。它是对一种客观的教育资源分配结果或分配状态的描述，它只是回答不同人之间分配的结果是否有差别或者是否有差距，但并不回答这种分配结果是“好”还是“坏”，也不对这种分配结果是“合理”还是“不合理”进行判断。平等或者均等是可以测量的。

公平（equity）是一种质的特性（qualitative property），是与正义、公正相联系的价值判断。正如格林（T. F. Green）所指出的：不公平（inequity）总是暗含着不正义或者不公正（injustice），而不平等（inequality）却不是。（Green，1983）“正义”（justice）是一种价值观念，是对社会运行状态和人际关系（包括分配关系）进行判断的价值标准。“正义”这个概念，包含了“合理性”和“善”的内容，因而具有非常强烈的规范性。社会正义是任何一个社会必不可少的精神支柱，是社会成员达成共识和合作的基础，是解决矛盾和冲突的依据。（中国发展研究基金会，2005）[9] 公平也是一种价值判断，教育公平是用正义原则对教育资源分配过程和分配结果的价值判断。当一种分配结果被认为是“公平”的，它是在表达这样一个含义：这种分配结果是符合正义原则的。

公平的本质是合理性。对“合理性”的评价因人而异，因此公平观也有多种。但是，尽管如此，人们对教育公平问题或者教育资源配置的合理性问题会形成一些共识，例如：法律规定人人有平等的受教育权，这是公平、合理的；对于不同天赋和智力水平的人，因材施教是公平的；对于弱势学生，给予补偿教育也是公平的；在教育机会均等的前提下，教育的结果不平等、不均等（例如有的考上重点大学，有的落榜）也是公平的。可见，平等与公平是两个相互有联系，但又有所不同的概念。平等并不必然意味着公平，公平也不完全等同于平等。教育公平涵盖教育平等，但比后者有更宽泛、更丰富的内涵和外延。

教育公平包含教育资源配置的三种合理性原则，即平等原则、差异原则和补偿原则，教育公平因之分为平等性公平、差异性公平和补偿性公平三种。

人人渴望平等，渴望平等的发展权利和发展机会。古代社会以等级和特权为特征，而现代社会崇尚平等，并从法律上确认人的平等发展的权利。宪法、教育公共政策和教育立法把受教育权平等列为基本的人权，保障公民平等的受教育机会。

《中华人民共和国宪法》（1982）规定："中华人民共和国公民有受教育的权利和义务"，"中华人民共和国公民在法律面前一律平等"。《中华人民共和国教育法》（1995）规定："中华人民共和国公民有受教育的权利和义务。公民不分民族、种族、性别、职业、财产状况、宗教信仰等，依法享有平等的受教育机会。"很多国家都把追求教育平等作为教育改革的重要目标。例如，《法国教育指导法》（1989）第1条规定："教育是国家最优先发展的事业。公共教育事业应根据各类学生构建和组织，应有助于机会平等。每个人所享有的接受教育的权利要得到保证，使个性得到发展，有利于个人进入社会和职业生活以及行使公民的权利。"（吕达，周满生，2004d）[317] 受教育权平等是社会正义的内在要求。不承认凌驾于法律之上或者超然于法律之外的任何特权，一切权利主体享有相同或者相等的权利。权利平等废除了基于性别、身份、出身、地位、职业、财产、民族等附加条件的限制，体现了社会对所有成员的"不偏袒性"和"非歧视性"。

受教育权平等是一项基本原则，落实到实践和操作层面，突出表现为受教育机会平等，即"教育机会均等"，要保证社会成员有平等的教育参与机遇，它要求社会提供的生存、发展、享受机会对于每一个社会成员都始终均等。社会要毫不偏袒地为所有人提供同样的受教育机会。

"教育机会均等"要求摈除教育体系中的特权与等级，要求建立"立交桥"，即建立纵向衔接、横向沟通的教育路径，例如，让每一个高中阶段毕业生，不论是普通高中毕业生还是中职学校毕业生，都有平等的参加高等学校入学考试的机会。再如，进城务工人员随迁子女应该和城市居民子女一样，都有平等的竞争机会以进入当地中等教育和高等教育机构接受教育，即可以参加“异地中考”和“异地高考”。

教育的差异性公平是指根据受教育者个人的具体情况区别对待，它反映的是“不同情况不同对待”的原则，即不是平均或平等分配教育资源，而是根据学生的差异提供差别化、多样化的教育资源。这样分配资源意味着差异和不同，是不均等的，但却是公平的。下文论述“教育的多样性”时，还会关注这一问题，此处不再赘述。

与差异性公平关注受教育者个人的差异不同，补偿性公平关注受教育者的社会经济地位的差距，并对社会经济地位处境不利的受教育者在教育资源配置上予以补偿。这样配置教育资源是不平等的，但却是公平的。该原则与罗尔斯的差别补偿原则是一致的，他认为，只允许那种能给最少受惠者带来补偿利益的不平等分配，任何不平等的利益分配都要符合最少受惠者的最大利益。（罗尔斯，1988）[292]

我国农村义务教育中的“两免一补”政策对于城市义务教育阶段的学生和农村义务教育阶段的学生是不平等的，但没有人认为它不公平。这个政策主要体现了补偿原则。教育资源配置的补偿原则对于我国推进教育均衡发展具有重要价值。根据补偿原则，教育资源要向弱势地区、弱势学校和弱势群体倾斜。在我国，农村儿童（尤其是农村留守儿童）、居住在城市的进城务工人员子女、城市贫困儿童、少数民族儿童、女童、贫困大学生等是教育补偿政策应该予以重点关注的对象。

不论是追求何种形式的教育平等和教育公平，不论人们对教育公平有怎样的理论主张，教育补偿政策一直是许多国家占主导地位的教育公平政策。补偿政策之所以成为主导政策，原因在于不论是追求机会平等，还是缩小结果差距，都需要补偿。

在著名的“科尔曼报告”面世以前，美国就已经实施了教育补偿政策，目的在于追求形式上的机会平等。“科尔曼报告”于1966年面世，它更强调实质的平等（结果平等），借势于当时蓬勃开展的民权运动，补偿教育政策在美国更是大行其道，至今不衰，联邦和各州制定了很多相关法律法规，内容细致而全面。

法国近几十年的教育改革着力于缩小区域差距。《法国教育指导法》要求“制定一个减少学区之间和省区之间存在的不平等的政策”（吕达，周满生，2004d）[322]，以缩小区域教育差距。法国《关于教育指导法的附加报告草案》认为，法国的教育“在教学效果、人员与场所的条件以及培训网络方面，仍然存在着严重的地方、省和地区之间的差异”，要求缩小因地理原因造成的不平等，“与因地理原因造成的不平等作斗争”。（吕达，周满生，2004d）[328]

高等教育也应该实施补偿原则。法国高教改革委员会主席阿达利在《构建欧洲高等教育模式》中认为，处于困难处境的优秀高中学生应当得到长期高等教育学习的低风险保障，高等教育应当有助于社会不公正现象的减少，在财政上和文化上帮助处境不利的学生获得同样的权利。（吕达，周满生，2004d）[360]《我们的大学——支撑澳大利亚的未来》（Our Universities：Backing Australia’s Future，2003）描述了澳大利亚在高等教育领域推进教育公平的情况：“自 1990 年以来，除澳大利亚土著人外，另外还有五个群体被公认为是高等教育的弱势群体。他们是：非英语背景人群，残疾人，农村和偏僻地区的人群，非传统学习领域的妇女，以及社会经济地位低下者。这些群体得到了高等教育公平项目（HEEP）的支持。”（吕达，周满生，2004c）[478]

教育补偿政策对于发展中国家意义重大，它是发展中国家新的反贫困战略的重要组成部分。过去的反贫困战略注重物质的援助与保障，着力解决当时的温饱问题，对贫困家庭的长久脱贫和贫困人口子女的未来发展关注不够。教育补偿政策通过教育机会的再分配，有助于改变贫困家庭的生活机遇，有助于促进贫困阶层向上流动。我国教育补偿政策尚不完善，需要借鉴他国的经验和教训。需要思考的核心问题是：如何与教育贫困做斗争？如何让教育服务惠及穷人？

从发展中国家的教育公共服务现状看，服务能够为穷人效力，但却常常失效。“政府可以利用很多方式来履行它所承担的……教育责任。在这些方式中包括促进经济增长，增加公共支出以及使用技术干预。每一种方式都有助于改善结果。”但是，如果不改变激励机制，不进行制度变革，只依靠经济增长、增加公共支出、进行技术改进是不够的。必须建立问责制，完善约束和激励机制，才能真正“让服务惠及穷人”。（世界银行，2004）[32-42]

影响教育差异的因素主要有三类：（1）先赋性因素，其是个体无法控制与改变的因素，如出生地、种族、民族、性别、身体状况（如残疾）、家庭社会经济地位等；（2）制度性因素，如户籍制度、教育投入制度、重点中学制度等；（3）自致性因素，主要指个人的能力与努力，个人据此获得的教育机会（如考上重点大学）、社会地位被称为自致地位，偏重自致性因素是现代社会的特征。

教育政策与制度的作用在于，降低先赋性因素尤其是家庭资本导致的教育差异，保障教育机会均等，并对弱势群体实施补偿性教育政策，以矫正先赋性因素的负面影响。政府对推进教育公平承担主要责任，应该对弱势群体雪中送炭而不是对优势群体锦上添花。对优势群体的锦上添花就是对弱势群体的雪上加霜，会进一步加剧教育不平等。我国长期以来存在的城乡二元制度（包括户籍制度、社会保障制度、公共服务制度等）、以城市为中心的教育投入政策、根据户籍人口分省定额的高考招生制度、重点中小学制度等，没有平等对待弱势群体，更谈不上对弱势群体的先赋性不利因素进行补偿，起到的是雪上加霜的负面作用。此外，监督问责制度不健全导致的教育腐败问题，也加剧了教育的不公平。可见，推进教育公平，需要进一步深化改革，打破政策与制度领域的顽瘴痼疾。

推进教育公平，贵在“精准”。要针对每一个先赋性因素，如出生地、种族、民族、性别、身体状况（如残疾）、家庭社会经济地位等，开展差别化的深入研究，研究促进公平的措施与路径，精准解决教育不公平问题。这就需要完善和充实教育公平的政策工具箱，选择恰当的政策工具。要改变政府过去主要使用行政性工具的做法，把经济性工具和社会性工具纳入其中。而且，即便是运用行政性工具，也需要增加一些非强制性的服务类、指导类政策工具。（褚宏启，2020）

三、教育的多样性

与教育的多样性类似的表述有教育的差异性、差别化、个性化、个性性等，此处以“多样性”统领之。

人的发展需求的多样性，以及复杂多样的现代社会对人的素质要求的多样性，要求政府和社会提供多样化的教育而不是整齐划一的教育。

教育要考虑受教育者个人的具体情况，要反映“不同情况不同对待”的原则，受教育者的先天禀赋或缺陷以及他们的需求是建构和改进教育体系时必须考虑的前提。不同主体具有不同需求，是理论研究、政策制定、教育立法必须正视的一个现实。（郭彩琴，2003）所以要尊重学生的选择，要提供多样化的教育类型、教育形式、课程类别让学生能够选择，让每个学生的个性和禀赋得到充分发展。教育要正视个体的差异性，放弃对教育类型同质性的追求。“教育的多样性是教育中差异性的表现和教育对于差异性的尊重和适应”，“教育多样性是个人完善发展所必须的”，机械划一的，崇尚单一性、统一性和标准化的同质性教育不能适应个人发展的独特性和综合性，“为了充分发展人自身多方面的因素和特性，多样化是教育的惟一选择”。（刘复兴，2003）[131]

从教育多样性视角看我国的教育，问题多多。我国的教育同质性太强，教育类型、课程内容、教育方法皆是如此，很难满足学生的多样化的需要，亟待改革。日本、英国和美国的教育改革政策对我国有深刻的启发意义。

日本自20世纪80年代中叶开始进行第三次教育改革。《日本临时教育审议会关于教育改革的第四次审议报告》（1987年8月）指出，日本“二战”后的教育有一个突出的弊端，即“教育的划一性，主张极端的形式主义平等的倾向比较明显”（吕达，周满生，2004c）[67]。曾在经合组织教育研究与革新中心（CERI）工作，回国后担任日本文部省国际事务处副处长的冈本薰在其《太阳升起地方的教育》一书中，对日本“二战”后教育的划一性和平均主义问题进行了深刻的剖析。他认为，日本中小学教育制度中极端平均主义的性质对促进社会公平、提高全民总体教育水平，做出了重大贡献。但是，这种教育制度也有弊端，就是极端平均主义，造成了整个教育体制的划一和僵化。（吕达，周满生，2004c）[238－239] 日本第三次教育改革最重要的问题就是要打破教育中存在的划一性、僵死性、封闭性，树立尊重个人、尊重个性、自由、自律、自我责任感意识，也就是确立重视个性的原则。《日本临时教育审议会关于教育改革的第一次审议报告》（1985年6月）指出："'重视个性的原则'是这次教育改革中最主要的、也是贯穿在其他各条的基本原则。"（吕达，周满生，2004c）[9]《日本临时教育审议会关于教育改革的第三次审议报告》（1987年4月）认为："重视个性，就要看到人的能力是多种多样的，要对人们所特有的侧面，即某一方面的能力给予积极的评价。"（吕达，周满生，2004c）[57] 人的能力的多样性要求教育的多样化。

英国教育与科学部、威尔士事务部1985年3月向议会提交的白皮书摘要《把学校办得更好》（Better Schools）中认为，"大多数班级里的优生得不到充分发展，差生得不到恰当帮助"，"在不少情况下，由于教师对每个学生的能力和困难不够了解和理解，对学生能够取得什么成绩的期望变得模糊起来；教师指导常常是针对中等能力水平的学生，最好的学生受到限制，最差的学生又得不到帮助"。（吕达，周满生，2004e）[5] 如何使不同水平的学生都得到充分发展成为重要的教育政策议题。英国1992年教育白皮书《选择与多样化：学校的新框架》鲜明地提出了改革的新思路。学生的"才能不是一律的。我们的教育制度也不能千篇一律"，"实际上，儿童有不同的需要。教育设施应该更加适合地方环境和个人需要：所以我们信奉教育的多样性"。多样性是21世纪教育制度的主要标志之一，"每一个儿童有机会展现他或她的全部潜力，解放和发展他或她的各种才能"。（国家教育发展研究中心，1999）[361，450]

美国著名的教育改革文件《国家处于危险之中：教育改革势在必行》要求因材施教，尊重学生的个性差异："最有天才的学生也许要求课程内容丰富一些，进度快一些，这种要求甚至超过了其他能力强的学生。同样，教育条件差一些的学生，也需要特殊的教学材料，班级小一些或安排个别辅导，帮助他们掌握所教的材料。""不管怎样，大家有一个共同愿望：我们必须要求所有的学生，无论是有天才的或天资差的、富裕的或贫穷的、准备升大学的还是准备到农场或工厂就业的，都要尽各自的最大努力和作出最好的成绩。”（吕达，周满生，2004b）[13－14]

实际上，美国对于英才教育的兴趣一直不减，美国的英才教育也一直走在世界前列。1957 年苏联卫星上天，美国朝野震惊，认为教育质量不高，尤其是“最有能力的学生”（the most able students）没有受到高质量的教育，是美国科技落后的主因。次年美国颁布《国防教育法》，要求大力加强数学和科学领域英才的培养，以与苏联抗衡。在 1957 年之后的十年内，美国用于英才教育研究与发展的预算拨款也急剧增加。从这个时期起，美国的英才教育开始摆脱自发的状态，发展英才教育成为政府的一项教育职能。进入 20 世纪 70 年代，美国英才教育迅速发展，美国国会通过《1978 年英才儿童教育法案》（Gifted and Talented Children's Education Act of 1978），以拨款方式向各州和地方教育机构开展的英才教育项目提供资金支持。美国各州的英才教育立法也迅速推进，1971 年只有 21 个州制定了英才教育相关法案，而到 1978 年已扩展到 43 个州。1987 年美国国会通过了《贾维茨英才学生教育法案》（Jacob K. Javits Gifted and Talented Children and Youth Education Act of 1987），再次确定要向英才教育拨款，并且优先为那些来自贫困家庭，或者英语水平有限的以及有身体障碍的英才儿童提供资助。2008 年布什总统签署了《高等教育机会法》(Higher Education Opportunity Act)，该法对从事英才教育的教师的专业发展提出了要求。2010 年奥巴马政府的《改革蓝图：对〈初等与中等教育法〉的再授权》（A Blueprint for Reform:The Reauthorization of the Elementary and Secondary Education Act）出台，明确要求加强英才教育。从美国英才教育政策与立法的发展历程可以看出，这些政策与立法有一个共同的价值取向，即满足英才儿童的特殊需要，同时服务于国家利益。

美国是英才教育的先行者，世界各国英才教育的发展并不平衡，但总体看来，进入 21 世纪前后至今，是世界英才教育发展的一个兴盛期，这可能是各国对于新世纪带来的新挑战的回应。以英国和韩国为例予以说明。1997 年英国工党上台，一向追求教育平等的工党政府却出人意料地力挺英才教育。1997 年工党内阁发布的第一份教育白皮书《追求卓越的学校教育》(Excellence in Schools)，也是英国第一份由政府部门提出的涵盖英才教育内容的白皮书，“我们计划制定一个战略，特别关注英才儿童的早期识别和支持”，“我们希望每所学校和地方教育局对如何培育英才儿童进行规划”。1999 年英国政府出台“追求卓越的城市教育计划”(Excellence in Cities，简称 EiC 计划)，该计划为期三年，针对大工业城市的 450 所中学的排在前 5%—10% 的学生实施英才教育，要求每个地方教育行政机构、每所学校都要有专人负责英才教育事务，要求每所学校要甄别出最有能力的前 5%—10% 的优秀学生并向他们提供有针对性的教学。(Gross，2003) [548] 2002 年英国教育与技能部创办国家青少年英才学院（National Academy for Gifted and Talented Youth)，主要为全国前 5% 的 11—19 岁英才学生提供特殊课程服务。2007 年英国又进一步把服务对象拓展为全国前 5% 的 4—19 岁英才儿童。

韩国 2000 年通过《英才教育振兴法》，2002 年发布《英才教育振兴法实施令》，2002 年底发布《英才教育振兴综合计划（2003—2007)》，勾画了英才教育 5 年发展蓝图。其后，韩国英才教育获得长足发展，教育人力资源部设立了中央英才教育振兴委员会，在市、道教育厅设立相应的英才教育振兴委员会，建立了由英才学校、英才班级、英才教育院、大学附属英才科技项目等构成的健全的英才教育体系，力图到 2012 年让全国中小学生的前 1% 能够受到高质量的英才教育。

综观各国英才教育的发展，可以看到，各国越来越认识到英才教育对于国家发展的战略价值，力求最大限度地满足英才儿童的特殊需求，让“学得快，学得好”的英才儿童能够“吃得饱，吃得好”，让他们的潜能得到最大限度的开发，重点培养其创新精神与创新能力，以期将来成大器，为国家发展做出大贡献。早发现、早培养、精培养、早成才、成大才、贡献大，成为英才教育的基本诉求。(褚宏启，2012)

反观上述国家的教育政策，笔者对于我国当前教育公平政策实施中的偏差心存疑惑和忧虑。其一，在促进教育公平的口号下，差异化教学的合理性被否定，因材施教受忽视，不能顾及学生能力和需要的差异性，违反教育的基本规律；其二，由于担心有违教育公平政策，教育的多样性发展受到阻碍，教育同质化被大大强化，家长和学生的选择空间变小；其三，英才教育成为理论“禁区”和政策盲点，似乎在教育公平政策的大背景下，讨论英才教育在“政治”上不正确，不能与追求社会公正、建设和谐社会的目标相一致。

之所以会出现上述问题，就在于对“什么是教育公平”缺乏全面的认识，必须把“差异性公平”作为教育公平的一个重要方面。因材施教要求教育体系、结构、组织形式、课程内容、教学模式具有多样性，多样性意味着不同，不同意味着不一样、不均等，但并不意味着不公平。力图消除差异，实现整齐划一，并不是教育公平的内在要求。

必须站在人的发展和国家发展的高度审视教育公平政策。从人的发展的角度看，应该以人为本，尊重教育对象的能力和兴趣差异，依天性而教，使个人得到充分发展，这是尊重教育规律的基本表现。从国家发展的角度看，只有人人获得充分发展（包括英才得到充分发展），人尽其才，才有利于国家竞争力的提升。貌似“公平”的整齐划一的同质性教育误民误国。国家应该极力促进教育的多样性，增强教育服务的丰富性和可选择性，让学生享有更多的教育选择自由，让学生获得更多的发展的可能性。多样性意味着机会的增多，意味着更多的公平，意味着提供多样性的教育结构、多样性的选择和评价机制。差异原则的本质是否定教育过程（包括教育类型、组织形式、教学内容、教学模式等）的整齐划一，要求教育过程的丰富和多样，以满足不同学生的不同需要。教育过程的多样必然带来教育结果的不同甚至很大差异，例如在专设教育机构接受英才教育的学生，其学业成绩与普通学生相比会有很大差异。这种不同和很大差异是教育公平政策能够接受的吗?

我们不能否认教育结果不平等、不均等的合理性，人们也不会对为数不多的英才学生的优异表现持批判态度，但人们会质疑为数甚多的非英才学生的学业成绩差距过大。因此，一个可行的政策选择是：在促进学生潜能最大化的同时，提高所有学生的学业成绩标准，尽可能缩小教育结果的差距而不是消灭差距。这个政策选择的通俗解释是：既因材施教，人尽其才，又提高标准，严格要求。这两点既强调差异（多样性、选择性，体现个体自由）的公平，又强调高质量（统一性、标准性，体现国家意志）的公平，是对教育公平庸俗性概念（教育过程划一、教育结果相同）的超越。而这两点，正是一些国家所积极推行的教育政策，也是我国在推进教育公平时应该选择的教育政策。

尤其应该注意的是，在追求教育公平时，不应该忽视英才教育。从效果上看，英才教育对国家发展具有极为重要的战略意义；从理论上看，英才教育是因材施教的具体表现，是差异性公平的具体体现，并不违反教育公平的原则。因此，大可不必在制定公共政策时回避英才教育问题。吕型伟认为中国应大力发展英才教育，他将新中国几十年来未能培养出世界级的顶尖人才归咎于缺乏英才教育，特别是在基础教育阶段缺乏面向素质优秀儿童的英才教育。

概而言之，人的发展需求的差异性要求教育具有“差别化”的功能，要求“因材施教”，进而要求教育具有“多样性”以实现教育功能，并满足人的需求。

具体言之，人的发展需求的差异性要求认真研究人都有哪些不同的教育需求，重点研究不同人群的教育需求差异，如资优生、大多数正常学生、学困生、残障儿童的需求差异，流动儿童与留守儿童的需求差异，中青年群体与老年人的需求差异，等等。

四、教育的终身性

与教育的终身性类似、相关的表述，有教育的终身化、终生化、全时空性、广泛性等，此处以“终身性”包容之。

人的终身学习的需求要求教育体系提供终身教育。产业技术结构与生产模式变化的加速、科学技术的迅猛发展、知识更新的加快、职业和岗位变动性的增加、竞争的不断加剧，使得一次性学校教育已经不能满足人的工作和生活的需要，“活到老学到老”即终身学习成为必要。而终身学习的个体需求，要求提供终身教育。

终身教育理念于20世纪60年代被提出，其后被不同社会制度、不同发展水平的国家普遍接受，成为指导教育体系建设的重要原则，各国教育体系的面貌因之大变。实践证明，现代教育体系建设正越来越向终身教育的方向迈进。

朗格朗（P. Lengrand）是终身教育理论的积极倡导者和理论奠基者。1965 年，在联合国教科文组织召开的第三届促进成人教育国际委员会议上，朗格朗以“education permanente”为题做了学术报告，在与会者中引起极大反响，后来联合国教科文组织将“education permanente”改为英译“lifelong education”，即“终身教育”。朗格朗于 1970 年写成并出版了《终身教育引论》（*An Introduction to Lifelong Education*）。1972 年联合国教科文组织的《学会生存——教育世界的今天和明天》报告发表之后，终身教育的概念更为全面、清晰、具体，促使终身教育由一种思想转为各国主导的教育政策和普遍的教育实践。

实质上，终身教育是对终身学习需求的回应。终身学习是从个体需求层面提出的概念，终身教育是从教育提供层面提出的概念，一个强调“需求”，一个强调“供给”。从范围上看，终身学习比终身教育要宽一些。终身教育包括正规（formal）教育和非正规（non-formal）教育，而终身学习除包含正规教育和非正规教育外，还包含非正式（informal）学习。

世界银行报告《全球知识经济中的终身学习——发展中国家的挑战》（Lifelong Learning in the Global Knowledge Economy：Challenges for Developing Countries，2003）认为：终身学习的框架涵盖从婴儿到退休的整个生涯的学习，它包括正规、非正规和非正式的教育与培训。正规教育与培训包括正规教育体系承认且颁发公认证书的、有组织的教育。非正规教育与培训包括不被国家教育体系承认的、有组织的教育，比如，学徒实习培训项目和有组织的培训。非正式的教育与培训包括无组织的学习，学习地点不受限制，可以在家里、社区或是工作单位。它包括无组织的在岗培训，这是工作单位最常见的学习形式。（世界银行，2005）[3]

经合组织对上述几个概念做了相似的解释：正规教育是指由学校、学院、大学及其他正规教育机构构成的教育体系，通常为儿童和年轻人提供全日制教育；非正规教育是指不符合正规教育定义的有组织的、持续性的教育活动，它既可以在教育机构内部进行，也可以在教育机构之外进行；非正式学习包括那些不归为正规教育和非正规教育的所有的有目的的学习活动，它们的组织水平相对较低，可以个人独自进行，也可能以团体的形式出现。（经济合作与发展组织，2003）[4]

终身教育从概念外延上不涉及非正式学习，即无组织（或者组织水平相对较低）但有目的的学习、教育与培训。也就是说，终身教育包括正规教育和非正规教育两大板块。

1975年，联合国教科文组织汉堡教育研究所主任戴夫（R. H. Dave）把终身教育的基本特征概括为20个方面，其要点如下。（1）教育不是在正规学校结束时便告终止，它是一个终身的过程。（2）终身教育并不限于成人教育，它包括并统一所有阶段的教育，而且全面地看待教育。（3）终身教育既包括正规教育，也包括非正规教育。中小学、大学等正规教育机构固然重要，但不过是终身教育机构的一种。它们不再享有教育的垄断权，也不再能够脱离其他社会教育机构而存在。（4）终身教育是把所有教育组织化的原理，终身教育从纵的方面寻求教育的连续性和一贯性，从横的方面寻求教育的统合。（5）终身教育的最终目标是维持和改善生活的质量。可以通过终身教育实现个人或社会的技能革新。（6）终身教育与拔尖主义教育相反，具有普遍性，主张教育的民主化。（7）终身教育的特征是，在学习的内容、手段、技术和时间方面，既有机动性，又有多样性。终身教育为受教育者提供可资选择的教育方式和方法。（全国十二所重点师范大学，2008）[98]

在终身教育理念下，教育的概念被极大地改变与扩展了。正规的全日制学校教育的定位和功能也发生了变化，学校教育成为终身教育体系最基本的组成部分，是终身教育的基础，对学校后的终身学习具有深远影响，这种影响具体表现在：影响终身学习的动力，影响继续学习的能力，影响不断学习的习惯。在终身教育的框架下，学校的基本功能不再是满足于人类已有文化知识的传授，更要求唤醒学生的学习需求，提升学生的学习能力，使受教育者主动学习、主动抉择、健康发展。学生从学校教育中所获得的知识，其最重要的价值不在于使学生适应今后的人生，而是成为促进学生发展的源泉。学校教育的指向是促进人的全面发展，为人的终身学习和终身发展奠定基础，为人实现社会价值和幸福人生奠定基础。（郝克明，2006）[131]

终身教育理念，不仅要求大大加强非正规教育，而且对正规学校教育也提出了挑战。终身教育带来了整个教育体系的实质性变革，各国教育体系需要以终身教育理念为指导进行重构。

除教育的优质性、公平性、多样性、终身性外，教育的福利性也是教育人道性的重要表现。教育的福利性与教育资源的平等性、差异性和补偿性配置有关，实质上属于教育“公平性”问题的范畴（比如我国的“两免一补”就属于一种教育福利），因此不再详述。

第二节　教育的理性化与专业性

现代化就其性质而言，是一场理性化的运动。理性化是一种思维方式。按照韦伯的归纳，理性化思维的要点是：明确意识到行动的目的，对所追求的具体目标进行价值大小的比较，排出优先顺序；根据预计的后果权衡行动的必要性；根据目的选择手段，以用最小代价获取最大利益作为选择标准；在行动中遵循严格的首尾一贯性，使一切行动合理而有序。

理性首先造就了现代科学的基本精神，它崇尚事实，怀疑先知，相信逻辑，排除盲目信仰。这种思维方式导致了现代自然科学的诞生，科学因此成为理性的表征。理性在世俗领域恢复了人性的尊严，它以科学精神破除封建迷信，使宗教的神圣光环消失，以平常心对待人的正常欲望和需求，证明了世俗化生活方式的合理性。理性在经济领域建立了科学的工业生产体系、既竞争又合作的市场经济体制，以理性为基础的利益、绩效等观念成为新经济生活中的主要价值观，而现代工业文明的一切成果几乎都是理性思维的产物。在社会关系领域，理性导致了以效率为中心的科层管理制度和符合程序的现代法律制度，注重普遍主义原则的理性化的契约和制度，取代了以蒙昧信仰和情结为根据的宗教信条、宗法观念、风俗习惯和伦理规范，成为现代社会的一般行为准则。总之，现代社会建立在理性原则之上。现代化所倡导的科学化、人性化、民主化、法制化等，都是社会理性化过程的产物和表现。（吴忠民，刘祖云，2002）[168-169]

在现代化理论和现代性理论中，理性或者理性化意味着“合理性”。本节所讲的“教育的理性化”其实质也是“教育的合理性”，但教育合理性或教育理性化有广义和狭义之分，本书第一章第三节对此已有论述。广义的教育理性化把教育的人道性、民主性、法治性等都包括在内，等同于教育现代性的全部内容。此处的教育理性化是狭义的，主要包括教育的科学性、世俗化、科层化等内容。

本节对于教育理性化的讨论，相对偏重于教育的工具合理性。

教育的专业性与现代社会职业分工和专门化有内在联系，与教育的科层化有紧密联系。

一、教育的科学性

教育的科学性有狭义和广义之分，狭义的教育科学性是指课程内容与教学方法的科学性，即在课程中增加和传授科技知识，在教学中培养学生的科学精神，让学生掌握科学方法。而广义的教育科学性是指教育发展、教育活动开展的理性化与合理性。此处使用的是广义的概念。

诚然，离开价值理性，就没有办法最后判断教育的合理性。但是，教育活动如果不符合工具理性，不尊重事物间的逻辑联系，不尊重教育规律，缺乏理性思维而随意为之，也是非理性、非现代的。

教育有三个关键问题：培养什么人？怎样培养人？为培养人提供什么样的支持、服务与管理？这三个问题的答案都不是随便就能得出的。教育的科学性要求对这三个问题都要做出理性、审慎的研究与回答。

教育的科学性要求以下诸方面都具有合理性。（1）教育目标的合理性。在深入研判人的发展和现代社会的发展对教育的要求的基础上，审慎确立现代教育的目标。（2）课程的合理性。课程是为实现育人目标服务的，要根据教育目标的要求并在对教育目标细化分解的基础上，确定课程内容，不能使目标与课程之间出现逻辑断裂。课程的科学性与合理性，要求科技知识、人文知识的协调与平衡。课程内容应该是全面的，这样才能满足学生全面发展的个体需要以及社会发展的多方面的需要。(3) 教育活动的合理性，包括学习活动、教学活动、教育管理活动的合理性，以及三者之间的有机关联性。(4) 教育体系的合理性。即各级各类教育在纵向衔接、横向沟通、结构比例等方面的合理性。本书下一章会对课程内容、教学方法、教育管理、教育体系的合理性予以分析，此处从略。

为提高教育的科学性、理性化水平，需要特别强调教育研究的重要性。教育研究能够为教育的科学发展、理性发展奠定坚实的智力基础。尽管改革开放以来我国教育研究的质量和水平有很大提升，但总体质量偏低，研究方法落后，实证研究偏少，研究方法中思辨性质的方法仍居主导地位，科学、有效的实证研究缺乏（刘尧，2004），远远不能满足教育决策、教育实践的需求。“盲人瞎马”般的教育决策与教育实践并不鲜见，我国教育发展的理性精神亟待增强。

加强我国教育研究的具体策略如下。首先，在国家层面上制定教育研究的战略规划，对我国教育研究的现状、教育知识的存量和质量、国家发展和教育实践对于教育知识的需求等进行宏观战略分析，确定教育研究的战略目标与战略重点。其次，增加资金投入，进一步提高教育研究经费在政府教育支出中的比例，同时进一步加大科研课题资助力度。最后，大力改进研究方法。通过建立健全学术规范，对教育研究人员进行研究方法培训，以及完善教育科研评价制度等措施，大幅度改进教育研究方法，注重量化研究和质性研究的结合，提高研究的科学性及研究质量，提升教育研究对于我国教育发展的引领能力和服务能力。(褚宏启，2011)

二、教育的世俗化

世俗化（secularization）是与宗教化、禁欲主义相对的概念，它主要是指在现代社会中，宗教制度、超自然信仰以及与此有关的事物相对来说已变得不是很重要了，社会成员越来越趋向于现实化、理性化，越来越重视对于社会事务的参与。世俗化进程就是人类的各种活动逐渐脱离宗教形态的过程。现代世界中，人文科学的不断繁荣和扩展，科学和技术革命的不断推进，使整个世界图景逐渐非宗教化了。社会的政治、经济、教育、行为规范、生活方式以及整个文化形态已基本完成世俗化的转型。因此，世俗化的概念有两个基本意义：其一是随着科学的发展，普遍主义和理性原则取代神学教条；其二是注重现世生活的价值，而不是来世的生活方式。世俗化表明了信仰力量的消解和宗教禁忌的瓦解。（吴忠民，刘祖云，2002）[157]

教育的世俗化是社会整体世俗化的一部分，体现了社会整体世俗化的基本精神。之所以把“教育的世俗化”放在“教育的理性化”这一题目之下来讲，是因为世俗化对于宗教化和禁欲主义的否定，都是基于理性和理性化的发展。

教育世俗化有几点具体表现。其一，在公立教育体系中，宗教与教育分离，宗教教义不能在公立学校传播。其二，教育的目的不是让学生追求虚无缥缈的来世，而是要让学生的此生更加幸福。教育不再为来生做准备，而是为了今生今世的幸福、快乐与责任。其三，教育内容、教育方法、教育管理的非宗教化，世俗性的人文知识和科技知识构成主要的教学内容，教育过程和教育管理不再有一些宗教性活动和仪式，不再受宗教性的规条束缚，而是以世俗性的研究发现为指导。

在科学技术、市场经济高度发达的全球化时代，似乎教育世俗化的进程已经完结，教育已经变得完全世俗化了。其实不然。

就我国而言，在教育世俗化方面还存在一些问题需要解决。第一，教育需要进一步提高学生的社会参与程度和理性化程度，使学生以更加求实、更加理性、更加负责任的态度积极参与社会生活，隐士心态、消极态度都是与世俗精神不相符合的。第二，教育需要矫正学生中出现的一些过度功利性行为，如极端个人主义、拜金主义等。第三，教育自身的过度功利化问题已经显现，教育自身需要增强社会责任感，减少功利性的短期行为。学校乱收费，教师非法在校外有偿补课但不专心于校内上课，学校公益性与公共性的弱化等，都是教育世俗化过程中剑走偏锋导致的偏差。第四，我国某些地区还存在宗教分裂势力对公立学校的渗透现象，需要引起关注。

过犹不及，过度的教育世俗化导致的教育功利化，是当前应该充分关注并积极治理的对象，我们所需要的是有社会责任的教育世俗化。

尤为重要的是，不能世俗地甚至庸俗地理解世俗化，尤其不要认为无神论就是世俗化，世俗化的本质是理性与宽容，中国社会的世俗化是在儒家文化背景下展开的，而儒家文化具有世俗性的假面，会使中国社会与教育的世俗化进程更为艰难。有一段话第一章已经引用过，此处再次引用，以说明世俗化的本质："世俗化的含义并不是绝对的无神论，因为强制的无神论本身就源于宗教式的思维方式；世俗化也不是享乐主义，因为我们几乎可以在一切宗教里找到享乐主义的踪迹；它甚至也不是理性统治一切，因为理性无法解决心智的平衡，并且它也不绝对排斥宗教。世俗化的实质是对信仰的宽容，是社会放弃对个人信仰的监督。这一点正是近代文明的精髓之一。"（钱乘旦，1991）[244]

三、教育的科层化

按照韦伯的观点，科层制（bureaucracy）是理性化的产物，能使管理效率最大化，他说："通常的经验表明，从纯粹的技术观点来看，真正的科层型管理组织……能够获得最大程度的管理效率。"劳动分工和专门化造就了各类工作岗位的行家里手，即专家，非人格化取向的专家会依据事实在技术上做出正确、合理的决策。一旦做出合理决策，权威等级体系就会保证执行者对指令的服从，并遵从规章制度，形成一个协调顺畅的执行系统，保证组织运行的统一性与稳定性。最后，职业取向激励员工对组织忠诚，鼓励额外的努力。这些特征的功能发挥可以使管理效率最大化。（霍伊，米斯克尔，2007）[81－83]

包括学校在内的几乎所有现代组织都具有韦伯所列举的科层制特征：劳动分工与专门化、非人格化取向、权威等级、规章制度以及职业取向。学校是与科层组织有诸多相同特征的正式组织。阿博特（M. Abbott）指出："可以准确地将今天的学校组织……描述为高度发展的科层组织。学校同样体现出了科层制所具有的诸多特征，并且运用了军队、工业组织和政府机构等科层组织所使用的许多管理策略。”（Abbott，1965）[40-53]

韦伯认为，理性化是现代世界的主要社会潮流，经由这一过程，传统的社会组织方式被大量明确、抽象、正式的规则和程序逐渐替代。科层体制将权威和责任明确分离，人员聘用主要根据其技术和专业资格来确定，通过详细的规章制度对员工的工作方式进行严格规定，确立科层晋级制度。科层制在理论上不依赖于个人及其人格特征，因此有可能减少个人对工作和组织运作效率的干扰，增加工作的专门化、专业化、连续性和监督机制的影响作用。（波普诺，1999）[192-193] 布劳（P. M. Blau）和梅耶（M. W. Meyer）根据韦伯理想类型（ideal type）的观点，将科层制结构的主要特征概括如下：（1）把为实现组织目标所必需的日常工作，作为正式的职责分配到每个工作岗位；（2）所有岗位的组织遵循等级制度原则，每个职员都受到高一级职员的控制和监督；（3）组织活动是由一些固定不变的抽象规则体系来控制的；（4）理想的官员要以严格排除私人感情的精神去处理公务；（5）在科层组织中就业的人员必须在技术素质上合乎要求，而且不能被随意解雇；（6）从纯粹技术的观点看，规范的科层化行政，可以使组织达到最高效率（布劳，梅耶，2001）[20-22]

综上可见，常规化、理性化、技术化、专门化是科层制的重要特征。科层制通过专注于技术性和行为的预期性来实现高效率。科层制原本是一个中性词，把它译成“官僚主义体制”或“官僚制”是不恰当的。当然，科层制可能会导致自上而下的等级制、个性压抑、信息垄断、抗拒变迁、遏制创新等现象，但这些无论是在韦伯时代还是在今天都不是科层制所应该具有的正功能。（贺武华，方展画，2009）科层制不只是影响到学校组织与学校内部管理，也影响到教育行政机构的设置及其内外部管理。教育科层化是教育现代化的重要表征。

在我国，理性化的、高效率的教育科层化尚没有完成。我国教育行政和学校管理中的很多问题恰恰是科层制缺失、科层化不充分所导致的。机构重叠、权责不清、决策随意、感情用事、长官意志等现象，在我国教育管理中屡见不鲜，亟待通过进一步的教育科层化予以解决。

四、教育的专业性

教育的科学性、教育的科层化都要求教育具有专业性，更要求教育走向专业化。

教育的专业性，从字面上看，是指教育这种职业活动的专业性，意指包括教育教学、教育管理在内的教育实践活动达到专业水平；从本质上看，是指教育工作者的素质达到专业水平。只有教育工作者的素质达到专业水平，教育实践活动才能达到专业水平。

因此，“教育的专业性”在此处是指教育工作者素质的专业性，是指教育专业人员素质专业化的实现。教育工作者专业化是时代发展的需要。我国于 2011 年 7 月召开了全国教育人才工作会议。会议认为，与当前教育改革发展的要求相比，与经济社会发展的需要相比，我国教育人才工作总体上还不适应，在新形势下要把教育人才工作摆在更加突出的位置。教育人才队伍的主体就是“三支队伍”——教师队伍、学校管理人员队伍、教育行政人员队伍，其中，后两者都属于教育管理者，分别在各级各类学校和政府机构从事教育管理工作。大中小学校长和教育局局长是教育管理者的典型代表。

专业化是一个社会学概念，是指一个职业经过一段时间发展后不断成熟，逐渐符合专业标准，成为专门职业并获得相应的专业地位的动态过程。职业和专业是两个不同的概念。专业（profession）是职业（occupation）发展的结果，是指需要专门知识和技能的职业。从社会分工、职业分类的角度来看，专业是指一群人经过专门教育或训练，具有较高深的和独特的专门知识和技术，按照一定标准进行职业活动，促进社会进步并获得相应报酬待遇和社会地位的专门职业。（刘捷，2001）[23] 可见，专业高于职业，职业不等于专业。

某种职业要称得上专业，必须符合专业的特征。专业的主要特征可以概括为八个方面：（1）长期的专业训练；（2）完善的知识体系；（3）系统的伦理规范；（4）明确的从业标准；（5）严格的资格限制；（6）具有专业上的自主性；（7）较高的社会声誉和经济地位；（8）具有发展成熟的专业组织。

从一般性职业到专业性职业需要经过一个长期的发展过程。不同职业的专业发展水平是有差异的。根据专业发展程度的不同，社会职业一般可分为三类：（1）专业性职业，如医生、律师、会计师等；（2）半（准）专业性职业，如护士、图书管理员等；（3）非专业性职业，如售货员、清洁工等。

从职业发展现状看，教育类职业还没有达到专业性职业的水准，尚处于准专业阶段。

专业化是社会职业发展的重要趋势，教育工作者的专业化是这一趋势的反映。随着社会的发展，职业的专业化的范围在扩大，越来越多的社会职业加入专业化进程，专业化的速度日益加快，专业化的内涵也越来越丰富。沃特金斯（J. Watkins）认为，社会要求专业人员拥有更多的知识和技能来适应日益复杂的社会变化，专业组织和专业人员面临的压力也越来越大，“持续的专业发展”（continuing professional development，CPD）近年来成为各种社会职业领域专业化的“一个新方向”（Watkins，1999）。

教育工作者的专业化也是教育发展本身的要求。2000 年，古斯基（T. R. Guskey）指出：在教育史上，教育工作者的专业发展从来没有像现在这样被关注。每一份教育改革方案和每一份学校改进计划都强调高水平的专业发展的必要性。原因很明确，教育领域的知识增长迅猛，每个分支学科和研究领域亦然。知识的增长要求所有的教育工作者具有新的职业能力，此外，各种教育改革要求教师和教育管理者转换角色并承担新的责任。（Guskey，2000）赛克斯（G. Sykes）指出：所有的教育类职业都力求专业化，并倾向于在专业化的策略上相互借鉴。例如，如果教师们建立了一个委员会来确定专业标准，那么教育管理者也会如此，其他教育类行业亦然。在教师专业化的同时，教育管理者也在追求专业化，二者是同时进行的。（Sykes，1999）

可以从两种意义上理解教育工作者的专业化。一是从职业群体的角度看，教育工作者专业化就是指教育从业群体由准专业阶段向专业阶段不断发展的过程。亦即在整个职业层面上逐渐达到专业标准的过程。具体而言，教育工作者专业化就是向下述目标前进的过程：(1) 教育工作者都经过长期的专业训练；(2) 有完善的知识体系作为教育工作者从业的依据；(3) 建立起系统的伦理规范以约束教育工作者的管理行为；(4) 有明确的教育工作者从业的标准和要求；(5) 进入教育行业有严格的资格限制；(6) 教育工作者具有专业上的自主性；(7) 教育工作者拥有较高的社会声誉和经济地位；(8) 已经建立起教育工作者自己的专业组织并且发展成熟。教育工作者群体专业化的实现，更多地依赖于政府对这个职业群体在职业资格、选聘条件、考核评估、薪酬待遇、级别晋升、专业组织等方面的宏观管理，依赖于资格制度、聘任制度、评估制度、薪酬制度、晋升制度等刚性的制度做保障。二是从个体的角度看，教育工作者的专业化是指教育工作者个体专业知识、专业态度、专业能力所构成的专业素质结构不断更新、演进和丰富的过程。通俗地讲，专业知识涉及“会不会”的问题，专业态度涉及“愿不愿”的问题，专业能力涉及“能不能”的问题。

职业群体意义上和个体意义上的专业化是紧密联系的，后者构成前者的基础，没有个体的专业发展，群体的专业化是不可能的。即使是专业性的职业如律师、医生等，其从业人员个体也需要专业发展。个体专业发展是一个职业上升为专业的必要条件，也是一个专业性的职业保持、巩固其专业性地位的必要条件。

提升教育工作者的社会地位、提高他们的个体职业素养都不是专业化的根本目的，其根本目的在于促进学生的发展。专业化不是“为专业化而专业化”，专业化只是一个手段。专业化的根本目的不在于教育工作者这一职业群体的私利，而这正是“服务重于报酬”的要求，也是教育工作者社会责任的体现。正因如此，美国的“教育领导者专业标准”反复申明为教育管理者设立专业标准的目的是“促进所有学生的成功”。(褚宏启，杨海燕 等，2009) [9]

教育工作者的专业化不论从职业群体层面上还是从个体发展层面上，都不是一个轻而易举的过程，而是一个长期的、充满着困难和艰辛的过程。如何使这一过程加速是一个富有挑战性的重要课题。

教育工作者专业化并不是纯粹的理论构想，它已经成为教育领域一种重要的实践活动，中外皆然。很多国家积极加强教育工作者的职后培训，完善教育人事管理制度，都是为了促进教育工作者的专业化进程，加强教育的专业性。而制定教育工作者的专业标准，既对职后培训有用，也对教育人事制度具有促进作用。因为专业标准是理想的教育工作者专业素质的结构化表述，不仅可以作为开发培训课程的依据，也可以作为建构和完善评价制度的依据。

各国不仅普遍制定并颁布教师专业标准，还为校长制定了专业标准。美国是最早制定校长专业标准的国家，1996 年，美国州际学校领导认证协会（Interstate School Leaders Licensure Consortium，ISLLC）发布了《学校领导专业标准》(Standards for School Leadership)。2007 年，又修订和通过了《教育领导政策标准——美国学校领导专业标准 2008》(Educational Leadership Policy Standards：ISLLC 2008)，这是对《学校领导专业标准》使用功能的界定，以指导各州制定与校长资格相关的政策和指导方针，更加精确地测量和评价校长领导行为。1998 年，英国颁布了《国家校长专业标准》(National Standards for Headteachers)，2004 年又出台了该标准的修订版。英国出台和实施这项标准的一个重要目的是规范校长培训，确保担任校长的人员能够履行自己的职责。新西兰于 1999 年起把校长专业标准并入所有校长的工作职责协议当中，作为校长绩效考核的部分评价标准，并以此作为校长薪水增长的依据。澳大利亚联邦政府于 2011 年 7 月颁布了全澳第一个《全国中小学校长专业标准》(National Professional Standard for Principals)。(褚宏启，贾继娥，2013)

我国教育部于 2012 年颁布了中学、小学和幼儿园的教师专业标准，2013 年颁布了义务教育阶段的校长专业标准，为我国教育工作者的专业化提出了明确的要求。

教育工作者的专业素养是制约教育现代化的关键因素，我国积极开展职后培训（如“国培”计划等）和教育人事制度改革（校长职级制、绩效工资制度改革等），力求通过多种方式加速教育工作者的专业化进程。目前看来，这一进程还任重道远。

“专业自主权”是一个被经常使用的词语，意指在专业活动领域，专业人员的活动不受外部力量干预。例如，一个医生要给病人动手术，在病人身体的哪一个部位切入手术刀，这个医生具有充分的自主权，行政力量、外部因素不会也不应该干预。这就是专业人员拥有的专业自主权。专业自主权是社会对于专业人员所具有的专业素质的认可、肯定与信任。

此处要讨论的“教育的自主性”就是指教育从业人员开展教育实践活动的专业自主权，这种自主性既是对教育专业性的肯定，也是使教育具有专业性的保障。没有教育自主，总是受外部干扰与左右，教育很难有良好的健康的发展。

教育自主性有以下两个层面的含义。

其一，整个教育系统（包括教育行政系统）相对于其他社会子系统所具有的自主性。这种自主性是相对的，但在我国却是稀缺而珍贵的。这种自主性要求其他权力机构尤其是财政、人事、组织部门给予教育系统更多的支持，更少的非理性干预。以国家层面的教育部为例，尽管它是中央教育行政机构，但其拥有的行政权力却是有限的，尤其在财权、人事权等方面受到其他部委的掣肘，在事权方面比如对于职业教育的管理权方面也不完整，中职教育的其中一种类型——技工学校至今仍有很大一部分归人力资源与社会保障部门管理。教育行政权力的范围需要合理扩张，这样才有利于推进教育现代化。

其二，教育系统内部不同教育主体所具有的自主性，如教师的教学自主权、学术自由权，学生的教育选择权、学习自由权、表达自由权，以及学校的办学自主权等。就我国教育的这种自主性而言，情况很不理想。出于种种原因，教育在“戴着镣铐跳舞”，教育主体不论是学生、家长，还是教师、校长，很多人都感到深受束缚，都感到不自由、不自主，都感到不快乐、不幸福，我国的教育自由现状亟待改善。

为此，有两点需要强调。(1）在执法层面，法定的教育自主权需要落实。如学校的办学自主权已经喊了多年，但一直没有得到真正的落实，使得学校不得自由，进而使得学校的管理者和师生也难得自由。(2）在立法层面，法定的教育自由或权利需要拓展。在权利的时代，在经济、政治、文化等社会条件越来越成熟的情况下，应该把一些还没有被法律承认的应得自由（亦即利益和权利）纳入法律的框架中，通过法律手段予以确认和保护。

可见，教育的自主性其本质实为“教育自由”，自由是现代性的内在要求。没有教育的自主性，没有教育的相对独立性，教育中的各个主体包括学生、教师、校长、学校、教育行政机关，就很难发挥自身的积极性、自主性、创造性。

第三节　教育的民主性与法治性

国家公共权力积极介入教育，加强教育立法，运用法律手段和制度手段来规范、支持教育的发展，是现代社会和现代教育的重要特征。为平衡权力与权利的关系，防止权力的滥用，防止少数人侵害多数人的权益，教育的民主性、民主化也伴随着政治民主化的历史进程蓬勃发展起来。

教育的国家化是教育的法治化、法治性的前提条件。教育的法治性为教育的民主化提供法律保障，而教育的民主性为教育的国家化、法治性提供了价值方向。

一、教育的国家化

教育的国家化是指为了促进教育的发展，并进而促进国家意图和战略的实现，国家积极介入教育事务，综合运用各种国家权力，对教育发展予以支持和扶植，对教育发展的方向、规模、体系、结构、质量施加影响与控制。

教育国家化是教育领域现代化的重要标志，这一进程至今没有终止。国家介入教育的根本原因在于教育是一种有效的工具，有助于帮助国家实现其战略目标。在全球化和知识经济时代，国家对于教育的干预和支持力度，与过去相比有增无减。国家是教育改革与发展的最大的推动力量，也是最大的支持力量。

东西方国家的教育国家化的背景与进程并不相同。就欧洲而言，中世纪和文艺复兴时期，教育属于教会、行会、家庭的事务，国家并没有介入教育。民族国家兴起后对教育的介入，最初是出于宗教原因。在16世纪的宗教改革运动中，马丁·路德（M. Luther）主张由国家开办和管理教育。在他的影响下，德国各公国先后颁布多项学校法令推行初等教育，为欧洲国家教育制度的产生和发展奠定了基础。新教普及的瑞士、荷兰、苏格兰等地也纷纷制定法令，设置学校，实行强制入学制度。由于缺乏产业革命的刺激和稳定的政治局势，这些法令并没有得到认真执行。而且这些法令因具有教会法的性质，也不足以称为现代意义的教育立法。但这毕竟是教育史上政府第一次试图用法律的手段促进教育事业的发展。所以，我们可以将其看作教育国家化趋势的萌芽阶段。

工业革命后，欧洲国家的教育国家化进程呈现出鲜明的现代特征，即国家借助教育手段促进经济发展与社会稳定。现代生产力的发展促进了现代工厂制度产生，正是在现代工厂制度的推动下，才出现了现代意义上的教育国家化。最早的具有现代意义的教育立法可见于工厂法之中。资本主义的工厂制度使大批农民和小手工业者破产，变成了产业工人，大机器生产的机械化把复杂劳动技术分解成一道道简单的工序，降低了对工人熟练程度和技术水平的要求，工场主为了获取高额利润，大量雇用女工和童工。于是，工人阶级的家庭联系遭到破坏，子女身心健康遭到了摧残。工人阶级觉醒后，开始为改变自己后代的命运而斗争。同时，由于童工身体虚弱、智力荒废和道德堕落的状况不利于新技术的应用和劳动生产率的进一步提高，不利于巩固资本主义的社会秩序，因此童工问题也引起了统治阶级内部一些有远见的政治家的忧虑和重视。从19世纪初起，英、法、瑞士等国都先后制定了一系列工厂法规，其中重要的条款几乎都涉及童工问题。1833年，英国政府通过了第一个工厂法，该法规定9—13岁的儿童每天劳动8小时，最多不超过9小时，在工厂劳动的儿童不论男女，每天都要从8—9小时的工作时间中拿出2小时接受义务教育，学习最基本的读写算知识和宗教知识，并接受劳动道德教育。这就使得教育与劳动结合起来，并为义务教育的普及奠定了基础。（王雁，2003）

19世纪后半期大工业生产的发展使教育与经济发展愈益紧密地结合起来，教育在社会发展中举足轻重的作用日益显现出来。同时，大工业生产本身的发展，也为教育的普及创造了条件。在此背景下，欧美资本主义国家相继建立了公共初等教育制度。

与欧美国家原来不干预教育事务不同，东方国家如中国、日本一直就有国家直接管理甚至兴办教育的传统。因此，教育国家化对于中日这些东方国家而言具有不同的社会背景和目标诉求。可以说，教育在中国和日本早就国家化了，但那是传统意义、封建意义上的教育国家化，不是现代意义上的教育国家化。

中日现代意义上的教育国家化，始于被西方列强打开国门后，在救亡图存的压力下采取的应对性策略。中日开始借国家之力，通过立法推行西方教育制度，学习西方科技课程。可以说，欧美发达国家的教育国家化是内生性的，是在社会发展的自然进程中发生的，是为了解决自身问题的，没有任何来自外国的压力。而中日等现代化的后发国家，其教育国家化是国家现代化的重要组成部分，是自上而下强力推进的，目的是救亡图存。

时光流转到今天，教育的国家化依然没有停步，但各国的动机现在大致相似，都是为了应对激烈的国际竞争，为了促进国家发展。然而，各国在教育国家化的力度、理性化程度、成效等方面依然存在差距。

教育国家化体现了权力的力量，但权力的运行如果缺乏理性，会带来灾难性后果。

二、教育的法治性

教育的法治性、法治化或法制化与教育的国家化是密不可分的。教育国家化是通过法律手段去实现的。为什么需要法律手段去发展教育？是因为法律手段是一种卓有成效的促进教育发展的工具，而法律手段之所以有效，是因为背后有国家权力在发挥作用。

国家权力是指国家、国家机关及其工作人员凭借和利用对资源的控制，以使公民、法人或其他组织服从其意志的一种特殊力量或影响力。国家权力具有以下特性。(1) 权力是和职位、组织机构结合起来而形成的一种相对稳定的社会意志，代表着一定阶级及其成员对社会的控制能力，具有权威性和影响力。(2) 权力是一种不对等的命令与服从的社会关系，权力一般都以命令－服从的轨迹运行，命令与服从既是权力的本质，也是权力实际存在的重要条件。(3) 权力的实质是一种价值控制和资源控制，即权力主体控制着价值和资源的支配权，它是实现权力主体意志、目标和利益的工具和手段。(公丕祥，2002) [199-200]

国家权力是推进教育现代化、调整教育利益关系的重要资源，不可替代。法律手段从以下几个方面对包括重大教育利益在内的各种教育利益进行调整。第一，在对各种利益相关者的利益进行全面分析的基础上，根据人的发展和社会发展的需要，重新划定教育利益关系格局，确认、界定、分配各种教育利益。第二，协调各种教育利益关系，防止或者解决利益冲突。第三，保障、促进教育利益的实现。第四，促进某种新生教育利益的形成和发展。法律本身不能创造教育利益，但在一定条件下，教育“良法”可以促使人们自觉追求的教育利益的形成和发展。这表现为以法律的纲领性、超前性特点为基础，引导教育利益关系朝向预定方向发展，促使一种新生教育利益的形成和发展。如同美国法学家庞德 (R. Pound) 所言：“法律发现这些利益迫切要求获得保障。它就把它们加以分类并或多或少地加以承认。它确定在什么样限度内要竭力保障这样被选定的一些利益，同时也考虑到其他已被承认的利益和通过司法或行政过程来有效地保障它们的可能性。在承认了这些利益并确定其范围后，它又定出了保障它的方法。它还为了下列目的而规定各种价值准则：为了确定哪些利益应予承认，为了确定保障各种被承认的利益的范围，以及为了判断在任何特定场合下怎样权衡对有效法律行为的各种实际限制。”(庞德，1984) [36-37]

运用法律手段调整教育利益关系的优越性更为突出的表现是有国家强制力做保障。法律通过国家强制力来宣示国家对合法行为的肯定性后果和对违法行为的否定性后果。法律对违法行为的不利后果有明确规定，当违法行为引起惩罚性责任时，国家强制力就会出现，并按明确的标准对责任人给予相应制裁，这些制裁包括行政制裁、民事制裁甚至刑事制裁。

而道德调整和政策调整显然不具备法律调整的优势。道德调整是通过社会舆论、传统习惯、人们内心的信念来调整利益关系的。道德规范中对违反道德的行为应予以何种处置并无明确规定，而且，其制裁手段也只限于舆论的谴责，对当事人公然蔑视舆论的行为，道德也时常显得无能为力。因而，有学者称法律的约束为“硬约束”，道德的约束为“软约束”。（公丕祥，2002）[251]

政策调整比道德调整更有刚性，但其刚性远逊于法律调整。与政策调整和道德调整相比，法律调整对于行为主体可以做什么、必须做什么、不得做什么规定得更加明确清晰，对于不当行为的制裁方式规定得更加明确清晰，更重要的是，法律调整对于不当行为的制裁更为严厉，所谓违法必究、执法必严。

因此，即便不涉及具体的教育法律内容，对教育利益关系的调整而言，仅仅是法律调整机制本身就具有实质性的效率价值和秩序价值。法律在国家手中，是一种卓有成效的教育管理手段。这是很多国家加强教育立法、强化教育法制的重要原因。

从学理上讲，法律责任的设定形成了一种倒逼机制，使行为人根据法律规定预测自己某种行为的法律后果，并根据此后果决定是否实施某种行为。人最后实施的行为是一种权衡利弊的结果。法律后果的设定与趋利避害之人性是有内在关联的，本质上与制度理论中激励与约束制度的原理是一致的。企业家斗志昂扬追求利润与普通民众的安分守法，背后的道理并无不同。

可见，与其他手段相比，运用法律手段调整教育利益关系具有不可替代、无与伦比的优越性。当前我国的教育法总体而言还比较软弱，不仅教育立法不完善，而且教育执法和司法的力度也不够，亟待改进。而改进的首要策略是把重大教育利益关系纳入调整范围，积极致力于重大教育问题的解决，只有如此，教育法才能有大作为，也只有如此，我国教育改革中的一些棘手问题才能借国家强制力而得到切实的解决。（褚宏启，江雪梅，茅锐 等，2013）

三、教育的民主性

前文在论述社会现代化时，已经论及政治民主，此处要论及的是教育民主。教育民主与政治民主有显著不同，政治民主主要体现为一种制度，而教育民主的内容更为宽泛。

教育的民主性就是指“教育是民主的”，但我们一般习惯上说“教育民主化”而非“教育民主性”。二者是有区别的，教育民主性是一种状态，是教育民主化这一过程要实现的直接目标。

教育民主化是教育现代化的重要表现之一，现代教育的演进史就是教育民主不断深化的发展史。“二战”以后，尤其是20世纪60年代以来，教育民主化更是成为世界教育改革的潮流。米亚拉雷（G. Mialaret）指出：“教育‘民主化’现已成为几乎所有教育革新和教育改革的一项固有的目标。教育‘民主化’是目前全球教育系统演变的一个基本趋势。”（米亚拉雷，1993）[250]

但人们对于教育民主化的含义有不同认识。此处列举四种比较有代表性的看法。

其一，教育民主化就是要求教育具有平等、民主、合作、能调动教育者与受教育者的积极性等特点，其主要内容包括：取消等级制度，给广大人民以受教育权利，实行教育机会平等政策；反对压抑儿童的个性，要求尊重学生，调动学生的积极性，培养、提高他们的民主和参与意识。（《教育大辞典》编纂委员会，1990）[55]

其二，所谓教育民主化，一般是指越来越多的人得到教育机会，受到越来越充分的民主教育。教育民主化包括教育的民主与民主的教育两个侧面。前者是民主外延的扩大，即把政治的民主扩展到教育领域，使受教育成为公民的权利和义务；后者是教育内涵的更新，即把专制的、不民主的、不充分民主的教育改造成为民主的教育。（陈桂生，2000）[134]

其三，教育民主化是个体享有越来越多的平等的教育机会，受到越来越多的以自主合作为特征的民主形式的教育和教育制度不断转向公正、开放、多样的演变过程。（袁振国，1999）[50]

其四，教育民主化的精髓是自治和参与。教育民主涉及的主要内容是：（1）加强地方分权、地区自治权、学校自主权；（2）家长、居民、教师、科研人员、学生、社会各部门参与教育管理，任何一方利益代表都不享有特权；（3）参与项目扩大，包括经费、课程、教学法、认识、决策等；（4）工商界、科技界、政界、新闻界、文艺界、法学界等社会各界参与重大教育决策及科研决策。（全国十二所重点师范大学，2008）[395]

上述界定各有千秋，虽然有的界定过宽，有的又过窄，但均有启发意义。

有人认为，民主概念可以在社会不同层面使用。在国家政治制度层面，把民主理解为一种国家形态或国家形式，称作民主的政治制度或民主政体；在人民权利层面，指公民所享有的法定民主权利；在管理层面，指组织管理的民主原则、民主体制；在思想观念层面，指民主观念、民主精神；在行为方式层面，指民主作风、民主工作方法。（张荣伟，2002）

本书所理解的"教育民主"或者教育民主性是这些不同层面的民主的综合。概括言之，教育民主包括两个方面：刚性的民主管理制度和柔性的民主生活方式。

在教育中，刚性的民主管理制度是指教师、家长、学生、社会人士广泛参与教育决策的制度，管理团队集体决策的制度，以及相关的教育管理信息公开与监督制度等。其中，"参与决策"并实行少数服从多数原则是"民主的本意"，是教育民主的核心内容，不容偏离与置换。对教育民主最通俗的解释就是"教育事务，由民做主，一起议决"。决策的具体组织形式包括议会会议（表决法案）、全国性或者区域性的教育咨询委员会、学校理事会或者董事会、教职工代表大会、家长委员会等。这种刚性的教育民主往往都有书面的正式制度做保障，阐明民主决策的参与主体、程序等。

柔性的教育民主指的是一种生活方式和道德精神。在中外教育家中，杜威对于教育与民主关系的论述最为深刻细致。他极力主张民主是一种生活方式。（褚洪启，1998）

杜威认为，民主主义"还有一种更为深刻的解释：民主主义不仅是一种政府的形式；它首先是一种联合生活的方式，是一种共同交流经验的方式”（杜威，1990）[92]。他指出：“认为民主主义与政治的民主主义是一件事，是民主主义大多数失败的原因。”（杜威，1989）[113] 他认为，作为一种生活方式的民主和政治的民主不是对立的，前者反而是后者的切实保障，他说：“除非民主的思想与行为的习惯变成了人民素质的一部分，否则，政治上的民主是不可靠的，它不能孤立地存在，它要求必须在一切社会关系中都出现民主的方法来支持它。”（Dewey，1937）

将民主看作一种个人的生活方式是对民主的一种更深层的阐释，这意味着民主不是一种形式化的和外在的东西，而是一种内在的东西，意味着“民主是一种道德的理想”（Dewey，1939）[14]。杜威明确地讲：“民主的基础是信仰人性所具有的才能；信仰人类的理智和信仰合伙和合作经验的力量。”（Dewey，1937）可见，在杜威看来民主的基础是人道主义。他曾明确地讲：“归根到底，民主主义的问题是个人尊严与价值的道德问题。”（Dewey，2008）[302] 又说：“询问他人喜欢什么，需要什么，有什么意见，这是民主观念的一个要素。……和贵族政治的概念正相反的民主概念是：必须积极地而不是消极地征询每个人的意见，使每个人本身成为权威过程和社会支配过程的一部分；必须使每个人的需要与欲望有被记录下来的机会，使其在社会政策的决定上起作用。当然，与此同时，实现民主主义的另一必要的特点是：互相讨论与互相咨询，并最后通过综合和归纳一切人的观念与欲望的表现而达到社会支配。”（Dewey，2008）[295]

刚性民主与柔性民主都很重要。不仅要在教育管理中建立健全各种民主决策制度、扩大决策范围，而且要在干群之间、同事之间、师生之间、学生之间，建立并推进民主平等的关系。如此则刚柔相济，教育民主性才能更好地被发扬光大。

我国封建历史漫长，民主思想与文化传统并不深厚，现实的教育管理与教育生活中，非民主的现象依然存在，因此，我国的教育民主化之路依然漫长。

教育的民主性需要法律制度的保障，教育的法治性应为教育的民主性保驾护航。民主与法治不可分割，否则法治将走向歧路，甚至成为专制的工具。民主与法治联袂，其使命在于限制（公共）权力，保护权利。

教育治理现代化、现代学校制度建设都是教育民主性的外在体现与最新形态，本书下一章予以详述。

第四节　教育的生产性

教育的生产性是指现代社会中教育的经济功能的凸显与增强，涉及的主要是教育与经济的关系。正因为教育具有生产性，教育对于促进经济发展作用巨大，所以国家才会优先发展教育，并积极改革教育以使教育适应市场经济需求。因此，本节要讨论的“教育的优先性”和“教育的市场性”，实质上是“教育的生产性”的延伸与拓展。

一、教育的生产性

在生产力发展水平低下、生产力发展缓慢的古代社会，直接从事生产的劳动者和经济活动人员，不需要接受正规学校实施的教育和训练。学校教育的目标主要是培养政治、法律、宗教、军事等方面的统治人才。学校开设的课程门类很少，课程内容以文科知识为主，与经济活动相关的课程极少。只有极少数非官方开办的学校，如西方中世纪后期的行会学校，直接关注生产活动，承担培养生产人员和劳动者的任务。

中国清末以前的古代教育，以培养官吏为目的，所谓“学而优则仕”，课程内容为儒学，以“四书五经”为核心。受中国教育影响，日本、韩国、朝鲜等国家封建时代的教育与中国如出一辙。在西方，古希腊时期出于战争的需要，斯巴达和雅典的教育主要是军事教育。古罗马时期的文法学校、修辞学校和法律学校，主要培养政治人才（演说家）、政府官吏、律师和顺民。在中世纪，教会教育主要培养神职人员，宫廷学校主要培养王公贵族，骑士教育则培养能征善战、忠君敬主的武士。中世纪大学的基本目的是进行职业训练，这些职业反映了当时的经济发展水平，大学教育往往通过文、法、神、医等专业学院来进行，培养学者、律师、神职人员、医生等。中世纪后期，随着城市的发展，手工业和商业的进步，出现了手工业行会开办的行会学校、商业联合会开办的基尔特学校，这些学校强调世俗知识，讲授与商业、手工业活动有关的知识，反映了经济发展的需求，但是这种反映也仅仅是表达了当时手工业经济的要求，而且这些学校都是民间自发兴办的，教廷与教会、封建国王与诸侯对此并不感兴趣，这种教育在当时处于教育体系的边缘。

可见，在古代社会，教育的政治功能、文化功能突出，而经济功能不彰。以工业革命为标志的现代经济即工业化经济的来临，彻底改变了教育的功能定位。从教育史上看，现代经济对于教育的革命性影响是“教育的经济功能”的凸显。现代经济成为教育的主要决定力量和制约因素。

在现代社会，经济是一个国家的命脉，是国内政治稳定的基础，是国际竞争的筹码。经济发展关涉一个国家的根本利益和长远利益。而现代经济的发展又离不开教育的支撑。这是 19 世纪末以来许多国家建构和完善教育体系，并不断对教育体系进行升级改造的根本原因。现代经济离不开教育，现代教育的本质特征之一就是教育与生产劳动相结合，即教育的经济功能的彰显、教育的生产性的彰显。

尽管政治也对教育有深刻影响，甚至政治有时会逆经济发展趋势而对教育产生负面影响，但这种负面影响不会长久持续下去，因为促进经济发展是现代政治的重要标志，政治是经济的集中反映，逆经济发展趋势的政治终究要回到正确的轨道上来。

概括地讲，教育的生产性是指教育要为现代经济发展服务，培养出各种类型的、经济发展所需要的人才；具体地讲，教育的生产性主要体现在两个方面：一是教育结构与现代产业结构相匹配，二是教育结构与现代经济的生产要素结构相匹配。

前现代经济以第一产业即农业为主，而现代经济则以第二产业（工业）和第三产业（服务业）为主，而且第三产业所占比重越来越大。产业结构的变化会带来劳动力结构的变化，而劳动力结构又会带来教育结构的变化。产业结构的变革和升级所带来的压力会很快传导到教育结构。近年来，伴随着我国产业结构升级，出现了“技工荒”现象，要求教育结构进行调整，要求加强职业教育和职业培训，尤其是要加强进城务工人员的职业培训。产业结构对于教育体系结构的影响是刚性的，如果教育体系培养的各类人才与产业结构出现错位，会导致毕业生失业，酿成严重的社会问题。因此，在现代社会，教育必须与生产活动相结合，教育结构必须与产业结构相匹配。

生产要素包括物质资本、劳动时间、人力资本（劳动力素质）、科学技术等。前现代经济中，农业、手工业等生产活动对于劳动力素质的要求并不高，通过非正规学校教育的口耳相传、以老带新等方式就可以使经济生产得以延续，而且生产活动中的科技含量也很低，而现代经济是以一定素质的劳动力为人力支持、以科学技术为智力支持的。

工业化的推进、新的产业行业的产生、社会职业的分化，需要规模更大的、种类更多的掌握生产技能技巧的熟练劳动力，而这样的劳动力必须通过教育来培养。掌握生产技能技巧的劳动力成为经济发展的基本要素。20世纪60年代人力资本理论的提出，为经济与教育的内在联系提供了有力论证。教育是提高劳动力素质、提升人力资本水平、促进经济发展不可或缺的手段。伴随着工业化的步伐，教育的大众化、普及化接踵而至，教育体系结构呈现出前所未有的新面貌。工业化与教育的大众化、普及化，与义务教育的实施是有内在联系的。而随着产业结构的调整和升级，经济发展对于劳动力受教育水平的要求也越来越高，这样就推动教育体系的重心不断上移，大众化的初等教育普及以后，又开始普及初级中等教育和高级中等教育，义务教育的年限也不断延长。

教育体系的完善、教育结构的升级，是紧随产业结构升级的步伐的。从本质上讲，一个社会的产业结构及其变化，决定着教育结构及其变化。而产业结构与教育结构之间的桥梁，是劳动力结构。

现代生产是以科学技术为基础的。与前现代经济不同，在现代经济中，科学技术大量地、直接地被运用到生产过程中。现代生产过程是从“简单劳动”向“大量应用科学技术进行生产活动”转化的过程。“现代化生产发展的历史，则是科学通过技术与社会物质生产逐步相结合的历史。科学通过技术与物质生产相结合，具体表现在科学物化在社会生产力各种要素上，如科学物化在劳动力要素上，则表现为劳动力以自觉地应用自然科学知识、生产技术，代替了单纯从劳动经验中得到的陈规旧律；科学物化在劳动资料和劳动对象要素上，则表现为以机器代替手工工具，提高劳动手段智力化程度，以新的生产材料代替旧的生产材料，开拓新的劳动领域。总之，科学通过物化环节，转化为生产技术，使科学从知识形态上的生产力，转化为直接生产力。说明科学技术一旦应用于物质生产过程，并与物质生产资料相结合，就会成为巨大的社会物质力量。”（黄济，王策三，1996）[37–38]

科学技术对于经济的重要性使得国家必须寻找一种有效的组织机构系统，使得科学技术能传承给下一代，而不至于失传、倒退和衰落；同时使得科学技术有更好更快的发展，与生产活动有更好的结合。这个有效的组织机构系统就是“教育体系”。

现代教育体系不仅把人类长期积累下来的科学知识和生产技术，经过精心筛选、加工、提炼、概括进行传递，还通过高等学校的科研活动进行知识创新，生产科技知识。另外，职业院校和高等学校还通过校企合作、产学研结合等方式，推进科学知识转化为生产技术，使科技更快地服务于经济发展。教育体系实质上是一个知识体系，在现代教育体系中，科技知识占了很大比重，中等职业学校、高等职业院校，以及高等教育中的理学、工学、农学、医学等学科门类和相关教育机构，都主要是以科技知识为基础的。没有科技知识的支撑，目前各国的教育体系是建立不起来的。如果从目前各国的教育体系中撤除科技类课程、撤除以科技知识为基础建立起来的各级各类教育机构，教育体系将显得残缺不全，甚至会倒退到古代社会。

如果说舒尔茨（T. W. Schultz）等人的人力资本理论强调了劳动力素质对于经济发展的重要性，那么卢卡斯（R. Lucas）等人的“新经济增长理论”则揭示了科技创新和知识资本对于经济发展的重要性。知识经济的来临进一步强化了科学技术、科技创新对于经济发展的极端重要性。

从一般的定义看，知识是对人类在社会实践中形成的对客观事物运动规律的认识达到理性高度的反映。1996 年，经合组织发布了《以知识为基础的经济》（The Knowledge-based Economy）的报告，首次使用了“知识经济”这个概念，报告指出：所谓知识，则是包括人类迄今为止所创造的所有知识，知识经济是建立在知识的生产、分配和使用之上的经济。知识经济是相对于农业经济和工业经济而言的一种崭新的经济形态。在产品和服务的价值构成中，知识创造的价值将占最大的比重。知识经济的出现，标志着人类社会正在步入一个以知识资源为主要依托的时代。现代经济中知识与经济增长的密切关系，已经为发达国家的实践所证明。一方面，在发达国家，知识与其他资源之间的对比关系已经发生了重大变化，知识已经取代土地、劳动、资本等传统生产要素，成为经济增长中最重要的因素。在经合组织成员国中，投资已出现了向知识型开发流动的趋势，换言之，投资迅速流向高新技术产品和服务，尤其是信息和通信技术方向，而计算机及其相关设备是有形投资中发展最快的。（彭刚，黄卫平，2007）[150－151]

知识经济是以知识的生产、使用（消费）、流通、交换为过程的经济形式，知识是经济运行的重要信息和实现价值的重要载体。教育的基本职能就是传播文化，扩散科学知识，提高整个民族的科学文化素质水平，扩大科技的经济效力。因此，在推进知识经济方面，现代教育具有不可替代的作用。（曲绍卫，杜长明，2000）[55] 知识经济尤其使高等教育的经济功能大为凸显。高科技时代同样改变着高等教育的职能，传统观念中的大学是教书和培养人的殿堂，是教育的最高学府，是远离生产活动的场所，特别是在以人文学科为主的时期，人们无法想象高等学校与生产竟会建立亲密关系。现代高等教育的发展趋势，却是不断加深与科技、生产的结合，进而朝一体化方向演进。（曲绍卫，杜长明，2000）[122]

总之，在现代社会，教育的生产性就是指教育的经济功能的凸显与增强，就是“教育与生产劳动相结合”。但是，不要把它庸俗化地、肤浅地理解为“学生既上课又参加工农业生产劳动”，我国“文化大革命”期间对教育的生产性就存在类似的误解。

也不能把教育的生产性与“教育产业化”画等号。生产性属性，不是教育自产生时就有的，只有在社会生产的顺利进行本质上必须依赖于科学技术在生产过程中广泛应用，客观上要求教育为其培养和提供劳动力，学校教育也应这种要求把培养和训练劳动力作为主要目标时，教育才具备生产性属性。即使如此，教育仍不是直接物质生产部门，而是精神生产部门。其实现自身生产性的方式有二：一是以培养劳动力和提高劳动力素质为中介，使科学由知识形态的潜在生产力转化为物质形态的现实生产力；二是进行科学知识的传递、积累、发展、传播、再生产，借助科学知识推进生产力的发展，创造更高水平的生产力而实现其生产性。生产的社会化程度越高，科学技术水平越高，经济的发展对教育的生产性依赖程度越大，教育的生产性作用也越大。但是，无论教育的生产性作用如何扩大和加强，教育机构也只是以培养劳动力并提高劳动力素质、传播发展科学技术的方式实现其生产性，绝对不应蜕化为直接以营利为目的的经济活动实体。我国推进市场经济，必然使生产的社会化、技术化、科学化纵深发展，在这种情况下，更应强化教育培养劳动力、提高劳动力素质和传播发展科学的本质职能以实现其生产性，而不是相反，向不属于其本质的东西靠近甚至蜕化，这是应清醒认识的原则性问题。（王学，1995）

二、教育的优先性

教育的优先性是指国家把教育作为一项基础性、先导性事业，予以优先发展。一个国家的政治系统做出决策要求优先发展教育，根本原因不在于教育本身重要，而在于教育对于现代经济发展至关重要，现代经济离开教育将难以为继。更进一步讲，一个国家的政治系统之所以重视经济发展，根本原因在于，如果经济发展不力，政治系统就会失去存在的合理性甚至合法性，执政党的执政地位将难以为继。总之，在现代社会，教育之所以重要是因为教育对经济发展重要，而经济之所以重要是因为经济对政治存续重要。更直白一点说，在国家决策者看来，教育在现代社会之所以重要，是因为教育是促进经济发展的有效工具，进而是维护政治稳定、使执政者保住统治地位的有效工具。各国政治家、执政者重视教育，不是无缘无故的，背后都有对与教育有关的利益关系的考量。

教育的优先性或者说教育优先发展的理念源于 1972 年联合国教科文组织国际教育发展委员会发布的《学会生存——教育世界的今天和明天》的

研究报告。该报告明确提出“教育先行”理念，并指出：“多少世纪以来，特别在发动产业革命的欧洲国家，教育的发展一般是在经济增长之后发生的。现在，教育在全世界的发展正倾向先于经济的发展，这在人类历史上大概还是第一次。”“这种倾向首先大胆地和成功地出现在诸如日本、苏联和美国这些国家。许多别的国家，特别是发展中国家，在过去几年中，不顾由此带来的沉重牺牲和一切困难，也选择了这条道路。”（联合国教科文组织国际教育发展委员会，1996）[35-36]这说明，教育的优先性在现代社会不仅仅是主观理念，而且已经成为实实在在的教育实践。

教育优先性的理论基础是20世纪50年代至60年代初形成的人力资本理论。该理论强调通过提高劳动力的质量促进经济增长，认为经济增长不但需要消耗物质和体力，而且更需要提高劳动力的质量；认为人力资源是一种稀有资源，具有重要的经济价值，获得它需要付出代价，而物质资本的投资收益率低于人力资本的投资收益率；同时突破了传统的教育观念的局限，把教育视为生产性投资，认为人力资本是投资形成的，教育投资是人力资本投资的核心。（曹寄奴，2011）舒尔茨指出：“人类的未来不是预先由空间、能源和耕地所决定，而是要由人类的智识发展来决定。”（舒尔茨，1990）[42]他同时强调“人力资本的关键性投资在于教育”（舒尔茨，1982）[5]。

知识经济的到来，进一步加固、密切了经济与教育的内在联系，优先发展教育成为世界上很多国家的战略选择。

就我国而言，教育的优先性与改革开放以来我国“以经济建设为中心”的发展战略有密切关系。党的十二大将教育列为国家发展的三大战略重点之一。党的十三大要求“把发展科学技术和教育事业放在首要位置，使经济建设转到依靠科技进步和提高劳动者素质的轨道上来”，并指出“必须坚持把发展教育事业放在突出的战略位置”。（中共中央文献研究室，1991）[17]《中华人民共和国教育法》确立了教育优先发展的法律地位，规定“国家保障教育事业优先发展”。《教育规划纲要》明确把“优先发展”作为我国教育改革发展的20字工作方针之首。

《教育规划纲要》认为，优先发展教育、提高教育现代化水平，对实现全面建设小康社会奋斗目标、建设富强民主文明和谐的社会主义现代化国家具有决定性意义。但同时也指出，我国当前“教育投入不足，教育优先发展的战略地位尚未得到完全落实”。

《中国教育现代化2035》把“坚持优先发展”作为推进教育现代化的基本原则之一，要求把优先发展教育事业作为推动党和国家各项事业发展的重要先手棋，牢固树立抓教育就是抓发展、谋教育就是谋未来的理念，在组织领导、发展规划、资源保障上把教育事业摆在优先发展地位，将教育发展同国家发展的现实需要和民族振兴的长远目标紧密结合，把教育投入作为重点投入，在国家现代化全局中超前规划、优先发展教育。

我国当前正在实施科教兴国战略和人才强国战略，从因果关系和先后顺序看，“优先发展教育”是实施、落实科教兴国战略和人才强国战略的前提。

教育的优先性并不只是增加教育投入的问题，而是包含“三个优先”，即“经济社会发展规划要优先安排教育发展，财政资金要优先保障教育投入，公共资源要优先满足教育和人力资源开发需要”。（胡锦涛，2007）这意味着要整体规划经济发展与教育发展的格局，统筹协调教育投入、教育发展、科技发展、人才队伍建设之间的关系。教育的优先性并不只是意味着因为教育重要而要增加教育投入，更意味着跨越教育边界的顶层设计，意味着超越现实教育格局的预测，本质上是增强教育发展的理性化程度和科学化水平。

三、教育的市场性

教育的生产性明确了教育对于现代经济发展的重要作用，教育的优先性说明了国家优先发展教育的必要性，而“教育的市场性”则要阐明，在现代社会中：（1）教育内外都有市场存在，教育回避不了市场；（2）市场尤其是劳动力市场对于教育具有重要影响；（3）教育可以借用市场手段促进自身发展；（4）教育的市场性不等于教育的市场化。

现代经济是市场经济，教育、学校、教师、学生都存在于市场的汪洋大海中，无处可逃。与计划经济相比，市场经济是一种更好的资源配置方式。市场经济以供求调节、等价交换、平等竞争为基本特征。在教育活动中，学校招生、学校采购、学校招聘教师、毕业生就业等都说明了市场对于教育的渗透和影响，市场像空气一样笼罩着教育。教育本身就在市场中，教育或者学校还常常作为市场的供给方或者需求方，实质性地参与市场交换，成为市场的一个组成部分。

市场经济对于教育最大的制约是通过劳动力市场的供求关系实现的。例如，在我国，随着市场经济的确立与发展，我国实行毕业生不包分配、双向选择就业制度。市场经济对于教育的影响，主要是通过劳动力市场产生的。教育的产出就是人才或者劳动力，除极个别人外，从教育体系走出的人都需要就业。在市场经济下，劳动力的配置和流动是通过市场进行的，政府不再对毕业生包分配，市场经济使得教育由封闭走向开放。劳动力市场是教育与经济关系的中间环节。劳动力市场所具有的倒逼机制会对教育产生实质性影响。教育培养出来的人，如果不能适应产业结构的要求，在劳动力市场就找不到工作，就会产生失业问题，失业问题又会引发其他社会问题，甚至影响政治稳定。这样，对不适应经济发展要求、所培养的学生难以就业的专业和机构，就必须调整甚至撤销，教育体系结构就会发生改变。受劳动力市场释放的就业“信号”的影响，从20世纪80年代开始，我国一些学校开始主动调整培养目标和专业结构。当某种类型的毕业生就业形势不好时，某些层级的教育就会被压缩，某些专业甚至会被取消；当某种类型的毕业生在劳动力市场供不应求时，这些层级的教育就会扩张。例如，最近几年，在我国大力发展学前教育的背景下，学前教育师资紧缺，有些师范大学便因应市场需要，开办了学前教育专业甚至成立了学前教育学院。

从表4－1可以看出，我国劳动力配置的市场化程度越来越高，这种变化必然对我国教育体系的变革带来深刻影响。（郝克明，2001）[18]

表 4-1　劳动力配置的市场化程度

单位：%

指标	1979 年	1985 年	1990 年	1995 年
劳动力选择自由度	1.06	34.04	38.83	47.40
劳动力流动自由度	0.85	27.32	33.40	45.31
用人单位用工自由度	1.09	4.91	7.08	58.47
劳动工资决定自由度	9.95	30.52	59.48	88.76
劳动力市场化综合程度	3.24	24.20	34.70	60.00

教育的市场性是对计划体制弊端的否定。实践证明，由于存在信息不对称问题，政府很难通过计划手段使产业结构、劳动力结构、教育结构保持良性关系，反而会扭曲三者间的供求关系。计划体制往往会导致产业结构和教育结构的僵化。例如，我国曾实行过中职学校和高等学校毕业生包分配制度，这是典型的计划体制的做法。这种计划就业制度规定了毕业生的就业去向以及待遇，而用人单位只能被动接收毕业生，没有用人自主权，导致教育系统和用人单位都缺乏改革的动力。教育的市场性要求根据劳动力市场状况调整教育结构，以促进教育健康协调发展，因此，教育的市场性反映了教育现代化和教育现代性的要求。

教育的市场性是一种不以人的意志为转移的客观存在，但教育的市场性不等于教育的市场化。

自 20 世纪 70 年代末开始，西方国家在教育领域推行市场化或者准市场化改革。这种改革反对“公共垄断式教育”，赞成市场和选择，认为公立学校效率低下，管理滞后，不能满足学生和家长的需求。而教育市场化之后，学校就会有强烈的动机去“取悦”学生和家长，学生和家长拥有择校权后，学校之间的界限被打破，不受欢迎的学校将被迫关闭或者改弦更张，市场更为有效地保证了学生和家长的中心地位和影响力。（鲍尔，2002）[140-141]（丘伯，默，2003）[35, 38]可见，西方教育中的市场化或者准市场化改革对于教育效率与教育公平都有期待。改革以后，教育更有效率了吗？更公平了吗？

一些西方学者对上述问题进行了深入研究。结论是：市场化改革使教育偏离了教育的价值目标，损害了教育的品质和质量，教育的效率和效能下降；同时，市场化改革加剧了教育中的不平等，教育更加不公平。

英国学者鲍尔（S. J. Ball）和惠迪（G. Whitty）等对市场化对教育尤其是对英国教育的影响进行了细致的描述。他们指出，市场力量介入学校后，校长不再关注教育教学，重点转移到争取生源上，因为生源意味着财源，校长的行为以预算、市场、企业家式的活动和效率动机为导向。教师们发现他们进入了一个进退两难的境地，符合教育规律的活动受到预算或市场的限制，教师的专业性被责任制取代，和谐的人际关系被成本计算和监督取代，教师被非人格化和非人性化处理了，教师的意义和教学的本质处于危机之中。（鲍尔，2002）[75－92]（惠迪，鲍尔，哈尔平，2003）[15，71]在教育市场上，学生既是消费者也是“商品”，其价值不仅体现为他们能够给学校带来收入，而且体现为他们在参加测验和考试过程中表现出来的能力和潜力，这种做法违背了一个基本原则，这个原则就是对人的尊重，不应将人本身当作商品和工具来看待。（惠迪 ，鲍尔，哈尔平，2003）[16]尤其应该关注的是教育市场化对社会伦理和道德教育的负面影响。市场化削弱了学生间的团结合作和集体主义精神，强化了利己的个人竞争，“市场的方式可以使商品观念普及化，商品观念是资本主义文化与观念的思想基础。由此可以衍生出更强调个性和个人权利的家庭生活方式；同时削弱综合化教育中闪现的集体主义倾向。教育正稳健地与社会这个‘大卖场’有机融合”（鲍尔，2002）[19]。结果导致教育市场中道德沦丧、社会凝聚力下降，社会公德和人文精神不能得到最大限度和最有价值的张扬。（鲍尔，2002）[191]教育市场化很容易使人们忽视教育过程的价值（尤其是一些终极价值）标准（如自治、批判精神、创造性、人性的关怀、容忍、平等、尊重、信任等）。而恰恰是这些价值标准通常成为关于教育政策争论的焦点，也成为决定教育政策成败的重要因素。教育效率的衡量标准必须有社会、政治、伦理、文化等维度，不能只是根据经济标尺去衡量，否则就会看到市场化改革对于教育本质和教育效率的戕害。

看似民主、平等的市场和择校加剧了不平等。“教育市场的运行和结果只对某些社会阶层或群体有利，而对其他人则不利，我们再次看到市场不是中立的。”（鲍尔，2002）[156]。所有这一切因素都使公共教育比以往更直接地成为社会和经济不平等的再造机器。市场是一种阶级策略，文化创造的机制能被中产阶级作为再生产策略来使用，借此他们可以追求相对的社会优势、社会地位的提升以及流动。（鲍尔，2002）[165]“当前的放权和择校政策不可能给穷人带来某些鼓吹者所说的那些利益。从向家长和教师下放决策权的举措中无论得到什么，如果公平仍是教育决策需要重点考虑的因素，人们就必须找到新的办法来避免由择校和放权造成的分裂后果。”（惠迪，鲍尔，哈尔平，2003）[17]

法国高教改革委员会主席阿达利在《构建欧洲高等教育模式》一书中阐述了高等教育市场化带来的不平等。他提出，当前，“在所有国家和所有人类活动领域，都在经历市场机制国际化的过程。市场机制的动力在人类很多活动领域基本上是肯定的。如果将市场机制用于教育，将导致高等教育标准化的世界模式，国家在其中的作用将消失，市场将引导课程和学习历程。在这一形成中的极端模式中，大学将转变为寻求‘客户’的企业。所谓‘客户’，即有付费能力的学生且不分其国籍。并且，大学在世界市场竞争中吸引最好的‘生产要素’，即教师和资金，以谋求最大的‘利润’，即扩展的手段。在这一模式中（高等教育不再作为行政部门的负担，而是成为企业获利的资源），竞争体现于各个层次。大学生将为自己支付学费，或依靠自身家庭来源，或向银行甚至金融市场贷款。金融市场将向有前途的大学生投资，犹如现在向创新型企业投资”。“在那些这种变革即将结束的国家，即市场统治着高等教育的国家，高等教育预算将会减少，因为它不考虑集体需求，而只注重具有支付能力的私人需求。犹如在消费资料市场，人们看到的是豪华类和大众类产品不断增长的差异，高等教育也会因付费形成等级化。在上面，优秀的顶端学校通过极其严格的筛选，吸引了高质量和有支付能力的学生，吸引了来自全世界的资本和教师。在下面，大众教学，多少可以说不好不坏，但越来越缺乏经费。于是，一代又一代社会特权集团的文化成果逐步累积，面对知识的不平等日益严重。”“这一逻辑已经在许多国家实行：豪华型和高费用的教育，同越来越无竞争力的公共服务拉开距离，这种教育除非是对于优中选优的个别学生还不算昂贵；精英的子女在那里受到越来越好的教育，同社会其他阶层的子女越来越分离。”“如果这一在全球尚属起步的变革在法国付诸实施的话，它将毁灭全部共和国的基础。特别是作为重大原则之一的，进入教育公共服务领域的平等不会得到保证。法国在其本质上将受到质疑。”（吕达，周满生，2004d）[345－346]

市场化改革并没有给教育带来所期待的效率和公平。人们对市场作用的看法过于理想化，而没有充分认识到市场的局限性。

市场是有缺陷的，它的自发性、盲目性会引发很多严重后果，特别是恶性竞争、短期行为、道德缺失等，这些问题在我国经济发展过程中都已经出现。市场的局限性决定了卫生、教育等公共服务不能完全由市场来提供。世界银行《2004年世界发展报告：让服务惠及穷人》（World Development Report 2004：Making Services Work for Poor People）指出：“市场对于这些公共服务是完全失灵的——即存在外部性。所以靠私营部门，撇下其方法手段不谈，将不能实现社会所期望达到的健康和教育水平。第二，基本的健康和教育被看做基本的人权。……不管公共服务提供方面的问题多么让人绝望，公共部门都不能放任健康和教育不管。”“到目前为止，所描述的有关政府引导的服务供给中存在着种种困难，这可能让一些人得出结论：政府应该放弃，并把所有服务都留给私营部门去做。这可能是错误的。”“私营市场从一开始就不是解决这类问题的手段。私营提供者不会为很穷的人提供服务”，“基于市场的配置不会符合社会利益”。（世界银行，2004）[3－15]

即便在经济领域，政府也不应该放弃自己的责任。施蒂格利茨（J. E. Stiglitz）在《政府在经济发展中的职能》（*The Role of Government in Economic Development*）一书中强调：由于市场缺陷的存在，政府在促进经济发展中可以发挥重要作用。也正因为如此，政府对经济的宏观调控，已经成为现代市场经济体制的有机组成部分。萨缪尔森（P. A. Samuelson）指出：“当今没有什么东西可以取代市场来组织一个复杂的大型经济。问题是，市场既无心脏，也无头脑，它没有良心，也不会思考，没有什么顾忌。所

以，要通过政府制定政策，纠正某些由市场带来的经济缺陷。”（萨缪尔森，1992）

1999 年联合国教科文组织召开了一次国际教育高层会议，与会者一致认为，“应当澄清这一方面的模糊与混淆。市场规律和竞争法则不适用于教育，包括高等教育”。这是因为，“教育不是经济的一个分支。教育过程、教育目标、教育结果或‘教育产品’都不能与经济相提并论。教育实际上具有自身存在的功能，它是社会的一个基本领域，也是社会存在的条件之一。教育同时具有文化功能、社会功能、经济功能……教育与整个社会及其各个领域相关联，教育保证社会的延续，保证人类在其全部历史中所积累的知识、技能和规范及经验的传授。教育造就使社会包括经济领域前进、进步、创新和变革的能力”（张孝文，1999）。

政府不应该放弃对教育承担的责任。在一些西方国家，教育中的放权和择校成为政府推卸责任的良策。让家长择校和把学校推向市场，是转嫁政府责任的两个渠道。“在教育上遇到问题时，政府就可以为自己开脱干系，要么指责家长做出了错误的或不充分的决定，或者指责学校管理不善或误用了他们新获得的自主权。剩下只有学校来处理由政策造成的种种矛盾。通常情况下在政策研究和有关自我管理的文本中，人们关注的焦点是各所学校的强势和弱势、失误和困难。而政府制造的困境和矛盾、决策者应负的责任，在文献中只字不提。独有政府占据着令人仰止的地位，它享有权力却毋须负责。”（鲍尔，2002）[113] 在我国，某些地方政府也出现了通过教育市场化改革推卸政府公共教育责任的现象。

发展中国家教育变革的背景不同于西方，发展中国家市场经济秩序尚不完善，现代科层制度发育仍不充分。因此，世界银行认为，发展中国家引入西方以市场为导向的“新公共管理”（管理主义）一定要慎之又慎（World Bank, 1997）[97]。发展中国家的政府在教育发展中应该发挥主导作用，发展中国家需要一个强政府。“华盛顿共识”（Washington Consensus）的主要原则即私有化、市场化、自由化不适用于发展中国家的教育发展，它反对政府干预，主张“消极政府”，会使发展中国家的教育改革走上歧途。政府不能任由市场的力量在教育领域肆虐，应该阻遏市场对教育发展的负面影响，救治市场失灵，维护教育公平。诚然，在提供公共服务方面，政府的形象需要重塑，但绝不能把政府妖魔化，也不能把市场理想化。

需要注意的是，要求政府在促进教育公平、提高教育效率方面发挥主导作用，并不意味着否定市场机制的辅助作用。由于存在政府失灵和市场失灵，单单依靠政府或者单单依靠市场都是有缺陷的，我们需要一种政府发挥主导作用、市场发挥辅助作用的混合机制。这种混合机制比任何一种单一的机制能更好地促进教育公平，提升教育效率。

一些国家的教育政策实践表明，不能忽视市场的作用。以美国为例，1986 年出台的《国家为培养 21 世纪的教师作准备》研究报告指出："市场方法也可以为提高教学成绩和效益产生激励作用。美国社会的各个领域，证明市场可以起到非常有效的资源分配和激励人民的功能。市场也可以使全体公立学校的学生平等享用学校资源。虽然，应该在只有慎重计划使全体学生的权力得到保障时，这样的模式才能引用。在这种情况下，公立学校教育的市场方法对改进教师教学成绩和提高效益的潜力是值得重视的。"（吕达，周满生，2004b）[309] 该报告推荐的市场方法主要是让家长自由择校，打破招生和入学方面的学区界限和校际界限。"磁石学校"也是对公立学校进行选择的一种形式。实践表明，家长择校提高了教育质量和教育效率。"到了 90 年代中期，在教育供给的组织方式上出现了一系列创新：特许学校在推广，教育券在尝试，私营公司以承包的形式经营公立学校。"（吕达，周满生，2004f）[337] 市场方法更加多样。但其核心仍然是建立选择机制。

美国《不让一个孩子掉队法案》（No Child Left Behind Act）要求"促进家长的选择"，认为"在掌握信息的情况下，家长是教育责任制最重要的力量，在选择权的帮助下，家长能保证其子女尽可能得到最好、最有效的教育"。（吕达，周满生，2004f）[205]《美国教育部 2002—2007 战略规划》（U.S. Department of Education Strategic Plan，2002－2007）要求"提高家长的参与、提供更多的信息和选择，并鼓励各州和社区为家长提供更多的选择。州和学区将被要求印发报告卡片，向家长公布学校绩效信息"（吕达，周满生，2004f）[223]。《我们的学校和我们的未来：我们仍然处于危险之中吗？》（Our Schools and Our Future：Are We Still at Risk?）认为："在中小学教育系统中建立选择机制意味着，让父母的决定而非官僚管理系统成为教育事业的推动力。让教育理念和方法公开竞争，人们自由地抛弃差学校，投奔好学校，是保证中小学教育取得重大进展的最可靠方法。”该报告同时也指出：“基于选择的改革没有获得充分的尝试。目前大多数证据显示，选择机制能改善学生的学习并提高学生家长的满意度，但各种限制使之未能得到充分试验。……市场机制的发展尤其需要时间。”（吕达，周满生，2004f）[341－343]

该报告并没有把教育改革的全部希望寄托于市场机制，它对《国家处于危险之中：教育改革势在必行》发表以来美国的教育改革进行了总结，认为要使学校的办学质量和学生的学习成绩得到提高，“中小学教育系统的激励机制和权力关系需要有根本的改变，这些改变的实现有赖于三大核心原则的贯彻，它们是责任制、选择机制和透明化”。建立中小学教育的责任制意味着依据严格的课程标准和学业成绩标准，对学生、教师、学校和学区进行评价；选择机制是指给家长自由选择学校的权利；透明化意味着“如果谁要想获得某学校或某学区的全部信息（不包括个人的私人信息），他就能够获得。信息的提供方式应该便于使用者在不同学校、学区和州之间进行比较”，透明化将使人们获得必要的信息，以确保自上而下的责任制的建立，以及一个充满活力的教育市场的形成。报告认为：“三方面齐头并进将会使公共教育系统重整旗鼓，焕然一新。全新的结构安排使权力各归其位且相互制衡，有效的激励机制使成绩、效率、自由以及责任成为努力的方向，从而避免南辕北辙。”（吕达，周满生，2004f）[342，345] 报告力主通过自由（择校）和责任（问责），获取绩效和效率。这是一种混合机制，责任制旨在强化政府的作用，选择机制实质上是市场机制，而透明化则是责任制和选择机制实施的信息基础。

美国的这种教育改革机制能否解决美国的教育问题，有待时间去验证。但它综合运用了政府、市场、家长、信息的力量，并在彼此之间建立起密切的联系，让政府发挥主导作用，让市场发挥辅助作用，让信息发挥基础作用，这种改革的趋向和方法的确对我国有借鉴意义。

第五节 教育的信息化与国际化

21世纪是信息化与全球化的时代。信息化不仅改变了人类的生活方式和工作方式，也改变了人类的学习方式与教学方式，教育信息化是信息时代技术进步对于教育的要求，是工具合理性的典型体现。全球化使世界各国相互依赖，相互学习与借鉴，教育的国际化是全球化对教育的内在要求，本国教育要具有国际视野，加强与国外教育的交流与合作，积极吸收他国的教育经验，借鉴人类文明的一切成果，提升育人质量，并培养具有国际竞争能力、国际合作能力的人才。教育要具有国际性，与保持本国教育的民族性并不矛盾，要处理好教育的民族性与国际性、教育的本土化与国际化的关系。信息化的迭代发展，通信更为便捷，使时空压缩，加速了经济全球化与教育国际化。教育的信息化与国际化，外部显示度高，看上去很"高大上"、很"摩登"，成为21世纪教育现代化最为外显的特征，以至于有人把教育的信息化与国际化等同于教育现代化的主要特征甚至全部内容，这种认识是肤浅的，因为教育现代性还有其他一些更为重要的特征，如人道性、民主性等，但是这种认识也凸显出教育信息化与教育国际化的重要性。教育信息化与教育国际化构成教育现代化的"技术维度"与"空间维度"，二者都要服务于教育现代化的教育维度、价值维度，都不能偏离为人的现代化与社会现代化服务的目标定位。

一、教育的信息化

教育的信息化是信息技术在教育领域应用的过程与结果，是教育教学与信息技术的有机融合，是教育技术化在信息时代的具体表现。

技术是理性的产物，是科学的应用。工欲善其事，必先利其器。现代教育技术就是促进教育发展的利器。不积极、充分利用现代教育技术是不科学、不明智的。教育的技术化是指技术手段与教育的结合和其在教育中的应用。

现代教育技术是把教育思想、教育理论和科学知识应用于教育实践的现代教育手段和方法的体系。它所要解决的问题，是如何在先进的教育思想、理论的指导下，运用现代教育技术手段和方法，开发教育资源，优化教育过程，提高教育质量和效益。（南国农，2000）[165]

根据美国教育传播与技术协会 1994 年的定义，教育技术是关于学习过程与学习资源的设计、开发、利用、管理和评价的理论与实践。教育技术发展到今天，大致经历了四个阶段。

（1）直观教学技术阶段（从 17 世纪中叶到 19 世纪末）。强调感觉是一切知识的源泉，注重图片、模型、书本、黑板、粉笔等媒体的结合。

（2）媒体技术阶段（从 19 世纪末 20 世纪初到 20 世纪 70 年代）。将许多工业实用技术成果，如幻灯、照相、无声电影等引入教育领域。

（3）系统技术阶段（20 世纪 70 年代到 90 年代）。现代系统科学方法论应用于教育领域，教育媒体仅是复杂教育体系的一个要素。只有用系统的观点与方法，对教育各部分进行综合的整体的考虑，对教与学的过程进行系统的设计，才能实现教学最优化。这个阶段，教育技术学诞生，教学设计的思想产生。

（4）信息技术阶段（20 世纪 90 年代至今）。多媒体技术的出现，多媒体计算机的广泛应用，使电子音视频技术（声像技术）、计算机技术、通信技术（包括卫星通信技术、网络通信技术）三大信息处理技术融合在一起，成为现代教育技术的支撑技术。信息技术作为对人类发展最具影响力的高新技术，正在改变着人类的思维方式、生活方式、学习方式和工作方式。教育信息化是人类实现现代教育理念的重要途径。

信息技术与教育的结合，就是教育信息化。教育信息化是现阶段“教育技术化”的最新形态。教育信息化实现了教学信息组织的非线性化。传统的教育信息（包括文字教材、音像教材等），其组织结构都是线性的、有顺序的，而人类的思维、记忆却是网状结构，通过联想可自由选择不同的路径。所以，传统教育制约了人的智慧与潜能的调动，限制了人自由联想能力的发挥，不利于人创造能力的培养。多媒体技术能综合处理各种媒体信息（包括文本、图形、声音、图像等），且具有交互特性，为教学信息组织的非线性化创造了条件。

教育信息化实现了教学过程智能化。多媒体计算机系统具有智能模拟教学过程的功能，学生可以通过人机对话，自主进行学习、复习、模拟实验、自我测试，计算机能根据学生不同的情况给予帮助、指导、判定、打分，无须教师直接处理，实现教学过程智能化。

随着教育信息化程度的提高、现代教学环境系统工程的建立，现代教材体系也逐步成套化、系列化、多媒体化，使人们能根据不同的条件、不同的目的、不同的阶段，有效地选用相应的学习资源，为教育社会化、终身化提供保障。

教育信息化突破了传统的教学时空、教学模式、教学信息和教学组织形式，为教育教学的现代化提供了先进的技术手段。（戟峰，吴永志，杜爱明，2000）

信息化技术在教育中有广泛应用，不只是用于教学，也用于教育管理。教育管理信息系统的建设要依托信息技术。

各国普遍实施教育信息化战略，我国也不例外，教育部2012年颁布《教育信息化十年发展规划（2011—2020年）》、2018年颁布《教育信息化2.0行动计划》，力图通过教育信息化转变学习方式、教学方式和管理方式，进而提升教育质量、促进教育公平。

《中国教育现代化2035》明确指出，信息化是教育现代化的重要内容，也是推进教育现代化的关键途径。要适应信息化不断发展带来的知识获取方式和传授方式、教和学关系的革命性变化，推动信息技术在教学、管理、学习、评价等方面的应用，全面提升教育信息化水平和师生信息素养，推动教育组织形式和管理模式变革创新，以教育信息化带动教育现代化。

在以广播电视为技术手段的年代，教育可以实现规模化，借助于广播或者电视媒介，成千上万的学习者可以同时异地学习，规模效益显著，但是在这个技术发展阶段，难以进行教与学的互动，更难以实现个性化教学。而在信息技术时代，尤其是在以互联网、大数据、人工智能为特征的信息化2.0时代，信息技术不仅能使教育实现规模化，还能使教育实现个性化，例如，基于大数据分析，可以制定符合学生发展需求的个性化培养方案。教育信息化使教育的规模化和个性化同时实现，使“有教无类”和“因材施教”同时实现。这是技术进步卓有成效的历史贡献。

技术是一种工具，是促进教育发展的利器。不积极、不充分利用现代教育技术是不科学、不明智的。信息技术是当前最高级的技术手段，没有信息技术（工具合理性）的加持，教育技术还停留在“刀耕火种”时代，当然谈不上教育现代化。然而，有了教育信息化，不一定就意味着有了教育现代化，还要看教育信息化服务的是什么样的价值目标。对于我国教育发展而言，最重要的不是技术问题，而是价值问题。工具合理性不能超越价值合理性，价值合理性更重要，前者是为后者服务的。我们发现，某些地区和学校存在“过度”使用信息技术的现象，在使用方式上和使用方向上存在价值偏差。例如：有些课堂过度使用信息技术与多媒体工具，影响学生的视力；有些学校使用技术手段严密监控学生在校期间的一举一动，使用大数据技术评价教师，增加了师生的时间负担和心理压力，使得师生的安全感和自由度锐减；有些社会机构以营利为目的，促使甚至诱使学校和师生过度使用信息技术。因此，如同必须追问人类基因编辑的伦理问题一样，也必须追问信息化背后的技术伦理问题。

“教育信息化”不能为信息化而信息化，信息化是为教育服务的。教育信息化的合理性与否不取决于技术自身高超与否，而取决于它如何为教育服务。如果教育信息化是为人的现代化、为国家现代化服务的，那么教育信息化就是正当的。现在个别学校运用信息技术，为应试服务、为控制师生服务、为谋取商业利益服务，甚至不惜侵犯师生的隐私权和财产利益，这样的教育信息化就走偏了方向。

技术不论怎么发达，都不能凌驾于价值之上。信息技术是一把双刃剑，在教育中的应用要设立边界，不能僭越。否则，不良后果将随之而至。即便一所学校用最先进的信息技术把自己武装到牙齿，如果他们追求的不是正当的目的，不是为建设具有现代精神的学校服务，不是为培养具有现代精神的现代人服务，不是为建设现代国家服务，不是为学生的全面发展、主动发展、个性发展、可持续发展服务，那么，这里的教育信息化也根本谈不上是教育现代化，而是与教育现代化的本质精神背道而驰。

当今世界，技术凶猛，资本也很凶猛，二者联手之后就更为凶猛。当资本与技术联手走进教育领域时，我们要谨防资本的逐利性对于技术的滥用与偏用，要谨防对于教育公益性与学生健康发展的戕害。

技术与教育二者之间应该建立良性的关系。除了从教育的视角评判技术应用的合理性之外，我们还需要从一个更为广阔和深刻的视角去思考技术进步对于人的影响，尤其是信息技术对于学生的影响。在信息时代，信息技术无疑使学习更为便捷，但与此同时，是不是使得娱乐也更为便捷？在网络环境下，当学习与娱乐在时间上存在竞争时，学生会选择哪个？很有可能会选择后者。互联网带来的不只是学习型社会，消费性消遣型娱乐型社会也是信息社会的特征之一。对于一些学生甚至很多成人而言，现实是如此无趣甚至无奈，于是他们逃避现实，从网络中寻求刺激与乐趣，甚至形成网瘾而不能自拔，被互联网一网打尽。人在虚拟世界中运筹帷幄、决胜千里，有一种自我实现的幻觉，替代了对于现实世界的真实的征服，真正的攻坚克难退到后面去了，真正需要的自我实现被掩盖了。学生个体陷于“伪主体性”而不自知，实为双重的悲哀。

人生在世要处理三个关系：人与自然的关系、人与社会的关系、人与自己的关系。在信息时代，又增加了一个关系，即人与网络的关系。当学生沉溺于网络的时候，他就没有时间也不情愿去亲近自然、去接触社会、去面对自己。于是宅在虚拟空间、宅在家里，不和自然接触，不和社会接触，不与家人交流，甚至也不真诚地面对自己的灵魂，沉溺于各种网络娱乐当中，迷失了自己，成为失魂落魄的“网游人”。技术手段应该让人回归本我而不是相反。人与互联网近了，与其他则远了。不少人依赖虚拟空间，而回避真实世界。（褚宏启，2019a）

在技术与人的关系上，尤其是信息技术与学生发展的关系上，我们必须问几个问题。（1）信息技术使得学生更自由了吗？部分事实是，信息技术手段的使用，使得对于学生的监控更加方便快捷了。（2）信息技术使得学生更有智慧、更有思想了吗？部分事实是，学生过分依赖、沉溺于互联网，会成为“电脑孩子”，学生与大自然的“最后一点联系”将被割断，会使他们缺乏高尚的志趣，缺乏对复杂事物的思维能力，会导致思想水平的下降。而且，不知不觉中，大段的时间被不见血地“杀”掉了，学生的时间无声无息地流逝了，最后把自己丢失了。(3) 信息技术使得人与人之间更亲密了吗？互联网可以使学习更有趣更有效率，但是会导致人们沉溺于此，不爱面对面交往，人与人的关系，包括师生关系、同学关系、亲子关系等，会变得更加冷漠与疏离，学生可能会成为内心空虚、自我中心的网络“游荡者”与“流浪汉”。(褚宏启，瞿志印，丁新 等，2019)

因此，只从技术层面、工具理性层面，去谈论去推进教育信息化是远远不够的，必须从价值层面，从现代精神、人的发展、人的存在意义等角度，去思考教育信息化的合理性；必须为技术找到价值方向，为教育信息化找到精神家园。

二、教育的国际化

与教育的国际化类似的表述有教育的国际性、教育的全球化等。严格讲，现代化是一个过程，教育的国际化是教育现代化的一个特征。教育现代性是一种状态，不是一个过程，因此，就教育现代性的表述而言，“教育的国际性”比“教育的国际化”更为精准。但是在日常语言和学术表达中，人们更多使用的是教育国际化一词，所以，本书遵从习惯用法，采用教育国际化这种说法。

现代化是全球性的历史变迁过程，人们都是在全球背景下、国际背景下讨论现代化问题的，全球化、国际化、国际性是现代化的题中之义。经济全球化是全球化的支柱，对经济利益的追逐是全球化的基本动力。经济全球化是指包括资本、人才、科技在内的生产要素遵循市场法则在全球范围内自由流动和组合。经济全球化既给发达国家也给发展中国家的经济带来繁荣和发展机遇。另一方面，经济全球化也给各国带来了风险和挑战，发达国家是经济全球化游戏规则的主要制定者，凭借自己在经济、金融、技术以及军事上的实力、地位，要求其他国家按照自己的意志加入全球化中来，发展中国家在国际竞争中处于不利地位，穷富国之间不平等加深，导致全球范围内的贫富差距扩大。另外，发达国家还利用其经济优势，借助经济全球化的力量，把本身的强势文化、西方价值观大量输出到发展中国家。（杨德广，2001）

“冷战”结束之后，特别是 2008 年金融危机之后，随着一些发展中国家在全球化进程中群体性崛起，全球化发展出现了大逆转。中国等发展中国家加入全球化之后经济获得了飞速的发展，而美国等西方国家在 2008 年之后经济出现相对衰退。美国为保护自身的利益，不惜破坏自己亲手创设的国际规则，实行贸易保护主义，美国成为“逆全球化”的代表。经济全球化是社会生产力发展的客观要求和科技进步的必然结果，中断经济全球化进程，人为切断各国经济的资金流、技术流、产品流、产业流、人员流，是不符合历史潮流的。但是，逆全球化也可被转化为全球化转型的动力，促使人们进一步反思全球化，并构建更具包容性的新型全球化。全球化发展到现在，早已不再是单纯的经济全球化了，而是涵盖了政治、经济、文化各领域的复杂过程。现今的全球化也不是单纯由西方主导的全球化了，作为新兴经济体的非西方国家已经将理念、制度以及诉求融入全球化的进程之中。（刘雪莲，张松梅，2020）

经济全球化加快了各国之间文化、科技、教育的交流，为某一个国家的教育国际化提供了机遇与基础，也对该国的教育国际化提出了挑战与要求，要求该国教育要具有国际视野、世界眼光，借助国际教育资源提升本国教育质量，提高人才培养质量，以更好地促进国家发展，促进国际理解与合作，提升国家的全球竞争力。从这个视角看，教育国际化是一种具有重要意义的国家发展战略。教育国际化属于典型的工具理性，所谓“师夷长技以制夷”就是工具合理性的直接表达。但是，教育国际化的价值不仅仅限于师夷长技以制夷，不仅仅是为了增强国际竞争力，还有助于互惠双赢，增进跨文化交流与合作，增进国际理解，不仅有助于更好地认识他国，也有助于以他国为镜为鉴更好地认识自身。

教育国际化是全球化发展到一定阶段的产物，是针对经济全球化而采取的教育应对行动，是国际教育交流与合作不断加强的过程，强调以跨国界、跨文化和全球化视野来看待教育的功能与目标，并促使教育资源跨国流动、彼此作用、相互融合，从而促进本国教育和全球教育的共同发展。教育国际化所包含的内容十分广泛，如在学生、教师、科研工作者等人员方面，在教育观念、培养目标、课程设置、教学方法、教学设备、科学研究等方面，进行双边、多边及地区性或跨地区的广泛的交流与合作，互相借鉴，取长补短。例如，与外国合作办学、互派留学生、教师交流、学生交流、学术交流、学分或学位互认、使用国外教材、采用国际先进教育理念与教育方法技术，以及国际组织与发达国家对于欠发达国家的教育援助等等，都是教育国际化的具体表现。

进入 21 世纪以来，在国际组织的推动下，尤其在现代信息技术的推动下，跨时空教育资源共享成为可能，全球教育越来越密切地联系在一起，教育国际化在全球范围内呈现出大规模、全方位、深层次的发展态势，从参与层次来说，由通常的高等教育转向职业教育、基础教育；从教育类型来说，由过去的学历教育转向非学历短期培训；从合作领域来说，由过去单一的留学生教育转向科研合作、产业合作等多领域；从教育形式来说，由过去的单一课堂教学转向企业实践、远程网络教育等多种形式。（张俊宗，2020）

我国改革开放四十多年来，经济社会发展取得历史性成就，这得益于对外开放，得益于全球化与国际化。当前，我国已经深度融入全球化进程，现在又成为推进全球化的关键力量。伴随着改革开放的步伐，我国打开国门办教育，教育国际化发展迅猛，对于推进我国社会现代化贡献良多。《中国教育现代化 2035》要求“发展中国特色世界先进水平的优质教育”，教育国际化不能缺位，闭关锁国没有出路。

教育国际化不是简单的签署协议、迎来送往、走出去与请进来，不是简单的推杯换盏，更不是劳民伤财装点门面，我们需要“实质性的国际化”，而不是形式主义的、肤浅的国际化。教育国际化是让国际化为提升本国的教育质量服务，教育国际化要紧紧围绕“教育”展开，要紧扣“培养什么人”“怎么培养人”两个关键问题展开。

首先，在教育目标层面，要充分借鉴国际经验，适应 21 世纪的时代要求，培育学生的核心素养。培育核心素养是国际性的教育目标升级运动，是国际潮流，我国不能自外于国际潮流。从国际视野思考“培养什么人”，就是从全球视野思考“人的现代化”问题。

其次，在教育教学方法层面，借鉴国外尤其是发达国家的先进做法，特别是借鉴启发式、探究式、讨论式、参与式等教学方式，以及发现学习、合作学习、自主学习等学习方式，促进学生核心素养的发展尤其是创新能力与合作能力的培育。

教育国际化有没有实效，关键看我们是否办好了自己的教育，是否在“培养什么人”“怎么培养人”两个方面取得了实质性的突破，是否实现了教育目标与教育教学方法的现代化。教育国际化要实现这样的本真目标，需要花很多钱吗？需要迎来送往吗？未必。试想：一所学校，即便校园里从没有来过蓝眼睛的外国人，即便教师们从来没有出过国门，通过发达的互联网，通过自身的研究与探索，也完全可以运用先进的教育教学方式，培养出适应21世纪的具有创新能力与合作能力的现代人。试问：这样的学校是国际化学校吗？毫无疑问是。而某些学校，尽管国际交往中迎来送往络绎不绝，在此方面花费不菲，但是并没有学到真经，依然在培养会考试的人而不是会创造的人，仍然在使用题海战术，这类学校的所谓国际化就是“伪国际化”甚至是“假现代化”。我国还是发展中国家，并不是很富裕，我们需要有实效低成本的教育国际化。这种教育国际化，每一所学校包括乡村学校都可以做。教育国际化不能搞形式主义，尤其不能崇尚奢靡之风。（褚宏启，2019b）

教育国际化不是单向的、被动的，而是双向的、互动的。教育国际化包括两层含义：国际教育的本土化和本土文化的国际化。教育国际化与教育本土化的关系，实质上是教育国际性与教育民族性的关系。有人认为，教育的国际化或国际性是现代的、先进的，而教育的本土化或民族性是传统的、落后的。这种观点把国际化与本土化对立起来、把国际性与民族性对立起来，显然是错误的。现代化并不排斥本土化，现代性并不反对民族性。

三、教育的民族性

民族性是指某一个民族在其共同语言、共同地域、共同经济生活、共同文化及共同心理素质基础上形成的，区别于其他民族的、本民族特有的行为方式、情感、习俗和思维方式。民族性是民族生存和发展的精神支柱，是凝聚民族全体成员心灵的纽带。（李太平，黄岚，2012）教育的民族性本质上是指教育的民族文化特性。教育的民族性与国家文化安全、教育的国际化等有密切关系，在全球化时代，教育的民族性如何与教育的国际化保持适度平衡是一个值得探讨的话题。

教育的民族性要求教育传承、弘扬、发展民族文化，促进国家和民族认同。民族文化传统中可能有一些因素与现代精神不相一致，各国的现代化进程都包含着对传统的否定。但民族文化与现代化也有相适应的一面。其一，民族文化传统是一个国家现代化的基础、前提、立足点和出发点。其二，民族文化传统中蕴含着反映民族性和人类性的内容，代表着这个民族乃至人类的发展方向，它们能在现代化潮流的冲刷下焕发出更加旺盛的生命力。其三，民族文化传统是一个民族发展的动力和源泉，它能形成一种民族精神，激发民族活力，从而使民族在复杂曲折的现代化道路中获得新生。从世界文化史来看，现代化国家的一个强有力的精神杠杆就是本民族强烈的民族意识和爱国主义精神。就中国而言，中国的教育，首先是中华民族的教育。在民族性和国际性的层面上，它首先是民族的。民族文化传统是中国教育走向现代化的最深厚的文化基因。脱离民族文化的现代化，是悬浮在空中的现代化。（顾明远，1998）[21-27]

任何一个国家的教育，它的发展和改革都不能脱离本国的实际情况而完全照搬别的国家的现成发展模式。不同民族有着不同的文化传统，有着具有不同特征的、彰显独特民族性的教育。各国的教育方针政策的制定、教育制度的设置都应当体现出本国的民族文化、民族传统、民族精神等特性。教育必须担负起保存本国民族文化的使命，在当今世界，越具有民族性，才越具有世界性。也正是因为具有了民族性，世界没有大一统，才具有了世界交流的必要性。（李展，2012）

教育对促进民族认同、发展民族文化具有独特的价值。教育可以融合、吸收本民族的优秀文化传统，对民族文化进行选择、传递与再造。教育提倡爱国的价值观念，灌输本民族国家的意识形态，形成公民意识和公民责任，巩固民族认同。教育对于形成个体的民族自强意识、民族复兴的责任感和民族自尊心有着关键性的作用。（李太平，黄岚，2012）

教育民族性有利于民族文化的保护和传承，可以使世界文化具有多样性，而文化多样性具有重要意义。联合国教科文组织的《世界文化多样性宣言》（Universal Declaration on Cultural Diversity）指出：文化多样性是交流、革新和创作的源泉，对人类来讲就像生物多样性对维持生物平衡那样必不可少。

教育民族性有利于维护国家的文化安全。全球化进程中，文化领域的相互交流和文化产品的输入将达到一个前所未有的水平，从而使本国的文化价值体系及生活方式受到根本挑战。如果这种来自发展程度和意识形态不同的国家的文化挑战与建立单极世界的政治阴谋结合起来，形势就会非常严峻，从而威胁一个国家的文化安全。国家文化安全是指一个主权国家的文化价值体系，特别是一个主权国家的主流文化价值体系，免遭来自内部或外部文化因素的侵蚀、破坏或颠覆，从而能够很好地保持自己的文化价值传统，在自主和自愿的基础上进行文化革新，吸收和借鉴一切对自己有利的文化价值观念和生活方式。文化帝国主义就是对国家文化安全的一种侵蚀，抵抗文化帝国主义最好的办法就是通过加强教育的民族性，强化民族文化教育，将本民族的文化价值观念深深地植根于全体人民特别是青少年的心中，使他们熟悉、理解、欣赏、尊重、信仰它们，随时随地地实践它们。（龚冬梅，2008）

强调教育的民族性，并不是拒绝教育的国际化。国际化进程中的教育民族性问题，本质上就是外国文化的本土化以及本土文化的国际化问题。所谓外国文化本土化，就是指一国吸收、认同别国的文化，进而将其转化为本土文化的组成部分的过程。具体到我国的教育领域来讲，就是要吸收国外先进的教育理念，学习国外先进的教育技术，引进国外先进的教育模式，同时对国外异质教育文化进行甄别、选择和转化，对其中无法转化的和糟粕的东西加以剔除。所谓本土文化的国际化问题，就我国教育领域而言，就是通过多种国际交流形式，在全球范围内进行汉语言及中国文化的教学与推广，介绍我国的政治、经济、文化、民族、风土人情等，把我们的民族文化推向世界，让更多的人领略到中国文化的独特经验，从而加强与国际教育界的交流与合作。对待民族文化，存在两种错误态度：一种是自贬，看不到本民族文化的精华，总是羡慕西方文化，把西方文化看得高于一切，一味地崇洋媚外，把民族性抛在脑后，实质是全盘西化；另一种是自负，过于相信本民族文化，在对待民族文化上，经常会出现一种眷恋的“情感积淀”，对西方文化持一种怀疑态度，容易使教育走向封闭性，导致盲目排外，对人类的优秀文化遗产不予吸收接纳。在推进教育国际化的进程中，这两种倾向都是不可取的。教育国际化与教育民族性并不是决然对立的关系，应将自身独特的文化经验纳入全球性的视野中去，使民族性与国际化相融合，推进教育的发展。（陈玉云，2003）

当前中华民族文化面临严峻挑战和危机，增强教育的民族性势在必行。由于“左”倾思潮影响，我国传统文化在“文化大革命”期间受到批判和否定，造成了文化史上无法弥补的损失。其次是全球化带来的危机。在国际经济和文化交流过程中，由于中西在经济、社会管理上存在着一定的差距，一些人产生了民族自卑感，盲目追随西方文化，这种自卑心理将使中国文化主动边缘化，在文化交流中失去话语权。最后，西方国家在文化心理上常常把自己的文化视作共性的代表，并极力在全世界推广，实施文化扩张、侵略政策，导致民族文化边界被消解。

当前，中国社会政治经济文化已经进入与其他国家全面交流和竞争的时代。在这个时代，东西文化冲突，价值观念多元化，青少年面临多元文化选择的困惑，如何教育学生保持民族性，是学校教育应该承担的使命。我们的教育应根据时代要求做出新的规定，强调教育的民族性，培育民族成员的民族国家意识和民族文化认同感，把以祖国语言与文学、历史、哲学和艺术这些人文学科为核心的优秀民族文化作为课程的重要方面，学校课程应强调民族优秀文化教育，弘扬民族精神。（李太平，黄岚，2012）

然而，我们对于民族文化的保护和传承显然还不够。根据 1995 年《中华人民共和国教育法》的规定，我国的教育目的是“培养德、智、体等方面全面发展的社会主义事业的建设者和接班人”。现代民族国家的国家教育目的制定包括两个层面，一是具有普遍性的世界性理念，二是具有特殊性的民族性内容，我国的国家教育目的中民族性没有得到强调，缺乏文化传统的民族性层面的内容，没有明确回答培养什么样的中国人的问题。

而日本在此方面的民族自觉性值得我们借鉴。从明治维新以来，日本政府一直重视“培养什么样的日本人”的问题。这体现于日本每一时期的教育法律和教育政策之中。“培养什么样的日本人”是日本进入现代社会以来对自己民族和国家未来的设想，其中就包括如何处理日本人的现代化与传统的保持的关系问题。从明治维新到现在，在不同历史发展阶段，日本都明确提出要培养的“日本人”形象，如自由独立的个人、和魂洋才、传统的“理想的日本人”、面向世界具有主体性的日本人等，可以发现其中始终存在日本文化与欧美文化的冲突与融合。“和魂洋才”无疑是一以贯之的主线，其他日本人形象都可视为它的变体。日本教育在形成日本人的国家意识和国民身份认同塑造上具有重要作用。在自近代以来整个教育发展过程中，日本非常注意所要培养的“日本人”形象，非常关注培养自己国民的日本意识，强调日本传统文化的继承。（郑富兴，2006）

第五章　教育形态分析与教育现代化评价

按照本书第一章的讨论结果，教育形态包括教育管理、教育体系、课程与教学（教育内容与方法）、教育资源保障四个方面。本章前四节对这些方面逐一进行分析，并将之与教育现代性联系起来，进而揭示出“现代”教育形态的具体表征。本章还将描述我国教育形态的现存问题，并提出解决这些问题的对策建议。教育现代化进程的推进，是以现实教育问题的解决为基础的。问题解决了，意味着教育形态发生了正向变迁，意味着教育现代性的增长和实现，意味着教育现代化进程的推进。

本章还将在前四节每一节的最后一个小节，阐述城镇化进程中教育形态的变化，逐一分析新型城镇化对于教育管理、教育体系、课程与教学、教育资源保障四种教育形态的新要求，重点关注现存双重城乡二元结构与社会转型、教育公平的冲突问题，关注农村学生（包含留守儿童）、随迁子女、农民工等群体的教育公平问题，关注如何通过民主参与以促进教育公平的问题，总之，这些阐述力图给中国特色城镇化涂上人道主义的底色。教育的人道性（含公平性、优质性等）、民主性等是破解城乡教育二元结构的核心追求。

教育现代化评价是对教育现代化的过程及其结果的综合性评价，这种评价的实质是衡量“教育现代性”的发展水平，但由于教育现代性是抽象的，教育现代性只能通过教育形态表现出来，所以教育现代化评价的切入点是教育形态，教育现代化评价是对于教育管理、教育体系、课程与教学、教育资源保障等的评价，此外还要加上对“教育结果”的评价。教育结果就是“教育管理、教育体系、课程与教学、教育资源保障”这些投入与过程的产出。教育结果是教育的“结果”，已经不是教育实践活动本身，所以，本书没有把“教育结果”纳入“教育形态”中去。但是，对教育现代化进行评价，除了评价教育投入和教育过程外，必须评价“教育结果”。可见，教育现代化的评价内容，既包括教育形态（投入与过程），也包括教育结果（产出）。

第一节　现代教育管理

在教育形态的分析中，之所以首先对“教育管理”进行分析，是因为国家和政府是教育现代化的发动者和推进者，教育管理是教育现代化的“神经中枢”。国家有没有意愿、有没有能力推进教育现代化，集中反映在教育管理上。而且，教育管理的水平往往决定着教育体系建构、课程开发与教学实施、教育资源保障的水平。

为有效推进教育改革，政府必须具有足够的行政能力；为了保障学校和师生的权利，又必须严格限制教育行政权力。权力与权利的关系处理，是教育现代化进程中的主旋律之一。某种教育管理是不是“现代教育管理”，关键是看权力与权利二者关系的处理方式、现实状态和未来走向。教育行政中的集权与分权、教育治理中的多元参与、政府与学校关系的调整、现代学校制度建设，实质上都是围绕权力与权利的博弈展开的。

一、现代教育管理的含义

教育管理是指在特定的环境中，各教育管理主体从自身职能出发，围绕各项教育事务进行计划、决策、领导、组织和评价等活动，对教育资源（包括人、财、物、信息等）进行合理配置，使之有效运转，以提高教育工作效率，促进学生发展，实现教育目标的协调活动过程。教育管理既涉及宏观管理又涉及微观管理，包括国家和地方各级政府的教育行政管理及各类各级学校的内部管理。

教育管理的目的有两个：直接目的是提高工作效率，提高教育活动的合理性与经济性；间接目的也是最后的目的是促进学生的发展。

不论古今中外，不论是传统教育还是现代教育，教育管理的直接而基本的目的都是提高效率，“在管理与组织生活里，高于一切的元价值是效率和效用，迄今为止，大概没有人主张组织运转应当缺乏效率与效用”（霍金森，1987）[41]。事实上，没有对效率的追求，管理就没有存在的必要。效率尽管不是教育管理中高于一切的价值，却无疑是非常重要的价值追求。教育管理不仅使大规模的现代教育成为可能，为教育活动提供了相对稳定的秩序，而且在很大程度上可以实现资源的有效利用。教育资源总是稀缺的，资源的合理利用则有赖于管理。

教育管理之所以能够实现资源的合理利用，提高教育工作的效率，有着两个相互关联的基本原因。第一，教育管理实现了各项教育工作在整体层面的自觉性、理性化。在没有管理的情况下，诚然每一个教育活动的参与者都是有意识、有目的地从事工作的，但在教育整体层面却是无意识、无目的的，以致出现重复、冲突、无用的工作。第二，教育管理实现了教育工作的分工与协作。分工与协作是管理活动的基本原理与主要特征。分工既促进了相关工作的专门化，明确了教育活动参与者的责权利，提高了他们的工作能力，也减少了工作的重复性，降低了资源的浪费。协作则将相对独立的分散工作联合为一个整体，产生超过各部分工作之和的合力效果，从而发挥有限资源的最大效用。

教育管理对于效率的追求是一种典型的工具理性。而对于促进学生发展的追求则具有明确的价值导向。在现代社会，如同前文所论述，教育的目的在于促进学生的全面发展、个性发展、主动发展、可持续发展，教育管理的目的服从于教育的目的。

现代教育管理是指具有现代精神、反映教育现代性要求的教育管理。人们一般把教育管理的科学化、民主化、法治化作为现代教育管理的基本特征。这种说法概而言之是没有什么问题的，但笔者在此处想做更严谨一些的分析。

我们把“现代教育管理”看作“教育管理＋教育现代性”，通过探讨教育管理这种“教育形态”与教育现代性八个特征清单中的哪些特征有密切关联，进而确定现代教育管理的特征。这也是本书分析某种教育形态（如教育管理、教育体系、教学内容等）的现代特征的基本思路。

教育现代性包括八个方面，即教育的人道性、理性化、专业性、民主性、法治性、生产性、信息化、国际化。其中，生产性与国际化二者与教育管理的关系比较疏离，因此，我们可以把现代教育管理看作具有人道性、理性化、专业性、民主性、法治性、信息化的教育管理。或者说，教育管理的现代化就是教育管理的人道化、理性化（科学化）、民主化、法治化、专业化、信息化。

教育管理的人道性，强调教育管理的一切工作要以人为中心，要基于人的本性，通过人的力量，促进人的发展。教育管理的人本化要求改变那种将人视为物化、被动、孤立、唯利是图的人的看法和做法。教育管理者不能将人降低到物的层次，不能将人看作与钱财、物质、事务等平行或别无二致的要素；不能将人看作一个纯粹的客体，一个需要监管与操纵的对象；不能将人看作多个互不相干的独立元素；不能简单地用金钱和名誉控制人、支配人，认为只要给人以物质利益或官位权力等鼓励，人就会努力工作。相反，教育管理者要意识到：人是具体的、有血有肉的、有情有义的；人是彼此相互依赖的，生活在与他人的关系当中；人具有无限的可能性，具有意向性和反思能力；人既能影响环境，也受到环境的影响；人既能发现事物、认识普遍关系，又能发明创造、赋予行动以意义；人既能发展科技、提高效率，又能创造价值、履行社会责任；人是平等、独特的，可以在尊重与协作中共同创造美好世界。

教育管理的理性化或者科学化，是指教育管理的合理性，要求合理规划人力、财力、物力等教育资源的分配与使用，用尽量少的消耗，更好、更快地开展更多的工作，以促进教育目标的充分实现。复杂性日益增强是现代教育的一个重要特点。复杂的教育系统，不能依赖人治，也不能依赖经验管理；不能单方面地采用行政方法，也不能简单地遵照市场规则；而要在遵循教育规律与管理规律的基础上，运用科学的方法进行管理。从要素上看，教育管理的理性化表现为适宜的发展目标、合理的管理体制、完善的规章制度与胜任的管理人员等；从过程上看，教育管理的理性化表现

为科学的决策、有效的执行、及时的反馈与灵活的调节。（褚宏启，张新平，2013）[5]

教育管理理性化与教育管理的主观性、随意性相对立，是指以科学精神、理性精神开展管理活动，管理应该以事实为依据（data-based 或者 evidence-based），深入了解实际情况，尊重研究部门和专家的意见，简言之，要“实事求是”。教育管理理性化的前提是科学认识。这要求决策者、管理者，对于社会发展、人的发展、教育发展，以及教育发展与人的发展的内在机理等，对于教育管理的目的、内容和方式，要有系统而深刻的认识。如果认识不全面、不深入，管理行为与管理决策必定出现偏差。提高管理人员认识水平的路径是提高他们的职业素养，促进其专业化。

然而，教育管理人员的认识水平总是有限的，为提高教育管理尤其是教育决策的理性化水平，还需要有其他制度安排与机构设置。从国际上看，主要举措有三项。第一，建立直接为政府决策服务的研究机构，即“智囊团”和“智库”，如法国的国立教育研究所、德国的国防教育研究所、日本的教育政策研究所等都属于国家层面的直接为政府服务的研究机构。在地方层面，地方政府也建有研究机构服务于政府决策。第二，建立教育审议与咨询机构，征求有识之士的意见和建议。如美国的联邦职业教育审议会、英国的中央教育审议会、法国的国民教育最高审议会、日本的中央教育审议会和产业教育审议会等都属于此类机构。第三，建立教育管理信息系统，为教育决策和研究提供数据基础。此外，政府还可以通过招标、外包的方式，借助大学和研究机构的力量开展政府所需要的课题研究。

改革开放以来，我国教育管理的理性化水平在不断提高。政府非常关注教育管理人员的培训以提升其职业素养，在国家层面设立了国家教育发展研究中心和中央教育科学研究所（现改为“中国教育科学研究院”）作为智囊机构，成立了国家教育咨询委员会作为最高层级的教育咨询机构，同时不断增加研究经费加强教育研究。这些都是值得肯定的变化，但总体而言，我国教育管理的理性化水平、教育研究机构与咨询机构的工作水平、教育数据的数量和质量等，与发达国家相比还有很大差距。《教育规划纲要》明确要求：“提高政府决策的科学性和管理的有效性。规范决策程序，重大教育政策出台前要公开讨论，充分听取群众意见。成立教育咨询委员会，为教育改革和发展提供咨询论证，提高重大教育决策的科学性”，同时，“推进政府教育管理信息化，积累基础资料，掌握总体状况，加强动态监测，提高管理效率。整合各级各类教育管理资源，搭建国家教育管理公共服务平台，为宏观决策提供科学依据，为公众提供公共教育信息，不断提高教育管理现代化水平”。

教育管理的民主性或者民主化有三层含义。一是在整体社会层面，教育管理的民主化既要将更丰富、更优质的教育给予更多的人，更要鼓励、支持更多的人参与到教育事业的管理中来。二是在政府及其教育行政部门与学校关系层面，政府和教育行政部门要尊重、确立并维护学校管理的自主权，促进管、办、评的分离，避免简单依赖行政权威的外控式管理。三是在教育机构内部，上级要尊重、信任下级，建立健全师生参与教育管理的渠道和途径。

教育管理的民主化是教育管理科学化的制度保障。我国教育管理中出现的非科学化问题，除了认识水平和数据基础方面的原因外，还有制度根源，与民主决策机制不健全甚至受破坏有内在联系。

民主制通过程序的理性化来保障决策的理性化，从本质看，它是一种程序化了的纠错机制和权力制约机制。民主制产生的决策和政策，可能不是最好的，但绝对不是最坏的。

建立教育咨询与审议机构是教育管理民主化的典型体现。但是，教育管理的民主化还需要更广泛的参与。当前我国的教育改革路径已经由单纯自上而下的改革向上下互动、多方参与转变，其中利益主体多样，利益关系复杂，但我国政府教育决策主体的构成比较单一，主要是政府及其官员，其他利益相关主体在决策过程中缺乏应有的地位，广大家长、教师、学生和社会组织等往往被排除在决策之外。这种决策主体的单一性，容易排斥决策过程中的价值冲突，造成一些利益主体的价值期望和利益要求得不到充分的表达，最终可能导致教育政策决策结果的代表性和针对性差，削弱政策实施的效果。因此，要保障公众对于教育管理的知情权、参与权和监督权，建立和完善教育政务公开制度、教育决策公示制度、教育决策听证制度，以及社情民意的收集系统和反馈渠道。

教育管理的法治性即依法治教。依法管理是法治国家对于教育管理的基本要求。法治反对人治，反对个人专制，反对“一言堂”，要求教育管理以规则为基础（rule-based），尊重程序，避免长官意志所带来的随意性与情绪化。教育法治化是教育秩序的基本保证，没有法制和法治，必然产生教育混乱。更重要的是，法治化是科学化和民主化的基石，科学管理的经验和做法、民主管理的规则和程序，必须通过法律化才能具有强制力，才能成为约束管理行为的强制性规范。因此，通过法制手段推进教育发展和教育现代化是世界各国的普遍做法和共同经验。

教育管理法治化的具体要求是有法可依、有法必依、违法必究、执法必严。改革开放以来，我国先后颁布了《中华人民共和国学位条例》《中华人民共和国义务教育法》《中华人民共和国教师法》《中华人民共和国教育法》《中华人民共和国职业教育法》《中华人民共和国高等教育法》《中华人民共和国民办教育促进法》《中华人民共和国未成年人保护法》《中华人民共和国预防未成年人犯罪法》等法律文件，使教育从无法可依，到教育基本的、重要的方面都做到了有法可依，基本形成了由教育法律、行政法规、部门规章和地方性教育法规、规章组成的教育法律法规体系。

然而，我国教育法律法规体系还需要进一步完善，《中国教育现代化2035》要求构建完备的教育法律法规体系。当前，需要研究制定终身学习、学前教育、学校治理等方面的法律法规，加强重大问题单项立法，加强法律法规规章的协调衔接，构建覆盖重要教育领域与环节、系统全面的教育法律制度体系。除国家层面的立法外，要鼓励部门和地方先行先试，制定部门规章、地方性法规及地方政府规章。同时，健全学校办学法律支持体系，完善师生权益保护及纠纷处理制度，建立健全复议、诉讼、仲裁、调解等教育纠纷多元化解决机制。在学校层面，以学校章程为核心的规章制度建设也需要大大加强，学校微观层面的规章制度建设对于师生权益的保护至关重要，其价值丝毫不逊于国家宏观层面的法律制度建设。

教育管理的专业性或者专业化，关键在于教育管理从业者即教育管理人员的专业化。教育管理中出现的种种问题，与人员素质低有密切关系。

这一问题，本章在论述现代教育的人力资源保障时还会涉及。

教育管理的信息化是指教育管理中充分运用现代信息技术以提升管理效率、提高决策理性化科学化水平。建立教育管理信息系统是教育管理信息化的具体体现。对于教育管理的信息化，本章在论述现代教育的物力资源保障时，还会涉及。

教育管理的人道性、理性化、专业性、民主性、法治性、信息化六者之中，最为关键的是民主性与法治性。民主是人道的延伸，民主也是人道的程序性保障。民主能够集思广益，促进管理的理性化与专业性。民主反对专制，法治反对人治，二者对管理现代化至关重要，但相对而言，民主比法治更重要。法治是民主的制度保障，民主是法治的灵魂，没有民主作为法律制度一以贯之的灵魂与主线，法律制度会沦为反民主的工具。教育管理的民主性是教育管理现代性的集中体现，是现代教育管理的核心特征。推进教育管理的民主化是教育管理现代化的优先事项。

教育管理的信息化体现的是典型的工具合理性，在教育管理的诸现代性特征之中，其重要性相对较小，信息化可以被用来促进教育的人道性，也可以被用来戕害教育的人道性，甚至被用于从事反民主的勾当。工具合理性或者科技理性需要有价值合理性指明前行的方向，否则会走入歧路。

讨论教育管理现代化问题，与讨论政治现代化问题颇为相似，核心论题是权力与权利的关系问题。读者可以参阅前文对于政治现代化的相关论述。

本节后文将重点讨论：在我国，教育行政机关的行政权力该扩张到什么程度，才足以使政府有足够的行政能力去推进教育现代化？同时又该怎样严格限制政府的权力，以保障学校的办学自主权与其他教育主体（如师生、家长等）的法定权利？再者，该如何推进教育治理与民主管理、建设现代学校制度，并有效保护师生的权益免受学校的侵害、学生的权益免受教师的侵害？最后，在城镇化背景下，教育管理该如何改革，才能有效破解城乡二元教育结构、推进教育公平？

二、教育行政能力提升与教育行政权力优化配置

教育行政机关必须具有足够的行政能力才能有效推动教育的改革与发展，推进教育的现代化。

教育行政能力是指教育行政机关通过抽象行政行为和具体行政行为，最大可能地动员、利用、组合、发掘各种资源，为各级各类受教育者提供良好的教育公共服务，建立高效公平的教育秩序，适应与促进国家发展和社会发展，促进人的自由而全面的发展的能力。

教育行政能力与教育行政职能密切相关，实质上是教育行政机关履行教育行政职能的能力。如果教育行政机关的行政能力孱弱，教育行政必定难有作为甚至无所作为。教育行政能力是一种“管理”能力，是各级教育行政机关对于辖区内教育事业的行政管理的能力，包括统筹规划区域教育发展的能力、提升教育质量的能力、促进教育公平的能力、制定有效的教育政策和规范性文件的能力（制度建设能力）、为教育发展提供各种资源的能力（如获取财力、人力、智力支持的能力）、教育督导与评估的能力（控制能力）、维持教育秩序的能力等。

要提升教育行政能力，最为重要的路径是合理配置教育行政权力，优化纵向权力配置和横向权力配置。优化不是教育行政权力单纯的弱化（不是单一的放权），也包括强化；优化不只是教育行政权力的必要拓展，也包括必须施加的制约。

教育行政权力是行政权力的一种。行政权力，简称行政权，是由国家宪法、法律赋予国家行政机关执行法律规范、实施行政管理活动的权力，是国家政权的组成部分。行政权包括命令权、决定权、检查监督权、制裁权、强制执行权、裁判权等。行政权来源于国家宪法和法律，由国家行政机关代表国家行使，是国家治理和服务社会的公权力的一种，多具有强制和命令的性质。（罗豪才，1996）[4] 行政权力所具有的强制性是行政管理的一种基本依靠力量。教育行政权力配置的合理化、运作的规范化与理性化对于我国教育改革与发展至关重要。

教育行政权力的配置包括纵向配置和横向配置两种形式。纵向配置是

指不同层级的教育行政机关之间的权力划分，以及教育行政机关与学校之间的权力划分，即教育权力的垂直性分割；横向配置是指与教育行政机关同一层级的、包括教育行政机关在内的各类行政机关之间，对于教育行政权力的划分，即教育权力的水平性分割。当前，合理划分我国不同层级教育行政机构之间的权责，以及合理划分同一行政层级中教育行政部门与人事行政部门、党务组织部门、财政部门等之间的权责，成为优化我国教育行政权力配置的关键环节。

教育行政权力的配置除发生在行政机关之间、行政机关与学校之间外，还发生在一个行政机关内部。如某个教育行政机关内部也存在教育行政权力的纵向配置和横向配置问题。教育行政改革必须把教育行政机关的内部改革作为重要内容，要根据教育改革与发展的需要，在某个教育行政机关内部进行调整，如内部机构的改变、撤销、合并甚至扩大等。

不论是教育行政权力的初始配置还是教育行政权力的再分配，目的都是使教育行政机关转变行政职能，“做正确的事”并“把事做正确”，前者涉及行政内容，即“管什么”，后者涉及行政方式，即“怎么管”。核心是使教育行政机关“为所当为”并大有作为，使教育行政机关关注重大教育利益与重大教育问题，在履行职责时不避重就轻，不碌碌无为。

教育行政权力的优化配置，一个重要目的在于提升教育行政能力。从我国现状看，要提升教育行政能力，首先需要拓展教育行政权力，给教育行政机关更大的权力，包括更多的统筹权、人事权和财权。教育行政权力优化配置的另外一个目的是制约教育行政权力，尤其是制约高层政府特别是中央政府过于集中的教育行政权力，使之更多地向地方分权，向学校分权，同时完善相关行政程序制度和行政救济制度，约束行政权力的运行过程，保护行政相对方的权益。

需要重新审视我国现有的教育行政权力结构，研判其合理性，对于现行的教育行政的实践与立法，予以批判性和建设性审视，明确问题所在及其解决方向。这是必须认真去做的功课。

我国教育行政权力优化配置的基本思路是：在横向上，加大各级教育行政机关统筹教育发展的权限，使事权、财权、人事权力相对集中于教育行政机关，尤其是加大中央教育行政机关（即教育部）的统筹能力；在纵向上，加大放权和分权力度，中央教育行政机关向地方放权，地方高层教育行政机关向低层教育行政机关放权，教育行政机关向学校放权，向社会和市场分权，让学校成为依据章程自主管理的办学实体；加快加大教育行政机关内部改革力度，调整内部机构与职能，提高公务员专业素养；对抽象教育行政行为和具体教育行政行为的结构、比例、频次予以调整，加大抽象教育行政行为力度，加强教育制度建设，提高教育行政机关制定规范性文件的水平，产出更多更好的规范性文件，使依法行政有法可循，同时解决低层次的“文山”问题；同时，加大对于具体教育行政行为的限制，尤其是要合并数量过多的对于学校的检查评估，减少数量过多的比赛和大型活动，对于学校工作，教育行政机关应该多一些专业化的指导，少一些表面化的监督检查，少一些简单化的评比奖惩，需要大大减少各种会议的数量，解决颇受非议的“会海”问题；最后，要进一步完善相关教育行政程序制度和行政救济制度，约束行政自由裁量权的行使，保障利益相关者对于行政过程的充分参与，保障行政相对方的合法权益。

在教育行政权力优化配置的基础上，通过立法程序，完善关于教育行政机关的实体法和程序法，用法律手段与权威把教育行政权力的调整予以固化，使教育行政权力的运行有良法可依。

教育行政权力的优化配置，要谨防陷入要么集权要么分权的“非此即彼”的二元化改革思维模式。实际上集权与分权并非水火不容，许多国家的教育改革中集权与分权是齐头并进的。（褚宏启，江雪梅，茅锐 等，2013）

三、教育行政权力的合理扩张

主张教育行政权力的扩张似乎是冒天下之大不韪，是逆世界教育改革潮流，其实不然。尽管从世界范围看，30 多年来教育行政改革的呼声似乎一直是限制教育行政权力，但教育中的“集权”与之紧密相伴、如影随形。

20 世纪 70 年代末兴起的政府向学校“放权”、鼓励家长和学生“择校”的市场化教育改革，绝不是简单的放权。教育事关国家战略的实现，一个负责任的国家不会对教育放任自流，因此，教育中的“放权”都是有限度的、有条件的。放权的同时往往也意味着高层级政府（如英国的中央政府、美国的各州政府等）对于某些行政职能的集权，意味着某些权力的保留（如中央集权制国家的中央政府），还意味着放权后对于学校问责的强化。放权、集权、问责制（accountability，也译为责任制或者绩效责任制）共同构成教育行政改革的全景图，展现出中央政府、地方政府和学校之间的权责划分的结构性、立体化调整。

集权的主要方式就是对于课程和学业标准的控制。尽管给学校下放了财政权和管理权，但是，通过颁布国家课程标准与学业标准大大加强了政府对于整个教育、对于单个学校的控制，“学校可能在财政和行政两方面被赋予新的职责，但在其他领域，特别是与课程相关的领域则节节退让”，如在英国、美国、澳大利亚、新西兰和瑞典五国，“无论国家还是州政府，都掌握了决定学校知识的标准、成就评估的方式以及评估报告的对象等新的权力”。尽管许多职责从国家或者地方政府转移，但五国中“没有一国政府的总体作用在明显地下降”，“决策者似乎乐意授予地方层面的学校和家长更大的自治权，但不情愿放弃高层政府的控制权”，“向单个学校放权的措施往往与那些增强中央控制权的措施并驾齐驱”。（惠迪，鲍尔，哈尔平，2003）[49，60]

国外市场化的教育改革并非只是单一的市场导向，政府对于学校的管理和控制也同时加强了。因此，英美所引领的市场化教育改革在本质上是政府利用市场机制强化对学校的控制，是政府与市场联姻的产物。尽管也大喊分权、放权、校本管理，但本质上对学校的自上而下的政府控制和由外向内的市场控制（家长择校）同时加强了。表面上学校自主权有所增加，但实际上政府仍在“遥控”（steering at distance）学校，而且政府更多地把责任转移到家长和学校身上。（Ball，1990）[80－81]

在我国，对于某些教育行政职能的集权以及教育问责制的健全都势在必行。我国在教育行政管理上素有集权的传统，集权所带来的弊端也显而易见，所以在教育行政改革中某些教育事务的分权是大势所趋，但某些教育事务的集权也迫在眉睫。集权既意味着收权，也意味着承担更多的责任。分权有时成为政府下移和转嫁责任的借口。政府通过分权或者打着分权的旗号逃避责任，是中外教育改革中都出现过的现象。

政府尤其是高层级政府应该履行自己应该承担的责任，在我国更应如此。基本的原则是：该管的必须管好，不该管的坚决放权。这是政府教育行政职能转变的基本要求。“教育行政部门主要管好方向、速度、结构、质量、数量。……政府对教育的宏观管理，不再仅仅是行政性的、指令性的，而是开始通过法律、规划、督导、拨款、评估等方法和措施来实现。……政府由原来的单纯行政手段的直接管理，改变为运用多种手段的间接管理，即运用立法的、经济的、学术的和必要的行政手段进行管理……。政府教育行政部门的主要职能则是统筹规划、政策引导、组织协调、监督检查、提供服务。”（陈运贵，1997）这样，政府的角色发生了重要变化，政府成为教育体系的构建者、教育条件的保障者、教育服务的提供者、教育公平的维护者、教育标准的制定者和教育质量的监管者。

教育中的分权、择校、集权与问责等改革都是在政府主导下推进的，政府主导的教育发展与改革模式未来还会持续下去，不论是中央集权制国家还是分权制国家概莫能外。教育改革的主动权始终掌握在政府尤其是中央政府手中。

政府对教育实施行政管理的必要性毋庸置疑，关键是采取什么样的策略。笼统地、抽象地谈论分权与集权孰优孰劣没有什么意义，分权与集权怎样在不同层级政府间组合、如何在政府与学校间组合才最有效力，要根据不同国家甚至不同区域的具体情况确定。更为重要的是，要明确政府公共权力的配置与使用应该服务于教育目的的实现，应该有助于提高教育质量、促进教育公平。如果政府所选择的教育改革策略如市场化策略违反了教育的本质，就应该及时反思和调整。

教育的市场化改革并不否认政府的作用。即便市场机制进入教育领域后，政府依然有管制教育的职责。政府在培育、发展和规范市场中有着不可替代的作用，其责任是培育市场发展环境，规范市场运行秩序，制定有利于教育市场发展与规范的“游戏规则”，创造教育领域平等竞争的环境和条件，发挥市场机制的作用。政府还应纠正市场功能缺陷和市场失效的消极效应，关注弱势群体和贫困地区教育，缩小差距，推进教育公平。（陈谟开，2002）

在中国这样一个发展中国家，由于长期计划体制导致学校自主管理、自主发展能力较弱，由于市场、第三部门发育相对不成熟，就更加需要发挥政府在多方治理中的主导作用。

那么，我国各级教育行政机关实际所拥有的行政权力是否可以满足教育行政职能转变的要求？是否能有效解决本辖区内的重大教育问题？回答是否定的。教育行政权力不论在横向上还是在纵向上，都需要适度扩张。

在行政权力的横向配置上，需要加强各级教育行政机关的行政权力。各级政府的教育行政机关有“事权”，但没有充分的“财权”和“人（事）权”，财权掌控在财政部门手中，人（事）权力比如一些地区教师的招聘权掌握在人事部门手中，因此，教育行政权力是一种残缺不全的权力。教育立法和其他立法要根据教育发展的客观需要，适度扩充教育行政权力，以解决教育领域的一些老大难问题。

以教育部为例予以简单说明。我国当前的中央教育行政机关为教育部，根据2008年国务院办公厅批准的《教育部主要职责内设机构和人员编制规定》，其主要职能包括17项。[①] 然而，教育部的这些职能所被赋予的行政权力，不足以使教育部具有解决当前一些重大教育问题的能力，尤其是涉及与经济、科技、人才队伍建设的关系，涉及对于教育体系的多部门协同管理（教育部只是管理部门之一），涉及中央政府对于教育的财政投入等问题，教育部往往无能为力。因此，教育部的权力需要扩充，并把扩充的权力法律化。

1985年6月教育部改组为“国家教育委员会”，由国务院副总理李鹏担任国家教育委员会主任，目的就是想扩大中央教育行政机关的权限，加大对于教育发展与改革的统筹力度和协调能力。尽管1998年又恢复了教育

① 根据2008年国务院办公厅批准的《教育部主要职责内设机构和人员编制规定》整理。参见：http：// www.moe.gov.cn/publicfiles/business/htmlfiles/moe/moe188/200408/1728.html.

部建制，但是这种改革思路却具有启发性，依然可以作为未来改革的一个重要思路。

在教育行政权力的纵向配置上，在推进简政放权的同时，应该加大教育行政权力在某些管理事务上合理扩张，即向上集权的力度，尤其是要加大中央政府和省级政府统筹教育发展与改革的力度。

《教育规划纲要》对于教育行政改革提出明确的要求，要求中央政府统一领导和管理国家教育事业，制定发展规划、方针政策和基本标准，优化学科专业、类型、层次结构和区域布局。整体部署教育改革试验，统筹区域协调发展。地方政府负责落实国家方针政策，开展教育改革试验，根据职责分工负责区域内教育改革、发展和稳定。《教育规划纲要》特别要求进一步加大省级政府对区域内各级各类教育的统筹。统筹管理义务教育，推进城乡义务教育均衡发展，依法落实发展义务教育的财政责任。促进普通高中和中等职业学校合理分布，加快普及高中阶段教育，重点扶持困难地区高中阶段教育发展。促进省域内职业教育协调发展和资源共享，支持行业、企业发展职业教育。完善以省级政府为主管理高等教育的体制，合理设置和调整高等学校及其学科、专业布局，提高管理水平和办学质量。依法审批设立实施专科学历教育的高等学校，审批省级政府管理本科院校学士学位授予单位和已确定为硕士学位授予单位的学位授予点。完善省对省以下财政转移支付体制，加大对经济欠发达地区的支持力度。根据国家标准，结合本地实际，合理确定各级各类学校办学条件、教师编制等实施标准。统筹推进教育综合改革，促进教育区域协作，提高教育服务经济社会发展的水平。支持和督促市（地）、县级政府履行职责，发展管理好当地各类教育。

四、教育行政权力的严格制约

行政权力在现代社会中具有举足轻重的作用，在20世纪不断扩张，有三种表现：一是行政权的自身扩张，行政“自由裁量权”范围扩大；二是向立法权扩张，行政机关大量涉足立法领域，“委任立法”猛增；三是向司法权扩张，“行政司法”凸显。（谢晖，1995）[137-151] 现代社会公共事务的扩张，使得行政权力涉足社会生活的方方面面，以至于西方法学家把20世纪以来的国家称为“行政国家”。

行政权力是国家权力的核心部分。由于现代行政的发展出现了职权的交叉、混合，同样一个行政机关，可能同时具有行政职能、准立法职能和准司法职能。现代行政已不限于简单地执行法律，行政机关兼有立法、司法等职能。行政行为不仅存在是否合法的问题，还存在是否适当的问题。（罗豪才，1996）[2, 24]

行政权力的扩张有其历史必然性，但相伴而生的是行政越权现象。这是行政权力的恶性膨胀导致的负效应。行政权力具有自我膨胀的特性。这种特性表现为两种情况：一种是行政权力的自然增长，其是由行政权力的结构功能正向发展所决定的，属正常状态；另一种是行政权力的恶性膨胀，属异常现象。行政权力的自我膨胀源于行政权力自身的结构、行政权力的性质以及行政权力客体的状况：行政权力的运动是自上而下的放射结构，且每经过一层中介，其放射范围都会有一定程度的扩大；而由于自主性的逻辑，各级权力的行使者又常常产生扩大权力的本能冲动，这就使行政权力具有一种无限延伸的能力；随着社会的发展，行政权力作用的对象也必然日益增加，行政权力也就随之扩大，这样又自然会带来行政权力结构的变化，形成连锁反应。如此三种因素的相互作用，行政权力的膨胀就成为不可避免的事情，以对行政权力的制约和精简为内容的行政改革在当代也就成为政治学和行政学永恒的主题之一。（张国庆，2007）[98]

在各个领域，包括在教育领域，权力的横行霸道与权利的委曲求全司空见惯。为保护相关主体的权利和自由，必须约束国家权力，特别是要约束日益膨胀的行政权力。

在教育行政法律关系中，政府或教育行政机关是行政主体，享有并行使国家行政权力，在具体的法律关系中占有主导地位；与行政主体相对的另一方当事人，是行政相对方，如学校、教师、学生等。行政主体与行政相对方的法律关系具有不对等性，使得行政相对方的权利容易受到权力的侵害，亦即学校、教师、学生的权利容易受到政府或者教育行政机关的权力的侵害。

在我国，教育行政机关对学校侵权，常见的是侵害学校的办学自主权、财产所有权和土地使用权；对教师侵权，常见的是侵害教师的教育教学权、获得报酬待遇权、进修培训权、申诉权等。在教育行政管理中，尽管教育行政机关不直接从事学生的日常管理工作，但也会有侵害行为发生，如乱收费行为对于学生财产权的侵害，考试工作组织不力侵害学生获得公正评价的权利，招生工作中的不当行为侵害学生平等的受教育权等。（褚宏启，2002）[100-101]

因此，在教育发展与改革中，教育行政权力是双刃剑。一方面，它能够提升教育效能、拓展教育自由、促进教育公平、提高教育效率、维护教育秩序，是实现教育改革目标的强大助推器，是不可替代、不可或缺的重要资源；另一方面，教育行政权力在行使中也会成为阻碍教育发展的力量，损害公共教育利益，侵害公民和学校的权益，产生负面作用。因此，对教育行政权力要予以必要的制约。

教育行政权力在行使过程中之所以会产生一些负面效应，原因有二。

其一，教育行政权力行使的人格化。教育行政权力在行使时必然有一个人格化的过程，教育行政权力是通过一个个具体的公职人员去行使的。他们不可避免地都有自己的特殊利益。如果缺乏相应的利益协调机制和权力制约机制，公职人员不能通过正常渠道满足自己的利益要求，那么在行政权力行使过程中，他们就有可能为了追求自己的利益而置公共利益于不顾，用公共行政权力去满足私人的需要，这样，就会出现权力滥用甚至腐败现象。

其二，教育行政权力的自我膨胀的特性。同其他行政权力一样，教育行政权力不仅具有集中统一的特性，而且存在一种自然增长、自我膨胀的趋势。由于教育在整个公共服务系统中的地位越来越重要，由于建立终身教育体系的压力越来越大，由于教育活动越来越复杂，教育行政管理的广度和深度都不断拓展，这会导致教育行政权力边界的拓展和自由裁量权的扩张，扩张无可厚非，但扩张中难免无度和失序，而无度与失序则会挤压行政相对方的权利空间。

必须对教育行政权力进行制约，因为“权力导致腐败，绝对权力导致绝对腐败”（阿克顿，2001）[342]，孟德斯鸠强调：一切有权力的人都容易滥用权力，这是万古不易的一条经验。有权力的人使用权力一直到有界限的地方才休止。对于教育行政权力的制约必须与教育行政权力的行使共始终。（褚宏启，江雪梅，茅锐 等，2013）

要有效约束、严格限制我国的教育行政权力，有以下三条路径。

1. 通过实体立法限制教育行政权力

通过实体立法确定教育行政权力的边界，使之不得逾越。就我国而言，需要分解和转移传统的教育行政权力，并予以法律化，把权力放在法律的“笼子里”进行约束。

教育行政权力的分解和转移是指政府向学校“下放”权力，向市场“转移”权力，向第三部门“转移”权力。这三者意味着教育行政职能的转变，其中的关键是给学校放权。

首先，政府向学校“下放”权力。学校成为自主办学的权力主体。给学校自主权，实质上是要求进行校本管理（school-based management），是“以基层为本的管理”（site-based management）这一大趋势的反映。以基层为本的管理本质上要求把决策权下放给基层，这样做的理由在于基层更了解实际情况，能更有效率地迅速做出反应。给学校自主权，就是让学校摆脱对政府的依附性，逐步形成“自主管理、自主发展、自我约束、社会监督”的机制，凸显学校的主体性，增进学校办学的专业性，更好地满足学生的教育需求，促进学生的发展。（褚宏启，2004）目前，校本管理在我国已经成为一种受各方推崇的学校管理模式。

其次，政府向市场“转移”权力。市场机制有时能够发挥政府不能发挥的作用，教育券、择校等市场机制在中国一些地区对于提高教育效率具有明显效果，因为这种机制促进了学校之间的竞争，而竞争带来了办学质量的提升。另外，在土建、仪器设备购买、图书采购中，实行严格的监理制度、招投标制度，也是对市场机制的引入，成效显著。（褚宏启，刘旭东，2005）[28]

最后，政府向第三部门“转移”权力。第三部门是指处于代表市场力量的第一部门（企业）和代表公共力量的第二部门（政府）之间的社会组织，常被称为中介组织、非政府组织、非营利组织等。由于政府失灵和市场失灵的存在，第三部门作为一种中间调节机制，在一定程度上很好地弥补了政府和市场两方面的不足，充当了宏观国家和微观市场之间的一个中观协调角色，在利益表达、利益分配、社会纠偏等方面起了重要作用。实际上，共同治理的本质是第一、第二、第三部门对于公共事务的共同治理。（俞可平，2000）《国务院关于〈中国教育改革和发展纲要〉的实施意见》非常重视第三部门的作用，指出："为保证政府职能的转变，使重大决策经过科学的研究和论证，要建立健全社会中介组织，包括教育决策咨询研究机构、高等学校设置和学位评议与咨询机构、教育评估机构、教育考试机构、资格证书机构等，发挥社会各界参与教育决策和管理的作用。"

共同治理是否意味着政府功能的削弱、衰退甚至退出呢？回答是否定的。

在多方共同治理的体制中，政府依然发挥主导作用，政府充当的是"元治理"的角色，政府在社会管理网络中被视为"同辈中的长者"，它虽不具有最高绝对权威，却承担着确定教育发展方向、目标、标准的重任，为多方主体参与管理提供共同的行动目标和行为准则。（魏海苓，孙远雷，2006）

学校拥有办学自主权后，政府依然需要对学校进行监控。权利和义务、权力和责任是对等的，政府放权给学校，学校获得的不仅有权利（力），还有义务和责任，政府需要对学校履行义务和职责的情况进行监管、监控、监督。因此，学校的自主管理权是有限的，学校的自主是有限自主，"在进一步落实学校办学自主权的同时，政府要切实加强对各级各类学校办学行为的规范和教育质量水平的检查和评估"（陈流汀，2003）。

2. 通过程序立法约束教育行政权力

教育行政机关在做出行政行为时必须遵循一定的行政程序。程序违法的行政行为应视为无效。

在以法治原则作为背景的行政权行使过程中，行政程序法律制度的发展与行政权作用的扩展基本上呈一种"正相关"关系。教育行政程序制度主要包括行政信息公开制度、行政告知制度、行政听证制度、行政回避制度、行政决策制度、行政救济制度等几种。

第一，行政信息公开制度。政府教育信息公开是指政府（包括各级政府、教育行政部门和相关行政部门）在实施教育行政管理的过程中，通过一定的形式和程序，将行政机关在履行职责过程中制作或者获取的，以一定形式记录、保存的信息，主动向社会公众或依申请而向特定的个人或组织公开的制度。

公开政府信息、使行政权力运行透明化是信息化时代行政改革的一个新趋向。据不完全统计，到2002年全球已有50多个国家进行了信息公开化立法，其中1993—2002年立法的国家和地区高达34个，超过200年间总数的一半。（周汉华，2003）[10-12]

我国政府信息公开的制度化真正起步于2003年的“非典”时期。2007年《中华人民共和国政府信息公开条例》正式实施，为我国各级政府和教育行政部门公开政府教育信息提供了法规依据。《中华人民共和国政府信息公开条例》认为政府信息公开的目的是“保障公民、法人和其他组织依法获取政府信息，提高政府工作的透明度，促进依法行政，充分发挥政府信息对人民群众生产、生活和经济社会活动的服务作用”。

第二，行政告知制度。行政告知制度是一种基本的行政程序制度，其具体要求是：行政主体做出影响行政相对人权益的行为，应事先告知该行为的内容，包括行为的时间、地点、主要过程，做出该行为的事实根据和法律根据，相对人对该行为依法享有的权利等。

第三，行政听证制度。行政听证制度是与行政告知制度紧密衔接的一项行政程序制度。行政主体拟实施一定行政行为，在告知相对人后，相对人可能认为相应行为违法、不当，根本不应实施该行为；也可能认为相应行为虽应实施，但所持事实、法律根据不当；或者认为行政行为虽不存在瑕疵，但对行为实施的时间、地点、方法有建议、要求。无论属何种情况，行政主体都应认真地听取相对人的意见，并加以认真的、充分的考虑，如其合理、适当，则应予以采纳；如不合理、不适当，虽不应予以采纳，但应向相对人予以解释、说明。行政主体听取相对人的陈述和申辩一般应记录在案，以作为行政复议和司法审查的证据。

第四，行政回避制度。公务员在执行公务时，如相应事项与本人有利害关系或者有其他关系可能影响公正处理的，不得参与该事项的处理。行政回避制度的主要价值在于防止偏私，保障公正。既保障实体的结果公正，又保障程序的形式公正。

第五，行政决策制度。《教育规划纲要》明确要求“提高政府决策的科学性和管理的有效性。规范决策程序，重大教育政策出台前要公开讨论，充分听取群众意见。成立教育咨询委员会，为教育改革和发展提供咨询论证，提高重大教育决策的科学性”。健全教育行政决策制度，首先要建立规范化的程序，决策程序除了可以提高决策效率外，还可以提高决策的科学性，弱化或者避免主要决策者的人治化、随意性、情绪化的草率决策；其次，要保证利益相关者的参与，要改变精英决策的模式，鼓励教育利益相关者共同参与教育决策的过程。

第六，行政救济制度。在教育行政关系中，行政机关以管理者的身份处于较优越的地位，它的全部执法和公务活动都涉及相对人的利益，它在执法过程中违法或做出不当的行为必将给相对人的合法权益带来一定损害。在这种情况下，就非常需要通过法律的途径来平衡教育法实施中行政机关、学校与被管理者因法律地位明显不对等带来的差异。当教师、学生或学校的权利受到某种侵害时，能够通过一定的途径和手段，请求国家有关机关以强制性的方式来实现其权利，这时其权利才是真实的，才能被尊重。这种途径或手段，就是教育行政法律救济。

教育行政法律救济，是指教育管理活动的相对一方当事人（即被管理者），因教育行政机关或其他管理部门的违法或不当行为，致使其行政法上的合法权益受到侵害时，请求国家有关机关予以补救的法律制度。教育行政法律救济是针对行政主体行使行政权力所产生的消极后果进行的一种法律补救。根据我国现行的有关法律、法规的规定，我国的教育行政法律救济的途径主要包括教育申诉、教育行政复议、教育行政诉讼以及教育行政赔偿。

3. 通过建立行政问责制度约束教育行政权力

行政主体必须对自己的行政行为承担责任。教育行政问责制是指对教育行政部门（或其委托授权组织）及其责任人履职情况进行合理性质询或责任追究的制度。其实施有利于提高教育公务员的责任意识，为我国教育发展提供重要的制度保障。（赵银生，2008）《教育规划纲要》明确指出："要把推进教育事业科学发展作为各级党委和政府政绩考核的重要内容，完善考核机制和问责制度。"

教育问责制之"责"有政府责任和法律责任两层含义，"从最广意义上来看，政府责任是指政府能够积极地对社会民众的需求做出回应，并采取积极的措施，公正、有效率地实现公众的需求和利益。……从狭义的角度来看，政府责任意味着政府机关及其工作人员违反法律规定的义务，违法行使职权时，所承担的否定性的法律后果，即法律责任"（张成福，2000）。两种责任相互联系，不能履行政府责任，就必须承担法律责任。因此，明确政府的教育责任，并据此进行教育政绩考核，是追究法律责任的前提。另外，还必须明确政府不能履行教育责任所要承担的法律责任，否则问责就会失去其严肃性和约束力。

五、教育治理与民主管理

教育治理是现代教育管理的最新表现形态，其实质是民主管理，是以共治求善治。

"治理"（governance）在我国已非新词，治理问题于20世纪末就已成为研究热点之一，不过其影响仅限于学界。自党的十八届三中全会正式提出"推进国家治理体系和治理能力现代化"后，治理和教育治理就成为公共政策话语，并引发研究升温。

教育治理是指国家机关、社会组织、利益群体和公民个体，通过一定的制度安排进行合作互动，共同管理教育公共事务的过程。治理的典型特征是多元主体参与的共同治理，即"共治"。

在我国，治理和教育治理已经具有一定的政策基础、实践基础、研究基础，推进教育治理不是空穴来风，与过去教育改革思路一脉相承，与简政放权、教育行政职能转变、建设现代学校制度等是一致的，是对一直在进行的教育管理改革的深化。但我国的教育治理远未达到善治之境，人们对于教育治理何以必要、何以可能、如何实施等方面的认识并不明晰，下面将从教育治理的特征、背景、价值目标、体系建构等方面，对上述问题予以阐明。

1. 教育治理的优越性

相对于以政府为单一主体的教育行政管理，教育治理有其显著优势，能更好地应对社会发展和教育发展对于教育管理变革提出的挑战。

教育治理的突出特征是多主体参与的合作管理、共同管理、共同治理。参与管理的主体已经不只是政府部门，而是包括各种非政府组织、社会团体、私人部门、公民个人在内的多元主体。治理不是作为单一主体的政府的统治和管理，而是多元主体参与的民主化管理。（滕世华，2003）

治理与单一主体的政府管理不同。二者虽非截然对立，但至少有如下显著区别。一是主体不同。政府管理的主体只是政府，而治理的主体还包括社会组织乃至个人。这一变化意味着，政府不再只是治理的主体，而且也是被治理的对象；社会不再只是被治理的对象，也是治理的主体。二是权源不同。政府的管理权来自权力机关的授权。尽管权力机关授权从根本上说是人民授权，但人民授权毕竟是间接的。而治理权当中的相当一部分由人民直接行使，这便是所谓的自治、共治。三是运作模式不同。单一主体的政府管理的运作模式是单向的、强制的、刚性的，因而管理行为的合法性常受质疑，其有效性常难保证。治理的运作模式是复合的、合作的、包容的，治理行为的合理性受到更多重视，其有效性大大增加。（江必新，2013）

教育治理是对传统教育管理方式的超越，是教育管理民主化的集中体现，是教育管理的现代形态。因此，教育治理与教育管理并不是对立关系，前者只是后者的一种高级形态。不能用“教育治理”的概念否定和取代“教育管理”的概念。

教育治理的优越性就在于多元主体的民主参与。在教育治理的框架下，各种不同的教育利益诉求能得到充分表达，教育决策、政策与立法得到充分讨论与论证，并从政治生态上消除了人治显性或者隐性存在的可能性。因此，教育治理具有显著的民主化、法治化、理性化（科学化）特征，是教育管理现代化的重要表现。在教育治理体系中，国家机关、社会、公民不是对立对抗关系，而是致力于共赢善治的联动合作关系；教育管理活动不再是两败俱伤的负和博弈、此消彼长的零和博弈，而是追求和谐互惠的正和博弈。

民主化是教育治理的典型特征。然而，教育民主化、管理民主化并非新生事物，既然如此，“教育治理”的新意何在？笔者认为，教育治理对于民主化的要求，不再停留在言辞的呼吁，不再停留于碎片化、局部性的参与，而是在参与广度、深度上的结构性变化；不仅是教育管理内容、管理形态或管理手段上的小幅度变化，而是在整个社会层面带来的政府职能与角色定位以及政府与社会之间关系的系统性变革，标志着教育管理民主化实现方式的根本性变化。这种根本性变化建立在对政府失灵、市场失灵反思的基础上，建立在对现代政府管理模式变迁趋势把握的基础上。

治理与教育治理不仅“使民主运转起来”，而且使民主形态出现了转型和创新。教育治理中的民主是微观层次上的参与式民主，与原有的民主形态相比，这种民主是非国家性民主，是基层民主，是协商式民主，是实质性民主，是与科学精神在逻辑上同构的民主。

传统民主更多地体现在公众对宏观“政治”的控制上，而不是对更为具体的“行政”的干预中，传统民主关注宏观政治中的诸如选举民主、精英民主、利益集团的互动与博弈等主题，这种民主更多归属于选举民主、形式民主、代议制民主的范畴。而在治理和教育治理中，除传统民主依然需要发挥作用并不断改进之外，民主呈现出新的形态。民主更多地向“行政”这一微观层面以及更多具体的政策领域渗透与扩散，而且民主是一种“非国家形态的民主”，这种民主通过各种形式的、高频度的、有序的公民参与实现，它不指涉现存的宏观的国家权力、结构制度安排，只寻求基层的公民自治、公民自己为自己服务。这种民主更多属于参与式民主、实质民主、直接民主、群体取向的民主的范畴。

这种民主之所以是实质民主，因为它关涉每一个利益相关者的“实体性权利”，与传统的选举民主相比，它更直接指涉个体权利与利益。这种民主是对代议制民主的改进，代议制民主通过曲折的政治选举，最后强调代议者要“为人民服务”，而治理中的协商式直接民主则更多地强调政策议程自下而上的优先性、强调基层微观决策中的“人民自己为自己服务”，例如，在学校管理中教师和学生的民主参与，有利于更直接有效地维护师生的各种实体性权利。

这种民主是与科学精神在逻辑上同构的民主，体现了民主管理与科学管理内在的一致性。这种参与式的基层民主，以制度化的方式征询民意和集中民智，有利于充分了解公众的需求、协调和综合各种利益、进行合理决策以更好地解决问题，有利于形成合理的基层合作治理的格局、培育基层协商民主中的公共理性等，有利于共同解决教育管理中回应性不足、民主性缺失、公共性偏离等一揽子问题，体现了“价值理性”和“工具理性”的融合、“民主精神”与“科学精神”的同构。(王琪，孙立坤，2014)

教育治理所具有的优越性，是教育治理兴起的逻辑前提。而社会发展、教育发展的新变化对于教育管理的挑战，则是教育治理兴起的现实基础。

2. 教育治理的国际国内背景

自世界银行 1989 年在讨论非洲发展问题时首次提出“治理危机”(crisis in governance) 以来，“治理”这个概念在国际学术界很快流行开来，20 世纪 90 年代以来有关治理的著述大量涌现，治理理论成为当代政治学、行政学、管理学中的显学。

治理的兴起主要有两个方面的原因。一是西方福利国家出现政府管理危机。“二战”后，在民族国家内部，政府被视为“超级保姆”，职能扩张、机构臃肿、服务低劣、效率低下，财政危机遍布各国，社会分裂和文化分裂同时出现。在这样的背景下，治理作为一种既重视发挥政府的功能，又重视社会组织群体势力相互合作、共同管理的方式和理念登上了历史舞台。二是与市场和调节机制发生危机有关。市场机制在提高资源配置效率方面显示出巨大的优越性的同时，也会产生分配不公、外部化、失业、市场垄断等失灵现象。因此，社会急需新的调节机制。这个新的调节机制就是治理机制。“单纯的市场手段和单纯的积极干预都不能实现对社会资源配置的高效率，治理，就被认为是对付市场失灵和政府失灵的重要机制。”（陈明明，2014）另外，社会组织的迅速发展也为多元治理的全面运作提供了动力基础和体制化支援。

简言之，单一依靠政府或者市场都不能带来善治。治理的兴起是为了缓和日益复杂的社会事务与相对集中的公共权力之间的矛盾，治理试图重新配置公共权力，通过向社会组织、私营部门等开放权力的方式来增强国家管理的弹性与韧性。治理理论的魅力不仅在于其将民主、参与、协商、分权、责任、人权、平等、合作等诸多美好的价值融入其中，而且在实践过程中展现出其相对于垂直统治的巨大灵活性，在一定程度上降低了国家管理的成本与风险。因此，治理理论和实践不仅被西方发达国家所推崇，而且被世界银行、经合组织、联合国教科文组织、联合国开发计划署等国际组织系统总结并向发展中国家推广。（郑言，李猛，2014）

教育治理作为国家治理的有机组成部分，必然会受到国家治理变革浪潮的影响。但教育治理的兴起，并非只是跟在一般治理变革之后的亦步亦趋的结果。教育治理有其自身特性与相对独立性。从国际上看，教育中的政府单一管理与市场化改革带来的问题，亦即教育管理中政府和市场“双重失灵”，是促使教育治理勃兴的现实原因。

我国的教育管理和教育治理，也受到国际上治理理论与实践的影响。但在我国，倡导教育治理，主要还是基于我国社会发展和教育发展对于教育管理的挑战。

西方发达社会的治理和教育治理，建立在尽管政府发育（现代科层制）和市场发育（市场经济）都比较成熟但却“双重失灵”的基础上，中国的治理土壤显然不同于发达国家，我国的现代科层制和市场经济都不成熟，因此，我国教育治理的制度基础、目标设定、路径选择就与发达国家有较大差异。要在扩大微观教育领域基层参与式民主的同时，致力于建设现代科层制政府、完善教育行政机构与职能，以及更好地规范市场并促进市场健康发育。

在我国，教育治理之所以必要，在于运用社会力量、通过共治和自治，来矫正“发育并不成熟的政府和市场”对于教育的不当干预与侵扰，完善教育管理体制机制，形成良好的教育治理体系，解决教育管理和教育发展中存在的突出问题。

因此，提出与推进教育治理在我国具有强烈的现实针对性。长期以来，受计划体制的影响，政府倾向于做无所不在、无所不管、无所不包的全能型政府，在行使教育行政职能时，在管理内容上，管了一些“不该管”的事，管了一些“管不好”的事，还有一些该管而“没管好”的事。尽管经过多次改革，政府的教育行政职能依然未能实现根本性转变，仍有不少难点和重点需要突破。政府的教育行政职能存在错位、越位和缺位现象，给政府自身和教育发展都带来了负面影响，主要表现在：(1) 政府干预过多，造成政府精力分散，负担过重，不可避免出现忽视大局、决策失误、行为失职、政策失灵、效率低下等问题；(2) 压抑学校的办学活力，滋长学校对政府的过度依赖；(3) 导致政府垄断教育，挤压社会各种力量参与办学的空间，阻碍各种教育中介组织的发育和成长，使公民的进取心消减和社会责任感萎缩。

现存的这些问题迫使我们对传统的政府理论进行反思，并对政府角色重新定位。应该认识到，政府并不是唯一的权力中心，政府不是全能者，不应该垄断对教育的管理权，应与社会、学校合理分权，只保留对教育事业发展起决定作用的重要事项的决策权和控制权，把原先由它独立承担的一些责任转移给社会和学校，变强势政府对学校的单边管理为政府、社区（家长）共同参与的多边管理和共同治理。(褚宏启，2005)

因此，教育治理需以转变政府职能为突破口，以构建政府、学校、社会新型关系为核心内容，旨在形成政府宏观管理、学校自主办学、社会广泛参与的格局，更好地调动中央政府和地方政府的积极性，更好地激发每个学校的活力，更好地发挥全社会的作用。

3. 教育治理体系的建构

教育治理价值目标的实现、教育治理能力的提升、善治的达成，有赖于教育治理体系的建构与完善。推进教育治理，关键是完善教育治理体系(education governance system)。(Manna，McGuinn，2013) 332 - 348

教育治理体系要回答两个基本问题：教育治理主体是谁？教育治理主体之间是什么关系？关系是指教育治理主体间在治理中的权利义务关系、权力责任关系。教育治理体系建构既包括治理主体的结构变化，也包括主体间关系的制度安排。结构体系与规则体系共同构成了治理体系，结构驱动与规则驱动是建构教育治理体系的两条路线。

教育治理是共治主体依据规则开展的教育管理活动，涉及管理的多主体、多层级、多因素、多环节。多主体包括政府、学校、社会组织以及教师、学生、家长等公民个体；多层级包括中央政府、多级地方政府、学校、班级等多个管理层次；多因素包括教育规划、课程管理、教学管理、经费管理、人员管理、质量保障、督导评价等多项管理内容；多环节包括计划、决策、执行、控制等多个管理流程。

由此可见，教育治理体系是一个非常复杂的管理体系，既涉及纵向和横向，也涉及宏观与微观。但其核心是哪些主体能参与治理，以及参与治理的多个主体在哪个管理层级上、在哪些管理内容上、在哪些管理环节上具有决策权。

建构教育治理体系的关键是参与权、决策权的结构性调整，除政府外，有更多的主体参与治理，这些主体在更多的管理事务上有更高程度的决策权。这意味着政府必须向其他主体分权。但必须进行分权与有必要进行集权并不冲突，在教育治理体系的建构中，分权与集权应该是同步且互补的双重变奏，都有助于善治。

当前我国教育管理中存在的突出问题是社会参与不够、学校办学自主权不够、政府宏观管理能力不强、学校内部治理结构不完善等。这些问题的解决，既需要政府分权，也需要集权；既需要学校自治，也需要学校内部的分权共治。

分权包括政府内部的分权和政府向外部的分权。前者主要指高层级政府向低层级政府的分权，特别是中央政府向地方政府的分权；后者主要指政府向学校、社会和市场的分权。我国教育治理变革中的分权，主要指后者。

共治必然导致分权，原来政府作为单一管理主体所拥有的教育管理权力，要分解和转移给参与共同治理的多元主体。这种分权主要包括政府向学校“下放”权力、向社会组织“转移”权力、向市场“转移”权力。这三者意味着教育行政职能的转变。对此，前文已有论述。

《中国教育现代化 2035》要求形成全社会共同参与的教育治理新格局。教育管理体制和制度体系更加系统完备、科学规范、运行有效，政府依法行政、引领教育发展的能力显著增强，教育管理信息化和决策施政科学化、民主化、精细化水平显著提高。中国特色现代学校制度更加完善，学校办学自主权得到有效保障，学校发展活力明显增强。建成畅通有序的社会参与教育治理渠道和网络，形成政府、学校、社会依法共同参与教育治理的制度保障，实现教育治理现代化。《中国教育现代化 2035》还要求推动社会参与教育治理常态化。首先，在政府层面，完善社会参与教育决策制度，提高公众参与教育决策的广度和深度。其次，在学校层面，建立社会参与学校管理机制。鼓励学校开放办学，努力形成家长、社区、用人单位、行业协会等共同参与学校治理的格局。

共同治理并不意味着政府作用的削弱。“在所有权力主体中，任何其他权力主体均不足以与政府相提并论。政府对人类实现善治仍然有着决定性的作用。善政是通向善治的关键；欲达到善治，首先必须实现善政。”（俞可平，2014）就像善治的前提是完善治理体系一样，教育善政的前提是完善教育行政体系，即优化配置教育行政权力。优化配置不只是分权，也包括集权。集权同分权一样，是完善治理结构的重要内容，其重要性甚至优先于分权。（Ahrens，Caspers，Weingarth，2011）[10-14]

集权是提升治理能力、达到善治的必然要求，在我国尤其如此。在中国语境下，教育治理不仅有充分释放社会活力、限制政府不当干预的意义，还有如何进一步改进和加强政府宏观调控的问题。当前我国教育宏观调控体系仍未定型、调控实践面临诸多矛盾，需要政府适度集权以克服教育改革分散化、碎片化的问题。在教育改革进入深水区之时，只要分权不要集权，只要分化不要整合，无疑是一剂“毒药”。

政府在教育治理的多元主体中，发挥的是“元治理”（meta-governance）的作用。治理与元治理的本质区别在于，前者强调社会对治理的参与和作用，而后者注重保证政府在治理中的影响力和控制力。在元治理中，政府的作用主要表现为远景规划、规则制定、目标确立和行动协调，从而促进自组织和治理主体的发展，既达到“元治”，又不破坏“自治”。也就是说，元治理不同于政府主导一切的制度安排，政府在治理体系中的积极作用并未消解其他的治理形式或力量，相反，元治理有利于为多元治理提供稳定的制度环境。具体言之，政府在教育治理中的主导作用和“元治理”角色表现在以下几个方面：（1）协调和整合多元主体的利益分歧，维护公共利益，保证教育领域公共利益的最大化；（2）确定教育发展的方向、目标、标准，解决多元主体的目标分化问题，产出公共政策和制度，为多方主体参与管理提供共同的行动目标和行为准则；（3）进行宏观规划、统筹和调控，解决教育改革分散化的问题，以及治理活动的碎片化和不可持续等问题；（4）对教育治理的效果进行问责，通过实体性和程序性规则，对于各相关治理主体进行问责，也对自身进行问责。

而要履行好上述职责，政府就必须转变教育行政职能，加强自身能力建设，通过建设一个充满现代精神的“服务政府、法治政府、责任政府”来完成其“元治理”的使命。

同相对宏观的政府教育治理一样，相对微观的学校内部治理也是教育治理的重要组成部分。完善学校内部治理体系，其实质是建设依法办学、自主管理、民主监督、社会参与的现代学校制度，要点有二：一是强调自治，一是强调共治。

学校自治是指构建新型政校关系，推进政校分开、管办分离，政府简政放权，改变直接管理学校的单一方式，减少不必要的行政干预，切实落实学校办学自主权，使学校真正成为独立办学主体，能够自主管理、自主办学。

学校自治、学校办学自主权源自政府向学校的分权，但就教育善治而言，政府分权到学校层面还不够，某些学校可能会截留政府下放给学校的新增权力，学校管理甚至会更加专断。因此，在学校内部需要“二次分权”，把政府下放给学校的权力进一步下放给教师、学生、家长等主体，完善内部治理结构，实行分权共治。

学校分权共治是指多元主体对于学校内部事务的共同治理和民主管理。学校内部管理机构、教师、学生、家长、社会组织、专家学者都可以成为学校治理的主体。

学校的分权共治要做好以下工作。

第一，完善集体决策制度。健全校内集体决策规则，完善决策程序，推进决策的科学化、民主化、法治化，避免个人专断。凡是有关学校发展方向、基本建设、重大教育教学改革和师生切身利益的事项，要充分听取利益相关者和专业机构的意见，要进行可行性评估，要进行集体决策。

第二，健全师生参与学校治理的制度。健全教职工代表大会制度，充分发挥其民主监督和参与学校管理的作用。扩大教职工对学校领导和管理部门的评议权、考核权。学校特别是高等学校要积极拓展学生参与学校民主管理的渠道，改革完善学生代表大会制度，落实学生的民主选举权、自主决策权；制定学生管理或者涉及学生利益的管理规定，要充分征求学生意见。积极探索师生代表参与学校决策机构的机制。

第三，建立健全家长参与学校治理的制度。以普通中小学为例，需要完善中小学家长委员会制度，通过班级和学校两级家长委员会，使家长参与学校管理、监督学校管理，促进家校合作。家长委员会成员由家长民主选举产生。学校实施采购校服、订购教辅材料、组织活动、代收费用等直接涉及学生个体利益的活动，一般应由学校或者教师提出建议和选择方案，并做出相应说明，提交家长委员会做出决定。

教育治理是多元主体参与的共同治理，民主化是其精髓。在教育治理中，民主既是目标，也是手段。我们坚信民主的力量，民主会带来好的治理（善治），会带来好的教育。

4. 现代学校制度建设

“学校制度”是指关于学校的规则体系，其作用在于调整学校的内外部关系，使教育有序运行。学校制度所要调整的内部关系包括学校与教师、学校与学生、教师与学生等关系，外部关系包括学校与政府、学校与社会等关系。因此这里的“学校制度”已超出了学校的范围，不仅仅是指学校内部的治理结构，还涉及学校与政府、与社会的关系。

现代学校制度概念中的“现代”并不具有历史分期意义上的时间含义。现在人们所讨论的“现代学校制度”显然不是指现代社会开始以来所建立起来的、与现代社会在同一个历史起点上的“关于学校的规则体系”。此处的“现代”作为一个修饰词，指的就是“好的、先进的、能适应时代需要的……”等类似的含义，其实质是“具有现代精神的”“能体现现代性要求的”。因此，现代学校制度的本质是符合人道性、理性化、民主性、法治性等要求的学校制度体系。

现代学校制度既包括中小学层面的，也包括大学层面的，后者一般被称为“现代大学制度”。

从内容上，可以把现代学校制度分为核心制度和外围制度两类。学生的发展、教师的教和学生的学是现代学校制度最应该关注的问题，其他的制度都是为其服务的。从这个意义上看，现代学校制度的核心制度指的是对学生的发展、对学生的学和教师的教有直接影响的制度（如教学制度、考试制度、学生评价制度、校本教研制度、校本培训制度、教师评价制度、教育督导制度等），以及与其相近的制度（如与校本管理相关的学校内部管理制度，包括教师聘任制、教职工代表大会制度等）。而教育投入制度、学校产权制度、办学体制（学校举办制度）、学校后勤管理制度、社区参与制度等，都属于学校制度的外围制度，它们都是为核心制度服务的。核心制度的运行和发展需要外围制度做保障。外围制度必须服从教育内在的需要，而不是反过来。

现代学校制度建设的目标，与教育治理的目标异曲同工，都是为了解决我国教育管理中存在的突出问题。现代学校制度建设的总体要求是：适应国家行政管理体制改革要求，明确政府管理权限和职责，明确各级各类学校办学权利和责任，建设依法办学、自主管理、民主监督、社会参与的现代学校制度，构建政府、学校、社会之间的新型关系。

具体要求是：第一，落实和扩大学校办学自主权。政府及其部门要树立服务意识，改进管理方式，依法保障学校充分行使办学自主权和承担相应责任。高等学校按照国家法律法规和宏观政策，自主开展教学活动、科学研究、技术开发和社会服务，自主设置和调整学科、专业，自主制定学校规划并组织实施，自主设置教学、科研、行政管理机构，自主确定内部收入分配，自主管理和使用人才，自主管理和使用学校财产和经费。扩大中小学校在办学模式、育人方式、资源配置、人事管理、合作办学、社区服务等方面的自主权。

第二，完善现代大学制度。具体包括四点。（1）完善治理结构。公办高等学校要坚持和完善党委领导下的校长负责制。健全议事规则与决策程序，依法落实党委、校长职权。完善大学校长选拔任用办法。充分发挥学术委员会在学科建设、学术评价、学术发展中的重要作用。探索教授治学的有效途径，充分发挥教授在教学、学术研究和学校管理中的作用。加强教职工代表大会制度、学生代表大会制度建设，发挥群众团体的作用。（2）依照章程规定管理学校。尊重学术自由，营造宽松的学术环境。全面实行聘任制度和岗位管理制度。确立科学的考核评价和激励机制。（3）扩大社会合作。探索建立高等学校理事会或董事会，健全社会支持和监督学校发展的长效机制。探索高等学校与行业、企业密切合作共建的模式，推进高等学校与科研院所、社会团体的资源共享，形成协调合作的有效机制，提高服务经济建设和社会发展的能力。推进高校后勤社会化改革。（4）推进专业评价。鼓励专门机构和社会中介机构对高等学校学科、专业、课程等水平和质量进行评估。建立科学、规范的评估制度。探索与国际高水平教育评价机构合作，形成中国特色学校评价模式。建立高等学校质量年度报告发布制度。

第三，完善中小学学校管理制度。完善普通中小学和中等职业学校校长负责制。完善校长任职条件和任用办法。实行校务会议等管理制度，建立健全教职工代表大会制度，不断完善科学民主决策机制。扩大中等职业学校专业设置自主权。建立中小学家长委员会。引导社区和有关专业人士参与学校管理和监督。发挥企业参与中等职业学校发展的作用。建立中等职业学校与行业、企业合作机制。

六、城镇化进程中的教育管理改革

我国新型城镇化进程中的教育管理改革，既要求破解传统的城乡教育二元结构和制度，更要求破解新形成的城市内部新教育二元结构和制度。而要实现这些目标，政府必须转变教育行政职能，建立城乡一体化的教育管理体制，加大政府统筹规划力度；需要推进户籍制度、学籍管理、异地中考和异地高考改革，确保农业转移人口的教育机会均等；需要完善多元的教育投入体制，积极改革教育人事管理制度，为破解教育二元结构提供财力和人力保障；需要加大利益相关者特别是农村转移人口民主参与力度，以民主化推动城镇化，推进城镇化进程中教育治理的现代化。

同时也要看到，二元教育制度是嵌套在宏观的二元社会制度之中的，破除教育二元结构、建构城乡一体化的教育制度，还需要教育制度之外的制度创新与制度支持。现行城乡分割的户籍管理、土地管理、社会保障制度，以及财税金融、行政管理等制度，固化着已经形成的城乡利益失衡格局，制约着农业转移人口市民化，阻碍着城乡发展一体化。教育管理改革需要同这些方面的改革协同推进，否则，教育管理改革孤掌难鸣，即便改革，也难以走远。

城镇化进程中的教育管理改革，涉及多项内容，本节主要讨论教育行政职能转变、教育管理体制改革、教育民主管理、异地中高考改革与户籍制度改革等方面。教育投入管理、教育人事管理两个方面的内容，在本章第四节阐述教育资源保障时再予涉及。

城镇化进程中的教育管理改革，其核心是通过强化政府的公共服务与统筹规划职能，通过推进民主参与，通过破解城乡二元社会与教育制度，推进教育公平，促进教育机会均等。

1. 城镇化进程中教育行政职能的重新定位

政府职能的核心内容是“管什么”和“怎么管”。传统城镇化的突出问题之一表现为政府职能定位的错乱，而政府职能转变在本质上就是让政府“为所当为”。

我国传统城镇化的核心特征是低成本扩张、强势政府主导，政府行政权力扮演着远比市场因素更为重要的角色。政府主导的城镇化模式有其优势，但也有缺陷，突出表现在政府职能存在越位与缺位现象。政府职能“越位”现象主要表现在政府的经济职能过强，而在经济职能中，微观管理职能过强；同样，在政府的社会职能中，社会管制功能过强，社会服务功能过弱。政府职能的“缺位”主要表现在公共服务供给不足。一些地方政府在政绩和利益的诱导下，缺乏长远考虑，提出过大的发展目标和城镇规划框架，热衷于追求短期的表面文章，盲目攀比和跟风冒进，贪大求洋。由于地方政府片面追求城市规模，片面追求经济增长，将城市作为增长机器，热衷于大广场、宽马路，甚至将城镇化异化为“房地产化”，导致政府无力提供足够的公共服务，忽视了作为城市主体的“人”的发展，甚至用牺牲农村、农民、农民工利益的方式发展城市，造成城乡发展的矛盾，特别是近年来，行政垄断与滥用征地权引发了各种社会冲突。新型城镇化强调以人为本，倡导社会正义，而城乡基本公共服务均等化则是其必要条件，基本公共服务是政府应该提供的公共产品，是民生的范畴，是基于民权的价值诉求。(钱再见，2013)

政府的四大基本职能为公共服务、社会管理、经济调控、市场监督。四大基本职能中，公共服务职能应是其最主要的职能，社会管理职能是其次要职能，经济调控和市场监督职能则相对排在后面。而在我国以往的城镇化建设中，政府越位、缺位的现象非常严重，不论越位还是缺位，都属于“错位”。政府主导的城镇化有悖于经济发展规律和城镇化建设规律。新型城镇化要求政府职能有根本性的转变，由目前大规模地介入经济领域，尤其是公共投资领域转为更多地提供社会服务。

基本公共服务是指建立在一定社会共识基础上，由政府主导提供的，与经济社会发展水平和阶段相适应，旨在保障全体公民生存和发展基本需求的公共服务。国家已明确了基本公共服务的范围和标准。2012 年国务院颁发了《国家基本公共服务体系“十二五”规划》，明确指出，基本公共服务范围一般包括保障基本民生需求的教育、就业、社会保障、医疗卫生、计划生育、住房保障、文化体育等领域的公共服务，广义上还包括与人民生活环境紧密关联的交通、通信、公用设施、环境保护等领域的公共服务，以及保障安全需要的公共安全、消费安全和国防安全等领域的公共服务。与此同时，规划还确定了基本公共服务的国家标准，从而为推进服务型政府建设提供了基本依据。

教育是政府公共服务的首要组成部分，而且位列“学有所教、劳有所得、病有所医、老有所养、住有所居”等诸项民生事务之首。在新型城镇化背景下，就教育而言，政府的首要职能是为所有城乡居民提供公平有质量的教育服务，尤其是保障农村转移人口的受教育机会均等化，以促进人的全面发展，实现社会公平正义。这是总体要求。

2. 城镇化进程中教育管理体制的完善

城镇化本身所具有的复杂性、动态性、跨地域性，要求政府“更有担当，更有能力”，政府需要完善教育管理体制机制，提升管理能力，解决教育城乡分治问题、区域分治问题，从宏观战略层面推进教育发展。

新型城镇化要求构建城乡一体的教育管理体制，政府要统筹城乡教育发展，让农村转移人口得到与城市居民同等的教育服务，同时确保农村地区获得同质同量的教育服务。要求统筹城市居民和农民工及其子女的教育问题，打破城市内部针对农民工及其随迁子女的教育制度歧视，建立以常住人口为基准的公共服务提供机制；同时大力发展农村教育，从多方面加大投入和补偿力度，缩小城乡教育供给水平、供给质量和供给标准上的差距，重建农村学校的社会文化资本和支持系统。(褚宏启，2010)

健全城乡一体化的教育管理体制，还要求必须完善教育规划体制机制，加强教育规划与城乡经济社会发展、主体功能区建设、国土资源利用、生态环境保护、基础设施建设、公共服务供给等规划的相互衔接，推动“多规合一”“多规融合”。不同层级的政府需要根据管理权限，分别以全国一盘棋、城乡一盘棋、区域一盘棋的思路，通过顶层设计，加强对教育体系优化、教育布局调整的统筹规划。

在城镇化背景下，政府对教育发展的统筹力度需要加大，重点是加强中央统筹、省级统筹、部门联动。中央政府根据新型城镇化总体规划，在国家层面上确定我国教育发展的战略目标和战略重点，规划教育体系优化和教育布局调整的宏观构想，统筹推进农业转移人口市民化的制度安排和政策制定，特别是注重解决农业转移人口跨省流动带来的教育成本分担问题。各级地方政府负责统筹本行政区农业转移人口的教育体系结构与空间布局的调整问题。对于城镇化进程中的教育体系结构完善与教育空间布局调整，本章下一节将予以详述。

除加强统筹外，同级政府不同职能部门之间的协作与联动也需大力加强。以农民工培训为例，承担培训任务的部门很多，多头管理、统筹力度不够的问题比较突出，由于各培训项目分属于不同部门，各自为政，条块分割，缺少有效的统筹管理体制和运行机制，部门之间的培训政策缺乏统一、协调和衔接，每个部门对农民工培训的内容、时间、工种目录、补贴标准、补贴方式都有各自的规定，导致培训资金分割、培训资源分散，使现有教育培训资源难以发挥最大效益。这种“九龙治水”式管理方式亟待改变。

再以农民工随迁子女教育为例，随着人口向城镇集聚，城镇面临的教育压力越来越大，导致城镇教育用地、教师数量、教育经费短缺，而这些问题，仅靠教育行政部门无力解决，需要规划、土地、编制、人事、财政等政府职能部门协力解决。

3. 城镇化进程中教育领域的民主参与

城镇化进程是城乡之间、城镇内部利益格局重新调整的过程。在政府主导的城镇化模式下，行政权力独大，公民权利不彰，各种显性和隐性的行政侵权不断。“新型城镇化如果离开了对公民权的尊重，没有公共精神的培育和公民参与的扩大，‘基本公共服务均等化’就只能是美好的幻觉”。(钱再见，2013)

城镇化与民主化没有同步推进，是我国城镇化推进中的一个突出问题。我国城镇化进程中，在涉及农村土地征用、城镇规划、基本公共服务提供、社区建设与管理等公共事务时，农民、农民工及其子女参与不够，其知情权、参与权、决策权、监督权不能得到有效保障，致使其很多法定权利受到损害，引发诸多社会矛盾。城镇居民是二元社会结构的既得利益者，决策者、两会代表、媒体工作人员、网民等往往都是城市居民，有话语权和决策优势，由于现实存在的利益冲突会导致社会排斥，农民和农民工的利益诉求往往不能得到充分表达和有效整合，他们的权益不能得到有力保障。

在城镇化进程以及教育行政管理中，利益相关者参与不够或者没有参与，是一个突出的问题。利益相关者有强烈的利益诉求和参与热情，他们的充分参与有利于解决信息不对称问题，有利于形成“激励相容”的共识性决策，有利于决策的理性化、科学化。“了解公众的需求最有效的方式就是让其参与决策和管理过程。公众很清楚自己需要什么，他们参与了的决策才更有针对性，才能更好地解决问题。政府只有采取更多的渠道与公众进行更多地互动，政务公开，广泛听取民意，各种决策才会更加合理。这就要求公众参与政策过程的方式、方法的多元化、便捷性、公正性和公开性，这样才有可能真正做到公共政策制定时的各种利益的协调和综合。”（施雪华，张琴，2014）城镇化涉及多方利益冲突，必须通过一定的制度安排，完善治理结构，提升治理水平，让各方利益相关者特别是农村转移人口通过民主参与机制充分表达利益诉求，并在此基础上有效整合利益诉求，以达成利益共识，提高决策的科学化、民主化水平，有序和谐地推进城镇化进程。

“治理”的要义在于社会参与。政治民主化、治理现代化必须与新型城镇化同步推进。重点是完善农业转移人口社会参与机制，具体要求是提高各级党代会代表、人大代表、政协委员中农民工的比例，积极引导农民工参加党组织、工会和社团组织，引导农业转移人口有序参政议政，积极参加社会管理、社区管理、教育管理。

教育治理的本质是民主管理，利益诉求的充分表达与有效整合是民主管理的精髓。我国城镇化面临的首要教育难题就是如何促进教育公平，缩小城乡间、区域间、学校间的教育质量差距和教育投入差距，特别是解决城镇内部教育新二元结构问题。从管理和治理的角度看，在城乡间、区域间、学校间、人群间的教育差距背后，存在着话语权、决策权的巨大差距，农村地区、落后地区、薄弱学校、弱势群体的话语权不够甚至缺失，是导致教育不公平现象持久存在的重要原因之一。教育不公平背后隐藏着社会不公正，教育中弱势群体的声音容易被遮蔽、被掩盖、被忽视。因此，需要建立健全弱势群体有效参与、深度参与教育治理的体制机制。

就教育管理而言，城镇化进程中要建立民主参与机制，使农业转移人口向政府、向社会充分表达其对于各级各类教育的利益诉求特别是机会诉求，使农民工及其子女（包括留守儿童）充分参与学校内部管理，使他们享有对于教育政务与校务的知情权、参与权、决策权和监督权。教育中的民主参与，将是城镇化进程中破解二元教育结构、实现教育机会均等、提高教育决策民主化科学化水平的关键性制度保障。

4. 城镇化进程中的教育机会均等与户籍制度改革

教育机会均等是公共服务均等化的组成部分，而加快推进公共服务均等化是我国户籍制度改革的核心内容。因此，在城镇化背景下，户籍制度改革与基本公共服务均等化、与推进农村转移人口的教育机会均等具有内在联系，必须放在一起来讨论，并进行联动改革。当前，在城镇内部，外来农民工子女的受教育机会与城镇居民子女有显著差距，主要表现在异地中考、异地高考等问题上。本节中对教育机会“均等与否”的讨论，主要是针对户籍人口与异地农村转移人口（不是指本地户籍的农业转移人口）的教育机会差异以及差距而言的，而“教育机会”主要指农民工随迁子女通过异地中考和异地高考进入城镇高中教育、高等教育的机会。

城乡二元结构是中国的基本国情。户籍制度是我国城乡二元结构的制度基础。中国现行的户籍制度是在20世纪50年代末建立起来的。在城镇化进程中，我国传统的城乡二元结构还未破除，新的“城市内部二元结构”已经成型甚至固化。城市内部教育二元结构是城市新二元结构的组成部分，突出表现在异地中考和异地高考问题上。

20世纪90年代以来，城镇地区对于农村转移人口的歧视性制度有明显改进，逐步放开了一些基本公共服务。例如，在教育方面，“两为主”政策即“以流入地政府为主、以公立学校为主”政策的实施，保障了农民工随迁子女以公办学校为主接受义务教育，打破了原有户籍制度的二元刚性，逐步缩小了外来人口与当地人口在义务教育阶段的公共服务差距。但这只是初步解决了农民工随迁子女在流入地接受义务教育的问题。2012年8月国务院办公厅转发教育部等四部委《关于做好进城务工人员随迁子女接受义务教育后在当地参加升学考试工作的意见》之后，尽管各省份都先后出台了随迁子女升学考试方案，规定了农民工随迁子女可以在流入地参加异地中考和高考，但许多地区设置了相当严苛的条件，不论是异地中考政策还是异地高考政策，存在的主要问题是对于报考资格所设置的“门槛过高”，表现为学生报考资格或明或暗、或直接或间接与户籍挂钩。有的“门槛”貌似“不高”，却是以其他“门槛”的存在为前提的，实际上并不低，要完全满足也不容易，实际导致一些地区的普通中等教育和普通高等教育并没有完全开放。流入地政府为农民工随迁子女所提供的是断裂的、不完整的教育，教育机会并不均等，城市内部教育二元结构依然存在，教育的双轨制特征依然存在。

二元教育制度是嵌套在以户籍制度为基础的宏观的二元社会制度之中的，破除教育二元结构，还需要教育制度之外的制度创新，特别是户籍制度的改革。

进入21世纪以来，特别是从2012年至今，我国户籍制度改革步伐显著加快。2012年，国务院印发《国家基本公共服务体系“十二五”规划》，这是我国首部国家基本公共服务专项规划，2012年7月，国家发展和改革委员会副主任胡祖才在国务院新闻办举行的发布会上表示，提供基本公共服务是政府公共服务职能的“底线”，由政府负最终责任，将来基本公共服务要跟户口、户籍地逐步分离。2014年《国家新型城镇化发展规划（2014—2020年）》发布，要求加快改革户籍制度，逐步消除城乡区域间户籍壁垒，还原户籍的人口登记管理功能，全面推行流动人口居住证制度，以居住证为载体，建立健全与居住年限等条件相挂钩的基本公共服务提供机制，积极推进城镇基本公共服务由主要对本地户籍人口提供向对常住人口提供转变。自2016年1月1日起，为推进城镇基本公共服务和便利常住人口全覆盖，保障公民合法权益，促进社会公平正义，《居住证暂行条例》开始施行，条例规定，居住证是持证人在居住地居住、作为常住人口享受基本公共服务和便利、申请登记常住户口的证明。

这些改革措施为进一步深化异地中考和异地高考改革提供了良好的制度保障。户籍制度改革与考试制度改革的方向是：取消户籍对于报名资格的限制，建立健全以学籍为主的报考制度，建立健全包容性的考试招生制度，破除教育的双轨制与二元制，打破城镇教育体系的封闭性，城镇教育体系向农村转移人口全口径、无条件完全开放，保障农村转移人口在城镇受教育的机会均等。此处以异地高考改革为例予以阐述。

长期以来，在我国，高考是与户籍紧密捆绑在一起的，考生必须在户籍所在地报考以及录取。高考户籍制度或者说“高考户籍限制”，是中国高考区别于世界各国大学招生考试制度的最显著特征之一。经多方多年努力，2012 年终于成为异地高考政策的“破冰之年”，国务院办公厅转发四部委《关于做好进城务工人员随迁子女接受义务教育后在当地参加升学考试工作意见的通知》，其后各省份纷纷出台相应报考政策，高考户籍限制总体呈现松绑态势。

异地高考政策涉及的门槛条件各省份不一，综合起来大致包括以下内容。关于户口或居住证的要求，随迁子女流入地的高中学籍或就读年限，随迁子女监护人在流入地有合法稳定的职业、住所，随迁子女监护人的社保缴纳年限或积分等；条件更为宽松的省份，仅对随迁子女在居住地的高中阶段学习年限有要求。个别地区限定了异地考生报考志愿的批次，如仅开放高职院校的报考。各地诸多“门槛”却集中在随迁子女的家长身上，让随迁子女来承担其家长的责任，这在某种意义上成为对随迁子女的一种“歧视”，成为一种新的不公平。例如，部分地区企业长年不为众多进城务工人员在当地缴纳社保，在这种情况下，将社保缴纳年限设定为随迁子女升学考试资格条件对于进城务工家庭来讲非常不公平。(吴霓，朱富言，2014)

从各地制订的政策方案来看，“门槛高低各不同”。即便有些省份异地高考政策明显松动，但也只是“有限松动”，背后依然有流入地政府对利益的理性算计与对户籍考生利益的地方保护。异地高考涉及多种利益冲突，其中最主要的是流入地非户籍群体与流入地户籍群体的利益冲突。另外，异地高考政策会导致流入地中学阶段教育资源的紧张，导致流入地政府具有强烈的地方保护主义动机，深度推进异地高考的动力不足，为流动人口子女设置了较高的报考条件门槛。

当前的异地高考改革需要进一步深化，具体举措如下。

第一，取消根据考生户籍报名招生的方式，使报考资格与户籍分离，与居住证制度挂钩，高考报考制度采用居住证加学籍的方式。户籍制度改革的重点，是要剥离附加在户口上的权益和福利，将教育、就业、社会保障等公共服务制度框架与户籍制度分离开来。在高考户籍制度中，户籍实际上只是实现真正“分区定额”选才的一项工具，如果将来高考报名不再根据户籍，而且依然实行“分区定额”录取，就需要一个同户籍类似的控制工具，这个工具就是居住证。在新型城镇化背景下，应该取消户籍对于高考报名资格的限制，进一步建立健全以“居住证＋学籍”为主的高考报考制度。

第二，改革“根据考生户籍确定分省定额指标”的招生录取方式。不再像过去那样根据户籍学生的规模定额，而是根据流入地学籍学生的规模定额，以高考报名人数为基本依据确定招生名额，按照一定的比例适当增加流入地的招生规模，消弭户籍人口与非户籍人口在定额问题上的利益冲突。这样，可以为异地高考改革顺利开展奠定重要基础。

第三，取消分省份命题的考试方式，实行全国统一命题考试。在全国性人口流动的大背景下，分省份自主命题的考试方式会导致试卷内容和分值都有所不同，分数折合的问题难以解决，导致招生高校很难对考试成绩进行省际比较，省份间相互认证也较难。而如果实行全国统一命题考试，在当前高考与户籍还没有完全分离的现实情况下，对于“异地高考”的考生完全可以实行异地借考，回户籍所在地进行录取，既不会占用流入地的招生名额，也没有因试卷不同而考虑分数折合的难题。（张妍，2014）而且更重要的是，实行全国统一命题考试，非常有助于解决“分省份投放招生指标”的问题，也非常有助于解决“高考与户籍捆绑”的问题，使得高考如同现在的考研一样，实行全国统一考试，完全根据学生成绩进行录取，而且完全与户籍脱钩。因此，第三项改革即实行全国统一命题考试的方式，有助于推动前两项改革。

上述三项改革是相互关联的，甚至是互为因果的。在改革时，需要综合推进，单项推进难以奏效。这三项改革可以为农民工子女的教育机会均等、考试公平奠定较好的制度基础。

综上可见，异地中考、异地高考改革必须与户籍制度改革、中小学生学籍管理制度改革、居住证制度改革、教育投入体制改革等协同推进、有

效对接。否则，异地中考、异地高考改革难以深化和持续，也难见显著成效。(褚宏启，赵茜 等，2016) [53-65]

第二节　现代教育体系

人的现代化和社会现代化对于教育的要求必须通过一定的结构载体——教育体系表达出来，教育发展的国家意图与战略目标必须通过教育体系才能实现。在现代社会，教育的功能在于促进经济社会发展和人的发展，教育功能的实现必须借助于一定的结构，这个结构就是教育体系。

一、现代教育体系的含义

教育体系（educational system）是各级各类教育机构所组成的整体。教育体系是一个系统性、结构化的社会存在。各级各类教育机构如某大学、某中学、某小学、某幼儿园、某社会培训机构等是教育体系的基本构成单位。教育体系是一个国家各级各类教育相互联系、相互衔接而构成的整体。体系是一个结构，结构是关系组合。教育体系涉及教育总体各个部分的相互关系及组合方式。

教育体系在纵向上分为不同层级，如学前教育、初等教育、中等教育、高等教育；在横向上分为不同类别，如普通教育、职业教育。我们要关注不同层级教育的纵向衔接和结构比例，如中等职业教育如何与高等教育衔接（从中可以看到中职毕业生有无机会进入高等教育，并可以此评价教育体系的公平性），中等教育与高等教育的结构比例关系（从中可以看到有多少中学生可以进入高等学校就读）；同时，我们要关注不同类别教育的横向沟通和结构比例，如普通教育和职业教育如何融通，普通教育和职业教育的规模如何保持一个合理的结构比例。

教育体系研究的重点是各级各类教育之间的纵向衔接关系、横向沟通关系以及结构比例关系。教育体系不同于“学制”。教育体系的外延比学制更为宽泛，学制往往主要关注正规学校教育，而教育体系把正规教育和非正规教育都包括在内；另外，教育体系除关注各级各类教育机构的性质、任务、入学条件、修业年限以及它们之间的关系外，还关注教育体系内部的结构比例关系，以及教育结构与经济结构的对应关系等。

现代的教育体系与古代的教育体系有很大区别。在古代社会，教育的政治功能、文化功能凸显，而经济功能不彰。在此基础上建立起来的教育体系是与当时的社会生产力水平、经济结构、政治制度相适应的。这种教育体系远远没有今天的教育体系那样发达和完备，教育体系具有“碎片化”特征，没有形成各级各类教育纵向衔接、横向沟通的“结构化”体系，当时的教育机构所组成的总体甚至很难用“教育体系”来予以概括。比如中世纪的宫廷教育、骑士教育、行会学校、基尔特学校、大学教育这些教育类型，几乎都是各自为政，互不搭界，并没有形成从初等教育到大学教育的连贯的系统。而现代教育体系的结构化特征非常突出。

当前，各国的教育体系也各具特色，并不相同。各国的教育体系处于不同的发展水平，有些国家的教育体系能比较好地反映人的发展的需要，能比较好地应对社会变革的挑战，可以为其他国家提供借鉴。

现代教育体系是现代教育的重要构成部分。现代教育体系是能反映现代教育特征的教育体系，或者说是具有现代精神的教育体系。因此，与古代或者传统教育体系相比，现代教育体系并不只是教育层级更多、教育类别更广、教育结构更加复杂精致，这些都是外部的表层特征，现代教育体系是能反映现代社会发展和人的发展要求的教育体系，是具有鲜明的现代精神气质的教育体系。简言之，现代教育体系并不只是一个“结构”存在，更是一种“灵魂”存在，是一个“有灵魂的结构”。

现代教育体系就是指能充分反映教育现代性的教育体系。教育现代性包括八个方面，即教育的人道性、理性化、专业性、民主性、法治性、生产性、信息化、国际化，其中，与教育体系有密切关联的现代性是人道性、理性化、生产性、信息化。

具体而言，第一，现代教育体系是一个能促进人的全面发展、自由发展、个性发展的教育体系，给予每个人公平的受教育机会，不歧视弱势群体，具有人道性和人道主义情怀，这个体系内包含多样化的教育形式和课程类型，学生可以自由选择，使其既得到全面发展又得到个性发展。这个教育体系不仅具有优质性、公平性和多样性，还具有终身性，现代教育体系与古代教育体系还有一个重大不同，就是终身教育理念对于现代教育体系的塑造。终身教育理念大大改变了现代教育体系服务于人的发展和社会发展的长度、广度、弹性，在终身教育理念的指导下，现代教育体系开始服务于人的终生发展，增加了更多正规、非正规的教育机构与课程，人们进出教育体系更加自由。

第二，现代教育体系是理性化的教育体系，各级各类教育之间的纵向衔接与横向沟通都经过科学、严谨的设计，不仅能反映各级各类教育之间的内在联系，也能反映人的发展与社会发展对于教育的客观要求。总之，现代教育体系是一个尊重事物之间因果联系、尊重教育发展规律与社会发展规律的教育体系，是能把价值合理性与工具合理性有机结合的教育体系。

第三，现代教育体系是一个能反映现代社会要求，能促进现代经济、政治发展的教育体系，具有突出的经济功能，能反映产业结构和劳动力市场的要求，能为现代经济培养各种类型的劳动力，能为现代政治体系和行政科层组织培养政治领袖、各类官员，以及能进行大众的政治社会化教育。现代教育体系能有效地实现现代教育的经济和政治功能，促进经济繁荣和政治民主。

第四，现代教育体系是一个建立在信息化基础之上的网络化、数字化教育体系。充分利用信息技术手段，打破时空限制，提供开放的远程教育，采用线上学习和线下学习相互融合的教学方式，使学习更为泛在与便捷。关于利用信息化打造现代教育体系问题，本章第四节在论述现代教育的物力资源保障时还会涉及。

如果把上述四点进一步聚焦，与教育体系最密切关联的现代性是人道性与生产性，反映出教育体系要适应人的发展和社会发展的客观要求。

《中国教育现代化 2035》确定了 2035 年我国教育现代化的若干主要发展目标，其中，首要目标为“建成服务全民终身学习的现代教育体系”，具体要求是：实现各级各类教育纵向衔接、横向沟通，基础教育、职业教育、高等教育和继续教育协调发展，学历教育和非学历教育、职前教育和职后教育、线上学习和线下学习相互融合，学校教育与社会教育、家庭教育密切配合、良性互动，形成网络化、数字化、个性化、终身化的教育体系。教育体系结构和人才培养结构更加合理。建成人人皆学、处处能学、时时可学的学习型社会。

以上述对于现代教育体系的界定来考察世界各国的教育体系，可以发现，不同国家教育体系的发展阶段或者说成熟度是不同的。发达国家教育现代性的含量相对高一些。所以，我们很难说某个国家已经完全建成现代教育体系了，而另外一个国家现代教育体系还远未形成，我们只能说发展的程度不同。

因此，本书所使用的“现代教育体系”概念指的是一种“理想”和“应然”状态的教育体系，对于任何一个国家来说，现代教育体系都尚未完全建成，诸国都还“在路上”，现代教育体系的建设还没有终结。但是从现代教育体系建设的起点看，各国是大不相同的；从现代教育体系建设的水平看，各国也是大相径庭的。

本节首先从全球视角论述现代教育体系的构成与历史演进，其次论述我国教育体系的改进策略，最后论述我国城镇化进程中教育体系建设面临的特殊问题。在论述中始终关注现代教育体系的人道性（包括公平性、多样性与终身性等）与生产性（教育体系结构如何与产业结构相匹配）这两个关键点。

二、现代教育体系的构成

对教育进行科学、恰当的分类，有利于对各级各类教育进行合理明确的定位，有利于深刻认识教育体系内部各组成部分的结构比例特征和相互依存关系，有利于针对不同定位的教育进行科学管理、分类指导，有利于进行国际统计比较、借鉴他国经验。

本书借鉴 2011 年版《国际教育标准分类法》（International Standard Classification of Education，ISCED）确定教育分类的标准。《国际教育标准

分类法》隶属于《联合国经济与社会分类法国际系列》，在世界统计中用于国家间可比较数据的收集、汇编和分析。《国际教育标准分类法》是国际协商，并经联合国教科文组织成员国大会正式通过的结果。《国际教育标准分类法》提供了一个教育分类框架，对教育活动按照国际公认的类别进行分类。《国际教育标准分类法》按照国际商定的共同定义和概念，对各级各类教育进行分类，力求覆盖所有国家的教育体系，而无须考虑特定国家的情况。

借鉴《国际教育标准分类法》，本书把课程和教育证书作为教育分类的基本维度。

教育的基本任务是“教书育人”，根据教学内容亦即课程对教育进行分类最能反映教育的本质属性。各级各类教育组成的教育体系，本质上是各级各类课程组成的知识体系。在《国际教育标准分类法》中，课程就是“教育课程”（educational programme），系指为在一段持续的时期内达到预定的学习目标或完成一组具体的教育任务而设计和组织的一套连贯或有顺序的教育活动。在一个教育课程中，教育活动还可以被细分为各国所说的“课”（courses）、“单元”（modules）、“课程模块”（units）和“科目”（subjects）。一个教育课程也可以包含一些通常不具有课、单元、课程模块和科目的重要内容，诸如游戏教学活动、见习实习、课题研究、学位论文撰写等。

而在完成某一层级的课程之后，为正式确认该层级的课程已经顺利完成，受教育者将获得相应的教育证书，如小学毕业证书、初中毕业证书、高中毕业证书、中职毕业证书、专科或者高职毕业证书、大学毕业证书、研究生毕业证书、学士学位证书、硕士学位证书、博士学位证书等。

教育分类应该涵盖一个人一生中的任何阶段所接受的正规和非正规教育课程。不论这些被国家教育当局认可的资格证书是怎样获得的（例如，通过成功完成一个正规教育课程，通过一个非正规教育课程或非正式的学习活动），它们都是用来衡量受教育程度的。

正规教育（formal education）系指通过公立或者私立教育机构进行的制度化、有目的、有计划的教育，它们的总和构成一个国家的正规教育系统。因此，正规教育课程理应被国家教育当局或相关机构认可。正规教育主要由职前教育（就业以前接受的正规教育）构成。职业教育、特殊教育和部分继续教育通常被认定为正规教育系统的一部分。

非正规教育（non-formal education）系指由教育提供者进行的制度化、有目的、有计划的教育。非正规教育是在个人终身学习的进程中对正规教育的附加、替代和 / 或补充。提供非正规教育的目的是保障所有个人接受教育的权利。它顾及各种年龄的人但无须采用连续的路径结构，可能持续时间短和 / 或强度低，通常以短课程、讨论班或研讨班的形式提供。通过接受非正规教育所得到的资格证书多数不被相关国家或地方教育当局承认为正式的资格证书或等同于正式的资格证书，或者根本就没有资格证书。非正规教育可以包括成人和青年扫盲教育、失学儿童教育，以及有关生活技能、工作技能和社会或文化发展的课程。在倡导终身教育和终身学习的大背景下，非正规教育和非正规课程需要大幅拓展。

综合世界大多数国家的教育分类，结合《国际教育标准分类法》的要求，可以从两个维度对教育体系进行分类。

教育层级（levels of education）根据课程的层级确定，教育层级是一套有序的类别，用以根据学习经历以及一个课程应传授的知识、技艺和能力的阶段性变化，将教育课程分组。教育层级的概念，反映了课程内容从基础到综合的复杂程度和专门程度。课程越复杂，教育层级就越高。

根据课程的层级，可以把教育体系分为如下教育层级：学前教育、初等教育、初级中等教育、高级中等教育、中等后非高等教育、高等教育。高等教育又可以进一步细分为短期高等教育（我国的专科和高职属于此类）、学士阶段教育、硕士阶段教育、博士阶段教育。

将教育课程按照一个等级数列进行分类，旨在反映教育系统中可得到的全部教育路径：大多数国家的教育系统提供了数种从最低教育层级到最高教育层级的可能路径。受教育者个人可以选择多种方式安排自己受教育的路径，因为教育体系提供了多种分支途径、可供选择的课程顺序和第二次机会。但是，经历从最低到最高所有教育层级的人，亦即从幼儿园开始一直攻读完博士学位的人，所占比例是很小的。

根据课程的取向（orientation）可以把教育分为普通教育（general

education）和职业教育（vocational education）两种类型。如可以把高级中等教育进一步划分为普通教育和职业教育两种类型，在我国，前者就是普通高中，后者就是包括职业高中、技工学校、中等专业学校在内的中职教育。在高等教育层级的学士阶段及其以上阶段中，《国际教育标准分类法》用“学术教育”（academic education）和“专业教育”（professional education）来分别代替“普通教育”和“职业教育”。如我国的学术型硕士、专业型硕士的划分，学术型博士、专业型博士的划分就体现了这种称谓的变化，人们一般不把专业型硕士和博士叫作“职业型”硕士和博士，尽管专业型硕士和博士都有非常鲜明的职业导向。

2011 年版《国际教育标准分类法》还没有更精确地定义学术教育和专业教育，但是为将来根据课程来区分学术和专业的定向提供了可能。在研究出学术教育和专业教育的定义之前，《国际教育标准分类法》在高等教育中采用普通教育和职业教育的定义。

普通教育系指为发展学习者的普通知识、技艺和能力以及读写和计算技能而设计的教育课程，通常为升学、为进入更高级阶段的课程做准备，并为终身学习奠定基础。这些课程通常是在正规教育机构如中小学校或高等学校开设的。普通教育包括那些为参加者进入职业教育课程做准备的教育课程，但是这些教育课程既不为参加者从事某一特定的职业或行业或者某类职业或行业做准备，也不直接授予与劳动力市场相关的资格证书。这是普通教育课程与职业教育课程的不同之处。

职业教育系指主要为学习者掌握在某一特定的职业或行业或者某类职业或行业从业所需的知识、技艺和能力而设计的教育课程。这样的课程一般会把见习或实习作为必修环节。成功完成这类课程后，可以获得由国家相关部门或者专业机构颁发的与劳动力市场相关的职业资格证书。在我国，完成这类课程，在有些领域学习者除获得职业资格证书外，还可以获得毕业证书甚至学位证书（如教育专业硕士学位证书、教育专业博士学位证书等）。

教育层级是对教育的纵向划分，从低到高梯级升进。教育类型是对教育的横向划分，分为普通教育和职业教育，到了大学及其以上阶段，则称为学术教育和专业教育。但教育类型的划分并不贯穿于教育的所有层级，例如，在学前教育和初等教育阶段，由于教育并没有分流，就不存在普通教育与职业教育的划分。在不同国家，普通教育与职业教育的分流点是不同的，有些国家初等教育结束后就进行分流，有些国家初级中等教育结束后才进行分流，而有些国家甚至到高级中等教育结束后才进行分流。

在借鉴国际经验的基础上，我国的现代教育体系可以这样构建。

第一，在纵向层级上，自下而上分为学前教育、初等教育、初级中等教育、高级中等教育、中等后非高等教育、高等专科教育或者高等职业教育、本科阶段教育、硕士阶段教育、博士阶段教育，共9个层级。

建议在我国教育体系中正式设立“中等后非高等教育”。此类教育的目的有两个，一为就业，一为升学，即为进入劳动力市场和高等教育做准备。它针对的是那些完成普通高中教育，获得了普通高中毕业证书，但又没有升入高等学校，也没有就业所需要的资格的人。

为就业而进行的中等后非高等教育，提供的是为劳动力市场而准备的职业性最终课程。当前我国的普通高中毕业生如果没有考入高等学校，就要进入劳动力市场，但他们的确又没有接受过职业技能训练，如果就业制度比较完备，要求进入劳动力市场必须具备职业资格证书，那么这些毕业生就会面临一个尴尬境地。而建立健全职业资格证书制度是我国未来规范劳动力市场的基本政策。因此，在这种背景下，实施中等后非高等教育，对普通高中毕业生进行职业培训，为他们进入劳动力市场做准备，是两全其美的睿智选择。

为“升学”而进行的中等后非高等教育，提供的是为升入高等学校而进行的“预科教育”。这种教育在知识水平和复杂程度上，明显高于普通高中的课程但低于高等教育的课程。因此，我国屡见不鲜的“高考复读”教育，或者说所谓的“高四”教育，尽管也属于为升入高等学校做准备，但不属于中等后非高等教育。《国际教育标准分类法》也明确指出，“帮助学生准备高等教育入学考试”不属于中等后非高等教育。对我国一些学生而言，如对少数民族学生而言，高等学校预科教育是有必要的，而且对于来华学习的外国留学生更是有必要的，因此，在我国设立这种类别的中等后非高等教育，对于完善少数民族学生教育体系、留学生教育体系以及提高教育质量是大有裨益的。

就所占比例而言，中等后非高等教育主要是为就业设计的教育类别，所以，中等后非高等教育主要是职业培训。

需要注意的是，中等后非高等教育不属于“继续教育”，因为继续教育是就业后接受的教育，而中等后非高等教育是在就业前接受的教育，是职前教育。

第二，在横向类别上，分为普通教育和职业教育两个类别。但在不同教育层级称谓会有所不同。在学前和初等教育阶段，教育体系并没有分流，从初中开始，教育才分为两种不同类别，并一直持续到博士阶段。在普通教育和学术教育系列，自下而上称为普通初中、普通高中、普通专科、学术学士、学术硕士、学术博士；在职业教育和专业教育系列，自下而上称为初中职业教育、高中职业教育、高等职业教育、专业学士、专业硕士、专业博士。

当然，在横向教育类别划分上，可以在普通教育和职业教育分类的基础上，进一步把教育细分为若干学科，即进行学科分类，这样可以进一步明确不同科类学校、不同专业学生的比例结构。不过在学制图上，不需要划分得如此精细。

这个教育体系图可以转化为我国“现代学制图”，进一步标明修业年限等信息。如图 5－1 所示。

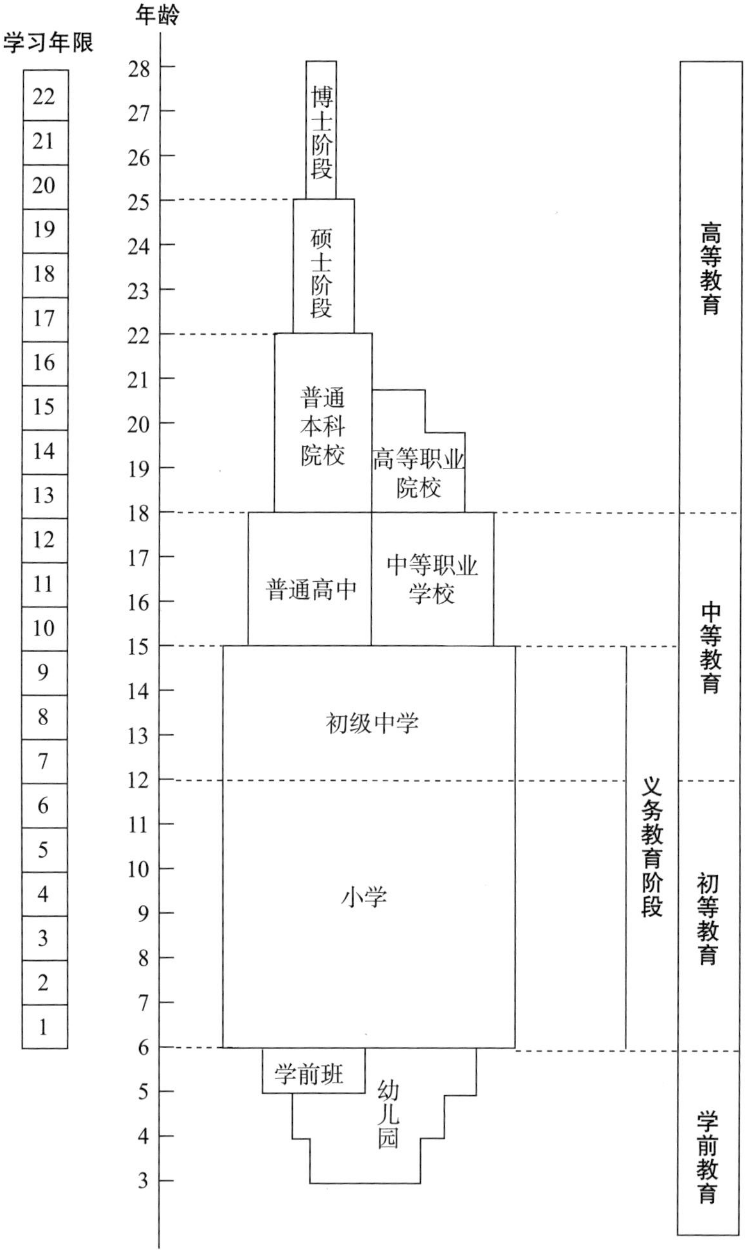
年龄
学习年限
22
21
20
19
18
17
16
15
14
13
12
11
10
9
8
7
6
5
4
3
2
1
28
27
26
25
24
23
22
21
20
19
18
17
16
15
14
13
12
11
10
9
8
7
6
5
4
3
博士阶段
硕士阶段
普通本科院校
高等职业院校
普通高中
中等职业学校
初级中学
小学
学前班
幼儿园
义务教育阶段
高等教育
中等教育
初等教育
学前教育

图5－1　我国现代学制图

三、现代教育体系的形成

从教育体系的演进历程可以明显看到教育现代化的发展过程，可以看到教育体系的现代性是如何逐渐增加的，即教育体系是如何从等级性的、宗教性的、割裂性的、封闭性的形式逐步向人道性、多样性、终身性的方向发展的，从而最终建立起基本适应人的现代化和社会现代化要求的现代教育体系。①

从外国教育发展史尤其是西方教育发展史看，教育体系的演进是一个动态的、持续的过程。从最初古代东方文明古国培养官吏、僧侣的教育体系到世俗性质的古希腊、古罗马等古代西方教育体系，形成了层次相对分明的学校教育体系。经过文艺复兴人文主义运动的洗礼和宗教改革的发展，关注现实的世俗教育体系得到较大发展，古代教育体系开始逐步向现代教育体系过渡。在工业革命的推动下，18 世纪时西方现代教育体系初步形成。19 世纪时西方现代教育体系渐趋完备。到 20 世纪末，民主、科学的现代教育体系最终得以确立。

古代东方文明古国的学校大都设置在宫廷或宗教场所，旨在培养官吏或僧侣，奴隶主阶级子弟按不同等级进入不同的学校，阶级性和等级性色彩很强。苏美尔人以及古巴比伦、古埃及、古印度和古希伯来的学校教育以宗教教育为主，其中古埃及和古希伯来建立了世俗学校教育体系。

古代西方的教育体系以古希腊和古罗马为代表，它们的教育体系是世俗性质的，没有宗教色彩，这与古代东方诸国有根本不同。古希腊和古罗马的教育目的主要是培养满足国家需要的军人和官吏，教育对象局限于奴隶主阶级子弟，阶级性和等级性与古代东方诸国是一致的。古希腊和古罗马建立了层次相对分明的学校教育体系，教育内容以古典知识为主，其形成的以博雅教育为核心的知识体系成为西方文明的源头。

罗马帝国逐渐衰落之后，公元 3 世纪时基督教成为地中海地区最具影响力的宗教。公元 313 年，“米兰敕令”宣布基督教为合法的宗教。公元

① 本小节内容引用了王者鹤关于中外教育体系演进的研究成果，参见：褚宏启，等 . 中国现代教育体系研究 [M]. 北京：北京师范大学出版社，2014.

392年罗马皇帝宣布基督教为国教。自此，基督教教会对教育的控制日益加强，基督教教育体系在罗马帝国的很大范围内取代了罗马的世俗教育体系，从而使得中世纪欧洲的教育蒙上浓重的宗教色彩。基督教教育体系有两个目的：一是培养神职人员以更大范围地传教；二是培训教徒以加强其信仰程度。随着基督教的快速发展，训练新入教的人成为合格的教徒成为基督教教会的一项重要任务，于是基督教教会学校随之发展起来。

公元8世纪以后，为满足世俗封建主的需要，宫廷学校和骑士教育成为欧洲世俗教育体系的两种重要形式。宫廷学校设在国王或贵族的宫廷中，旨在培养官吏，且有浓厚的宗教色彩。骑士教育产生于9世纪后半叶，至16世纪消失。骑士教育旨在培养英勇善战、忠君敬主的骑士精神和技能。

自11世纪初叶始，基督教教会的领袖们在一些规模较大的修道院学校举办学术活动，欧洲最富活力的青年和学者展开了“唯名论”和“唯实论”的神学论战。为了更好地参加论战，许多人聚集在修道院学校聆听著名学者的演说，在这里教师和学生聚集在一起共同研究学问。12世纪中叶起，这些学生和教师组织起行会，促使修道院学校向大学转变。最早的中世纪大学是意大利的萨来诺大学（以医学著称）、博洛尼亚大学（以法学著称）和法国的巴黎大学（以神学著称）。中世纪大学分文学、医学、法学、神学四科，其中文学是其他三科的准备阶段。此外，中世纪大学还始创学位制，学生合格后可以获得相应的学位，学位制是大学保持其毕业生高质量的一种办法。中世纪大学打破了西欧中世纪基督教一统天下的闭塞局面，从人才和思想上为欧洲文艺复兴运动做了客观上的准备。中世纪大学是现代大学的源头和存在的基础，现代大学无论历史长短都或多或少地继承了中世纪大学的传统。

14—16世纪欧洲文艺复兴运动反对神权，提倡人权，肯定人的能力，要求人性的解放。文艺复兴运动在教育界的影响表现为冲破基督教教育体系的束缚，提倡建立新型学校教育体系，力图培养具有新世界观、掌握广泛知识且具备文艺修养、个性得到充分发展的新人。中世纪延续下来的文法学校不符合人文主义精神，为了用拉丁文去学习古典文化，文艺复兴时期出现了一种具有人文精神的中等学校，即“人文主义学校”。人文主义学校继承了古罗马文法学校的传统，摒弃了中世纪教会学校的形式。人文主义学校学习年限为14年，自7岁入学，至21岁毕业。人文主义学校作为大学的预备阶段，只面向上层社会子弟，在低年级学习拉丁文，在高年级学习希腊文，逐渐形成后来西方教育中的“人文学科”。人文主义学校后来在法国发展成为古典中学，在德国发展成为文科中学，在英美则发展成为拉丁文法学校。文艺复兴时期的教育体系具有浓厚的贵族性，这一时期初等教育没有得到关注，只有中等教育得到快速发展，高等教育依旧继承着中世纪大学的传统。

宗教改革运动为欧洲初等教育的拓展增添了动力，由此现代意义的初等学校开始建立。由于新教强调每个教徒都应自己学习圣经，这就要求提高教徒的识字率，因此奉行新教的国家着手实施强迫的初等教育。于是中世纪产生的本族语学校迅速转变为初等学校，承担起宗教改革时期初等教育的任务。16世纪，德国和法国新教教会开办了许多初等学校，并实施强迫的初等教育。新教教会还致力于建设新型中学。宗教改革奠定了西方现代教育体系的基础，促使西方教育向国家化、世俗化、普及化、制度化的方向前进，对世界现代教育体系产生了深远的影响。

文艺复兴运动和宗教改革运动之后，欧洲民众更加关注现实世界，世俗精神的旗帜高扬在欧洲大地。17世纪的科学革命和英国的资产阶级革命促使西欧各国教育体系逐渐向现代教育体系过渡。17世纪初等义务教育首先在德国实现，科学教育开始渗透进中等教育，高等教育逐渐褪去古典色彩。

18世纪世界各国的教育管理权逐步由教会转向国家，引起教育体系的深刻变革，进而引发了整个世界范围内教育国家化的浪潮。这一时期出现了最早的幼儿教育机构，初等教育规模逐步扩大，实科性质的中学打破了文科中学的垄断，现代意义的大学在欧美相继出现。随着18世纪中叶西方工业革命的开始，城市化进程引起家庭结构和社会结构急剧变动。为了社会稳定发展，西欧各国逐步认识到初等教育具有整合底层民众的作用，于是开始重视初等教育的发展，初等教育的规模逐渐扩大。欧洲各国自有初等教育以来，就不可避免地使教育体系成为双轨制，因为初等教育是为下层子弟开办的，上层社会认为良好的家庭教育、贵族化的学术型中等教育、高等教育才是其子弟应接受的教育。

19世纪世界主要国家相继建立起完备的国民教育体系。在普通教育中，幼儿教育确立了地位，初等教育逐步实现普及、免费、义务和世俗化，中等教育的职业取向日趋明显，高等教育的三项功能基本实现；除英国之外，欧美各国都十分重视职业技术教育，纷纷加大建设力度；师范教育越来越受到重视，教师培养成为各国教育体系中的重要环节。

进入20世纪以来，世界教育体系发展迅速，在普通教育中，基础教育逐渐由双轨制转向单轨制，高等教育由精英化发展为普及化；职业教育更加完善，各国各具特色与优势；终身教育体系的建设成为各国教育发展的趋势。总体而言，在世界范围内，现代教育体系最终得以确立，各国教育体系的现代性特征更加丰富和充实。

我国教育体系的演进，与现代化的先行国家有显著不同。古代官学教育、私学教育和官私合一的书院教育构成了我国古代教育体系。我国洋务运动时期的教育产生了现代教育的萌芽，开启了我国教育现代化的进程，这一时期举办的新式学堂成为我国现代教育体系的开端，洋务运动和戊戌变法时期的教育改革，推动了我国古代教育体系向现代教育体系的过渡。20世纪初至今，我国在教育体系方面进行了诸多探索，从学日、学美、学苏到综合各国所长，构建了适合我国国情的现代教育体系。

中国古代学校教育分为官学和私学两类，先有官学，后有私学。夏朝出现“庠”“序”“校”等专门的教育机构。商代的学校为“序”和“瞽宗”，根据不同年龄把教育阶段分为大学和小学。西周学校教育体系较为完备，学校教育主体是官学，官学是由国家举办和管理的学校，面向奴隶主阶级子弟，旨在培养官府需要的各级官吏。西周的官学分为国学和乡学两类，国学按等级分为大学、小学两级。乡学是为一般奴隶主子弟和部分庶民子弟设立的地方学校。官学设于官府之中，学术为官府垄断，形成了“学在官府”、政教合一的局面。夏、商、周三代的学校教育体系基本奠定了后世中国古代学校教育体系的基础。

西汉的学校教育以官学为主，官学分为中央官学和地方官学，中央官学有太学、鸿都门学、宫邸学等，太学是汉代中央官学的主要形式。地方官学有郡国学、庠、序等，东汉时郡国学校更发达。魏晋南北朝、隋唐、宋元、明清时期官学沿袭汉制，分为中央官学和地方官学，只是在学校的设置上各有不同。

隋朝大业二年（606年）开始设立进士科，唐承隋制，并在制度上加以完善。科举制度是唐朝教育体系重要的组成部分，它把读书、考试和入仕有效结合起来，这样就把学校和科举紧密地联系起来。但是科举考试内容以儒家经学为主，自此科举考试完全左右了中国古代学校教育发展的方向，从而造成中国人才培养的畸形发展，最终导致近代中国落后于当时世界先进国家。

宋元中央官学有国子学、太学、四门学、辟雍等，属于提举学事司管理的地方官学有府、州、县学和社学。太学是宋代最重要的高等学校。宋代地方官学形成了三级体系，即路学、府州学、县学。宋代设立了专门培养军事人才的武学和专门培养书画人才的画学，同时医学和阴阳学也获得了发展。元代中央官学仿宋制。

明朝至清朝第一次鸦片战争前是中国封建社会逐渐走下坡路的时期，也是中国古代教育逐渐走向没落的时期。官学教育的衰败受文教政策的影响，明清统治者通过制定严格的学规等措施对官学教育实施文化专制主义。明清中央官学有国子监、宗学和武学，地方官学分为儒学和专门学校，儒学又分为府、州、县学和各部门办的儒学。清代官学除国子监外还有专为宗室贵族子弟设立的宗学，专为爱新觉罗氏子弟设立的觉罗学，专为八旗子弟设立的八旗学。明清地方官学按行政区划设立府学、州学、县学，统称为儒学。明清的科举以八股文取士，学校完全成为科举的附庸。这一时期学校所教的内容、科举考试的内容都是依据朱熹注疏的四书，形式主义和僵化程度达到了极点。

除官学外，我国古代教育体系中还包括私学以及官私合一的教育形式——书院。

私学兴起于我国春秋时期，战国时期大为兴盛。私学的产生是中国古代学校教育体系的一次历史性变革，私学的出现改变了“政教合一”的格局，使教育活动从政治机构中分离出来，促成了教育的独立化。私学还打破了“学在官府”的局面，促使文化下移，使教育对象由少数贵族扩大到平民，人才成长的社会基础更为广阔，开启了百家争鸣的局面。

书院是我国古代社会特有的一种教育形式。书院在唐末萌芽，宋元时大盛，明清时渐趋衰落，在我国存在了1000余年。书院不是官学，但有官学色彩，不是私学，但有私学特色，因此它是官私合一的教育形式。书院出现以后，我国古代教育体系便呈现了官学、私学和书院并行发展的局面。书院起初不是学校，而是藏书之所和文人治学之地。真正具有学校性质的书院至五代末期基本形成，北宋初年成为较完备的教育形式，成为中国古代教育体系的重要组成部分。书院一方面反映了庶族地主争取政治权利的需要，另一方面也是为满足人们更高的教育需求而出现的。清朝后期朝廷加强了对书院的控制，书院官学化倾向更加明显。清朝最著名的书院有诂经精舍和学海堂。

第二次鸦片战争以后，中国沦为半殖民地半封建社会，帝国主义列强的侵略和国内资产阶级的崛起，迫使清政府不得不对封建性质的学校教育体系进行某些改良。在两次鸦片战争和太平天国运动的冲击下，清朝统治集团内部逐渐形成了顽固派和洋务派。洋务派以“同治中兴”时代的军阀官僚为代表，主张对封建制度做一些枝节性的改革。在洋务派代表之一张之洞提议的“中学为体，西学为用”宗旨指导下，自19世纪60年代开始到90年代，洋务派发起“洋务运动”，清政府开始学习西方的科学技术，兴办实业，加强武备，兴办学校，以培养专门人才，着手建立现代学校教育体系。洋务学堂是洋务运动的重要组成部分，其目的在于培养洋务活动所需要的翻译、外交、工程技术、水陆军事等多方面的专门人才，教学内容以“西文”与“西艺”为主。从19世纪60年代至90年代，洋务派共创办了30余所洋务学堂，大致可以分为三类：第一类是方言学堂，也就是外国语学堂；第二类是军事学堂；第三类是技术学堂。后两类亦可合称为军事技术学堂。

两次鸦片战争后，中国社会出现了民族资产阶级，自19世纪70年代开始出现早期资产阶级改良主义者。1895年中日甲午战争结束以后，早期资产阶级改良主义思潮开始转变为爱国救亡运动。康有为、梁启超、谭嗣同等人于1898年发起“百日维新”。“百日维新”在教育体系上有重大的改革。1898年6月23日，光绪帝下诏“著自下科为始，乡会试及生童岁科各试，向用《四书》文者，一律改试策论”（朱有瓛，1986）[82]，规定以后一切考试、取士要以讲求实学、实政为主。在规定的考试之外，还开设经济特科（法律、财政、外交、物理学），以选拔新政人才。“百日维新”开始后，清朝将原设的官书局和译书局并入大学堂，利用官书局原址筹建京师大学堂。民国初年，京师大学堂改为北京大学。“百日维新”期间清政府还努力筹办各级学堂和各种专门学堂。各地旧有大小书院一律改为兼习中学和西学的学堂，省会的书院改为高等学堂，府城的书院改为中等学堂，州、县的书院改为小学堂；地方捐办的义学、社学，亦令中西兼学。此外还奖励民间士绅兴学，民间祠庙改为学堂。在专门学堂方面，筹备设立铁路、矿务、农务、茶务、蚕桑、医学等学堂，此外，还倡导兴办女学。

1902年8月，清政府公布了由管学大臣张百熙拟定的一系列学制系统文件，包括《京师大学堂章程》《考选入学章程》《高等学堂章程》《中学堂章程》《小学堂章程》《蒙学堂章程》共六件，统称《钦定学堂章程》。因该年为壬寅年，又称“壬寅学制”，这是中国近代第一个以中央政府名义制定的全国性学制系统。其主体分为三段七级。壬寅学制虽正式公布，但并未实行。次年又由张百熙、张之洞、荣庆拟定了《奏定学堂章程》，1904年1月开始执行。因1903年是农历癸卯年，故这个学制也称为“癸卯学制”。癸卯学制是中国第一个经正式颁布并在全国范围内实际推行的学制。这是中国近代由中央政府颁布并首次得到施行的全国性学制系统，较壬寅学制更为系统完备。癸卯学制分三段七级。第一段为初等教育（13年），分三级：蒙养院四年；初等小学五年（7岁入学）；高等小学四年。第二段为中等教育，一级五年。第三段是高等教育（11—12年），分三级：高等学堂或大学预科三年，分科大学堂三至四年，通儒院五年。癸卯学制还规定设立师范、实业学堂以及进士馆、仕学馆等。癸卯学制体现了“中学为体，西学为用”的思想，吸收了日本明治维新时期的学制形式。

1912年1月1日中华民国成立。1912年9月，中华民国北京临时政府教育部公布了《学校系统令》，是为“壬子学制”。1913年（农历癸丑年）又陆续颁布了一些学校教育的法令，这些法令与壬子学制构成一个完整的学制系统，称为“壬子癸丑学制”。这个学制是中国教育史上第一个具有近代资产阶级性质的学制。该学制分为三段七级，整个教育期限为17或18年。初等教育分为二级，初小4年，男女同校，高小3年，男女分校；中学4年；大学6—7年。小学之前有蒙养院，大学之上有大学院，均不限年限。从类别上看，除普通教育系统外，还有师范教育和实业教育。师范教育分师范学校和高等师范学校二级，相当于中等和高等教育阶段。实业教育有乙种实业学校和甲种实业学校，相当于高小和中等教育阶段，还有专门学校，相当于大学阶段的教育。这一时期初等教育和中等教育都有一定的发展，其中普通中等教育的规模大幅度扩大，高等教育中法科依然占据半壁江山，但工科、师范和医科比例有所上升。

1922年，由当时留美派主持的教育部颁布了壬戌学制。该学制舍弃了日本学制的模式，而采用美国的“六三三四”的单轨学制，又称“六三三学制”。壬戌学制分三类（普通、师范和职业）三段（初等、中等和高等）。规定初等教育6年，分为初级小学和高级小学两段，分别为4年和2年。初级小学可以单独设立，高级小学可以根据地方需要设立职业科。中学教育也分为两段，初级和高级各3年。初级中学可以单独设立，也可以设立职业科，高级中学分为普通、农业、工业、商业、师范等科目。高等教育4—6年，其中大学4—6年，专门学校3年以上。大学院为研究之所，学习年限不限。这一学制对当时的社会发展十分有利，后虽几经修改，但都没有重大变动。壬戌学制是中国近代史上实施时间最长、影响最大的一个学制系统。壬戌学制受美国教育影响甚大，主要体现了美国实用主义教育思想，但壬戌学制也不完全是美国学制的翻版，它在一定程度上反映了我国教育学者结合中国国情进行的一些思考，反映了中国民族资本主义发展的需要。壬戌学制进一步缩短了小学的学程，尤其将中学分段设置，有利于不同年限的普及义务教育的实施，并且更贴近中国儿童和少年的身心特点，从实施时间和效果看，大体符合当时中国社会的要求。壬戌学制与此前两个学制相比是一个巨大的进步，推动了我国教育现代化的进程。

1949年，中华人民共和国成立。成立初期，我国在模仿苏联学校教育体系的基础上，结合中国社会现实建立了新型教育体系。1951年10月1日，中央人民政府政务院颁布了《关于改革学制的决定》，明确规定了中华人民共和国的学制系统。1951年学制是一个层次上包含从幼儿园到大学、类别上包含普通教育和职业（技术）教育的完整体系。层次结构上分四段六级：第一阶段为幼儿教育4年；第二阶段为初等教育5年；第三阶段为中等教育6年，初中、高中各3年，均得单独设立；第四阶段为高等教育2—5年，在大学和专门学院设研究部，修业年限为2年以上。类别结构上，在中等教育层次上与普通初中、高中平行的有工农速成中学，业余初级、高级中学，中等专业学校等。此外，还有各级政治学校和政治训练班，各级各类补习学校、函授学校与特殊学校等。

1951年学制与清末和民国时期的四部学制相比，具有以下特点：一是明确和充分地保障了全国人民，特别是工农劳动人民和工农干部受教育的机会；二是职业（技术）教育受到重视；三是明确规定把高等学校分为大学、专门学院和专科学校，规定了专科学校和专修科的地位与制度，这样就给了发展工业、农业、交通运输、医药等高等专业教育极为有利的条件；四是特别建立了各级政治学校和政治训练班，设立了各级各类补习学校和函授学校，以便在整个教育系统内保证各级工作人员和各类知识分子都有受到政治和业务的再教育的机会；五是缩短了小学修业年限，改四二分段制为五年一贯制；六是在中国教育史上首次规定大学毕业生由国家统一分配工作，预示着学校教育将转向适应社会主义计划经济，并成为学校统招统配的开端。

由于新中国成立初期我国正处于社会急剧变革时期，在思想观念和具体做法上难免会出现一些疏漏，比如片面否定传统教育、没有很好地结合中国实际情况而全面学习苏联的教育体系，对私立学校和高等学校的改造也有些操之过急，但从总体上讲新中国成立初期所构建的教育体系基本适应当时我国政治、经济的变革，标志着社会主义教育体系在我国的建立。

“大跃进”和“文化大革命”期间，我国教育体系建设出现较大波动，大起大落，甚至遭到巨大破坏。1966—1969 年高校停止招生，1970 年和 1971 年开始试点招收工农兵学员，学制由“文化大革命”前的 4—6 年缩短为 2—3 年，但招收的学生大多数只有相当于初中甚至不到初中的文化水平，导致高等教育质量大幅下降。研究生自 1966 年至 1977 年停招 12 年，使我国高级人才的培养严重断档。“文化大革命”期间教育体系处于一种扭曲状态，导致我国教育和西方发达国家教育的距离进一步拉大。

1977 年我国恢复高考，教育体系的发展开始走上正轨。1985 年《中共中央关于教育体制改革的决定》要求有步骤地实行九年制义务教育；调整中等教育结构，大力发展职业技术教育；改革高等学校的招生计划和毕业分配制度，扩大高等学校办学自主权。1993 年中共中央、国务院发布的《中国教育改革和发展纲要》规划到 20 世纪末教育发展的总目标是基本普及九年义务教育，基本扫除青壮年文盲；拟定了职业教育结构比例；提出要建设好一批重点高校和一批重点学科；提出我国现行教育体系包括基础教育、职业教育、成人教育、高等教育。

四、现代教育体系的构建策略

改革开放以来，我国的现代教育体系建设取得了重大成就，已建起了一个结构相对完备的正规教育体系，非正规教育也不断发展，成就斐然。各级各类教育规模逐步扩大，比例结构渐趋合理。尽管如此，我国教育体系依然有一些问题需要解决。

当前，我国教育体系还不能充分满足我国经济社会发展的需要和个人全面发展的需要。首先，教育体系不能完全适应社会主义市场经济体制的需求，不能很好地适应新型工业化和知识经济发展对人才结构和培养模式的要求，主要表现是：教育体系对社会发展的适应性、引导性和支持性还不强，教育结构与产业结构、就业结构和劳动力市场的要求不相匹配；部分层次和类别的教育还存在功能定位不清、比例结构不合理、沟通和衔接不顺畅的问题，缺乏完整性、多样性、灵活性和开放性等。

其次，我国现行的以正规教育为主的教育体系并不能满足社会成员多层次的、多样性的、个性化的学习需求。政府对于正规学校的管理、制约和支持远远多于对非正规学校，包括教育行政部门的各种统计也更多地集中于正规教育领域，这就使面向社会成员的各种职业技能培训、在职培训和特色培训都或多或少地缺乏政府的关注和重视，非正规教育长期以来在教育体系中处于补充和次要地位。学习者接受各类普通教育和职业教育、学历和非学历教育的入口、学习条件和学业认定都还不成熟，学习者还不能在教育体系内随时随地获得能满足自身学习需求的场所、机会和内容。长期以来我国教育体系内部自成系统并且彼此封闭，这就导致社会成员在跨领域、跨专业参加学历教育和职业培训时，由于门槛过高、被身份限制或没有学分互认而无法获得教育机会。

根据我国社会现代化和人的现代化的现实需要，针对现存问题，我国现代教育体系的建构可以从以下几个方面着手。

1. 以终身教育理念为指导，构建现代教育体系

树立新的教育资源观，扩大和整合各种教育资源。按照终身教育理念，建设全民学习、终身学习的学习型社会的要求，扩大并整合各种教育资源，建立健全学校教育、家庭教育、社会教育相互配合、相互促进的良性机制，坚持正规教育与非正规教育相结合、学历教育与职业技能培训相结合，加快教育信息化建设，充分整合各种教育资源，使教育成为有效而便捷的一体化体系，使所有公民可以方便地获得教育与学习机会。

改革学校教育模式，满足公民日益多样化和个性化的受教育需求。按照终身教育的理念改革传统学校教育的模式，推进学制系统的规范和完善，在各级各类学校之间构建“立交桥”。拓展学校的功能，打通学习者通过学校教育与社会培训、自主学习以及网络学习、实践学习等各种学习方式取得的学习成果的互认渠道，建立学校与社会双向沟通、互相促进的体制。在不同的教育阶段采取学分制、学分银行、工学交替、工学结合等方式保持灵活性和开放性，建立开放的现代化学习制度，满足公民接受教育的要求。建立国家学历认证制度，对公民通过学校教育以外的多种教育方式所获得的知识、能力进行评价、认定，在全体公民中推广“终身学习证书”。

在各种企事业组织、城市社区、乡镇、农村设立“终身学习站”，作为终身学习的基础设施。

2. 健全非正规教育体系，满足人民多样化的教育需求

充分依靠企业、行业，举办职工继续教育和职业能力培训。充分依靠企业举办职业教育，企业要根据实际需要举办职业学校和职业培训机构，强化自主培训功能，加强对职工特别是一线职工、转岗职工的教育和培训，形成职工在岗和轮岗培训制度，实行培训、考核、使用、待遇相统一的政策。企业要和职业学校加强合作，开展多种形式的联合办学、“订单”培训。中小企业应依托职业学校和职业培训机构进行职工培训和后备职工培养。企业举办的职业学校和职业培训机构应积极向社会开展职业教育和培训。

行业主管部门要对行业职业教育进行协调和业务指导，继续办好职业学校和职业培训机构。行业组织受政府主管部门委托，开展行业人力资源预测，制订行业职业教育与培训规划，指导行业职业教育、职工培训和职业技能鉴定，参与相关专业的课程教材建设和教师培训等工作，也可以举办职业学校或职业培训机构。

加强对农村劳动力的继续教育和职业能力培训。加强以农民培训为重点的继续教育和职业技能培训，促进农业增效、农民增收。积极实施农村劳动力转移培训，使他们初步掌握在城镇和非农产业就业所必需的技能，并获得相应的职业资格证书或培训证书。实行多样、灵活、开放的办学模式，把教育教学与生产实践、社会服务、技能推广结合起来，加强实践教学和就业能力的培养。坚持培训与市场挂钩，鼓励和支持“订单”培养，先培训后输出，以继续教育和职业培训带动农村产业升级和农业劳动力转移，提高教育服务新农村建设的能力。

开展多种形式的老年教育，提高老年人群体的生活质量。根据相关预测分析，到 2020 年，我国 65 岁以上的老年人口将达到 1.81 亿，占总人口的 12.56%。① 可以预期，随着死亡率下降和健康水平的提高以及多年来计划

① 按照国际通常的划分标准，65 岁及以上老年人口占总人口的比重超过 7%，即标志着人口为老年型人口，社会进入老龄化社会。

生育累积效应，未来我国人口类型将从轻度老龄化逐渐转变成重度老龄化。(陈国良，2007) 因此，必须开展多种形式的老年教育，以满足老年人的文化生活需要。增设老年大学、老年人养护中心、老年人文体活动中心等福利性教育机构，为老年人提供多种形式的文化和教育服务，提高老年人群体的生活质量。

积极开展社区教育，不断完善社区文化传播体系。继续加强政府统筹、社会参与，与社会需要紧密结合、协调发展的社区教育。以社区为依托，加强社区图书馆、文化馆、科技馆、影剧院、运动场等文体基础设施建设，培育多元、开放的社区教育体系和文化传播体系。广泛开展针对不同类型人群的教育培训，抓好社区内婴幼儿教育、青少年学生校外素质教育、家长学校以及多种形式的职业技能培训。充分调动社区内组织、单位、家庭和个人参与社区教育活动的积极性，广泛创建学习型组织，使之成为社区教育的基础；充分利用、拓展和开发社区教育资源，提高社区教育的质量和办学效益，提高社区居民素质和生活质量，为社区经济社会发展提供服务。

此外，还应当积极鼓励企业、行业、私人团体和个人举办其他形式的非学历教育与职业技能培训。各级各类学校应充分发挥自身的资源优势和智力优势，开展多种形式的非学历教育培训，满足人民多样化的非学历继续教育需求。

要通过大力推进教育信息化，构建现代远程教育体系，进而推进非正规教育体系的建设。要以现代信息技术为手段，形成开放式教育网络，提高教育体系的供给能力。要整合学校教育信息及其网络系统，集合广播、电视、通信卫星等资源，打造全球最大的终身学习平台。为此，应将学习型社会建设纳入国家信息化建设规划，利用公共信息平台，建立覆盖面广、相互沟通、方便学习的远程学习系统。此外，还要坚决打破电信垄断，彻底解决教育网与公共网的互联互通问题，使所有人在社会各个角落都能享受到教育信息化带来的便利。

建立国家远程 / 多媒体教育、学习资源库，强化资源整合，丰富教育体系的供给形式和内容。有选择地引入国际课程教材，作为国家资源库的补充内容。整合广播电视大学、高等教育自学考试机构、独立设置的函授大学以及各级教育电视台、电教馆等教育资源，组建新的开放远程教育办学实体，建立学习型社会的公共服务体系——“教育超市”“学习港”，形成教育资源共享机制。设立专门的教育信息资源综合平台，对大学、中学、小学等教育单位现有的教育资源和国家各种工程、计划所形成的信息资源进行整理、分类、加工。

3. 合理调整教育类型结构，重点发展职业教育

大力发展各级各类职业学校和职业培训机构。合理调整教育类型结构，高中阶段要以中等职业教育为重点，保持中等职业教育与普通高中教育比例大体相当；高等教育阶段要在稳定普通高等教育规模的基础上，扩大高等职业教育的比例，扩大高级技工、技师的培养规模；大力发展专业硕士和专业博士学位教育，培养高级工程师人才。职业学校和职业培训机构要进一步适应经济和社会发展以及劳动力市场需求，增强自主发展能力，不断改善办学条件，全面提高教育质量和办学效益。

积极发展多种形式的非学历职业技能培训，加强对城乡需要就业人员的职业技能培训，包括农村富余劳动力转移就业培训和城市就业、再就业培训，以及在岗人员的技术培训和继续学习等。加强学历教育与非学历职业技能培训之间的融通，完善职业资格证书制度和就业准入制度，逐步完善学历证书与职业资格证书“双证融通”的职业教育考核机制。

推进职业教育管理体制改革，建立并逐步完善在国务院领导下，分级管理、地方为主、政府统筹、社会参与的职业教育管理体制。在国务院领导下，建立职业教育工作部级联席会议制度，研究解决职业教育工作中的重大问题。国务院教育行政部门负责职业教育的统筹规划、综合协调、宏观管理，劳动保障部门和其他相关部门在各自职责范围内，负责职业教育的有关工作。

县级以上各级人民政府要加强对本行政区域职业教育工作的领导和统筹协调，结合当地经济建设和社会发展实际，制定促进职业教育发展的政策和措施，研究解决工作中的实际问题；各级教育行政部门会同劳动保障等有关部门管理本行政区域内各有关职业学校的教育业务工作。要依法严

格审批程序，规范职业学校及职业培训机构的办学行为。

强化市（地）级人民政府在统筹职业教育发展方面的责任。市（地）级人民政府要统筹规划，促进本行业区域内职业教育与其他各类教育协调发展，建立多渠道职业教育经费保障机制。县级以上地方各级人民政府要在发展职业教育中发挥主导作用，重点办好具有骨干和示范作用的职业学校和职业培训机构。

深化职业教育办学体制改革，形成政府主导、依靠企业、充分发挥行业作用、社会力量积极参与的多元化办学格局。在大力发展公办职业教育的同时，积极组织动员企业、行业、社会团体和个人举办多种形式的民办职业教育。对非营利性的民办职业学校，要给予社会公益事业的有关优惠政策。地方人民政府和其他单位，可以采取出租闲置的国有、集体资产等措施，对民办职业学校予以扶持。鼓励公办学校引入民办机制。积极引进国（境）外优质职业教育资源。鼓励国（境）外组织机构和其他社会组织合作举办高水平职业学校或职业培训机构。加强整合和充分利用现有各种教育资源，打破部门界限和学校类型界限，促进普通教育与职业教育、公办职业教育与民办职业技能培训协调发展。努力拓展职业学校毕业生国（境）外就业市场。

4. 加强各级各类教育体系之间的衔接与融通

加强学历教育与非学历教育的融通。要打破学历教育与非学历教育彼此分离的局面，加强学历教育与非学历教育之间的沟通，促进二者协调发展。实行灵活的办学模式和学习制度。职业学校要实行学历教育与职业培训相结合、全日制与部分时间制相结合、职前教育与职后教育相结合，努力办成面向社会的、开放的、多功能的教育和培训中心。建立学历教育与非学历教育的学分互认机制，为学生提供多样化、个性化的选择机会。以学分互认和课程整合为基础，实现学历文凭和非学历职业资格证书的融通、正规职业教育与非正规职业培训的融通。加强对普通学校毕业生的职业资格认定工作，积极探索普通学历证书和职业资格证书“双证融通”的考试方式和职业资格认证方式。

加强普通教育与职业教育的融通。要切实改变当前普通教育与职业教育自成系统的状况，努力实现“普通教育职业化、职业教育普通化”。普通初中和高中必须实行必要的课程改革，购置必要的职业技能培训仪器设备，有条件的学校可以建立必要的实验室和实习、实训基地，对学生开展必要的职前准备教育和生计教育；职业学校在强化职业技能培训的同时，要进一步加强基础知识的传授，提高学生的综合素质。建立普通学校与职业学校的学分互认机制和转学机制，允许符合转学条件的学生转到其他类型的学校就读，实现普通教育与职业教育的融通。

加强中等职业教育和高等职业教育的衔接。在管理体制上，应该将二者统筹安排。当前，高等职业学校在招生范围上对中等职业学校的生源比例进行了严格的限定，人为地割裂了中等职业教育与高等职业教育的衔接。因此，必须深化高等职业学校的招生考试制度和转学制度改革，破除高等职业学校的招生壁垒，扩大中等职业学校毕业生进入高等学校，尤其是进入高等职业学校继续学习的比例，适当增加高等职业教育专科毕业生接受本科教育的比例。适度发展初中后五年一贯制高等职业教育；在高中阶段开展职业教育与普通教育相互沟通的综合课程教育试验，建立中等职业教育与高等职业教育相衔接的课程体系；高等职业学校可单独组织对口招生考试，优先招收中等职业学校优秀毕业生；注重专业知识、职业技能的考核，对取得相应中级职业资格证书的中等职业学校毕业生，可免除技能考核。

五、城镇化进程中的教育体系调整与教育布局优化

城镇化是产业集聚、人口集聚的变迁过程，要求教育体系结构随着产业集聚进行调整，要求教育空间布局随着人口集聚予以优化。

1. 城镇化进程中的教育体系结构调整

新型城镇化有两个支点：（1）强调以人为本，认为城镇化的核心是人的城镇化，不是土地的城镇化，注重人的全面发展和社会公平正义；（2）强调产业支撑，认为城镇化的基本动力是产业发展，是产业结构的调整升级。

城镇化特别是新型城镇化对于我国教育体系的重构和完善提出了严峻挑战。当前看来，我国教育体系还不能较好应对人的城镇化和产业结构调整升级的需要，突出表现在：第一，教育体系不能很好地适应新型工业化和知识经济发展对人才结构和培养模式的要求，主要表现在教育体系对社会发展的适应性、引导性和支持性还不强，教育结构与产业结构、就业结构和劳动力市场的要求不相匹配；第二，城镇教育体系的开放性、公平性不足，城镇内部教育二元结构形成并固化，不能为农村转移人口提供均等的教育机会。

要解决上述问题，需要从三个方面着手。

第一，根据城镇化进程中产业结构转型升级的要求，调整职业教育、高等教育、继续教育的专业设置，完善教育体系的课程学科结构。城镇化进程中，我国产业结构调整要点有二：改造提升传统产业和加快发展服务业。首先要改造提升传统产业，淘汰落后产能，壮大先进制造业和节能环保、新一代信息技术、生物、新能源、新材料、新能源汽车等战略性新兴产业。而加快发展服务业是产业结构优化升级的主攻方向。城镇化与服务业发展密切相关，服务业是就业的最大容纳器。城镇化过程中的人口集聚、生活方式的变革、生活水平的提高，都会扩大生活性服务需求；生产要素的优化配置、三次产业的联动、社会分工的细化，也会扩大生产性服务需求。（国务院，2014）教育体系优化、专业设置调整要与产业结构转型升级一体推进。

第二，健全开展农民工职业技能培训的职业教育和继续教育体系，满足农民工终身学习的需求。在城镇化背景下，教育促进产业结构转型升级的关键是培养数量足够、结构合理、质量良好的技能型人才，特别是做好农村转移人口的职业培训和继续教育，把农民工大国变为技工大国、技能大国。农民工职业技能培训在教育体系中属于职业教育和继续教育的范畴，农民工职业技能培训体系建设是我国终身教育体系建设的重要组成部分。

但是，我国现在的教育体系不能较好满足农民工职业技能培训的需求。我国的教育体系以正规教育为主，非正规教育发展不足。这种状况，不能满足农民工多层次的、多样性的、个性化的学习需求。

进入21世纪以来，政府对农民工职业技能培训非常重视，很多政府部门都承担农民工职业技能培训任务，如农业部、人力资源和社会保障部、教育部、国务院扶贫办、科技部、中央统战部、全国总工会、共青团中央、全国妇联都设有农民工职业培训的项目和计划，但多部门管理、统筹力度不够的问题比较突出，各个部门的教育资源相互之间不整合、不融通。

因此，需要政府加强统筹，尤其是加强同级政府不同职能部门之间的协作与联动。农民工职业技能培训具有较强的外部性，政府要充分发挥主导作用，将农民工职业技能培训纳入国家职业教育和继续教育体系之中，整合职业教育和培训资源，为职业技能培训全面提供政府补贴，逐步建构现代职业教育和新生代农民工终身教育的“立交桥”，推进中高职衔接，鼓励高等学校、各类职业院校和培训机构积极开展职业教育和技能培训，推进职业技能实训基地建设。强化企业开展农民工岗位技能培训责任，足额提取并合理使用职工教育培训经费。在终身学习的大背景下探讨企业、培训机构、职业学校间学习成果互认与积累的实现途径，鼓励农民工在不同学习地点获得的知识与技能进行有效转化和衔接，为他们多样化成才提供选择。

另外，在城镇化进程中，正规教育要提高针对农民工职业技能培训的开放性。我国教育体系缺乏开放性，正规教育机构拥有丰富的教育资源，但向社会开放的程度严重不够，使得学习者难以分享现有的正规教育资源。我国的教育体系以正规教育为主，这就使教育资源也更多地集中在正规教育机构中，而且正规教育机构由于有政府财政的保障而在设备配置、师资配备等方面都明显地优于非正规教育机构。同时，由于我国正规教育资源都受地方政府和地方教育行政部门的统一管理，保障资源的安全性和稳定性是地方教育行政部门对教育资源管理的重要原则之一，这就使得国有的正规教育资源很难向全社会全面开放，对口使用、针对性提供服务是教育资源的使用原则，为此，社会成员尤其是非本地户籍的农民工很难自由地享受这部分资源。目前，出于学校安全和校园资源为本校师生充分利用的原因，很多公立学校有严格的入校管理制度，校外人员进入学校要经过各种不同的身份登记或证件检查，即使学校的教学资源处于闲置状态，学校出于安全的考虑一般也不允许校外人员随意使用。

第三，完善针对农民工随迁子女的现代教育体系，进一步增强城镇教育体系的平等性与开放性。在城镇化进程中，我国城镇内部教育二元结构的突出表现就是，农民工随迁子女不能在城镇地区享受到与户籍人口同样的教育公共服务。

新型城镇化强调人的城镇化，强调人的全面发展和社会公平正义，针对农民工随迁子女的教育机会均等是“人的城镇化”的内在要求。农民工随迁子女的教育机会均等要求我国教育体系平等开放。教育体系的平等性程度是衡量一个教育体系是不是现代教育体系、是衡量其现代化程度高低的基本尺度。

教育机会均等属于教育的起点公平，是最重要的教育公平，没有教育起点的公平，教育过程、教育结果的公平就无从谈起。教育机会均等也是阻断贫困代际传递、促进社会公正的关键。“教育机会均等”对于教育体系提出严峻挑战，要求摈除教育体系中的特权与等级，农民工随迁子女应该和城镇居民子女一样，都有平等的竞争机会以进入当地各级各类教育机构接受教育。

为推进教育公平，更好地促进人的全面发展，需要为农民工随迁子女建构与城镇居民同样结构完整、上下贯通、种类齐全的教育体系，重点完善教育的层级结构和类型结构，让他们在义务教育之外，在流入地有同等的进入学前教育、普通高中教育、普通高等教育的机会。至于教育投入如何解决、教育成本如何分担，是第二个层次的问题。地方政府不能因为有财政困难和财政压力，就回避此问题。(褚宏启，赵茜　等，2016) [43-53]

如何通过异地中考和异地高考改革，完善针对农民工随迁子女的平等性与开放性教育体系，上一节已予以讨论，不再赘述。

2. 城镇化进程中的教育空间布局优化

城镇化进程中的人口集聚、产业集聚，使人口与产业的空间布局发生了重大变化，这必然导致教育空间布局的变化，也对教育空间布局的优化提出了要求。就教育而言，不仅要优化城镇内部的教育布局结构，也要优化城镇之间、城乡之间的教育布局结构，使得学校布点更加合理、教育资源配置更加高效，更有利于促进城乡教育一体化发展，更好地促进人的发展和社会发展。

随着城镇化的快速发展，大量农村人口和学龄儿童转移到城镇，一方面给城镇教育带来了巨大的压力，城镇学校生源不断膨胀，班级规模不断扩大；另一方面农村人口和学龄儿童不断减少，农村“小规模学校”“微型班级”大量出现。城乡学校办学规模呈现出“城镇大班化、乡村空校化”的两极分化的态势，我国基础教育进入了大规模学校与小规模学校并存的时代。（范先佐，2014）

人口向城镇集聚，要求优化城镇内部的学校空间布局，增加教育用地，重点解决城镇学校班额过大问题。城镇班额过大，会增加因材施教难度，很难推进分组教学、探究教学、合作学习，影响教学质量提升。我国中小学平均班额远远高于发达国家水平。2010年我国小学和初中平均班额分别为38人和52.9人，而OECD国家则分别为21人和23人，我国小学和初中平均班额分别是OECD国家平均值的1.8倍和2.3倍（冯芳，2014），而城镇学校的平均班额高于全国平均水平，某些人口大省、某些发达地区、某些县城的平均班额更是远远高于全国平均水平。城镇学校大班额的局面必须改变，班额应该逐渐降低。要做到这一点，需要在城镇新建或者改造更多的学校，而这就需要更多的教育用地。

当前，我国的土地资源极为紧缺，需要节约集约使用城镇土地，为发展教育腾出宝贵空间，并需要处理好教育用地总量、增量和存量的关系。在总量上，要保证教育用地的“相对充足”，即在不浪费的情况下保障教育用地需求。在增量上，可以实行城镇教育用地增加规模与吸纳农业转移人口落户数量挂钩政策，保证随教育人口的增加及时对教育予以扩容和增容。在存量上，要盘活利用已有的学校资源，通过重新划片、学区制改革、集团化办学等方式，优化学校布局，提高教育用地使用效率。总之，要按照“总量够用、增量合理、存量盘活”的原则，满足教育用地的需求。目前看来，城镇教育用地的缺口还比较大，需要大力增加教育用地。在城镇规划建设中，不论是旧城区改造、城乡接合部改造，还是新城新区规划建设，既要整体控制建设用地规模，又要适度超前考虑学校建设用地规模，加快城市核心区优质教育资源向城乡接合部、向新城新区的延伸覆盖，使优质教育资源布局更加均衡，使班额分布更加平衡，减少大班额数量。(褚宏启，2015)

在农村地区学校空间分布上，解决农村学校的“布局不当”问题。农村地区受教育人口的减少，要求优化农村学校布局，合理“撤点并校”，重点解决农村小规模学校的发展问题。同时，还要积极发展农村学前教育，建立健全新型职业化农民教育、培训体系。

在城镇化推进过程中，伴随着农村学校学生数量减少，集中化办学、追求规模效益成为主流政策选择，各地大力推进“撤点并校”，大量农村教学点、村小等小规模学校被撤并。撤点并校利弊并存，在总体上提升了学校规模、教学质量、教学效益的同时，某些地区由于盲目撤点并校，也带来了新的上学远、难、贵等问题。为此，2012 年《国务院办公厅关于规范农村义务教育学校布局调整的意见》要求：“坚决制止盲目撤并农村义务教育学校。……已经撤并的学校或教学点，确有必要的……予以恢复。……对保留和恢复的村小学和教学点，要采取多种措施改善办学条件，着力提高教学质量。”

在城镇化进程中，要科学编制县域村镇体系规划和镇、乡、村庄规划，在尊重农民意愿、方便学生就读的基础上，调整并确定教育机构的布局结构。在合理撤并农村学校时，要统筹考虑如何积极发展农村学前教育，可以考虑把闲置、废弃的农村小学改造成学前教育机构，防范教育资源流失。

调整优化农村教育布局过程中，在加强农村中小学寄宿制学校建设和中心校建设的同时，要重点办好农村小规模学校。农村小规模学校的存在具有重要价值，有助于解决边远地区学龄儿童上学远、难、贵的问题，为社会弱势群体提供就近入学的机会；农村小规模学校是一种有效的教学组织形式，由于班额较小，教师在教学中易于因材施教，对学生的辅导时间会相应增多，缺乏父母关爱的留守儿童能得到教师的更多关爱；农村小规模学校也是信息的集散地，为乡土文化传承和社区能力建设提供了重要支撑。从城乡一体化发展视野看，农村小规模学校不仅要保留和恢复，更要高质量地发展。

在城镇化进程中，要特别关注“县城”的教育发展。县是我国经济、社会、政治、文化等功能比较完备的行政区划单元。县域经济是国民经济的基层经济，也是国民经济发展的基本支柱和统筹城乡经济社会发展的关键环节。县域经济的发展，县城的产业集聚和人口集聚，需要以“县城教育”的发展做支撑。县城教育不同于“县域教育”，县域教育，是指在县级行政区划内，以县城为中心，以乡镇为纽带，以广大农村为腹地的区域教育，具有区域性、层次性、集聚性和扩散性等特征。在县域范围内，与乡镇教育、村小和办学点相比，县城教育是当地最好的教育，对整个县域教育的发展具有示范和引领作用。一些乡村农民在县城买房居住，主要目的不是就业，而是让子女在县城享受更优质的教育资源，在当地相对优质的县城教育成为吸引农村人口集聚的重要因素。县城教育的发展是推进城乡教育一体化发展的关键节点，也是推进城镇化特别是推进“就近城镇化”的一个关键支持因素。当前，县城教育的发展面临很大的教育人口压力，学校少，班额大，教师数量不足，经费不足，办学条件需要改善，诸多问题需要解决，而且这些问题单靠教育行政部门自身难以解决，需要县级政府甚至更高层级政府协调编制、人事、财政、土地等管理部门予以统筹解决。

教育空间布局调整与优化，要建立在民情民意民智的基础上，提高行政管理工作的科学化民主化水平，防止政府单方面主导的规划对于弱势群体的侵权。例如，农村地区的“撤点并校”是典型的教育空间布局调整行为，但过去二十多年更多体现为政策主导下的布局调整行为，当前必须建立起政府、家庭与社会平等协商、民主决策的机制。在农村小规模学校的存废、恢复与发展过程中，应当尊重农民意愿，让家长和村民有更多的参与权和发言权。(褚宏启，赵茜 等，2016) [66-77]

第三节　现代课程与现代教学

课程与教学主要关注微观的培养过程，具体回答教育活动“怎样培养人”的问题。课程关注“教什么”，教学关注“怎么教”，在具体的教育教学实践中，二者融为一体，不可分割。教育现代化不只是宏观教育体系结构、宏观教育理体制的现代化，也包括微观层面如课堂教学的现代化。实际上，学校层面的课程实施、课堂教学改革决定着教育质量，决定着人的现代化的实现程度，最终决定着教育现代化的成败。

一、现代课程与现代教学的含义

课程是指学校学生所应学习的学科总和及其进程与安排。广义的课程是指学校为实现培养目标而选择的教育内容及其进程的总和，它包括学校教师所教授的各门学科和有目的、有计划的教育活动。狭义的课程是指各门学科所构成的知识体系。

从不同的视角可将课程分为若干种类。

（1）分科课程与活动课程。分科课程也称文化课程，是一种以学科为中心来编定的课程。分科课程主张课程要分科设置，分别从相应学科领域中选取知识，根据教育教学需要分科编排课程，进行教学。活动课程与分科课程相对，它是打破学科逻辑组织的界限，以学生的兴趣、需要和能力为基础，通过学生自己组织的一系列活动而实施的课程，它也常常被称为“儿童中心课程”“经验课程”等。

分科课程与活动课程是学校教育中两种基本的课程类型，我们可以把两者看作相互补充而非相互替代的关系。分科课程将科学知识加以系统组织，使教材依一定的逻辑顺序排列，以便学生在学习中可以掌握一定的基础知识、基本技能。但是，它由于分科过细，只关注学科的逻辑体系，容易脱离学生生活实际，不易调动学生学习的积极性。而活动课程则可以在一定程度上补救这一缺失，但同时，活动课程由于自身往往依学生兴趣、需要而定，缺乏严格的计划，不易使学生系统掌握科学知识。这两类课程在学校教育中各有千秋，都是不可或缺的。

（2）显性课程与隐性课程。显性课程是学校情境中以直接的、明显的方式呈现的课程，由教育者直接地表现出来，如课程表中的学科课程。隐性课程包括除上述课程之外的一切有利于学生发展的资源、环境、学校的文化建设等，也可以说是学校情境中以间接的、内隐的方式呈现的课程。

隐性课程与显性课程有三方面的区别：一是在学生学习的结果上，学生在隐性课程中得到的主要是非学术性知识，而在显性课程中获得的主要是学术性知识；二是在计划性上，隐性课程是无计划的学习活动，学生在学习过程中大多是无意地接触隐含于其中的经验，而显性课程则是有计划、有组织的学习活动，学生有意参与的成分很大；三是在学习环境上，隐性课程是通过学校的自然环境和社会环境进行的，而显性课程则主要是通过专门教学来进行的。

隐性课程对学生的影响，具有弥散性、非预期性、潜在性、多样性、持久性等特点，这种影响可能是积极的，也可能是消极的。因此，为了扬长避短，教育工作者应该注意优化学校的整体育人环境，特别是重视学习过程和学习情境的优化，以充分发挥隐性课程的作用，促进学生的全面成长。

（3）国家课程、地方课程与校本课程。在我国基础教育领域，从课程开发的主体来看，可以将课程分为国家课程、地方课程与校本课程。国家课程亦称“国家统一课程”，它是自上而下由中央政府负责编制、实施和评价的课程。校本课程是由学校全体教师、部分教师或个别教师编制、实施和评价的课程。地方课程介于国家课程与校本课程之间，指由国家授权，地方根据自身发展需要开发的课程。国家课程与地方课程、校本课程是不同的课程形式，但它们之间是相辅相成、互为补充的关系。

本书所讨论的课程主要指狭义的课程，即“国家所确定的学科知识课程”，这种课程相对稳定，而且构成了广义课程的主干。学校的核心工作与主要使命就是传授“国家所确定的学科知识课程”，其他活动课程、隐性课程、地方课程和校本课程，相对都处于次要地位。

如果说课程关注的是“教什么”的问题，那么教学关注的则是“怎么教”的问题。

教学是教师的教和学生的学所组成的一种人类特有的认识活动。通过这种活动，教师有目的、有计划、有组织地引导学生积极自觉地学习和加速掌握知识与技能，促进学生多方面素质全面提高。

教学是教育活动整体的一个部分、一个环节。教学是学校实现教育目的、完成教育任务的重要环节，也是教育活动的主干内容。促进学生发展的途径有很多，如课堂教学、课外活动、各种形式的劳动、学生集体组织的活动、社会公益活动、家庭活动等，但主渠道是课堂教学。教学的特殊的、不可替代的作用表现在以下四个方面。

（1）教学是以有目的、有计划、有组织的活动形式进行人类经验传授的活动，教学活动有着良好的秩序和节奏，从而大大提高了教学的效率。各种教学规章制度更规范了师生的教学行为，使教学活动免除了随意性和零散性，从而变成一种专业性很强的特殊活动。

（2）教学将传授的内容，经严格的选择，依据知识构成的逻辑顺序和学生获得知识的认知规律编成教材，作为学生认识世界的媒介。这比起学生自己选择，自发学习社会上散在的经验，效果要好得多。

（3）教学又是在教师的引导和精心安排的过程中进行的。它可以避免学生自学上的困难和反复尝试错误的过程。而且，教师总是试图选择最优的方法去完成教学任务，这就保证了学习者学习上的每一步都能够顺利地进行。

（4）教学所要实现的不仅仅是知识的传授，它要完成的任务始终是全方位的，既有知识的获得、智力的发展、能力的培养和提高，又有思想品德的完善、基本技能的形成、个性特长的发展等，这种全面发展的实现只有教学才能做到。

“现代课程与现代教学”就是能体现教育现代性要求的课程与教学。教育的现代性包括教育的人道性、理性化、专业性、民主性、法治性、生产性、信息化、国际化，“课程与教学”与每一种现代性都有关系，这与教育管理、教育体系、教育资源保障等三种教育形态显然不同，前文已经论及，与教育管理最为相关的现代性是民主性与法治性，尤其是民主性；与教育体系最为相关的现代性是人道性、理性化、生产性、信息化，尤其是人道性与生产性；后文还将论述，与教育资源保障最为相关的现代性是人道性（主要是公平性，公平配置教育资源）、理性化、专业性（人员的专业化）、信息化。为什么四种教育形态中只有“课程与教学”与每一种现代性都有关系？而教育管理、教育体系、教育资源保障等三种教育形态就不是这样？这是因为，课程实施与教学活动即“教什么”和“怎么教”，是最本真、最核心的教育活动，其他活动如教育管理、教育体系建构、教育资源保障等都属于外围的教育活动，都是为课程与教学服务的。当我们讲教育现代化或者教育现代性的时候，此处的“教育”首先是指“课程与教学”活动，当我们框定教育现代性的若干特征时，首先是以最本真、最核心的教育活动作为着眼点与理论基点的。所以，最本质的教育活动即课程与教学活动，必然要与教育现代性的八个特征具有逻辑联系，而外围的教育活动则不必如此。

尽管“课程与教学”与教育现代性的八个特征都有关系，但是关系的强度并不相同。比如，在现代教育中，课程编制与实施应具有专业性与法治性，课程与教学要具有国际化视野，要充分吸收国际上课程改革与教学改革的经验，课程内容要包含国际理解与信息素养的内容，以适应全球化、信息化时代的客观要求，教学方式和学习方式变革要充分利用信息化手段。但是，相对于专业性、法治性、信息化、国际化而言，现代课程与现代教学的最显著特征则是人道性、民主性、理性化、生产性。

现代课程与教学应该具有人道性（含优质性、公平性、多样性等）和民主性。课程设置和教学方法都应该充满人道主义精神，以促进学生的全面发展、个性发展为己任；在教学过程中，师生关系应该民主平等，教师应该发扬教学民主，尊重学生人格尊严，创设宽松友好的教学氛围；课程内容应该丰富多样，能够充分满足学生的不同需要，能够充分反映现代社会对于教育的多样化要求；教学方式应该丰富多样，运用多样的教学方法（讲解、练习、阅读、讨论、观察、实验等）、教学组织形式（集体教学、分组教学、个别教学、远程教学等）、教学手段（图表、模型、实物、多媒体、网络）等，因材施教，提高教学效率和教学质量。

现代课程应该是理性化的，应该具有鲜明的生产性。知识尤其是科技知识是人类理性的重要成果，课程的理性化要求充分选择、吸收、概括、提炼人类文明的一切先进成果，及时充实到课程中去，只有这样，才能培养出与社会发展至少同步的“现代人”，进而才能更好地适应和促进社会的发展。现代课程的生产性是指让课程充分发挥其促进经济发展的功能，根据产业结构、劳动力市场的要求，及时调整课程结构和专业结构。

在教育史上，课程和教学的现代化已经经历了漫长的历程。在我国，课程与教学向现代的转折发生在清朝末年，与教育体系的现代转折同步。在西方，课程与教学的现代化起步于文艺复兴时期对于中世纪传统教学的批判。中世纪教育只为僧侣阶层和贵族开办，课程内容非常狭窄，主要是宗教教义、拉丁文法或“骑士七艺”，采用机械诵记、强制灌输的方法教学，学生必须绝对服从教师，不许怀疑和积极思考，纪律十分严格，体罚盛行。这种教学少慢差费，空疏无用，摧残人性，质量和效率都较低。文艺复兴时期的人文主义者提出并实践了课程与教学的新思想：强调教授有用的知识，要求尊重儿童的天性和个别差异，因材施教，消除强制和粗暴，等等。

从中国的清朝末年至今，从西方的文艺复兴至今，中外的课程与教学都发生了很大的变化，但总体走向是课程与教学的人道性、理性化、民主性、生产性越来越强。

本节首先论述课程结构的优化，以及教学方式的转变。其次，探讨教学应该如何改革，才有利于培养学生的创新能力。学生创新能力对于个人发展、国家发展、国际竞争至关重要，是人的现代化与学生主体性的集中表现，也是教育质量的集中体现，研究教学改革如何促进创新能力培养具有战略意义。最后，探讨城镇化进程中，课程与教学改革如何体现教育公平的要求，如何促进人的城镇化与现代化，如何促进城乡社会融合、如何破解城乡教育二元结构。如果说讨论创新能力问题重点关注的是提升教育质量与国家竞争力问题，那么讨论城镇化问题重点关注的是教育公平与社会正义问题。

二、课程结构的调整与优化

课程结构所回答的基本问题是：课程体系应包括哪些课程领域，这些课程领域彼此间是怎样的关系，课程结构是否合理，能否与课程目标相匹配。因此，课程改革的关键是对以往课程结构的改造与完善，实现课程结构的优化。

如果说教育层级（从早期儿童教育到高等教育）和教育类型（普通教育与职业教育，或者学术型教育与专业型教育）是对于课程知识的基本分类，那么此处的“课程结构”则是对于课程知识的精细分类。从课程结构可以看到一个国家的各级各类学校在传授什么样的知识，可以对课程结构、专业结构与产业结构的对应关系进行对比分析，可以比较细致地诊断出一个国家的教育存在的问题，可以比较精准地判断一个国家的教育水平。可以毫不夸张地说，课程结构不仅是一个国家的教育的核心竞争力，也是一个国家未来科学技术的核心竞争力、人才队伍的核心竞争力。各国持续推进各级各类教育的课程改革，都是为了尽快更新知识体系，把握先机。

《国际教育标准分类法》把各级各类的教育课程都纳入一个学科分类框架中去，这样便于统合各种层级各种类别的知识，便于知识的纵向衔接和横向沟通。我国教育的课程体系则是基础教育、职业教育、高等教育各自为政，缺乏必要的统筹。为了加强我国各级各类课程的统筹，实现学科分类的一体化，也为了向国际组织提供国际可比的教育统计数据，《国际教育标准分类法》中的学科分类值得我国借鉴。

在我国，课程结构完善，主要通过开发和修订基础教育阶段（包括学前教育、普通中小学教育）的课程标准、职业教育的专业目录、高等教育的专业目录等方式来实现。下面从基础教育、职业教育、高等教育、继续教育四个方面，阐述我国课程结构存在的问题及改进策略。（褚宏启 等，2014）

1. 基础教育课程的调整与优化

20 世纪 90 年代以前，我国基础教育课程只有单一的学科课程，课程结构不太合理，具体表现在以下方面：以学术课程为主，实用性课程、适应地方需要的课程、对学生进行生活教育的课程薄弱，在一定程度上有脱离实际、脱离社会、脱离生活的倾向；必修课过多，对学生要求过于统一，缺乏弹性；各类学科的比例不够合理，体育、音乐、美术学科、社会科学类学科比较薄弱；课程门类过多，课时总量偏高，学生课业负担重。（李泽宇，2010）2001 年颁布的《基础教育课程改革纲要（试行）》，将课程结构改革作为课程改革的六大目标之一，指出要改变课程结构过于强调学科本位、科目过多和缺乏整合的现状，整体设置九年一贯制的课程门类和课时比例，并设综合课程，以适应不同地区和学生发展的需求，体现课程结构的均衡性、综合性和选择性。小学阶段以综合课程为主，小学低年级开设品德与生活、语文、数学、体育、艺术（或音乐、美术）等课程；小学中高年级开设品德与生活、语文、数学、科学、外语、综合实践活动、体育、艺术（或音乐、美术）等课程。初中阶段设置分科与综合相结合的课程，主要包括思想品德、语文、数学、外语、科学（或物理、化学、生物）、历史与社会（或历史、地理）、体育与健康、艺术（或音乐、美术）以及综合实践活动。（赵文平，2012）高中以分科课程为主，为使学生在普遍达到基本要求的前提下实现有个性的发展，课程标准应有不同水平的要求，在开设必修课的同时，学校应努力创造条件开设选修课程，开设技术类课程，积极试行学分制管理。（李泽宇，2010）

课程改革以来，我国中小学的课程结构有了较大改善，但依然存在一些问题。

首先，基础教育应为学生学会做人与适应社会打基础，但现有课程难以做到。学科之间的综合比较困难，不同学科基本上是不同的知识系统，学生一门一门课程地去学习，给学生带来繁重的课业负担。现阶段普通高中文理分科教学，对于学生的思维训练是否有好处，也值得进一步探讨。同时，在我国的基础教育中，很难看到职业技术课程，这对于学生今后的就业是不利的。因此要解决培养什么样的人的问题，还需要进一步优化课程结构，使课程结构与课程目标真正相称。

其次，对学科课程的强调，重视知识的逻辑性，而忽视了学生的自我需求。学科课程知识条理清晰，有较强的逻辑性，但学科课程也有明显不足，一方面它游离于现实的需要与兴趣之外，把一般知识预先固定化地、按逻辑组织起来，不问学习者的实际需求与兴趣。另一方面，各学科都有严密的逻辑知识体系，形成封闭的知识系统，不利于学生对知识形成整体、深入、综合的认识。

再次，综合课程强调知识的综合，而忽视了知识的逻辑性。部分教师仅仅为了“综合”而“综合”，简单地将知识罗列在一起教授，事实上，这样的课程对学生来说，不过是毫无关系的片段知识的堆积。能否把某一学科的内容和知识综合到某一教学单元中，关键取决于这样做是否有意义。综合课程必须顾及课程所包容的知识是否有相关性或共性，是否在学生的生活经验范围和理解范围内。（成巧云，2006）

最后，教育实践中，选修课程和综合实践类课程难以落实到位。《基础教育课程改革纲要（试行）》明确提出，高中以分科课程为主，在开设必修课的同时，设置丰富多样的选修课程，开设技术类课程。设置综合实践活动作为必修课程，主要包括：信息技术教育、研究性学习、社区服务与社会实践以及劳动与技术教育。但在学校实施过程中，情况并非如此，课程改革很难落实到位，学校仍然将考试类和非考试类课程区别对待。某研究项目在全国范围内的调研显示，各地高中在课程开设上似乎有一个共同的基本原则，即“学校不敢开设与高考无关的课程”。很多学校尽量少开或不开音乐、体育、美术、综合实践、通用技术、研究性学习等必修课程以及其他选修课程，竭力把规定三年开设的课程压缩至两年乃至更短的时间完成，以便留出更多的时间反复进行考试训练。如“通用技术”课的开设情况，在高一和高二开设的学校比例为59.1%，只在高一年级开设的学校比例为27.3%，而所有年级都开设的学校比例仅为9%。（霍益萍，2010）[50]

我国基础教育课程结构的优化策略如下。

第一，构建多样化的课程类型结构。构建包括分科课程、综合课程、活动课程和选修课程在内的多样化的课程类型。从课程形态看，要做到分科课程与综合课程相结合，学科类课程与活动类课程相结合，学期课程与短期课程相结合。从课程类型看，要做到必修课与选修课相结合，特别要处理好必选课程与必修课和任选课的关系。针对我国课程结构中存在的问题，我国不少地方进行研究和实验，采用必修、选修、课外实践活动三大组块设置课程，运用分科联合型、学科渗透型、综合技术型实现科际联系，开设灵活多样的选修课，建立完善的实践活动体系。（赵昌木，徐继存，2002）国家、地方、学校三级课程管理，为构建多样化的课程类型结构提供了相应的制度支持。

第二，构建均衡的科目结构。改变课程结构过于学科本位，科目过多和缺乏整合的现状。我国课程结构过于注重工具性学科，语文和数学占据了科目结构中极大的比重，从而造成了学校课程体系中科目结构失衡。在新的科目结构中，各科课时必须重新配置，适当减少工具性学科和中考、高考考试科目的课时比重，适当增加综合实践活动课程、地方课程、校本课程、选修课程的课程比重。（李泽宇，2010）整体设置九年一贯制课程门类和课时比例，并设置综合课程，以适应不同地区和学生的发展要求。转变普通高中教育的应试导向，切实落实国家课程改革要求。普通高中应从单纯的升学预备教育转变为兼顾升学和就业的预备教育，学校、家庭、社会要共同努力，逐步转变“一考定终身”的传统观念，着眼于高中生综合、全面和长远的发展。认真处理好高中生的知识学习与能力培养、应试教育与发展教育、升学准备与就业准备的关系。学校要力争开齐开足、合理安排课程纲要中要求的必修课和选修课，构建一个多层次、多类型、多形式的课程结构体系，给学生创造一个丰富多彩的课程环境，让每个学生拥有一张适合自己的课程表。（陈丹，徐冬鸣，2013）

第三，优化课程内容。原有课程编制以知识为中心，内容偏难，知识面窄，以学生为价值取向的人文性内容太少，很少考虑学生作为一个普通公民应具备的基础知识素养及学生的个性发展。因此，在优化课程内容的时候，首先需要删除原有课程中艰深、陈旧的部分，使课程内容简洁、明了，加强课程内容与学生生活以及现代社会和科技发展的联系，关注学生的学习兴趣和经验，精选终身学习必备的基础知识和技能。从单纯注重知识传授转变为引导学生学会学习，学会合作，学会生存，学会做人，打破传统的基于升学的狭隘课程取向，要做到德育、智育、体育、美育与劳动教育相结合。同时，要充实课程内容。课程内容的多元性要求把和现代化生活密切联系，和高新技术息息相关的新事物选入教材，把社会、自然、地理、科学、体育、艺术等有关东西包含于其中，课程内容处处能在学生的生活体验中找到痕迹。课程内容的时代性要求课程内容的选择必须考虑时代、社会发展的需要和学生身心健康发展的需求。

2. 职业教育课程优化与专业调整

职业教育课程调整与优化的实质是专业设置的合理化。而专业设置是否合理又取决于它能否反映现代经济发展和产业结构变革的要求。

专业是职业教育培养技能型人才的载体、服务区域经济发展的纽带、衡量办学水平的标志。专业结构必须与经济产业结构、职业结构和技术结构相匹配。职业教育专业结构是否合理，决定着教育资源配置和利用的社会经济效益水平。专业结构调整是通过增减专业种类和数量、调整专业比例和布局、创建专业品牌和特色，不断满足产业结构需要的优化过程。调整的基本思路是根据国家和地方产业规划制定职业教育专业结构规划，坚持“应用性、前瞻性、创新性、效益性”原则，突出重点构建支撑产业集群的专业群，通过招生计划调控专业规模、优化专业设置、调控专业结构，采用区分长线专业、主干专业、新增专业等管理方式，优化职业教育专业结构，适应支柱产业、传统产业、新兴产业的不同需求。

当前，我国职业教育课程体系和专业设置存在的突出问题是：其一，专业设置不能充分反映产业结构的要求；其二，不同层级的专业设置定位不清。例如，在本专科专业设置中，同一专业在不同层次上的培养目标没有明确的区别，不少本科专业的人才培养目标与高等职业技术教育的培养目标几乎一致，普通高等教育与高职定位不清，功能划分不明晰。

2004 年教育部颁布了《普通高等学校高职高专教育指导性专业目录（试行）》，将高职高专的专业分为 19 个专业大类，下设 78 个二级类，体现了以服务为宗旨，以就业为导向的原则，突出反映了职业教育的特色。2010 年教育部颁布了《中等职业学校专业目录（2010 年修订）》（以下简称新《中职专业目录》），新《中职专业目录》在原有基础上做了重大调整，专业类由原来的 13 个增加到 19 个，专业数由原来的 270 个增加到 321 个，专业（技能）方向由原来的 470 个增加到 927 个，列举对应职业（岗位）1185 个，列举职业资格证书 720 个，列举继续学习专业方向 554 个。第一产业主要涉及农林牧渔类；第二产业涉及资源环境、能源与新能源、土木水利、加工制造、石油化工、轻纺食品等 6 个专业类；第三产业涉及交通运输、信息技术、体育与健身、教育、司法服务、公共管理与服务等 11 个专业类。这些调整旨在通过五个对接，即专业与产业、企业、岗位对接，专业课程内容与职业标准对接，教学过程与生产过程对接，学历证书与职业资格证书对接，职业教育与终身学习对接，促进中等职业教育为支撑产业发展、服务国计民生做出更大的贡献。

职业教育管理部门和职业院校应根据产业体系优化升级和区域经济发展需求，优化职业教育专业设置，建立职业学校人才需求预测和专业设置的动态调整机制。应适应经济产业发展的节奏和趋势，不断推进专业转型和专业升级，在人才培养中一方面拓宽专业基础课程平台，一方面深化与就业需求和学生个性相关的多方向可选择的专业方向课程平台。当前，中职、高职院校着力建设一批面向先进制造业特别是装备制造业、现代服务业、现代农业和战略性新兴产业的精品专业，以及反映现代生产和服务中技术综合和劳动复合特征的新兴专业。在推进专业改革的过程中，应形成行业企业参与的职业学校专业课程开发机制，推进专业课程内容和职业标准相衔接、中等和高等职业教育课程相衔接。一方面要加强支撑现代制造业、现代服务业和现代农业的主要工种和关键岗位的高端技能型人才培养的专业建设，建立健全专业与职业、课程标准与职业标准、教学过程与生产过程的衔接制度，另一方面要有前瞻性地设置为高端的技术综合和劳动复合产业与工作提供应用型人才支撑的新兴专业。

产业结构升级及其柔性化标志着社会经济发展的一个新的阶段转换，对劳动者综合素质和综合能力的要求都会相应提高。产业结构柔性化是指突破了固定化边界的产业分立限制，打破了传统工业化生产方式的纵向一体化市场结构。产业结构的柔性化导致产业发展基础、产业结构演变、产业组织形态、产业集群和产业区域布局等方面的根本变化，从而消除了劳动者原有的经济地位和社会地位的严格限制，推进劳动者进行新的社会化尝试。因此，职业教育专业结构调整应以发展的、动态的观点来分析产业结构发展变化的趋势，特别注意市场经济的竞争和科学技术的发展等因素对产业结构变化所带来的影响，要适应科技进步所导致的职业结构的变化，并根据其变化设置相应专业。高职教育专业应围绕产业、企业发展的需要来设置和调整，从产业企业的发展现状和需求出发，充分体现地区产业、企业的特点，在培养人才规格、内涵、功能上反映和满足社会需求，使专业设置趋向合理，更好地适应产业结构调整的要求。产业分布具有地区差异和地区特点，且具有层次性，因而，要对劳动力的需求趋势做出比较客观的预测。针对社会生产发展的实际需求预见性地开设专业，避免盲目开设专业或不切实际地追求热门专业，调整市场需求不旺盛的专业，停办市场需求萎缩的专业。目前，职业教育的专业结构与区域产业结构不匹配的问题比较严重，最终会导致人才结构的失衡。一般专业性人才已显示出供过于求的局面，而一些新兴行业的技能型人才需求持续增加却无人才可供，这就需要高职教育进行专业结构的调整。要根据区域经济支柱产业群的发展实际，结合职业教育的特点，使专业设置具有一定的灵活性并体现出相应的专业特色。

教育主管部门要转变管理思路，给予高职院校充分的办学自主权，使高职院校能在市场的引导下，制定合理的专业设置发展规划，科学地进行专业设置和调整。政府应充分发挥其宏观调控职能，改变高职院校在专业设置上的盲目趋“热”现象，帮助高职院校增强专业设置发展规划的科学性。对本地区社会经济发展紧缺的技能型专业人才要采取有效措施，增加经费投入，加大培养力度；对劳动力市场供大于求的专业要采取限制发展的措施；对一些培养人才过剩的专业要督促高职院校改造或撤并。各高职院校要加快与新兴产业对接专业的建设。新专业的设置与建设是改善专业结构的重要途径，也是增加人才有效供给的重要方法。还要重视因技术结构变化而增加的新的专业技术岗位对人才的需求，适时增设新专业。对于中等职业教育，要加大对新《中职专业目录》的修订力度，增设“专业名称”“专业（技能）方向”“对应职业（岗位）”“职业资格证书举例”“继续学习专业举例”等内容，增强专业与职业的对应性。在高等职业教育领域，突破普通本科学校的哲学、工学、经济学等学科类的专业划分，加强以职业岗位群或行业为主的专业划分，引导职业学校根据产业政策导向，紧密结合高新技术产业、生产性服务业、文化创意产业、现代制造业等行业快速发展的需要调整专业，加大专业结构对产业结构的支持力度。

除增设专业类别和强化专业性外，职业教育专业调整还需通过增加综合类学校和综合类专业。为培养电子、新材料、生物工程等高新技术人才，可借鉴日本办学经验，在高中阶段开设综合类高中，通过改革综合高中的培养目标、招生对象和招生方式、交叉专业的设置来加强职普之间的沟通，为国家的产业结构调整和高新技术人才的培养发挥积极作用。

3. 高等教育课程优化与专业调整

高等教育课程优化集中体现为专业目录的调整。《普通高等学校本科专业目录》是我国教育部制订与修订的有关普通高等学校本科专业的目录。普通高等学校本科专业一般按照学科门类、专业类和专业三个层级进行划分。

改革开放以来，我国共进行了四次大规模的学科目录和专业设置调整工作。第一次修订目录于 1987 年颁布实施，修订后的专业种类的数量由之前的 1300 多调减到 671。第二次修订目录于 1993 年正式颁布实施，专业种类的数量为 504。第三次修订目录于 1998 年颁布实施，本科专业目录的学科门类达到 11 个，专业类 71 个，专业种类的数量为 635。第四次修订目录于 2012 年颁布实施，学科门类由原来的 11 个增加到 12 个（新增加艺术学门类），专业类增加到 92 个，专业种类的数量调减到 506。

2012 年版《普通高等学校本科专业目录》（以下简称《本科专业目录》）增设了一批国家战略新兴产业发展和改善民生急需以及应用性强、行业针对性强的新专业。例如，根据当前铁路和城市轨道交通建设及安全运营需要，新增了轨道交通信号与控制专业。《本科专业目录》建构坚持以宽为主、宽窄并存的原则，调整后设有哲学、经济学、法学、教育学、文学、历史学、理学、工学、农学、医学、管理学、艺术学 12 个学科门类，与研究生学科门类完全一致，专业类与研究生专业一级学科基本一致，新增了艺术学学科门类，未设军事学学科门类，其代码 11 预留。

《本科专业目录》的另一大突出特点是专业目录结构的优化，首次区分基本专业和特设专业。在新目录中，共有基本专业 352 个，特设专业 154 个。所谓基本专业，是指学科基础比较成熟、社会需求相对稳定、布点数量相对较多、继承性较好的专业；而特设专业则是针对不同高校办学特色，或者适应近年来人才培养特殊需求设置的专业。

我国高等教育的专业设置主要是针对产业结构来确定的。从表 5－1 可以看到，第一产业为农业，相应的科类为农学，第二产业为工业，相应的科类为工学与理学，而第三产业种类繁多，相应的科类也比较多。当然，产业结构划分与教育专业设置未必是一一对应的关系，但大体上看，产业结构仍是高等教育专业设置的重要依据。另外，纵观我国高等教育专业结构调整的历程，也可以看到产业结构变化始终是贯穿专业结构调整的一根主线。自 20 世纪 80 年代以来，根据我国产业结构的变化，教育部进行了多次学科专业结构调整。学科专业结构设置与我国产业结构调整联系越来越紧密。（徐军，曹方，2005）

表 5－1　三大产业的划分与我国高等教育科类的设置

产业划分	产业具体分类	高等教育科类划分
第一产业：农业	包括种植业、林业、牧业、副业和渔业	09 学科门类：农学
第二产业：工业	包括采掘业、制造业、自来水、电力、蒸气、热水、煤气和建筑业	07 学科门类：理学
		08 学科门类：工学
第三产业	包括：交通或运输业、电信业、商业、饮食业、物资供销和仓储业；金融、保险业，地质普查业，房地产、公用事业，居民服务业，咨询服务业和综合技术服务业，农、林、牧、渔、水利服务业和水利业，公路、内河（湖）航道养护业等；教育、文化、广播电视，科学研究、卫生、体育和社会福利事业等；国家机关、政党机关、社会团体，以及军队和警察等。	01 学科门类：哲学
		02 学科门类：经济学
		03 学科门类：法学
		04 学科门类：教育学
		05 学科门类：文学
		06 学科门类：历史学
		10 学科门类：医学
		12 学科门类：管理学
		13 学科门类：艺术学

但是，我国高等教育科类结构还有待进一步优化，现在存在的突出问题如下。

第一，专业比例结构发展不平衡。1999 年以来，受高校“扩招”的影响，我国高等教育各学科规模均呈现增长趋势。实践性较强的应用性学科的发展速度较快，其中，经管类在校生规模逐年增长且增长幅度较大；而理论性强的基础性学科的发展保持了相对平稳的态势。工学、经济学和管理学、文学的在校生与专业布点数在所有学科中占的比重较大。尽管如此，高等教育学科结构和人才供给结构与经济社会发展需求之间仍不平衡。应用型、技术型、创新型人才供给能力不足，基础理论型人才培养相对过剩。

第二，专业设置过程中追逐时髦专业却回避紧缺专业。当前高校盲目开设热门专业，但这种所谓的热门专业与市场的需求并不一致，而真正为市场所需的专业，高校的反应却不热烈（这些专业对实验仪器和设备要求较高，所培养出来的多是工程型或技能型人才，这正是当前人才市场最紧缺的）。究其原因，在于当前高校规模扩张过程中的资源约束。一方面，受经济资源的约束，高校难以在短时间内开设出需要高投入的新专业，为了应对扩招，在资源有限的情况下，更多地开设所需投入不大，但学生容纳量可观的专业，成为高校的重要选择。

第三，专业设置上市场力量彰显而专业内涵建设上市场力量缺失。市场力量作用于高校专业结构的这一特点，导致规模扩张过程中，高校在设置专业时强调名称上顺应市场需求，而课程实质上变化不大，从而将专业名称与专业内涵建设分离开来，出现重视专业设置而忽视专业建设的矛盾现象。通俗地表达，即专业名称与内容两张皮，名实不符。这反映了市场力量兴起与原有专业管理制度之间的不适应，当前专业管理权力主要是在政府和高校之间分配，而日益强大的市场力量，在现有管理制度中，尚无法对专业设置和调整享有更大的发言权，对于专业内容的影响，更是缺乏途径与渠道。

我国高等教育专业结构调整的主要策略有以下三点。

（1）改革学科目录划分方式，丰富学科品种和学科类型。如果把我国以前的学科目录看作是为精英教育而设计的话，那么大众化高等教育阶段则要求在学科目录中增加大众高等教育所需要的学科品种和学科类型。规模扩张达到一定程度后，按照特罗（M. Trow）教授所言，进入大众化阶段，高等教育应该培养更多的应用型人才，精英教育时代以培养理论型人才为主的学科目录，在新的时代必然要发生变革。如果今天的高等教育人才培养，仍主要用原有学科目录，培养出来的更多是理论型人才，必然导致人才培养与社会需求脱节。在仍然沿用目录式管理方式的情况下，首先需要做的，是增加应用型学科，设置更多适应大众化时代高等教育人才培养需求的新学科。

（2）增加学科目录弹性，预留新学科发展空间。如果把我国以前的学科目录看作是为适应计划经济而设计的话，那么市场经济体制的确立与完善就要求学科目录的编制适应市场的多变与灵活性需要。我国学科目录的编制采用的是自上而下的方式，且目录的规范性很强，因此目录具有很强的刚性，凡是目录上没有的学科，要想开设，必须经过十分严格的审批程序。随着我国社会经济的发展，市场对人才需求的多样性、多变性与学科目录的单一性、学科性和刚性之间的矛盾会越来越激化，改变这种刚性的管理方式，赋予高校更为灵活的学科设置权力，在学科目录编制上预留发展空间，是形势发展的必然要求。

（3）改革专业目录管理方式。以往的学科建设和发展基本由政府和高校决定，这造成学科变化对市场反应迟钝，不能很好地适应市场经济发展的要求。而如何将市场力量引入学科管理制度内部，变传统的政府与高校的二元权力分配格局为政府、高校、市场三分格局，是促进高等教育学科分化的关键。市场力量进入学科管理制度内部，首先体现在学科品种的设计与发展上。历次学科目录调整，由于未能解决学科目录本身固有的刚性、计划性和设置标准单一等问题，导致以拓宽学科口径，增强人才培养适应性为目的的调整工作，实际效果并不佳，尽管学科目录调整工作间隔时间一次比一次短，但其与市场经济条件下社会对人才需求的不适应性仍是日益明显。究其根源，就在于学科目录的现有管理方式滞后。

需要引入市场力量，完善学科设置委员会。我国高等教育学科设置委员会，目前有高校校内的学科设置委员会和行政审批机关的学科设置评审委员会两类。但是，事实表明，教育行政部门的有关人员代表不了市场，高校新设学科的市场调查也代表不了市场的需求。在学科设置委员会中引入用人单位的成员代表，对高校新设学科的合理性提出意见和建议，是非常必要的。

需要改革学科评估制度，面向社会公开信息。评估的根本目的在于监督，而监督的最有效力量来自群众。新学科评估的指标更多侧重在静态指标上，对于学科内部的课程设置与市场需求的关联性涉及不多。这些评估其实都是对基本要素的检查。系统论的一个重要思想是，系统的功能并不等于各要素功能的总和。由于对要素的控制，目前的评估侧重于分散地评估各要素而忽视了整体功能，即最后的效果。面对这种情况，不如要求学校将有关信息开放，政府只负责对信息的可靠性进行保证，让社会通过对信息的全面了解，来“以脚投票”，以促进高校的学科建设。

我国专业调整跟不上市场发展的另一个重要原因是我国高等教育的拨款制度没有认真考虑不同学科的开办成本，在文科和理科之间，无论是政府给高校的拨款，还是学校内部给予新设学科的开办费，都没能体现出学科成本的差异。在经费有限的情况下，高校只能偏向于开办低成本学科，而那些市场迫切需要的学科却因为成本高昂迟迟得不到开设。改革的基本方向，是充分考虑不同学科的开办成本，同时，利用更为灵活的拨款方式，调控高校学科规模的变化。改革可以从以下两方面入手：首先，根据成本调整生均拨款标准；其次，根据规模调整生均拨款标准。从当前我国高等教育发展的实际情况来看，仅仅靠学科生均拨款标准的调整，尚无法完全调控学科规模，因为学费收入所占比例较大，对学校仍是比较有吸引力的。因此，拨款标准的调整，还需要结合规模来进行。对于那些鼓励发展的学科，拨款标准可以适当提高，对于那些要控制规模的学科，拨款标准可以适当降低，这样灵活地调控学科规模，对于学科结构的调整，将能起到一定的作用。(罗丹，2008) 240

4. 继续教育课程结构的调整与优化

对于继续教育而言，目前尚不存在精细的学科划分，也难以对其进行精细划分。继续教育的课程结构是指继续教育中不同教学内容的构成。继续教育课程的划分往往与专业、行业有关。比如，农业从业人员继续教育、机械行业继续教育、继续医学教育、中小学教师继续教育等。

中华人民共和国成立以后，尤其是改革开放以来，我国的成人教育、继续教育发展取得了显著的成就，干部教育、职工教育、农民教育、工程技术人员继续教育、军人教育和教师继续教育等不同类别的教育形式快速发展起来，专业结构呈现多样化发展趋势，各种类型的教育机构，如普通高等院校（举办函授教育）、夜大学、广播电视大学、职工高等学校、农民高等学校、管理干部学院、教育学院、独立函授学院、广播电视中等专业学校、成人中等专业学校、职工中等专业学校、干部中等专业学校、农民中等专业学校、函授中等专业学校、教师中等专业学校、职工中学、农民中学、成人教育技术培训学校、职工技术培训学校、农民技术培训学校、部队军事院校以及社会其他机构进行的继续教育与培训，为成人教育、继续教育的发展提供了有力保障。

整体而言，改革开放以来，我国继续教育课程结构趋于优化。伴随继续教育提供主体多元化发展的，是继续教育内容的丰富性和实用性增强。然而，随着经济社会的快速发展，我国社会结构和经济结构的不断调整和深化改革，原有的课程结构已不适应人的发展和社会发展的要求，必然要做出相应的调整。目前，我国继续教育由于缺乏与社会需求相适应的运行机制，课程结构明显不合理。而且，在继续教育课程开发上，很多继续教育机构不愿投入财力和精力，一味低水平模仿和复制；继续教育的教材缺乏针对性，相互抄袭、粗制滥造现象严重。一些普通高校和成人高校热衷于举办全日制脱产班，没有将继续教育的工作重点转移到在职人员的业余教育上来，在继续教育的人才培养模式、课程教材、教学方法、管理和评价上一味照搬全日制学校，很少考虑成人的特点。一些远程继续教育机构忽视教学交互和师生互动。非学历继续教育中也同样存在培训形式单一的现象，在多样性和灵活性上不能适应学习者不同层次的需求。因此，我国继续教育的专业与课程结构需要进一步优化。

调整与优化继续教育课程结构的主要策略如下。

第一，适应城乡统筹发展和新农村建设的指导方针，调整面向农村的继续教育的类别与课程结构，广泛开展以推广新技术和新产品为中心的农业实用技术技能培训和“绿色证书”教育，培养数量众多的社会主义新农村建设人才。此外，在全球化的今天，农村和农民也不可避免地卷入其中，因此，努力促进传统农业中大宗农产品的更新换代，提高农业参与国内、国际竞争的科技含量，有重点地开展“名、优、特、稀”农产品的农业科技专项培训，加速培养一批能与国际接轨的信息灵通的农民和中介经纪人，使农产品市场的信息体系和销售网络扩大到全球，也是面向农村的继续教育迫切需要解决的现实问题。

第二，适应现代企业改革与发展的市场需求，全面加强企业职工继续教育与培训。市场经济的深化改革，现代企业制度的建立和完善，对企业的创新能力和新技术应用能力都提出了更高的要求，急需大量的高层次综合型人才，复合型、外向型人才和应用型技艺人才，以进一步提高企业工业化水平，提高其参与国际竞争能力。因此，企业继续教育层次要上移，重点培养培训中高级管理人才、技术应用人才、科技创新人才，尤其要加强企业专业技术人员的继续教育，从整体上全面提高专业技术人员的政治思想素质和专业技术素质，培养大批能跟踪世界科学技术发展、适应市场经济需要和现代企业制度要求的复合型、外向型、创新型的各类专业技术人才和“三高”人才（即高级管理人才、高级科技人才和高级技术人才）。

第三，高度重视公务员、企事业单位在职干部继续教育，培养大批有知识、懂管理、会管理的高素质干部队伍，不断提高行政管理的质量和水平。在现代社会，管理日益受到重视，管理的质量和水平往往决定着一项事业的成败，尤其是领导干部，更应具备良好的综合素质和较强的领导能力。就当前情况来看，现实中存在公务员继续教育“说起来重要，做起来次要，忙起来不要”的现象，有鉴于此，需要积极开展国家公务员培训，全面提高各级干部的政治素质、业务素质、思想道德修养和工作能力。

第四，重视其他各类社会成员的继续教育。除了企业职工、农业从业者、公务员和企事业单位在职干部以外，其他社会成员如教师、医生、律师、军人、社区工作者、老年人等，也都需要不断接受继续教育和培训，以适应社会不断发展变化的要求。现代社会的快速发展，对各行各业的从业者和各类社会成员提出了新的更高的要求，只有不断学习和接受教育，才能适应社会的发展。因此，继续教育面临着艰巨的任务，要与时俱进，为社会各类人群提供适时适当的继续教育和培训。

三、教学方式的改革

教育最核心的环节是教学，人的培养过程的核心是教学过程，教学是最能体现教育行业的技术层面、专业层面的活动。社会学家帕森斯认为，任何一个组织都可以从三个基本层面来描述：技术层面、管理层面和外部关系层面。美国学者墨菲（J. Murphy）和路易斯（K. Louis）借用此观点，认为在教育中，技术层面（the technical level）关注的是学和教的过程（the learning-teaching process），管理层面涉及学校对教育教学的领导、管理和组织，外部关系层面涉及学校与外部环境的关系。（Murphy，Louis，1999）教与学不可分割。“传统教学”把教学过程中的“教”与“学”看作可以分割为独立单位的活动，两者之间的关系是一种谁决定谁，或者谁围绕着谁转、谁引导谁的关系。教学过程的转型如果不超越这一认识前提，就不可能走出传统教学的框架。（叶澜，2004）[22-23]不能重视“教”而轻视“学”，在现代社会，学习知识重要，而学会如何掌握知识更重要，“学会学习”将成为未来社会公民需要具备的最基本的素质。

教学方式是教与学的方法和形式，是教学方法、形式、手段等的综合。（郝文武，2007）教学方式是带有价值判断和价值选择的。教学方式转变首先是教学观念的转变，然后是教学方法、手段和形式的转变。因此，教学方式（怎样培养人、怎么教）不只是教学方法的选择问题，它包含更多的维度。教学方式是对教师教学行为的概括性描述，涉及教学目标的确定、教学计划的设计、教学内容的选择与处理、教学方法的选择、教学辅助工具（多媒体、教具等）的使用、学生学习效果的评价等要素。

我国教学方式的现状堪忧，教学目标有偏差，教学内容繁难偏旧，教学方法落后，多媒体工具使用不当（包括使用不足或者使用过当），现代信息技术与课堂教学不能有效整合，评价学习效果只看考分高低，这种教学模式难以培养出高质量的人才。

教学方法上存在的问题更为突出。我国各级各类教育中，教师使用的教学方法相对单一，学生往往是被动学习，这不利于学生自主学习、合作学习以及探究能力的提升，不利于培养学生的创新精神和实践能力，教学效益低，严重影响学生的全面发展、个性发展、主动发展与可持续发展。因此，需要倡导启发式、探究式、讨论式、参与式教学，激发学生的好奇心，培养学生的兴趣爱好，营造独立思考、自由探索、勇于创新的良好环境，让学生学会发现学习、合作学习、自主学习。

在基础教育阶段，教学模式的改进尤为迫切。由于片面、过度追求升学率，为考而教、为考而学，师生被考试指挥棒所左右，学生的成长是“被成长”，学生的发展是“被发展”，学生的学习是“被学习”，学生缺乏自己的时间和空间。学生课业负担过重，身心健康受到严重损害，学习与成长的过程苦不堪言。

在基础教育阶段，课堂教学一般包括复习旧知识、传授新知识、巩固运用已学知识和检查测试等环节。其基本做法是：以“纪律教育”来维持教学，以“教师讲学生听”来传授新知识，以“题海战术”来巩固已学知识，以“掌握技能技巧”来运用新知识，以“考试测验”来检查学习效果。（范雨超，2010）这样的教学方式虽然强调教学过程的阶段性，但却是以知识的传授为核心，将学生看作接纳知识的容器，是以学生被动地接受知识为前提的，没有突出学生的实践能力和创新精神的培养，没有突出学生学习的主体性、主动性和独立性。尽管在一些公开课、展示课等场合，我们也能看到在教师的精心引导下，所谓自主、合作和探究学习的学生活动多得令人眼花缭乱，然而研究表明，大多数教师在常规课堂上仍然固守传统的、单一的教学方式已是一个不争的事实。有教师曾坦言：“公开课是热热闹闹地给别人唱戏，常规课是实实在在地为自己过日子，唱戏的衣服是不能当工作服穿的。”之所以会出现这种状况，一方面是由于部分教师对于新课程改革所提倡的“自主”“合作”“探究”等众多新概念感到迷惑不解；另一方面是由于教师接触的更多的是课程理念的指导，而如何将课程理念转变成适宜的课堂教学方法与策略仍是新课程改革推进中的难题。（金利，2009）

国家有关文件已经明确提出了教学方式改革的总体要求。《基础教育课程改革纲要（试行）》中明确提出：改变课程实施过于强调接受学习、死记硬背、机械训练的现状，倡导学生主动参与、乐于探究、勤于动手，培养学生收集和处理信息的能力、获取新知识的能力、分析和解决问题的能力以及交流与合作的能力。《中国教育现代化 2035》要求转变人才培养方式，深化教学改革，推行启发式、探究式、参与式、合作式等教学方式以及走班制、选课制等教学组织模式，促进学生主动把学习、观察、实践同思考紧密结合起来，保护和激发学生的好奇心和学习兴趣，注重对学生创新精神和实践能力的培养。教学方式转变的目的在于实现学习方式的多样性，将学习过程变成人的主体性、能动性、独立性不断生成、张扬、发展和提升的过程。这样不仅有利于学生多种学习目标（知、情、意、行）的达成，也有利于学生个性化的发展，培养学生的创新精神与实践能力，更有利于新课程改革目标的实现。（范魁元，杨家福，2012）

具体言之，转变教学方式可以采取下列策略。

其一，教学观念的转变。从针对好学生教学向针对全体学生教学转变。从针对知识能力的提升向促进学生全面发展转变。改变互相竞争的学习气氛，提倡合作学习。

其二，教学组织形式的转变。从班级教学向小组教学转变，促进课堂上学生以个人、两人或小组形式进行学习。转变全体学生都学习相同内容的教学方式，让每个学生按照自己的兴趣、爱好和学习方法，选择不同的学习材料和学习方式。

其三，教学方法的转变。采取多样性的教学方法，调动学生学习的积极性，让学生学会学习。教学方式的转变并非一定要采取新的教学方法，在教学方法的选择上要遵循“适切性”原则。教学方法仅是手段和工具，使用哪种工具取决于什么样的学生和什么样的教学内容。方法本身是不具有价值判断意义的，没有好坏之分，但是不同教学方法的使用却有教学效果优劣之分，要考虑教学方法对于教学对象和教学内容的“适切性”，应对不同的教学对象和教学内容使用恰切的教学方法，所谓“最适合的就是最好的”。

其四，教学手段的转变。改变以语音和符号刺激为主的教学信息传递方式，实现图像、语音和符号多种方法综合传递，并通过现代教学技术的应用使每个学生都能得到足够的指导。谈到教学手段时，信息技术与课堂教学整合往往是信息时代的时髦话题之一。但在现实中，信息技术手段又常常成为教学的点缀或者牢笼。信息技术与课堂教学整合的实践一直摆脱不了传统的传递性模式下课堂教学的实践情境，在这种情境下，信息技术被当作教与学的辅助工具，仅仅是在“人灌”的基础上加上了“电灌”，不能从根本上改变教师教的方式和学生学的方式，从而使信息技术与学科教学整合的实践在较低层次上徘徊。（刘霞，孙姚同，2005）教师掌握并选择恰切的信息技术手段，"该用的时候则用"是重要的原则。从这个意义上讲，"粉笔黑板"加"讲授"并不一定比"E-learning"加"小组探究"效率低、效果差。（赵茜，王佳，2012）

要改善教学方式，必须找到影响教学方式的关键要素，并对这些要素进行积极干预。直接影响教学方式改进和优化的重要因素有以下四方面。

第一，教师个体的教学技能。教师在教学活动中所采用的教学方式是行为层面的东西，它是教师教学技能的外在表现。教学技能属于教师内在的心理层面的素质，是教师个体对于教学方式中教学诸要素、诸环节的认知水平与实操技巧，是教师教学知识、教学能力、教学伦理的综合呈现，是教师专业化水平的集中体现。教师是教学活动的直接实施者，教学活动是具有高度专业自主权的活动，每个教师在实际教学过程中所运用的教学方式、所使用的要素"配方"是由个人决定的，对这一微观的、柔性较强、弹性较大的活动过程，刚性的制度约束很难奏效。教师要在教学活动中发挥主导作用，实质性地改变教学方式，关键在教师自身。而教师改善教学模式的能力则取决于教师的教学技能水平。教学技能是一种现实的"教育生产力"，教学效果取决于教师的这种生产力。

第二，课程知识。课程知识是关于"教什么、学什么"的知识，即课程和教材所包含的知识，是关于自然、社会和人类自身的理性认识。教育目的和教学目标是通过课程实施达成的，课程描述技能、行为、态度以及价值观等学生渴望从学校获得的东西。（Airasian，2008）[71] 课程知识繁难偏旧或者空疏无用，不但会影响教育方法的选择空间和教学方式的改进程度，还会影响教育目的和教学目标的达成。课程改革的一个重要目的是优化学生的知识结构，使学生更好地了解和改造自然、社会和人类自身。

第三，教学知识。教学知识是关于"怎么教、怎么学"的知识，是人类积淀下来的外在于教师个体而存在的关于教学活动、教学方式及相关教学技术的研究成果，课程与教学论、学生生理心理发展理论、教学心理学、各科教学法、学习理论、教学评价理论、教育技术学等都可以纳入教学知识的范畴。教学知识是改善教学实践和教学方式的理论武器和知识基础。

第四，教学技术工具。教学技术工具是教学知识与技术知识相结合的物化形态，是知识转化后所制造出的教学辅助性工具，如教学仪器设备等。教学技术工具的合理使用可以优化教学方式，提高教学效率。

课程知识、教学知识、教学技术工具都是外在于教师而存在的，三者要对具体的课堂教学方式产生影响，首先必须让教师掌握这些知识和工具，把使用这些知识和工具的方法内化为个体的“教学技能”，这样才能让潜在的生产力转变为现实的生产力。如果一个教师出于自身原因或者外部原因(如学校和教育行政部门没有提供必要的培训)，对于教材知识没吃透，不懂得教学方法方面的知识，也不会使用现代教育技术手段，那么他就不具备必要的教学技能，因而就不能有效地开展教学。

一个国家、一个区域教学技能、课程知识、教学知识、教学技术工具的存量，以及今后增量的变化速度，决定着这个国家或者区域的教学质量和学生培养质量。

教师教学技能提高的主要途径是培训，包括校本、区域层面开展的培训活动和教研活动；课程知识、教学知识、教学技术工具的生产途径是研究与开发。而且，正是教育研究开发出的知识和技术，成为教师培训的课程内容，为教师培训和教师改进教学提供了知识基础。可见，加强教师培训和教育研究是为教学方式改革提供人力支持与智力支持的重要举措，能为教学方式改革的专业性和科学性奠定坚实基础，是落实“人才强教”战略和“科研兴教”战略的关键途径，是提高教学质量、促进内涵发展的两大支柱。

我国的教师教学技能素养、教师培训质量、教育研究水平尽管在逐步改善，但总体而言依然问题多多。教师教学技能不足成为制约教学质量的关键变量，城乡之间、区域之间、学校之间的教育差距本质上是质量差距，而造成质量差距的直接因素是教师的教学技能素养。就教师培训而言，不论是学校层面还是区域层面的教师培训，其针对性和实效性都亟待加强，培训内容、方法、师资状况都需要改进。而教育研究产出的有用、好用的知识严重短缺，远远不能满足广大教师开展教学改革（如新课程改革）的

实践需求，也不能有效满足教师培训的需求。（贾继娥，褚宏启，2012）

因此，必须整体考虑改革教学方式、加强教师培训、加强教育研究三者之间的内在联系，通过系统性的变革，改造我们的教学，让课堂焕发出生机与活力（叶澜，2004）[49-54]，让教师乐教、会教、教好，让学生乐学、会学、学好。

四、以培养创新能力为目标的课程与教学改革

创新能力也称创造力、创新性、创造性，是人类心理机能的高级表现。创新能力对于国家发展和个人发展都至关重要，培养创新能力对于我国教育的转型升级至关重要。培养学生的创新能力，关键是转变教育教学方式和考试评价方式。

创新能力包括四个维度。第一，创新性思维过程。创新能力的核心创新性思维，是生成新异、有效的问题解决方法的认知系统加工过程。第二，创新性成果（产品）。创新性成果是创新性思维过程的产物，可以是一种新概念、新设想、新理论，也可以是一项新技术、新工艺、新产品，但必须同时符合新颖性和有用性两个要求。新颖性和有用性是创新能力的两大核心特质，也是从概念上判别创新能力的基本标准。第三，创新型人格特征。属于非认知因素，如动机、兴趣等，对于创新过程与行为具有动力作用。第四，创新型环境。不同的社会环境对人的创新型人格、创新性思维发挥着积极或消极的作用。环境因素会影响个体的创新意愿，进而影响创新过程的发生与创新成果的形成。创新性成果来自创新过程，创新过程是创新性思维、创新型人格、环境因素三者的共同作用。创新性思维关涉个体“会不会”创新的问题，创新型人格关涉个体“愿不愿”创新的问题，环境因素涉及外部条件“让不让”创新的问题。学生创新能力的培养，核心任务是让学生个体具有创新性思维、创新型人格，即让学生“会”创新、“愿”创新，而影响学生创新性思维、创新型人格形成与发展的所有因素都属于“环境因素”，包括教育因素和非教育因素。

1. 解决“会不会”的问题：通过教育教学过程培养创新性思维

创新能力是一种综合能力，核心是创新性思维，创新性思维是人脑最高层次的机能，培养学生创新性思维是创新能力培养的中心任务。创新性思维是综合性思维能力，是多种思维方式平衡发展、复合作用的结果。

创新性思维包括发散性思维、聚合性思维、批判性思维等类型。发散性思维是一种无规则、无限制、无定向的思维，有三个特征：变通性（对事物能够随机应变、触类旁通，不受各种心理定势的影响）、流畅性（对事物反应迅速，在短时间内可以想出各种不同的念头）、独特性（对事物能够有不同寻常的见解）。发散性思维的这些特征被认为是创新能力的主要组成部分。聚合性思维主要包括演绎思维和归纳思维。在创新性思维中，聚合性思维是把解决问题的各种可能性都考虑到之后，再寻求一个最佳答案，而发散性思维则是围绕问题多方寻求答案。聚合性思维很强调对已有信息的理解和运用，因而是已有信息的产物；而发散性思维则强调对未知信息的想象和假设，因而很大程度上是“新信息的形成”。聚合性思维和发散性思维共同构成创新性思维的基础。（陈振华，2014）比较而言，发散性思维更能体现思维的创新性，是创新性思维的重要和首要类型。

批判性思维是人类思想独立和观念创新的重要前提。批判性思维有以下要点：一是能在复杂、模糊的情境中，识别、界定问题，抓住问题的实质；二是有效辨识、评估、比较与问题有关的各种已有知识和信息的合理性程度；三是提出解决问题的方案，并通过调研获取证据和数据，不断质疑和修正原设想，审慎得出结论、做出决策；四是适当运用归纳推理、演绎推理进行有效率的思考，能够把握整体的各部分进行系统思维；五是批判性地反思学习、工作的流程，反思自己的思维过程，并持续改进。

培养创新性思维，可以采取以下策略。

第一，开设专门的思维课程，直接进行创新性思维技能训练。在教学中，把培养学生创新性思维作为明确的教学目标，开设独立的思维课程，系统地、详细地介绍这些技能的构成要素、基本属性和运用程序，并提供具体的案例或范例。要提供更多机会，让学生应用这些技能。在课程结构中，给予思维训练课程以一席之地。国家层面应该开发相关课程标准，并编写相关教材。在课程计划中，安排一定的课时保证思维训练课程开足开齐。保证思维课程教学的内容，不被其他教学内容特别是知识教学的内容所淹没，让学生切实学会各种思维技能并能迁移运用。

第二，在各门学科的课程内容中，融入创新性思维训练的相关内容。将思维训练和学科教学结合起来，使思维的培养更加具体化和现实化。改造传统学科课程的内容结构与教材的呈现方式，在传统课程的建设中有意识地渗透和融入促进学生创新性思维发展的素材，在知识选择、专栏设计、练习题的内容及形式等方面加强渗透思维训练的因素，使传统课程旧貌换新颜，真正转变为可以培养创新性思维能力的融合课程。此外，任课教师在备课、布置作业时，要把思维训练与知识学习充分结合起来。

第三，通过改进教学方式，"间接"培养学生的创新性思维品质。所谓"间接"，是指不在课堂上"直接讲授"创新性思维的所有知识和程序，而是在学科教学中，结合学科特点，创设问题情境，让学生在分析问题、解决问题的过程中，使发散性思维和聚合性思维、批判性思维等得到训练与提高。创新源于问题解决。倡导"以问题为本的教学"与"以问题为本的学习"，与传统的以书本为中心、以记忆为核心的教学不同，这种教学与学习要求教师首先创设问题情境，在问题的一步步展开中引导学生进行学习。教师启发学生积极主动地从多角度分析和解决问题，尊重学生提出的意见和问题，并通过一题多变、一题多解、寻求最佳对策等训练，培养学生的发散性思维和批判性思维能力。（胡卫平，俞国良，2002）

改进教学方式，还可以采取如下几点具体策略。一是教师巧妙地提问题。采用"苏格拉底法"，精心设问，不断追问，使用递进式提问与渐退式提问的方法，引导学生深入思考和探究。二是学生自由地提问题，为学生提供充分的自由表述、质疑和探讨问题的机会。自由提问所涉及的问题常常是由书本或讲课激发出来并且没有给出答案的问题，这些问题被称为"无知性问题"（ignorance question）。三是学生互相辩论。辩论可以使学生既从己方又从对方的视角思考问题，使思维具有开放性和全面性，有利于形成对事物的系统认知，避免片面性。四是改进教学组织形式，打破单一的班级上课模式，采用分层教学、小组讨论、个别学习等教学组织形式，为探究性学习、合作性学习提供空间便利。

第四，处理好创新性思维培养与知识学习的关系，使二者相得益彰。不能把学习知识与培养创新性思维对立起来。创新是在原有的知识经验基础上产生的，斯滕伯格（R. J. Sternberg）指出，我们不可能对一无所知的事物产生新异观念。在观念以被证明有用的方式进行扩展、修正、联结时，创新性思维就产生了。（Feldhusen，1995）质量高的知识能够成为学生创新能力的养料与土壤，质量低的知识则成为学生创新能力的羁绊。逻辑上有必然联系的结构化知识（知识网络）是高质量的知识，这种知识不是碎片化的知识，将专门的知识纳入了更普遍、更广泛的知识体系之中，使知识在内容上形成从特殊到一般的知识等级，增加了思维的灵活性和跨度。思维的跳跃性越强，创新的可能性也就越大。（郑金洲，2000）有活力的知识是质量高的知识，有助于创新能力的发展。通过死记硬背获取的知识、应付考试的知识，是无活力的知识，是“僵化的知识”“僵死的知识”；而通过问题情境获得的知识、能够学以致用的知识，则是有活力的知识。这样的活性知识，在解决问题的过程中，容易被认知加工过程所快速提取和有效使用，生成富有创新性的解决方案。

第五，通过课外活动、兴趣小组、社团活动等平台与载体，与课堂教学活动密切配合，培养学生的创新性思维。培养创新能力，是课堂教学的任务，也是学校所有教育教学活动的共同目标。例如，课外科技活动，对学生科技创新能力的发展具有十分重要的作用。

第六，在教育教学中，要给学生提供多与“异质他人”交流的机会、多参加社会实践的机会，开阔视野、增长见识。研究表明，团队构成的异质性能够带来不同的认识，为解决问题提供多种可能性，从而提升团队创新能力。当团队成员参与决策时，视角多元化的团队比同质性团队表现出更高的创造力；具有国籍异质性外部联系的团队成员能够促进团队创造力提升；当团队成员处于弱联系时，团队的创造力水平更高。（王智宁，高放，叶新凤，2016）在教育教学中，不要把学生的交际面仅限在一个行政班内部，要让学生多与不同年级、不同社团、不同专业背景、不同职业、不同社会阶层、不同区域甚至不同国籍的人等“异质他人”交流沟通，促进观点碰撞，提升创新能力。在组建项目团队、研究团队时，要避免同质化。

在我国，培养学生创新性思维的大敌是“思维标准化”。思维标准化的本质是“思维僵化”，表现有二：一是功能固着，将某种对象的功能看作固有不变的，思维缺乏灵活性、独创性，不能从不同角度来认识同一个问题，陷入“一题一解”、一个标准答案的思维惯性，缺乏“一题多解”“一问多答”的思维发散；二是迷信权威，绝对相信所学过的书本知识，全无批判意识和问题意识。功能固着和迷信权威是“死读书、读死书、读书死”的产物，是“应试教育”的恶果。功能固着和迷信权威必然导致思维惰性，阻碍创新性思维培养，阻碍创新型人格发展。

培养学生的创新性思维，要改革课程结构，改进教学方式和学习方式；要与知识传授相结合，与课外活动、社会实践活动相结合。总之，要运用多种方式形成合力“共同推进”。而且在培养过程中，要“全面涵盖”创新性思维的各种类型与层次，要让学生掌握创新性思维的基本方法与技能，诸如类比思维、逆向思维、头脑风暴、遥远联想等，培养流畅性、灵活性、独创性等认知品质。

2. 解决“愿不愿”的问题：通过教育教学过程培养创新型人格

人格是个体在社会化过程中所形成的动力组织，是个体表现于许多环境的、相对持久的、一致而稳定的行为倾向系统，它决定了个体对环境独特的调节方式，个体间人格特质不同，对于环境的反应就不同，采取的行为就有差异。人格是一个多维结构，包括人格的认知特征、情绪特征、意志特征等方面。人格作为人的行为的动力系统，既能激发行为又可以指导行为。创新型人格是创新活动的行为动力。创造型人才在人格上有如下特点：有高度的自觉性和独立性，有旺盛的求知欲，有强烈的好奇心，知识面广，善于观察，工作中讲求理性、准确性与严格性，有丰富的想象力、敏锐的直觉，喜好抽象思维，对智力活动与游戏有广泛兴趣，意志品质出众，能排除外界干扰，长时间地专注于某个感兴趣的问题之中。（林崇德，1999）创新型人格是创新行为的“发动机”。

在创新型人格特征中，动机尤为重要。如果没有创新型人格提供“动力”，没有创新动机提供“内驱力”，创新性思维过程难以启动，创新性思维能力也难以发展。在此意义上，“愿不愿”决定“会不会”，创新型人格决定着个人对于创新活动的精力投入和智力投入，进而决定着创新性思维的发展水平。学生的创新型人格不是天生的，可以后天培养，关键是提供合适的教育环境。培养创新型人格，关键是改革教育教学方法，在教育教学中，重点要做好以下四点工作。

第一，保护并激发好奇心。好奇心从本质上说是学生对不了解的事物所产生的一种新鲜感和兴奋感，往往表现出对新事物的注意，以及为了弄清楚事物间的因果关系而提出各种问题。学生尤其是中小学生充满好奇心，但我们的教育往往压抑压制他们的好奇心，因此，要改进教学方法，尽力保护、呵护学生的好奇心，认真对待并善待学生提出的问题，即便学生提出的问题教师不会回答，甚至不合情理，教师也不应打击学生。

第二，尊重学生的兴趣爱好。为学生提供可选择的课程与活动以满足其个性化需要；在知识教学中尊重和运用学生的生活经验，避免照本宣科、晦涩难懂；杜绝死记硬背、题海战术等教与学的方式；提供复杂性、研究性作业，避免单调性、重复性作业。研究表明，工作复杂性能够带来挑战，激发个体创造的兴趣与渴望，提升创造力水平。（Oldham，Cummings，1996）

第三，培养独立性与自主性。创新能力“高”的高中学生与创新能力“低”的高中学生相比，前者具有很高程度的“非遵从主义”特征，而后者具有更高程度的从众性特征。（俞国良，1996）教师要鼓励学生提出个人看法与见解，尊重学生与众不同的观点。控制指令性作业数量，给学生留出充分的时间和空间，让学生自主学习、独立思考。

第四，培养学生的自信心，提高其创造力自我效能感。自我效能感是个体对自身完成特定创造性任务所具备的能力与信心的自我评价，创造力自我效能感是实现个体创新行为的内驱力，是个体一般自我效能感的一部分。因为创新活动是有风险的，参与创新需要强大的内在力量支持。创造力自我效能感可以激励个体产生并执行创新构想（Anderson，De Dreu，Nijstad，2004），积极应对创新过程中遇到的困难、挫折以及结果的不确定性和风险性。创造力自我效能感对创造力绩效具有显著的正向影响。在教育教学中，可通过表扬学生过去的创新行为与成果、树立榜样、正面说理教育等方式，来提高学生的创造力自我效能感。

创新能力与现代人格特征有内在联系。因此，在教育教学中，要注重学生平等开放、独立自主、乐观进取、科学理性等“现代人格”的培养，为学生创新型人格的培养提供宽厚的基础。另外，人文素养对创新型人格具有滋养作用，不应把创新能力特别是科技创新能力的培养与人文素养的培育对立起来。

总之，个体创新行为是个体因素与环境因素相互作用的结果。环境因素内容广泛，多种环境因素影响学生的创新行为及其结果，即优化国家教育目标（把学生创新能力培养作为优先目标）、完善课程结构与内容（开设专门的创新性思维训练课程、改进知识教学等）、改进教育教学方法（运用探究式教学方式、让学生自主学习）、改善师生关系（建立民主型师生关系）等，都是影响学生创新行为生成、创新能力发展的重要环境因素，在分类上可以归属于目标维度和过程维度。

3. 解决“让不让”的问题：通过评价考试制度改革为创新能力培养提供激励

制度对个体有约束与激励的双重作用，个体行为模式或行为选择会因制度条件而发生变化。制度影响个体动机，进而影响个体行为。通俗讲，制度主要关注的是“让不让”的问题，即制度安排“让不让”人去创新，能否为创新行为提供激励与约束、提供动力与压力。本书主要关注考试评价制度这个“指挥棒”，具体分两个方面：直接针对学生的考试评价制度和相关管理制度；针对其他教育主体的评价制度和相关管理制度。后者是前者的逻辑延伸与政策延伸，亦即，前者以后者为保障条件。这些制度属于高利害制度，属于奖惩类制度，与个体和组织利益直接挂钩，对于各类主体的行为（尤其是对于学生个体的创新行为）具有重要影响。

第一，改革学生评价和考试制度，重点优化评价和考试的内容结构，把学生创新能力作为重要考评内容。引导学生注重创新能力发展，让考试评价制度为发展学生创新能力服务。要确立新的学生评价导向，在学生综合素质评价中突出创新能力的评价，增大创新能力的比重与权重，优化评价内容结构。通过评价导向的变化，促使学生改变自我评价标准，把乐于、勇于、善于创新作为人生追求。同时，加大对学生创新行为、创新成果的奖励力度，为学生提供适度的外部压力，提升学生的外部动机水平。研究表明，任务奖励会影响个体创新能力，奖励可以改变绩效压力和自我决定感受，通过个体内在兴趣的中介作用促进个体创新能力发展。(Eisenberger，Aselage，2009)

改进各级各类教育的考试内容。要加强对学生创新能力的考查，从过于重视书本知识的掌握、过于重视记忆能力的训练，转向重视创新能力这种高级认知能力的评测。学生评价与考试要重视学生创新性思维、创新型人格、创新性成果的测评。目前，经过几十年的努力，学术界已经积累了许多测评工具，运用最多的是发散性思维测验、顿悟类测验、创造力成就测验，在改进学生评价与考试内容时，可以借鉴和吸收这些成果。

创新型人格方面的测量主要针对态度、兴趣、意志等心理品质。例如，“发现才能团体问卷”主要测量中小学生的独立性、坚持性、变通性、好奇心、兴趣爱好等。“探究兴趣问卷”测量独立性、冒险性、坚持性、好奇心、内省性、幽默感、艺术兴趣等特点以及创造性活动的个人背景、兴趣和爱好等。

创新性成果测评是对产品的新颖性和有用性程度的评价。其背后的理论假设是：已有的创新性产品，最能够说明个体具有的创新能力，也最能够预测个体未来的创新潜能。创新性成果测评有专家评价法和自我评价法两种形式。专家评价法运用当前创新能力测量领域最主要的评估技术，即同感评估技术（consensual assessment technique）。同感是指专家的共识，其基本假设是：某领域内的专家对该领域创新能力评估存在一种共识，只有该领域的专家才清楚怎样的产品是具有创新性的。(Plucker，Makel，2010) [48-73]

自我评价法采用自述创造力成就清单，是创新性成果测评的主流方法，主要工具是被广泛使用的各种创造力成就问卷、创造力行为清单等。例如，2005年，卡森（S. Carson）等人开发的创造力成就问卷，让被试从10个方面呈现其创新性成果。(Carson，Peterson, Higgins，2005)

上述所有的创新能力测评，一旦与学生评价与考试相结合，就会引发相关主体对于学生创新能力的关注与重视。当前存在的突出问题是，教育评价与考试领域对于这些测评吸收、融合不够，需要大力吸收这些测评成果，在教育评价与考试中增加对学生创新性思维、创新型人格、创新性成果的考查内容，优化学生评价考试的内容结构。

学生评价考试在吸收这些测评成果时，要注意综合性、针对性与适宜性。发散思维测验关注的是多角度解决问题的能力，远距离联想测验关注的是聚合性思维品质，创新型人格测验关注的是非认知因素，创造力成就测验则更看重个体现实中的创造性实践和成果。每一种测评都不能反映学生创新能力的全貌。所以，要综合吸收运用这些测评成果，使学生考试评价改革能够“全面”促进学生创新能力的发展。另外，要注意不同测评的适用范围，例如，有些测评如学生对于创新型人格和创新性成果的自述性测评，由于易于作假和不够准确，不适宜用于高利害考试，非常不适宜用于我国的中高考。此外，在学生考试中，通过改革命题内容与形式，加强对学生批判性思维的考查，提高学生分析和解决问题的能力。

第二，改革针对学生群体的教育管理制度，推进教育民主——管理民主与教学民主，建立民主型师生关系，营造民主、自由、宽松的文化氛围，促进学生创新能力的发展。推进教育民主是对课堂教学、德育工作、中小学班主任工作和高校辅导员工作的共性要求。在自由、民主的心理环境下，师生关系平等融洽，氛围宽松，学生没有压力，思维积极活跃，能促进学生提高创造能力。研究表明，个体在任务执行过程中所拥有的自由度对其创新能力具有积极影响。（Amabile，Conti，Coon et al.，1996；Shalley，Gilson，Blum，2000）

师生关系影响学生创新能力发展，民主型师生关系有利于学生创新能力的培养，而权威型或放任型师生关系会阻碍学生创新型人格的培养。推进民主管理制度建设，在学校事务、班级事务方面，给学生更多的话语权、参与权、决策权、监督权、选择权，促进学生自主管理、自主发展，为学生创新能力发展营造自由、宽松的良好氛围和文化环境。民主管理的一种重要形式是授权型管理，授权型管理能够强化个体的心理授权，进而通过内在激励的中介作用影响个体创新能力。教育民主制度能带来富有活力的自由宽松的教育教学过程，能使学生的兴趣、动机、自主、自信等创新型人格得到滋养与发展，进而带来学生创新潜能的释放与解放，最终促进学生创新能力的发展。制度影响过程，教育民主“制度”最大的价值就是带来更为自由的教育教学“过程”，而这样的过程会促进学生“创新”。民主带来自由，自由孕育创新。教育民主意义重大。

第三，建立健全针对其他教育主体的评价制度和管理制度，为学生创新能力培养提供良好的外围制度支持。首先，把学生创新能力培养情况作为衡量教师、学校、教育行政部门工作绩效的重要指标，并与各主体的切身利益挂钩，增强各方培养学生创新能力的外部动机和利益激励，促进培养工作落到实处，在具体的管理工作和教育教学工作中真正做到把“分数挂帅”转变为“创新为王”。其次，推进区域层面与学校层面的教育民主制度建设，推进放管服改革。给学校更多的办学自主权，给教师更多的教学自主权，充分释放学校和教师的潜力，为学生创新能力培养提供良好制度保障和文化氛围。这些制度属于配套制度，是服务于学生的评价考试制度和管理制度的，是保障后者能够得以落实的支持性外围制度。

上述所有制度，不论是针对学生的还是针对其他主体的，都是为强化目标、优化过程服务的。学生创新能力培养中的教育评价考试等制度建设举足轻重，应该引起足够重视。如果没有刚性的制度变革作为后盾，教育目标难以夯实，教育过程难以改进。这些制度的核心诉求是推进教育民主、释放教育活力，特别是释放学生的创新潜力，培养高质量创新型人才，这与当前建设现代学校制度、促进教育治理现代化的价值追求是完全一致的。(褚宏启，2017)

五、城镇化进程中的课程与教学改革

要实现城镇化进程中教育促进人的现代化、促进社会融合与经济发展等目标（详见本书第三章），必须在教育过程层面推进课程与教学改革。而城镇化进程中的课程与教学改革，核心命题是缩小因社会二元结构导致的质量差距，包括学生发展质量的差距、课程与教学改革的差距。这种差距显著体现在城乡之间、学校之间、群体之间。本书此处重点关注城乡义务教育质量差距，留守儿童、随迁子女的义务教育质量问题，以及农民工的职业培训问题。

1. 城乡义务教育的质量差距与课程及教学改革

城乡教育差距表面上是公平问题，本质上是质量问题。城乡义务教育质量存在显著差距。北京市义务教育教学质量分析与评价反馈系统 2006—2009 年的调查数据表明，城乡学生的学业总体水平之间的差异逐渐缩小，但在优秀水平上，城市学生的比例要高于农村学生；城乡学生在某些学科的某些内容领域或能力领域有显著差异，尤其是在综合运用知识解决问题的能力方面，城市学生的水平要高于农村学生（王云峰，何光峰，2012）。除了学生学业表现以外，在学生的学习技能与兴趣、身体素质、社会性发展等多个方面也存在显著的城乡差距。而导致质量差距的原因在于课程、教学、教师等方面，如课程开设不全、教法落后、教师数量不足能力不足等。要缩小城乡义务教育质量差距，必须深化课程与教学改革以及相关制度变革。

第一，建立城乡统一的教育质量评价制度。确立城乡一体的教育质量基本标准和学生培养目标，健全相应的教育质量督导、监测、评估机制。在全球化和城镇化双重背景下推进教育公平，必须同时考虑教育质量问题，要把破解教育二元结构与培养适应 21 世纪需要的核心素养，尤其是与培养弱势群体的创新能力、合作能力、民主法治能力等素养结合起来。已有的《中小学教育质量综合评价指标框架（试行）》只是从品德发展水平、学业发展水平、身心健康水平、兴趣特长养成和课业负担状况五个方面对学生的基本情况设置指标，未能形成更加上位、更加概括的质量标准框架。在城镇化背景下，要构建城乡统一的义务教育质量标准，以人的全面发展尤其是 21 世纪核心素养作为城乡学生的共同培养目标和教育质量基本标准的衡量维度。这个质量标准是城乡一体化的、同等水准的，农村教育不是“劣质教育”的代名词。这个质量标准是“基本标准”，是参与未来社会生活所必需的，是所有学生都必须达到的。否则，就谈不上为学生参与未来竞争奠定适当的基础，就谈不上基本的教育公平。

同时，还要建立系统的教育监测评价制度，以推进质量标准的落实。另外，教育质量评价制度中的督导评价指标、监测指标也可以（甚至应该）包括教育教学过程的指标，如荷兰的教育质量综合评估框架中的教育质量涉及学习结果、教学过程、学生学习支持系统、学校的组织和政策等四个领域。（上海教育质量评价体系研究课题组，2007）这样，教育质量评价制度可以直接对教育过程产生重要影响。

第二，开足开齐课程并因地制宜开发校本课程。由于农村教师存在结构性缺编问题，音、体、美教师比较缺乏，导致难以开足开齐课程，亟待通过解决教师结构性缺编问题以及通过信息化手段，使得农村学校尽快开足开齐课程。同时，要解决农村学校课程的城市中心主义倾向问题，彰显城乡不同的课程资源优势，开发不同特色的地方课程和校本课程，建立城乡课程资源开发、共享机制，推进课程改革，提高教学质量。

第三，转变教学方式。改革教学管理制度和教研制度，提高农村学校教学管理水平，深化教育教学改革。在农村落后地区，先进的教育教学理念并没有得到有效落实。在教学方式方法上，农村学校也落后于城市。农村学校教学方式依然是以传统的教师讲授、题海战术、机械地死记硬背等为主，而小组合作、探究性学习等新课程所倡导的教学方式在实际教学中所占的比例甚少。提升教育质量，需要创新教育教学方法，探索多种培养方式，倡导启发式、探究式、参与式教学，让学生学会学习。城市学校要加强向农村学校输出先进的教学观念、方法和模式，缩小城乡差距。建立跨城乡的区域性教研平台与相关机制，加强城乡教师的教研交流，改进农村学校校本教研制度，提高校本教研水平，为提高教学质量、缩小城乡教学质量差距提供智力支持。

学生培养过程、教育教学过程是提高教育质量、推进内涵发展的最重要的领域，是教师具有更多专业自主权的领域，是刚性制度不能硬性规定、不能面面俱到的领域，是教育创新空间最大的领域，也是教师最能施展主动性、积极性和创造性的领域，与此过程直接相关的制度（包括课程管理制度、教学管理制度、教研制度、评价制度等）在对教育基本质量做出硬性规定外，应该更多地鼓励教师开展课程建设、教学方法、教学模式、评价模式的多样化探索和试验，使城乡各自优势得以充分发挥，让城乡教育过程充满生机和活力，使城乡教育和而不同，各美其美，美美与共，“大家不同，大家都好”。（褚宏启，2010）

此外，要充分利用农村基础教育的小规模的特点，优化组合已有的教育资源，推进“小班化”教学，以先进的教育理念与方法、更合适的师生比、更好的人均教育资源分配、更良性的师生互动和教学效果，促进农村义务教育质量的提升，逐步改变农村义务教育的弱势地位，最终实现城乡义务教育的均衡发展。

2. 针对留守儿童的课程与教学改革

留守儿童是目前农村中小学教育中一个庞大的群体。留守儿童由于缺乏父母的关怀，可能会产生诸多问题，如人身安全、学业发展、心理健康等方面的问题，而这些问题迫切需要得到教育部门、家长和社会的关注。

针对留守儿童的课程与教学改革，除上文提到的农村义务教育课程与教学改革的举措外，学校和教师还要根据留守儿童的特点与需求，有针对性地开展教育教学工作，在课程与教学方面，最为关键的是开设心理健康课程、展开心理健康教育。

对于农村留守儿童群体来讲，心理咨询课程缺乏，学校所能做的仅仅是班主任的全班集体交代式的套话，缺乏系统性的课程布局。从现代社会的发展来看，这些显然是落伍的，与孩子们的身心成长所需要的环境不协调。学校的常规化教学解决不了当下出现的留守儿童问题。留守儿童的心理特点需要学校给予更多的关注，在课程设置、学生管理、家庭个性化问题的解答上需要得到特殊的关注。由于家庭生活的不完整，对于留守儿童来说，需要专业的心理指导教师对儿童进行情感抚慰、解答困惑，满足留守儿童的心理需求。而这些在许多学校是最为缺乏的环节。

农村中小学要加强对留守儿童的心理健康教育。在学校设置专门的心理健康教师，加强对留守儿童心理状态的关注和心理问题的疏导。一方面，在中小学开设心理健康课程，对学生进行心理健康教育。不仅要普及心理学有关知识，更要在心理健康教育课中进行心理训练、心理指导。心理健康教育教师应将心理知识融入有趣的游戏和活动中，引导学生积极、主动地参与，尤其要激励留守儿童参与其中，让他们在有趣的活动中体验参与的快乐，提高抗挫折能力和自我心理调节能力，减少心理障碍及其他心理问题，培养他们对集体的依恋和归属感，形成积极的情感体验，全面提高留守儿童的心理素质。另一方面，学校通过在学科教学中渗透心理健康教育，设立心理咨询室，开展心理咨询和心理辅导等方式保障留守儿童心理健康教育落到实处。

同时，要提升农村教师针对留守儿童开展教育工作的能力。加强对农村留守儿童相对集中的学校的教职工的专题培训，着重提高班主任和宿舍管理人员关爱照料农村留守儿童的能力。将留守儿童的教育工作作为农村学校教育的重点，从学校管理上高度关注，学校应有专门的机构和人员来承担与留守儿童家庭联系的工作，加强留守儿童与父母的联系，让外出务工家长定期与子女通电话，让外出务工家长随时与班主任进行沟通，以制度形式保障与留守儿童父母及其监护人经常性的联系，以充分发挥学校教育的主体作用，帮助留守儿童克服各种困难。

当然，留守儿童问题的治本之策是从根源上减少甚至杜绝留守儿童的产生，一方面，进城农民工把孩子带到城市上学，改善城市农民工子女就学条件并降低入学门槛，让进城农民工可以带着孩子一起到城里上学；另一方面，农民工就地就近转移，鼓励农民工回乡创业，这样父母就可以同时实现陪伴孩子和赚钱养家的目标，降低留守儿童比例。

3. 针对随迁子女的课程与教学改进

进入义务教育阶段以后，大部分随迁子女进入城市公立学校学习，但由于未能接受良好的学前教育，良好的学习习惯没有形成，随迁子女需要经历较长的过程才能适应学校生活，部分学生未能按要求掌握小学低年级的课程知识。这要求学校除了开展正常的教学活动外，还需要加强随迁子女学习习惯养成、行为规范教育等工作。这些工作的核心是随迁子女的社会融合问题，学校适应是社会融合的一个方面。学校应从教育内容、教育方法、心理辅导、家校合作等多个方面，帮助随迁子女与当地学生融合。

教师要根据随迁子女的心理特点与发展需求，调整教学内容，转变教学方式，因材施教。随迁子女教育起点低，学前教育缺失或效果较差，小学一年级的教师应调整教学内容，把起点放低，在学习习惯、生活习惯、文明礼仪等薄弱环节进行重点强化，在课程内容上把进度放慢，让随迁子女逐渐适应，等到他们适应后再依据具体情况进行调整。随迁子女所在学校还应适当衍生学校教育的社会功能，减少随迁子女家庭教育资源不足的不良影响。如公办校可在课后安排统一的场所用于学生完成作业，并且安排专门的教师进行有针对性的指导，让所有学生均能按时完成家庭作业，并使所学知识得到及时的消化。

学校和教师要做到对进城务工就业农民子女与城市学生一视同仁。学校要加强与进城务工就业农民子女家庭的联系，及时了解学生思想、学习、生活等情况，帮助他们克服心理障碍，尽快适应新的学习环境。

4. 农民工培训的课程与教学改革

随着产业的升级换代，企业对高技术劳动力的需求也越来越多，农民工对高质量的职业教育和继续教育的需要日益迫切。另一方面，非技能性的培训可以帮助农民工习得城市生活方式，提升其市民素质，从而提升其现代性，实现农民工与当地市民的社会融合。

目前我国尚未建立健全有效的农民工培训机制，职业教育和继续教育整体质量不高，课程和教学内容不能适应农民工的需求，教育师资水平不能满足农民工培训的要求，职业教育和继续教育的针对性与实效性不强。在完成 9 年或者 12 年普通教育之后，绝大多数农民工未接受正规职业教育或培训就直接进入了劳动力市场。职业学校主要以学历教育为主，对农民工培训参与度并不高。政府和用工企业组织的培训效果欠佳。流出地政府组织的职业技能培训内容针对性、实效性不强，实践操练不到位，培训时间太短，培训质量不高。企业培训内容低端化严重，以一般性岗前培训为主，讲授安全生产与工作相关操作说明，而高水平的技术培训与管理培训远远不足。即使是未经培训不能上岗的技术岗位，培训也以边干边学的方式居多。对于与技术相关的操作原理、设备故障判断、工作环境劳动保护等知识，新生代农民工很难全面掌握。接受上岗培训并不能确保新生代农民工工作的稳定性，简单初级培训只能应对当前的工作需要，无法为工人继续胜任本职工作或职业能力发展提供长久的保障。

解决上述问题，可以采取以下举措。

第一，加强农民工培训的规划与统筹。由教育或者人社部门主导，相关政府部门参与，企事业单位、职业学校、培训机构、农民工代表等方面人士共同参加，制定我国农民工中长期职业教育和培训规划，明确职业教育和培训的目标，着重培养农民工的专业知识、技能与综合就业素质，提高就业能力。在管理上，统筹管理、明确责任，根据相关法律法规和国务院“三定”方案（定职能、定机构、定编制），近期可由人力资源和社会保障部农民工工作司作为农民工职业教育与培训工作的综合管理部门，并建立部门协作机制。面向未来，要打破教育部门、人社部门等人为划分的界限，加强部门之间的政策协作、措施协同、管理协调，避免出现部门相互分割、各自为战的状况。

第二，深化农民工培训内容与培训方式改革。在课程体系设计中，要将教育重点从仅关注某项技术的培训，转为培养农民工职业发展能力和应对社会变化的适应能力，重点培养他们的社会交往、表达沟通、换位思考、解决问题的能力。在课程设置上，要体现多元化，满足个性化学习需求。针对新生代农民工当前社会能力存在的主要问题，进行课程的设置与改革，在短时间内提高其融入城市的能力。

积极探索灵活的学习方式，解决农民工的工学矛盾，使农民工边学习、边工作，实现本职工作与专业学习的无缝对接。积极探索农民工职业培训的学分制积累与转换制度，将农民工在本职工作岗位上的生产劳动作为专业实训、实习环节的重要内容，科学考核其成果、合理评定其成绩。对于农民工在所学专业相关课程领域已经掌握的知识和技能可以通过考试考核等方式认定学分，对在工作岗位上做出突出成绩的，以及获得较高等级职业资格证书的，可以奖励一定的学分。明确农民工只要在规定的时限内获得了规定的学分，就可以毕业并获得相应的学历证书。

第三，建立培训过程的动态监测机制。面向企业和新生代农民工开展定期培训需求抽样调查制度，及时摸清新生代农民工培训需求的基本情况，了解供需双方最新的培训需求动态，特别是职业工种、技能水平等方面的市场需求及变化，为国家制定相关政策、组织开展农民工培训工作提供信息支持。

第四节　现代教育的资源保障

教育现代化和现代教育需要资源保障，否则教育现代化进程的展开、教育现代性的充分实现会受到限制，甚至难以为继。

教育资源是指教育服务生产过程中所投入的各种生产要素，也就是一般理解的人力资源、财力资源和物力资源。① 比如，全社会为了提供一定数量的公共教育服务，需要配置多少师资力量和管理人员，需要从财政预算当中拨付多少经费专门用于教育，需要提供多少土地、设备等用于教育机构的兴建和运转，等等，从投入的角度来看，这些都属于教育生产过程所消耗的各类教育资源。这些教育资源一般为各级教育行政人员所关心。（张新平，褚宏启，2012）[234]

“现代教育的资源保障”问题的实质是：应该怎样提供、应该提供什么样的人力资源、财力资源、物力资源保障，才能有效推进教育现代化，实现教育的现代性？尽管教育的现代性包括教育的人道性、理性化、专业性、民主性、法治性、生产性、信息化、国际化等诸多内容，但与资源保障有密切关联的是人道性、理性化、专业性、信息化四个方面。在资源配置中，人道性要求人财物等资源的配置要体现公平性。理性化的本质是合理性，要求配置的各类资源具有充足性，能够支撑教育发展，并要求在各级各类教育中分出轻重缓急，合理配置资源。专业性主要指提供的人力资源应该具有专业素养。信息化是指充分运用现代信息技术，以信息技术支撑教育体系、转变教学方式和管理方式。

本节从人力资源、财力资源、物力资源等方面分别阐述现代教育的资

① 我国学者王善迈认为：“教育资源的完整含义应当包括教育领域通过社会总资源的配置所取得的所有人力资源、物力资源以及财力资源的总和。”（王善迈，2000）[122]

源保障，最后阐述城镇化进程中如何配置教育资源，才能更好地破解城乡教育二元结构，有效推进教育公平。

一、现代教育的人力资源保障

此处的人力资源包括各种类别的教育工作者，其主体是教师、学校管理人员和政府教育行政人员。

从教育发展历程看，各国兴办师范教育，不断改革教师教育，加强教育工作者职后培训，出台教师和校长专业标准，建立和完善教育人事制度，都是为了提升教育工作者队伍的专业素养，为教育现代化，为实现教育的诸多现代性提供人力资源保障。

通俗地讲，现代教育要培养现代人、服务现代社会，首先教育工作者应该是“现代人”，具备现代精神，具备专业精神、知识和能力。

在促进教育工作者专业化方面，各国的进展参差不齐。此处以走在前列的美国为例予以说明。美国等西方发达国家对于教育管理人员的专业化十分重视。在美国，教育管理人员的专门培养已经有百余年的历史。进入当代，美国对于教育管理专业知识基础的认识更为系统，针对教育管理人员的课程培养计划也更加成熟。譬如，为促进教育管理人员的专业化，美国在1986年专门成立了全国优质教育管理委员会，并由德高望重的著名教育管理学者格林菲斯（D. Grinffiths）出任该委员会主席。该委员会在1987年3月提出了长达16页的报告《未来学校的领导者》（Leaders for Tomorrow’s Schools）。其内容主要是对学区教育行政人员和学校管理人员的储训、培养、培训、管理与评估进行检讨并提出重大的变革方针。（秦梦群，黄贞裕，2001）[302－303]1996年美国州际学校领导者证书协会发布了一套面向21世纪的学校管理人员专业标准，也称为“学校领导者专业标准”（Standards for School Leaders）。该标准获得了美国教育界的广泛认同。到2008年时，该标准已经被43个州采纳。需要注意的是，此处的“学校领导者”包括学区的教育行政人员。也就是说，这个专业标准既是校长的专业标准，也是学区层面教育行政人员的专业标准。

2001 年美国全国共有 14928 个学区，每个学区有一个学监（superintendent，类似于我国的区县教育局局长，也可译为“教育局局长”），41% 的学监拥有博士学位。根据 2000 年的统计，从学监的发展路径看，“教师－校长－学区教育局行政人员－学监”占 49%，“教师－校长－学监”占 31%，“教师－学区教育局行政人员－学监”占 9%，从教师直接当学监的人数占 2%，也就是说，全美 91% 的学监有教学经历，89% 的学监有“教学＋管理”经历。另外的 9% 的学监没有教学经历，但都有教育管理经历。（伦恩伯格，奥斯坦，2003）[348]

美国基层的教育行政首长即学区的学监绝大多数都曾是教师或校长，对于教育比较熟悉，都是“内行”。但我国的现实却是，由于没有法定的、严格的资格要求，不少人没有教育教学和教育管理经验也成了区县教育局局长，出现了为数不少的“外行领导内行”的现象。这种现象亟待改变。

下面主要针对我国教育工作者的素质提升进行讨论。

1. 我国教育工作者的素质状况

目前，我国教师、学校管理人员、教育行政人员三支队伍的总体素质都亟待进一步提升。

在各级各类教育中，教师素质都需要提高。就中小学教育而言，新课程改革对教师素质提出了较高要求，要求教师由知识的传授者转变为学生自主学习的促进者、引导者、合作者。这就要求教师改变原有的教育教学观念，不断更新知识结构，提升育人能力。然而，现状不容乐观。一项针对高中教学情况的调查显示，有 76.3% 的教师认为研究性学习能培养学生的学习兴趣和学习能力，但在教学实践中，仅有 5% 的教师较多地指导过学生的研究性学习，有 41.7% 的教师从来没有指导过学生的研究性学习活动。（王黎明，徐金超，2007）这表明，教师对该教学方法的实践还很少。

尽管我国中小学教师的学历水平在不断提高，据 2011 年教育部官方发布的数据，我国小学、初中、高中专任教师的学历合格率分别达到了 99.5%、98.7%、94.8%，但应当清醒地看到，我们实现的较高合格率是建立在较低基准基础上的合格率，如果按提高一个学历层次的基准来考察，专科学历以上小学教师、本科学历以上初中教师、研究生学历高中教师则分别占78.3%、64.1%、3.6%。（许涛，2011）由此可见，我国教师的学历水平依然很低，仍有较大的提升空间。

就校长队伍而言，很多中小学校长不能适应新课程改革的要求，不能持续关注教学和教学改革，教学领导力欠缺。一项针对中小学校长教学领导行为实践程度的调查显示，当问及教师所在学校校长关注、指导课程与教学的情况时，选择“经常”的教师占49.79%，选择“偶尔”的占45.01%，选择“从不”的占5.20%。这说明中小学校长的教学领导行为实践程度不高。（陈富，2011）

另外，在教育行政实践中，有一定数量的教育行政领导不能用正确的教育发展观统领教育工作全局，如不少地方政府和地方教育行政机构逆社会发展潮流和教育发展潮流而动。2005年8月底，某区没有完成预定的在全市“保二争一”的“高考奋斗目标”，上线率降至全市第五位，于是区委、区政府联合下发文件，对区教育局进行通报批评，提出“全区教育系统要痛定思痛，汲取教训，全面对照检查，明确努力方向，采取有效措施，大打高考翻身仗”，“责成区教育局逐级分析原因，追究责任，对近几年高考质量逐年下降、工作无起色的学校校长及领导班子在全区教育系统进行通报批评，对高考上线率大幅下降、作风飘浮、影响较大的学校领导班子以及不胜任现职的校长由区教育局提出意见，上报区委、区政府予以调整。要严格兑现奖罚，如明年高考位次再不能前移，将按照今年全区教育工作会议上确定的奖惩办法，对区教育局领导班子和相关学校的校长做出相应的组织处理”。文件还要求认真学习和发扬“领导苦抓、教师苦教、学生苦学”的“三苦”精神，层层明确责任，层层加强管理。某市的市委书记多次公开讲话：“我不管它什么素质教育，我就要升学率！”当地的“应试教育”全面回潮。（褚宏启，2005）[6] 这种错误的发展观和教育观不仅影响了区域教育的健康发展，而且背离了全面推进素质教育的改革要求。从应然的逻辑讲，教育行政领导者应是既懂教育又会管理的专家，应该比校长和教师更懂教育，更善于管理。然而，现实情况是教育行政队伍专业化严重滞后于教师专业化和校长专业化的进程，出现了为数不少的“外行领导内行”的现象，结果许多校长和教师对当前的教育行政管理很不满意，对相当一部分教育行政人员评价很低。

2. 教育工作者素质问题的归因分析

第一，职前培养不够。当前我国教师培养现状不容乐观，一个突出问题是师范院校对师范生的培养模式脱离教育实践，师范生的知识结构和能力结构不能满足基础教育的实际需要。高师培养后备教师素质不高的状况与素质教育背景下基础教育对高素质教师的强烈需求之间的矛盾日益突出。一项针对目前高师院校人才培养状况的专项调查显示：有 48.0% 的教师认为重理论，轻实践；26.0% 的教师认为脱离中学实际。长期以来，我国师范院校由于强调学术性，忽视了师范教育的特点，缺乏职业训练。由于偏重理论性课程的讲授，忽视实践性课程和未来教师职业技能的训练与提高，大多数高师院校的教育实践环节仅仅局限于学时不多的教育实习，而与中小学教育实际相结合的教育见习等实践性课程则很少真正按计划实施，结果造成教师教育人才培养中学术性和师范性的不均衡、不协调。一项针对中学教师的专项调查结果显示，当问及目前高师院校培养的教师最缺乏哪些方面的能力和素质时，结果显示职业道德、班级管理能力、教学能力排在前三位。(郭艳彪，江新华，2009)

第二，职后培训不足。目前，我国的教育培训还不能为教育的内涵发展、质量提升提供强有力的人力支撑，这与转变教育发展方式的趋势不相吻合，其中存在的问题集中体现在四个方面。(1) 教育培训对象尚未覆盖所有教育从业人员。例如，长期以来，我国基础教育培训出现了“两头热，中间冷”的现象，即重视校长和教师的培训，忽视副校长和中层干部的培训。而高等学校中层干部的培训、教育行政部门公务员的全员培训也都严重匮乏。(2) 教育培训机构不健全。从培训机构的数量上看，呈锐减趋势。从 20 世纪 90 年代中期开始，受高等学校合并政策的影响，省级和地市级教育培训机构受到冲击，从 1996 年到 2005 年，我国独立设置的以教师培训和校长培训为“天职”的教育学院大幅减少，省、地（市）教育学院数量由 1996 年的 240 所减少到 2005 年的 80 所。县（市、区）教师进修学校数量也不断缩减，由 1996 年的 2088 所缩减为 2003 年的 1703 所。(褚宏启，吕蕾，刘景，2009) (3) 培训实效性不强。培训课程设置以学科为中心，忽视了参训者的实际需求，脱离了教育实践，针对性和实用性不强。当前的教育培训仍沿用以理论传授为主的培训模式，以系列讲座、专题报告等形式单向度传递教育学科理论信息，这种讲授式方法无法激发参训者的学习积极性，不能有效促进学以致用。(4）优质培训师资缺乏。教育培训的师资问题突出表现为参训者对培训师资的较高期望与现有师资整体水平不高之间的矛盾。培训教师尤其是区县级教师进修学校培训教师的整体素质偏低，培训理念落后，年龄结构、学历结构、职称结构均有待优化。一项关于培训师资需求的调查，列举了教育官员、教育专家、名教师、教研员、进修学校教师等几种主要的培训者，结果有32.7%的被调查者选择了名教师，31%的被调查者选择了教育专家，而选择教育官员、进修学校教师的比例很少。(周玉元，2011)

第三，教育人事制度滞后。首先表现为教育人事管理制度不健全。目前，对教育人事管理制度建设缺乏系统思考，尚未形成一个健全的制度框架。以校长管理制度为例，虽然已经形成校长职责制度、校长任职资格制度、校长培训制度等，但这些只是校长管理制度中的几个方面，还不能形成完整、配套、均衡的校长管理制度。特别是校长聘任制度、考核评价制度、监督制度、奖惩制度、工作保障制度等，尚处于不健全或缺失状态。相关制度的缺失不仅影响到校长的任用、考核、薪酬、奖惩等，也影响到已有校长管理制度的健全和完善。校长负责制在实施中出现的许多问题如校长无能、保守、专制甚至腐败等，与任用、考核、监督、问责、奖惩等制度缺失有着内在关联。

教育人事制度滞后还表现为已有的教育人事管理制度亟须改进和完善。教育从业人员资格准入要求偏低，相关制度迫切需要改革。从教师管理制度来看，1995年制定的《教师资格条例》规定小学教师的起点学历为中师，初中教师的起点学历为专科，这与国际上一些发达国家以及部分发展中国家把小学教师的起点学历定为大学本科的现实有很大差距，也不符合我国当前基础教育发展对师资学历的要求，应当抓紧修订。从校长的学历要求来看，国家教委于1991年颁发的《全国中小学校长任职条件和岗位要求（试行）》规定了校长任职的学历要求，“乡（镇）完全小学以上的小学校长应有不低于中师毕业的文化程度，初级中学校长应有不低于大专毕业的文化程度，完全中学、高级中学校长应有不低于大学本科毕业的文化程度”。这一要求与美、英、法、德、日对校长的最低学历要求为本科学历或硕士学历相比有很大差距，也与我国的教育改革及教育发展水平不相适应。（杨海燕，2006）这种“低门槛”的资格准入制度严重降低了校长职业的社会地位，也影响到校长的专业化发展。教育行政人员属于国家公务员管理的范畴，国家公务员的学历要求为大专及以上学历。但我们应当看到，与普通行政管理部门相比，教育行政部门是一个专业性较强的部门，特别是对那些专业性较强的岗位而言，较低的学历是难以胜任的。

3. 教育工作者队伍建设的主要对策

第一，完善教师职前培养和教育培训体系。在教师职前培养体系上，要逐渐完善以高师院校培养为主、综合大学与其他非师范院校参与培养为辅的定向型与非定向型相结合的教师职前培养体系，并与教师职后培训相贯通，实现教师职前培养和职后培训一体化。在教育培训体系建设上，要构建和完善教师培训体系、学校管理者培训体系、教育行政人员培训体系三大体系，使其实现整体、协调推进。

将中小学校副校长、学校中层干部、教育公务员等分别纳入学校管理者培训体系、教育行政人员培训体系等，实现教育培训对象的全覆盖，进而实现对教育从业人员进行“全纳”培训的目标。

在高师院校机构建设上，一方面，高师院校应完善自身内部治理结构改革，实现学校管理重心下移，给教学单位更多的教师教育人才培养自主权，增强其教学活力。另一方面，高师院校要注重加强与基础教育学校的联系，加强教育实践基地建设，为师范生的教育见习、教育实习提供稳固的平台。

在培训机构建设上，首先，实现教育培训机构管理重心上移，加大市级政府和教育行政部门对教育培训机构的统筹管理，重点扶持、规范省市级教育培训机构建设。其次，加强教育培训基地建设，将教育培训向“教育培训机构外”拓展和延伸。成立“名校长工作室”“名教师工作室”，并选择一批具有典型性、代表性的学校以及相关教育机构作为教育培训基地，为参训者提供实习、实训、参观调研的实践机会。

第二，提高职前培养水平和职后培训质量。（1）加强教师教育课程改革与教育培训课程建设。在教师教育课程的设置上，应坚持教师职前培养和职后培训一体化的理念，既要明确二者在课程内容上的区别，又要注重二者的关联，并切实围绕提高教师教育教学能力而展开。在课程的实施上，做到学术性与师范性相结合，在确保师范生学好学科专业课程和教师教育理论课程的基础上，强化和改革实践性课程，增加学生到基础教育一线进行教育见习的机会，增加学生教育实习的课时，提高其教育教学实践能力。在教育培训课程设置上，要基于参训者的职业角色和工作任务确定培训课程的内容及重点，使参训者的知识结构与其教育职业活动的内容、工作任务的结构相匹配。如校长培训课程设置的直接依据是校长职业角色以及工作任务。总之，培训课程设置要突出核心和重点，反映参训者的现实需求，以问题为中心，向教育实践者提供有用的知识。（2）优化教师教育培养模式与教育培训模式。可以探讨和实践“2 + 2 教师教育人才培养模式”的改革，具体内容包括：在培养内容上实行通识教育加专才教育、学科专业教育加教师专业教育、主修加辅修的培养方式；在课程学习上，学生前两年学习公共基础课和专业基础课，后两年学习专业方向课和职业技能课；在实践教学上，实行教育见习与实习相结合；在师资队伍上，实行校内教师加校外专业发展导师双导师制。推进教育培训模式改革，提高培训实效，采用“问题为本”培训模式，即围绕问题，综合选择运用案例教学、参与式教学、实地调研等培训方法，形成以问题为中心的多元培训方法与策略，引导学员在培训中反思问题、分析问题和解决问题。（3）加强高师院校教师和教育培训者队伍自身建设。在高师院校师资队伍建设上，应坚持引进与培养并重的原则，建设一批学历结构、年龄结构、知识结构合理的高素质、高水平教师队伍；学校要鼓励教师与中小学的沟通与合作，鼓励和支持教师对基础教育的研究，不断提升教法课等实践课程师资的地位和素养等；教师应注重自身教育教学理念的更新，不断完善自身的知识结构，以便更好地完成培养高素质教师的使命。在教育培训队伍建设上，要优化培训队伍结构，遴选和聘用具有丰富一线教育实践经验的教育专家、管理专家，将其纳入培训者队伍中，并为参训者配备学术导师和实践导师，构建一支专职教师与兼职教师、理论教师与实践教师相结合的高素质培训者队伍。

第三，加强教育人才队伍的标准建设和制度建设。依据人力资源管理流程，坚持全面与重点相结合的原则，建立健全教育人事管理制度，分别建立健全教师、校长、教育行政干部的职责制度、资格制度、聘任制度、培训制度、考核和监督制度、职务晋升制度、薪酬制度以及相关的工作保障制度。在制度健全的同时，还要明确制度建设的重点。(1)“入口制度”，即资格制度，提高教育从业人员的学历标准，并尽快完善教育从业人员的专业标准等。(2) 评价制度，从国际、国内情况看，评价制度的建设普遍较为薄弱，这是重点也是难点，如何保证评价标准、评价程序的公正是一个具有挑战性的议题。(3) 问责制度，这与考核、评价、晋升等其他制度密切相关。一方面要完善对教师教育、教育培训、教育行政的考核问责，强化过程和结果考察，以保障教师教育、教育培训、教育行政的质量和实效。另一方面，还要对各级政府考核问责，考核问责的重点应围绕政府是否对区域教育发展给予充分的重视，是否履行统筹管理教育的职能，是否采取有效措施深化教育改革、提高教育质量等。(4)“保障性”制度，主要是完善教育资源配置制度，重点在增量和存量两个层面进行。在增量上，要通过制度规定保障教师教育和教育培训均有固定比例的人力、物力资本投入，以解决经费不足的问题；在存量上，应优化教育财政支出结构，实现教育资本在高师院校、教育培训机构、教育行政机构之间的有效配置及利用，提高教育资本的产出效率。(贾继娥，卢伟，2012)

二、现代教育的财力资源保障

整个社会应该给教育部门投入多少资源？我们都很熟悉的财政性教育经费投入占国内生产总值的比例应该达到 4% 的标准，其实就是对这个问题的部分回答。低于这一标准，意味着社会资源配置没有达到最优，有一部分资源并没有用于个人收益和社会收益更高的教育投资上。①

一般说来，评价教育资源配置的标准有三个：充足、效率、公平。

第一个标准是充足标准（adequacy）。充足不是指多多益善，而是“足够且适当”。多多益善忽视了资源的稀缺性，因此是一种理想但不现实的奢望。在 20 世纪 60 年代前后，一般用政府的公共教育支出占 GDP（或 GNP）的比重以及政府教育支出占财政支出的比重来衡量教育资源投入的充足程度。根据国际比较，一般认为前者达到 8% 或后者达到 20% 就是充足的投入水平。（本森，2000）[525] 但是这种比例指标逐渐遭到质疑，比如它忽视了私立教育和来自省和地方政府的教育收入（本森，2000）[526]，仅仅反映了中央政府在教育投入上的努力程度（魏新，2000）[82]。随着 20 世纪 80 年代美国基础教育财政的新变革，学术界对充足标准又有了新的认识。比如有学者认为，所谓教育资源配置的充足性，就是要让学生达到一定的教育标准所需的资源量。或者换言之，教育资源配置的充足是指达到一种较高的最低限产出（high minimum output）的投入水平。（奥登，匹克斯，2003）[23]

第二个标准是效率标准（efficiency）。所谓效率，就是通过提高可得资源的预期产出或者通过使用较少的资源维持既定的产出水平（金，斯旺森，斯威特兰，2010）[334]。教育资源配置效率包含两方面内容：外部效率和内部效率。全社会是否给教育投入了足够的资源，这既是一个资源配置的充足性的问题，也与资源配置的效率相关。如果和其他投资相比，教育投资的回报率更高，那么增加对教育部门的资源配置就是有效率的——这就是外部效率问题。第二个问题是内部效率问题——面对既定的分配给教育部门的资源，如何在教育系统内部（比如各级教育之间、地区之间、学校之间）进一步有效地加以配置。比如大量研究表明，初等教育投资回报率在三级教育中是最高的，因此对于发展中国家而言，应该优先将教育资源配置到初等教育部门，这样才能在既定的资源下实现尽可能多的教育产

① 本小节关于财力资源保障的内容，主要吸收了郑磊的研究成果，详见：郑磊．区域教育规划与资源配置 [M] // 张新平，褚宏启．教育管理学通论．北京：高等教育出版社，2012：234－254.

出，从而实现内部效率。用来判断教育资源配置效率的方法主要有两种：成本－收益分析以及成本－效益分析。（本森，2000）[527]

第三个标准是公平标准（equity）。首先要明确的是，“公平”并不等于“平等”。公平涉及主观判断，相对于平等而言，更加复杂。正是因为“学生之间的能力和需求存在差异，公平不能也不应该完全平等地加以执行”（布里姆莱，贾弗尔德，2007）[54]。正如本森（C. Benson）指出的那样：“为非同等的学生提供同等的教育投入只能带来不平等的教育结果……如果教育的目的是使穷人和处于不利地位的人们能够更容易地进入美国社会和经济生活的主流，是为每个人提供平等的成功可能性，那么教学设施、教育技能和课程设置的平等就不会是达成这一目的的正确途径。”（Benson et al.，1974）[54] 由此可见，教育资源配置的公平标准其实强调的是一种因地制宜、因人而异的差别性对待原则。教育资源配置的公平标准包括以下几个方面：横向公平，也即对相同的人给予相同的对待；纵向公平，也即对不同的人给予差别性对待，特别是对弱势群体的扶持性对待；机会平等，也即不因种族、性别、民族等其他不合理的分类标准给予差别性的机会（金，斯旺森，斯威特兰，2010）[293]；财政中性，也即每个学生（或地区）的公共教育经费支出不应受到地区间经济发展差异的影响。

需要指出的是，有关教育资源配置的这三个标准并不是非此即彼的替代关系。比如传统上认为，资源配置的公平和效率之间就是一种权衡关系。但是最近的研究表明，在一定的条件下，教育资源的配置可以做到效率与公平兼得。①

另外，尽管教育资源配置的三个标准在一定程度上可以兼顾，但是对于处于不同发展阶段的国家或地区，应当明确当前教育资源配置存在的最主要问题，并以此作为政策设计的出发点。比如美国基础教育财政从关注公平转向关注充足（李文利，曾满超，2002），并不是说美国的教育界不再以资源配置公平作为政策重点，而是追求一种更高的最低标准之上的公平。

---

① 对此感兴趣的读者可以参考：丁维莉，陆铭．教育的公平与效率是鱼和熊掌吗？：基础教育财政的一般均衡分析 [J]. 中国社会科学，2005（6）：47－57，206.

中国目前教育发展的最大任务是促进公平并且提升质量。促进公平，就是要形成惠及全民的公平的教育，实现教育的均衡发展。当然，教育的均衡发展涉及管理体制、办学模式等多个方面，但是就教育资源配置而言，就是强调中国当前阶段的教育资源配置应该重点解决公平问题，要通过教育资源的公平配置实现基本教育服务的均等化。在教育资源配置过程中，缩小学校之间、城乡之间以及地区之间的差距。

中国的教育经费投入来源是多渠道的。《教育规划纲要》提出，要健全以政府投入为主、多渠道筹集教育经费的体制，大幅度增加教育投入，并提高国家财政性教育经费支出占国内生产总值的比例。

一般说来，教育经费的筹集途径主要有两个：政府通过各种税费的形式进行的教育拨款，以及个人通过学费的形式进行的教育投资。（魏新，2000）[202] 对于公共产品属性较强的义务教育而言，政府承担的经费比重较大；对于私人产品属性较强的高等教育而言，个人承担的经费比重较大。

根据我国教育部的统计口径，目前我国的教育经费来源主要包括以下几个部分：(1) 财政预算内教育经费；(2) 各级政府征收用于教育的税费；(3) 企业办学校教育经费；(4) 校办产业、勤工俭学和社会服务收入用于教育的经费；(5) 社会团体和公民个人办学经费；(6) 社会捐集资经费；(7) 学杂费；(8) 其他教育经费。其中，我们常说的财政性教育经费由上述的前四项收入构成。除了财政性教育经费以外，其他几项收入可以统称为非财政性教育经费。

我国的多渠道教育筹资模式具有两个显著特点。首先，国家财政性教育经费是教育投入的主要来源渠道。特别是近十多年来，政府在教育筹资中的责任有所增强，财政性教育经费比重从2008年的68.92%增加到2008年的72.0%，其中预算内教育经费拨款所占比例更是增加了13个百分点。其次，个人通过学杂费的形式分担的教育经费比重有所增加，目前已经成为非财政性教育经费的主要来源。当然，如果我们将比较的跨度再往前延伸到1992年，可以发现学杂费所占比重的上涨势头有所放缓——1992年学杂费所占比重为5.48%（魏新，2000）[208]，1998年该比重就上涨为12.54%，6年期间增加了约7个百分点。然而从1999年的高校大规模扩招之后，尽管学杂费的绝对数量增加了5倍多，但其在总的教育经费中所占比重仅增加了3个百分点。究其原因，和上述多渠道筹资的第一个特点有关——政府的教育投入增加得更多。

这些教育经费总收入在各级各类学校之间又是如何分配的呢？基础教育阶段（小学和中学）分配的教育经费占据了总经费的一半以上，但是这一比重在近十多年内有所下降。与之相对，高等教育的经费份额逐渐上升，目前已经超过小学阶段的教育经费份额。此外，中学和幼儿园阶段的教育经费份额一直比较稳定。

在教育经费总投入中，政府投入所占的比例一直是各界关注的焦点。从1991年开始，我国教育支出基本上占中央政府支出的3%左右。对于地方政府来说，教育支出则是仅次于行政管理费支出的第二大支出，教育支出占地方政府支出的比重基本在15%左右。到2006年，各级地方政府的教育事业费支出已经达到4485.18亿元，超过行政管理费支出的2894.74亿元，成为地方政府的第一大支出项目。①

但是，和世界上其他同等经济发展水平的国家相比，中国政府的财政性教育经费支出占GDP和占财政支出的比重一直都在低水平徘徊。政府财政性教育经费支出的不足，不是简单地用经济发展水平或者政府财力就可以解释的，还和财政分权体制下政府的支出行为有关。

从各个口径的教育经费负担比例看，地方政府都是教育经费的主要承担者。在总的教育经费支出中，中央政府仅承担了11%左右；在财政性教育经费支出中，中央政府承担的比重在10%左右；在财政预算内教育经费支出中，中央政府承担的比重也只有9%左右（见表5－2）。并且从20世纪90年代的高校属地化管理改革之后，中央政府承担的教育经费比重不断下降。

---

① 数据来自《2007年中国统计年鉴》。

表5-2　中央和地方政府承担的教育经费比重

单位：%

年份	教育经费总收入		财政性教育经费		财政预算内教育经费	
	中央	地方	中央	地方	中央	地方
1997年	11.06	88.94	12.48	87.52	11.57	88.43
1998年	13.32	86.68	12.83	87.17	12.75	87.25
1999年	12.62	87.38	12.09	87.91	11.86	88.14
2000年	11.90	88.10	10.91	89.09	10.48	89.52
2001年	11.98	88.02	10.91	89.09	10.32	89.68
2002年	12.01	87.99	10.12	89.88	9.77	90.23
2003年	11.63	88.37	10.14	89.86	9.70	90.30
2004年	11.15	88.85	9.38	90.62	9.14	90.86
2005年	10.12	89.88	7.94	92.06	8.11	91.89
2006年	11.84	88.16	10.90	89.10	11.46	88.54
2007年	11.22	88.78	9.52	90.48	9.96	90.04
2008年	10.82	89.18	9.39	90.61	9.94	90.06

注：根据历年《中国教育经费统计年鉴》相关数据计算整理。

政府间的教育财政责任划分既受到经济学理论的指导，也和各国的政治制度、行政管理体制有关。教育行政体制依附于更大的政治行政体制，教育财政制度又依附于更大的经济和财政制度。当国家的政治行政体制和经济体制不断地在分权和集权（或者说放权和收权）之间来回摇摆时，其所形构的教育行政体制以及相应的教育财政体制必然也会出现这种反复波动。因此，我国的教育管理体制以及教育财政体制是在总体分权的进程中不断地在集权和分权之间寻求平衡。

总的说来，中国的教育行政体制是一种以中央集权为基本特征，中央行政和地方行政相结合的体制（陈孝彬，高洪源，2008）[76]。由于集权制和分权制的教育行政体制各有利弊，为了尽可能地让教育行政体制适应社会经济发展的需要，中国的教育行政体制也在二者之间来回调整。总的说来，

从中华人民共和国成立至今，我国的教育行政体制经历了三次大的改革。(陈孝彬，高洪源，2008)[77]

与之类似，教育财政制度也经历了一个由集权到分权的过程。在1949年到1978年之间，我国的教育财政制度基本上属于高度集权的模式。这种集权模式主要表现为：中央政府将地方政府征收的各种财政收入统一进行支出计划，根据各个公共部门的需要以及各地教育发展的需要，将国家财政收入在部门之间和地区之间进行划分，然后再拨付给各级地方政府，由地方政府履行相应的教育支出责任。

从20世纪80年代开始，伴随着国家的财政制度改革，教育财政领域也进行了一系列分权化改革。在高等教育领域，采取以省级政府管理为主的高校管理体制，政府对高校的拨款改为按高校隶属关系由中央与地方分级拨款，也就是"谁办谁管谁出钱"。从20世纪90年代末开始的"985工程"建设项目中，国家对若干所重点大学采取中央和省（直辖市）政府共建的形式联合拨款。但是对于大多数高等院校而言，目前仍然采取一种以"属地化管理"为特征的财政体制。

在基础教育领域，特别是义务教育阶段，从1985年开始逐步经历了筹资责任下放再上收的过程。在20世纪80年代前期，和整个国家的财政体制管理权限下放相适应，义务教育实行了"地方负责、分级办学、分级管理"的体制。中央将基础教育的筹资责任交给省（自治区、直辖市），省（自治区、直辖市）进一步将责任落实到县（市、区），特别是在农村地区，在实践中形成了县、乡、村三级办学（村办小学、乡办初中、县办高中）的体制。其中，县级政府主要承担高中教育经费，而乡和村承担义务教育经费。在农村基层的实际运作中，农民实质上以各种农村税费的形式承担了不少教育经费。总体上看，这次改革可以视为义务教育筹资责任的一次放权过程。

然而，20世纪80年代的经济放权在激发地方政府积极性的同时，却导致中央政府财力不断下降。为了扭转这一局面，中央政府在1994年开始推行分税制改革。这一改革导致高层级政府财力不断增强，而支出责任却通过行政威权不断下放，因此在本质上具有财政集权的特点。分税制改革的直接后果是，基层政府，特别是县级政府和乡镇政府的财力捉襟见肘，难以应付各种基本公共服务支出。与此同时，从1999年开始，旨在减轻农民负担的农村税费改革取消了农村教育费附加和教育集资这两项农村教育投入的重要来源。为了缓解基层政府在义务教育上的投资困难，2001年国务院颁布了《关于基础教育改革与发展的决定》，提出建立“以县为主”的新体制，在全国范围内实行由地方政府负责、分级管理、以县为主的基础教育管理体制。该体制规定由县级政府对本地义务教育负主要责任，同时中央和省级政府要加大对县级政府的转移支付力度。由于教育筹资责任从之前的基层农民、乡（村）政府承担为主转变为县政府负责为主，因此这次改革可以视为义务教育筹资责任的一次权力上收过程。

但是，“以县为主”的体制并没有在实质上缓解基层政府的财力困境，特别是对转移支付并没有做出具体操作细则上的规定。因此，2005年末开始实施第三次以“省统筹”为特征的义务教育财政制度改革——以加大省级政府责任，筹资责任在中央和地方之间分担为特点的“农村义务教育经费保障新机制”。根据《国务院关于深化农村义务教育经费保障机制改革的通知》，决定按照“明确各级责任、中央地方共担、加大财政投入、提高保障水平、分步组织实施”的原则，建立中央和地方分项目、按比例分担的农村义务教育经费保障新机制。“新机制”主要从完善政府间责任划分的角度对学生资助、义务教育公用经费保障、中小学校舍维修改造长效机制、教师工资保障等方面进行了规定。（杜育红，孙志军 等，2009）[5-6] 由于这次义务教育财政制度改革的主要特点是强调省级政府的筹资责任，并辅之以中央政府的补偿性转移支付政策，整个教育财政筹资和管理责任重心进一步上移，因此是一种权力的再度上收过程。

三、现代教育的物力资源保障

教育中的物力资源是指有形的教育资产，而教育资产是指由各级各类学校、幼儿园或者教育行政机关等占有、使用的，在法律上确认为机构所有，能以货币计量的各种经济资源的总和。其中，有形资产的主要形式是固定资产。固定资产是指单位价格在一定数额以上，使用期限在一年以上，并在使用过程中基本保持原有物质形态的资产，主要包括房屋及建筑物、仪器设备、图书资料、家具用具等。

教育活动必须建立在一定的物质条件的基础上。教育物力资源的配置要基于学生发展的需要，基于教学工作和教育管理有效运行的需要。简言之，“物”是为人服务的，是为教育活动顺利开展服务的。

由于物力资源的充沛与否、学校办学条件的改善与否，往往直接取决于教育财力资源的投入，也就是说，只要有相对充足的经费，教育的物力资源就会有相对充分的保障，因此，此处不再详细讨论教育物力资源的细节问题，而是重点讨论教育物力资源保障中的教育信息化问题。

教育信息化是教育应对信息化时代、加速推进教育现代化的重要战略选择。教育信息化具有突破时空限制、快速复制传播、呈现手段丰富的独特优势，是促进教育公平、提高教育质量的有效手段，是构建泛在学习环境、实现全民终身学习的有力支撑，并会带来教育科学决策和综合治理能力的大幅提高。

20 世纪 90 年代以来，国家实施的一系列重大工程和政策措施，为我国教育信息化发展奠定了坚实基础。1999 年，中共中央、国务院发布了《关于深化教育改革全面推进素质教育的决定》，要求“大力提高教育技术手段的现代化水平和教育信息化程度”。这或许是“教育信息化”概念在官方文件中首次出现。2004 年 3 月，国务院批转了教育部《2003—2007 年教育振兴行动计划》，其中将“教育信息化建设”列为六大工程之一。2010 年颁布的《教育规划纲要》提出了加快我国教育信息化进程的三条主要举措：加快教育信息基础设施建设，加强优质教育资源开发与应用，构建国家教育管理信息系统。为落实《教育规划纲要》，我国教育部 2012 年颁布了《教育信息化十年发展规划（2011—2020 年）》，提出了八项发展任务：缩小基础教育数字鸿沟，促进优质教育资源共享；加快职业教育信息化建设，支撑高素质技能型人才培养；推动信息技术与高等教育深度融合，创新人才培养模式；构建继续教育公共服务平台，完善终身教育体系；整合信息资源，提高教育管理现代化水平；建设信息化公共支撑环境，提升公共服务能力和水平；加强队伍建设，增强信息化应用与服务能力；创新体制机制，实现教育信息化可持续发展。

我国经过多年持续努力，面向全国的教育信息基础设施体系初步形成；数字教育资源不断丰富，信息化教学的应用不断拓展和深入；教育管理信息化初见成效；网络远程教育稳步发展，为构建终身学习体系发挥了重要作用。教育信息化对于促进教育公平、提高教育质量、创新教育模式的支撑和带动作用初步显现。但同时也必须清醒地认识到，在我国，加快推进教育信息化还面临诸多的困难和挑战。对教育信息化重要作用的认识还有待深化和提高，加快推进教育信息化发展的政策环境和体制机制尚未形成，基础设施有待普及和完善；数字教育资源共建共享的有效机制尚未形成，数字教育资源开发与服务能力不强，优质教育资源尤其匮乏；信息化学习环境建设与应用水平不高，教师信息技术应用能力基本具备但信息化教学创新能力尚显不足，信息技术与学科教学深度融合不够，教育管理信息化体系有待整合和集成，教育信息化对于教育变革的促进作用有待进一步发挥。

在此背景下，2018年教育部印发《教育信息化2.0行动计划》，这是推进“互联网＋教育”的具体实施计划，是顺应智能环境下教育发展的必然选择，是对人工智能、大数据、区块链等技术迅猛发展的积极应对。教育信息化1.0的发展目标是“三通两平台”，而教育信息化2.0的发展目标则是到2022年基本实现“三全两高一大”，即教学应用覆盖全体教师、学习应用覆盖全体适龄学生、数字校园建设覆盖全体学校，信息化应用水平和师生信息素养普遍提高，建成“互联网＋教育”大平台，推动从教育专用资源向教育大资源转变、从提升师生信息技术应用能力向全面提升其信息素养转变、从融合应用向创新发展转变，努力构建“互联网＋”条件下的人才培养新模式、发展基于互联网的教育服务新模式、探索信息时代教育治理新模式。

教育信息化2.0并不意味着“三通两平台”建设的终止，而是要继续深入推进，实现三个方面普及应用。“宽带网络校校通”实现提速增智，所有学校全部接入互联网，带宽满足信息化教学需求，无线校园和智能设备应用逐步普及。“优质资源班班通”和“网络学习空间人人通”实现提质增效，在“课堂用、经常用、普遍用”的基础上，形成“校校用平台、班班用资源、人人用空间”。教育资源公共服务平台和教育管理公共服务平台实现融合发展。实现信息化教与学应用覆盖全体教师和全体适龄学生，数字校园建设覆盖各级各类学校。

根据本书的逻辑框架，下面从培养目标、教育管理、教育体系、课程与教学、教育人力资源保障等方面，简要阐明教育信息化如何为这些方面提供支持与服务。

第一，在培养目标方面，要把信息素养作为人的现代化的维度之一、作为核心素养的重要组成部分，重视学生信息素养的培育。加强学生课内外一体化的信息技术知识、技能、应用能力以及信息意识、信息伦理等方面的培育，将学生信息素养纳入学生综合素质评价。完善课程方案和课程标准，充实适应信息时代、智能时代发展需要的人工智能和编程课程内容。推动落实各级各类学校的信息技术课程，并将信息技术纳入初、高中学业水平考试。继续办好各类应用交流与推广活动，创新活动的内容和形式，全面提升学生信息素养。

第二，在教育管理方面，提高教育管理信息化水平。完善教育管理信息化顶层设计，全面提高利用大数据支撑保障教育管理、决策和公共服务的能力，实现教育政务信息系统全面整合和政务信息资源开放共享。优化教育业务管理信息系统，深化教育大数据应用，全面提升教育管理信息化支撑教育业务管理、政务服务、教学管理等工作的能力。推进教育政务信息系统整合共享。以“互联互通、信息共享、业务协同”为目标，完成教育政务信息系统整合工作，优化业务管理，提升公共服务，促进决策支持。推进教育“互联网＋政务服务”，实现政务服务统一申请、集中办理、统一反馈和全流程监督，实现“一张表管理”和“一站式服务”，切实让百姓少跑腿、数据多跑路。

第三，在教育体系方面，建设国家学分银行和终身电子学习档案。加快推进国家学分银行建设，推动基础教育、职业教育、高等教育、继续教育机构逐步实行统一的学分制，加快实现各级各类教育纵向衔接、横向互通，为每一位学习者提供能够记录、存储学习经历和成果的个人学习账号，建立个人终身电子学习档案，对学习者的各类学习成果进行统一的认证与核算，使其在各个阶段通过各种途径获得的学分可以得到积累或转换。被认定的学分，按照一定的标准和程序可累计作为个人获取学历证书、职业资格证书或培训证书的凭证。

第四，在课程与教学方面，完善数字教育资源公共服务体系，利用智能技术加快推动教学方法改革。建成互联互通、开放灵活、多级分布、覆盖全国、共治共享、协同服务的国家数字教育资源公共服务体系，提升数字教育资源服务供给能力，有效支撑学校和师生开展信息化教学应用。完善优课服务，发挥“一师一优课、一课一名师”示范引领作用，形成覆盖基础教育阶段所有学段、学科的生成性资源体系。升级职业教育专业教学资源库建设，丰富职业教育学习资源系统。提升慕课服务水平，汇聚高校、企业等各方力量，提供大规模在线开放精品课程，达成优质的个性化学习体验，满足学习者、教学者和管理者的个性化需求。以人工智能、大数据、物联网等新兴技术为基础，加强智慧学习的理论研究与顶层设计，推进技术开发与实践应用，提高人才培养质量。大力推进智能教育，开展以学习者为中心的智能化教学支持环境建设，推动人工智能在教学、管理等方面的全流程应用，利用智能技术加快推动人才培养模式、教学方法改革，探索泛在、灵活、智能的教育教学新环境建设与应用模式。

第五，在教育人力资源保障方面，大力提升教师信息素养。推动教师主动适应信息化、人工智能等新技术变革，提高自身应用信息技术的水平，更新教学观念，改进教学方法，改善教学效果。完善师范教育课程体系，加强师范生信息素养培育和信息化教学能力培养。加强中小学教师信息技术应用能力提升培训，加强精准测评，提高培训实效性。继续开展职业院校、高等学校教师信息化教学能力提升培训。同时，还要深入开展校长信息化领导力培训，全面提升各级各类学校管理者信息素养。

教育信息化是教育现代化的有机构成部分，但不是一个孤立的部分，而是渗透到教育的方方面面，教育目标的现代化（如培育学生的信息素养）、教育管理的现代化、教育体系的现代化、课程内容与教学方法的现代化、教育人力资源的现代化等都离不开教育信息化的加持与支持。

四、城镇化进程中的教育资源保障

推进城镇化进程中的教育改革，促进教育公平，破解城乡教育二元结构，需要人力、财力、物力资源的保障，需要教育信息化的支撑。

1. 城镇化进程中教育的人力资源保障

我国城镇化进程中，城乡教育人力资源供给也面临严峻挑战。此处主要关注城乡义务教育和农民工培训的师资问题。

教育人力资源供给的基本要求是提供“足够数量”的教师，但目前看来，城乡义务教育都面临教师缺编问题。随着城镇化的快速发展，大量农村人口和学龄儿童转移到城镇，导致城镇学校生源不断膨胀、农村人口和学龄儿童不断减少，这种人口转移直接导致学校教师短缺，一线教学工作难以为继，以致不少学校招聘临时“代课教师”上课，以应急需，教学质量难以保障。代课教师待遇低下、流动性强，其职业素养、社会保障、专业发展都值得忧虑。

当前，迫切需要解决县城教师的缺编问题，改进县城教师编制的核定方式。编制管理部门一般是以县域为单位来核定教师编制，即以全县学生总量作为基数，根据生师比标准核定所需教师总量。但这种方法非常粗放，会掩盖很多现实问题，尤其是学生在城乡间的分布差别，如某县根据学生总量计算出全县城乡教师总量不缺编，但实际情况是，县城总体上严重缺编，农村总体上严重超编，有的学校超编，有的学校则严重缺编，如小学阶段超编，中学阶段缺编，而小学教师又不能到中学任教。实际上，学校才是基本的办学实体，以学校为单位而不是以区域（全县）为单位“精准核定”教师编制才是科学合理的。因此，解决县城教师的缺编问题，应以县城学校为单位核算编制数，或者将城乡分开核算编制数，而不能粗放核算。(褚宏启，褚昭伟，2018)

相对而言，政府和学术界对于农村教师问题一直持续关注，相关政策与研究皆比较多。伴随城镇化进程，农村学龄人口的主动流出与自然减少，导致一些农村学校教师与学生比例失调。部分农村学校教师的绝对数量出现富余，但又出现教师结构性缺编的现象；另一方面，随着农村义务教育布局调整的逐步规范，农村小规模学校数量有所回升，小规模学校教师数量不足问题比较突出。

解决农村地区教师的缺编问题，关键是要完善农村教师配置标准。我国 2001 年的中小学教师编制政策，是按城市、县镇、农村，确定生师比分别为小学 19：1、21：1、23：1，初中 13.5：1、16：1、18：1，呈现出农村较县镇、县镇较城市编制三级递紧的特点，这一编制标准存在明显的城乡倒挂问题，在教师配置上存在明显的城乡不公平问题。而且，以生师比为标准的教师配置方式，对这些农村教师最直接的影响是“同酬不同工”，小规模学校的教学及其相关工作量让教师不堪重负，容易引发焦虑和职业倦怠，影响身心健康。针对城镇化进程中农村教育出现的新情况、新变化，农村教师配置标准的调整势在必行。完善农村教师配置标准、解决农村教师数量不足问题的改革方向是：在以“生师比”为主的基础上，引入“班师比”和“科师比”作为辅助配置方式。引入“班师比”有助于缓解小规模学校教师数量不足问题；引入“科师比”有助于缓解大部分农村学校教师结构性短缺问题，因而值得探索。

近二十年来，城乡教师交流问题一直是教育政策与教育研究的热点问题。推进城乡教师交流的目的在于解决城乡教师配置不均衡问题、缩小城乡师资力量差距，主要解决农村学校教师数量不足、质量下降、年龄结构老化、结构性短缺（音体美等学科教师缺乏）等问题。国家和地方层面出台了很多推动教师流动的政策和举措，引导教师从城市到农村、从强校到薄弱学校流动，如定期流动、支教、对口支援、教育联盟、走教制度、送教下乡、优质教师资源辐射等多种途径和方式。但总体看，目前由于缺乏有效的激励保障机制，交流教师的身份、编制、待遇、住房等问题难以得到很好的解决。此外，由于政策不具有法律强制性、操作性欠缺，参与交流的教师比例小，特别是骨干教师少，教师参与交流的积极性不高，对提升农村教育水平作用有限。

城乡教师交流机制旨在缓解城乡师资差距的燃眉之急，只是权宜之计，非为治本之策。治本之策在于建立面向农村教师的激励机制和补偿机制，实行中小学编制标准、薪酬分配和职称评定向农村地区教师倾斜的“补偿性”政策，真正让教师愿意留在农村、服务农村，这是农村教育固本强基的根本举措。

更为重要的是，在城镇和农村都存在教师缺编问题的情况下，抽调城镇教师去支持农村学校，会使城镇学校的缺编问题“雪上加霜”。也就是说，即使城乡教师交流机制能顺畅运行，这种机制也只能缩小城乡师资力量差距，而不能解决城乡教师总量都不足的问题。

从根本上讲，解决我国城乡教师总量不足问题的关键是政府要重视教师待遇、放宽教师编制，以吸引足够数量的优秀人才从教。确保城镇和农村有充足的教师，仅靠教育行政部门是不够的，需要相关配套政策的支持和政府人事管理部门、编制管理部门、财政管理部门等多部门的协调配合。

除教师数量问题外，城镇化也对教师质量提出了挑战。例如，在城镇化背景下，城镇教师要学会关爱、教育农民工子女，促进农民工子女在城镇地区的社会融合，培育他们的市民素养；农村教师要学会关爱、教育留守儿童，以弥补家庭教育的不足甚至缺失。这种对于教师素质的新要求，政府和学校在教师绩效评价、教师培训方案设计中要体现出来。（褚宏启，赵茜 等，2016）[85-87]

目前，大多数农民工培训教师专业技能不娴熟，要么缺少实践经验，要么缺少理论积淀，急需通过培训提升各方面能力。为此，有必要建立有效的“双师型”教师培训制度，培养教师具备理论水平、实践能力、专业技能等多元素养。除了传统培训，应强化校企合作的培训模式，让企业参与到教师培训中，比如，采用专任教师定期到企业顶岗工作的方式，加强教师的专业技能训练和实训设备操作练习，了解行业新信息、新技术和新趋势。职业教育和继续教育教师通过各类培训，逐步实现从“教学型”教师转变为“双师型”教师。

我国“双师型”教师的考核评价体系尚未建立起来，“双师型”教师所具备的技术能力被忽视，对其职称评定和待遇提升不起任何作用，使得普通教师对发展成“双师型”教师没有主动性和积极性。为促进农民工培训的整体质量提升，应建立规范的“双师型”教师评价体系和激励机制。在坚持能力本位观的同时，要提高对“双师型”教师专业技能水平的考核力度，激励职业教育和继续教育教师努力发展成为“双师型”教师，保证“双师型”教师队伍的稳定性和吸引力。

2. 城镇化进程中教育的财力资源保障

现行财政制度、税收制度与城镇化发展严重不相适应，主要表现为：其一，1994年分税制改革之后，主要大宗税种、收入稳定的税种全部划归中央财政，而划归地方的税种大都是税源零散、征管难度高的小税种，即使是共享税也是中央占大部分，中央政府拿走总税收的大部分，地方财政留成比例过低；其二，中央政府的财政转移支付制度以户籍人口为依据，流入地吸纳了大量的农村转移人口，但中央政府没有为这些人口的公共服务提供财力支持（李铁，2013）[63]；其三，分税制导致的地方财力不足催生了地方政府的“土地财政”，地方政府通过一次性土地出让收益来弥补地方财政不足，对土地出让金有严重依赖，而随着新型城镇化对于土地使用的约束收紧，地方政府的“土地财政”难以为继。这些原因使得流入地政府对农村转移人口的公共服务能力严重不足，缺乏户籍制度改革的积极性。

因此，必须建立健全包括教育在内的农业转移人口市民化成本分担机制，由政府、企业、个人多方共同参与，根据农业转移人口市民化成本分类，明确成本承担主体和支出责任，合理分担公共成本。政府要承担农业转移人口市民化在义务教育、劳动就业、基本养老、基本医疗卫生、保障性住房以及市政设施等方面的公共成本。企业要落实农民工与城镇职工同工同酬制度，加大职工技能培训投入，依法为农民工缴纳职工养老、医疗、工伤、失业、生育等社会保险费用。农民工要积极参加城镇社会保险、职业教育和技能培训等，并按照规定承担相关费用。

就政府财政制度改革而言，重点关注下述问题。

第一，在城乡之间、在不同层级城镇之间，优化、统筹新型城镇化进程中的资源配置，应推进“公共资源配置权下移”和“公共服务统筹权上移”，使公共资源由过去偏重大城市开始向偏重中小城市转换，由过去偏重城市开始向偏重县域和农村转换，由过去偏重户籍人口开始向偏重常住人口转换。

第二，调整和优化支出结构，重点提升城镇基本公共服务水平。政府从竞争领域退出，不再向经济领域投资，而是与建设服务型政府相适应，建立城镇财政公共支出体系。同时，加大调整财政支出结构，压缩一般性的支出，把资金重点投向基本公共服务领域，投向教育服务领域，特别是投向随迁子女教育、农民工职业技能培训、农村教师工作待遇提高等方面。

第三，进一步深化分税制改革。在税收分成上，中央政府要向地方政府让利，增加共享税比重，提高地方政府分成比例。在税制设计上，要稳定地方税基，构建有利于人口城镇化的地方税体系。在税收分成上，中央政府要向地方政府让利，增加共享税比重，提高地方政府分成比例。根据国际经验，可建立以财产税、房产税为主体税种的地方税体系。特别是在房产投机盛行、房价高涨的背景下，可适时全面开征房产税，将房产税作为地方税种。(褚宏启，2015)

第四，适应人口流动，以常住人口为基础完善转移支付制度，建立财政转移支付同农业转移人口市民化挂钩机制。中央政府的财政转移支付制度以户籍人口为依据，流入地吸纳了大量的农村转移人口，但中央政府没有为这些人口的公共服务提供财力支持（李铁，2013）[63]，“中央请客，政府买单”，这让流入地政府非常为难，甚至有所抱怨。有人认为“两为主”的实质是由中央政府将流出地政府的义务教育责任转嫁到了流入地政府身上。在教育上，可以建立“学费随学籍走”的经费流动机制，减少流入地地方财政的教育投入压力。通过在全国推行可跨地区结算使用的教育券制度，解决教育经费在区域间的“支出流动”问题，这样可以有效解决城市地区教育经费的不足，消除户籍制度对学生自由流动带来的不利影响，进而提高城市接纳农民工随迁子女的积极性。

3. 城镇化进程中教育的物力资源保障

城镇化进程中教育的物力资源保障，涉及方方面面，此处重点关注城乡义务教育学校标准化建设问题，以及城乡义务教育和农民工培训的信息化建设问题。

从 20 世纪 50 年代开始，为了快速培养人才，我国在中小学实行“重点学校”制度，将有限的教育资源予以集中，通过等级化的分配，促进了特定学校教育水平的迅速提升。但这也导致了中小学硬件条件与办学质量的严重不均衡，这种不均衡既体现在城乡学校之间，也体现在城市内部优质校与薄弱校之间。这种状况与新型城镇化进程中基本公共服务均等化的要求是不一致的，与义务教育的普惠性、平等性本质是不一致的，而义务教育学校标准化建设的首要目的，就在于改变传统的教育资源的分配方式，打破二元教育结构，缩小城乡之间、学校之间的教育差距，促进教育公平。

2012 年《国务院关于深入推进义务教育均衡发展的意见》明确要求，遵循教育规律和人才成长规律，积极推进义务教育学校标准化建设，均衡合理配置教师、设备、图书、校舍等资源，努力提高办学水平和教育质量。这个文件还明确规定了各级政府推进义务教育均衡发展的基本目标：每一所学校符合国家办学标准，办学经费得到保障；教育资源满足学校教育教学需要，开齐国家规定课程；教师配置更加合理，提高教师整体素质。可见，标准化建设中的办学标准包括两个方面：一是硬件标准，是指学校建设必备的物质条件，如校舍建设、教学设施、图书馆藏书等教育基础装备；二是软件标准，是指学校的师资队伍、学校课程、学校氛围和学校文化等软性办学条件。

此处所讲的物力资源保障是指硬件条件保障。校舍建设、教学设施、图书馆藏书等是办学的基本条件和先决条件，如果这些方面存在较大差距，就难以实现更高水平、更高质量的教育均衡发展。提供标准化的硬件条件保障，完全是政府的责任。义务教育学校标准化建设，要求政府改变资源配置方式，由过去“锦上添花”式的向窗口校、重点校倾斜，转为现在与将来向薄弱校、农村校倾斜。

物力资源保障的一个重要内容是教育信息化建设。教育部印发的《教育信息化十年发展规划（2011—2020 年）》要求缩小基础教育数字鸿沟，以促进义务教育均衡发展为重点，以建设、应用和共享优质数字教育资源为手段，促进每一所学校享有优质数字教育资源，提高教育教学质量。结合义务教育学校标准化建设，针对基础教育实际需求，提高所有学校在信息基础设施、教学资源、软件工具等方面的基本配置水平，全面提升应用能力。重点支持农村地区、边远贫困地区、民族地区的学校信息化和公共服务体系建设。努力缩小地区之间、城乡之间和学校之间的数字化差距。

农民工职业培训也要充分利用信息技术手段。《教育信息化十年发展规划（2011—2020年）》要求构建继续教育公共服务平台，面向全社会提供服务，为学习者提供方便、灵活、个性化的信息化学习环境，建立遍及城乡的一站式、多功能开放学习中心，为全社会各类学习者提供优质数字教育资源，促进终身学习体系和学习型社会建设。运用信息化手段开展农民工培训，有利于解决工学矛盾问题，有利于降低经济成本，有利于实现学习的个性化。

第五节　教育现代化评价与教育发展方式转变

教育形态分析关注的是教育的投入与过程，而教育现代化的评价还要关注教育的结果。教育现代化的成效如何，只看教育投入和教育过程显然是不够的。综观已有的社会发展评价、教育发展评价、教育现代化评价的指标体系，结果评价都是关键内容，甚至是主要内容。

一、社会发展评价的启示

在一个相当长的时期内，世界银行曾使用人均国民生产总值（人均GNP）这一简单的指标来衡量各个国家的发展水平。但在进行国际比较时，国内相对价格的差别很大，口径也不一致。世界银行意识到这个问题，做了相应的改进，即在继续使用这一衡量指标的同时，对所有国家的国民生产总值及其平均值根据购买力平价（PPP）来重新衡量，从而避免单纯使用人均GNP指标的缺陷。世界银行的标准简单易行，便于进行跨国比较，但它毕竟只是单一的经济指标，不能全面衡量一个国家的发展水平，或者说它只能衡量一个国家的经济增长水平；而且它只是一个平均值，不能反映收入的分配状况。

世界银行标准存在的另一个问题是，这个标准只是一个结果性指标，其用途只能用于国际比较，只能用于终结性评价，不能用于过程性和发展性评价，难以据此对本国经济发展提出针对性的改进措施。

为弥补世界银行社会发展衡量指标的单一性，联合国社会发展研究所（UNRISD）于1970年提出了一个综合性的指标体系，包括9个社会指标和7个经济指标：出生时预期寿命，两万人以上地区的人口占总人口的百分比，人均每日消费的动物蛋白质，中小学注册人数总和，职业教育入学比例，每间居室平均居住人数，每千人中读报人数，从事经济活动人口中使用电、水、煤气等的百分比，每个男性农业人员的农业产量，农业中成年劳动力的百分比，人均消费电力的千瓦数，人均消费钢的公斤数，能源消费（折合人均消费煤的公斤数），制造业在国内生产总值中的百分比，人均对外贸易额（以1960年美元计算），工薪收入者在整个经济活动人口中的百分比。这个指标体系没有涉及政治、行政等方面的指标。

阿德尔曼（I. Adelman）和莫里斯（C. Morris）于1967年提出了一个包含40个变量的指标体系，试图运用要素分析的方法，考察社会、经济、政治因素之间相互作用的方式，特别是某些关键的社会和政治变量对经济发展的影响。其中涉及的政治类的变量有：国家一体化程度与民族团结意识、政治权力集中程度、民主制度的力量、政党制度的主要基础、政治稳定程度等。涉及的教育变量有识字率、人力资源的提高程度等。这个多元的指标衡量体系的缺陷是内容过于复杂，难以测量，一些政治类指标也难以进行国际比较。

于是，人们试图建立简单但又实用的指标衡量体系，其中最著名的是莫里斯的生活质量指数（Physical Quality of Life Index，PQLI）和联合国开发计划署的人类发展指数（Human Development Index，HDI）。

莫里斯使用三个指标，即人们1岁时的预期寿命、婴儿死亡率和识字率，组成一套简便的综合指数，来衡量人们的生活质量。

联合国开发计划署从1990年开始，通过其主持发行的系列年度《人类发展报告》，对发展中国家与发达国家社会经济发展状况做出系统而综合的比较分析。人类发展指数与莫里斯的生活质量指数类似，由三部分构成：

健康长寿的生活，由出生时预期寿命来表现；受教育水平，包括成人识字率（占 2/3 的权重）和大中小学的入学综合比例（占 1/3 的权重）；体面的生活，由经过购买力平价调整的人均国内生产总值来衡量。简而言之，人类发展指数涉及寿命、教育、收入三个要素，通俗地讲，只要一个社会中人活得长、有教养、挣得多，这个社会发展水平就高。

生活质量指数和人类发展指数弥补了人均 GNP 过于简单的缺陷，同时又不过于烦琐。但其问题是，没有考虑到安全感、公正、人权等因素。

应该看到，迄今为止，尚没有形成一个科学、简洁、实用、为世界所公认的发展指标衡量体系。（彭刚，黄卫平，2007）[69-80]

社会发展评价衡量指标的演进对于教育现代化评价有重要启示。

其一，把发展结果的评价放在首位。教育投入与教育过程都是为“教育产出”、教育结果服务的，对于结果的评价最为重要，因为结果最能反映发展水平。甚至为简洁起见，可以以对发展结果的评价作为对发展整体的评价，不再涉及对投入和过程因素的评价。例如，人类发展指数的本意是“人的发展指数”，这个指数所涉及的指标都是结果性的，而且属于“终极的结果”，把政治发展、政府能力、法律制度以及其他经济发展的结果性指标都“省略”了，表面上看这样做是有缺陷的，但深究下去可以发现，这种做法又是有道理的，它有一个可以成立的，也是本书前文多次论证过的观点作为基础，那就是：一切经济、政治、法律制度，其最后的价值和意义都在于促进“人的发展”，这样，“人的发展”的指标就可以替代、涵盖和覆盖社会发展结果的指标。这种替代和覆盖，最大的优点在于可以大大简化指标的数量，使得评价简便易行。

其二，关注影响发展结果的关键变量。尽管阿德尔曼和莫里斯所设计的包含 40 个变量的指标体系比较烦琐，但他们试图探讨某些关键的社会和政治变量对经济发展的影响，这种思路对于开发教育现代化评价指标体系很有价值。影响教育现代化的因素很多，加上教育现代化具有依附性，所以找到影响教育现代化的关键变量并将之纳入指标体系中，有利于教育现代化过程的优化与加速。如果教育现代化的指标体系中仅仅包括结果性的指标，而对于影响发展结果的关键指标不予涉及，就不利于过程的改进，教育现代化评价应该具有发展性。

教育现代化评价应该与教育政策的调整、教育改革的推进、教育发展方式的转变结合起来。本节最后一部分将论述教育发展方式的转变问题。

其三，指标的数量要适当，过少不能全面衡量发展的整体状况，过多又会给评价带来很多技术上的困难，大大增加评价的成本。指标的内容要涉及教育发展的结果，也要涉及教育投入和教育过程中的关键要素。

二、教育现代化若干指标体系概览与评议

教育现代化是教育的梦想与理想。然而，“梦”只是一个隐喻，教育现代化之梦的内容不能像真的做梦那样天马行空、那样非理性，而是要经过严谨的设计。教育现代化的宏观构想必须明确和细化，这样才能指导现实工作，促进目标实现。

这就需要构建教育现代化指标体系。教育现代化指标体系是“教育梦”的具体表达和系统描述，其实质是一个蓝图，是对于理想或者说未来要实现的教育现实的结构化描述。这个蓝图，既要描述结果，也要描述过程，所以在一定意义上它也是一个路线图。

教育现代化指标体系对于推进教育现代化至关重要，它具有以下功能。（1）描述功能。对教育现象进行客观的描述，如实反映教育发展的状态。（2）评价功能。指标可以作为一种测量尺度，对教育现象及其发展变化情况进行测量分析和比较研究，进而对教育现代化的水平与进程做出判断和评价。（3）监测功能。通过数据指标可以监测整个教育现代化的进程，便于及时发现问题，做出或修改决策，进行调控统筹。（4）预测功能。通过对过去和现在的基本数据的分析，寻找教育发展变化的规律，从而对将来可能的发展趋势或出现的问题做出预测。

改革开放以来，我国教育现代化的实践和研究都取得了显著进展，在政策层面和研究层面已经出现了多个教育现代化指标体系，对于实践层面的教育现代化起到了积极的推进作用。但是这些指标体系还有待进一步改进，本书想在简要回顾和评议已有几个典型教育现代化指标体系的基础上，

根据教育现代化的内在要求，对构建教育现代化指标体系提出若干建议。（褚宏启，2013b）

在国家层面，2013 年上半年教育部积极推进制定教育现代化指标体系。在地方层面，广东、上海、江苏等发达地区已经提出了教育现代化指标并以之推进教育改革与发展。一些学者从研究层面也提出了一些指标体系。本书从这些指标体系中选择了几个典型予以简要介绍和评议。

2008 年广东省出台《广东省县域教育现代化指标体系及评估方案（试行）》，指标体系包括一级指标 3 个，二级指标 14 个，主要观测点 43 个。其中一级和二级指标分别如下。

（1）教育现代化保障。包括 7 个二级指标：教育思想和战略规划、人才资源、经费投入、办学条件、教育体系、教育信息化、教育国际化。

（2）教育现代化实践。包括 3 个二级指标：学生培养、教育管理、教育改革。

（3）教育现代化成就。包括 4 个二级指标：教育质量、教育效益、教育公平、教育特色。

这个指标体系基本依据 CIPP（背景、投入、过程、产出）评估模式设计，教育现代化保障、实践、成就，分别对应投入、过程、产出。一级指标的设计思路是清晰的，但是二级指标存在错误归类问题，教育思想和战略规划、教育体系、教育国际化等指标应该放在“教育现代化实践”这一指标下，“教育现代化保障”指标下保留人才资源、经费投入、办学条件、教育信息化四个指标即可。

上海市于 2004 年明确提出“到 2010 年要率先基本实现教育现代化”。2009 年上海市教委公布《上海市 2010 年教育现代化指标体系》，28 项市级指标中包括了 14 项量化指标，如财政性教育经费占 GDP 比例达 4%、2010 年高校毕业生初次就业率达 85% 等。这一指标体系参照国际通行体系，对全市教育起到了引导、监控、评价作用。

上海市教育现代化指标体系分为市级和区级两大部分。市级指标体系包含教育布局结构的合理程度、政府对教育的投入水平、义务教育资源均衡配置程度、教育信息化水平、教育国际化水平、学习型城市建设水平、教育发展水平、学生综合素质水平、社会满意度9项一级指标，主要反映上海教育与现有及未来经济社会发展的适应程度，政府对发展教育事业的支持力度，青少年受教育机会的公平程度，学生全面而有个性发展的状况，教育资源转化为人力资源的有效程度等。（徐瑞哲，2009）

20世纪90年代初，江苏省从学校、乡镇层面开始了教育现代化的实践探索，启动了教育现代化工程。2007年颁布了《江苏省县（市、区）教育现代化建设主要指标》，成为全国首个启动县域教育现代化建设和评估的省份，2013年初已有94个县（市、区）通过建设水平评估和验收，90%的县（市、区）基本实现教育现代化。为了顺利实现省教育规划纲要确定的2020年教育现代化的目标，促进江苏基本实现现代化建设，省政府于2013年初出台了省域层面的《江苏教育现代化指标体系》。

该指标体系总体框架由三级指标构成：一级指标共8项，二级指标共16项，三级检测点共46个。一级和二级指标分别如下。

（1）教育普及度。包括2个二级指标：各级教育（学前3年教育毛入园率、义务教育巩固率、高中阶段教育毛入学率、高等教育毛入学率）；继续教育（终身学习网络覆盖率、从业人员继续教育年参与率、城市和农村居民社区教育活动年参与率）。

（2）教育公平度。包括2个二级指标：机会均等；资源配置。

（3）教育质量度。包括2个二级指标：学生综合素质；学校办学水平。

（4）教育开放度。包括2个二级指标：资源共享；国际化水平。

（5）教育保障度。包括3个二级指标：投入水平；师资水平；信息化水平。

（6）教育统筹度。包括2个二级指标：布局与结构；体制与管理。

（7）教育贡献度。包括2个二级指标：受教育水平；社会服务能力。

（8）教育满意度。包括1个二级指标：对学校及政府的满意度。

相比江苏省以往的教育现代化指标，该指标体系更加全面完整，涵盖了基础教育、职业教育、高等教育、继续教育等各级各类教育，不仅涉及教育普及度、教育保障度等可量化的教育发展常规指标，而且包含了教育公平度、教育质量度、教育统筹度、教育满意度等发展性的难以量化的非常规指标。许多亮点指标的设计以及目标值的确定体现了指标体系的先进性和引领性，例如：教育普及度二级指标中包含“继续教育”，符合建设学习型社会的要求和国际潮流；教育公平度三级检测点包含“提供多样化教育”，体现了为每个儿童提供适应其个性特点的教育的新的公平理念；教育保障度“师资水平”二级指标中设计了“教师领军人才数在全国的占比”检测点，体现了江苏省在教师队伍建设上的高标准和高要求。

江苏省与上海市的两个指标体系形似且神似。但江苏省的指标体系因为出台在后，指标设计的合理性和创新性更为突出。

上述指标体系都各有优缺点，设计思路不尽相同，指标选取特别是三级指标（或者叫检测点）的选取差异较大，同时指标的数量特别是三级指标的数量偏多。那么，教育现代化指标体系的设计思路应该如何呢？指标数量多少为宜呢？

上述几个指标体系代表着目前我国教育现代化政策实践与学术研究的较高水平，给进一步的研究奠定了基础，但在指标体系设计的逻辑基础方面还有进一步改进的空间。

本质上看，教育现代化指标体系是对于“教育现代化”概念的不断分解和细化。教育现代化概念的分解或者操作化有两种方式：一种是根据教育的层级划分，把教育现代化分为基础教育的现代化、职业教育的现代化、高等教育的现代化、继续教育的现代化；另一种是把教育看作一个由输入（投入）、过程、输出（产出）等环节所构成的系统，从教育投入（包括资金投入、办学条件、师资条件、信息化水平等）现代化、教育过程（教育教学活动、管理活动等）现代化、教育结果（主要是教育质量）现代化几个方面衡量教育现代化水平，遵循的是 CIPP 评价模式。

从上述三个指标体系的内容看，这两种概念分解方式都使用到了。从涉及的教育层级看，因为管理权限问题，县域教育现代化指标体系不涉及高等教育，但涉及基础教育、职业教育和继续教育；国家层面和省一级的教育现代化指标体系涉及四类教育。

从指标体系的结构看，三个指标体系本质上采用的都是 CIPP 模式，广东省的指标体系的设计思路非常明显是 CIPP 模式，上海市和江苏省的两个指标体系本质上也是 CIPP 模式。上海市的市级指标体系中，政府对教育的投入水平、义务教育资源均衡配置程度、教育信息化水平等指标属于投入类指标，教育布局结构的合理程度、学习型城市建设水平、教育发展水平、学生综合素质水平、社会满意度等指标都属于结果类指标。江苏省的指标体系中，教育保障度（投入水平、师资水平、信息化水平）属于投入类指标，教育普及度、教育质量度、教育贡献度、教育满意度属于结果类指标，教育公平度（机会均等、资源配置）、教育开放度（资源共享、国际化水平）、教育统筹度（布局与结构、体制与管理）则涉及投入、过程与结果三类指标。

总体而言，投入类和产出类指标由于比较容易衡量，研究基础也比较厚实，所以质量较高。但对于过程指标的设计普遍比较薄弱（尽管江苏省指标体系的“过程指标”设计相对较好）。

需要追问的是：教育评价中流行的 CIPP 模式就一定适用于教育现代化指标体系构建吗？教育现代化的衡量中，投入、过程、产出能平行并重吗？哪一个更重要？

需要追问的更深层次的问题是：教育现代化的本质到底是什么？根据什么确定指标体系构建的基点？教育现代化指标体系的逻辑基础是什么？

三、教育现代化指标体系设计的逻辑基础

教育现代化的指标体系只能从对教育现代化概念的把握与分析中建构起来。我们需要回到原点思考：到底什么是教育现代化？“教育现代化”的本意就是“转变成现代教育”。因此，教育现代化的核心问题是两个：何为“现代教育”？如何“化”，即如何转化为现代教育？教育现代化的指标体系要同时关注这两个问题，既关注目标，也关注过程与路径。

而现代教育的本质是“教育现代性”。教育现代性的增长与实现主要从教育形态的变迁中体现出来，教育形态是表象，教育现代性则表明这种形态的性质和本质。“教育现代性”是衡量教育现代化水平的核心概念，教育现代化水平的评价与衡量，实际上是对“教育现代性”的测量问题。因此，

教育现代化指标体系建构的逻辑起点是“教育现代性”，逻辑基础是对教育现代性的分析。没有对教育现代性的分析，教育现代化指标的设计就会失去逻辑前提。

但是，教育现代性是抽象的价值取向，难以测量，好在教育形态作为教育现代性的外在表现、外化形式，是可以测量的。所以，策略只能是通过直接测量教育形态来间接测量教育现代性。然而，教育形态包罗万象，教育结构、教育布局、教育管理体制机制、教育投入、教育条件、教育机会、教育内容、教学方法、教育质量、教师队伍建设、社会对于教育的满意度评价等，都属于教育形态，到底该选择哪些作为衡量教育现代性的合适“指标”？

基本思路是：

第一，列出教育现代性的清单，如表 5－3 所示。

第二，列出教育形态的清单，如表 5－3 所示。此处只是列出了教育形态的纲目，在实际制定教育现代化指标体系时，表中的每个教育形态还都需要进一步细化。

表 5－3　教育现代性与教育形态清单

教育形态	教育现代性							
	人道性	理性化	专业性	民主性	法治性	生产性	信息化	国际化
教育管理								
教育体系								
课程与教学								
教育资源保障								

第三，以教育形态为切入点，确定教育形态与教育现代性的关系，可以发现，某种教育形态不是与所有 8 种教育现代性都有直接、内在的联系。比如教育管理主要与教育的人道性、理性化、民主性、法治性有直接关系。

第四，逐一排列出与某种教育形态有直接关系的教育现代性的优先顺序，从而确定在衡量某种教育形态的现代化发展水平时，哪几个与之相关的教育现代性最为重要。比如，教育管理主要与教育的人道性、理性化、民主性、法治性有直接关系，但在衡量教育管理现代化的水平时，这 4 种现代性的重要性并不相同，相对而言，教育管理的民主性和法治性最为重要，因为有了民主性和法治性，教育管理的人道性、理性化就有了保证。也就是说，前两个方面甚至可以覆盖、替代后两个方面。

第五，列出能反映教育现代性的教育形态总清单。教育形态包罗万象，要依据前两条描述的做法，把与教育现代性联系最密切的、排序最靠前的教育形态寻找出来，列出一个细化的总清单。

第六，把细化的教育形态清单转化成易于测量的指标，并组成一个结构化的指标体系。

第七，修正指标体系。

经过上述步骤建构的指标体系并不完整，因为根据教育形态设计的教育现代化指标，只是涉及了“教育投入”与“教育过程”，还没有涉及“教育结果”。因此，必须把教育现代化的“成果类指标”纳入指标体系中去，并作为其中一个不可缺失的构成部分。

社会发展指标中一般都包括教育发展指标，如阿德尔曼和莫里斯包含40个变量的指标体系中，涉及的教育变量有识字率、人力资源的提高程度等。莫里斯的生活质量指数中有识字率指标。联合国开发计划署的人类发展指数中，教育指标包括成人识字率和大中小学的入学综合比例。

英克尔斯提出了现代化度量的10项指标和标准：人均国民生产总值达3000美元以上；农业产值占国民生产总值的比例低于12%—15%；服务业产值占国民生产总值的比例在45%以上；非农业劳动力占总劳动力的比重在70%以上；识字人口的比例在80%以上；大学入学率在10%—15%以上；每名医生服务人数在1000人以下；平均寿命在70岁以上；城市人口占总人口的比例在50%以上；人口自然增长率在1%以下。（靳希斌，1997）[85-86]这10项指标中，教育指标有两个。

可见，教育指标是社会发展指标体系、现代化指标体系的重要构成部分。上述指标体系中的教育指标有一个重要特点——都属于“教育结果”类的指标。

在设计教育现代化指标体系时，要注意以下几个问题。

第一，指标的重点与非重点。与教育现代性关系越直接、越密切的指标，就是越重要的教育现代化指标，就是重点指标。重点指标是不能缺少的，否则指标体系就存在硬伤。

教育以育人为本，教育现代化的根本目的是培养现代人，是增进人的现代性。因此，学生的民主素养、科学素养、人文素养、法治素养等现代人的品质，就成为衡量教育现代化的重要指标。在21世纪，学生的核心素养发展水平是衡量教育现代化发展水平的首要指标。

育人要回答三个基本问题：培养什么人？怎样培养人？为培养人提供什么支持、服务和管理？根据教育现代化和教育现代性的要求，不仅教育的目标和结果要反映现代精神，教育的过程也要反映现代精神，亦即培养人的过程（教育教学和管理）和提供的支持也要反映现代精神。据此，要求在教育教学过程中科学设计课程，尊重学生身心发展规律，师生关系民主平等，运用现代教学方法，促进学生自主发展。要求在教育行政管理和学校管理过程中，做到科学管理、民主管理、依法管理，要求教育决策的理性化与民主化。而在教育支持层面，要求建设具有现代精神的专业化教师队伍，提供能支撑现代教育的经费投入（政府公共投入达到一定的比例要求），提供先进的信息技术手段。

如果把上述这些方面予以指标化，新的指标体系就将充溢这些现代精神，现代性的气息就会扑面而来。这些指标都属于不可或缺的重点指标。

如果要在这些指标中再区分重点与非重点，相对而言，结果性和过程性指标更重要，支持性指标是从属性的。

第二，指标的多与少。指标不是多多益善，也不是越少越好。前文讨论的广东省和江苏省两个区域性指标体系，分别包括三级指标（检测点）43个和46个，数量偏多。指标体系不一定面面俱到，选择出重点指标即可。有的学者提出的指标体系又相对偏少，如一位学者借鉴国际教育指标体系提出了11个量化指标：公共教育经费、公共教育经费占国民生产总值的比重、人均公共教育经费、留级生百分比、学前教育毛入学率、小学净入学率、中学净入学率、大学毛入学率、预期的正规教育年数、每10万居民中大学生人数、成人识字率。（杨明，2000）这些指标数量偏少，不能充分反映教育现代性增长的状况。应该根据教育现代性的内在要求和距离教育现代性的远近程度，提出教育现代化的指标细目，然后再进行重要性排序，最后确定最终的指标构成。三级指标以 20—30 个为宜，关键是突出重点。

第三，指标的硬与软。在指标开发中，往往重视一些硬指标，如各种入学率，因为这些容易测量，一些软指标如学生的民主素养、教育管理的民主性与法治性等因为难以测量，往往被省略和忽略。然而，测量问题永远都是次要的、第二位的问题。如果教育现代化指标体系中的指标都很容易测量，但指标体系却不能反映教育现代化的实质，那么这样的指标体系是效度很低的甚至是没有效度的。

在教育现代化指标体系开发中，正确的路径永远都是：首先根据教育现代化的内在要求确定若干指标，然后再想方设法进行测量。不能因为测量困难就舍本逐末。况且，测量技术在不断进步，例如，“教育管理的民主化”已经有了有效测量的先例。

在国际组织设计的各种教育发展指标体系中，经合组织的指标体系非常成熟，可资借鉴。该指标体系的设计力图做到以下四点。(1) 指标既需要回应各国政府特别关注的教育政策问题，又要通过国际比较的视角使国别分析和评估结果产生更重要的价值。(2) 指标既要尽可能具有可比性，又要合理考虑各国历史、制度和文化的差异而反映其特殊国情。(3) 指标呈现既要尽可能简单明了，又要足以复杂地反映多层面的教育现实。(4) 在希望指标数目尽可能精练的同时又需要指标量足够大，从而能为各国面临不同教育挑战的政策制定者提供有用的信息。(经济合作与发展组织，2012)

开发制定我国国家层面的教育现代化指标体系，完全可以借鉴上述四点，只需要把“各国”一词替换成“我国各地区”或者“各省（自治区、直辖市）”就可以了。

经合组织 2012 年的教育指标体系共包括 4 大类 31 个指标。

第一类指标：教育机构的产出及学习的影响。包括以下 11 个指标：

指标 A1　成人学历水平如何？

指标 A2　预计有多少学生完成中等教育？

指标 A3　预计有多少学生完成高等教育？

指标 A4　男生和女生的职业愿望与接受高等教育的男性和女性的专业之间的差别是什么？

指标 A5　移民背景学生的学业表现和学校特征如何？

指标 A6　父母受教育程度对高等教育入学影响有多大？

指标 A7　受教育程度如何影响劳动力市场参与程度？

指标 A8　教育的收入回报是多少？

指标 A9　教育投资的动机如何？

指标 A10　教育如何影响经济的发展、劳动力成本和盈利能力？

指标 A11　教育的社会效益如何？

第二类指标：教育中的财政与人力资源投入。包括以下 7 个指标：

指标 B1　生均支出是多少？

指标 B2　国民财富用于教育的比例是多少？

指标 B3　教育的公共投入和私人投入是多少？

指标 B4　教育总体公共投入是多少？

指标 B5　高等教育学生交多少费？得到多少公共补贴？

指标 B6　教育经费用于哪些资源和服务（支出结构）？

指标 B7　哪些因素影响经费支出水平？

第三类指标：教育机会、参与与过渡。包括以下 6 个指标：

指标 C1　哪些人接受教育？

指标 C2　世界范围内的早期教育体系有何差别？

指标 C3　多少学生升入大学？

指标 C4　谁在国外学习，在哪些国家学习？

指标 C5　从学校向工作过渡：15—19 岁的青年人何去何从？

指标 C6　有多少成年人参与教育与学习？

第四类指标：学习环境与学校的组织。包括以下 7 个指标：

指标 D1　学生有多少时间用于课堂学习？

指标 D2　生师比是多少？班额是多大？

指标 D3　教师工资是多少？

指标 D4　教师有多少时间用于教学?

指标 D5　教师状况如何（年龄结构、性别结构、学历结构、管理制度等）?

指标 D6　教育系统中谁做关键决策（中央政府、地方政府、学校的权限划分）?

指标 D7　进入中等教育和高等教育学校学习的途径有哪些?

这个指标体系中的许多指标可以被吸收来作为我国教育现代化评价指标。

我国教育现代化指标体系的开发已经具备了很好的实践基础，如果再进一步夯实理论基础，并深入研究和有效吸收国际组织的教育发展指标体系，我国教育现代化指标体系的开发工作会更上一层楼，结出硕果。

四、教育现代化指标体系设计的原理与技术

研制教育现代化指标体系，要严格遵守指标体系开发的原理和技术。

目前一些教育现代化指标体系中的所谓“指标”不是真正的指标，因为它们不符合指标的标准，根本无法进行测量。有人还把指标分为定性指标和量化指标两类，也是不合适的，我们可以说定性评价和量化评价（Babbie，2005）[371]，但不能把指标也分为定性和量化两类。

理解“教育现代化指标体系”的逻辑起点是：对于教育现代化而言，为什么需要指标和指标体系？当然是因为它们有用，而它们之所以有用，是因为这些指标以及由这些指标构成的指标体系，能够反映教育现代化的特征，能够测量教育的现代性。

指标（indicator）是统计指标的简称，指综合反映统计总体数量特征的概念和数值。一个完整的统计指标包括指标名称和指标数值两部分，它体现了事物的质的规定性和量的规定性两个方面的特点。可以量化是指标的基本要求。教育指标（educational indicator）能够反映教育的状况，是体现教育状况的概念和数值的总和。奥克斯（J.Oakes）认为，教育指标是“一

种揭示了教育系统的表现或健康状况的统计量（statistic）”（Oakes，1986）[1]。教育指标具有以下特点：指标的值是有时间性的；指标描述教育系统内的可测量的部分；指标提供量化数据以描述教育系统的某一特征；指标被普遍视为有效度和信度的统计资料；指标无法说明有关教育系统的一切事项。

从本质上讲，“教育指标”这一概念反映的是认识教育现象的一种基本方法。这种方法并不仅仅局限于对教育现象的认识。在一般意义上，运用“指标”是人类认识现实事物的一种基本方法。研究对象的复杂性和人类认识能力的有限性，决定了我们无法在一开始就能从整体上深入系统地把握所要认识的对象。在认识的某些阶段，将复杂现象分解成不同的构成或属性，可以达到深入认识局部性质或机制的目的。这种分析方式的核心是抽象（abstraction）和概念化（conceptualization）。所谓属性，是人类对事物或现象某种特征（如长度或智力）或特征间关系（如密度或速度）的一种抽象。它使我们能够超越完全不同的具体事物，在概念层面上对某个属性或不同属性间的关系进行描述、认识和研究。而指标则是连接抽象属性与事物（或现象）在该属性上具体表现的中介，进而提供了理解事物或现象本身及其所处系统的一种途径。教育系统可以被视为一个由多种成分构成的复杂系统，比如教育管理、教育体系、课程、教学等。每个构成以及不同构成之间都具有不同的属性或特征，比如课程的广度和深度、教育公平程度、教师专业水平等。通过建构合理的教育指标，可以实现对这些特征的观测、描述或研究，进而形成对教育系统当前状态、变化趋势乃至运作机制的认识。（杨向东，朱虹，2013）

就教育现代化而言，教育现代性是教育现代化的本质，也是一种抽象的属性或特征，教育现代性通过教育形态表现出来，而教育形态（即教育系统）包罗万象，必须通过建构一些教育指标去测量教育形态，进而测量出教育的某种现代性。如对于“教育民主性”，必须通过一个或者若干个指标才能测量出来。可以说，教育指标是教育现代性的外显化，两者之间存在着对应关系。

与单个的教育指标不同，教育指标体系（educational indicator system）是指将若干个相互联系的教育指标结合起来，构成一个结构体系，对教育状况进行描述和评价的指标总体。

为什么需要指标体系？因为单个或者几个教育指标不足以反映、刻画教育现代化这种复杂的社会现象，有必要将不同教育指标加以组合，以便能够揭示教育系统特征或运作状况。教育现代化指标体系的构建不是一个简单的应用问题，而是综合了对教育系统及其构成的理论认识、测评和统计技术、教育发展现实需求等因素，需要经历一个从概念到框架、从指标到数据、从研究到应用的循环往复过程。（杨向东，朱虹，2013）

教育现代化指标体系构建的背后是对教育现代化的理论认识，包括两个方面：一是对于教育现代化的目标的认识，即对于教育现代化要达到的结果的认识，再进一步讲，就是对人的现代性和社会现代性的认识；二是对目标实现的过程的认识，即对教育现代性的认识，以及对教育现代化与教育形态关系的认识，教育现代化作为一个过程，就是通过实现教育的现代性，进而促进人的现代性和社会的现代性。如果对这些方面没有清晰深入的认识，构建教育现代化指标体系就是缺乏认识基础的。

指标体系质量的高低，最终体现在为获得评价结果而提供的信息上，体现在其自身为评价使用者提供的效用上，最根本的标准是评价信息是否为对评价对象做出价值判断提供了充分的依据，评价是否对评价对象起到了切实的推动作用。

指标体系质量取决于指标体系的三个方面。（1）可靠性 / 信度（reliability）。它反映了评价结果与评价对象在所评价内容真实情况上的一致性程度。（2）有效性 / 效度（validity）。它反映了评价结论能准确表达它所要评价的教育活动的程度即效度。（袁方，1997）[187－198]（3）应用性程度（utilization）。它是指当某一指标体系建立后，这一指标体系是如何为评价者或被评价对象所使用的，其使用效果达到了何种程度。

存在误差是统计指标的一个重要特征。统计过程处理的是误差性的指标，而不是精确性的指标。统计认识追求的是合理误差的指标，而不是没有误差的指标。

教育现代化指标的研制者在认识上的模糊性会使指标产生误差，具体表现在以下两个方面。其一，人们提出的理论概念和指标概念不可能全面精确地概括和映射出教育的数量特征，从而在各种指标和指标体系在被提出时就必然存在一定程度的偏差。其二，由于认识的模糊性，人们设计的统计方法及统计工作组织程序本身也不会是尽善尽美的，统计方法以及统计工作组织程序上的不完善也必然会反映到统计指标的误差中来。

教育现象的随机性、复杂性也会对指标误差产生影响。社会现象运动的复杂性、变化的随机性和影响因素的多样性，使人们即使遵循统计规律和方法，也是概率意义上的对教育发展规律的逼近。另外，数理统计方法的应用的准确性也受到使用条件（即假定随机现象是相互独立的）的限制。

在设计开发教育现代化指标体系的过程中，要尽力减小各种误差。

五、教育现代化与教育发展方式转变

教育发展方式是指推动教育发展的各种要素投入及其组合的方式，其实质是依赖什么要素，借助什么手段，通过什么途径，怎样实现教育发展。

可以把教育现代化视为一个系统，它由背景、目标、投入、过程、结果（产出）等几个方面构成，教育发展方式所直接关涉的是“投入”与“过程”，它要回答依赖什么要素，借助什么手段和途径，怎样实现教育发展、促进教育现代化的问题。这是教育发展方式研究的核心问题和关键环节。

教育现代化从字面上看，是传统教育形态“转化”为现代教育形态的变迁过程；教育发展方式亦然，是教育从传统发展方式“转化”为现代发展方式的变迁过程。因此可以说，教育现代化与教育发展方式转变在本质上是一致的。此处之所以要阐述“教育发展方式转变”，是为了从发展方式的视角尤其是从后文述及的“教育发展要素”的视角，把前文述及的现代教育的四种形态、对于教育现代化的诸多评价指标，放在一个更为系统性的框架内予以概括化的分析，以便于提纲挈领地把握教育现代化问题的整体图景与推进教育现代化的内在机理。

在现实中，我们常常看到，理想的教育发展目标难以达到，现实的教育发展结果不尽如人意，理想目标与实际结果存在反差。教育发展方式是处于教育发展的理想目标与实际结果之间的中间环节。转变教育发展方式的根本目的是更好地实现教育现代化的理想目标，是改变教育结果（产出），是缩小教育发展的实际结果与理想目标之间的差距；直接目的是解决教育发展手段与教育发展目标不匹配的问题。

教育发展方式是让教育目标变为现实的桥梁和路径，没有教育发展方式的转变，教育现状不可能有根本改观，教育现代化的理想不可能真正实现。

如前所述，教育现代化的目标是促进人的现代化与社会现代化，是促进人的全面发展与社会全面进步。如同《教育规划纲要》所明确提出的："把提高质量作为教育改革发展的核心任务。树立科学的质量观，把促进人的全面发展、适应社会需要作为衡量教育质量的根本标准。"

教育是人的再生产活动，教育和教育现代化的结果是所产出的"人的数量和质量"，从我国教育发展的现实结果看，数量和质量都存在问题，主要表现在以下几个方面。

其一，从数量维度看，教育发展所产出的人才结构不合理，不能满足经济社会发展的要求。数量包括总量和结构两个维度。我国改革开放以来教育发展的主导模式是规模扩张、外延发展，缺乏对于教育结构体系的理性规划和宏观统筹，致使教育结构不尽合理，教育系统所产出的人才在总量上实现了历史性突破，但在结构上存在突出问题，技能型人才尤其是高水平技能型人才严重短缺，人才结构与就业结构、产业结构不匹配，严重制约我国产业升级和经济发展方式转变。例如：2008 年我国全部法人单位中有职称的专业技术人员总数为 4548 万人，而中级工及以上等级的技术工人总数为 2285 万人，后者仅为前者的一半，呈严重倒挂现象；中级工及以上等级的技术工人数仅占全国法人单位生产工人和第一线服务人员总数（1.7 亿人）的 13.5%，这个比例严重偏低，不适应我国未来产业升级和产品质量提高的需要。（胡瑞文，2011）"民工荒"的本质是"技工荒""技能荒"，是劳动力结构出现了问题。

其二，从质量维度看，学生总体发展水平不高，片面发展严重，可持续发展能力不强。由于过度追求升学率，中小学生课业负担过重，身心健康受到严重损害，学生的学习能力、创新能力、实践能力不足，各级各类学生适应社会和就业创业能力不强，以分数为本的教育导致了人的异化而不是人的解放，学生素质不能适应自身可持续发展的要求，不能适应经济社会变革的要求，不能满足国际竞争的要求。

另外，学生发展水平在区域间、城乡间、学校间存在较大的差距，教育结果不公平现象凸显，影响社会稳定与社会公正，影响和谐社会建设。这种差距表面上是教育公平问题，本质上是教育质量问题。教育质量差距突出表现为空间布局上的两种“教育二元结构”。一种是传统的城乡教育二元结构形态，主要表现是城乡之间存在的巨大教育差距。另一种是伴随城市化进程而产生的城乡教育二元结构的新形态，其外在表现是城市内部教育的双轨制，是对于农民工及其随迁子女身份的制度歧视，是以流动人口为代表的弱势群体教育的边缘化。（褚宏启，2010）

要改变上述发展结果，解决上述现实问题，就必须转变教育发展方式。

要优化人才结构，必须首先调整教育结构，使教育结构与就业结构、产业结构相匹配，提高教育体系的整体效能，实现各级各类教育的协调发展。

要解决学生片面发展问题，要缩小区域间、城乡间、学校间教育质量差距，提高学生培养质量，必须首先改革学生培养模式。学生培养模式涉及怎么培养人的问题，不仅涉及教学活动，也涉及管理活动（如教学管理、学生评价、督导评估、考试等），实际上涉及的是“教育实践活动”本身，即人的再生产活动本身。

基于此，转变教育发展方式，首先要求调整教育结构，转变学生培养模式。两者与教育产出的人才结构和人才质量有直接联系。

调整教育结构是一种宏观的教育实践活动，转变学生培养模式则是一种微观的教育实践活动，但二者同样重要和艰巨。这两种教育实践活动的成功，需要强大的人力支持和智力支持，需要大力加强教育从业人员培训和教育研究。因此，“加强教育从业人员培训”与“加强教育研究”成为转变教育发展方式的重要构成部分。本质上，是用“教育培训活动”和“教育研究活动”去支持“教育实践活动”，以专业化的教育人力资本和教育知识去支持专业化的教育实践。国家发展有“人才强国”战略和“科教兴国”战略，教育发展则有“人才强教”战略和“科研兴教”战略，二者在逻辑上是完全一致的。

调整教育结构、转变学生培养模式、加强教育培训、加强教育研究的必要性早为人知，国家和地方层面的相关要求连篇累牍，相应的变革在实践层面也取得了一定成效，但整体来看成效并不显著，进展比较缓慢，根本原因在于没有建立起有效的动力机制，或者说激励与约束机制。因此，需要建立健全激励与约束机制，需要一定的制度安排，通过诱致性或者强制性举措，提供动力和压力，提供推力和拉力，引导各相关主体着力调整教育结构，积极转变学生培养模式，强化教育培训和教育研究。而这就要求转变教育管理方式，改革教育管理制度，创新教育体制机制。因此，“转变教育管理方式”就成为转变教育发展方式的关键部分，就成为画龙点睛之笔。“转变教育管理方式”提供了约束机制与动力机制，提供了“指挥棒”，保障调整教育结构、转变学生培养模式、加强教育培训、加强教育研究的实施与实现。

总之，根据教育发展的现实结果存在的问题，可推论出转变教育发展方式包括五个方面的内容：调整教育结构、转变学生培养模式、加强教育培训、加强教育研究、转变教育管理方式。缺什么，补什么，我国教育发展系统中好模式、好人力、好知识、好结构、好制度匮乏，而且彼此的整合匮乏，彼此的协同也匮乏，转变教育发展方式的直接目的在于弥补这些缺失。

综上，我国教育发展方式转变的总体要求是：使我国教育发展从主要依靠规模扩张、财力物力资源投入、时间投入（师生加班加点）、强化考试技能（死记硬背，题海战术），转到主要依靠教育结构优化、学生培养模式改善、队伍素质提高、教育研究支持、管理方式创新的轨道上来，促进我国教育发展方式的转型与升级，从而真正实现教育“又好又快又省”的发展。

这只是一个原则性的总体要求，远非教育发展方式转变的深度分析和细化描述。下面将通过对“教育发展要素”质量提升与组合方式的论述，深化对教育发展方式的学理分析。

可以借鉴经济发展的要素来确定教育发展要素的构成。经济发展是由多种要素推动的，这些要素包括资本（K）、劳动（L）、自然资源（NR）、技术（TEC）、技能（SK）、结构（STR）、制度（INS）等。(柯武刚，史漫飞，2002)[16-25]值得注意的是，这种观点把技术（TEC）和技能（SK）做了区分，这种区分很有价值，可以很好地解释两种知识：一种是内化于人的知识或者技术，表现为技能即人力资本；一种是外在于人的知识或者技术，表现为生产知识、技术，或者具有技术含量的生产工具如计算机、精密仪器等。

根据对于发展要素的依靠方式的不同，经济增长方式可分为两种：一种是仅仅依靠增加自然资源、资本和劳动等生产要素的投入数量来扩大再生产及实现经济增长的方式，即粗放增长或外延增长（extensive growth）；另一种是依靠技术进步、劳动力素质提高、管理创新，提高生产要素的利用效率来扩大再生产及实现经济增长的方式，即集约增长或内涵增长(intensive growth)。(史晋川，2010)

上述认识对于理解和分析教育发展方式颇有帮助。但教育发展毕竟不同于经济发展。教育是人的再生产，不同于物质产品的生产。借助于上述理论，考虑到教育活动的特殊性，可以把教育发展的要素（或者说教育生产要素）确定为资本（K）、劳动（L）、学生身心条件（STU）、课程（CUR）、教育技术（TEC）、教育技能（SK）、教育结构（STR）、制度(INS)。

其中,"资本"是指物质资本，具体指教育经费投入与办学条件;"劳动"是指投放到教育中的劳动力数量或者劳动时间量；"学生身心条件"类似经济发展影响因素中的"自然资源"，由于教育是人的再生产，学生已有的身心条件就成为教育生产的原材料、初级产品或者半成品；"课程"是指学校中传授给学生的知识；"教育技术"是指教育知识，包括教育教学知识、教育管理知识、教育技术知识，以及各种知识物化后的形态如技术设备与手段；"教育技能"是指教育从业人员现实拥有的专业知识与技能，如教师的教学技能、教育管理人员的管理技能等，本质上是教育人力资本；"教育结构”即教育体系结构；“制度”是指约束或者激励教育行为的规则体系。

对比之下不难发现，在对教育发展要素的分析中加入了课程和学生身心条件两个要素，这反映出教育的独特性。教育是知识传递的活动，知识必然是教育活动的一个重要构成要素，课程是知识筛选的结果，教材则是课程的物化和外化形式。而把学生作为发展要素，就容易解释教育现实中（微观层面上）学校对于优质生源的争夺，学生不是纯粹的自然资源，而是已经经过后天的影响，是初级产品、次级产品或者是半成品，但学生身体上依然含有类似自然资源的一些生理、心理特征，如体力、精力、心理健康程度、好奇心、求知欲、想象力、思维能力、创造力等。长期以来，我国教育存在的一个突出问题就是：没有充分利用、全面开发学生身上的自然资源，造成学生片面发展，造成学生生理心理资源的闲置、浪费甚至心理受伤、扭曲，导致学生可持续发展能力的降低甚至丧失。教学管理工作中，学校要求教师备课时既要备教材又要备学生，就非常典型地体现出这两个发展要素的重要性。

教育发展方式不仅要回答依赖什么要素促进发展的问题，还要回答运用什么手段、通过什么途径促进发展的问题。从要素分析的理论视角看，手段和途径就是指单一要素的数量增加、质量提升、使用效率提高，以及不同要素组合方式和配置方式的变化。教育发展方式转变的深层机理是教育发展所依靠的要素结构的变化，单一要素的优化，以及要素组合方式的变化。因此，教育发展方式转变涉及以下三个问题。

第一，教育发展主要依靠哪些要素？笔者反对“单一因素决定论”，尤其反对教育经费决定论（唯资本论），因为任何一个要素都不能决定教育的发展，我国的教育发展并不只是缺“钱”的问题，与钱的问题相比，队伍素质提升、教育结构调整、教育管理制度创新等问题更为急迫也更为艰巨。笔者也反对把所有发展要素平列并重地无差别对待，我国教育发展已经进入一个新的历史阶段，其所依赖的要素与要素组合应该与过去有重要区别，如果说过去40多年更多是依靠资本和劳动（财力、物力、人力投入），依靠学生身心条件的过度损耗（体力和精力的巨大消耗），那么未来的教育发展将更多地依靠其他要素，走内涵发展与可持续发展之路。

第二，单一要素如何优化？每一个发展要素的变化都具有关联效应，会对整个要素系统产生影响，对教育发展结果产生影响。因此，需要使每一个单一要素发生正向变化，以对整个要素系统和发展结果形成正面影响。

单一要素的正向变化是指某一要素的数量增加、质量提升、使用效率提高。数量又可以从存量与增量两个维度考察。以资本要素为例。我国教育发展需要进一步增加投入，对于资本增量依然有很大需求，但更重要的是提高经费使用效率，并改变支出结构。教育发展方式转变的意义在于，即便不增加一分钱经费，通过改变支出结构，也可以改善教育发展的成效。

考察一下改革开放 40 多年来我国教育政策的演变历程，可以发现政府对于优化单一要素的重视。增加教育投入政策（如“三个增长”）意味着重视资本要素，减负增效意味着重视学生身心条件要素，课程改革意味着重视课程要素，加强队伍建设（如“国培计划”）意味着重视劳动和教育技能两个要素，推进教育信息化工程意味着重视教育技术要素，教育结构调整（如大力发展职业教育）意味着重视教育结构要素，而 1985 年启动并持续至今的教育体制改革则意味着对制度要素的重视。

然而问题在于，我国的一些教育改革往往是单一性的改革，政策往往不配套，改革进程艰难，效果不佳，甚至会造成资源浪费，如现代教育设备的大量闲置。究其本质，则是要素组合不当。因此，虽然单一要素的优化也是教育发展方式的正向变化，也有利于教育发展，但是教育发展方式转变的关键内容与“核心机密”则是要素组合方式的优化。教育发展的理想结果不是各个发展要素的简单相加，而是不同要素优化组合后所发生的“化学反应”、所产生的“乘数效应”和“裂变效应”。

第三，不同要素怎样组合？在教育发展的不同阶段，各种要素对教育发展的促进作用有很大差异，对于不同要素的组合也有不同的要求。在某一个具体的发展阶段，要强化某些组合关系，弱化另一些组合关系。如在当前提升教育质量、追求内涵发展的阶段，应该改变教育经费（资本）的支出结构，将经费更多地投向教师培训，而不只是购买硬件。与投向硬件相比，教育经费投向培训会使投资效益递增，所收获的就是“乘数效应”。进一步说，在教师培训中，如果能统筹考虑课程、教育技术、学生身心条件三个要素，将新课程培训、教育技术培训、学生发展特征培训等有机整合，就会又好又快地提升教师的教育技能（SK），这比分离开来对教师进行单一内容的培训在效果上要好很多，因为这种培训把“备教材”与“备学生”结合起来，把现代信息技术和课堂教学结合起来，所收获的也是“乘数效应”。两个“乘数效应”相加，就是双重的“乘数效应”。

因此，合理的要素组合是产生“乘数效应”的前提，也是教育发展方式转变的核心。教育发展方式转变所追求的是更有效率、更加聪明的发展，是工具合理性与价值合理性的充分应用与有机结合，是教育现代性的不断增长与快速成长，是教育现代化进程的加速，是教育现代化目标的尽快实现。

第六章　教育现代化进程的个案研究：以英国为例

英国全名为大不列颠及北爱尔兰联合王国（The United Kingdom of Great Britain and Northern Ireland），大不列颠包括英格兰、苏格兰和威尔士三个地区。英国总面积只有 24.4 万平方公里，约为我国领土的 1/40。本书所讨论的英国教育是指英格兰和威尔士的教育。

英国是世界上第一个走进现代大门的国家，其"在冲突中融合"的渐进式发展模式在世界诸国中具有鲜明的个性。那么，其教育是否也遵循"在冲突中融合"的发展模式？其社会现代化进程与教育现代化进程如何交互作用？其教育现代化在不同发展阶段有哪些表现？这是本章力图回答的几个主要问题。

本章分三个阶段讨论英国教育现代化的进程。

第一节　英国教育现代性的缓慢增长
——从中世纪末期到 1870 年

教育现代化作为一个历史过程，其实质不在于教育形态的变迁，而在于教育现代性的持续增长。

从中世纪末期到 1870 年，英国社会各个主要方面的革命性变革如文艺复兴、宗教改革、民族国家的形成、科学革命、政治革命、工业革命都发生了。每一种变革都是巨大的，都使得英国社会离中世纪越来越远。而教育上能与这些变革相媲美的变化则没有。人们往往把英国 1870 年《初等教育法》（The Education Act 1870）的颁布作为其教育发展史上的一个里程碑，而对1870年以前从文艺复兴开始的长达几百年的教育演变过程予以轻率的处理，似乎在1870年一年之间英国的教育就迈向现代化了。本书认为，情况远非如此。虽然社会诸方面的发展具有不均衡性，但社会的进步毕竟是一个整体性的进程。社会政治、经济、文化等方面的现代化进程必然会对教育产生影响，而且教育的现代性（如世俗性、民主性等）的充分增长也绝不是一蹴而就的，而是需要一个漫长的时间历程。实际上，英国教育的现代化历程从文艺复兴运动就开始了。此后的每一次社会大变革都加快了这一进程，并给教育增添了新的现代色彩，使教育的现代性得以稳步增长。

一、社会背景

世俗性是现代社会和现代教育的一个重要特征，而中世纪的英国社会却是一个典型的宗教社会，宗教权力凌驾于世俗权力之上，宗教生活成为社会生活的中心，宗教渗透到社会和个人生活的各个层面。人们关注虚无缥缈的来世而不关注尘世的幸福和满足，在神面前，人怀有强烈的罪孽感和自卑感，禁欲主义的宗教教条束缚着人们的精神，人活着是为来世做准备。基督教将灵魂和身体分开，说人有双重生命，它用臆想的天堂欢乐来慰藉并加重现实生活的痛苦。正是文艺复兴和宗教改革两大运动促进了社会的世俗化。

英国的文艺复兴运动是意大利文艺复兴运动传播的产物。文艺复兴运动不反对宗教，但它倡导人的价值和尊严，宣扬人的思想自由和个性解放，肯定现世生活的价值和尘世的享乐，带来了一股清新的文化空气和一种新的文化教育价值观念。教育目的、教育内容受其影响而发生了转折。一些人文主义者本身就是教育家。因此，说英国社会的现代化进程是以文化教育的世俗化为开端的，一点都不过分（布莱克也持此观点）。文艺复兴运动局限于社会上层，有其局限性，使整个社会走向世俗化的是宗教改革运动。英国的宗教改革始于1534年亨利八世颁布《至尊法案》（The Treasons Act 1534），该法案建立了英国国教，宣布亨利及其继位人是“英格兰教会在世间唯一最高首脑”，否定了罗马教皇对英格兰世俗事务进行干涉的权力。宗教改革后英国的教会分成若干派别，各派之间攻讦不断。因此，宗教改革的直接后果并不是社会生活的世俗化，而是更加残酷的教派冲突。世俗化是宗教改革的间接的但却是最重要的产物。持续不断的宗教冲突使冲突各方认识到，谁也不可能吃掉对方，冲突对任何一方皆无益处，且世俗政权支持任何一个教派实施宗教划一政策都会引起更多的教派的反对，都会导致社会动荡，世俗政权从自身的切身利益出发，唯一的出路就是走向宗教宽容。

宗教宽容是一种无可奈何的政治妥协，这种妥协有利于维持一个社会的生存所必须具有的秩序，更重要的是，它给以后的社会尤其是政治、文化和教育带来了生机。宗教信仰宽容也就意味着政治信仰的宽容和思想文化的宽容，意味着文化专制主义的覆灭。1689 年英国颁布《宗教宽容法》(Act of Toleration) 使国教派和清教徒得以和平相处（但直到 1829 年才解放天主教徒，赋予天主教徒担任公职的权利)。尽管国教会依然是国家支持的教会，但它已经宽容得多了，实际上它已经很少强制人们在精神上、道德上跟它的教义严格保持一致。至此，英国社会的世俗化进程走出了决定性的一步，而世俗化恰是社会现代化的核心内容之一。有位学者精辟地论述了世俗化的实质："世俗化的含义并不是绝对的无神论，因为强制的无神论本身就源于宗教式的思维方式……。世俗化的实质是对信仰的宽容，是社会放弃对个人信仰的监督。"（钱乘旦，1991）[244] 一个新的时代开始了，从此，基督教对社会生活的影响降为一种文化影响，再不像中世纪那样八面威风了。宗教宽容政策在教育上也有充分的表现，教育领域处理宗教冲突的方式与社会其他领域如出一辙。

宗教改革对于世俗化的推进还表现在以下几个方面：(1) 宗教改革使宗教权力服从于世俗（国家）权力；(2) 新教主张"因信称义"，鼓励了个人主义精神的萌生；(3) 新教伦理宣扬以职业劳动来为上帝增加荣耀，在客观上引导人们关注现世，具有明显的入世精神。

教会和经院神学还受到科学革命的挑战。自然科学极具"破坏性"，它使基督教所宣扬的种种神迹和迷信成为荒谬的杜撰，自然科学的认识方法（培根的"新工具"）从根本上否定了经院神学的演绎方法，从此这种新的科学归纳法成为人类认识自然、社会和自身的重要工具，凭借它，人类的认识飞速发展。自然科学还极具建设性，科学知识及其应用极大地改进了现世人类的生活，把人类社会带向一个崭新的时代，人、自然、宗教的关系发生了巨大变化，拥有了科学的认识方法，人类不再像过去那样轻信、迷信、盲从、自卑，人类认识事物的方式发生了革命性的变革。在欧洲的科学革命中，英国处于一个十分重要的地位，培根（F. Bacon）、牛顿（I. Newton）、波义耳（R. Boyle）、哈维（W. Harvey）、瓦特（J. Watt）、达尔文（C. R. Darwin）等都千古流芳。尤值一提的是，达尔文的《物种起源》（*The Origin of Species*，1859）所宣扬的进化论使上帝创世的神话不攻自破，“于是，英国思想领域中的两军对垒，到此时发生了一个巨大的转变。宗教界的狂怒，学术界的兴奋，社会的震动，都不过是这种转变所引起的表面的浪花而已。从此以后，虽然宗教的势力依然存在，而神情严肃的黑衣教士们仍然庄严地宣称上帝创造了人类；然而，争论的双方内心都明白，原来的论题已经失去意义，剩下的问题是，在新的人类理性世界中，如何给宗教一个适当的位置”（钱乘旦，陈晓律，1991）[347]。

人类的认识方式和认识能力已迥异于中世纪。科学革命的实质是世俗性的，在文化知识领域产生了几种重要的冲突：宗教与异教的人文之学的冲突，宗教与科学的冲突，同属于世俗文化的人文之学与科学（新知识）的冲突。这几种冲突对英国教育中的课程变革产生了直接而深刻的影响。

现代教育是指现代民族国家的教育，而在中世纪的欧洲，现代意义上的民族和国家是不存在的。中世纪欧洲是一个只有“领地”而没有国家的大世界，所谓的“国家”只有地理意义，仅指某一地区而已，如英国是指英格兰这个地区，“国家”与权力是分离的，因此谈不上国家主权，谈不上真正意义上的“英国教育”。民族的概念也十分含糊，权力与民族属性无关，权力在一个民族内部是分裂的，在各个民族之间又形成交叉状态。国王只是一个名义上的政治代表，权力相当有限。中世纪欧洲封建国家的一个显著特征就是没有中央权力，甚至连中央机构都没有，也没有中央机构所在地——首都。国王的权力不仅被贵族所分割，而且受到宗教权力的制约。在中世纪的政治观念中，教权高于君权，整个西欧是由一片片封地组成的基督教大王国，教皇则是这个大一统世界的精神首脑。这种极为分散无序的权力状态成为英国社会走向进步的障碍，“权力的集中对于铲除旧秩序，摧毁封建特权和封建束缚，并为新社会集团的崛起和新的经济活动的发展都是必要的”（亨廷顿，1989）[114]。1455—1485 年的红白玫瑰战争使英国封建贵族自相残杀，几近灭绝，贵族权力对王权的限制得以消除，1534 年《至尊法案》使英国王权摆脱了教皇权力的束缚，建立起与国家利益相一致的民族教会。这样，具有历史进步意义的专制王权得以建立起来，完成了权力的转移和集中。这种权力转移深深地影响到教育管理的变革，从此，真正意义上的英国民族国家教育才开始发展起来，教育管理上的权力由罗马天主教会转移至英国世俗政权。

专制王权成功的基础在于国王与新贵族（商业资产阶级）的联盟，教会和地方割据势力是他们共同的敌人。但一旦国王与商业资产阶级发生利益冲突，这种联盟就破裂了。冲突导致了英国资产阶级革命，这场政治革命始于 1640 年，直至 1688 年“光荣革命”才告结束。1689 年国王接受了《权利法案》（Claims of Right Act），该法案规定，国家权力归于议会，国家由议会治理，代专制王权政治而起的是代议制立宪政体，虽然保留了君主权，但君主只是一个名义职位罢了。“光荣革命”并不意味着英国已成为一个民主国家，因为操纵议会的只是一二百个贵族成员，这些贵族是乡绅地主和商业资产阶级的联合体。君主立宪政体只是走向民主的第一步。

18 世纪中叶以后，随着工业革命的深入，工业资产阶级和工人阶级迅速崛起，成为两支重要的政治力量，经过复杂、激烈、长期的政治斗争，政治格局发生了一些重要的变化。1832 年第一次议会改革使中产阶级的多数获得了选举权，使选民的人数从人口的 2% 增加到 3.3%，一些工业地区第一次获得了议员名额。但财产资格的限制却把工人排除在外。在“宪章运动”和其他一些民主运动的促进下，1867 年第二次议会改革使约 100 万工人获得了选举权（因为选举权有财产的限制，贫民、一般工人和农民仍得不到选举权），而在此之前英格兰和威尔士的选民总共才不过 100 万，英国总人口当时才 2000 多万。这种政治变化必然带来两个教育上的后果：下层子弟的教育利益将在议会中受到前所未有的关注；选民范围的扩大要求选民具有一定的教育水平，否则难以成为合格的选民。这是1870年《初等教育法》得以通过的重要原因之一。第一次议会改革使英国跨进了民主的大门，第二次议会改革基本上奠定了民主的基础。“此后，英国进入‘改革年代’，两党[①]竞相进行改革，内容涉及文教、卫生、文官、军队、司法、殖民地等各方面，是一次全社会的大调整。改革之风劲吹了几十年，在20世纪初把英国推进福利国家的大门。在欧洲，英国最早实现全社会的现代化。”（钱乘旦，1991）[146]政治民主化成为推动教育民主化的重要动力。

始于18世纪60年代的英国工业革命给英国社会带来了更深刻的变化。工业革命是由机器的发明和运用引起的由机器取代手工劳动、由工厂取代作坊和手工工场的过程。蒸汽机结束了人类对畜力、风力和水力的由来已久的依赖，在蒸汽机的推动下，机器的发明和使用迅速向矿山、冶金、交通运输（轮船、火车）、建筑、农业、仪器仪表、机器制造等部门扩展，到19世纪中叶，英国已完成第一次工业革命，英国社会的生产方式和产业结构已发生了根本的改变，原来以农牧业为基础的农业社会已转变为以工业为基础的工业社会，英国成为当时世界上经济实力最强大的国家。工业化还带来了城市化。英国是城市化最早起步和首先完成的国家。世界公认的城市化标准是以人口比例为依据的，城市人口占本国总人口50%以上，该国即基本实现城市化。以此为标准，英国1851年就已实现了城市化，当时城市人口占总人口的54%，1861年达到58.7%，1871年达到65.2%，而1851年法国的这一比例仅为25.2%，美国仅为15.3%。英国的工业化和城市化还伴随着史无前例的人口激增，18世纪下半叶到19世纪中下叶是英国历史上人口增长最为迅速的时期。（王渊明，1995）工业革命、城市化、人口激增皆对教育产生了重要影响。工业革命对劳动者的素质提出了新的要求，英国传统的学徒制在大工业时代失去了存在的价值而归于消亡，家庭、社会已无力承担培养新型劳动者的重任，学校教育的经济功能凸显，教育对增进国家经济实力的作用日益显彰。人口激增必然带来受教育人口的激增，而迅速的城市化又使人口大量积聚于有限的城市内，人口的集中

---

① 指保守党和自由党——著者注。

使教育的方式发生了显著变化，也使教育效率的大幅度提高成为可能，主日学校和导生制学校就是城市化初期解决大量城市儿童受教育问题的重要尝试。工业革命、经济发展所积累的经济财富也为教育发展奠定了良好的物质基础。

经济变革亦有其负面影响，经济繁荣并没带来普遍的富裕，巨大的贫富分化使英国成为“两个民族的国家”。在工业化过程中，英国工人阶级的境况非常悲惨。工人组织为改善不良的经济地位不断展开政治斗争，将争取政治权利看作改善经济地位的前提条件。经济地位的差异决定了受教育机会的差异，争取经济民主和政治民主的进程也就决定着争取教育民主的进程。

工业化时代的经济政策对教育政策也产生了深刻的影响，英国政府对教育干预严重不力与其自由放任的经济政策紧密相关，这又在相当程度上延缓了英国教育现代化的进程。

综上所述，1870 年以前的 400 年时间是英国社会的重要转型期，到 1870 年，英国已在经济、政治、文化、宗教等方面完成了由传统社会向现代社会的转型，其世俗化、工业化、民主化、科学化程度已达到相当高的水平，成为当时社会现代化综合水平最高的国家。英国也是当时最强大的国家，其殖民地遍及世界各地，遂有“日不落帝国”之称。

较高的社会现代化水平既为教育现代性的增长提供了条件，也对教育的现代化提出了挑战。教育现代性的全面增长受制于社会的现代化程度，1870 年英国社会的一些根本问题的基本解决，是英国社会对英国教育现代化进程的最大贡献，可避免社会动荡对教育造成严重的不利影响，教育的稳步持续发展有赖于一个健全的宏观社会结构。

二、教育管理

1. 教会对教育的控制

基督教会控制教育是英国教育史的一个显著特点。

英国的教育从史前时期就开始了，在罗马占领时期（公元 43—410

年），英国也输入了世俗的罗马式教育，后来盎格鲁撒克逊人的野蛮征服使得罗马文明及罗马式教育荡然无存。正是基督教的传入使教育的复兴成为可能。公元597年罗马教皇派奥古斯丁到英国传播基督教，奥古斯丁不仅带来了宗教，也带来了教育，不仅建立了教堂，也建立了依附于教堂的学校。在传教士看来，宗教和教育是不可分的，皆为教会的职责。“从奥古斯丁的到来至宗教改革的近一千年的时间内，教会绝对地控制着除学徒制和贵族教育以外的一切有组织的教育，而且似乎是提供有组织的教育的唯一机构……所有教师都须经主教批准；所有的文法学校和歌咏学校的校长都由主教任命。早些时候，主教亲自任命，后来，由他的代表即司法官和唱诗班的领唱人代为任命。除极个别情况外，教师皆由牧师兼任。”（邓特，1987）[5]

1534年的宗教改革建立起民族国家，似乎教育应由民族国家来控制，从而使教育摆脱教会，其实不然，宗教改革后的教育依然由教会控制，不过是由效忠于国王的英国国教会替代了原来效忠于教皇的天主教会。教育成为国王和国教会推行国教的工具。1559年皇室法令规定，除非经过严格的品格和思想考察并由主教发给许可证，任何人都不能从事教学工作。1604年法令规定，任何人想在学校或绅士家里从事教学工作，都必须宣誓效忠于皇室的至尊和国教教义，没有许可证而从事教学工作，要被罚款或监禁。国王的巡视使牛津大学、剑桥大学也成为国教的堡垒，毕业生都要参加至尊宣誓，否则不能获得学位。1689年的《宗教宽容法》给了大部分不信奉国教的新教徒以信仰自由，同时对未领到许可证的教师的惩罚，执行起来也不那么严厉了。1700年以后，除文法学校教师以外的所有教师从教，不必再经主教的批准。到1870年时，教会对教育的实际控制已大大削弱了。

然而，各教派兴办教育的热情丝毫未减，兴办于17世纪后期的慈善学校是由以传播国教为己任的基督教知识促进会在18世纪向全英国推广的，18世纪80年代发展起来的主日学校和其后发展起来的导生制学校的扩展都离不开一些宗教团体如主日学校学会（1785年成立）、主日学校联合会（1803年成立）、普及穷人教育国民社（1811年成立）、不列颠和海外教育社（1814 年成立）的积极推动。教会对教育的热心在不同时期都不同程度地在客观上促进了教育的发展，教会对于英国教育的发展功不可没。然而，教会办教弊端亦甚多：首先，教派对教育的宗教目的的强调会阻碍教育的世俗化进程；其次，教会对教育的长期渗透和控制使教会成为阻碍国家兴办公立学校的保守力量；复次，教会作为民间力量对教育的推动力较小，尽管有兴办教育的热忱（往往出于宗教目的），但其拥有的权力、财力毕竟不能与一个强大的国家相比。由国家兴办教育是教育发展的必然趋势，也是教育走向现代化的必由之路。

2. 中央政府和地方政府

中世纪和专制王权时期的国王都曾不同程度地关心、扶持甚至控制过教育，但这些干预都是偶然的，缺乏组织与制度的基础。现代意义上的中央政府对教育的控制和管理出现在工业革命后期（19 世纪 30 年代）。18 世纪英国的中央政府规模不大，内部机构设置不多。国内冲突不十分激烈，工业资产阶级和无产阶级均未形成，对统治者无太大威胁。而在国际舞台上，英国则与其他欧洲大国展开激烈的商业竞争和殖民地争夺，在此特殊背景下，英国国家的外部职能首先发展起来，但专门负责国内事务的中央行政机构设置甚少，对内、对外的职能机构设置有着明显的不均衡现象。工业革命使英国社会日趋复杂，也使国家对内管理职能日趋分化和复杂，从 19 世纪初开始，一些中央行政机构纷纷设立起来，“到 1892—1895 年自由党政府时，主管大臣席位总数由 1761 年的 14 个增至 48 个。由此我们可以看到，国家从主要管理财政、外交、军事和内政等比较简单的机构变成十分庞大的机器，它增加了管理经济、教育、殖民事务、地方事务和司法等方面的职能，完善了资产阶级专政的国家机器，增强了社会调节功能，使政府机构的设置和国家职能趋于现代化”（王章辉，孙娴，1995）[401]。“英国行政机构具有成熟的近代形式是到工业革命结束以后才实现的，英国在 19 世纪中期进行的‘政府革命’加强了中央政府的干涉职能，并建立了一批中央的部或部级委员会，完成了中央政府建设。”（沈汉，王建娥，1993）[251] 加强政府机构建设是国家权力干预社会事务的组织保障。

中央教育行政机构的设置并不顺利，建立政府教育行政机构的设想受到多方抵制和反对，下院投票时这一提案仅以280票对275票勉强通过，而上院则立即以229票对118票表示抗议。为避免卷入议会冲突，1839年成立的中央教育行政机构——枢密院教育委员会不是设在政府某个部里，而是置于枢密院的管辖之下。其主要职责是监督政府年度教育拨款的分配和使用，并督察一切接受公款补助的学校。1840年皇家督学团创立，作为枢密院教育委员会和公款补助学校的中介联系人，督学团的任务在于确保拨款的合理使用，对学校工作提供帮助和咨询，收集资料为政府教育决策服务。1853年英国成立了科学工艺署，意在推动初等和中等教育阶段的科学和技术教育。起初它属贸易部领导，1857年并入新成立的教育署（管理初等教育拨款的中央行政机构），由教育署指导其工作，两个署皆为枢密院教育委员会的下属机构。虽然在理论上教育署的地位要高一级，但两个署的合作并不融洽。

中央教育行政机构的设立是英国教育从教会控制走向教育国家化的又一重要转折（第一个重要转折是宗教改革），是国家运用行政权力直接、正式干预教育的开端。1870年以前地方政府如教区、自治市镇等在地方教育发展中都起到了一定作用（奥尔德里奇，1987）[49-50]，它们或直接控制某些学校，或为学校提供经费，但总体来看作用甚小。地方政府对教育事务的有力参与还是在依1870年《初等教育法》成立地方教育委员会之后。

总之，1870年以前，国家教育管理体制并不完备，地方教育行政机构没有建立起来，中央教育行政机构虽已建立起来，但结构简单，职能有限，对教育事务的干预范围和力度都比较小，远不能适应教育发展的客观需要。

3. 教育观念与基本的教育政策

几百年的时间跨度里产生了各式各样的教育观念和思想。从中世纪的基督教教育思想到文艺复兴时期的人文主义教育思想，到17世纪的唯实主义教育思想，再到18、19世纪的功利主义教育思想、科学主义教育思想、自由主义教育思想和国家主义教育思想，基本上反映出英国教育观念与思想发展的脉络，这些教育思想的发展历程也充分体现了社会发展的世俗化和科学化趋向。它们对教育现代化进程无疑有推动作用。然而，本章并不十分看重教育思想与观念的作用，其原因在于：其一，观念和思想本身充满着矛盾，反映了不同的教育价值观念，从总体上看，是良莠不齐、优劣并存的；其二，观念、思想与实践不是一回事，好的观念和思想未必能为权力部门所接纳而成为教育政策。

教育政策一般是指公共的教育政策，是指国家政府颁布施行的含有目标、价值与策略的大型教育计划，包括教育法令、政府规划等广泛的内容。考察教育政策问题应注意这样几个方面：有无与多寡，来源及其产生方式，有效性。

中世纪无国家的概念，有的只是教会的教育“政策”，民族国家兴起后，才谈得上国家的教育政策。英国在专制王权时期，有关教育的政策来源于专制君主的意志（议会也起一定作用），政策数量较少，主要强调教育的政治（宗教）功能，企图以教育为手段加强政治控制。亨利八世在宗教改革后的主要教育政策就是要求教师服从国家教会，承认他为英国教会的最高首脑。中央政府没收天主教会财产并从中拿出一部分兴办新的英王文法学校，国王在 1549—1559 年连续三次到牛津大学和剑桥大学巡视，这些都是为建立国教、确立新信仰的政治目的服务的。

“光荣革命”后，议会的权力超越王权，议会成为英国的管理者，成为国家政策的主要来源，但议会对教育的关注却是非常有限的。社会要求国家干预教育、建立公立教育制度的呼声在议会中亦有反映，然而议会是各派利益冲突的集中地，公立教育往往会成为冲突的牺牲品。1807 年的一项建议用政府经费建立或资助教区学校的议案在下院获得通过，但在上院（贵族院）却遭到否决，理由是，若贫民受到教育，就会不满于自己现在的命运，就会受到各种颠覆政府和现有社会秩序的宣传品的影响。“愚民政策”对统治更安全。同时，公立教育会削弱国教会对教育的控制，会使工场主失去童工，会使贫困的家庭失去由童工带来的几便士收入，因此，教会、工场主、家长从各自的当前利益出发，也都阻碍着公立教育的发展。而政府的自由主义政策也导致其对教育持不干预态度。英国存在已久的民间办学传统也构成国家干预教育的阻碍。许多思想家以为，国家的活动应严格控制在国防、治安、筹集公共经费等几个领域。国家对社会干预过多，会破坏自由传统，走向专制复辟。国家对教育亦不应干预，即便干预，也要尽可能地少。功利主义者密尔就是持此论的典型代表（密尔，1959）115－116，思想界的精英尚且如此，其他人就更是可想而知了。

1833年，议会拨款2万英镑资助教育，标志着英国政府干预教育的正式开始，从此以后，干预力度逐渐加大。总体而言，1870年《初等教育法》颁布以前，干预的力度仍比较小，干预的范围也非常有限。1833—1870年，英国政府干预教育的主要方式是：（1）建立拨款制度；（2）建立中央教育行政机构以管理各类教育（主要是初等和部分中等教育）；（3）建立一些教育调查委员会对教育现状进行调查，提出教育改革建议，为政府制定政策和立法服务。这三种干预方式将财、权和稳健的改革观念统一起来，是使教育改革速见成效的“三驾马车”。若政府只提供改革观念而不提供财、权支持，教育的变革将是艰难的甚至会夭折。英国政府的这种干预教育的方式在1870年以前就已具雏形，1870年以后又得到进一步完善。历史证明，这种干预方式是卓有成效的。

三、教育体系

一个国家教育发展的状况、教育现代化的水平可从教育体系中各级各类教育的类型与结构中得到具体的说明。

1. 初等教育

从中世纪到1870年，英国初等教育主要有以下若干种类型。

其一，歌咏学校。中世纪由教会经办，设在大教堂或修道院内，目的在于培养教会唱诗班成员和牧师举行宗教仪式时的助手。宗教改革运动使得歌咏学校趋于消失，因为这类学校的培养目的是为天主教会服务的。

其二，读写学校。这类学校15世纪就已大量存在，到16世纪初，教儿童阅读英语读物已成为教区、教堂牧师的日常职责。1547年英国国王命令小教堂牧师教儿童“读和写”，进一步促进了读写学校的发展。

其三，贫民习艺所。贫困一直是本阶段英国社会的顽疾。圈地运动使贫穷和流浪成为16世纪严重的社会问题。贫民习艺所因此而发展起来，主要对贫儿进行宗教训练和初步的职业训练，以免他们将来沦为乞丐、小偷或游手好闲之辈。国教会牧师、城镇皆有建立贫民习艺所的权力和职责。17 世纪末 18 世纪初，贫困依然困扰着英国社会，1/5 的家庭要靠贫困救济才能生存，解决贫困问题的方式之一就是设立贫民习艺所，故此 17 世纪 90 年代许多大城市建立了新的贫民习艺所以收容赤贫的无业儿童。贫民习艺所附设有洛克所提议的“工作学校”（working school），工作学校以初步的职业训练为主，兼进行一些读写训练，其产品可以出售，儿童的劳动收益可以帮助学校维持下去。贫儿受到一定的训练和教育后，可以做手工业的学徒，也可以去做工场的学徒，成为英国经济领域顺从的廉价劳动力。

其四，教义问答学校。在 16 世纪之前，安贫是一种美德，人们普遍认为富人死后进入天堂比骆驼通过针眼还难。新教伦理的传播使人们对贫富的看法发生了转变。从 16 世纪后期开始，贫穷被看作一种危险和罪孽，被认为是愚昧与无所事事的结果，因而需要与之斗争并对其进行控制。以捐助为基础的慈善事业和慈善教育便是控制贫穷的手段。最早的慈善学校于 1680 年创办于伦敦。教义问答学校是慈善学校的初等教育形式，因重视用问答法进行教学而得名。宗教教育、道德教育和读写训练是对男童的主要教学内容，意在使他们能适应未来的学徒身份和其他职业，而女童在宗教和道德教育之外主要接受家务方面的训练。教义问答学校后来被主日学校和导生制学校所取代。许多慈善学校采取了“工作学校”的形式。慈善学校的实践产生了这样一种认识，即“对下层社会的男女儿童进行的初等教育是其就业前的一个合理的和必要的阶段”，这“可能是英国教育史上最重大的发展”（奥尔德里奇，1987）[72]，也是英国初等教育的传统之一——“基础教育传统”（elementary tradition，招收社会下层子弟，为就业做准备）开始形成的表现。这种传统的积极面在于使人们都认识到初等教育的必要性，利于其普及；其消极面在于具有鲜明的等级性，反映了教育的不平等性。

其五，主日学校。自 18 世纪 80 年代起发展起来，于星期日由兼课教师对儿童（童工）以及某些未受过正规教育的成人进行宗教、道德和一定的文化知识教育的初等教育机构。主日学校在人口迅速增长的工业化和城市化时期满足了劳动阶级子弟受教育的需求，很受欢迎，1831 年有 100 多万人在主日学校就读，1851 年则超过了 200 万人，分别占当时总人口的

8.4% 和 12.5%，占 5—15 岁的劳动阶级子弟的 49.6% 和 75.4%，以至有的教育史家将主日学校称作“新社会第一个民众教育运动”（奥尔德里奇，1987）[56]，这里的新社会是指工业革命开始后的社会。

其六，导生制（monitorial system）学校。城市化使大量人口集居于城市，大量的城市儿童需要受教育，而师资却十分匮乏，导生制学校解决了这一矛盾。导生制创始于 18 世纪末，人们把它与蒸汽机的发明相提并论，蒸汽机大大提高了劳动生产的效率，是工业革命的发动机，而导生制在当时条件下，通过互教互学和自学，大大提高了教育的效率，成为一种大众教育的手段，成为“理智和道德的发动机”。导生制的创始人兰喀斯特（J. Lancaster）声称一个教师可以管理一所有 1000 名小学生的学校，而另一创始人贝尔（A. Bell）则认为，一个教师可以管理邻近的 10 所千人学校。在政府资助和一些宗教团体的推动下，导生制学校在 19 世纪的英国迅速发展起来。

其七，预备学校。这类学校兴办于 19 世纪，是公学和文法学校的预备学校，是为中上层子弟开设的，预备学校的开设可使公学和文法学校专门进行中等性质的教育。到 19 世纪末，预备学校已有约 400 所。预备学校的产生标志着英国初等教育的另一个传统——预备教育传统（preparatory tradition）的形成。这种传统的教育为社会中上层子弟服务，以升学为目标，与基础教育传统形成鲜明的对比。

这七种教育机构都是由民间兴办的，国家在 1870 年以前并未兴办公立的初等教育。除预备学校外，其他几种初等教育机构的内在结构都比较简单，水准也非常低。初等教育中存在着明显的等级性。

2. 中等教育

从中世纪到 1870 年，中等教育主要有文法学校（包括公学）、骑士教育、艺徒教育、学园等几种类型，其中持续时间最长、影响最大的是文法学校。

文法学校由教会在中世纪率先开办，设在大教堂或寺院内，其主要目的是教拉丁语。拉丁语是中世纪基督教世界学术、宗教和政府往来的通用语言，享有较高的地位，而当时的民族语言并不成熟。中世纪许多修道院学校、主教学校都是以培养教士为主的文法学校，其中坎特伯雷和约克大主教学校在当时非常著名。文法学校的学习年限约为 7 年，通常 7 岁入学，14 岁结束，结业后的出路是上大学，成为地方牧师或者成为需要掌握拉丁文的各种职业的师傅，如药剂师、制书匠、公证员、文书、文具商等。文法学校的叫法多种多样，“文法学校”（grammar school）、“堂区学校”（parish school）、“公学”（public school）、“私立古典学校”（private classical school）、“捐助文法学校”（endowed grammar school）、“免费学校”（free school）等皆可列入文法学校之列。从 17 世纪末到 18 世纪，经常起作用的文法学校约有 600—700 所。（奥尔德里奇，1987）[108] 公学是文法学校的佼佼者，“公学”并非指公立学校，公学属私立性质，之所以称为公学，原因有二：一是这类学校招生无地域、贫富限制；二是相对于当时许多贵族家庭普遍聘用家庭教师教育子女的“私人”教育而言。从 14 世纪到 17 世纪，公学的确为来自不同社会阶层的人提供了良好的教育。但从 18 世纪开始，随着贵族学生的不断增多以及公学学费的日渐昂贵，到 19 世纪上半叶，穷人子弟便被完全排除在公学之外，公学从此成为英国中上层尤其是上层所占有的一种教育机构。

在中世纪，家庭是重要的教育单位，学校仅是家庭教育的补充，文法学校和公学在当时并不被视为最好的教育形式，皇室和贵族子弟则在自己的家里请家庭教师进行教育教学活动。王室和贵族认为家庭教育是一种更好的教育形式，的确，有些贵族家里有更好的教育条件，如丰富的藏书和艺术品、见多识广的来客等。17 世纪的洛克就曾做过家庭教师，他还建议绅士们通过家庭教师教育孩子，而不要把孩子送到文法中学去受肉体、道德和精神上的折磨。直到 19 世纪，上流社会的家庭教育才走向衰败，这与 19 世纪预备学校建立、文法学校和公学质量提高有关，与文法学校、公学性质发生变化（只收中上层子弟）有关。

中世纪的骑士教育和艺徒教育也是以家庭为单位而不是以学校为单位进行的。骑士教育的做法是，封建领主子弟通过到贵族家里做侍童和侍从，学习符合其身份的管理技能、社交技能和军事技术，最后取得骑士身份。到了 16 世纪，随着专制王权的兴起、贵族的消亡、封建制的衰落，骑士制度和骑士教育也走向衰落，骑士仅仅成为有土地的绅士的荣誉称号。

艺徒教育的兴起与手工业、商业的发展有关。从12世纪起，手工业行会和商业行会开始实行严格的学徒制。根据这种制度，一旦签订契约，工匠或商人把徒弟带回家中，在契约规定的年限里把自己的手艺教给徒弟，使之成为一名合格的工匠、艺人或商人。1563年英国颁布《工匠法》(Statute of Artificers)，使学徒制正规化，成为严格的7年学徒制。工业革命开始后，随着以机器生产为基础的工厂制度的建立，传统的家庭学徒制走向衰落，1814年英国废除了《工匠法》。

新的工业生产方式需要新的技术教育与之相适应，19世纪初，英国现代技术教育的先驱——工人讲习所（Mechanics Institutions）开始出现，1823年第一所工人讲习所成立，到1850年英国共有工人讲习所600余所，学员逾50万人，主要集中在工业区。工人讲习所的主要任务在于讲授“技术和制造的科学原理”。有一些工人讲习所在19世纪后期发展成为城市技术学院。

工人讲习所是成功的，但它也有很大的局限性，它未能吸收大量的普通工人入学，这一方面与民办的工人讲习所收费高有关，另一方面与工人的学习基础差、知识储备少有关，工人讲习所仅以初等教育为基础，但很多工人连这一基础也不具备，当时1/3以上的工人阶级人口不能在结婚簿上签名。这说明要提高工人的素质，对他们进行必要的技术教育，首先必须使他们具有较好的初等教育基础。这种认识成为1870年颁布《初等教育法》的重要原因之一。

学园（academy）在17世纪末就已产生，它与古典主义色彩浓厚的文法中学的不同之处在于，除古典课程外，比较注重现代实用课程的学习，以至有的教育史家将之称为“现代学校”，而将传统的文法学校称为古典学校。(奥尔德里奇，1987) [102] 有些学园还具有一定的职业性，重在为学生将来从事陆军、海军、实业界和商业界职业做准备。学园重视自然科学教学和职业技术训练，有助于新思想、新态度的传播，训练了一批作为工业革命先驱的机械师、技术革新者和企业家。

3. 高等教育

英国教育史学者奥尔德里奇将中世纪的英国教育分成五个主要分支。第一个分支是教堂学校，是为当地牧师设立的高等教育中心。第二个分支是天主教四个托钵修会在各自的修道院里进行的高等教育。第三个分支是其他托钵修会在大学或大学城附近建立的某些它们自己的高等教育中心。这三个分支意在培养天主教高级教士，宗教改革后逐渐趋于消失。第四个分支是四个法学协会（The Inns of Court，伦敦具有授予律师资格权的四个法学协会）所提供的法律训练。当时的大学提供的法学训练主要是宗教法和罗马法（属大陆法系）方面的，而且注重理论研究，用拉丁语教学，而在英国实际起作用的是英国独创的习惯法和衡平法，这种法律制度是经验型的，从事法律事务使用英语和法语。四个法学协会培养的就是习惯法和衡平法律师，而培养的方式类似于行会的工匠学徒制，训练严格，重在培养职业技能。16 世纪下半叶，四个法学协会在高等教育中的声望达到顶峰，吸引了大批有才华的青年，培养出不少杰出法律人才，1563 年议会下院 420 位议员中，有 108 人曾在这四个协会中学习过，1584 年，460 位下院议员中有 164 人是协会会员，而 1593 年则有 197 位下院议员是协会会员，其人数都比进过大学的人多得多。到 17 世纪下半叶，四个法学协会在高等教育中的地位开始下降。第五个分支也是最重要的一个分支是牛津大学和剑桥大学。

12 世纪经院哲学的繁盛与学术活动的频繁刺激了大学的产生。1167 年牛津大学诞生，1209 年剑桥大学建立。大学刚建立时规模很小，大学实际上是由教师和学生组成的“行会”或团体。教师在教堂或租来的房子里授课，靠学生的学费维持生活。到 13 世纪大学才逐渐有了自己的学堂和宿舍。从 13 世纪下半叶起，大学的学院开始发展起来，大学成为各个学院的集合体。牛津大学和剑桥大学的教育是一种典型的精英教育，政府和教育中的高级职位几乎被这两所大学的毕业生所垄断，大学近乎成为政府高级官员的培训基地。（徐辉，郑继伟，1993）[24] 1215—1272 年英国共有 78 名主教，其中不下 40 人是大学毕业生。17 世纪上半叶议会中有一半以上的下议会议员受过大学教育，1815—1914 年的 18 位首相中只有 3 人不是在牛津大学和剑桥大学受的教育。

牛津大学和剑桥大学在发展过程中一直固守古典主义的传统，忽视实用科学和职业训练，加上其对非国教徒和出身地位低下的子弟的排斥和限制，招致了络绎不绝的批评，17 世纪的一些激进人士甚至认为，解决大学问题最简单的办法就是消灭牛津大学和剑桥大学。1596 年建立的格雷沙姆学院、17 世纪 60 年代开始兴办的高等专门学院（academy）、1826 年创办的伦敦大学学院皆是针对牛津大学和剑桥大学的两大弊端而兴起的。格雷沙姆学院重视科学知识和实用技术的传授，除少量人文学科外，数学、几何、物理、地理、天文、航海以及仪器制造与使用都是重要的教学内容，受到时人好评。从 1666 年起，继伦敦大火之后，学院校舍被市政当局接收，后来成为英国皇家学会的会址。高等专门学院是由不信奉国教者为反对英国高等教育中存在的宗教歧视而开办的，以满足清教徒、其他新教徒和一些世俗人士的需要，这类学院为数不多，规模不大，存在的时间也较短，如创办于 1757 年的沃灵顿高等专门学院，存在时间不到 25 年，一共才培养了 393 名学生，因此这类学院未能成为永久性的高等教育机构，但在当时却以教师素质高、课程广泛、教法新颖、收费合理、风气佳而颇受赞誉。

新建的高等教育机构中影响最大的是伦敦大学。由于建立一所大学需要协调许多团体、派别的利益冲突，最后各方决定在课程和大学章程中不得涉及神学观点，以使学校能够成立。这种做法颇似 17、18 世纪各个民族国家在政治上处理宗教冲突的妥协办法。因此，1826 年建立的伦敦大学学院（1836 年伦敦大学正式成立后开始使用“伦敦大学”的名字）是一所既不实行宗教信仰限制，也不进行宗教教学的学院，是伦敦“高尔街上的不信神的学院”。它效法普鲁士和美国的高等教育，具有较强的世俗性。深感自身利益受到威胁的国教会人士很快进行抵制，于同年以圣公会国教精神为基础建立了一所新的学院——英王学院。1836 年，两所学院合并，正式成立伦敦大学，伦敦大学是非国教派的大学学院和国教派的英王学院妥协合并的产物。由于把伦敦大学既办成一所教学机构又办成一所考试机构的设想于 1858 年被推翻，因此，直到 19 世纪末，它仅仅是一个考试机构，它有权合并接受它的考试的学院。1851年，约有60所医学院和29所普通学院附属于该大学。1858年起，伦敦大学的学位向所有附属和不附属于它的学院开放，只要交付学费并通过考试即可。与两所老大学相比，伦敦大学的生源范围更广，毕业生出路也更多样化，课程除人文学科外，自然科学的内容更加突出。它的创办，打破了牛津大学、剑桥大学这两所学校长期垄断大学教育的局面，扩大了非国教派和世俗人士受高等教育的机会，而且在19世纪50年代以后还对推动英国地方高等教育（城市学院）的发展做出了重要贡献。

19世纪50年代以后，随着第一次工业革命的结束和第二次工业革命的兴起，英国一种新型的高等教育形式——城市学院开始兴起。城市学院是地方性的，主要为地方新兴工业服务，培养工厂经理、设计师、工业研究人员和推销人员。这种学院1870年以前只有两所，分别建于1851年和1865年，1870年以后迅速发展起来。

4. 教育的结构

从上面的简略叙述中可看到，教育的形态随社会变迁而发生变化，教育的类型也随着社会的变革而消失或产生。民族国家的发展、专制王权的兴起、封建制的解体，使骑士教育失去了赖以存在的经济和政治基础而趋于衰亡。宗教改革带来了剧烈的社会动荡，为天主教服务的教育形式如歌咏学校、文法学校（包括修道院学校和主教学校）和一些高等教育中心皆被关闭或改造，而一些新的尊奉国教的文法学校被建立起来。颇具规模的慈善教育的兴起与人们对“贫穷”的观念认识的转变有密切关系。学园和伦敦大学在一定意义上则是宗教冲突的产物。工业革命使教育的结构与功能发生了根本性的变革，主日学校、导生制学校、工人讲习所、城市学院显然都是工业化、城市化的产物，它们使教育的规模、形式、内容、功能均不同于前工业时代。中世纪教育的中心功能是服务于宗教，宗教改革后教育的中心功能转向政治，而工业革命却使教育功能的重心发生了转移，学校教育的经济功能在教育的历史上第一次被置于突出地位，以家庭为中心、由行会所把持、以手工业训练为内容的学徒制和以古典教育为中心的文法学校及两所老大学再也不能适应工业社会的需要了，这要求教育发生变革以适应新的经济结构，要求加强职业教育和科技教育，要求普及初等教育以便为职业教育和科技教育奠定基础。19世纪教育规模的迅速扩大不是偶然的。教育结构不仅随社会变迁而变迁，而且鲜明体现出社会的等级性。初等教育中“基础教育传统”和“预备学校传统”的对立，中上层子弟对中上层教育的垄断都说明，教育结构在复制不平等的社会等级结构。1864年建立的汤顿（Taunton）学校调查委员会的调查结论指出，当时的中等学校是阶级学校，连中等阶级的下层部分的教育要求都不能满足。

1870年以前英国教育结构中的所有教育类型皆非国立国办（或公立公办），皆为民办。从中世纪开始，教会、家庭、行会在英国教育发展中扮演着十分重要的角色。教会的作用不言而喻，家庭和行会亦不容忽视。骑士教育、艺徒教育都是以家庭为单位进行的，艺徒教育和大学以及四个法学协会提供的教育具有鲜明的行会特征。“至于贫民习艺所或慈善教育机构，则可说是家庭教育的一种完善的、慈善的替代者，不过它终归还是进行某种学徒训练，或者把孩子重新安置在另一家庭受教。”（奥尔德里奇，1987）[2]学校教育仅是家庭教育的补充。只是到了19世纪，一个办学上学的社会才开始兴起，因为工业革命使家庭经济和行会经济衰落，与之相伴的家庭教育和行会也开始衰落，正是工业革命摧毁了传统教育形式赖以存在的经济基础。

从中世纪到1870年，英国的教育结构经历了一个持续的分化过程，其功能也变得日趋复杂。这是教育现代化进程的一个典型表现。然而，这一时期的英国教育结构也存在一些明显的问题，表现在以下几个方面。(1)不同教育形式之间的界限不明晰。上面所用的小标题“初等教育”、“中等教育”和“高等教育”只是对该时期教育所做的一种粗线条的划分，三者间不像今天那样存在有界限的、环环相扣的衔接关系，例如，在大学产生以前，文法学校也具有大学或高等教育的职能（克伯雷，1991）[115]，在大学产生后，大学的文科教学与文法学校的教学也存在很大的内容交叉。17世纪下半叶产生的学园属中等教育性质，同期产生的高等专门学院却属高等教育性质，实质上二者性质相近，名称也是同一个——“academy”，亦即同一名称的教育机构可包容两个不同层级的教育。这说明整个教育结构不够细微，比较粗糙，像写意画而不像工笔画。(2)教育标准不统一，同一种教育类型的水平差异很大，如同为文法学校，有的闻名遐迩（如九大公学），有的则只有初等教育水平，总体而言，绝大部分初等教育机构和大部分中等教育机构的教育质量是非常差的，整体教育水准比较低。(3) 这种教育结构是在漫长的岁月中自发形成的，反映出始发型国家教育现代化的特点，国家权力干预甚少。

四、课程与教学

1. 知识的发展与课程的变迁

课程是人类的认识成果在教学中的具体体现，尽管人类的认识成果与学校中的课程并不等值，但后者无疑要取决于前者的积累程度和进步程度。

中世纪的知识与课程充满着宗教色彩。歌咏学校主要是教唱赞美诗，文法学校的课程是“七艺”，即文法、修辞、辩证法、算术、几何、天文、音乐，“七艺”本为古希腊罗马继承下来的世俗学科，但在中世纪却被蒙上了厚厚的宗教色彩，成为服务于天主教会的工具。(曹孚，1979) [46-47] 文法是当时学习的重心，文法并不仅指拉丁文法，它还包括拉丁语和文学的基本常识。天主教的几个高等教育中心当然以神学为主要教学和研究对象，为基督教义做论证，并使这种论证渐成体系，形成了教父学。教父学后来又进一步发展而导致经院哲学的产生，经院哲学的繁盛是英国大学产生的一个重要文化背景，经院哲学遂成为大学的一个重要教学内容和研究对象，亚里士多德哲学也被利用来解释宗教的合理性。经院哲学是一种神学体系，神学是大学课程中的王冠。在大学文、法、神、医四科中，文科所占比重最大，文科是初级学科，其课程是“七艺”，“七艺”是在学习较专门的课程如教会法、罗马法、医学和神学之前必须掌握的一般基础课程，尤以文法为重。因此，作为大学初级课程的文科课程与文法学校最为接近，不过在程度上有差异，在数量上多寡不同（文法中学主要注重“七艺”之首——文法的学习）罢了。随着中世纪亚里士多德哲学的复兴和被神学所同化，亚里士多德的自然科学、伦理学和哲学也成为重要的学习内容。从1408—1431 年牛津大学攻读文科学位必读书目可明显看到，“七艺”加上

亚里士多德的自然科学、伦理学和哲学是当时大学典型的文科课程。（克伯雷，1991）[187－188]

文艺复兴促进了课程内容的扩展，古典拉丁语、希腊文、希伯来文以及用这些语言写作的大量古代作品成为学校的重要教学内容，古典人文教育从此成为文法中学和牛津大学、剑桥大学的典型特色，一直持续至20世纪。从一所典型的文法中学——伊顿公学1560年的课程设置可明显看出教育的古典主义特征。（克伯雷，1991）[243－245] 人们往往对古典主义多有微词，实际上在当时，古典主义却是进步的，体现了人文主义课程对现代社会和现代教育的贡献，体现了教育现代性的增长，文艺复兴复兴了世俗文化，人文主义课程则传播了世俗文化，推动了整个社会文化的世俗化。（张斌贤，褚洪启 等，1994）[271－277]“七艺”也恢复了原先的世俗精神，即便是宗教神学，也被赋予了世俗性色彩，不少人文主义教育家通过引证圣经歌颂现实生活，歌颂人的尊严和伟大。

民族主义的发展和民族语言——英语的渐趋成熟，也为教育增添了内容。英语进入学校课程并逐渐替代了原来占支配地位的拉丁文，进一步强化了民族意识。英国教育家马尔卡斯特（R. Mulcaster，约1530—1611）说："我爱罗马，但我更爱伦敦。我喜爱意大利，但更喜爱英国。我熟悉拉丁语，但崇拜英语。"又言："我认为任何一种语言，在其意义和简洁性方面都比不上英语那样能明确地表达思想。英语严谨而含蓄，丝毫不比希腊语差。在描述美好的事物时也赶得上华丽的拉丁语。"（博伊德，金，1985）[231，233]

宗教改革对学校课程的影响表现为国教性质的宗教课程取代了天主教性质的宗教课程，体现出官方意识形态变化对学校课程的影响。

文艺复兴和宗教改革促进了文化的世俗化，知识与课程的世俗化有两个基本的方面：古典人文知识和自然科学知识，二者都是世俗性的。但后者的社会功用更加显著。然而古典主义已成为传统，这招致了不绝于耳的批评，唯实主义、功利主义、科学主义皆激烈抨击古典主义之弊。斯宾塞喝问："什么知识最有价值？"他旗帜鲜明地回答是科学。这样古典主义与科学主义、古典课程与实科课程就发生了对立和冲突。文法学校和两所老大学对新知识的排斥，使得开设新课程的一些教育机构如学园、工人讲习所、高等专门学院、城市学院等建立起来。伦敦大学的课程也较牛津大学、剑桥大学宽泛得多，经济学、工程学、自然科学等皆在其课程之列。

自 19 世纪中叶开始，英国掀起了“科学运动”，意在提高科学的社会地位，推动科学和技术教育的发展。1853 年英国成立了科学工艺署以推进科学教育。在此背景下，文法学校和两所老大学的古典主义传统亦有所松动。公学的课程有所扩宽，英语、现代外国语、数学和自然科学等科目越来越受重视，古典学科的教学也进行了改革，使之更具现实价值。牛津大学、剑桥大学的课程面也进一步拓宽，两校还分别于 1868 年和 1873 年建立了著名的克莱伦登实验室和卡文迪什实验室，英国学者伊文斯（K. Evans）认为这标志着“传统大学进入了新纪元”，因为老大学终于开始承认现代科技的重要性了。

由宗教课程到世俗的古典人文课程，再到世俗性的自然科学课程，是这一时期英国课程发展的一条基本线索。

2. 教育教学方法

教育教学方法的变革受两个重要因素的影响，即人类对教育对象的认识程度和对教育、教学认识过程的认识程度。

权威主义、禁欲主义、蒙昧主义、信仰主义是中世纪教育教学方法的典型特征。中世纪时人们的时间意识和年龄意识都比较弱，儿童期不被人重视甚至不被承认，儿童仅是父亲财产的一部分，是个小大人，不被看作与成人不同的有特殊需要的个体。根据当时英国的习惯法，儿童约从七岁起，便被当作成人看待，可以像成人那样学习、干活、结婚、坐牢甚至被绞死。由于无视儿童的特殊需要加上基督教对人类原罪的强调，教育教学方法充溢着权威专制和禁欲色彩，体罚被视为天经地义之事。中世纪信仰高于理性，遂使死记硬背和盲目信从的蒙昧主义、信仰主义方法在学校中盛行，儿童读书要学的第一句话是：“耶稣的十字架是我的光荣！”儿童的精神（理性与非理性）甚受压抑，仿佛教育的真义是约束、限制儿童而不是解放儿童。夸美纽斯讲学校是儿童心灵的屠宰场，并非言过其实。

尽管从文艺复兴开始，由于人的地位的提高，一些教育家对暴力性的教育方法不断抨击，倡导新的方法，要求尊重儿童的天性，如洛克要求尊重儿童的自然身份，认为用对付奴隶的体罚方式去管教他们是不合适的，应使学习本身具有吸引力。但现实和观念毕竟有距离，对儿童心理有较深刻认识并在教育方法上有革命性的变革还是进入 20 世纪以后的事。体罚在 19 世纪亦屡见不鲜，如伊顿公学校长基特博士（Dr. Keate）到 60 岁时仍精力充沛，一天可鞭打 80 个学生，师生关系十分紧张，以致 1818 年 5 名学生用大锤砸碎了基特的书桌，基特无奈只好搬到校外去住。

教学方法的变革还和人类认识方法的进步相关。培根的新认识方法促进了教学方法的变化，以致英国教育史学者认为，培根对教育思想的影响“比任何或全部教育家的影响更大”（博伊德，金，1985）[233－234]。17 世纪欧洲感官唯实主义教育理论的主要理论基础就是经验论哲学，直观教学和实物教学成为重要的、有效的教学方法，教学中更注重理解和思维的作用，过去以记诵为主、不求理解的教学方式有所改观。有些学校甚至采用实验的方式进行教学。教学的理性成分大大提高。

五、教育资源保障

教育资源即教育条件，是指教育发展所必需的人、财、物、技术等方面的条件，教育条件是衡量教育现代化水平的一个尺度，也是影响教育发展的重要因素。缺乏必要的条件，教育现代化水平的提高是非常困难的。在教育条件中，师资条件和经费条件对教育发展的影响尤为突出。

1. 师资条件

教师的职业地位和专业化程度不高是这一时期教师问题的一个特点。大众甚至不把“教师”视为一种职业，在初等学校中尤其如此，从教者可以是牧师或其妻女、小农场主、店主、皮匠、退伍军人、织布工、寡妇等，构成比较复杂，不管由谁从事这项工作，它都主要是一种占用部分时间的职业或是一种兼职，从教者是为了获得一些收入以补贴家用。对教师显然缺乏统一的资格要求，教师们也缺乏一种终生的职业追求，教书对从教者而言只是权宜之计。相对而言，文法学校和大学的教师在资格方面的专业要求还是较高的。文法学校教师最起码的资格是能教拉丁文及其文法，但合格的教师常常供不应求，许多学校因缺少教师而被迫关闭。为解决师资问题，一位文法学校校长向国王建议建立新的教育机构以培养师资，在国王的支持下，上帝会馆（God's House）于1439年在剑桥创建，1505年会馆改造成为基督学院（Christ's College），它具有师范教育性质，招收文法学校毕业生，专门研究语法，培养合格的文法学校教师。但这种努力是局部的，对缓解师资压力也只是杯水车薪而已。大学教师的资格要求是获得硕士学位。中世纪大学的文科硕士（master）学位，在理论上意味着拥有者有权在任何地方教书，"硕士"的原意是教师，这个学位是教学学位。起初硕士和博士是正式的大学学位，学士不是正式学位。获硕士学位要经过七年的学习，获学位后，必须在校讲两年课，大学的教学职务主要是相对年轻的刚刚获得硕士学位的人担当的，两年后可能留下来成为正式的教师，靠学生的学费生活，而大多数人则另择他业。少数有毅力、财力者可进一步努力以获得更高的学术资格。在相当长的一段时期内，国家和教会最看重的是教师在意识形态（宗教信仰）方面的态度，教师在这方面的资格最被看重，不论在宗教改革前还是宗教改革后（前已述及）都是如此，而对教师业务水平的提高却不关注。（克伯雷，1991）[285, 288] 这也影响到教师素质的提高。

教师经济地位低下也是影响教师素质的重要因素。初等学校教师收入少自不必说，文法学校和大学的教师报酬也非常菲薄。有些教师在文法学校任教仅是权宜之计，往往从教几年后去做牧师，因为后者收入高、住房大。大学教师也常常对报酬低甚表遗憾。马尔卡斯特抱怨说："为什么不能给教师提供好一些的物质待遇，从而使他们能一生从事教育工作，象牧师、律师和内科医生等几种职业中的情况那样呢？"（奥尔德里奇，1987）[54]

随着19世纪办学社会的兴起，师资问题更加突出，尤其是初等学校教师更为缺乏，导生制是一种解决师资问题的应急措施，导生的素质显然不能与正式教师相比，教师素质、数量问题成为制约英国初等教育发展的瓶颈。为提高初等学校教师素质，在枢密院教育委员会的干预下，1846年中止了导生制而代之以公款资助的全国性的"教生制"（pupil-teacher system)，其做法是，先挑选有培养潜力的13岁学生进指定的合格拨款补助学校接受见习培训，做见习教师，为期五年，然后再从中择出优秀的“教生”，为之提供奖学金，送入师范学院学习两年，毕业后任初等学校教师。到1859年时已培养出7000余名急需的合格教师。

可见，1870年以前，在很长一段时间内，国家对师资建设是不重视的，枢密院教育委员会成立后，介入了教师管理问题，这是一个历史性的进步，但介入的深度、广度还都是远远不够的。民间团体（包括教会）和一些私人可以兴学，但却很难有能力解决教师培养的问题，发展初等教育尤其是普及的初等教育，需要大批合格的教师，而这恐怕只有借助于国家的力量才能解决。

2. 经费问题

1833年以前国家对教育没有经费投放，办教育所需要的财物来源于民间。大量的办学经费和其他物质条件源于民间的捐赠，资金、土地、建筑、图书等皆为捐赠的内容。(克伯雷，1991) [119, 165, 241] 个人或社团提供捐赠的动机也是各种各样的，有的是出于宗教信念，有的是出于教派争端，有的是出于培养国家和教会管理人员的需要，有的则是为满足工商业发展的需要。有时国王、王后也捐资助学，但他们代表的是个人而不是国家，学校建成后也不由皇室控制。

既然学校由捐赠的财物来兴办和维持，就涉及对捐赠的管理问题。1864年成立的汤顿学校调查委员会的调查表明，当时对捐赠基金的使用是不当的，委员会要求改革基金管理，在该委员会的推动下，1869年英国颁布了《捐办学校法》(Endowed Schools Act 1869)，授权捐办学校委员会(1869—1874)及后来成立的慈善委员会(1874—1879)改革并重新分配教育捐赠基金，使资金使用向中产阶级的下层子弟、向女子教育倾斜（到19世纪末，用捐赠基金建立起80余所女子捐办文法学校），促进了教育的民主化。而且将基金的管理权从具有教派性质的慈善团体手中转移到国家手中，也有利于教育的世俗化。

从1833年起，国家开始给教育事业拨款，但这些拨款并不用于建立公立初等学校，而只是“对私人捐献的资助”，即对民间办学团体的资助，而且规定，只有那些能够支付 50% 校舍基建费和能够保证有日常开支的民间团体才能获得资助，这样政府拨款只对相对富裕的地区有利，最需要资助的贫困地区却得不到。

针对初等教育质量低劣的问题，1862 年的《修正法》（The Revised Code）确立了“按成绩拨款”（payment by results）的原则，政府对初等学校的拨款额以学生入学情况和学生读写算（3R）的成绩为依据。“每个儿童可为学校争得 12 先令，即全学年平均入学情况达到合格标准，每个儿童可使学校获得 4 先令；3R 考试成绩合格可使学校再获得 8 个先令（读、写、算各 2 先令 8 便士）。哪个项目未通过督学考试，哪个项目的经费就被收回。”（徐辉，郑继伟，1993）[149]《修正法》的颁布减少了辍学率和旷课率，提高了读写算的教学质量，也减轻了原来的宗教教学的压力，因为《修正法》规定不对宗教教学予以补助，这对于促进初等教育内容的世俗化不无裨益。但该法也有不良后果：缩小了课程范围，与争取拨款无关的课程被忽视；学生负担甚重，教育纯粹成为“应试教育”；加大了学校间的分化，基础好的学校因成绩好可获得资助从而锦上添花，而差校则是雪上加霜。这说明政府资助方式还需改进。

六、成就与问题

该时期教育发展的主要成就表现在五个方面。

首先，教育的世俗化程度大大提高。世俗的国家政权从教会手中夺回了对教育的管理权；在教育结构中出现了许多非教派性质的学校；教育的目的日益脱离狭隘的宗教目的；世俗知识尤其是自然科学日益渗入课程，宗教性课程日渐弱化（1862 年《修正法》是一明证）；教育教学方法逐渐摆脱信仰主义和权威主义，更关注对知识的理解，更注重理性的价值，更关心儿童的现世需要；对教师的宗教信仰的审查日益放宽并最终取消，大学在 19 世纪也开始向非国教徒开放。这些皆说明教育的世俗性的确在该时期大大增长。

其次，教育的国家化程度渐趋增强。英国的教会、民间团体和一些个人对于英国教育的发展做出了卓越的贡献，否则1870年以后的英国教育不可能发展得那么快。英国政府1833年真正介入教育时，教育的发展已具相当的规模，在漫长的英国历史上，是教会、民间团体和一些个人担负起了与愚昧做斗争的重任，对英吉利民族性格的形成，对政治和经济的变革做出了不可磨灭的贡献。然而，随着社会结构日益复杂，人口日益增多，教育规模越来越大，需要对教育做大规模的组织、协调工作，而势单力薄的民间团体此时就显得无能为力。尽管有种种压力和争论，英国政府最终从1833年开始干涉教育事务；尽管在1870年以前这种干涉是有限度的，但却是卓有成效的，为1870年以后的大规模干预奠定了基础。

复次，教育的民主化程度有所提高。就英国国情而言，有这样几个因素影响了教育的民主化：阶级阶层、宗教信仰、性别等。在城市、商业兴起以前，英国并不存在一个中产阶级，教育往往为贵族、教会所垄断，虽然一些贫儿也可能入文法学校、大学甚至最后成为主教，但毕竟是凤毛麟角，为数少之又少。中产阶级兴起后，利用手中的财富和政治权力，为其子弟谋得了较好的受教育机会，这本身就说明了教育民主化程度的加深，教育由上层扩展到社会中层。随着工业革命的推进，19世纪大量儿童涌入各式各样的初等学校，一个办学上学的社会形成了，受教育的青少年在人口中的比例以及大众识字率显著提高，教育正大规模地向下层子弟开放。宗教信仰差异、性别差异对受教育机会的影响也逐渐减弱。这些都说明了教育民主性的增强。

再次，教育的理性化程度越来越高。人们更加客观、理性地看待教育的各种社会价值，不再像中世纪那样，将教育仅看作信仰的工具，教育的现代政治功能、经济功能日益受人关注，人们更加理性地看待和处理下列问题：教育应如何管理？经费应如何投放？课程应怎样设置？师资应如何培养？教会在教育中应处在一个怎样的位置？对这些重大问题人们日益关注，日益理智地对待，对这些问题的探讨和争论（尤其是议会中的冲突）深化了社会对教育问题的认识。国家权力在干预教育时理性化程度是比较高的，政府决策取决于一个理性化的程序——教育调查委员会的调查与建议、议会的审慎的充分的审议。这是使政府权力不被滥用、保障教育事业顺利发展的重要条件。

最后，教育在其发展过程中或教育在其现代化过程中对社会的发展做出了重要贡献，推动了社会的现代化进程。从来没有一个社会其现代化进程能离开教育，英国亦不例外。且不说人文主义教育促进了社会的世俗化，宗教改革后的国教教育强化了英吉利民族精神，清教教育传播了入世的新教伦理，四个法学协会的法律教育促进了英国法律体制的完善，学园为英国工业革命培养了不少人才，牛津大学、剑桥大学为英国社会培养了无数精英人物，这里单说公学和工业革命后兴起的主日学校、导生制学校对社会的贡献。

公学、文法学校、牛津大学、剑桥大学一直以古典主义教育而闻名，同时也因此受到批评，工业革命兴起后古典主义更受非议，能否认为古典主义冥顽不化、反动透顶呢？显然不能。1864年克拉伦登学校调查委员会在对公学进行调查后指出，尽管公学有这样或那样的缺点，但公学依然有不可取代的作用，“估量英国人受恩于这些公学的程度是不容易的。英国人最自负的是这些公学使他们获得了这样一些品质：管理别人和控制自己的能力；把自由和秩序结合起来的才能；热心公益的精神；充满活力和男子气概的性格；坚定而不盲从舆论的精神；爱好健康的娱乐和身体锻炼的精神……。公学在形成英国绅士性格方面承担了最主要的责任”（奥尔德里奇，1987）[113]。英国中央政府的很多领袖人物皆为公学出身，公学成为社会领袖人物的摇篮，上述品质对于一个领袖人物而言是非常必要的，对于政治的健康发展也是必要的。公学造就了社会领袖的诸多良好品质，使英国社会的领袖集团具有较高的政治素质，这是公学的最大社会贡献。领袖品质是需要培养的，良好的政治气氛也是需要培育的，而许多国家在这方面是有欠缺的。头脑迟钝、言辞不通、举止笨愚的国家领导人只能让大众失望。更重要的是，英国公学所培养的那些优秀品质并不只是囿于一小部分社会精英，绅士风度已经成为英吉利民族的一种文化追求，成为民族文化的重要组成部分，成为英国社会精神文明的表征和动力。为什么公学历久不衰，原因恐怕并不简单。

再说主日学校和导生制学校，其最直接的社会意义是使许多城镇无业青少年从浪迹街头、偷盗滋事到在学校中受教，解决了社会治安问题；其最重要的社会后果是为工业革命、为国家工业化提供了具有良好素质的潜在劳动力，这里所说的良好素质不是指职业技能和技术，而是指在学校中形成的守时、诚实、顺从、自制等品质，“这些习性正是受雇于工业生产的人必须具备的基本品质”（奥尔德里奇，1987）[113]。

教育是复杂的，对其进行评判不能执一面之词，英国教育在 1870 年以前的发展中也存在一些严重问题。最主要的问题是，国家权力对教育的介入不够，表现有二：一是介入太迟；二是介入后力度较小。在很长一段时间，英国教育的发展处于一种自发状态，进展缓慢，在社会的推动下被动前进，而不是积极主动地适应、促进社会的进步。1870 年以前国家没有公立学校制度，将庞大的教育事业交由教会、民间团体和一些个人去经办，国家权力未与教育有力地结合起来。尽管教育也对社会进步做出了不可抹杀的贡献，但教育应做得更多。1870 年以前教育的现代化历程更多地受益于社会进步的推动，而教育对社会进步的推动并不特别显彰。教育发展处于“蠕动”状态，而非阔步向前，这与德、美、日在 19 世纪末的作为皆不能比。

为什么会出现如此局面？利益妥协使然。实际上很早就有人提出了国家建立公立学校的构想和议案，但都由于一些利益集团的反对而未能付诸实施。国教会是首要的反对者，认为公立学校制度会使其丧失已拥有的对学校的控制权；上层阶级也反对，他们害怕受教育的大众觉悟提高从而威胁其统治秩序；自由放任的政府政策也妨碍着公立学校的设立，很多人认为学校和工厂、企业一样，应交由团体和私人去办，国家不应干涉。民间兴学的悠久传统也是一个阻碍因素。这足以说明 1833 年政府第一次对教育拨款、1839 年成立枢密院教育委员会时何以会有那么大的阻力。

1833 年起虽然国家开始介入教育，但介入的力度并不大，教育国家化的程度并不高。首先，中央教育行政机构并未统一，教育署只管初等教育，科学工艺署只管初等、中等学校的科学和技术教育，慈善委员会只负责捐办学校，这些机构在管理权限上互有交叉，以致常生龃龉，并未形成对全国教育事业的统筹管理。其次，地方政府并未真正参与到教育事务中来，

1870 年以前中央政府拨款对于整个国家的教育发展而言是杯水车薪，教育的大发展还需从地方政府那里获得有力的支持。最后，教会势力依然是教育国家化的重大阻力，宗教问题在 1870 年以后成为每次教育立法都不能不首先考虑的棘手问题。

这一时期英国教育发展存在的第二个主要问题是，科学和技术教育未受到应有的重视。科技教育也缺乏必要的初等教育基础。科技未与国家权力很好地结合，也未与教育很好地结合，这是英国经济在 1870 年以后衰落的一个重要原因。强调古典主义的自由教育传统对此负有责任，但主要责任还是国家没有有效地干预，这一点与德、美、日亦远不能比。因此，这一时期，英国教育的科学化程度也不是很高，课程中的科技含量并不高。

第三个主要问题是，教育的民主化程度有待进一步提高。虽然到 1870 年时，教派间因信仰不同导致的教育机会不均等得以打破，但贫富差别、两性差别依然很大。这一时期，双轨制已逐渐形成，一轨是初等学校、就业，一轨是预备学校、文法中学（公学）、大学，虽然更多的贫寒子弟在 19 世纪中叶受到了教育，教育的民主性大为增强，但这种教育是无法与另一轨的教育相比拟的，教育民主化又面临新的挑战，须上一个新的台阶。

这三大主要问题成为 1870 年至今英国教育改革和发展一直面对和力求解决的问题。

总之，该时期，英国教育的现代化进程是处于自发状态的，是比较缓慢的，教育现代化进程的加速是下一个阶段的事。

第二节 英国教育现代化进程的加速
——从 1870 年到 1944 年

与 1870 年以前相比，1870 年以后的英国教育变革步伐显著加快，政府对教育的干预力度和支持力度显著加大。统一的国民教育制度的确立是这一时期的显著成就。

一、社会背景

1851 年伦敦工业博览会标志着英国工业第一强国地位的确立；1867 年巴黎国际博览会却表明美国和德国正迎头赶上，风头甚盛；到 19 世纪末，英国已不再是第一工业强国，而只是工业强国之一，落后于美、德。英国在国际竞争中处于不利地位，国内也存在不少问题，如贫富分化造成的阶级关系紧张，工业化、都市化带来的卫生、交通、住房等问题，对这些问题，奉行“自由放任”“管得越少就越是好政府”信条的旧自由主义政策显然无能为力。一些政治家认为：“英国的未来在于国与国之间的竞争”，“美国和德国经济的不断成功是由于它们保护新兴工业。在技术日益复杂的新工业时代——化学、电子、汽车——英国除非实行保护政策，实行一定程度的计划经济，工业和教育密切配合，所有事情都由政府监督，才能不至于落后”。（摩根，1993）[533] 在严峻的国际、国内形势面前，旧自由主义经济政策在 19 世纪末开始破产，政府开始更积极地投入社会改革之中。1914—1918 年的第一次世界大战、1929 年全球性经济危机、1939—1945 年的第二次世界大战更强化了国家权力的高度集中，加强了国家权力对社会的干预力度，遂使新自由主义政策成为加速社会改革、促进国家现代化进程的推进器。教育发展从新自由主义政策中受益匪浅。

20 世纪初，英国开始实行福利政策，福利政策与新自由主义政策息息相关，它借助国家的力量，通过税收手段对社会财富尤其是富人的财富进行再分配，使穷人受益，以解决贫困和分化悬殊问题。国家在维持现存经济秩序的前提下，对国民财富尤其是富人的财富进行再分配，而不是运用暴力手段对有产者进行剥夺。福利政策涉及失业保险、养老保险、住房、医疗、卫生等各个方面，教育亦为其一，儿童也成为福利政策的受益者。针对英国年轻一代体质下降导致英国士兵战斗力下降的局面，英国于 1906 年和 1907 年通过了两项教育立法，前者授权地方教育当局用地方税为营养不良的初等学校儿童提供膳食，后者要求地方教育当局为初等学校儿童提供医疗检查，并授权地方教育当局在征得中央教育行政部门的同意后，为儿童提供必要的医疗服务。这两项立法奠定了英国教育福利政策的基础。

教育福利政策既是教育现代化程度高的一个标志，又是推进教育现代化进程的一个重要动力。从20世纪初开始，英国教育福利的范围逐渐扩大，教育支出成为中央和地方政府的一项重要支出。

政治民主化进程和政党政治对该时期的教育发展也有很大影响。1884年第二次议会改革将1867年《改革法》（Reform Act 1867）适用范围扩大到农村，将选民从250万人扩大到450万人（当时英国人口共3600万人）。1918年议会改革使当时有选举权的人从800万人扩大到2100万人以上。到了1928年全体成年妇女均获得了选举权。这几次改革意味着下层阶级选民和妇女选民的数量大大增加，政治民主化程度有了质的发展。这就使得党派在政治竞争中必须考虑到拥有众多选票的大众的利益，教育的民主化进程是与政治的民主化进程同步向前的。

英国是世界上最先出现现代意义的政党、最早创立两党制的资产阶级国家，到19世纪40年代，保守党和自由党轮流执政的两党制逐渐完善起来。（曹沛霖，刘玉萼，林修坡，1992）[57-58]为了取得执政党的地位，拉更多的选民获更多的选票成为必要条件，这样不论是执政党还是在野党都不能不考虑选民的呼声和利益，为了自己政党的利益，首先必须考虑选民的利益。这种体制无疑推动了19世纪中叶以后的社会改革（包括教育改革）。随着越来越多的工人获得选举权，工人的政党——1900年四个工人组织联合成立的工党——开始崛起。“一战”期间自由党内部因对战争和其他社会问题存在分歧而四分五裂，“一战”后成为一个小党，而工党却如日中天，1922—1923年大选，工党在议会中的席位猛增，终于在1924年成为执政党，从此开启了工党和保守党轮流执政的政治格局，直至今日依然。其他一些小党如自由党、统一党、威尔士民族党在议会内议席很少，只起点缀作用。工党是以工会为基础的，而工会是为工人谋福利的组织，因此工党是社会福利政策和社会改革的热情支持者和发动者。工党崇尚渐进改良之路，反对暴力革命，在政治上是保守的，但在尊崇传统的英国社会里，与保守党相比，工党仍是一支激进的政治力量，对推动英国社会和教育的发展功不可没，“人人受中等教育”这一口号正是工党首先提出的。

发生于该时期的两次世界大战也给英国打下了烙印。战争无疑给英国造成了破坏，但战争也加速了英国社会的变革进程。“一战”时高度集权的体制促进了新自由主义的发展。大战中尤其是“二战”中全民同仇敌忾，模糊了和平时期森严的等级鸿沟，大战期间以“公平份额”分配物品的战时供给制显然塑造了一种影响深远的平等主义精神，“这种精神在英国史上任何时期都不曾有过”（摩根，1993）[581]，这些大大促进了“二战”后的社会民主化和教育民主化进程。战争还使人们充分认识到科技和教育的重要性。战争是显示国家实力的晴雨表，国家实力取决于经济和军事实力，经济和军事实力取决于科技实力，而科技实力又取决于教育。这使得国家更加重视教育的工具价值。

二、教育管理

1. 中央政府

1899 年议会通过了《中央教育局法》（Board of Education Act），决定成立中央教育局，负责“英格兰和威尔士教育的监督管理”，结束了教育署、科学工艺署和慈善委员会对初等、中等教育分割交叉管理的局面，第一次统一了对初等和中等教育的宏观管理。针对大学经费由民间提供而难免出现经费困难的问题，政府开始资助高等教育以促其发展。1919 年大学拨款委员会（University Grants Committee）成立，它是一个负责调查评估大学财政需求并据此向政府提出拨款建议和负责将议会通过的拨款分配给各院校的常设性机构，它由财政部而不是由中央教育局管辖，奉行“督导”（inspection）而非“控制”（control）的原则，确保大学自主权和学术自由权不受外部干涉。随着拨款额度的增大，拨款成了大学最大的一项收入来源，有力地促进了大学教育的发展。这样政府不仅直接干预初等、中等教育，也对高等教育进行了间接的干预。

1944 年《教育法》（Education Act 1944）进一步加强了中央教育行政机构的权力，教育部（Ministry of Education）取代了原先仅起监督作用的中央教育局，负责制定全国的教育（主要是非大学教育）发展政策，教育部长有责任确保“控制和指导”地方教育当局有效地贯彻国家教育政策，教育部长享有必要的执行法案的法定权力，并有权通过制定法令条例实施和解释法案。

2. 地方政府

使地方政府参与教育事务是该时期最显著的教育行政变革。1870 年《初等教育法》规定，将全国划分为数千个学区，先对之进行调查，然后公布不合格的学区情况。在教育设施不足、教学质量低下的学区，给教会 6 个月的“宽限期”，让其改变现状，政府在此期间还提供 50% 的基建拨款。在 6 个月的宽限期过后学校设施仍然不足的学区，可建立学校委员会，该委员会由地方纳税人选举产生，拥有广泛法律权力，可以自己兴办公立初等学校，可以接收愿归属教育委员会管理的民办学校，可以征求地方教育税补助和强制征集校舍土地，可以决定是否放弃所属学校的宗教教学等。学校委员会代表国家“填补民办学校空缺”。由于学校委员会所办公立初等学校有地区税补助，所以财力充裕，发展后劲很大，成为民办学校的有力竞争对手，从此开始了教育的竞争时代，促进了初等教育的普及，到 1900 年时英国已基本普及了 7 年制义务教育。

但地方政府的教育行政管理也存在着混乱局面。地方公立初等学校由学校委员会负责，地方民办初等学校由其理事会管理，地方中等教育由公学或捐办文法学校的董事会管理，而地方技术教育则由新建的郡或郡级市的技术教育委员会 [据 1899 年《技术教育法》（Technical Education Act）设立] 来管理，其职能是通过拨款促进初等、中等学校中科学和技术教育的发展。这样，地方教育行政管理就呈混乱无序状态。1902 年《中等教育法》（Education Act 1902）的一个重要成就就是使地方教育行政管理走向统一。1902 年《中等教育法》大刀阔斧地改组地方教育行政机构，规定取消 2500 个学校委员会、14000 个民办学校理事会或董事会以及学校入学委员会（据 1876 年《教育法》设立）和技术教育委员会，代之以 318 个地方教育当局（Local Education Authorities）。地方教育当局分两类：一类是郡和郡级市市政议会，负责所在地区的初等和“初等以外的教育”（包括中等教育、师范教育、技术教育和成人教育等）；一类是人口在 10000 以上的自治市镇和人口在 20000 以上的城市区（urban district），它们仅仅有权负责本地区的初等教育，这类地方教育当局有180个。这样就理顺了教育内部的行政关系，使行政权力的配置更加合理。地方行政机构的管理范围较1870年时也大为拓展，由初等教育拓展到各级各类教育。

3. 中央政府和地方政府的关系

英国的教育行政管理体制既非中央集权型亦非地方分权型，中央政府与地方政府在教育行政管理上的关系是一种典型的伙伴关系，这种伙伴关系是在1902年《中等教育法》的基础上逐渐形成的。中央政府对地方政府的控制和指导是通过立法、拨款和督导实现的，中央政府不对地方教育行政机构进行面面俱到的具体管理，使地方在处理当地教育事务上有很大的自主权。

从立法的角度看，议会享有至高无上的权力，它能决定授予、取消或者改变地方政府的权力，地方建立教育行政机构和行使教育管理的权力都是立法所赋予的，立法显然是中央控制地方的一个重要手段。但同时立法也被用来限制中央教育行政机构的权力，这种对地方和中央权力双重约束的结果就是依法行政。但相对而言，中央政府居于更有利的地位，它可以促使议会改变立法促进集权化而不顾某些地方当局的反对。从19世纪末到现在，英国中央政府对教育的控制中集权化的进程一直未停。

拨款是中央控制地方的一个重要方式，具体方法是：(1）中央政府精心控制提供给地方的经费；(2）仔细检查这些经费的实际用途。实际上，中央政府对教育的控制正是1833年通过拨款开始的，随着时间的推移，中央政府教育拨款的额度也越来越大，1944年《教育法》规定，中央财政拨款在总的教育经费中的比例，由战前的48%提高到55%。各地能获得的教育经费补助的比例将根据地方经济条件和学龄人口规模大小而定，最贫穷的地区可以获得特别的额外拨款补助。这样，教育财政负担的重心更多地转移到中央政府肩上，而这又被视为地方贯彻中央政府教育政策的重要前提。可见，中央政府对地方教育当局和学校的控制一般不是用强力威胁，而是用金钱利诱，使愿者上钩，中央用手中的权力向地方征税（征税是议会的传统权力），然后用税金的一部分作为教育拨款用于地方，条件是，用了中央的钱就要接受其指导、监督和控制，出让自己的部分权力，这是一种公开的中央和地方间的权钱交易。中央用拨款这种手段加大了对地方教育事务的控制力度。一项专门的研究指出："财政关系并没有削弱每个地方做出决定的自主权，但是，地方上普遍认为，这种关系已使中央对整个地方政府的控制加强了，而且还在继续加强。"（格林伍德，威尔逊，1991）[168]

由皇家督学团对地方教育工作进行督导，也是中央对地方工作进行监督的重要手段。督学团中的督学是英国行政体制中视察员的一种。[①]"地方的工作要由视察员监督的，基本上只有四种：教育、儿童福利、治安和消防。视察员通常要能做到使地方机构提供有效的服务和达到最低限度的标准。但是，他们的作用已越来越成为教育性的，而不是强制性的。"（格林伍德，威尔逊，1991）[167]这也从一个侧面体现出中央和地方的伙伴关系。

4. 政府与教会的关系

政府，不论是中央政府还是地方政府，对民办学校（主要是教会学校）的控制，更是频频使用权钱交易的伎俩，而且还频频得手。1902 年《中等教育法》是如此，1944 年《教育法》更是如此。1870 年《初等教育法》规定只将地方税收补助用于公立学校，1902 年《中等教育法》又将之扩大到民办学校，这大大缓解了民办学校的财政困难。但这不是无条件的，条件是，地方教育当局对接受补助的民办学校事务行使一定的管理权，民办学校应同意地方教育当局在其理事会或董事会中安排地方教育当局的代表，这在一定程度上把民办学校也纳入公立学校系统。1944 年《教育法》更进了一步，它迫使民办学校在享有更多的自主权还是得到更多的政府资助之间做出选择。对原来享有的自主权保留越多，得到的政府资助就越少，自己的财政负担就越重。如果全部交出学校自主权，则全部经费皆由政府负担。法案规定了三种方式供教会选择，6 个月过后的选择结果是，一半以上的英国国教会学校完全放弃了独立权，成为"民办受控学校"，余下的民办学校因接受一定的政府补助也丧失了部分独立权。这样教会对教育的控制权就被政府用立法和拨款的方式所蚕食。从表 6－1 可明显看出教会学校的衰微。

① 督学和视察员的英文单词均为"inspector"，只是译法不同。

表6－1　英格兰和威尔士在册学生百分比

单位：%

学校类型	1900年	1938年	1962年
地方公立学校	47.0	69.6	77.6
英国国教学校	40.2	22.1	11.9
罗马天主教学校	5.4	7.4	8.4
其他学校	7.4	0.9	2.1

注：不包括私立学校、保育学校和特殊学校。

表6－1表明："在二十世纪上半叶，可能是一千多年来教会第一次在控制学校和学校的教师方面成为次要的合作者。而且，圣公会①在这些民办学校中依然存在的优势，遭到了自十七世纪以来最严峻的挑战。"（奥尔德里奇，1987）[40-41]这说明，公立教育成为教育的主体，民办教育只是一个次要的角色，这与1870年以前相比真有天壤之别。

5. 教育观念与教育政策

从19世纪末起，新教育思潮盛行于西欧，麦克米伦（M. McMillan，1860—1931）、沛西·能（T. P. Nunn，1870—1944）、怀特海（A. Whitehead，1861—1947）、罗素（B. Russell，1872—1970）等英国教育家都是新教育运动的著名人物，他们都抨击旧教育脱离实际、脱离生活的弊端，反对旧教育的僵化性制度对儿童自由、健康发展的压抑，他们强调儿童的个性发展，强调对儿童需要、兴趣、爱好的尊重，要求解放儿童，要求教育以儿童为中心。这些主张无疑有其进步意义。在共性之外，这些教育家的思想还具有自己的个性，例如：麦克米伦强调物质福利对教育的重要性；怀特海具有国家主义和民族主义情怀，对英国政府干预教育事务的迟缓举动义愤填膺、忧心如焚；罗素则不愧为英国的哲学家，其在处理许多相对立的教育价值时的观点——"通过妥协来保持平衡"，颇能道出英国发展模式的底蕴；而沛西·能则力主个人本位，极力反对"铸模的价值高于所铸造的东西"这种观点，以至有人将他的《教育原理》（*Education*：

① 圣公会即英国国教会。

Its Data and First Principles，1920）称为“个人主义者的圣经”。这种种思想无疑在当时和其后产生了影响，但这些思想未必与政府决策有必然的联系（虽然有些地方貌似有），政府在制定教育政策时首先关注的是利益关系的调节，而不是教育家怎样想、怎样说，教育家的思想也未必切实。尤为重要的是，教育家的思想观念不等于当时教育观念的全部，从 1870 年至 1944 年英国各种教育调查委员会的报告以及教育政策、教育法案、教育行政措施中，可更清楚、更明确地看到哪些观念成为社会的主流教育观念，这些报告和政府文件也是教育观念的重要载体，基本可以说，它们对教育实践的影响力度远在教育家的思想之上。从后面的详尽叙述中可以发现国家主义（新自由主义）、福利主义、民主主义、民族主义等观念以及心理学研究成果对英国本阶段的教育发展所具有的决定性影响。

就宏观而言，这一时期英国教育政策表现有三。其一，新自由主义政策。通过一系列议会立法，国家加强了对教育事业的宏观控制。中央教育行政机构通过调整趋于统一，地方政府亦参与管理教育事务。教育行政管理的范围、力度皆大为增大。这在 1870 年以前是不可想象的。其二，福利政策。其三，妥协政策。罗素的话“通过妥协来保持平衡”，颇能道出英国教育发展的特点，从英国教育政策、立法中可以看出，该时期英国在处理精英教育与大众教育、宗教利益与世俗利益、自由教育与职业教育、人文教育与科学教育等棘手的关系问题时，无一不奉行妥协政策。1870 年《初等教育法》是国教会利益与非国教派利益的妥协，被称为“妥协之上的妥协”。1902 年《中等教育法》也充溢着妥协精神，而大学推广运动（University Extension Movement）则是高教领域在精英高等教育与大众高等教育之间进行的妥协。妥协政策源于对利益冲突的均衡考虑，它的有益之处是可使教育发展的步伐比较稳健，避免大起大落，但它亦有不足之处，就是缺乏快刀斩乱麻的迅捷，效率不高，延缓了教育现代化的速度。

英国制定具体教育政策的依据还是教育调查委员会的报告，这种方式被进一步证明是审慎的和卓有成效的。

政党政策对教育政策也有一定影响，相对而言，工党的教育政策较保守党要激进一些。

三、教育体系

1. 初等教育和中等教育的结构与调整

1870年以后，英国的初等学校公立、私立并存，是一种双重制结构。按1870年《初等教育法》的规定，这种教育既不是强制义务性的也不是免费的，1880年《教育法》才要求实施5年（5—10岁）义务教育，以后又将最低离校年龄逐步提高到11岁（1893年）、12岁（1899年）、14岁（1918年、1921年）和15岁（1944年）。学费问题成为普及义务教育的一大障碍，1870年《初等教育法》规定公立学校最高收费标准是每周9便士，这对贫困家庭而言是相当昂贵的，后来在工会大会要求完全取消学费的呼吁下，尤其是在福利政策的影响下，到1918年公立初等学校开始完全免费。随着初等教育的发展，初等教育内部的初等后教育类型发展起来，如从1880年始，一些地方的学校教育委员会开始发展高级初等学校，为有能力和有学习愿望的12岁以上工人子弟提供类似于中等教育的高级初等教育，学习内容偏重实用科技和商业知识。

1902年《中等教育法》颁布后，英国开始建立公立中等教育制度。英国的中等教育与初等教育类似，亦呈现双重制结构，公立、私立并存。以前英国无公立中等教育，而此时德国和法国的公立中等教育制度已建立了近一个世纪。尽管1902年《中等教育法》是英国中等教育发展史上的里程碑，但也存在严重问题。问题之一是，初等教育与中等教育并不衔接而是平行的。初等学校的学生学习年限是从5岁到法定义务教育年限结束，而中等学校的学习年限是从七八岁到15岁或以上，在初等与中等教育的衔接问题上，当时英国的教育结构显然存在严重问题。虽然从1907年起接受政府拨款的中等学校（包括民办中等学校）为公立初等学校的学生提供25%的免费学额，政府也为争取中学学额设立了奖学金，但初等学校学生进入中等学校读书的比例是很低的，“二战”爆发前夕，只有12%的公立初等学校学生在10岁或11岁时进入中学读书。而要获得学额和奖学金，必须经过激烈竞争，其程度之甚毫不亚于我国现在的高考。

“一战”后工会运动和民主运动的发展，使英国工人阶级不再满足于以义务教育结束年龄为终点的“初等教育”，也不再愿意接受只让他们中间的极少数聪明子弟通过竞争激烈的选拔才能得到接受中等教育的机会，而是要求建立让一切正常儿童接受至 16 岁的全日制中等教育制度。

初等后教育的发展也要求中等教育做出相应的改革。1922 年工党代言人托尼（R. H. Tawney）发表《人人受中等教育》（Second Education for All），确定了工党的教育政策，那么受什么样的中等教育呢？中等教育与初等教育的年龄界限在何处呢？1926 年发表的“哈多报告”（“青少年教育”报告）、1938 年发表的“史宾斯报告”（“中等教育”报告）、1943 年发表的“诺伍德报告”（“中学的课程与考试”报告）回答了这两个问题。这三个报告皆以儿童心理学的研究成果为理论基础，主要建议是：（1）将儿童身心发展出现新特点的 11 岁作为划分初等教育和中等教育的分界线；（2）初等教育的类型可以是统一的，但中等教育的类型应采取多种形式，可根据学生不同的心理特点和能力倾向使学生就学于三类不同的学校，即学术型的文法学校、技术型的技术中学和实用型的现代中学，亦即中等教育实行三轨制原则；（3）11 岁考试决定学生上哪一类学校，以分化选拔取代过去的淘汰选拔，目的是满足儿童的不同需要。这三个报告对“二战”前和“二战”后的英国中等教育产生了巨大影响。1928 年政府开始正式拨款实施“哈多教育重组计划”，为实现“人人受中等教育”做准备，将一些初等后教育重新组织为中等教育的形式，即文法学校、现代中学和初级技术学校或商业学校（1938 年“史宾斯报告”才提出把初级技术学校改办成技术中学的设想），以完成初等、中等教育的衔接和结构的调适。到 1939 年时，已有 2/3 的 11 岁以上儿童在经过重组的中等学校里学习。

1944 年《教育法》大刀阔斧地改革公立教育制度，法定的公共教育系统由初等教育、中等教育和继续教育三个相互衔接的阶段组成，使初等学校学生在 11 岁时向中等学校过渡合法化，并规定公立中学免收学费，从而真正确立了一个普及的中等教育制度，为“人人受中等教育”在法律上铺平了道路。但 1944 年《教育法》对中等教育具体采用哪几种形式未做明确规定。

从 1870 年到 1944 年历时 70 余年，英国终于确立了统一的公共教育制度。

2. 职业技术教育和继续教育

本时期职业技术教育和继续教育有一定发展，但力度不大，远不及初等和中等教育。

从1880年始，一些技术学院建立起来，如伦敦同业公会教育促进学院（1880年）、霍格多科技术学院（1882年）等，当时这些学院属于中等、高等还是继续教育并不十分明朗，有些学院成了伦敦大学的下属学院，有些则具有明显的中等职业技术教育性质。1881年英国成立了皇家技术教育委员会，其任务是对其他国家的技术教育状况进行调查并提出改进英国技术教育的建议。委员会的报告要求在初等和中等学校中大幅度增加科技教学的比重，认为良好的中等教育是科技教育制度的基础，要求建立统一的初等和中等教育制度。该报告获高度评价，被认为是建立英国国民技术教育大厦的开端。1887年英国成立全国技术教育促进协会，1889年颁布《技术教育法》（Technical Instruction Act 1889），国家从此正式干涉职业技术教育。该法规定，郡和郡自治市的议会有权征收“一便士税”用于资助技术教育，该法还授权各地设立技术委员会（1902年《中等教育法》颁布后撤销）主管技术教育事务。1890年英国颁布《地方税收法》（Local Taxation Act），规定地方当局可增收酒税用于发展技术教育。这些立法措施促进了职业技术教育的发展。但当时技术教育的层次比较低，主要是部分时间制的，不少是以夜校的形式开办的。

进入20世纪以后，建立在初等教育基础之上的具有继续教育性质的职业技术教育发展起来。从1905年起，初级技术学校和商业学校发展起来，这些学校一般招收13岁的小学毕业生，学习年限2—3年，为日间教育机构。到1930年，这两类学校已达115所。初级技术学校和商业学校的建立是这一时期的重要进步，但这两类学校的实际效果并不佳，层次也比较低。1938年“史宾斯报告”试图使初级技术学校向较高层次发展，建议将初级技术学校改为技术中学，但出于种种原因，在“二战”结束前技术中学始终没能建立起来。

发展缓慢、水平较低、不成体系是“二战”前英国职业技术教育的显著特点。国家虽然进行了干预，但力度并不大，国家的主要精力放在初等和中等教育方面，而“对职业技术教育机构的设立和分布、课程的设置、资格认可等都缺乏统筹规划、系统安排。各技术教育机构各自为政，互不沟通，技术学校与技术学院之间、技术学校与普通中小学之间互不衔接，整个职业技术教育缺乏完整的结构，因而其发展也就只限于零敲碎打。”（王承绪，徐辉，1992）[188－189]

1944 年《教育法》规定英国公共教育体系由相互衔接的初等、中等和继续教育三个阶段构成，继续教育的内容包括职业性课程、非职业性课程、社会和娱乐活动三大类，其中职业技术教育是继续教育的核心部分。职业技术教育被正式纳入公共教育体系，法案将实施继续教育作为地方当局应尽的法律义务，并要求地方当局向教育部提交实施本地区继续教育的详细计划。这为“二战”后英国职业教育的大发展奠定了基础。

3. 高等教育

城市学院的发展、城市大学的建立和大学推广运动的开展是这一时期英国高等教育的主要成就。

自 1851 年第一所城市学院创立到 20 世纪初，英国的城市学院已有 10 余所。随着质量的提高，一些学校获得了标志大学地位的皇室特许状，开始具有学位授予权，升格为城市大学。1880—1926 年有 7 所城市学院升格为大学，1926—1947 年英国未建立任何大学。城市学院和城市大学偏重工业和科学领域，是城市工业研究的重要中心。

大众对高等教育的需求是通过 1873 年正式发起的大学推广运动得以满足的。该运动由面向上层阶级子弟的牛津大学、剑桥大学和伦敦大学发起和推动，课程内容十分广泛，1891—1892 年三所大学共开设了 457 门课程，教学形式为面授与自学相结合，通过考试后可获结业证书。大学推广运动是非正规的高等教育形式，具有成人高等教育的性质，与 20 世纪 70 年代的开放大学异曲同工。大学推广运动是大学精英教育传统与大众型高等教育妥协的产物，它在不损害大学高水平学术质量的同时，满足了大众对高等教育的需求，也使得老大学走出了一条为现代工商业社会服务的新路。“二战”前大学推广运动一直持续发展。

城市学院、城市大学和大学推广运动的发展改变了英国高等教育的固有结构，科技高等教育和大众高等教育对传统的古典教育和精英教育构成了挑战。但这一时期高等教育依然坚持民间兴学传统，在该时期的高等教育结构中，高等教育机构皆为民办，尽管建立了大学拨款委员会对大学予以资助，但没有改变高等教育的民间兴学传统和建立在这种传统之上的民办高等教育结构，公立高等教育机构的出现是“二战”以后的事。

4. 教育的结构

从上面的分析可以看出，在这一时期，初等教育、中等教育、职业技术教育、高等教育不论是其各自的内在结构还是它们共同构成的教育的整体结构，都发生了重要的变化。国家权力全面渗透到各级各类教育中，民办教育的地位愈益下降。总体来看，该时期政府对初等和中等教育的发展给予了更多的关注，而对职业技术教育和高等教育相对而言关注较少，因此在总体结构上就显得发展不均衡，职业技术教育较弱，发展相对滞后，高等教育依然停留在民间兴学阶段。通过几十年的调适，初等、中等和继续教育终于成为一个相互衔接的公共教育体系，教育的结构更趋合理化、民主化、人道化，也更有效率，技术学校、技术学院、城市学院、城市大学、大学推广运动的产生和发展则使得该时期的教育结构具有更多的现代气息，与1870年以前古典主义在教育结构中占绝对优势形成鲜明的对比。

四、课程与教学

1. 宗教教育问题

1870年《初等教育法》的两个重要条款解决了困扰教育界已久的宗教难题。法案规定，学校委员会可在非教派性质的宗教教学与完全放弃宗教教学之间进行选择。非教派性质的宗教教学是指在宗教教学中所使用的教义手册和宗教礼仪书籍是所有教派都可接受的，而不是特殊教派性质的。法案还规定，家长有权不让子女接受宗教教学和礼拜，因此，不论是公立学校还是民办学校（包括教会学校），均须将宗教活动安排在每天课表的开头或结尾，这样可兼顾教徒和非教徒的利益。从此可看出，宗教教育在公立学校中成为可有可无的东西，即使有也应遵循宗教宽容、信仰自由的原则，超越教派分歧，存异而求同，这与政治上解决宗教冲突的模式是完全一致的。此后的教育法案凡涉及宗教教学问题都体现了这种宽容精神。1944 年《教育法》把宗教教学作为教育的法定内容，但同时规定必须是非教派性质的。

宗教教育的宽松意味着宗教教育已不像过去那样为某个教派服务，为教派冲突服务，而成为道德教育的一种重要方式。尤其重要的是，“教派之争不介入学校”与“党派之争不介入学校”在文化层面上是等价的，为确立恰当的党派政治与教育的关系奠定了坚实的基础，使教育更少受不良政治之侵害。这一点对教育的健康发展而言是必不可少的。世俗性的实质不是否定宗教或政治信仰，而是信仰宽容。这意味着英国教育已从深层次上完成了向世俗性的转变。

2. 课程的扩充

各级各类学校的课程在本时期皆大有扩充。考试往往是课程的指挥棒，似乎古今中外皆然，1862 年建立的按成绩拨款制度使初等教育课程局限于读写算三科，1898 年按成绩拨款制被取消，师生从考试的指挥棒下解放出来，课程也得以从考试的囚笼中挣脱出来，到 19 世纪末，除读写算和体育外，唱歌、绘图、地理、历史、科学常识等科目走进学校，一些有条件的学校还开设了机工、化学、物理、解剖、园艺、农学、航海学、速写等科目，女生还可学习针线、裁缝、烹饪、洗衣等技艺。进入 20 世纪以后，一些高级初等学校发展起来，这些学校重视科技、商业等职业性课程的教学，具有职业教育的性质。

中等教育的课程也有扩充，除古典人文学科外，现代外国语、数学和自然科学皆进入了学校课程，就连最保守的公学，其课程亦有改观。1944 年“弗莱明报告”（《公学委员会的报告》）指出：“公学现在已不太僵化，课程较灵活，兴趣范围较广阔，当前这场战争的影响在很大程度上打破了老的传统，引进了新的活动。”（瞿葆奎，1993）[129]

城市学院、城市大学、大学推广运动的发展改变了原有的高等教育结构，这种结构变化也说明高等教育的课程结构发生了变化，古典主义课程在高等教育中已不处于垄断地位，工业学科、商业学科、自然学科、现代人文学科等皆进入了高等教育的课程之中。高等教育通过其新课程进一步增强了与社会的联系。

总之，各级各类学校中课程的扩充是一个不争的事实。扩充是一件好事，但扩充之后也不是没有问题。就初等、中等学校而言，一个严重的问题就是考试对课程的负面影响。

3. 考试对中小学课程的影响

1898 年按成绩拨款制被废除，初等学校的课程有所扩展，然好景不长，1907 年“免费学额”制度的确立使初等学校又被套上了新的枷锁。由于“二战”前英国初等、中等学校并不互相衔接，为解决初等学校学生升中等学校问题，免费学额制才得以产生，免费学额制即在中等学校为初等学校学生提供一定的免费学额，由于获此学额者不仅能免费就读于中等学校（1944 年《教育法》才规定公立中等学校免收学费），还意味着有一个美好的前途，因此竞争十分激烈，11 岁的选拔考试也就成为指挥棒，与考试无关的课程不受重视甚至被放弃。教育科目为算术和书面英语，任何与考试无关的学习都被认为是浪费时间。与此相应，为提高升学率，加强学校的竞争力，学校中的能力分组日盛一日，能力分组以个别差异心理学为依据，按照儿童智力和成绩差异，将学生分成快、中、慢班或快、中、慢组，结果是快班或快组的学生得到了特别关照，而其他学生却遭到忽视，因为他们大多考学无望。这种片面追求升学率的做法无疑使学校课程狭窄，阻碍了学生的全面发展，但这是体制造成的，学校和教师无力改变。正如 1943 年发表的政府教育白皮书所指出的：“当儿童正处在思维敏捷、接受能力强、好奇心重、想象力丰富并且充满活力的阶段时，初级学校却未能完成开发儿童的潜力这一正当而又十分重要的任务。由于过分强调考试科目以及对付考试官员的手段和方法，课程往往变得很狭窄，扭曲得很厉害。出现这一问题的责任不在教师，而在于制度本身。”（徐辉，郑继伟，1993）[296] 这种批评也完全适合于对我国目前中小学教育的批评。1928 年“哈多教育重组”以后，以前的争取中等学校学额的竞争转为争取文法学校学额的竞争，因为中等教育的几种形式中唯文法中学地位最高，类似于我国的“重点中学”，考入这类学校，令许多家长和学生魂牵梦绕。

中等学校的课程各学校间一直就不一致，中学毕业生升大学的考试是由各大学考试委员会自行决定的，这种各自为政的考试方式不利于中等学校课程标准的一致。为统一中等学校课程，中央教育局于 1917 年设立了学校证书（school certificate）和高级学校证书（higher school certificate）。学校证书是为 16 岁的中学毕业生设计的，要获此证书，须通过从以下三组学科中各选一门学科而组成的考试：人文学科、外国语、数学和自然学科。后来其他学科如艺术、音乐和一些实用学科也被纳入证书考试范围。高级学校证书考试与第六学级（the Sixth Form）相联系，第六学级包括中学最高的两个年级（16—18、19 岁），“二战”结束前第六学级一直为文法学校（包括公学）所独有，是与大学相联系的一个重要环节。在第六学级就读的青少年人数较少，两次大战期间只占相应年龄层的 7% 左右。1924 年英国颁布《中学条例》，把高级学校证书考试的课程分为若干组：自然科学和数学；现代学科；带现代学科的古典学科；带其他学科组合的地理学等。如欲获此证书，须从中择一组课程应考。为了通过考试获得证书（因为证书考试兼有毕业考试和大学入学考试双重作用），学生往往将绝大部分精力用于某一组课程的学习。虽然学生在某一方面能达到较高的学习水平，但知识面却比较窄。课程面狭窄，过早专业化，是学校证书和高级学校证书考试带来的重要问题。

4. 科技课程问题

科技课程问题不仅是损益几门课程的问题，它能体现出科技与教育的结合及联系程度，而且科技课程在总课程中所占比例、科技课程的质量水平、科学课程与技术课程的比例分配、科技教育与实业界的联系等会对一个国家的国力产生重要影响，而在这些方面，英国在 1870—1944 年的表现皆不尽如人意。

具体言之，第一，科技课程在总课程中所占比例较低。初等教育课程只是奠定初步的文化基础，不可能有较高的科技含量，各国皆然。英国中等教育的教育形式在“二战”前一直以文法学校为主，1902 年始建的公立中学皆以文法学校为样本，而文法中学是以人文学科为主要教学内容的。

1918 年“汤姆逊报告”指出，中等学校的科学教育质量很差，地位也不稳定，而且有过分专门化倾向。继续教育中的职业技术教育课程水平较低。高等教育中的科技教育在该时期有较大发展，但总体而言，科技课程在高等教育课程中的比例尚未达到应有的高度。城市学院和城市大学所推进的科技教育只渗透至中产阶级。

第二，科学课程与技术课程比例不当。不论在中等教育还是在高等教育中，科学课程的比重大大高于技术课程。在中等教育结构中，中等教育性质的初级技术学校是教育重组中力量最小的一个分支。“二战”后建立起的三轨制中等教育体制中，技术中学一轨亦最薄弱。英国大学的科学研究有很高水平，科学家中获诺贝尔奖者较多，但科学基础研究却不能转化为技术。

第三，科技课程的水平较低。初级技术学校和商业学校的技术课程层次比较低，但即便如此也有不少学生不能修完，因为学生是小学毕业生，缺乏必要的普通知识作为基础。虽然有些院校也开设了高级职业技术课程，但读这些课程的学生数量甚少，例如，在利物浦市立技术学校，1903—1904 年有 1005 人读工程贸易课程，但只有 155 名学生读稍高于伦敦技术学院普通级的课程。

第四，科技教育与实业界缺乏必要的联系与协作。许多雇主认识不到科技教育的重要性，对工人的职业技术训练态度冷淡。工业界和教育界在科技教育和职业教育问题上缺乏合作。

“二战”结束前，科技教育在英国经济和社会生活中远未得到应得的重视，进一步拉大了 1870 年以前就已存在的与欧美其他一些国家的距离。

5. 教育教学方法

欧洲新教育思潮倡导新的教学方法，要求以活动教学而不是以课堂教学为主，给儿童更多的自由，一些教育家如罗素、尼尔还办了实验学校，尝试新方法。哈多委员会的三个报告，即 1926 年的“青少年教育”报告、1931 年的“初等教育”报告、1933 年的“幼儿学校和保育学校”报告，显然都受到新教育思潮的影响，如“初等教育”报告提出，应该根据活动和经验，而不是那些需掌握的知识和需储存的事实去考虑课程。三个报告还抨击初等学校教学方法中存在的权威主义和非人性化倾向，反对教学仅以知识、考试为目标，要求考虑儿童身体的、情感的、道德的等多方面发展的需要。

在新教育运动和哈多委员会的影响下，虽然“二战”前儿童中心的教育思想尚未在初等学校中广泛实施，但已成为一种正统的教育理论，“二战”后课程、教学方法和组织形式的变革正是以此为基础的。

五、教育资源保障

1. 师资培养方式的改变

1870 年《初等教育法》要求普及初等教育，然而却没有对师资问题予以重视，教师依然通过“教生制”来培养。从 1874 年起，一些地方学校委员会还建立了教生中心（pupil-teacher centre），为 13—18 岁接受学徒制训练的师范生提供近似中等教育的训练。教生制虽比导生制在培养教师的质量方面有较大提高，然而它却是一种以学徒制为基础的在职训练方式，效率较低，远远满足不了教育发展对师资数量和质量提出的新要求，因此在 19 世纪末受到了尖锐的批评，一些人主张建立公立师范院校。到 19 世纪末英国已出现了 16 所三年制的公立师范院校，培养的合格初等学校教师占初等学校教师总数的四分之一，但这在数量上依然不足。1902 年《中等教育法》授权郡和郡级市地方当局发展公立师范教育。到 1922 年时，英国已有 72 所师范学院，其中 22 所由地方教育当局开办，另外 50 所是民办师范学院。地方教育当局的参与力度仍然不够。

教师的待遇依然比较低，这引起了有关人士的关注。1944 年的“麦克奈尔报告”被誉为“教师宪章”。该报告指出：“如果要使教师的数量和质量达到‘白皮书’[①] 所提出的改革要求，有三件事尤其必须做到：教师的招聘范围必须拓宽；阻碍人们成为教师的服务条件必须废除；教育的地位必须提高；这样才能吸引足够的、合格的男女公民从事教育事业。”（瞿葆奎，

① 指 1943 年英国教育白皮书。

1993）[135] 该报告把解决师资问题作为教育改革的先行条件，建议大幅度增加教师薪金，并要求成立一个专门委员会负责中小学教师的薪金问题，报告还对教师培养问题提出了一些具体建议。政府大体上接受了这个报告，此后，“地区师资培训组织”和作为常设咨询机构的“全国师资培训和补充咨询委员会”建立起来，教师的薪水也得到了提高。

1944 年《教育法》规定由教育部负责师资培训与供应，法案授权教育部指导地方教育当局以各种方式继续发展师范教育，培训经费由中央和地方按 6∶4 的比例分担。过去地方教育当局只雇佣教师但很少参与师资培训，1944 年《教育法》则使发展师范教育成为地方教育当局的法定职责，中央政府负担六成的师训经费也调动了地方发展师范教育的积极性。

可见，在这一时期，教师培养逐渐走向规范化，全日制职前培训取代了具有学徒训练性质的以半工半读为特征的教生制，中央和地方政府也逐渐积极参加到师资培训之中，教师的薪金和社会地位也有提高。但总体而言，师资培训仍滞后于初等和中等教育的发展。

2. 教育经费

这一时期教育经费投入的总体状况是：(1) 经费投入主体的构成发生了变化，政府与民间共同投入的“双重制”形成并不断改进和完善，政府投入力度愈益加大，民间团体（尤其是教会）在经费投入上所占的比例越来越小；(2) 中央政府和地方政府在教育投入比例上形成了一种有效的机制；(3) 政府经费资助的范围越来越大。

1870 年《初等教育法》规定地方学校委员会有征收地方教育税补助的权力，学校委员会成为教育经费的重要支付主体之一。公立初等学校经费由中央政府拨款、地方税补助和家长交纳的学费三部分组成，学费每周不得超过 9 便士，公立初等学校于 1918 年全部实行免费制后，公立初等学校经费全部由中央政府和地方政府共同负担。1870 年《初等教育法》规定，民办学校在 6 个月的宽限期（实际上是 12 个月）内，中央政府提供 50% 的基建拨款，过此宽限期后则不再支付基建费，但依然给予日常经费补助，这样，民办学校的经费来源有三：中央政府拨款、民间捐赠、学生学费，学费高低不受限制。民办学校得不到地方税补助，且要自筹有关基建的费用。公立初等学校与民办初等学校的最大区别是，前者有雄厚的地方教育税补助作为经济后盾，而后者没有。从此，形成了双重制（双重办学体制），开启了兴办初等教育的竞争时代。竞争给教育发展带来了活力，但也带来了问题。

最大的问题是民办学校（主要是教会学校）在与公立学校的竞争中处于劣势，民间力量办学显然无法同政府办学相抗衡。19 世纪末国教会宣称由于缺少经费，它的学校已陷入生存危机，而当时的民办学校约有 14000 余所。如何对待民办学校成为问题的关键，要么结束双重办学制由政府接管全部学校，要么修改双重办学制，加大政府对民办学校的资助力度使民办学校摆脱财政困难。一些不信国教者和世俗人士希望用缓慢的财政扼杀措施使教会学校在无以生存时向政府“缴械投降”，从而摧毁双重制，消灭教会学校；而教会学校则希望在得到更多的政府资助的同时依然保持自身的独立性。

1902 年《中等教育法》在对待民办学校问题上采取了折中妥协的做法，规定将地方税补助扩大到民办学校（不仅包括初等学校，还包括中等学校），从此，教会只需支付新建学校的基建费以及旧校舍的维修费和扩建费。作为交换条件，教会学校向地方政府出让一部分学校管理权。这样就保留且发展了双重制（双重制扩展到中等教育领域，民办学校获得了地方政府的资助）。由于这一法案将部分地方教育税收用于教会学校，许多反对者拒交教育税，一些地方当局拒绝为当地的教会学校提供资助，约有 70000 余人因此而受到处罚甚至被扣押财产，可谓惊心动魄。但政府的做法是明智的：如果不顾及教会利益，法案可能就不会被通过；如果不给教会学校增加资助，受损失的不仅是教会，更主要的是在教会学校就学的儿童。政府的做法的长远结果就是公立、民办学校教育质量的共同提高。不是你吃掉我，也不是我吃掉你，而是两者共同发展。

但即便是这样，民办学校依然难与公立学校竞争，因为它们还要支付新建校舍的基建费以及旧校舍的维修费和扩建费，这也需要一大笔钱。由于战争、经济不景气等各种因素的影响，民办学校的财力捉襟见肘，“二战”期间，在中央教育局的秘密名单上，校舍破旧的学校四分之三是民办学校，民办学校显然跟不上教育发展的步伐。1943 年政府白皮书《教育的改造》（Educational Reconstruction）建议，解决办法不是消灭民办学校，而是通过立法增加政府的拨款补助，同时加强控制。1944 年《教育法》采纳了这一建议，民办学校被分为三类：“民办受控学校”（voluntary controlled school）由政府提供全部费用，教会全部交出独立权，与公立学校相差无几；“民办补助学校”（voluntary aided school）和“特别协议民办学校”（voluntary special agreement school）要负责校舍扩建费和维修费的一半，其余均由政府支付，这一点二者是一样的，但在任用教师方面前者拥有更大的自主权。民办学校必须从这三种类型中择一，结果是，一半以上的国教会学校选择了第一种类型成为民办受控学校。政府利用拨款手段大大强化了对民办学校的控制。这种措施在当时被认为是切实可行的，易被各方接受，“然而，对政府来说，这一措施中隐藏着一种两难境地：随着教育财政负担的增加及教会学校财政困难的加重，政府必须在容忍教会学校由于经费困难所造成的质量下降和为了儿童的利益给教会以特别照顾这两者之间作出选择。结果政府只能选择后者，容忍教会在协商中占上风，为它的学校提供更多的经费。（由于 1959 年和 1967 年颁布的修正案，教会学校自己负担的经费比例下降到 20%，并且自 1870 年以来第一次容许新办民办补助学校获得占总数 80% 的基建费）一些批评家认为，1944 年教育法所导致的一个逻辑结果（事实上也是如此），就是由来自公众的政府经费为少数利益集团谋利益。这种只享受权利而不承担责任的现象被许多人看作是背叛了自 1870 年以来主宰英格兰和威尔士教育发展的一条基本原则”（徐辉，郑继伟，1993）[292]。实际上在这里，政府首先考虑的是儿童的利益，而不是教会的利益，政府对教会学校貌似仁至义尽，实则为儿童着想，因此，这种批评不太公允。可以说，在发展初等、中等教育的过程中，国家是忍辱负重的孺子牛，承担了更多的责任，承受了更大的财政负担。那么为什么政府不把民办学校没收为国有呢？没收不是英国的典型方式，能妥协则妥协才是英国的典型做法，尤其是在妥协不影响发展的前提下。只要学校质量保持均衡，由谁开办学校不是一样呢？何况民办学校自身还支付一定的经费，与全改为公立学校相比，政府毕竟还可少支付这部分经费，政府何乐而不为呢？结果便是从 1870 年开始形成的双重办学体制一直持续至今，但由于政府资助力度加大，双重办学体制的内容已远非昔日的情况了。

在中央政府和地方政府教育投入的比例分配上也形成了良好的机制，一个重要做法就是中央政府的教育补助随地方经费开支的增加而增加，亦即地方用于教育的钱越多，中央给的补助也就越多，这种做法极有利于提高地方加大教育投入的积极性。这种做法是 1914 年“坎普报告”所倡导的，报告的原则有二：一是中央和地方经费负担的比例要尽量相等；二是为配合地方经费开支的增加，中央政府应随时准备扩大补助的数额。该报告被认为是英国“教育经费历史上的一个里程碑，导致了教育补助的新概念，并促进了中央与地方关系的发展”（迟恩莲，曲恒昌，1996）[101]。该报告对英国的教育拨款体制影响甚大。

中央政府和地方政府教育拨款的资助范围也逐渐加大，从最初的 1833 年只资助民办初等学校，发展到这一时期资助覆盖了各级各类教育，并用公款建立公立初等教育、中等教育和继续教育机构，可以说，政府教育拨款已渗透到各个教育领域。

教育福利政策也使许多资源流向教育和儿童。虽然教育福利曾受财政紧缩的影响，但依然呈扩展之势，1944 年《教育法》共 122 条，其中就有 10 条（第 48—57 条）之多是专门规定教育的福利问题的，涉及学生的医疗检查和治疗，牛奶和膳食的供应，寄宿设施的提供，服装的供应，娱乐活动和体育训练设施的提供，对学生身体和衣服进行卫生检查，交通或卫生设施的提供等，儿童的权利得到了较充分的考虑。（瞿葆奎，1993）[184－190]

尽管政府教育拨款的力度总体看呈不断加大之势，但在一定时期也有一些因素对拨款行为产生影响。如“一战”后英国债台高筑，加上通货膨胀、工人失业等因素的影响，经济状况不佳，这直接影响到政府教育投入的多寡，1922—1923 年的教育经费由于经济紧缩政策而被削减 650 万镑，结果导致初等学校班额扩大，减少了免费午餐和医疗服务项目，教师也必须将 5% 的工资用于退休金。

六、成就与问题

1870—1944年英国教育在教育政策、管理体制、教育结构、课程内容、师资培训、经费投入等方面较上一时期发生了显著变化，将英国教育现代化的水平提高到一个崭新的高度，取得了显著成就，主要表现在以下五个方面。

其一，教育的国家化取得突破性进展。国家充分认识到发展教育的重要意义，通过拨款、立法、行政等各种方式对各级各类教育进行了全面干预，对初等和中等教育的干预尤甚。地方政府成为政府干预教育的重要力量，在教育中发挥越来越大的作用，中央政府和地方政府在管理教育事务中形成了良好的伙伴关系。国家以拨款为诱饵对民办学校的干预力度越来越大，1944年《教育法》将民办学校纳入国家教育系统，民办学校处于政府的全面监控之下，教会对教育的影响越来越小。

其二，教育改革的理性化呈现出新的特点。成立教育调查委员会对教育问题进行深入细致的调查并提出切实可行的改革建议，是英国的一个很有成效的做法，1870—1944年英国教育改革继承了这一传统，并且又有新的发展，那就是更注重理论对教育改革的指导作用，许多教育委员会的报告在明了教育现状之后都自觉地寻求理论对解决现实问题的指导作用。心理学和教育理论的新成果成为英国教育改革的重要指针，能力分组、智力测验、11岁考试、初等与中等教育的年龄分界、教育重组、中等教育的三轨制等，这些重要的教学制度、考试制度、教育结构的变革莫不与心理学和教育理论研究成果相联系。也许有些研究成果并不切实际，甚至会给实践带来副作用（有时就是如此），但英国在教育现代化进程中自觉以科学、理性的精神指导教育改革却是值得推崇的。

其三，教育的民主化又上新台阶。20世纪初普及了初等教育，实现了人人受初等教育的目标。20世纪20年代又开始向“人人受中等教育”的目标迈进，中等教育再也不是为富人所独占独享的教育。初等教育中不平等的“基础教育传统”在“哈多教育改组”后终于被打破，儿童身心各方面的发展成为初等教育的目标，初等教育中重视儿童发展的“发展的传统”

开始形成。初等和中等教育从结构上的平行发展为相互衔接，到1938年，65.5%的11岁以上儿童在经过改组的中等教育性质的学校里学习，中等教育的入学率和普及程度明显上升。1944年《教育法》明确规定人人受中等教育，并从教育体制与结构上正式消除了带有明显不平等色彩的沿袭甚久的基础教育传统。法案将最低离校年龄提高到15岁，并取消了公立中学收费制度，所有儿童因此都能在平等的6年初等教育之后，获得4年的中等教育。将“人人受中等教育”的政党政策法律化，赋予法律的强制力，为“人人受中等教育”这一目标的实现奠定了法律基础，极大地促进了“二战”后中等教育民主化的进程，这被视为1944年《教育法》对英国教育所做的重要贡献之一。

其四，教育的世俗化程度大大加深。教育更加关注现世生活，宗教教学已大大弱化，教派性宗教教学更是被扫地出门。实用课程、科学课程成为课程的主体。教育与现代社会生活更紧密地相连。

其五，教育的福利化政策开始形成并不断完善。儿童在营养、卫生、医疗、着装、住宿等方面得到更多的关心。

上一个发展阶段（中世纪到1870年）存在的主要问题，如国家对教育干涉不力和教育民主化程度不高两大问题在这一阶段已得到相当程度的解决。但另一个问题即科学和技术教育、职业技术教育问题在这一时期仍未得到很好的解决，尽管科技教育有了很大进展，国家也采取了一些立法和其他措施发展职业技术教育，但仍然未达到其应有的发展水平。很多人认识到了科技教育对国家兴衰的重要性，要求大力加强之，帕西勋爵在1924—1929年任中央教育局局长时，对英国社会轻视技术教育的现象予以激烈抨击；1929年马尔科姆委员会的《教育与工业》报告对技术教育过分依赖夜校部分时间制的做法提出尖锐批评；1937年中央教育局发表了《技术教育中的合作》报告，并打算投资发展技术和继续教育，但不久被战争所打断。不能说政府对科技教育的认识不够，但为什么发展迟缓？除了一些表面原因如战争的影响等之外，恐怕还要从文化传统上去找原因。我们将在下一节继续分析这一问题。

除尚未解决的老问题外，这一阶段还产生了一些新问题，其中比较突出的是11岁选拔考试问题，它带来了很多副作用，如初等学校普遍采取能力分组（分高、中、低班或组），片面追求升学率，儿童片面发展等。11岁考试的目的是使儿童在中学阶段分流到不同类型的学校，但如果这些不同类型的学校地位不同，那么分流是否能体现教育的平等？中等教育三轨制是公平的吗？考试制度和中等教育结构怎样更好地体现民主平等精神，是下一时期亟待解决的问题。另外，初等、中等学校课程狭窄也是一个需要解决的重要问题。

第三节　英国教育现代化向纵深发展
——从“二战”结束到20世纪80年代

“二战”后，英国的中等教育、职业技术教育和高等教育都得到了迅猛发展，到20世纪80年代末，英国教育已与“二战”前大相径庭，教育现代化的水平有较大提高。

一、社会背景

“二战”结束到1979年英国的社会政策尤其是经济政策、福利政策与“二战”前保持了相当高的连续性，1979年撒切尔夫人（M. H. Thatcher）领导的保守党执政后社会政策才发生了比较大的变化。宏观教育政策的变化与社会政治经济政策的变化具有很高的相关性。

从“二战”结束到70年代末，英国历届政府，不论是工党执政还是保守党执政，都不同程度地采用了凯恩斯主义（Keynesianism）的经济理论和政策主张，即通过增加支出和扩大财政赤字的手段来刺激投资和消费，实行“需求管理”。凯恩斯（J. M. Keynes）认为，资本主义经济中的总需求或有效需求不足是不可避免的，有效需求的不足是资本主义经济危机和失业的根源，为了减少失业和避免发生经济危机，就应当设法增加有效需求。这就需要国家大力干预、调节经济活动以刺激经济发展。“二战”后工党政府大规模地推行国有化，把煤炭、钢铁、电力、电报、煤气、公路运输、铁路、内河航运、民航、英格兰银行等大企业、大机构都收归国有，大大增加了国家对经济的控制力。

福利制度是与凯恩斯主义、与政府对经济的控制息息相关的。“凯恩斯认为，资本主义经济之所以发生周期性经济危机，主要是因为有效需求不足。为了加速增长，他提出赤字财政，以扩大政府支出，借以建立人为的补充需求。用国家支出来弥补生产能力的扩大和有支付能力需求相对缩小之间的缺口。增加福利开支就是扩大政府支出的主要手段。同时随着国家垄断资本主义的发展，国家大大加强了政府对整个社会经济生活的干预和调节。国家把经济干预和调节范围不仅扩大到再生产的许多领域，而且扩大到国民收入的再分配。实行社会福利制度，就是国家对国民收入实行再分配的一种表现形式。”（于维霈，1990）[264] 尽管“二战”前英国就实行过福利政策，但英国社会福利制度是在“二战”后最终形成和发展起来的。1945 年工党执政后，先后制定和通过了《国民保险法》《国民医疗保健法》《国民救济法》等社会福利法案。1948 年 7 月 15 日，上述法案同时生效，当时英国工党政府首相艾德礼（C. R. Attlee）宣布英国在西欧建立了第一个“福利国家”（welfare state）。20 世纪 60—70 年代初，随着经济相对迅速发展和社会物质文化水平的提高，英国政府实施的社会福利项目日益增多，范围已涉及生、老、病、死、残、孤、寡、失业和教育等各个方面，“从摇篮到坟墓”全面实行福利化，政府开支空前增大。教育福利制度是整个社会福利的一项重要内容，教育从中获益甚大。

凯恩斯主义强调国家权力对社会生活尤其是经济生活的干预，然而凯恩斯主义并非万能，福利制度也非尽善尽美。

战后初期，由于德、意、日三个战败国暂时退出了世界市场，法国在战争中元气大伤，所以英国在资本主义世界的生产和贸易中还保持着第二位，这种状况一直维持到 20 世纪 40 年代末。从 50 年代到 70 年代，英国经济出现了增长缓慢的“英国病”。走走停停是经济发展中常见的现象，但英国即使在“走”的时期，其速度也远不如日本和联邦德国那么快，而“停”起来又比其他国家时间长，经济增长率比较低。从 1951 年到 1979

年，英国国内生产总值的年平均增长率为2.6%，而同期法国为4.9%，联邦德国为4.7%，意大利为5.1%，美国为3.6%，日本为8.2%。经济增长缓慢导致英国经济的国际地位不断下降，到1955年被联邦德国超过，1964年被法国超过，1965年被日本超过，退居世界第五位。经济增长缓慢有多种原因，凯恩斯主义经济政策的赤字财政扩大政府支出的措施和福利政策使资本积累率较低，福利政策还使非物质生产部门在国内生产总值中所占比重较高，殖民地体系的瓦解使英国海外收入锐减，不合理的科技政策使英国引进外国技术比较保守（于维霈，1990）[13]，职业技术教育不能适应经济对劳动力的需求等都是重要原因。然而其中最重要的原因还是经济政策。

不可否认，凯恩斯主义对英国经济曾起到相当的促进作用，但进入20世纪70年代，英国出现了高失业和高通货膨胀并存的“滞胀”局面，对此凯恩斯主义经济政策处于顾此失彼、进退两难的境地，国家干预经济的办法不仅不能解决经济中的矛盾，反而使之复杂化和尖锐化。1979年保守党执政后以货币主义经济政策取代凯恩斯主义经济政策。保守党政府认为，导致通货膨胀的一个重要原因是货币供应量超过正常需要。要抑制通货膨胀，必须从控制货币量入手，以使货币供应量的增长率同经济增长率大体相适应。这是撒切尔夫人货币主义经济政策的核心。政府控制货币供应量的一个主要措施就是削减公共开支。结果使通货膨胀率逐步下降，但也带来了一些后果，福利制度因削减公共开支而大受影响，教育经费被大肆削减，对教育发展产生了一些副作用。

保守党政府反对工党所主张的强化政府在经济领域的作用，提倡自由竞争的市场经济，限制国家过多地干预经济生活，要求把经济决定权从政府手中转到企业手中，反对国有化政策，主张私有化，认为国有化忽视了自由竞争和市场的作用，结果大多数国有企业经济效益差，连年亏损。撒切尔夫人上台后，开始了英国历史上规模最大、范围最广的私有化运动。结果国有企业转为私有后，几乎所有企业都增加了营业额并能够盈利。与这种经济政策相一致，政府把教育也推向了市场，市场竞争的原理被用于教育，鼓励高等教育机构通过出卖其专长走向市场从而获得财政资源。中央通过立法削弱了地方教育当局对学校的控制权，把大量的权力给了学校

(就像给了企业一样)，而且让家长有根据学校的教育质量选择学校的权利，从而把家长看作有选择权的消费者。更有甚者，政府还在一定程度上实行公立教育的私有化（就像国有企业私有化一样）政策，将国家拨款的公立学校——城市技术学校交由教育信托人管理，独立于地方教育当局。(王承绪，徐辉，1992）[162－167]

英国的科技政策的变化对经济和教育发展亦有影响。“二战”后英国引进外国技术比较保守，同积极引进技术的日本和联邦德国相比，英国的技术引进费用绝对额最小，增长速度也较慢。这使得英国不可能像日本、联邦德国那样通过大规模引进技术来带动和加速设备的更新，迅速提高劳动生产率和出口商品在国际市场上的竞争能力。英国政府对科研经费的分配也不利于经济发展，军事科研经费的比重过大，而民用科研经费不足。1980 年，英国用于军事科研经费的比例是 59%，而日本用于防务的研究费用只占 15%，联邦德国占 17%，法国将近 38%，相比之下，英国的民用科研经费就少得多。

英国的科技政策长期以来还受重科学轻技术、重理论轻应用的传统观念的束缚，使基础理论研究成果不能直接转化为技术和生产力，出现了“英国开花，美国结果”的情况。英国尽管在 1901—1985 年有 68 位科学家获诺贝尔奖，绝对人数仅次于美国，按人口平均计算居世界首位，尽管也拥有许多发明，但 20 世纪以来轻工业一直走下坡路。面对世界性的技术革命的挑战和国际上争夺技术优势的需要，英国政府产生了强烈的紧迫感，从 20 世纪 80 年代开始调整本国的科技政策，力求将科学研究同国民经济的需要，尤其是同工业发展的需要紧密结合起来。这对加强教育与科技、教育与经济活动的联系提出了新的要求，也提供了新的契机。

“二战”对战后的政治民主化助力不小，1949 年的《人民代表制法》(Representation of the People Act 1949）确立了一个比较完善的普选制，1969 年的改革将选民的年龄从 21 岁降到 18 岁，进一步扩大了选民的范围。政治民主化又进一步促进了教育的民主化。“二战”后英国教育的民主化步伐显然大大快于“二战”前。

二、教育管理

1. 中央政府和地方政府

1944年《教育法》加强了中央政府对教育的干预力度。这种干预既涉及教育结构问题，如中等教育综合化、高等教育双重制及其变革、职业技术教育体系化，也涉及课程和教师问题，如1988年《教育改革法》（Education Reform Act 1988）实行全国统一课程并建立了全国统一测试制度，剥夺了教师一直拥有的对教学内容选择的自主权。集权化趋势愈加明显，其结果是解决了一些一直未能解决的、靠民间和地方政府等局部力量也解决不了的问题，如公立高等教育的大发展、职业技术教育的大发展、课程标准的统一等。国家力量、宏观调控、立法强制手段依然是国家教育事业得以发展的不可或缺的重要手段和资源。

中央教育行政机构在这一时期也发生了一些变化，1964年教育和科学部成立，取代了原来的教育部，英格兰和威尔士教育部长和科学部长的全部职责移交给教育和科学大臣，后者不仅就英格兰和威尔士的法定教育制度，而且就大不列颠的大学、大学学院以及“民用科研”（即用于非军事目的的科学研究和发展）的拨款向议会负责。教育和科学大臣对议会负责，其工作可得到国务部长和政务次长们的协助。教育与科学大臣是高级大臣，并且是内阁成员，这显然提高了教育在国家权力机构中的地位。教育事务与科技发展由一人、一部统管，也利于教育与科技的结合。教育与科学部下设司，司下设处，处下设科（邓特，1987）[65-69]，可见随着教育事业的发展，行政管理也日益分化，专业化要求也越来越高。

1944年《教育法》赋予地方教育当局很大的权力，1972年《地方政府法》（Local Government Act 1972）颁布后，地方教育当局也随之变动，由1944年的146个减至104个。郡议会是地方教育当局，有权征收地方税以维持地方教育事业。每一个地方教育当局设教育局，其工作人员为地方政府官员，教育局的组织机构同教育和科学部类似，教育局下设科，如初等教育科、中等教育科、继续教育科等。

2. 中央政府与地方教育当局的关系

“二战”后，中央政府与地方教育当局仍保持良好的伙伴关系，二者经常就一些教育问题进行讨论和磋商。但1988年以后这种伙伴关系却发生了一些变化。对教育的控制权向两极转移，即向上向中央政府、向下向学校转移，“国家教育体制由两极控制来运行，中央政府向五千万人民负责，学校向……学生负责。……大量的权力给了规模非常小的当局——学校”，这削弱了地方教育当局的权力，“直接打击了地方教育当局”，“全国统一测试，事实上把许多课程决策权给了中央政府。给地方教育当局只留下一点提供指导的权力。也许最重要的是把以前严格属于地方教育当局的职权给了各学校当局。家长可以对子女就读学校自由选择，这取消了地方教育当局对学生就读学校安排上的控制。给学校资源使用上的自主权，同样是一个重要的打击[①]。有关学校可以‘退出’地方教育当局的条款，如考虑到可能只有一部分学校会这样要求，那它还是具有象征的重要性，它将使一批完全独立于地方教育当局的新学校诞生。市立技术学院同样影响到了原来由地方教育当局垄断的领域”。平均拥有30多万人口的地方教育当局，“若要使其有效地拥有一系列设施和专长，那似乎规模太小了，但要让其代表当地社区，又太大了”（瞿葆奎，1993）[756-757]，因此，权力向学校下放有其积极意义，但教育事业的发展也需要在一定规模上（如地区规模上）的组织和协调，对此，学校往往无能为力。1988年《教育改革法》对中央与地方教育管理权力的调整，其后果如何有待进一步探索。

3. 教育观念与教育政策

“二战”后随着中等教育综合化的发展，11岁考试对初等教育造成的压力呈减小之势，在此背景下，儿童中心主义的教育观念在初等教育实践中影响日增，1967年发表的“普洛登报告”（《儿童和他们的初等学校》报告）明确地以儿童中心主义为报告的指导原则，认为儿童是教育的中心，教育目标的中心是发展个体儿童的潜在能力，每个儿童都是独特的个体，他们在身体、情感和智力上的发展和成熟有其自己的速度和方式，儿童是他自

① 指对地方教育当局。

己学习的主人，除非儿童出于自愿，否则将任何东西强加在他们身上的做法都将有损他们的创造性。许多初等学校在课程、教学方法和教学组织形式方面都做了积极的探索。尽管儿童中心主义后来受到批评，但尊重儿童及其身心发展后来却成为教育活动所遵循的一个重要原则。

儿童中心主义教育观的影响主要限于初等教育领域。这一时期对教育政策起决定作用的观念是教育民主化观念和把教育视为一种国家发展的工具的观念。这两种主导观念可从“二战”后发表的一系列调查报告和教育立法中明显看到。

教育民主化观念在不同的教育领域有不同的政策反映。初等教育领域中儿童中心主义原则和补偿教育原则①的确立、中等教育领域的教育综合化运动、高等教育的“所有具备入学能力和资格希望接受高等教育的青年都应该获得受高等教育的机会”的原则②的实施，都是教育民主化观念在教育政策中的具体体现。

把教育作为一种国家发展工具的观念，在职业技术教育和高等科技教育中表现得最为显彰。这种观念充分认识到了科技和教育在经济竞争、国际竞争中的重要作用，政府发表的许多报告颇具危机意识，认为英国经济落后的原因在于缺乏科技人才尤其是技术人才，而这又最终归结为教育问题，要求教育培养更多的科技人才为增强英国经济实力做贡献。在严峻的国际竞争压力下，英国人旧有的关于职业技术教育的偏见终被艰难地战胜，20世纪60年代中期，鄙视职业技术教育之风才基本消失，80年代才迎来职业技术教育的黄金时代。

宏观上看，不论是实现教育民主化还是视教育为国家发展的工具，都需要强有力的国家干预。就这一时期基本的国家教育政策而言，国家对教育的干预政策仍是基本的教育政策，干预的力度、范围较“二战”前更大，干预的重点由“二战”前的初等和中等教育转为“二战”后的中等教育、职业技术教育和高等教育。强有力的干预政策与凯恩斯主义经济政策、与

---

① 1967年“普洛登报告”提出了该原则，要求确定那些条件较差的地区为“教育优先发展地区”，以解决因地区差异造成的教育机会不均等问题。

② 1963年“罗宾斯报告”所提出的高等教育发展的首要原则。

福利制度是一致的。1979 年保守党执政后，教育政策发生了一些变化，如强调把教育推向市场，削弱地方当局对学校的管理权力，甚至还在一定程度上实行公立学校私有化，但总体看，中央政府对教育的控制不但没有削弱，反而比其他任何时期力度更大，1988 年“全国统一课程”便是这种强有力控制的典型标志。

三、教育体系

这一时期，教育尤其是职业技术教育和高等教育出现了不少新的类型，教育的整体结构渐趋完善。

1. 初等教育和中等教育

1944 年《教育法》首次以立法的形式把初等教育确定为英格兰和威尔士公共教育制度的第一个阶段，标志着英国统一的初等教育制度的正式确立。此后，初等教育的类型逐渐定型为三种：幼儿学校，招收 5—7 岁儿童；初级学校，招收 7—11 岁儿童；混合学校，包括幼儿部和初级部，招收 5 岁至 11 岁儿童。1964 年《教育法》(Education Act 1964) 颁布后，从 1968 年起，又产生了一种新的初等教育体系，包括：第一级学校，年限为 5 岁至 8、9 或 10 岁；中间学校，年限为 8、9 或 10 岁至 12 岁、13 或 14 岁。中间学校既可被称为小学，也可被称为中学，一般 8—12 岁的中间学校被看作小学。中间学校的出现，表明了初等和中等教育在整体结构上加强联系的趋向。

从经费和校舍来源看，初等学校可分为公立和民办两类。但民办学校亦被纳入国家教育体系，受国家资助。还有一种初等学校是预备学校，在学年龄为 8—13 岁。它下接私立幼儿园 (3—8 岁)，上接公学 (13—18 岁)，属于独立学校系统，独立于国家教育体系之外。

中等教育的类型与结构问题是“二战”结束至 20 世纪 80 年代初英国教育界的一个热点问题，也是导致两大执政党争端不断的棘手问题。“二战”结束到 50 年代初，以三类学校制重组和普及英国中等教育成为一个重要的教育政策，三类学校即七年制 (11—18 岁) 文法中学和与之平行的技术中学以及四年或五年制（11—16 岁）现代中学，人们普遍认为三类学校可满足不同学生的不同需要，以实现“人人受中等教育”的目标。然而问题是，这三类学校在地位上并不平等（虽然政府文件提出各类学校地位同等），文法学校是其中的“重点”，11 岁分流考试成为争进文法学校的考试，并带来了一些严重后果。50 年代的一些研究和调查指出，在不同轨学校就读的中学生在能力上并无差异，但在受教育机会上却有显著差异，这是一种人才浪费。一些研究也否认了 11 岁选拔考试的合理性，1957 年的一个调查指出，“即使是使用当时最好的 11 岁考试，在选拔儿童进这类或那类学校时也有 10% 的误差。换言之，那个时期一个平均年龄组中约 7 万名儿童将被错送进‘错误’的学校类”（王承绪，徐辉，1992）[113]。这些研究使公众对三类学校制的必要性与合理性产生了怀疑。

作为对三轨制的否定，进入 20 世纪 60 年代，中等教育综合改组运动开始全面展开。尽管其间执政党变更使综合化运动受到一定影响（如保守党对综合化的态度远不如工党积极），但综合化的进程一直未中断，至 70 年代末，综合改组已基本完成，因中等教育制度改革而产生的动荡逐渐平息下来。1982 年以后，就学于综合学校的中学生比例一直保持在 90% 以上，学校类型则逐步稳定为三种：一贯制综合中学（招收 11—18 岁学生）、中间学校加综合高中（中间学校学生在 12、13 或 14 岁时转入，到 16 岁或 18 岁时离校的高中）以及综合中学（招收 11、12 岁至 16 岁学生）加第六学级学院或第三级学院。（王承绪，徐辉，1992）[142] 第六学级学院是从文法学校中的第六学级教育发展而来的，1966 年 9 月开始创办，到 1981 年时已达 102 所。第三级学院是指初等教育和义务中等教育这两级教育之后、高等教育之前的第三级教育机构，1970 年开始创办，到 1984 年已有 30 所。第六学级学院和第三级学院并非高等教育机构，它们招收 16—19 岁学生，类似于我国的高中。

中等教育综合化改革使英国的教育制度更加民主化了，11 岁选拔考试给教育带来的副作用也因中等教育综合化而大大减弱。但综合化也存在一些问题，如综合学校与文法学校并存的现象一直没有消除，最好的学生往往还是要进文法学校（到 1988 年，综合中学的数量已达 3153 所，占公立中学的 88.9%，学生人数的比例为 91.7%）。综合学校内部也存在一些严重问题，如课程设置方面存在混乱和过早专业化倾向。这说明，仅仅改革学校制度还不够，应使改革深化，进一步改革课程和考试问题。

公学是中等教育综合化的一个明显障碍，1964 年工党在竞选宣言中主张把公学并入公立学校体系。公学在招生上的社会排他性和教学上的保守性也招致不少非议。在种种压力下，从 1964 年到 1979 年公学进行了历时 15 年的重大改革，称为“公学革命”，抛去了易引人抨击的“公学”名称，所有私立学校一律统称为“独立学校”。独立学校在观念和实践上也发生了一些显著变化，结果，独立学校以其高质量仍然信心十足地发挥着与其自身数量不成比例的巨大教育影响。独立学校成为英国中等教育结构中发挥独特作用的一部分。1981 年 9 月保守党政府开始实施的 1980 年《教育法》（Education Act 1980）中规定的“辅助学额计划”，意在在独立学校和公立学校间架起一座桥梁，向那些原本进不起独立学校的儿童提供进独立学校的学费赞助，扩大有才能儿童受高质量教育的机会。

1988 年《教育改革法》关于直接拨款公立学校（grant maintained school）和城市技术学院（city technology college）的规定使中等教育结构又发生了一些新的变化。根据规定，任何愿意成为直接拨款公立学校的郡办公立学校或民办公助学校，经过一定的手续后，可脱离地方教育当局的控制直接接受从中央下拨的办学经费，独立办学。到 1988 年 12 月初，已有 33 所公立学校准备成为这类学校。城市技术学院为城市地区 11—18 岁年龄层学生提供另一种类型的教育，课程侧重于应用性学科，这类学校也独立于地方教育当局，其办学经费来自中央教育和科学部（约占 80%）以及地方企业部门与私人赞助（约占 20%）等方面，由教育信托人管理。这两种学校的出现削弱了地方教育当局的教育控制权，是一种使公立教育私有化的做法，这与保守党政府的经济改革政策是完全一致的。但教育私有化能推进到什么地步尚难预料。

2. 职业技术教育

“二战”结束到 20 世纪 70 年代初，英国形成了多层次、多规格、多类型的职业技术教育机构，此后职业技术教育又得到了进一步的发展。

英国的职业技术教育体系是以1956年的《技术教育白皮书》为蓝图的，该体系从低到高分为四个层次：（1）地方学院（local college），主要提供部分时间制的低级课程，其中很多与工厂中的学徒训练有关；（2）地区学院（area college），主要提供中级课程；（3）大区学院（regional college），主要提供全日制和工读交替制高级课程；（4）高级技术学院（college of advanced technology），开设更高级的课程，这些课程导向技术文凭资格（相当于大学第一级荣誉学位资格）和其他学位水平的资格，学院还进行研究生层次的教育和研究工作，居于技术院校金字塔的顶尖。

这四类学院皆属于继续教育机构，但第四层次的高级技术学院显然属于高等教育范围，1956年政府最后选定的高级技术学院共有10所，60年代这10所高级技术学院皆升格为大学或大学学院，从继续教育机构中分离出去，成为大学的组成部分。处于第三层次的大区学院虽也提供高级课程，但由于院校规模小，难以维持高水平的学术标准，1969—1973年政府通过合并一些质量较好的大区学院（包括技术学院、商学院和艺术学院），正式成立了30所多科技术学院，如伯明翰市立多科技术学院是于1971年由8所学院合并而成的，大多数多科技术学院则是由2—4所学院合并而成的。多科技术学院是公立高等教育的重要组成部分，但同时也属于继续教育机构。

可见，英国职业技术教育的分层是明显的，有属于高等教育中大学层次的（技术大学），有属于高等教育中学院层次的（多科技术学院），也有中等教育层次的（如地方学院和地区学院，招收受完中等义务教育的学生）。此外，还有处于继续教育机构中最低层次的夜校，夜校也提供一定的职业技术教育，但由于其专业设备不足，在实施职业技术教育的机构中只居于次要地位。

3. 高等教育

这一时期是高等教育的兴盛期，1948—1957年有5所城市学院升格为大学，1961—1968年成立了10所新大学，60年代10所高级技术学院升格为大学或大学学院，1969年英国最大的大学——开放大学成立，1969—1973年建立了30所多科技术学院，1976年白金汉大学学院创办，1983年白金汉大学正式成立。高等教育发展的高峰期是 1961—1973 年，单是大学就新建了 25 所，而战前英国才只有 12 所大学。

20 世纪 60 年代，英国的高等教育在结构上被确定为“双重制”(binary system)，即把高等教育分为大学高等教育和非大学高等教育两大部分，亦即英国高等教育被分成“自治”的大学和“公立”的多科技术学院、教育学院等两大部分。二者的主要区别如下。(1) 在管理上，大学享有自主权，有权控制自己的内部事务，多科技术学院和教育学院等则受皇家督学团、地方教育当局、教育和科学部的直接或间接控制，它们受社会控制并对社会需要直接做出反应。(2) 在学术上，大学有学位授予权，有权向毕业生颁发自己的学位，多科技术学院等则无权授予学位，其学生需要攻读全国学位授予委员会[①]的学位或伦敦大学的校外学位。(3) 在经费上，大学的经费由政府通过大学拨款委员会拨给，多科技术学院和教育学院等则由地方教育当局支付。(4) 在学制上，大学以全日制为主，多科技术学院等则实行全日制、工读交替制和部分时间制多种结合，尤以部分时间制为主。(5) 在系科和课程设置上，大学几乎都是综合性的，系科较齐全，并且以学术性教育为主，多科技术学院和教育学院等则以技术和师资培训为主。(6) 大学面向全国，一般教学、科研二者并重，多科技术学院和教育学院等则面向本地区，主要是教学单位。(徐辉，郑继伟，1993) [335-336] 双重制是英国解决“精英型高等教育”和“大众型高等教育”的巧妙方式，也是其加强高等技术教育的重要手段。

非大学高等教育机构主要有多科技术学院、继续教育学院和教育学院，以多科技术学院和教育学院为主。继续教育学院是指从事继续教育的各种学院，但并不是所有的继续教育学院都属于高等教育的范围，只有开设高级课程的高等教育学院才属于此范围。教育学院共有 160 所左右，其中大部分由地方教育当局主管，1975 年被正式纳入公立高等学校之中。

多科技术学院、教育学院等公立高等学校显然都是公立的，这一时期

---

① 成立于 1964 年，它的成立是一个革命性的创新，在英国教育史上第一次把授予学位的权力委托给一个非大学的机构，对于推动非大学高等教育的发展意义重大、影响深远。

也出现了不少公立大学。“二战”前，英国的大学都是民间兴办的，国家只是提供资助。“二战”后，国家除大力发展公立非大学教育外，还开始兴办公立大学，1961—1968年成立的10所新大学、60年代由高级技术学院升格而来的技术大学、1969年创办的开放大学[①]都属于公立大学。公立高等教育（包括公立大学）的发展是20世纪60年代教育发展的主要成就。这样，“二战”前民办高等教育一统天下的局面被彻底打破，英国的高等教育呈现出新的格局。

纵观该时期英国高等教育结构的变化，可以发现：（1）国家创办的大学和非大学高等院校大量增加，其数量远远超过民间兴办的大学和学院数量，这是一个显著的结构性变化，国家对高等教育的发展做出了巨大努力；（2）双重制将高等教育分为大学和非大学高等院校两个层次；（3）高等科技教育在高等教育结构中得到显著加强，5所城市学院升格为城市大学、高级技术学院的建立及其升格为技术大学、30所多科技术学院的建立都说明了这一点，因为这些院校皆具有较强的高等科技教育色彩；（4）大众高等教育得到重大发展，据1987年的统计，在英格兰，大学以外开设高等教育课程的院校有405所，这些院校与开放大学一道，对推进大众高等教育的发展作用甚大。从高等教育结构的变化可以看出，这一时期国家对高等教育的投入（政策、经费投入）力度、高等教育对科技的重视程度、高等教育的民主化程度与上一个时期相比发生了巨大的变化。高等教育的结构更合理、更完善了，更能满足参与国际竞争和国内人民的需要了。

4. 教育的结构

从这一时期英国整个教育结构的变化看，初等教育的结构变化不大，只有微小的调整，实际上初等教育也不可能有多种结构，因为它是为更高一级的教育打基础的。中等教育的结构经过调整于20世纪70年代末逐渐定型，其特点是走向综合化。变化最大的是职业技术教育和高等教育的结构，“二战”前这两块在整个教育结构中是发展比较弱的，“二战”后，在

① 开放大学基本上是一所函授大学，它充分利用广播电视和其他媒介手段开展教学。开放大学没有校园，但却是英国最大的一所大学，1980年时学生达到75000多人。开放大学成就显著，广为世界各国所仿效。

中等教育发展、普及的基础上，职业技术教育和高等教育得到突飞猛进的发展，在整个教育结构中的比重大大增加。英国教育结构的完善如同教育民主化进程一样，也呈梯级升进之势，先是解决初等和中等教育结构的衔接问题、中等教育结构的调整问题，后是解决高等教育和职业技术教育结构的调整与完善问题。到 70 年代末，英国现代教育结构已基本定型，为 80 年代英国教育改革的深化奠定了基础。

四、课程与教学

1. 初等和中等教育统一课程的建立

学校课程由教师决定，中央政府不予干涉，是英国中小学教育的一大传统。11 岁考试对教师的这种决定权在客观上起了一定的限制作用。“二战”后随着中等教育综合化的发展，一些地方教育当局取消了以选拔性功能为主的 11 岁考试，进一步解除了束缚教师的考试指挥棒。教师所享有的自主权在 20 世纪 60 年代就更为充分，进步主义教育实践在教育领域流行开来，教师进行了各种各样的课程、教学方法和组织形式的试验。结果初等学校的课程设置有很大的随意性而缺乏统一的计划，教育质量很难得到充分的保证。

中等教育的考试制度使中等学校的课程存在过早专门化问题，由于学生被允许选择考试科目，学生所学课程亦不一致，缺乏统一性和均衡性，“教师可利用学生选择上的这个自由度来确定该教哪几门学科”（瞿葆奎，1993）[750]。中等学校课程还有一个问题，就是不能满足社会需要。20 世纪 70 年代末中等教育综合改组基本完成，然而改组过程中建立起来的综合中学的课程，是由传统文法学校的学术性课程和少数现代中学的应用性课程混合而成的，且以学术性课程为主，这种课程远离工业社会和现实生活的需要，受到激烈的抨击。企业界更是怨声四起，认为教师偏好学术的东西，缺乏工业方面的直接经验，教师的“反工业态度”对学校课程、对学生产生了不良的影响。企业界普遍要求重建教育与工业间的联系，加强职业性、技术性的科目，削弱学术性科目的地位，以满足经济发展的需要。

教师的自主权在20世纪70年代受到挑战，许多人认为英国的教育质量在“二战”后出现了惊人的下降，儿童在读写算这些基本技能方面的成绩出现了滑坡，一时间教育成为社会关注的热点并引发了1976—1977年的教育大辩论，教师成为被攻击的对象，要求加强对教师的外部控制、设立全国统一课程以保证教学质量的呼声日高。此后，中央政府发布了一系列关于学校课程问题的报告和文件。1988年《教育改革法》是70年代以来政府不断加强对学校尤其是对教师和课程控制的最终立法成果。其主要措施就是设立全国统一课程，规定了学校的基本教学内容，并要求进行全国统一的测试以加强对教学的控制，中央集权化开始渗透到课程领域。

全国统一课程是由政府规定的课程，它适用于义务教育年龄阶段（5—16岁）在公立学校学习的所有学生，但不包括幼儿学校、初等学校中的幼儿班、城市技术学院和独立学校中的学生。1988年《教育改革法》第1条规定，全国统一课程应是一种平衡和基础广泛的课程，能促进在校学生在精神道德、文化、心理和身体方面的发展，并为这些学生在成人生活的机会、责任感和经验方面做准备。政府意在用全国统一课程解决中小学课程的无序问题，提高课程标准，增进与社会尤其是与工商业的联系，使学生得到均衡发展并使他们更好地为未来做准备。

1988年《教育改革法》规定，公立学校的课程包括宗教教育课程和全国统一课程。全国统一课程分为核心科目（core subject）和基础科目（foundation subject）两部分。核心科目包括数学、英语和科学（在威尔士使用威尔士语的学校应包括威尔士语）；基础科目包括历史、地理、工艺、音乐、艺术、体育、一种现代外国语（适用于11—16岁）和威尔士语（适用于威尔士地区不以威尔士语为教学语言的学校）。法令要求每一门核心科目和基础科目都要有适当的教学时间。1988年《教育改革法》还规定中小学的所有学生都将在7岁、11岁、14岁和16岁接受全国统一的测试，测试结果向家长公布，使家长能判断自己子女所在学校的情况，评估学校的办学质量，作为家长择校的依据，促进学校间为争取更多的学生而展开竞争。这和保守党的教育市场化政策是一致的。

与20世纪80年代起英国调整科技政策相一致，英国中等教育课程从

80 年代初开始的一个重要变化是职业技术课程的加强。从 1983 年起，政府积极推行技术和职业教育试点计划，使 14—18 岁年龄层的学生更好地为进入特定的职业做准备，并使他们能利用所学解决现实问题。这类课程的前两年（即义务教育阶段的最后两年）提供带有技术教育成分的普通教育，职业性课程占总课时的 1/4，第三年（即 16 岁以后）开始增大课程的职业专门化程度并实行工作实习计划。到 1987 年试点已达 103 个，并于当年秋天向全国推行。结果表明，试点取得的成绩令人鼓舞，参与试点的学生对试点的反应抱极其肯定和赞赏的态度。（王承绪，徐辉，1992）[253] 设立“职前教育证书”考试课程也是重要措施之一，体现出英国在课程和考试改革中强调职业教育的倾向。1982 年 5 月政府宣布计划采用职前教育证书，该证书是为那些在义务教育结束后不想学习普通教育证书课程，也不具有明确就业目的的全日制学生而设的一种证书，这一证书的考试课程为期一年，涉及普通教育及实践性和职业性等方面的内容，又称 17 岁考试。80 年代中期开始，该考试课程在部分学校中得到推行。根据 1988 年《教育改革法》开设的城市技术学院也体现出在中等教育阶段加强职业技术教育的要求。城市技术学院为 11—18 岁年龄层的学生开设，其课程按全国统一课程的规定安排，但侧重于技术、科学、数学、计算机、商业及其他应用性学科，其目的是要以侧重于技术学科的普通中等教育来增加城市学生家长选择中等教育的余地，并使其子女为进入职业生活做更充分的准备。

2. 职业技术教育课程的变化

这一时期职业技术教育课程形成了不同而有序的层次，中级和高级课程得以加强，与“二战”前职业技术教育课程的低层次性形成鲜明对比。这些不同层次的职业技术教育课程通过不同的教育机构如夜校、地方学院、地区学院、多科技术学院、高级技术学院和工科大学（由高级技术学院升格而来）等得以具体实施。与之相应，还建立了严格而完备的职业技术教育的考核制度，向通过课程考试的学生颁发文凭、证书乃至学位。尤其值得一提的是，职业技术资格证书和普通教育证书具有相通性，像普通国家文凭和普通国家证书（普通国家文凭和证书课程适用于很多专业，如农业、建筑、商业工程、采矿、航海技术、印刷、纺织等）这种职业技术资格，其水平和高级水平的普通教育证书相当，越来越多的大学承认它们为大学入学的资格证明。这样就大大增加了职业技术教育对青年人的吸引力，说明职业技术教育课程的地位已大大提高，今非昔比。

职业技术教育课程的另一个重要变化是，在职业技术教育中加强了普通文化知识的学习。在20世纪50年代职业教育发展过程中，人们发现只进行技术科目的教学远远不够，学生的适应性比较差，只局限于狭隘的职业技能的掌握。于是普通教育开始在继续教育学院和技术学院里进行。进入80年代，随着新技术革命的发展，工种转换、部门转换的加速使得工人的流动性增大，更需要工人具有较强的应变能力，而这种能力又是以掌握普通科学文化知识、通晓生产原理为前提的，于是英国就更加注意职业技术教育中普通文化课的学习。这体现出职业技术教育和普通教育在课程上有互取对方所长而走向一体化的趋势：一方面，在职业技术教育中加强了普通文化知识的教学；另一方面，在普通教育中增加了职业技术教育的成分（前已述及）。

3. 高等教育课程的变化

“二战”后高等教育的课程结构也发生了变化，突出的一点就是科技课程的比重增大。英国高等教育素有古典主义传统，重文科轻理科，工科更受轻视。“二战”后英国政府一直努力扭转这种局面，兴办高级技术学院并把它们升格为大学、创办30所多科技术学院等都是为了加强高等科技教育。1973年多科技术学院理工科学生共占学生总数的34%，1979年上升为36%，其他学生修习的也都是职业课程。（殷企平，1995）[92]1979年保守党政府上台后，着手调整科技政策，更加重视高等科技教育和大学科研工作与工商业的联系，为此于20世纪80年代初采取了教学公司、研究生综合培训计划、科学园等很多卓有成效的加强产学合作的方式。（王承绪，徐辉，1992）[333-336]1985年绿皮书《20世纪90年代英国高等教育的发展》指出，政府所关注的主要问题仍然是如何使高等教育更有效地为改善国民经济做出贡献。1987年高等教育白皮书《高等教育——迎接新的挑战》进一步强调高等教育必须更有效地为经济发展服务，与工商业建立更密切的联系。这表明高等科技教育的重要性越来越被官方所强调。

“二战”后高等教育课程还有一个重要变化，那就是文理渗透的加强。英国的本科生教育都非常强调学科的专门化和学术性，其利在于学生在某一领域可达到较高的学业水平，其弊在于过分、过早专业化，很多学生的专业面十分狭窄，而且这种专业化也未必符合社会需要。1959—1960 年英国有 8441 人获历史、古典文学、英语和现代语言等单科荣誉学位，然而其中仅有 739 人从事研究工作，仅占总人数的 8% 左右，存在着惊人的浪费。有人认为西方社会精神生活领域的群体正日益分裂为两个对立面，一方是人文知识分子，一方是科学家，二者互不理解、互不沟通。这种现象在英国表现得尤为明显，狂热推崇专业化教育是导致分裂的重要原因。为克服存在的弊端，防止过分、过早专业化，大学加强了学科间尤其是文理学科间的渗透。有的新大学要求文科学生选修理科课程、理科学生选修文科课程以加强文理交叉，填补两种文化分裂导致的鸿沟，因为“我们生活在一个技术世界中，许多最好的社会理想的实现取决于科学的进步。科学家并不是处于世外桃源，他们应对所研究的学科既有一种历史的认识，又有一种社会背景的理解”（王承绪，徐辉，1992）[298]。有的新大学的课程采用“学科群结构制”（schools of studies structure），每一学科群包容若干相关学科，跨学科性很强。老大学和城市大学的课程也发生了一些变化，牛津大学设立了交叉性的双科和三科课程，如农学-林学、工程学-经济学、工程学-经济学-管理学等，诺丁汉大学按学部（faculty）划分课程，强调学科间的联系与交叉。（王承绪，徐辉，1992）[112－140]

总之，“二战”后英国学校课程的变化是显彰的：初等教育课程统一了标准，提高了水平；中等教育课程也统一了标准，克服了过分、过早专业化问题；职业技术教育课程形成了不同的层次，且注重普通教育课程的价值；高等教育课程则加强了科技教育的比重，并注重克服过分、过早专业化带来的弊端，加强了学科间的渗透。总体看，学校课程更加注重课程间的联系与平衡，增强了普通科目与职业科目、人文科目与理工科目间的联系，加大了职业科目、技术科目在课程总体中的比重，课程与社会生活的联系更加密切。

4. 教学方法的变化

随着11岁考试的式微，初等学校的师生们获得了更多的自由，许多以儿童中心为特征的新方法被广泛尝试，传统的班级授课制和分科教学受到挑战。如乡村学校采用小组活动和个人活动的教学方法，让儿童能够独立活动，在活动的空间和时间上也更加灵活，并不只局限于教室和一堂课的几十分钟。在开放学校中，用“环境研究”来进行历史、地理、英语、工艺、科学等科目的综合学习，这实际上是设计教学法的具体应用，学生对之颇感兴趣。

1967年“普洛登报告”强调个别化教学和小组教学。以庞大的班级为单位进行授课会造成机械呆板的教学和对每个学生个体的忽视。初等学校在教育教学方面的变化对中等教育也产生了一定的影响。（瞿葆奎，1993）[162－172] 但总体来看，“在中学方面，新的教育组织形式对传统课堂教学的影响仍属一般”（瞿葆奎，1993）[512]。

进入20世纪70年代，上述非传统的教学组织形式和方法受到怀疑和批评，到70年代末，更强调课程的组织和知识、技能的获得，已偏离儿童中心而趋向于学科中心，其后政府对课程、教师的控制更为严格。但这并不是说进步主义的做法是错误的，只不过政府更强调知识、技能罢了。也就是说，新的变革不是对传统的复辟，而是新的综合。如设计教学法可通过改造而作为一种有效的教学组织形式，在中等学校里在与班级授课制不相抵触的情况下使用（拉普钦斯卡娅，1980）[170－172]。小组教学、适度的个别化教学依然是有效的教学形式。

五、教育资源保障

1. 师资条件

拥有足够数量、较高质量的师资是教育事业得以发展的重要条件。“二战”结束至20世纪80年代末人口出生率的升降影响到教师的供求，师范教育随之扩张或收缩。教师数量在不同时期虽然有增有减，但是教师质量却呈显著提高之势。经过“二战”后的发展，至70年代中期，英国师资培训机构基本定型为五种。（1）大学教育系。由大学设置，招收大学（三年制）毕业生，培养中学科任教师。提供一年的专业训练，讲授教育原理并进行教育实践（实习时间不少于60天）。（2）教育学院。1964年以前称师范学院。教育学院招收非大学毕业生，开设教师证书课程，1960年以前一般只开设两年制课程，主要培养学前和小学教师。1960年开始将两年制改为三年制。1964年师范学院改称教育学院，并加强了与大学的联系。从1965年起开设四年制教育学士学位课程。从1980—1981学年起，教育学院的所有学生均必须修读教育学士学位课程，这种课程为期四年，与大学本科毕业加一年师资培训获教育证书的总年限相同。1975年教育学院被正式纳入公共高等教育。现在教育学院仍是英国中小学教师的培养基地。（3）技术教育学院。修业年限一年，只提供师范性专业训练课程，招收大学毕业并获得职业和学术证书者。（4）多科技术学院教育系。一般招收中学毕业生，学制为四年，培养相当于大学本科水平的专业课教师，由全国学位授予委员会授予教育学士学位。有的教育系还开设一年制研究生教育证书课程和两年制硕士学位课程。（5）艺术师资培训中心。学制一年，只招收获得艺术或工艺专业资格的学生，进行一年的专业培训，为中小学艺术教育培养师资。在这五种机构中，教育学院是师资培训的主体。

由此可见，英国师资职前培训的要求越来越高，由两年制到三年制，再到四年制。“70年代以来，教育学士学位越来越成为小学教师的学位，多数中学教师则采用通过文学士或理学士学位加一年制研究生程度的教育证书（PGCE）的培训模式。”（瞿葆奎，1993）[515]获得教育学士学位或教育证书是成为合格中小学教师的必要条件，但不是充分条件，因为还要经过为期一年的试用，试用期间考核非常严格，考核不合格者可延长试用一年，仍不合格者，不予聘用。

从培训内容看，英国非常重视学术课程与专业训练的结合，注重学术性和师范性的结合。

“二战”后教师在职培训也迅速发展起来。20世纪40年代末建立的地区师资培训组织为在职进修提供了机会。60年代“教师中心”的蓬勃发展（到1979年已有400个）为职后培训提供了重要基地。1972年发表的“詹姆斯报告”将教师在职培训作为师资培训的一个重要阶段，报告认为，第一阶段是普通高等教育（职前学术性训练），第二阶段是教育专业训练（职前师范性训练），第三阶段就是在职进修（职后训练）。报告对在职进修给予了特别关注，受到普遍欢迎，为政府所采纳。政府规定，中小学教师每任教五年之后，可脱产带薪进修一年。教师的在职进修还与晋级、加薪等挂钩，教师的积极性较高。

学术性训练与师范性训练相结合、严格的职前培训与多样化的职后培训相结合是英国教师具有较高素质的重要条件。此外，这一时期，教师的工资待遇亦有所提高。

2. 教育经费

这一时期英国的教育经费政策在1959年和1980年两次发生变化，1980年的变化给教育发展带来了较大的震荡。

英国法定公共教育体系（包括纳入公共教育体系的民办学校）的经费来源有三：中央政府拨款；地方政府支出；学费和捐献，包括继续教育学院和大学的学费以及法律要求各民间团体提供的建筑物的基建费用方面的种种捐献。其中中央和地方政府的教育投入在经费总额中占绝大多数，这种状况一直持续至1958—1959财政年度（至1959年3月31日止）。1959—1960年度（自1959年4月1日起），教育的投入方式发生了变化，中央政府只向地方政府提供一笔总的、包括各方面开支的补助金，不再单就教育进行专项拨款，至于公共教育经费在这笔总的补助金中占多少比重，由地方决定。根据1966年《地方政府法》，中央政府向地方政府提供的这笔补助金被称作地方税补助金。此后，地方税补助金徘徊在60%—65%，这种做法一直持续至1980—1981年度。地方政府支出越多，从中央得到的补助金就越多（因为60%—65%的支出比例是固定的，但额度不固定），这意味着中央政府以凯恩斯主义为指导的财政政策鼓励公共开支，这便给教育发展提供了良好的经费条件和政策基础。“二战”结束至70年代英国教育的大发展是以雄厚的经费支出作为强大后盾的。教育开支不断增长，1950—1951年用于教育的开支占国民生产总值的3.1%，到1972—1973年，这一比例增长了一倍，到1977—1978年则超过了7%，达70亿英镑以上。“二战”后高等教育发展最为显著，与经费投入力度大是绝对分不开的，1979—1980 年度中央政府对高等教育的投入是“二战”前 1938—1939 年度的 330 余倍。（王承绪，徐辉，1992）[15]1961—1962 年度到 1971—1972 年度，公立幼儿园、公立中小学的公共经费年平均增长率为 2.5%，而高等教育则为 6.5%。巧妇难为无米之炊，没有经费，教育何以发展？

1979 年上台的保守党政府奉行货币主义经济政策，压缩公共开支，教育投入的方式、额度均发生了变化。1980 年撒切尔政府在《地方政府计划与土地法》（Local Government，Planning and Land Act 1980）中提出了一项新的计算地方税补助金的方法，以遏制庞大的公共开支，因为在政府看来，有些开支是没必要的，是无节制的，按原来的地方税补助金拨款办法，地方增加开支时，中央政府对额外的支出，均按固定的比例拨款补助。1981 年以后，任何地方的总支出超过了中央规定的标准时，拨款的比例就要降低，以加重地方征税的负担，从而阻止增加开支。1982 年的《地方政府财政法》（Local Government Finances Act 1982）和 1983 年的限制地方征税的计划对地方开支进一步加以限制，导致中央和地方关系十分紧张，以致有人讲，20 世纪 80 年代初，英国中央政府和地方政府关系的特点是“剑拔弩张”和“咬牙切齿”。（格林伍德，威尔逊，1991）[177]在这种财政政策下，教育经费投入作为公共支出的一项，不可能不受到影响。70 年代的经济恶化和 80 年代的教育经费紧缩使英国教育进入了“收缩期”。对教育投入的乐观主义态度也为悲观主义态度所取代。“二战”后人们普遍认为教育投入具有理想的经济效益，但教育的大发展并未带来经济的大发展，70 年代经济的不断恶化使人们对教育投入的有效性产生怀疑，教育文凭也不是确保不失业的吉祥物，80 年代初不仅百万工人失业，大量大学毕业生也在失业队伍之列。教育被保守党政府视为一项费钱的事业，而不是一种有效的投资，政府开始削减教育经费，尤其是高等教育经费，这不仅对人文学科也对自然科学研究造成了很大的影响，引起一片抗议声。有人认为英国正在犯一个严重的错误，英国将因此而沦为科技上的“第三世界”国家。因经费短缺，科研受到影响，大量学术人才外流，仅 1985 年就有 1001 名英国科学家和工程师外流到美国任教或工作。但经费政策的改变在另一方面也推动了大学与工商业的合作，大学希望从合作中获取赖以生存和发展的经费，工业界则可从中得到新技术从而促进经济发展，结果互惠互利又减轻了政府负担。这种一石三鸟的效果正是撒切尔政府所企求的，与政府的教育市场化政策是一致的。市场机制对教育能参与到何种地步、对教育会产生何种影响，还有待探索。

自从20世纪70年代中期英国教育因经济状况不佳而结束“扩充运动”之后，政府更强调教育的效益和质量，而不是单纯追求规模和数量的扩充，在经费政策上也体现出这一原则，经费如何使用，尤其是在经费紧张的情况下如何使经费产生更大的效益，成为政府最关切的问题。

六、成就与问题

这一时期英国教育的发展可谓成就斐然，中等教育、职业技术教育、高等教育皆突飞猛进，而课程变革则意味着教育改革向深层发展，上一个时期存在的主要问题如职业技术教育发展力度不够、11岁考试的负面效应、中等教育三轨制的不平等性等皆得到较好的解决。这一时期教育发展的主要成就表现在以下若干方面。

其一，教育的国家化又有新进展。国家更加充分地认识到教育的巨大作用，更加积极地发展教育事业，教育投入的力度进一步加大，公立高等教育蓬勃发展起来，完善的职业技术教育体系建立起来，中小学课程也从无序走向统一，这些成就全赖国家之力，个人和团体对此无能为力。尽管1979年以后英国的教育政策有了相当大的变化，但中央集权化的势头却仍在加强。实践证明，这是非常必要的。

其二，教育理性化的内涵有所变化。在这一时期，国家从“二战”后注重教育规模和数量的扩充，到20世纪70年代中期更为关注教育的效益和质量，越来越关注教育的内涵发展（如课程改革、教育与经济联系的加强等）。国家对教育的认识更趋成熟，在教育投入、教育结构调整、教育与经济发展的关系等方面持更加审慎的态度，更加注重教育效益的提高而不是规模和数量的盲目扩充。

其三，教育民主化呈梯级升进之势。中等教育综合化、高等教育大发展是教育民主化的最显著表现。到 1962 年，14 岁儿童接受全日制中等教育的比例已由 1938 年的 38% 上升至 100%。1967 年大学的入学人数比 1948 年增加了三倍。

其四，教育的专业化程度加大。这一时期教育形态的变化和分化非常显著。中央教育管理机构、职业教育、高等教育、师范教育在结构上日趋复杂和分化，其功能也不断增生，分化的结果就是教育的专业化、专门化程度的提高，教育类型更加专门化，教育管理更加专业化，教师分类也更加专业化。专业化意味着对教育从业人员（管理人员和教师）提出了更高的专业资格和特定素质要求，意味着教育在整个社会结构中专业地位的提高，也意味着教育现代化程度的加深。并不是随便什么人都能管理教育，也不是随便什么人都能在学校任教，教育管理人员和教师需要更高水平的专业知识和技能。

此外，教育的福利化、制度化、世俗化等亦有新进展。

这一时期英国教育现代化已达到较高的水平，但这绝不是说英国教育已完美无瑕，教育改革是为了解决现存的教育问题，而改革未必皆能遂愿，且还可能产生新的问题。

首先，教育公平问题并未彻底解决，并未达到预期目标。中等教育综合化使教育结构更加民主化和平等化，但并未达到当初设想的目标，因为文法学校和公学（独立学校）还存在，尤其是政府的辅助学额计划，表明了官方承认独立学校比公立学校地位更高。20 世纪 60 年代高等教育的大发展的确使更多的人受到了高等教育，使高等教育的民主化从总体上看有较大进展，但并未促进高等教育机会的平等，研究表明，1956 年英国大学新生中出身工人阶级家庭的学生比例为 26.8%（男）和 19.1%（女），到 1980 年，这两个比例分别为 20.1%（男）和 18.5%（女），反而比之前有所下降。（王承绪，徐辉，1992）[339] 更多的工人子女受到了大学教育，但其所占比重反而下降了。

其次，“二战”后很长时间并没有恰当地处理平等与效益的关系问题，并没有在教育发展与经济发展之间建立起一种相得益彰的和谐关系。以高等教育为例，“二战”后人们普遍认为，教育是一种有效的投资，高等教育大发展必定会提高生产率从而使经济繁荣，然而实际并非如此，20 世纪 70 年代的经济衰退和大学毕业生大量失业打碎了原来的乐观主义梦想。因此，从 70 年代中期开始，英国教育改革更强调效益，这绝非偶然。这也说明“二战”后很长一段时间政府对教育的效益问题未予以充分的关注。正如有的学者所指出的：“最近 10 年①的改革所代表的是战后英国教育重点的重大转移。在战后初期，政府关心的是教育机会均等和社会协调，旨在减少社会阶层之间的屏障，鼓励那些迄今为止在很大程度上仍排除在教育制度之外的人（尤其是工人阶级与来自某些地区的孩子）进入这一学校教育系统，并在一个更长的学习阶段内获益。在最近的 10 年中，政府越来越关心教育系统的‘效益’以及教育系统对英国经济增长所能作出的贡献。”（瞿葆奎，1993）[777－778]80 年代职业教育大发展、高等教育政策调整（强调产学结合），皆与强调效益、强调教育对经济的促进作用有关。对教育效益的强调的确很见成效，80 年代英国教育与经济发展的结合程度相当高，颇受世人瞩目。

最后，1988 年开始的教育改革的成效颇有争议。“1988 年教育改革法被普遍认为是本世纪②英国最激进的一次教育改革。推行全国统一课程，对学生实行全国统一考试，让家长选择自己子女的就读学校，把资源的控制权下放到学校一级，给各学校以摆脱地方教育当局（LEA）控制的机会，这些都是带有革命性的变革。”（瞿葆奎，1993）[748]1988 年《教育改革法》引起了许多争议甚至非议。有人认为，全国统一课程的科目结构是过时的、陈旧的（瞿葆奎，1993）[785]；有人担忧，全国统一考试制度会使考试再次成为教育的指挥棒，师生们将更关注考试而非教育本身（瞿葆奎，1993）[780－786]；有人指出，地方教育当局和教师的许多权力被剥夺，使地方教育当局和教师的积极性受到打击，在这种情况下，这样“庞大而复杂的国家教育体系是否还能有效地运行”（瞿葆奎，1993）[756]？也有人对教育市场化产生怀疑，认为市场对教育而言不是万能的，“我敢肯定市场机制是制

---

① 指自 1979 年以后的 10 年。

② 指 20 世纪。

造和出售汉堡包、汽车以及多种商品的有效方式，我同样敢肯定不能用市场来提供一种有效的和合理的教育制度”（瞿葆奎，1993）[791]。但 1988 年的改革措施的的确确又是针对现实问题而提出的，绝非空穴来风。改革的长远结果是什么，很难说清，就连英国的教育政策分析家也很难说清。如同英国学者麦克莱恩所说：“1988 年教育改革法的通过，对英国教育政策分析家来说既感到兴奋，又觉得有些丢脸。兴奋的是这些教育实践的变革方案具有非常根本性的特征，尤其是 60 年代以来经过一段静态平衡的时期之后。丢脸的是当被问及有关这个法将产生的结果时，多少次这些分析家不得不回答‘不知道’。这个法是在‘黑暗’中‘跃进’的——是对提高教育效率和促进教育选择所进行的一场赌博。该法对诸如教育机会均等或‘渐进’地探索课程这样的问题所含的意义，同样难以确定。”（瞿葆奎，1993）[761]

尽管如此，可以肯定的是，1988 年《教育改革法》已经而且还将继续对英国教育的发展历程产生重大影响。至于这种影响的性质和结果，现在评价还为时尚早。

第四节　英国教育现代化的特征与经验

从中世纪到 20 世纪 80 年代末，英国的教育形态已发生了显著的变迁，教育的现代性也实现了比较充分的增长，教育现代化的水平已达至相当高度。这一变迁和增长过程有何基本特点？其经验与教训如何？推动这一发展过程的动力又是什么？

一、英国教育现代化进程的特点

英国教育现代化的进程具有鲜明的渐进式特点，如同一位彬彬有礼的绅士迈着四方步不紧不慢地前行，没有疾奔，亦无停顿。从短时期看，进展甚微，然而从长时期看，成就甚大。真应了中国“积少成多”“集腋成裘”的老话。不积跬步无以至千里，不积小流无以成江河，“积”之力甚大矣！金言："英国在本世纪前50年中所进行的社会改革要比别国的大多数流血革命所能带来的变化多得多。"（金，1989）[192] 恩格斯早在1892年就指出："在英国，一个进步一经取得，照例以后永不会失去。"（马克思，恩格斯，1972）[403] 二人所言均极是。这种变迁方式的优点是稳健，重点点滴滴的积累，重历史发展的延续性，金将这种变革视为"勉强的革命"，它不贪多求大，走一步是一步，讲求实效和踏踏实实的进步。这种发展的特征缺乏快刀斩乱麻的风采，缺乏大刀阔斧的豪迈，缓缓前行，让性急者颇不耐烦。英国教育家怀特海就是这样一位性急者。英国政府对教育事务的管理介入较迟，且介入后干预力度甚小，怀特海对此心急如焚。他写道："当人们全面地考虑国家年轻一代教育问题的重要性的时候，那种由于处理教育问题时行动迟缓而造成的生活的破碎、希望的毁灭和国家的失败，真是难于抑制内心的激怒。在现代生活的条件下，规律是绝对的，凡是不重视有训练的智慧的民族是注定要失败的。所有你们的英雄行为，所有你们的社会魅力，所有你们的机智，所有你们在陆上或海上的胜利，都不能改变这个命运。今天我们维护我们自己，明天科学又将前进一步，到那时，对没有教养的人们所作的判决将不会有上诉。"（华东师范大学教育系，杭州大学教育系，1980）[123]

也许有人会问，哪一个国家的教育发展不是渐进的呢？目前各国已取得的教育成就不都是日积月累的结果吗？此话不错，然而英国尤其如此，别国一步可成的英国偏要分几步走，如1870年《初等教育法》被称为"妥协之上的妥协"，它只是确立了国民初等教育制度，未涉及中等教育问题，而且它没有规定实行义务教育，也没有规定初等教育免费。要求实施义务教育始于1880年，最初为5年，以后逐渐延长，到1972年时达到11年（5—16岁）。公立初等教育免费始于1918年，而公立中等教育免费则始于1944年。英国统一的国民教育制度的建立也颇费周折，直到1902年英国才建立国民中等教育制度，然而未使初等和中等教育相衔接。1907年政府通过免费学额计划在初等和中等教育之间架起了一座很窄的独木桥，1928年开始实施教育重组计划才使初等和中等教育之间有了实际的衔接关系，1944年《教育法》才从法律上确定了初等和中等教育为两个相互衔接的教育阶段。这个过程在其他国家通过立法一步就可实现，而在英国则经历了70余年，真是路漫漫其修远兮。而全国实行中小学统一课程直至1988年《教育改革法》颁布后才实现，此前如此长的教育发展时期则是由教师来选择、决定学生的学习课程，真是匪夷所思。

为什么英国人在社会变革和教育变革中步子迈得那样小？这有着很深的历史和政治渊源。英国并非从有史以来就奉行渐进发展之道，1640年开始的政治大革命就是一场声势浩大、波澜壮阔的暴力革命，国王上了断头台，君主制被废除，然而其结果并不令人满意，于是又有了王朝复辟，这亦不令人满意，于是最后又有了1688年的“光荣革命”，有了君主立宪政体。1688年革命是一场不流血的革命，这场革命既保留了君主制的形式，又在这种形式中注入了新的内容。议会权力高于国王，是一种旧瓶装新酒式的妥协式变革，既沿袭了传统，又带有革新因素。有的学者认为英国的渐进改革之路便始于1688年的“光荣革命”，由此，“从‘光荣革命’出发，就形成后来英国历史上两个主要的政治倾向，而这两个倾向的冲突与融合，就导致英国式发展道路的形成”（钱乘旦，陈晓律，1991）[172]。这两个倾向，一个是保守主义，一个是激进主义。

英国的保守主义与我们所理解的顽固反对变革的保守主义不同，它是一种稳重守成的力量，它并不一味地反对进步，而是对变革的进程和方式持慎重态度。20世纪初的保守党政治家塞西尔（H. Cecil）认为保守主义是人类的一种天性：“天然的守旧思想是人们心灵的一种倾向。那是一种厌恶变化的心情，它部分地产生于对未知事物的怀疑以及相应地对经验而不是对理论论证的信赖；一部分产生于人们所具有的适应环境的能力，因此，人们熟悉的事物仅仅因为其习以为常就比不熟悉的事物容易被接受和容忍。……变化不但是可怕的，它也使人疲劳。当人们试图去了解和判断一项新计划时，这种努力总要消耗精力，使他们不堪负担。判断力和识别力在他们内心发怵。为什么抛弃安全的已知事物而去追求可能有危险的未知事物呢？”然而塞西尔并不主张一成不变，万事如故，他也主张变革和进步，并认为保守与进步并不冲突，他说：“希望进步和害怕前进的危险这两种心情在表面上是矛盾的，而在实际上却是互相补充、互为条件的。……

进步依靠守旧思想来使它成为明智、有效和切合实际的行动。如果没有守旧思想，进步就纵然不是有害的，至少也是徒劳的”，“人们在整个进步过程中的一个首要的、虽然确实不是唯一的问题，就是如何以正确的比例来调和这两种倾向，既不致于过分大胆或轻率，也不致于过分慎重或延迟”。（塞西尔，1986）[3-9] 可见，英国的保守主义并不抗拒变革，而是要求在变革时尽可能地保持某个事物，并且在不得不变革时把变革的幅度限制在尽可能小的范围内。保守主义理论家柏克（E. Burke）1790年在《法国革命随想录》（*Reflections on the Revolution in France*）中认为，英国人最大的长处就是尊重传统，注重社会发展的连续性，既不回头倒退，亦不盲目前进，即便是发生变化，“变化也只能局限于有毛病的部分，局限于有必要作出改动的部分；就连在这种时候，也只能在不会瓦解国家与政治整体的条件下进行，目标是从原有的社会因素中创建新的国家秩序”。柏克极力主张“有保留地变革”的原则，该原则一直是英国保守主义的处世哲学。柏克的名言是：“我决不排除另一种可以采用的办法，但是，即使我改变主张，我也应该有所保留。”（钱乘旦，陈晓律，1991）[185, 188]

而激进主义则要激进一些，潘恩（T. Paine）的《人权论》（*Rights of Man*）可算是英国激进主义的宣言书，其矛头直指柏克，潘恩批判柏克的传统主义，认为后人不必拘泥于传统，有权改变先人之定制，他否定英国的整个制度，倡导人权，要求建立一个充分民主的政治体制。潘恩远远地走在了历史的前面，但因走得太远，其主张在当时并不切实。与潘恩同时代的葛德文（W. Godwin）也是一个激进主义者，他也非常强调社会的变革，但对革命不持赞同态度，他认为革命是激情的产物，而不是冷静的理性的产物，他要求政府进行不间断的改革，“不必给得太快；不必给得太多；但是要有给我们一些东西的不断想法”（钱乘旦，陈晓律，1991）[220-221]。

相比之下可以看出，保守主义立足于现实，激进主义立足于将来，二者在政治上势必发生冲突，有时冲突还非常尖锐。如1832年第一次议会改革前的冲突，在冲突中，“保守主义因冲突而意识到变革的必要性，激进主义因冲突而接受了现实的局限性，当这种冲突在经历了许多次激烈的碰撞之后终于摸索到一个融合点时，英国式的渐进变革就发生一次。接下来，新的冲突再起，新的碰撞再生，直至摸索到新的融合点”（钱乘旦，陈晓律，1991）[274]。这里的融合点就是利益冲突的“妥协点”，这个点，冲突双方都能接受（或都不愿接受但不如此又没有更好的解决办法）。这种妥协方式在宗教改革后就存在了，旧教势力（保守势力）和新教势力（激进势力）间的冲突就是通过妥协的方式解决的，因为谁也吃不掉谁，最后只得互相让步，找一个双方都能接受的妥协点——宗教信仰自由。“光荣革命”时，英国用一种和平的方式完成了从专制王权向贵族政治的转换，1832 年议会改革用类似的方法开始了向民主制转变的过程。1832 年议会改革标志着英国式发展道路的成形。此后，政治变革对国家造成的震荡被减轻至最小，变革以比较平稳的方式进行而不是以你死我活的对抗形式来进行了。到 20 世纪，英国的一切社会冲突，包括教育中的冲突，都用这种冲突中融合的方法加以解决。“这就是英国式发展道路——渐进改革之路。光荣革命以后的 300 多年，英国极少有大起大落、波澜壮阔的历史场面。人们看到的总是逐步的变革、前进。这表明，渐进改革已不仅是英国民族取得变革与进步的一种方式，而且成了人们头脑中根深蒂固的价值取向。它是英国文化模式的一个组成部分。无论外人对这种方式评价如何，其优劣得失如何，它却是道道地地的英国的。”（钱乘旦，陈晓律，1991）[278]

在这种文化价值观的影响下，20 世纪英国的激进主义也不再像潘恩那样激进，如工党是英国政治中一支激进的力量，其目标是实现社会主义，是激进的，但工党不主张以暴力革命推翻资本主义制度，而主张以改良手段逐步改变资本主义制度，其手段是保守的。工党以费边主义（Fabianism）为指导原则，费边是古罗马的一位将军，在与迦太基统帅汉尼拔作战时力主迂回作战，因此工党的费边主义的本质就是以迂回、渐进的手段对资本主义社会予以改造，强调变革的渐进性和合法性，认为英国的“社会主义”道路应是——工人阶级组成政党，在现存国家的结构内通过合法的议会斗争完成社会变革。可见，工党虽然激进，但却不极端。英国激进主义和保守主义都不是极端的政治派别和思想体系。

1832 年成形的这种国家发展之路不会不对教育的变革方式产生深刻的影响。教育政策、教育立法的产生方式以及教育经费的拨付方式都是由国家的政治法律运作机制所决定的，它们不是外在于政治法律运作机制之外的孤立行为，教育立法、教育拨款同其他社会立法和拨款一样皆要经议会议决。可见，在权力、资源分配机制上，教育变革的方式与社会变革的方式有着深刻的联系，英国教育在冲突中妥协的变革方式与英国社会的变革方式是完全一致的。英国渐进式发展模式于1832年成形，而英国政府恰从1833年开始干预教育，这很容易使人明白何以英国教育发展像我们上面所描述的那样迈着不紧不慢的步伐前进，让性急者火冒三丈。

英国的政党制度和议会制度也影响到英国社会与教育的变革方式。两大执政党轮流执政的政党制度，使得其中任何一党为了在议会中占有更多的议席而不得不拼命拉选票，为了拉到尽可能多的选票，就要尽力满足由各种利益集团组成的选民的利益，这些不同利益集团的利益往往很不一致。而政党谁也不愿得罪，像个向各方讨好的和事佬，这样政党提出的社会改革方案往往因要照顾到各方利益而带有强烈的折中色彩。立法是议会的功能，立法的实质是各法律关系主体的权利和义务的设定，立法过程中也会产生各种各样的利害关系。议会是英国社会各方利益的表达场所，为使议案（包括教育议案）能够通过，议会不得不针对各利益集团的要求对议案做出修改甚至是较大的修改，议会中代表不同利益集团的议员常常就一些利益问题进行激烈辩论，其气氛之热烈丝毫不亚于“大鸣、大放、大辩论”。1870年《初等教育法》议案是经过修改后才被议会通过的，而1902年《中等教育法》议案仅下院就围绕其激烈地辩论了59天。这两个议案所涉及的问题的焦点是宗教冲突，尤其是国教会势力与非国教会势力、世俗势力的冲突。1944年《教育法》议案通过得比较顺利，没引起教会等方面的激烈争论和抵制，这一方面是由于当时的政府是一个得到各政党支持的战时联合政府，另一方面也是由于在议案提交至议会前，已就一些必须解决的宗教、经费等问题进行了大量的协商并争取到了各派对议案的理解和支持。为使议案不致在议会讨论时夭折，法案的设计者往往煞费苦心，1902年《中等教育法》议案的设计者本不想设立“第三部分教育当局”，但他们为了赢得许多自治市和城市区保守党对议案的支持，不得不这么做，后来的实践表明，这样做的结果阻碍了教育效率的提高。（徐辉，郑继伟，

1993）[259]1917 年下议院议员费希尔（H. A. L. Fisher）要求加强中央政府权力、削弱地方政府权力的教育提案遭到了地方教育当局的激烈反对而未获通过，致使 1918 年此议案被再次提出来并做了大量修改，因此 1918 年通过的《教育法》(Education Act 1918，也称“费希尔法”）也是一项妥协折中的立法，它在加强中央政府教育管理权力的同时也加强了地方权力。

可见，这种民主的议会制度可广开言路，让各种利益都充分表达出来，然而其问题在于往往不利于效率的提高，扯皮、争论和妥协都需要时间，有时议会左右为难，不知所措。1902 年 3 月 24 日鲍尔弗（A. Balfour，同年 7 月出任英国首相）向下议院介绍 1902 年《中等教育法》议案时深有体会地指出：“政府行事，困难重重，对此没人会比我体会得更深刻……我们认为，为了国家的荣誉，教育改革再也不能拖延。多年以来，这件事使立法机关和改革者左右为难，对这一重大问题我们已下决心向下议院提出我们的解决办法。”（瞿葆奎，1993）[13] 立法机关和改革者何以左右为难？他们不是不明白教育改革的必要性，令他们左右为难的是各派利益冲突而已。鲍尔弗要求“彻底结束这些已浪费了我们太多时间的无聊争论”(瞿葆奎，1993）[17]，提高教育的效率。

由此可以看出，英国教育发展的渐进式模式具有很深的历史和政治渊源，而且这种模式也是利弊互见的。

二、英国教育现代化的经验与教训

就英国教育现代化的基本经验而言，大致有以下数条。

其一，教育发展与改革步伐的稳健性。尽管无大刀阔斧的豪迈，但比较稳健的发展步伐使教育的现代性得以持续增长，不会因发展过程中有种种矛盾和冲突而导致教育现代化进程的停顿或逆转。渐进式发展模式使英国人能比较好地处理教育发展中传统与创新、继承与否定的关系，英国人重视历史发展的连续性，非常善于从昨天汲取利于今天发展的因素，其发展进程没有断裂，英国人从不轻易否定传统,“古为今用”是中国人的格言，英国人是这句格言的最好实践者。而我们的教育发展历程却有着太多的否定、太多的历史断层，对过去的做法，在缺乏客观分析的基础上就轻易地予以否定。我们曾在大喊“古为今用，洋为中用”的同时猛批“封资修”，大搞否定一切。否定一切的必然结果是，我们可资借鉴的资源范围变小甚至失去可资借鉴的资源。否定一切有批判性的意义，但绝无建设性的价值。

英国的教育何以能稳定地持续发展，而有些国家的教育在一定时期则因社会动荡从而遭受巨大破坏？原因有很多，一个根本的原因是英国的政治体制为教育发展提供了一个稳定的社会环境。教育发展能否有一个稳定的社会环境，不是教育本身所能决定的，教育体制在整个社会体制中只是边缘结构而不是中心结构，它往往受制于其他一些社会因素，尤其受制于政治体制。英国的政治体制尤其是古老的议会制度是一种非常有效的调节、协调和整合社会矛盾的机制，持续不断的议会改革促进了英国社会的民主化，使议会对民众的吸纳过程逐步向下层延续，从而使得各阶层、各利益集团的利益要求在议会中能得到充分的、公开的表达。历史证明，英国议会有充分的能力解决社会现代化变迁过程中产生的种种冲突而不致引起整个社会的动荡和分裂，使教育能在一个稳定的社会背景下持续发展。若一个国家无一个能有效解决社会矛盾的机制，必使矛盾发生激化，导致内乱或内战，并使权力运行失去规范，导致权力的滥用乃至专制的产生。

其二，国家权力对教育的充分支持。1833年以前，教育在英国是教会、行会、家庭的职能，兴学纯属民间行为，教育的兴兴灭灭处于自发状态，国家并未介入。从1833年开始，国家权力，尤其是立法权力和行政权力对教育大力渗入，国家逐渐承担起兴办、资助教育的重任。立法行为和行政行为都属于国家权力的运作行为，它们具有法律的强制力，对国民的行为具有很强的约束力量。1833年以后的英国教育发展史实为一部教育立法史。立法是议会的职责，在英国诸权力机构中议会至高无上，议会是群言堂而非一言堂，议会立法有严格的程序，非哪一个个人所能操纵。一旦某个教育法议案被议会通过就成为法律，任何人皆须遵守。教育行政管理亦须依法进行，法律对行政权力具有很强的约束力。这种立法和行政机制本身就包含很高的理性化成分。

立法重要，执法更重要。并不是所有的法律都能让人人满意，并不是所有的人都愿守法。此时，执法就显得尤为重要。如 1870 年《初等教育法》颁布后，有些地区执法非常严格，为解决旷课、辍学问题，专门为旷课多的儿童开办了旷课者学校（truant schools）。1902 年《中等教育法》规定用地方政府经费资助教会学校，引起许多非国教人士、世俗人士甚至地方教育当局的不满。许多人拒交教育税，一些地方教育当局完全拒绝为本地区的国教会和天主教初等学校提供资助，结果有 70000 余人因对法案有抵抗行为而受处罚甚至被扣押财产，一些不执行法案规定的地方教育当局受到处罚。有人认为在立法与执法的重要性对比中，立法只占 10%，而执法为 90%。只有立法而无执法，法律条文不过是一纸空文而已。

英国的教育立法还有一个重要特点，那就是立法并不面面俱到，而是注重现实问题的解决。很多立法都只是为了解决某一个或某几个教育问题，有很强的现实针对性。不崇尚形式主义的假、大、空、全，而是“求实为先”。如果某项教育立法虽然内容全面，然无助于现实问题的解决，此项立法未必就好。因为立法的目的不在自身，而在于解决问题。此点颇为重要。

其三，权力运作的理性化程度较高。理性化的实质即合理化。国家兴办教育事业必然伴随着国家权力对教育的大力干预，然而这种干预对于教育发展能起何种性质的作用还要看权力运作的理性化程度。

英国教育发展有一条很重要的经验，就是注重权力运用的合理化。政府在制定教育政策或进行教育立法时，必先成立由专家组成的教育调查委员会，由其对教育现状进行深入的调查，并在此基础上提出建议，政府的政策和立法措施来源于这些建议，这就可以避免因领导人盲目决策、拍脑袋行事而对教育发展造成危害。英国的决策机制（议会制度）也可避免专权和独裁。教育行政和教育管理也要依法进行，行政人员和管理人员的权利和义务有明确的法律规定，行政人员和管理人员不可凭主观意志任意行事。说到底，英国的立法制度和行政制度本身就含有较高的理性成分，这是在长期历史发展过程中不断积淀改进的结果。

当然，因时代的局限性，理性化也有其限度，某个时期被认为理性的东西（如中等教育三轨制）到了后一个时期则又被认为是理性化程度不高。但不管怎样，英国人注重权力运作的理性化是很值得借鉴的。

其四，较丰沛的财力支持。尽管有时英国因经济不景气或战争等因素影响到国家对教育的投入，但总体来看，随着国家对教育事务的介入，国家对教育提供了大量的财力支持。没有这种支持，英国教育的大发展是不可能的。教育事业是一项花钱的事业，一定的经费条件是教育发展的必要条件。英国的一位教育官员曾于20世纪初一针见血地指出："经费是一切的中心问题，以往本国教育所以受约束，就是因为缺乏经费。引擎是合理地装置了，但没有汽油。"（迟恩莲，曲恒昌，1996）[100-101]

英国之所以能对教育大量投入，关键在于其经济发展水平比较高。尽管英国从19世纪末起经济地位开始衰落，尽管"二战"后经济患上了走走停停的"英国病"，但英国的经济地位依然在国际上名列前茅，加上其地域小，人口少，再加上财政税收制度比较严密，可减少产生制度性资源浪费的可能性，这样青少年人均占有的教育资源量较大。富国、小国办教育绝无"穷国办大教育、大国办穷教育"的艰难与苦衷。

教育经费问题不是教育本身所能解决的，就我国而言，让学校自筹相当比重的教育费用、让学校兴办校办产业也只是权宜之计，国家应逐渐承担起教育经费投入的重任。这就需要发展经济、完善财政制度并积极控制人口。财政制度不完善使本不充沛的资源配置不当或使用不当进而造成体制性浪费，而人口太多已对教育投入和我国的整个社会发展造成极大的压力。

英国对教育经费的投入方式如"按成绩拨款"、中央对地方的"按比例拨款"以及撒切尔时代的鼓励教育（尤其是高等教育）利用自身优势换取发展经费等，虽然不尽完美，但对我们也不无启发意义。

综上所述可知，英国教育发展的特征是稳步向前，在前行的道路上，国家在权力、智力、财力方面对教育的支持是促进教育发展的三驾马车，三者缺一不可。现代教育规模的巨大和结构的复杂，必须有国家权力参与对教育发展的组织、规划、协调和支持，但仅有权力参与还不够，还要看这种权力运作的理性化程度，若无理性作为基础，权力和财力的运用会把教育拖向歧路，投入的权力和财力越大，其失误就越大。若国家对教育有丰沛的权力和智力投入，但无财力支持，教育发展亦举步维艰。权力、智力、财力是国家最重要的三种资源，这三者的有机结合会使权力和财力的使用合理化，其结果会产生巨大的效益和成就。国家权力与智力、财力能较有机地结合，是英国教育发展的一条最基本经验。英国教育对我们有许多启示，这条经验是最为基本的一点。要使三者有机结合很不容易，实际上对一个国家的政治法律制度、财政制度等提出了较高的要求。从此也可看出，教育发展的最基本的保障来自社会的核心结构，核心结构的完善程度直接影响到教育的运作方式和发展水平。

英国教育发展的教训主要有两点：一是迟缓，这与其渐进改革之路有关；二是在很长一段时间内没处理好平等与效率的关系，效益不高，职业技术教育和高等科技教育发展不力，教育没能和经济形成良好的和谐关系。这两点前面已多次涉及，且下面还会做些许分析，此处从略。这两点教训对我们颇为重要，作为一个后进国家，教育发展应奋起直追，绝不能再迟缓行进，更不能有停顿和倒退，国家应加大对教育的干预力度，但这种干预应建立在合理化和丰沛的财力支持的基础上。作为一个经济并不很发达的国家，在发展教育时，应更注重效益取向。平等也重要，但应优先追求效益。

三、英国教育现代化的动力

英国教育现代化的进程以1833年为界可分为两个阶段。1833年以前民间办学一统教育之天下，教育的兴办主体为教会、行会和个人，国家尚未积极参与教育事务，教育发展的自觉性较差，教育是在社会的推动下前进。尽管如此，1833年以前教育的现代性也已有了显著的增长（参见本章有关论述）。那么问题是：在国家未参与的情况下，教育现代化的动力从何而来？通过细察可以发现，教育的兴办者（教会、行会、家庭、个人和一些团体等）、从教者和受教者皆欲从教育中获取各自的利益。这些利益有物质方面的，如一些人从教纯粹是为了得到一些收入，19世纪已大量出现的主日学校和导生制学校具有营利性质，属于“商业投机性的新的教育机构”（奥尔德里奇，1987）[7]；有宗教方面的，如教会兴教是为了扩大宗教的影响，有些个人立遗嘱要求死后将财产捐出兴学是为了使受教育的学生为其灵魂祈祷等。当然还有其他一些方面的原因，但不论原因为何，其深层皆含利益考虑。正是在这些利益的驱使下，加上社会发展的推动，英国教育才得以在 1833 年以前的漫长岁月里获得尽管缓慢但却是持续不断的发展。但在 1833 年以前，教育与国家发展、与民族利益的关系尚未被广泛地认识到。

国家为什么于 1833 年以后介入教育而且力度越来越大？原因在于国家充分认识到了教育对国家发展的重要意义。从此，由于国家的参与，国家成为教育的管理主体，英国教育进入了自觉发展的新阶段。

英国教育现代化的表层动力很易把握，如经济发展需要提高劳动力素质，经济发展也保障了教育发展的财力基础，人口的增加需要相应地扩大教育规模等。若从深层分析，推动英国教育现代化进程（尤其是 1870 年以后）的动力有二：民族主义和民主主义。民族国家的形成加剧了各民族国家间的经济和军事竞争，竞争能力直接关系到国家利益，而教育因其与科技、经济发展的密切关系而成为民族国家间进行竞争的有效工具，这是就国际而言。就国内而言，经过 1832 年和 1867 年两次议会改革，英国的政治民主化进程大有进展，政治民主化进程必然会对教育民主化进程产生持续影响，民主主义成为促进英国教育发展的重要动力，一方面，民主化进程促进了教育的普及和受教育权范围的扩大，另一方面，民主政治也要求选民有较高的政治素质。

大量的文献表明了民族主义和民主主义是推动英国教育现代化的基本动力。1870 年《初等教育法》颁布前枢密院副院长福斯特（W. E. Forster）在下议院介绍该法议案时指出："我们不论做什么事，都应该讲求效率，雷厉风行，不要拖拉。我们工业的繁荣取决于是否迅速地提供初等教育。试图对我们那些未受过初等教育的工匠进行技术训练，这是徒劳的；未受过教育的劳动者——我们的许多劳动者未受过一点儿教育——多半是从事简单劳动的人，尽管他们有强壮的体力和充足的干劲，但是，如果我们继续任其处于技术不熟练的状态之中，那么，他们就会在世界的竞争中成为失败者。我坚信，我们的立宪制度的良好和可靠的运行也取决于迅速地提供教育。承蒙议会最近决定，将来英国由民众政府来管理。我是坚持直到人民受到教育后才把政治权力交给他们的人之一。……但是，既然人们已经给了他们政治权力，我们就不能再推迟给他们提供教育。现在，存在着一些需要回答和必须解决的问题，而愚昧无知的选民是没有能力来解决这些问题的。我们的国力也取决于迅速地提供教育。全世界的文明社会正在融合起来，其中的每一社会是由其力量来衡量的；如果我们要在人类的群体中、在世界各国中保持我们的地位，我们必须通过提高个体的理智能力来弥补我们人数上的微小。”（瞿葆奎，1993）[11] 显而易见，此处是将教育作为促进国家经济发展、政治发展的工具，并企望通过教育保持、提高英国的世界地位。1902 年鲍尔弗首相向下议院介绍 1902 年《中等教育法》议案时指出，“在与整个欧洲大陆和美国的教育竞争中我国仍落在后面”，认为“为了国家的荣誉”，教育发展必须加大力度。(瞿葆奎，1993）[16, 13]1917 年费希尔向下议院介绍教育议案时言辞更加恳切，认为与德国的战争和竞争、国内公民权的扩大都需要大力发展教育。(瞿葆奎，1993）[22]1926 年“哈多报告”要求设立与传统文法中学崇尚古典文科教育不同的现代中学，以培养实用人才。该报告指出：“在任何国家里，都不可能放弃培养‘实用人才’这一目标，尤其在我们这种如此高度工业化的，如此依赖国家工业成功的国家里，为了国家的成功，甚至为了国家的安全，我们需要最优秀的，最训练有素的国家公民。”（瞿葆奎，1993）[54]

英国对教育的作用的认识也经历了一个不断深化的过程，在“二战”以前，政府对教育也很重视，视教育为国家发展的重要工具，但对教育的哪一个组成部分最能促进经济发展尚缺乏非常深刻的体会。“二战”后，政府更加深刻地认识到科学技术和科技教育对增进国家实力的重要作用，开始加强职业技术教育和高等科技教育。从一些文献中可以看出这种变化。1945 年“帕西报告”指出，英国作为一个工业领先国，其地位已岌岌可危，原因是未把科学充分应用于工业，而未能把科学充分运用于工业的部分原因在于教育上的缺陷。(殷企平，1995）[7]1946 年“巴洛报告”认为应“成倍增加科学家的培养”，认为工业的增长要求教育培养更多经过高级训练的科学和技术人才。(瞿葆奎，1993）[233－234]1947 年教育部发布了题为“继续教育”的小册子，强调职业技术教育的重要性，认为“我们明天的命运”，“取决于我们的技术和商业教育计划在整个重建计划中所占的比重，以及推行它们的动力”，要求更多地开展工业界和教育界之间的合作。（王承绪，徐辉，1992）[190]1956 年政府发表了《技术教育白皮书》，认为美、苏、西欧“正在作巨大努力培养更多的科技人员，我们正处于被别人抛下的危险之中”，要求各种产业以“技术现代化”去追赶其竞争者，以免英国工业“在竞争中落后”，“变化的速度正在加快，对技术教育的需求也正在加快”。(瞿葆奎,1993)[237] 白皮书还引用了 1956 年 1 月英国首相艾登（R. A. Eden）的一段演讲：“胜利不属于人口最多的国家，而属于拥有最佳教育制度的国家。科学和技术使十几名当代人拥有了 50 年前数千人才拥有的力量。我们的科学家正在进行卓越的工作，但如果我们要充分利用我们所掌握的知识，我们就需要培养更多的科学家、工程师和技术员。我们决心要补偿这种缺陷。”（徐辉，郑继伟，1993）[325]1959 年“克劳瑟报告”要求大力发展职业技术教育尤其是青年的职业技术教育。1961 年政府发表了白皮书《技术教育的更好机会》，要求拓宽职业技术教育内容，使职业技术教育制度适应工业界的需要。1962 年政府发表的白皮书《工业训练》要求开展政府、工业部门和教育部门之间的合作，把职业技术教育和工业训练结合起来。白皮书指出：“自第二次世界大战以来，英国的工业一直缺乏有技术的劳动力。……无疑，技术人才的短缺是经济停滞的重要原因。……没有技术人力的增加，就不可能保持经济持续、稳定、迅速地增长。”（王承绪，徐辉，1992）[203]

可见，随着历史的演进，英国政府对教育尤其是科技教育与科技发展、与经济发展、与增进国力间的关系的认识愈加深刻，教育发展政策也不断做出调整。经过 1977 年的教育大辩论，尤其是 1979 年保守党政府上台之后，政府更加重视教育的效益，而重效益的一个突出表现就是大力加强职业技术教育，加强高等教育与产业界的合作，遂使职业技术教育和高等教育的产学结合在教育发展的“收缩时期”不但没有收缩，反而蓬勃发展，以至有的英国学者认为英国的“培训革命”终于来临。（康特，1991）[182] 英国高校自 20 世纪 80 年代以来在培养科技人才方面总的速度并不亚于甚至超过了德、美等先进国家。（殷企平，1995）[144] 何以会有这种变化？其背后的深层动力便是国家竞争的需要，是民族主义这一情结使然。

民主主义亦是推动英国教育发展的重要动力，这一点前文已详述，在此不再重复。此处需要指出的是，民族主义和民主主义基本上是相互促进的，但有时也不尽然。民族主义更注重效益——教育怎样才能更好地促进国家实力尤其是经济实力和军事实力的提高，而民主主义更注重平等——更多的人获得受教育的机会。这两者显然都值得追求，然而二者并不一致，教育机会的扩大不等于教育效益的增长，关键要看教育的类型与结构是否合理，20 世纪 70 年代中期以后英国更加强调教育的效益，这不是没有道理的。作为国家这一教育的主要兴办主体而言，它首先关注的是国家的生存与安全而非受教育权问题，尤其是在教育资源并不充沛的情况下。发达国家尚且如此，发展中国家更应关注教育的工具价值，使教育成为增进国力、赶超先进的有效工具。对发展中国家而言，在制定教育发展战略时，效益更为重要。“科技是第一生产力”“科教兴国”对后发型现代化国家无疑是至理名言。

追究至最深层，可以发现，教育现代化的动力是利益。因为教育包容着巨大的利益，不论是国家把教育视作国家竞争、民族竞争的工具，还是个人把教育视为个人向社会上层流动的工具，皆从利益着眼。民族主义和民主主义背后皆隐藏着“利益”二字，只不过二者所指向的利益主体不同罢了。

索　引

人　名

法规、文件及著作

关键词

参考文献

AIRASIAN P W，2008. 课堂评估：理论与实践（第四版）[M]. 上海：华东师范大学出版社 .

《教育大辞典》编纂委员会，1990. 教育大辞典：第 1 卷 [M]. 上海：上海教育出版社 .

《上海教育质量评价体系研究》课题组，2007. 上海教育质量评价体系研究 [J]. 教育发展研究（4）：30－34.

阿尔蒙德，1993. 发展中的政治经济 [M] // 亨廷顿，等 . 现代化：理论与历史经验的再探讨 . 上海：上海译文出版社 .

阿克顿，2001. 自由与权力：阿克顿勋爵论说文集 [M]. 北京：商务印书馆 .

阿明，1993. 依附性发展 [M]// 亨廷顿，等 . 现代化：理论与历史经验的再探讨 . 上海：上海译文出版社 .

阿维内里，1993. 马克思与现代化 [M] // 亨廷顿，等 . 现代化：理论与历史经验的再探讨 . 上海：上海译文出版社 .

艾森斯塔德，1988. 现代化：抗拒与变迁 [M]. 北京：中国人民大学出版社 .

艾森斯塔特，2006. 反思现代性 [M]. 北京：生活・读书・新知三联书店 .

奥登，匹克斯，2003. 学校理财：政策透视（第二版）[M]. 上海：上海财经大学出版社 .

奥尔德里奇，1987. 简明英国教育史 [M]. 北京：人民教育出版社 .

包亚明，1997. 后现代性与公正游戏：利奥塔访谈、书信录 [M]. 上海：上海人民出版社 .

鲍尔，2002. 教育改革：批判和后结构主义的视角 [M]. 上海：华东师范大学出版社 .

贝尔，1997. 后工业社会的来临：对社会预测的一项探索 [M]. 北京：新华出版社 .

本森，2000. 教育财政 [M] // 卡诺依 . 教育经济学国际百科全书 . 2 版 . 北京：高等教育出版社 .

波普诺，1999. 社会学（第十版）[M]. 北京：中国人民大学出版社 .

博登海默，2004. 法理学：法律哲学与法律方法 [M]. 修订版 . 北京：中国政法大学出版社 .

博伊德，金，1985. 西方教育史 [M]. 北京：人民教育出版社 .

布莱克，1996. 比较现代化 [M]. 上海：上海译文出版社 .

布莱克，等，1984. 日本和俄国的现代化：一份进行比较的研究报告 [M]. 北京：商务印书馆 .

布劳，梅耶，2001. 现代社会中的科层制 [M]. 上海：学林出版社 .

布里姆莱，贾弗尔德，2007. 教育财政学：因应变革时代（第九版）[M]. 北京：中国人民大学出版社 .

布洛克，1997. 西方人文主义传统 [M]. 北京：生活・读书・新知三联书店 .

蔡笑岳，吴萍，1999. 我国青少年学生观念现代性的研究 [J]. 心理科学（2）：148－151，191.

曹孚，1979. 外国教育史 [M]. 2 版 . 北京：人民教育出版社 .

曹寄奴，2011. 教育优先发展的基本内涵及其内在特征 [J]. 法制与社会（3）：222，254.

曹沛霖，刘玉萼，林修坡，1992. 外国政治制度 [M]. 北京：高等教育出版社 .

陈丹，徐冬鸣，2013. 论普通高中教育发展方式的转变 [J]. 教育发展研究（7）：11－15.

陈富，2011. 中小学校长教学领导行为实践程度调查研究 [J]. 上海教育科研（3）：34－36.

陈桂生，2000. 教育原理 [M]. 2 版 . 上海：华东师范大学出版社 .

陈国良，2007. 中国人力资源开发与教育发展战略研究报告 [M]. 上海：上海人民出版社 .

陈鸿喻，1985. 政治发展理论 [M]. 台北：桂冠图书股份有限公司 .

陈嘉明，2003. “现代性”与“现代化”[J]. 厦门大学学报（哲学社会科学版）（5）：14－20.

陈嘉明，等，2001. 现代性与后现代性 [M]. 北京：人民出版社 .

陈流汀，2003. 进一步转变政府教育行政职能加快教育改革发展 [J]. 改革（6）：114－117.

陈明明，2014. 治理现代化的中国意蕴 [J]. 人民论坛（10）：32－33.

陈谟开，2002. 经济全球化与我国教育行政职能的转变 [J]. 国家高级教育行政学院学报（6）：26－28，80.

陈孝彬，高洪源，2008. 教育管理学 [M]. 3 版 . 北京：北京师范大学出版社 .

陈玉云，2003. 教育国际化和教育民族性问题 [J]. 教育探索（10）：55－57.

陈运贵，1997. 我国教育行政管理体制改革探略 [J]. 六安师专学报（综合版）（4）：59－62，12.

陈振华，2014. 批判性思维培养的模式之争及其启示 [J]. 高等教育研究（9）：56－63.

成巧云，2006. 从系统论看基础教育课程结构的综合化 [J]. 辽宁师范大学学报（社会科学版）（1）：73－76.

池田大作，汤因比，1985. 展望二十一世纪：汤因比与池田大作对话录 [M]. 北京：国际文化出版公司 .

迟恩莲，曲恒昌，1996. 中外教育改革的指导思想与对策 [M]. 北京：北京师范大学出版社 .

褚宏启，2000. 走出中世纪：文艺复兴时代的教育情怀 [M]. 北京：北京师范大学出版社 .

褚宏启，2002. 教育法制基础 [M]. 北京：北京师范大学出版社 .

褚宏启，2004. 审视现代学校制度 [M] // 褚宏启 . 中国教育管理评论：第 2 卷 . 北京：教育科学出版社 .

褚宏启，2005. 政府与学校的关系重构 [J]. 教育科学研究（1）：41－45.

褚宏启，2010. 教育制度改革与城乡教育一体化：打破城乡教育二元结构的制度瓶颈 [J]. 教育研究（11）：3－11.

褚宏启，2011. 论教育发展方式的转变 [J]. 教育研究（10）：3－10，15.

褚宏启，2012. 追求卓越：英才教育与国家发展：突破我国英才教育的认识误区与政策障碍 [J]. 教育研究（1）：28－35，67.

褚宏启，2013a. 教育现代化的本质与评价：我们需要什么样的教育现代化 [J]. 教育研究（11）：4－10.

褚宏启，2013b. 构建教育现代化指标体系的思考 [J]. 中国高等教育（11）：14－16，26.

褚宏启，2014. 教育治理：以共治求善治 [J]. 教育研究（10）：4－11.

褚宏启，2015. 城镇化进程中的教育变革：新型城镇化需要什么样的教育改革 [J]. 教育研究（11）：4－13，24.

褚宏启，2016a. 核心素养的国际视野与中国立场：21 世纪中国的国民素质提升与教育目标转型 [J]. 教育研究（11）：8－18.

褚宏启，2016b. 核心素养的概念与本质 [J]. 华东师范大学学报（教育科学版）（1）：1－3.

褚宏启，2017. 学生创新能力发展的整体设计与策略组合 [J]. 教育研究（10）：21－28，58.

褚宏启，2018. 教育现代化 2.0 的中国版本 [J]. 教育研究（12）：9－17.

褚宏启，2019a. 为教育信息化找到精神家园 [J]. 中小学管理（6）：58－59.

褚宏启，2019b. 我们需要有实效低成本的教育国际化 [J]. 中小学管理（7）：58.

褚宏启，2020. 新时代需要什么样的教育公平：研究问题域与政策工具箱 [J]. 教育研究（2）：4－16.

褚宏启，褚昭伟，2018. 我国县城义务教育公共服务的拥挤效应与有效供给 [J]. 教育发展研究（10）：1－6.

褚宏启，等，2014. 中国现代教育体系研究 [M]. 北京：北京师范大学出版社.

褚宏启，贾继娥，2013. 我国校长专业标准：背景、结构与前景 [J]. 中国教育学刊（7）：1－6.

褚宏启，江雪梅，茅锐，等，2013. 论教育法的精神：为了人的自由而全面的发展 [M]. 北京：教育科学出版社.

褚宏启，刘旭东，2005.“中英甘肃基础教育项目”管理独立评估报告 [R]. 甘肃省教育厅，英国剑桥教育集团.

褚宏启，吕蕾，刘景，2009. 中小学校长培训机构建设与培训制度改革 [J]. 中国教育学刊（12）：1－6.

褚宏启，瞿志印，丁新，等，2019. 从规模化到个性化：走向技术与教育的深度融合之路 [J]. 开放学习研究（10）：24－28.

褚宏启，杨海燕，等. 走向校长专业化 [M]. 上海：上海教育出版社.

褚宏启，张新平，2013. 教育管理学教程 [M]. 北京：北京师范大学出版社.

褚宏启，赵茜，等，2016. 城镇化进程中的教育变革 [M]. 北京：教育科学出版社.

褚洪启，1998. 杜威教育思想引论 [M]. 长沙：湖南教育出版社.

崔玉晶，2007. 高中生传统性、现代性及其相关因素研究 [D]. 北京：北京师范大学 .

德赛，1993. 重新评价“现代化”概念 [M] // 亨廷顿，等 . 现代化：理论与历史经验的再探讨 . 上海：上海译文出版社 .

邓特，1987. 英国教育 [M]. 杭州：浙江教育出版社 .

邓小平，1979. 关于经济工作的几点意见 [EB/OL].[2020-05-06].http://cpc.people.com.cn/GB/33839/34943/34944/34946/2617359.html.

邓小平，1983. 邓小平文选：1975—1982[M]. 北京：人民出版社 .

邓小平，1987. 我国方针政策的两个基本点 [EB/OL].[2020-05-06].http://cpc.people.com.cn/GB/33839/34943/34944/34947/2617660.html.

邓小平，1987. 怎样评价一个国家的政治体制 [EB/OL].[2020-05-06].http://cpc.people.com.cn/GB/33839/34943/34944/34947/2617698.html.

邓小平，1993. 邓小平文选：第三卷 [M]. 北京：人民出版社 .

杜威，1989. 哲学的改造 [M]. 北京：商务印书馆 .

杜威，1990. 民主主义与教育 [M]. 北京：人民教育出版社 .

杜育红，孙志军，等，2009. 中国义务教育财政研究 [M]. 北京：北京师范大学出版社 .

范魁元，杨家福，2012. 论学生学习方式的转变 [J]. 教育科学研究（2）：20－23.

范先佐，2014. 城镇化背景下县域义务教育发展问题与策略：基于 4 个省（自治区）部分县市的调研 [J]. 华中师范大学学报（人文社会科学版）（4）：139－146.

范雨超，2010. 新课程改革以来教学方式转变与创新研究 [J]. 中小学校长（8）：64－66.

冯芳，2014. 从生师比和平均班额看我国中小学教育现状：从我国与部分 OECD 国家的比较角度 [J]. 教学与管理（30）：35－37.

福科，1998. 什么是启蒙 [M] // 汪晖，陈燕谷 . 文化与公共性 . 北京：生活・读书・新知三联书店 .

高毅，1991. 法兰西风格：大革命的政治文化 [M]. 杭州：浙江人民出版社 .

格尔申克隆，1993. 对现代工业化“前提条件”概念的反思 [M] // 亨廷顿，等 . 现代化：理论与历史经验的再探讨 . 上海：上海译文出版社 .

格林伍德，威尔逊，1991. 英国行政管理 [M]. 北京：商务印书馆 .

公丕祥，2002. 法理学 [M]. 上海：复旦大学出版社 .

龚冬梅，2008. 全球化进程中教育民族性价值的思考 [J]. 吉林省教育学院学报（11）：17－18.

顾明远，1998. 民族文化传统与教育现代化 [M]. 北京：北京师范大学出版社 .

顾明远，2012. 试论教育现代化的基本特征 [J]. 教育研究（9）：4－10，26.

顾明远，薛理银，1996. 比较教育导论：教育与国家发展 [M]. 北京：人民教育出版社 .

关永强，2014. 从历史主义到计量方法：美国经济史学的形成与转变（1870—1960）[J]. 世界历史（4）：114－123，160.

郭彩琴，2003. 教育公平：内涵和规定性 [J]. 江海学刊（3）：100－104.

郭艳彪，江新华，2009. 基础教育对高师院校人才培养服务需要的调查：以武汉、黄石两地中学教师为例 [J]. 教师教育研究（3）：62－66.

郭湛，2002. 主体性哲学：人的存在及其意义 [M]. 昆明：云南人民出版社 .

国家教育发展研究中心，1999. 发达国家教育改革的动向和趋势：第六集：美国、英国、德国、日本教育改革文件和报告选编 [M]. 北京：人民教育出版社 .

国务院，2014. 国家新型城镇化规划（2014－2020 年）[Z].

哈里楠，2004. 教育社会学手册 [M]. 上海：华东师范大学出版社 .

郝克明，2001. 当代中国教育结构体系研究 [M]. 广州：广东教育出版社 .

郝克明，2006. 跨进学习社会：建设终身学习体系和学习型社会的研究 [M]. 北京：高等教育出版社 .

郝文武，2007. 教学方式对能力发展作用的价值取向和实践整合 [J]. 北京师范大学学报（社会科学版）（3）：15－21.

贺武华，方展画，2009. 公立学校“科层制批判”的反思与批判 [J]. 浙江大学学报（人文社会科学版）（4）：171－181.

黑格尔，1961. 法哲学原理 [M]. 北京：商务印书馆 .

亨廷顿，1988. 变革社会中的政治秩序 [M]. 北京：华夏出版社 .

亨廷顿，1989. 变化社会中的政治秩序 [M]. 北京：生活 · 读书 · 新知三联书店 .

亨廷顿，1993. 发展的目标 [M] // 亨廷顿，等 . 现代化：理论与历史经验的再探讨 . 上海：上海译文出版社 .

亨廷顿，1996. 导致变化的变化：现代化，发展和政治 [M] // 布莱克 . 比较现代化 . 上海：上海译文出版社 .

胡格韦尔特，1987. 发展社会学 [M]. 成都：四川人民出版社 .

胡锦涛，2004. 在人口资源环境工作座谈会上讲话 [EB/OL].[2020-05-06].http://

www.gov.cn./ldhd/2004-04/04/content_11478.htm.

胡锦涛，2007. 在全国优秀教师代表座谈会上的讲话 [N]. 中国教育报，2007－09－01（1）.

胡瑞文，2011. 学术型人才比例过大，各类高校人才培养结构亟须调整：我国人力资源开发的最新进展与需要关注的几个问题 [N]. 人民政协报，2011－02－23.

胡卫平，俞国良，2002. 青少年的科学创造力研究 [J]. 教育研究（1）：44－48.

华东师范大学教育系，杭州大学教育系，1980. 现代西方资产阶级教育思想流派论著选 [M]. 北京：人民教育出版社.

黄高智，范如湖，布斯凯，等，1991. 内源发展：质量方面和战略因素 [M]. 北京：中国对外翻译出版公司.

黄济，王策三，1996. 现代教育论 [M]. 北京：人民教育出版社.

惠迪，鲍尔，哈尔平，2003. 教育中的放权与择校：学校、政府和市场 [M]. 北京：教育科学出版社.

霍金森，1987. 领导哲学 [M]. 昆明：云南人民出版社.

霍伊，米斯克尔，2007. 教育管理学：理论·研究·实践（第 7 版）[M]. 北京：教育科学出版社.

霍益萍，2010. 普通高中现状调研与问题讨论 [M]. 上海：华东师范大学出版社.

戟峰，吴永志，杜爱明，2000. 教育技术进入信息化发展新阶段 [J]. 中国电化教育（3）：13－15.

贾继娥，褚宏启，2012. 教育发展方式转变的三条路径 [J]. 教育发展研究（3）：1－6.

贾继娥，卢伟，2012. 教育人才队伍建设：教育发展方式转变的人力资源基础 [J]. 教育发展研究（5）：11－15.

江必新，2013. 推进国家治理体系和治理能力现代化 [N]. 光明日报，2013－11－15（1）.

江泽民，2001. 在庆祝中国共产党成立八十周年大会上的讲话 [EB/OL].[2020-05-06].http://www.cctv.com./special/733/-1/47001.html.

金，1989. 别国的学校和我们的学校：今日比较教育 [M]. 北京：人民教育出版社.

金，斯旺森，斯威特兰，2010. 教育财政：效率、公平与绩效（第三版）[M]. 北京：中国人民大学出版社.

金利，2009. 改革教学方式 提升教学质量：基础教育课程改革中教学方式的探

索 [J]. 北京教育（普教版）(4)：10－12.

金太军，2006. 政治学新编 [M]. 上海：华东师范大学出版社 .

靳希斌，1997. 教育经济学 [M]. 北京：人民教育出版社 .

经济合作与发展组织 . 教育政策分析 2001[M]. 北京：教育科学出版社 .

经济合作与发展组织，2012. 教育概览 2012：OECD 指标 [M]. 北京：教育科学出版社 .

康特，1991. 职业教育与经济发展 [M]. 北京：中央广播电视大学出版社 .

柯武刚，史漫飞，2002. 制度经济学：社会秩序与公共政策 [M]. 北京：商务印书馆 .

克伯雷，1991. 外国教育史料 [M]. 武汉：华中师范大学出版社 .

克里克，1999. 民主的沉思 [M] // 猪口孝，纽曼，基恩 . 变动中的民主 . 长春：吉林人民出版社 .

拉普钦斯卡娅，1980. 现代英国普通中学 [M]. 北京：人民教育出版社 .

李安增，2007. 政治现代化研究：兼论政治现代化与政治发展、政治文明的关系 [J]. 理论学刊 (9)：82－85，128.

李克强，2012. 加快资源型城市转型发展及棚户区改造　破解城市二元结构难题　走新型城镇化道路 [N]. 人民日报，2012－09－26 (1－2) .

李强，2013 . 多元城镇化与中国发展：战略及推进模式研究 [M]. 北京：社会科学文献出版社 .

李庆臻，金吉龙，1995. 韩国现代化研究 [M]. 济南：济南出版社 .

李锐，1996. “大跃进” 亲历记 [J]. 上海：上海远东出版社 .

李太平，黄岚，2012. 论教育的民族性 [J]. 高等教育研究 (11) :13－18.

李铁，2013. 城镇化是一次全面深刻的社会变革 [M]. 北京：中国发展出版社 .

李文利，曾满超，2002. 美国基础教育 “新” 财政 [J]. 教育研究 (5)：84－89.

李兴国，2007. 信息管理学 [M]. 2 版 . 北京：高等教育出版社 .

李泽宇，2010. 我国基础教育课程改革的适切性研究 [D]. 长春：东北师范大学 .

李展，2012. 论教育全球化背景下民族性的时代意义 [J]. 科教导刊 (上旬刊)：3，5.

联合国教科文组织国际 21 世纪教育委员会，1996. 教育：财富蕴藏其中 [M]. 北京：教育科学出版社 .

联合国教科文组织国际教育发展委员会，1996. 学会生存：教育世界的今天和明天 [M]. 北京：教育科学出版社 .

林崇德，1999. 培养和造就高素质的创造性人才 [J]. 北京师范大学学报（社会科学版）（1）：5－13.

刘传江，2006. 城乡统筹发展视角下的农民工市民化 [J]. 人口研究（4）：48－51.

刘复兴，2003. 教育政策的价值分析 [M]. 北京：教育科学出版社 .

刘捷，2001. 教师专业化研究导论 [D]. 北京：北京师范大学 .

刘霞，孙姚同，2005. 教学实践中的信息技术与学科教学整合模式 [J]. 中小学电教（2）：19－21.

刘晓越，2004. 中国农业现代化进程研究与实证分析 [J]. 统计研究（2）：10－16.

刘雪莲，张松梅，2020. 全球化进程的矛盾性与中国的作为 [J]. 吉林大学社会科学学报（2）：119－126，221－222.

刘尧，2004. 中国教育科学研究的反思与改造述评 [J]. 当代教育科学（9）：3－10，14.

伦恩伯格，奥斯坦，2003. 教育管理学：理论与实践 [M]. 北京：中国轻工业出版社 .

罗丹，2008. 规模扩张以来高校专业结构变化研究 [D]. 厦门：厦门大学 .

罗尔斯，1988. 正义论 [M]. 北京：中国社会科学出版社 .

罗归国，1999. 社会主义现代化和人的现代化 [J]. 理论学刊（5）：77－81.

罗豪才，1996. 行政法学 [M]. 新编本 . 北京：北京大学出版社 .

罗荣渠，1993. 现代化新论：世界与中国的现代化进程 [M]. 北京：北京大学出版社 .

罗兹曼，1995. 中国的现代化 [M]. 南京：江苏人民出版社 .

吕达，周满生，2004a. 当代外国教育改革著名文献：苏联—俄罗斯卷 [M]. 北京：人民教育出版社 .

吕达，周满生，2004b. 当代外国教育改革著名文献：美国卷・第一册 [M]. 北京：人民教育出版社 .

吕达，周满生，2004c. 当代外国教育改革著名文献：日本、澳大利亚卷 [M]. 北京：人民教育出版社 .

吕达，周满生，2004d. 当代外国教育改革著名文献：德国、法国卷 [M]. 北京：人民教育出版社 .

吕达，周满生，2004e. 当代外国教育改革著名文献：英国卷・第一册 [M]. 北京：人民教育出版社 .

吕达，周满生，2004f. 当代外国教育改革著名文献：美国卷 · 第四册 [M]. 北京：人民教育出版社 .

马克思，恩格斯，1972. 马克思恩格斯全集：第十九卷 [M]. 北京：人民出版社 .

马克思，恩格斯，1979. 马克思恩格斯全集：第四十二卷 [M]. 北京：人民出版社 .

毛礼锐，沈灌群，1989. 中国教育通史：第六卷 [M]. 济南：山东教育出版社 .

米亚拉雷，1993. 现代教育史：1945 年至今 [M]. 台北：五南图书出版公司 .

密尔，1959. 论自由 [M]. 北京：商务印书馆 .

摩尔，1987. 民主与专制的社会起源 [M]. 北京：华夏出版社 .

摩根，1993. 牛津英国通史 [M]. 北京：商务印书馆 .

南国农，2000. 教育现代化的必由之路：南国农电化教育论文集 [M]. 北京：高等教育出版社 .

庞德，1984. 通过法律的社会控制：法律的任务 [M]. 北京：商务印书馆 .

佩鲁，1987. 新发展观 [M]. 北京：华夏出版社 .

彭刚，黄卫平，2007. 发展经济学教程 [M]. 北京：中国人民大学出版社 .

普尔，1993. 欧洲现代化与第三世界 [M] // 亨廷顿，等 . 现代化：理论与历史经验的再探讨 . 上海：上海译文出版社 .

普沃斯基，2005. 民主与市场：东欧与拉丁美洲的政治经济改革 [M]. 北京：北京大学出版社 .

钱乘旦，1991. 现代文明的起源与演进 [M]. 南京：南京大学出版社 .

钱乘旦，陈晓律，1991. 在传统与变革之间：英国文化模式溯源 [M]. 杭州：浙江人民出版社 .

钱再见，2013. 新型城镇化进程中的政府职能转变：基于空间权力视角的分析 [J]. 中共浙江省委党校学报（5）：15－22.

秦梦群，黄贞裕，2001. 教育行政研究方法论 [M]. 台北：五南图书出版公司 .

丘伯，默，2003. 政治、市场和学校 [M]. 北京：教育科学出版社 .

瞿葆奎，1993. 教育学文集：第 22 卷：英国教育改革 [M]. 北京：人民教育出版社 .

曲绍卫，杜长明，2000. 知识经济与现代教育 [M]. 北京：中国社会科学出版社 .

全国十二所重点师范大学，2008. 教育学基础 [M]. 2 版 . 北京：教育科学出版社 .

萨缪尔森，诺德豪斯，1992. 经济学：第 12 版：上 [M]. 北京：中国发展出版社 .

塞西尔，1986. 保守主义 [M]. 北京：商务印书馆 .

森，2002. 以自由看待发展 [M]. 北京：中国人民大学出版社 .

沈汉，王建娥，1993. 欧洲从封建社会向资本主义社会过渡研究：形态学的考察 [M]. 南京：南京大学出版社 .

沈杰，2006. 现代化理论的发展进程与新近探索 [J]. 北京青年政治学院学报（4）：28－34.

师曼，刘晟，刘霞，等，2016. 21 世纪核心素养的框架及要素研究 [J]. 华东师范大学学报（教育科学版）（3）：29－37，115.

施雪华，张琴，2014. 国外治理理论对中国国家治理体系和治理能力现代化的启示 [J]. 学术研究（6）：31－36.

史晋川，2010. 论经济发展方式及其转变：理论、历史、现实 [J]. 浙江社会科学（4）：12－18，125.

世界环境与发展委员会，1989. 我们共同的未来 [M]. 北京：世界知识出版社 .

世界银行，2004. 2004 年世界发展报告：让服务惠及穷人 [M]. 北京：中国财政经济出版社 .

世界银行，2005. 全球知识经济中的终身学习：发展中国家的挑战 [M]. 北京：高等教育出版社 .

舒尔茨，1982. 教育的经济价值 [M]. 长春：吉林人民出版社 .

舒尔茨，1990. 论人力资本投资 [M]. 北京：北京经济学院出版社 .

孙立平，1988. 迟发展效果与迟发展国家现代化的制约条件 [J]. 社会学研究（2）：90－97.

孙立平，1989. 社会现代化内容刍议 [J]. 马克思主义研究（1）：73－86.

孙立平，1992. 传统与变迁：国外现代化及中国现代化问题研究 [M]. 哈尔滨：黑龙江人民出版社 .

孙喜亭，1997. 教育问题的理论思考 [M]. 开封：河南大学出版社 .

孙晓春，2015. 中国政治思想史研究中的历史主义方法与现实关注 [J]. 天府新论（4）：14－19.

谈松华，2003. 中国教育现代化的区域发展 [M]. 广州：广东教育出版社 .

谈松华，袁本涛，2001. 教育现代化衡量指标问题的探讨 [J]. 清华大学教育研究（1）：14－21.

唐晓，杨帆，2007. 政治科学基础 [M]. 北京：世界知识出版社 .

滕世华，2003. 公共治理理论及其引发的变革 [J]. 国家行政学院学报（1）：44－45.

万资姿，2011. 人的全面发展：从理论到指标体系 [M]. 北京：中央编译出版社 .

王承绪，徐辉，1992. 战后英国教育研究 [M]. 南昌：江西教育出版社 .

王浩斌，王飞南，2004. 现代化理论与理论的现代化：对现代化理论历史演进的理性思考 [J]. 吉首大学学报（社会科学版）（3）：15－21.

王楷模，田正利，张师伟，2006. 政治学原理 [M]. 北京：中国政法大学出版社 .

王黎明，徐金超，2007. 手段 · 方法 · 教学观：基于现代信息技术环境的高中历史主体性教学情况调查 [J]. 上海教育科研（2）：54－55.

王琪，孙立坤，2014. 民主与科学同构的逻辑：一个微观层次参与式民主的探讨：读 Rechard C. Box《公民治理：引领 21 世纪的美国社区》[J]. 甘肃行政学院学报（3）：50－55，77，126.

王善迈，2000. 教育经济学简明教程 [M]. 北京：高等教育出版社 .

王天一，夏之莲，朱美玉，1993. 外国教育史：下册 [M]. 2 版 . 北京：北京师范大学出版社 .

王学，1995. 科学地认识教育的生产性和经济功能：驳教育产业化观 [J]. 基础教育研究（5）：42.

王雁，2003. 有关教育国家化趋势的历史考察 [J]. 河南职业技术师范学院学报（职业教育版）（1）：72－75.

王玉婧，2004. 可持续发展理论探源及其经济学思考 [J]. 经济问题探索（7）：11－13.

王渊明，1995. 历史视野中的人口与现代化 [M]. 杭州：浙江人民出版社 .

王云峰，何光峰，2012. 北京市义务教育城乡学生学业水平差异及原因分析 [J]. 教育科学研究（6）：5－9.

王章辉，孙娴，1995. 工业社会的勃兴：欧美五国工业革命比较研究 [M]. 北京：人民出版社 .

王智宁，高放，叶新凤，2016. 创造力研究述评：概念、测量方法和影响因素 [J]. 中国矿业大学学报（社会科学版）（1）：55－64.

韦伯斯特，1987. 发展社会学 [M]. 北京：华夏出版社 .

韦政通，2005. 中国文化与现代生活 [M]. 北京：中国人民大学出版社 .

魏海苓，孙远雷，2006. 论治理视野下的教育行政管理体制改革 [J]. 辽宁教育研究（6）：29－31.

魏新，2000. 教育财政学简明教程 [M]. 北京：高等教育出版社 .

邬巧飞，2015. 人的城镇化及实现路径研究 [J]. 求实（2）：65－70.

邬志辉，2000. 中国教育现代化新视野 [M]. 长春：东北师范大学出版社 .

邬志辉，马青，2008. 中国农村教育现代化的价值取向与道路选择 [J]. 中国地质大学学报（社会科学版）(6)：58－62.

吴霓，朱富言，2014. 流动人口随迁子女在流入地升学考试政策分析 [J]. 教育研究（4)：43－52.

吴忠民，刘祖云，2002. 发展社会学 [M]. 北京：高等教育出版社 .

西纳索，1987. 发展：走向何方？[M] // 佩鲁 . 新发展观 . 北京：华夏出版社 .

肖关，王凯，2010. 自由：构建人类可行能力的可能：阿马蒂亚・森的自由发展观述评 [J]. 宜宾学院学报（4)：26－29.

萧新煌，1993. 东亚的发展模式：经验性的探索 [M] // 亨廷顿，等 . 现代化：理论与历史经验的再探讨 . 上海：上海译文出版社 .

谢晖，1995. 行政权探索 [M]. 昆明：云南人民出版社 .

谢岳，曹开雄，2008. 现代化意义上的文化自觉：改革开放 30 年文化现代化的过程与经验 [J]. 上海交通大学学报（哲学社会科学版）(6)：15－22.

徐辉，郑继伟，1993. 英国教育史 [M]. 长春：吉林人民出版社 .

徐军，曹方，2005. 教育结构影响因素探析 [J]. 高教论坛（2)：7－11.

徐瑞哲，2009. 上海发布教育现代化指标体系 [N]. 解放日报，2009－04－23.

许涛，2011. 教师队伍建设进展情况 [EB/OL].[2020－05－06].http：2009 // edu.people.com.cn/GB/15599260.html.

杨德广，2001. 经济全球化与教育国际化 [J]. 高教探索（4)：13－16，32.

杨国枢，2004. 中国人的心理与行为：本土化研究 [M]. 北京：中国人民大学出版社 .

杨国枢，黄光国，1991. 中国人的心理与行为 [M]. 台北：桂冠图书公司 .

杨海燕，2006. 中小学校长资格制度的中外比较及对我国的启示 [J]. 教育理论与实践（5)：53－58.

杨龙，等，2006. 发展政治学 [M]. 北京：高等教育出版社 .

杨明，2000. 中国教育离现代化目标有多远 [J]. 教育发展研究（8)：9－14.

杨向东，朱虹，2013. 教育指标系统构建的理论问题 [J]. 清华大学教育研究(3)：16－28.

叶澜，2004. 总报告：世纪初中国基础教育学校“转型性变革”的理论与实践：“新基础教育”理论及推广性、发展性研究结题报告 [M] // 叶澜 .“新基础教育”发展性研究报告集 . 北京：中国轻工业出版社 .

衣俊卿，2005a. 现代化与文化阻滞力 [M]. 北京：人民出版社 .

衣俊卿，2005b. 现代化与日常生活批判：人自身现代化的文化透视 [M]．北京：人民出版社．

殷陆君，1985. 人的现代化：心理・思想・态度・行为 [M]. 成都：四川人民出版社．

殷企平，1995. 英国高等科技教育 [M]. 杭州：杭州大学出版社．

殷正洲，项光勤，2001. 西方现代化理论评析 [J]. 学海（6）：164－166.

英克尔斯，1995. 人的现代化素质探索 [M]. 天津：天津社会科学院出版社．

英克尔斯，史密斯，1992. 从传统人到现代人：六个发展中国家中的个人变化 [M]. 北京：中国人民大学出版社．

俞国良，1996. 论个性与创造力 [J]. 北京师范大学学报（社会科学版）（4）：83－89.

俞可平，2000. 治理与善治 [M]. 北京：社会科学文献出版社．

俞可平，2014. 推进国家治理体系和治理能力现代化 [J]. 前线（1）：5－8，13.

俞思念，陈平其，2005. 西方现代化理论的兴起与演变 [J]. 学习与探索（6）：131－134.

于维霈，1990. 当代英国经济：医治“英国病”的调整与改革 [M]. 北京：中国社会科学出版社．

袁方，1997. 社会研究方法教程 [M]. 北京：北京大学出版社．

袁洪亮，2000. 中国近代国民性改造思潮研究综述 [J]. 史学月刊（6）：135－141.

袁振国，1999. 当代教育学 [J]. 2 版．北京：教育科学出版社．

张斌贤，褚洪启，等，1994. 西方教育思想史 [M]. 成都：四川教育出版社．

张成福，2000. 责任政府论 [J]. 中国人民大学学报（2）：75－82.

张国庆，2007. 公共行政学 [M]. 3 版．北京：北京大学出版社．

张俊宗，2020. 教育国际化：构建人类命运共同体的重要力量 [J]. 高校教育管理（2）：21－28，36.

张荣伟，2002. 民主视野中的教育：追问教育民主化的核心理念 [J]. 集美大学学报（教育科学版）（3）：22－30.

张孝文，1999.“教育产业化”的思考 [N]. 光明日报，1999－09－22.

张新平，褚宏启，2012. 教育管理学通论 [M]. 北京：高等教育出版社．

张兴贵，郑雪，陈宇玲，2002. 湛江青少年学生个人现代性的调查研究 [J]. 华南师范大学学报（自然科学版）（3）：83－89.

张妍，2014. 教育公平视野下的异地高考问题研究 [D]. 上海：上海师范大学．

张正德，付子堂，2003. 法理学 [M]. 重庆：重庆大学出版社 .

张琢，马福云，2001. 发展社会学 [M]. 北京：中国社会科学出版社 .

赵昌木，徐继存，2002. 我国课程改革研究 20 年：回顾与前瞻 [J]. 课程・教材・教法（1）：3－10.

赵茜，王佳，2012. 论教师教学方式的转变 [J]. 教育科学研究（2）：24－27.

赵文平，2012. 新中国基础教育课程结构变革历程的审视 [J]. 课程与教学研究（11）：9－14.

赵祥麟，王承绪，1981. 杜威教育论著选 [M]. 上海：华东师范大学出版社 .

赵银生，2008. 我国教育行政部门问责制度研究 [D]. 上海：华东师范大学 .

赵中建，1992. 战后印度教育研究 [M]. 南昌：江西教育出版社 .

郑富兴，2006. 现代国家教育目的的世界性与民族性：浅析日本教育中“日本人”形象的变迁 [J]. 外国教育研究（1）：17－22.

郑杭生，李强，李路路，等，1997. 当代中国社会结构和社会关系研究 [M]. 北京：首都师范大学出版社 .

郑金洲，2000. 创新能力培养中的若干问题 [J]. 中国教育学刊（1）：13－16，52.

郑言，李猛，2014. 推进国家治理体系与国家治理能力现代化 [J]. 吉林大学社会科学学报（2）：5－12，171.

郑永廷，等，2006. 人的现代化理论与实践 [M]. 北京：人民出版社 .

中共中央，2013. 中共中央关于全面深化改革若干重大问题的决定 [M]. 北京：人民出版社 .

中共中央文献研究室，1991. 十三大以来重要文献选编：上 [M]. 北京：人民出版社 .

中国发展研究基金会，等，2005. 中国人类发展报告 2005：追求公平的人类发展 [M]. 北京：中国对外翻译出版公司 .

中国现代化战略研究课题组，中国科学院中国现代化研究中心，2005. 中国现代化报告 2005：经济现代化研究 [M]. 北京：北京大学出版社 .

钟水映，李晶，2002. 经济结构、城市结构与中国城市化发展 [J]. 人口研究（5）：63－70.

钟宇平，陆根书，魏小莉，2005. 高中生的现代性水平及其对高等教育需求的影响 [J]. 北京大学教育评论（4）：38－49.

周长城，1997. 当代西方发展理论及其演变：上 [J]. 社会科学动态（5）：21－26.

周汉华，2003. 外国政府信息公开化制度比较 [M]. 北京：中国法制出版社 .

周文文，2006. 伦理 理性 自由：阿马蒂亚・森的发展理论 [M]. 上海：学林出版社 .

周文文，2008. 阿马蒂亚・森发展理论探析 [J]. 经济经纬（2）：12－15.

周毅，2003. 西方现代化理论与中国现代化之路 [J]. 改革与理论（1）：15－19.

周玉元，2011. 我们需要什么样的教师培训：中小学教师培训需求与现行培训矛盾的调查与建议 [J]. 学校党建与思想教育（9）：51－52.

朱有瓛，1986. 中国近代学制史料：第一辑：下册 [M]. 上海：华东师范大学出版社 .

ABBOTT M，1965.Hierarchical impediments to innovation in educational organizations[M] // ABBOTT M，LOVELL J. Change perspectives in educational administration .Auburn，AL：Auburn University.

AHRENS J，CASPERS R，WEINGARTH J，2011. Good governance in the 21st century：conflict, institutional change, and development in the era of globalization[M]. Massachusetts：Edward Elgar Publishing，Inc.

AMABILE T M ，CONTI R，COON H，et al.，1996. Assessing the work environment for creativity[J]. Academy of Management Journal，39（5）：1154－1184.

ANDERSON N，DE DREU C K W，NIJSTAD B A，2004. The routinization of innovation research：a constructively critical review of the state-of-the-science[J]. Journal of Organizational Behavior，25：147－173.

ARMER M，YOUTZ R，1971.Formal education and individual modernity in an African society[J].American Journal of Sociology，76（4）：604－626.

BABBIE E R, 2005.The basics of social research[M] .3rd ed.Belmont，CA：Thomson Wadsworth.

BALL S J，1990.Politics and policy making in education：exploration in policy sociology [M].London：Routledge.

BELLAH R N, 1968. Meaning and modernisation[J].Religions studies, 4：37－45.

BENSON C，et al.，1974.Planning for educational reform[M] .New York：Dodd，Mead.

CARSON S，PETERSON J B, HIGGINS D M，2005.Reliability，validity and factor structure of the creative achievement questionnaire[J]. Creativity Research Journal，17（1）：37－50.

DEWEY J，1922.Mediocrity and individuality[J].The New Republic，32：35－37.

DEWEY J，1935.The future of liberalism[J].School and Society，32（9）：225－230.

DEWEY J，1937.Democracy and educational administration[J] .Society and Schools，45（162）：457－462.

DEWEY J，1939.Creative democracy：the task before us [M] // DEWEY J. John Dewey and the promise of America, progressive education booklet No. 14.Columbus, Ohio：American Education Press.

DEWEY J，2008. The later works of John Dewey：volume 5：1929-1930[M]. Carbondale，IL：Southern Illinois University Press.

DEWEY J，2008. The later works of John Dewey；volume 13：1938-1939[M]. Carbondale，IL：Southern Illionis university Press.

DONALD B H，GARY L T，1975. Education，individual modernity and national development：a critical appraisal [R].

EISENBERGER R，ASELAGE J，2009. Incremental effects of reward on experienced performance pressure：positive outcomes for intrinsic interest and creativity[J]. Journal of Organizational Behavior，30（1）：95－117.

FAGERLIND I，SAHA L J，1989.Educational and national development：a comparative perspective[M].2nd ed.Oxford：Pergamon Press.

FELDHUSEN J F，1995.Creativity：a knowledge base，metacognitive skills，and personality factors[J]. Journal of Creative Behavior，29（4）：255－268.

GREEN T F，1983.Excellence，equity and equality [M] // SHULMAN L S，SYKES G.Handbook of teaching and policy. New York：Longman.

GRIFFIN P，CARE E，2012. Assessment and teaching of 21st century skills: methods and approach[M]. Dordrecht：Springer.

GROSS M U M，2003.International perspectives[M] // COLANGELO N，DAVIS G A.Handbook of gifted education.Boston：Pearson Education.

GUSKEY T R，2000.Evaluating professional development[M].3rd ed.Thousand Oaks, CA：Corwin Press.

HOLSINGER D B，1973.The elementary school as a modernizer: a Brazilian study[J] .International Journal of Comparative Sociology，14 (3－4)：180－202.

INKELES A，BROADED C M，CAO Z D，1997.Causes and consequences of individual modernity in China[J]. The China Journal（37）：31－59.

INKELES A，SMITH D H，1974.Becoming modern：individual change in six developing countries[M].Cambridge，MA：Harvard University Press.

KAHL J A，1968.The measurement of modernism：a study of values in Brazil and Mexico（Latin American Monograph No.12）[M].Austin：University of Texas Press.

KANT I，1965.The metaphysics of morals[M].New York：Macmillan.

MANNA P，MCGUINN P，2013. Education governance for the twenty-first century:overcoming the structure barriers to school reform[M].Washington，DC：The Brookings Institution.

MURPHY J，LOUIS K S，1999.Introduction：framing the project [M] // MURPHY J，LOUIS K S. Handbook of reseach on educational administration.2nd ed.San Francisco：Jossey-Bass Publishers.

OAKES J，1986.Educational indicators：a guide for policy makers[R].New Brunswick：New Jersey Center for Policy Research in Education，Rutgers University.

OECD，2005. The definition and selection of key competencies：executive summary[EB/OL].（2005-05-27）[2020-05-06].http：//www.oecd.org/pisa/35070367.pdf.

OLDHAM G R，CUMMINGS A，1996. Employee creativity：personal and contextual factors at work[J]. Academy of Management Journal，39（3）：607－634 .

PHENIX P H，1966.John Dewey’s war on dualism[M] // ARCHAMBAULT R D. Dewey on education.New York：Random House.

PLUCKER J A，MAKEL M C，2010. Assessment of creativity[M] // KAUFMAN J C，STERNBERG R J. The Cambridge handbook of creativity. New York：Cambridge University Press.

PONT B，2001. Competencies for the knowledge economy[R]. OECD.

SHALLEY C E，GILSON L L，BLUM T C，2000.Matching creativity requirements and the work environment：effects on satisfaction and intentions to leave[J]. Academy of Management Journal，43（2）：215－223.

SMITH D H，INKELES A，1966.The OM scale：a comparative socio-psychological measure of individual modernity[J].Sociometry，29（4）：353－377.

SPRING J，2002.American education：an introduction to social and political aspects[M] .10th ed.London：Longman.

SYKES G，1999.The “new professionalism” in education：an appraisal[M] // MURPHY J，LOUIS K S.Handbook of reseach on educational administration .2nd ed.San Francisco：Jossey-Bass Publishers.

UNESCO，2015. Rethinking education：towards a global common good? [R].

WATKINS J，1999.UK professional associations and continuing professional development：a new direction? [J].International Journal of Lifelong Education，18（1）：61－75.

WORLD BANK，1997. World development report 1997：the state in a changing world [R].

出 版 人　李　东
责任编辑　王晶晶
版式设计　孙欢欢
责任校对　马明辉
责任印制　叶小峰

图书在版编目（CIP）数据

教育现代化的路径：现代教育导论 / 褚宏启著. —3版. —北京：教育科学出版社，2021.1
（中国教育思想文库）
ISBN 978-7-5191-2429-8

Ⅰ. ①教…　Ⅱ. ①褚…　Ⅲ. ①教育现代化－研究－中国　Ⅳ. ①G52

中国版本图书馆CIP数据核字（2020）第272069号

中国教育思想文库
教育现代化的路径——现代教育导论（第3版）
JIAOYU XIANDAIHUA DE LUJING——XIANDAI JIAOYU DAOLUN

出版发行	教育科学出版社		
社　　址	北京·朝阳区安慧北里安园甲9号	**邮　　编**	100101
总编室电话	010-64981290	**编辑部电话**	010-64989363
出版部电话	010-64989487	**市场部电话**	010-64989009
传　　真	010-64891796	**网　　址**	http://www.esph.com.cn

经　　销	各地新华书店		
制　　作	北京京久科创文化有限公司	**版　　次**	2000年5月第1版
印　　刷	唐山玺诚印务有限公司		2013年11月第2版
开　　本	720毫米×1020毫米　1/16		2021年1月第3版
印　　张	36.75	**印　　次**	2021年1月第1次印刷
字　　数	532千	**定　　价**	98.00元